中华传世藏书

【图文珍藏版】

二十五史

姜涛⊙主编

线装书局

圣祖本纪

【题解】

清圣祖爱新觉罗·玄烨(1654~1722),自1661年八岁登基,在位六十一年,为历代皇帝在位最久的一位。由于明、清两代的皇帝不像过去那样改换年号,人们习惯上以年号而不以庙号来称呼他们,所以,清圣祖更通俗的称号是康熙。康熙继承了清朝入关冀创的统一大业,由于他的励精图治,终于使中国在非汉族统治之下形成了封建社会后期的繁荣富强的局面。康熙一生的大事很多,简单说,最重要的有几方面:一、宣布停止圈地,限制满族扩张自己的利益,以缓和民族矛盾。二、削藩,平定三藩政权,其后又消灭台湾郑氏政权,使全国版图归于完整。三、驱逐盘踞在黑龙江流域的沙俄侵略军,订立《尼布楚条约》。四、前后三次平定准噶尔部的叛乱,巩固了多民族国家的统一。五、重视农业、治理黄河、运河;进行全国性的土地测量。六、节约开支,鼓励文化事业,重视科学技术,是中国古代对自然科学有兴趣的少数帝王之一。自然,在他统治的时期,封建社会中的黑暗面仍然相当严重地存在,这是毋庸讳言的。《圣祖本纪》是他一生活动的轮廓,更多的内容还需要参阅其他材料才能得到更完整的认识。不过,仅从所记述的不断奔波劳碌和实行的利民措施来看,这位皇帝已不愧为一位雄主明君。

【原文】

圣祖合天弘运文武睿哲恭俭宽裕孝敬诚信功德大成仁皇帝,讳玄烨,世祖第三子也。母孝康章皇后佟佳氏,顺治十一年三月戊申诞上于景仁宫。天表英俊,岳立声洪。六龄,偕兄弟问安。世祖问所欲。皇二子福全言:"愿为贤王。"帝言:"愿效法父皇。"世祖异焉。

顺治十八年正月丙辰,世祖崩,帝即位,年八岁,改元康熙。遗诏索尼、苏克萨哈、遏必隆、鳌拜四大臣辅政。

二月癸未,上释服。乙未,诛有罪内监吴良辅,罢内官。丙申,以嗣简亲王济度子德塞袭爵。

三月丙寅,诏曰:"国家法度,代有不同。太祖、太宗创制定法,垂裕后昆。今或满、汉参差,或前后更易。其详考成宪,勒为典章,集议以闻。"

四月,予殉葬侍卫傅达理祭葬。甲申,命湖广总督驻荆州。乙酉,命将军线国安统定南部军镇广西。丙戌,以拉哈达为工部尚书。癸卯,安南国王黎维祺遣使入贡。丙午,大学士洪承畴乞休,允之,予三等轻车都尉世职。戊申,赐马世俊等三百八十三人进士及第出身有差。

五月,罢各省巡按官。己巳,以高景为工部尚书,刘良佐为江安提督。乙亥,安南叛臣莫敬耀来归,封归化将军。

六月己卯,江苏巡抚朱国治疏言苏省通赋绅衿一万三千五百十七人,下部斥黜有差。辛巳,黑龙江飞牙喀部十屯来归。庚寅,以嗣信郡王铎尼子鄂扎袭爵。癸巳,大学士傅以渐乞休,允之。丁酉,罢内阁,复内三院。戊戌,吴三桂进驯象五,却之。诏停直省进献。

闰七月庚辰,以车克为吏部尚书,阿思哈为户部尚书。甲午,以傅维鳞为工部尚书。壬寅,予苏松提督梁化凤男爵。

八月甲寅,达赖喇嘛请通市,许之。

九月丁未,以卞三元为云南总督,李栖凤为广东总督,郎廷佐为江南总督,梁化凤为江南提督。

康熙

十月己酉,以林起龙为漕运总督。诛降将郑芝龙及其子世恩、世荫。辛酉,裁顺天巡抚。山东民于七作乱,逮问巡抚许文秀,总兵李永盛、范承宗,命靖东将军济世哈讨平之。

十一月丙子朔,上亲祀天于圜丘。己亥,世祖章皇帝升祔太庙。甲辰,湖南巡按御史仵劭昕坐赃弃市。

十二月丙午,平西王吴三桂、定西将军爱星阿会报大军入缅,缅人执明永历帝朱由榔以献。明将白文选降。班师。丁卯,宗人府进玉牒。

是岁免直隶、江南、河南、浙江、湖广、陕西各州县被灾额赋有差。朝鲜遣使进香入贡。

康熙元年壬寅春正月乙亥朔。乙酉,享太庙。庚寅,录大学士范文程等佐命功,官其子承谟等俱内院学士。

二月壬子,太皇太后万寿节,上率群臣朝贺。

三月,以滇南平,告庙祭陵,赦天下。辛卯,万寿节。己亥,遣官安辑浙江、福建、广东新附官民。

夏四月丙辰,上太祖、太宗尊谥。

五月戊寅,夏至,上亲祭地于方泽。

六月丁未,命礼部考定贵贱等威。

秋七月壬申朔,以车克为大学士,宁古礼为户部尚书,张杰为浙江提督,施琅为福建提督。

八月辛丑朔,大学士金之俊罢。

九月裁延绥巡抚。

冬十月壬寅,以成克巩为大学士。癸卯,尊皇太后为太皇太后。尊皇后为仁宪皇太后,母后为慈和皇太后。

十一月辛巳,冬至,祀天于圜丘,免朝贺。

十二月辛酉,命吴三桂总管云南、贵州两省。

是岁,天下户丁一千九百一十三万七千六百五十二,征银二千五百七十二万四千一百二十四两零。盐课银二百七十二万一千二百一十二两零。铸钱二万九千万有奇。免直隶、江南各州县灾赋有差。朝鲜入贡。

二年癸卯春正月己亥,广东总督卢崇峻请封民船济师,斥之。

二月庚戌,慈和皇太后佟佳氏崩。

三月,荷兰国遣使入贡,请助师讨台湾,优赉之。

五月丙子,以孙廷铨为大学士。乙酉,云南开局铸钱。丙戌,诏天下钱粮统归户部,部寺应用,俱向户部关领,著为令。戊子,以魏裔介为吏部尚书。甲午,恭上大行慈和皇太后尊谥曰孝康慈和庄懿恭惠崇天育圣皇后。

六月,葬世祖章皇帝于孝陵,孝康皇后、端敬皇后祔焉。戊申,以龚鼎孳为左都御史。乙卯,故明将李定国子嗣兴来降。乙丑,以哈尔库为浙江提督。

八月癸卯,诏乡、会试停制义,改用策论,复八旗翻译乡试。甲寅,命穆里玛为靖西将军,图海为定西将军,率禁旅会四川、湖广、陕西总督讨郧阳逋贼李来亨、郝摇旗等。

冬十月壬寅,耿继茂、施琅会荷兰师船剿海寇,克厦门,取浯屿、金门二岛,郑锦遁于台湾。

十一月,诏免诸国贡使土物税。乙酉,冬至,祀天于圜丘。

十二月壬戌,祫祭太庙。

是岁,免直隶、江南、江西、河南、陕西、浙江、湖广、四川、云南、贵州等省二百七十余州县灾赋。朝鲜入贡进香。

三年甲辰春正月,赐朝正外藩银币鞍马。

二月壬寅,巡盐御史张吉午请增长芦盐引。斥之。

三月丙子,耿继茂等拔铜山。丙戌,赐严我斯等一百九十九人进士及等出身有差。

夏四月己亥,辅臣等诬奏内大臣飞扬古子侍卫倭赫擅骑御马,飞扬古怨望,并弃市,籍其家,鳌拜以予其弟穆里玛。遣尚书喀兰图赴科尔沁四十七旗莅盟。戊申,裁郧阳抚治。

五月甲子,诏州县私派累民,上官容隐者并罪之。

六月庚申,诏免顺治十五年以前逋赋。

闰六月乙酉,以王弘祚为刑部尚书。丙戌,以汉军京官归入汉缺升转。

秋七月丁未,以施琅为靖海将军,征台湾。

八月甲戌,浙江总督赵廷臣疏报擒获明臣张煌言。己卯,穆里玛、图海疏报进剿勋阳茅麓山李来亨、郝摇旗,俱自焚,贼平。

九月癸丑,发仓粟赈给八旗庄田。乙卯,以查克旦为领侍卫内大臣。

十一月壬辰,冬至,祀天于圜丘。丁未,以魏裔介为大学士,杜立德为吏部尚书,王弘祚为户部尚书,龚鼎孳为刑部尚书。

十二月戊午朔，日有食之。丙戌，祫祭太庙。是月，彗星见张宿、井宿、胃宿、奎宿，金星见，给事中杨雍建请修省。

是岁，免直隶、江南、江西、山东、陕西、浙江、福建、湖广、贵州等省一百二十一州县被灾额赋有差。朝鲜入贡。

四年乙春正月壬辰，以郝惟讷为左都御史。己亥，停榷关溢额奖叙。辛丑，封承泽亲王硕色子博翁果诺为惠郡王。致仕大学士洪承畴卒，予祭葬，谥文襄。

二月乙丑，太皇太后圣寿，免朝贺。己巳，吴三桂疏报剿平水西乌撒土司，擒其酋安坤、安重圣。丙戌，以星变诏臣工上言阙失。御史董文骥疏言大臣更易先皇帝制度，非是，宜一切复旧。

三月戊子，京师地震有声。辛卯，金星昼见。以星变地震肆赦，免逋赋。山西旱，有司不以闻，下吏部议罪，免其积逋及本年额赋。壬辰，诏禁州县预征隔年税粮。丙申，诏曰："郡县灾荒，有司奏请蠲赋，而小民先期已完，是泽不下逮也。自今被灾者，预缓征额赋十之三。"甲辰，万寿节，免朝贺。丙午，修历代帝王庙。太常寺少卿钱綎请简老成耆德博通经史者数人，出入侍从，以备顾问。

夏四月丙寅，诏凡灾伤免赋者并免丁徭。戊辰，诏卿贰督抚员缺，仍廷推。

五月丁未，置直隶总督，兼辖山东、河南。裁贵州总督归云南，广西总督归广东，江西总督归江南，山西总督归陕西，凤阳、宁夏、南赣巡抚悉裁之。

六月乙丑，诏父子兄弟同役，给复一年。

秋七月己酉，吏部以山西征粮如额，请议叙。诏曰："曩以太原诸处旱灾饥馑，督抚不以闻，议罪。会赦得原。岂可仍以催科报最。惟未被灾之地方官，仍予纪录。"

八月庚午，诏赃官遇赦免罪者，不许复职。

九月辛卯，册赫舍里氏为皇后，辅臣索尼之孙女也。上太皇太后、皇太后尊号，加恩中外。

冬十月癸亥，上幸南苑校射行围。甲戌，还宫。

十一月丁酉，祀天于圜丘。

十二月庚辰，祫祭太庙。

是岁，免直隶、江南、江西、山东、河南、浙江、广东、贵州等省一百二十一州县卫灾赋有差。朝鲜、琉球、暹罗入贡。索伦、飞牙喀人来归。

五年丙午春正月庚寅，以广东旱，发谷七万石赈之。以承泽亲王硕色子恩克布嗣爵。

二月壬子朔，置平远、大定、黔西三府。丁巳，以十二月中气不应，诏求明历法者。乙丑，诏自今汉军官丁忧，准解任持三年丧。

三月，以胡拜为直隶总督。

五月丙午，以孙延龄为广西将军，接统定南部军驻桂林。

六月庚戌朔，日有食之。癸酉，傅维麟病免，以郝惟讷为工部尚书。辛未，诏崇文门凡货物出京者弛其税。

秋七月庚辰朔，以朱之弼为左都御史。辛巳，琉球来贡，并补进漂失前贡。上嘉其恭顺,命还之,自今非其国产勿以贡。

八月己酉,给事中张维赤疏请亲政。

九月丁亥,上行围南苑。癸卯,还宫。礼部尚书沙澄免。以梁清标为礼部尚书,龚鼎孳为兵部尚书,郝惟讷为刑部尚书,朱之弼为工部尚书。

冬十月,诏起范承谟为秘书院学士。

十一月丙申,辅臣鳌拜以改拨圈地,诬奏大学士管户部尚书苏纳海、直隶总督朱昌祚、巡抚王登联等罪,逮下狱。四大臣之辅政世,皆以勋旧。索尼年老,遏必隆暗弱,苏克萨哈望浅,心非鳌拜所为而不能争。鳌拜横暴,又宿将多战功,叙名在末,而遇事专横,屡兴大狱,虽同列亦侧目焉。

十二月丙寅,鳌拜矫旨杀苏纳海、朱昌祚、王登联。甲戌,祫祭太庙。

是岁,免直隶、江南、江西、河南、陕西、浙江、湖广等省八十六州县灾赋有差。朝鲜、琉球入贡。

六年丁未春正月己丑,封世祖第二子福全为裕亲王。丁酉,上幸南苑行围。以明安达礼为礼部尚书。

二月癸亥,晋封故亲王尼堪子贝勒兰布为郡王。丁卯,以宗室公班布尔善为大学士。起图海复为大学士。锡故总督李率泰一等男爵。

三月己亥,赐缪彤等一百五十人进士及第出身有差。

夏四月甲戌,加索尼一等公。甲子,江南民人沈天甫撰逆诗诬告人,诛之。被诬者皆不论。御史田六善言奸民告讦,于南人不曰"通海",则曰"逆书",北人不曰"于七党",则曰"逃人",请鞫诬反坐。从之。

五月辛酉,吴三桂疏辞总理云南、贵州两省事。从之。

六月己亥,禁采办楠木官役生事累民。

秋七月己酉,上亲政,御太和殿受贺,加恩中外,罪非殊死,咸赦除之。是日,始御乾清门听政。甲寅,命武职官一体引见。己未,辅臣鳌拜擅杀辅臣苏克萨哈及其子姓。癸亥,赐辅臣遏必隆、鳌拜加一等公。

九月丙午,命修《世祖实录》。

冬十月己卯,盛京地震有声。

十一月丁未,冬至,祀天于圜丘。奉世祖章皇帝配飨。丁巳,加上太皇太后、皇太后徽号。

十二月丙戌,以塞白理为广东水师提督。戊子,以马尔赛为户部增设尚书。戊戌,祫祭太庙。

是岁,免直隶、江南、江西、山东、山西、陕西、甘肃、浙江、福建、湖广等省一百六十州县灾赋有差。朝鲜、荷兰入贡。

七年戊申春正月戊申,以莫洛为山西陕西总督,刘兆麒为四川总督。戊午,加鳌拜、遏必隆太师。

二月辛卯,上幸南苑。

三月丁未，诏部院官才能卓越，升转毋拘常调。

夏四月庚辰，浙江嘉善民郁之章有罪遣戍，其子褒、广叩阍请代。上并宥之。

五月壬子，以星变地震，下诏修省，谕戒臣工。

六月癸酉，金星昼见。丁亥，平南王尚可喜遣子之信入侍。

秋七月戊午，前漕运总督吴维华请征市镇间架钱，洲田招民出钱佃种。上恶其言利，下刑部议罪。庚申，以夸岱为满洲都统。

八月壬申，户部尚书王弘祚坐失察书吏伪印盗帑免。

九月庚子，以吴玛护为奉天将军，额楚为江宁将军，瓦尔喀为西安将军。壬寅，上将巡边，侍读学士熊赐履、给事中赵之符疏谏。上为止行，仍令遇事直陈。

冬十月，定八旗武职人员居丧百日，释缟任事，仍持服三年。庚午，上幸南苑。

十一月癸丑，冬至，祀天于圜丘。

十二月癸酉，以麻勒吉为江南总督，甘文焜为云南贵州总督，范承谟为浙江巡抚。癸巳，袷祭太庙。

是岁，免奉天、直隶、江南、山东、河南、浙江、陕西、甘肃等省二百十六州县灾赋有差。朝鲜、安南、暹罗入贡。

八年己酉春正月戊申，修乾清宫，上移御武英殿。

二月庚午，命行南怀仁推算历法。庚午，上巡近畿。

三月辛丑，以直隶废藩田地予民。

夏四月癸酉，卫周祚免，以杜立德为大学士。丁丑，上幸太学，释奠先师孔子，讲《周易》《尚书》。丁巳，给事中刘如汉请举行经筵。上嘉纳之。

五月乙未，以黄机为吏部尚书，郝惟讷为户部尚书，龚鼎孳为礼部尚书，起王弘祚为兵部尚书。戊申，诏逮辅臣鳌拜交廷鞫。上久悉鳌拜专横乱政，特虑其多力难制，乃选侍卫、拜唐阿年少有力者为扑击之戏。是日，鳌拜入见，即令侍卫等掊而絷之。于是有善扑营之制，以近臣领之。庚申，王大臣议鳌拜狱上，列陈大罪三十，请族诛。诏曰："鳌拜愚悖无知，诚合夷族。特念效力年久，迭立战功，贷其死，籍没拘禁。"其弟穆里玛、塞本得，从子讷莫，其党大学士班布尔善，尚书阿思哈、噶褚哈、济世，侍郎泰壁图，学士吴格塞皆诛死。余坐遣黜。其弟巴哈宿卫淳谨，卓布泰有军功，免从坐。嗣敬谨亲王兰布降镇国公。褫遏必隆太师、一等公。

六月丁卯，诏曰："朕夙夜求治，念切民依。迩年水旱频仍，盗贼未息，兼以贪吏朘削，民力益殚，朕甚悯焉。部院科道诸臣，其以民间疾苦，作何裨益，各抒所见以闻。"戊辰，敕改造观象台仪器。壬申，诏复辅臣苏克萨哈官及世职，其从子白尔图立功边徼，被枉尤酷，复其世职，均令其子承袭。戊寅，诏满兵有规占民间房地者，永行禁止，仍还诸民。以米思翰为户部尚书。戊子，诏宗人有罪，遽绝属籍，心有不忍。自顺治十八年以来，宗人削籍者，宗人府详察以闻。

秋七月壬辰朔，裁直隶山东河南总督。壬寅，诏复大学士苏纳海、总督朱昌祚、巡抚王登联原官，并予谥。

八月甲申，以索额图为大学士，明珠为左都御史。

九月甲午，京师地震有声。丁未，以勒贝为满洲都统，塞白理为浙江提督，毕力克图为蒙古都统。

冬十月甲子，上幸南苑，诏行在勿得借用民物。卢沟桥成，上为文勒之石。

十一月己亥，先是山西陕西总督莫洛、陕西巡抚白清额均作鳌拜党罢。至是，西安百姓叩阍称其清廉，乞还任。诏特许之。壬子，太和殿、乾清宫成，上御太和殿受贺，入居乾清宫。

十二月己卯，显亲王福寿薨。丁亥，祫祭太庙。

是岁，免直隶、江南、河南、山西、陕西、湖广等省四十五州县灾赋有差。朝鲜、琉球入贡。

九年庚戌春正月丙申，予宋儒程颢、程颐后裔《五经》博士。丁酉，飨太庙。辛丑，祈谷于上帝，奉太祖高皇帝、太宗文皇帝、世祖章皇帝配飨。起遏必隆公爵，宿卫内廷。己酉，诏明藩田赋视民田输纳。壬子，上幸南苑。

二月癸酉，以金光祖为广东广西总督，马雄镇为广西巡抚。癸未，诏尚阳堡、宁古塔流徙人犯，值十月至正月俱停发。

三月辛酉，赐蔡启僔等二百九十二人进士及第出身有差。

夏四月己丑，以蔡毓荣为四川湖广总督。己亥，上幸南苑。

五月丙辰朔，加上孝康章皇后尊谥，升祔太庙，颁发恩诏，访隐逸，赐高年，赦殊死以下。丙子，纂修《会典》。

六月丙戌朔，以席卜臣为蒙古都统。丁酉，以故显亲王福寿子丹臻袭爵。己酉，命大学士会刑部录囚。

秋七月丁巳，以王辅臣为陕西提督。丁巳，奉祀孝康章皇后于奉先殿。

八月戊子，祭社稷坛。诏都察院纠察陪祀王大臣班行不肃者。乙未，复内阁，复翰林院。丁酉，上奉太皇太后、皇太后有事于孝陵。壬子，车驾还宫。

九月庚申，以简亲王济度子喇布袭爵。

冬十月庚巳，颁《圣谕》十六条。甲午，改内三院，复中和殿、保和殿、文华殿大学士。丁酉，谕礼部举经筵。

十一月癸酉，以艾元征为左都御史。壬午，以中和殿大学士魏裔介兼礼部尚书。

十二月癸卯，以莫洛为刑部尚书。辛亥，祫祭太庙。

是岁，免河南、湖广、江南、福建、广东、云南等省二百五十三州县卫灾赋有差。朝鲜入贡。

十年辛亥春正月丁卯，蒙古苏尼特部、四子部大雪饥寒，遣官赈之。癸酉，封世祖第五子常宁为恭亲王。庚辰，大学士魏裔介罢。以曹申吉为贵州巡抚。

二月丁酉，以冯溥为大学士，以梁清标为刑部尚书。乙巳，召宗人觉罗年七十以上赵班等四人入见，赐朝服银币。戊申，命编纂《孝经衍义》。庚戌，以尼雅翰为满洲都统。

三月壬子朔，告诫年幼诸王读书习骑射，勿恃贵纵恣。癸丑，置日讲官。庚年，以无雨风霾，下诏修省。

夏四月乙酉，命纂修《太祖》《太宗圣训》。诏宗人闲散及幼孤者，量予养赡，著为令。丙戌，诏清理庶狱，减矜疑一等。辛卯，始开日讲。壬辰，上诣天坛祷雨。甲午，雨。

五月庚早，理藩院尚书喀兰图乞休，加太子太保，以内大臣奉朝请。癸酉，上幸南苑。

六月丁亥，以靳辅为安徽巡抚。甲午，金星昼见。是月，靖南王耿继茂卒，子精忠袭封，仍镇福建。

八月己卯朔，日有食之。丁未，上御经筵。戊申，以王文鼎为江南提督。

九月庚戌，上以寰宇一统，告成于二陵。辛亥，上奉太皇太后、皇太后启銮。蒙古科尔沁、喀喇沁、土默特、敖汉诸部王、贝勒、公朝行在。丁卯，谒福陵、昭陵。戊辰，祭福陵，行告成礼。庚午，祭昭陵，行告成礼。辛未，上幸盛京，御清宁宫，赐百官宴，八十以上召前赐酒。大赉奉天、宁古塔甲士及于伤废老病者白金，民间高年亦如之。曲赦死罪减一等，军流以下释之。山海关外跸路所经，勿出今年明年租赋。遣官祭诸王诸大臣墓。壬申，上自盛京东巡。

冬十月辛巳，驻跸爱新。召宁古塔将军巴海，谕以新附瓦尔喀、虎尔哈宜善抚之。己丑，上回跸盛京，再赐老人金。辛卯，谒福陵、昭陵。命文武官较射。命来朝外藩较射。壬辰，上奉太皇太后、皇太后回銮。

十一月庚戌，还京。壬申，以明珠为兵部尚书。

十二月丙午，祫祭太庙。

是岁，免直隶、江南、江西、浙江、山东、河南、陕西、湖广等省三百二州县卫灾赋逋赋有差。朝鲜、琉球入贡。

十一年壬子春正月辛未，上奉太皇太后幸赤城汤泉，过八达岭，亲扶慈辇，步行下山。

二月戊寅，奉太皇太后至汤泉。辛卯，上回京。丙申，亲耕藉耤田。丁酉，朝日于东郊。戊戌，上诣赤城。

三月戊辰，上奉太皇太后还宫。

夏四月乙巳，命侍卫吴丹、学士郭廷祚巡视河工。

五月乙丑，《世祖实录》成。丙寅，上出德胜门观麦。

六月庚寅，命更定《赋役全书》。

秋七月己酉，论征缅甸、云南、贵州功，予何建忠等一百二十七人世职。丙辰，上观禾。御史孟雄飞疏言孙可望穷蹙来归，滥膺王封。及伊身死，已袭二次。今孙征淳死，宜令降袭。诏降袭慕义公。

闰七月，复封尚善为贝勒。丁亥，诏治狱勿用严刑轻毙人命，违者罪之。

八月壬子，上幸南苑行围。癸丑，诏曰："帝王致治，在维持风化，辨别等威。比来官员服用奢僭，竞相效尤。其议禁之。"庚申，上御经筵。壬戌，上奉太皇太后幸遵化汤泉。甲子，阅蓟州官兵较射。丁卯，上谒孝陵。

九月丁丑，阅遵化兵、三屯营兵。

冬十月甲辰，上奉太皇太后还宫。壬子，命范承谟为福建总督。

十一月辛丑，上幸南苑，建行宫。

十二月丁未，裕亲王福全、庄亲王博果铎、惠郡王博翁果诺、温郡王孟峨疏辞议政。允之。戊午，上召讲官谕曰："有人请令言官风闻言事。朕思切中事理之言，患其不多。若借端生事，倾陷扰乱，深足害政。与民休息，道在不扰。虚耗元气，则民生蹙矣。"己未，康亲王杰书，安亲王岳乐疏辞议政。不许。庚午，祫祭太庙。

是岁免直隶、江南、浙江、山东、山西、河南、湖广等省一百四十一州县卫灾赋有差。朝鲜入贡。

十二年癸丑春正月庚寅，上幸南苑，大阅。

二月辛亥，以吴正治为左都御史。壬子，上御经筵，命讲官日直。戊辰，赐八旗官学翻译《大学衍义》。

三月丁丑，上视麦。壬午，平南王尚可喜请老，许之；请以其子之信嗣封镇粤，不许，令其撤藩还驻辽东。癸巳，赐韩菼等一百六十六人进士及第出身有差。

夏四月丁巳，遣官封暹罗国王。

五月壬申，学士傅达礼等请以夏至辍讲。上曰："学问之道，宜无间断。其勿辍。"

六月壬寅，起张朝珍为湖广巡抚，李之芳为浙江总督。丁未，上御瀛台，召群臣观荷赐宴。丁卯，禁八旗以奴仆殉葬。

秋七月庚午，平西王吴三桂疏请撤藩。许之。丙子，嗣靖南王耿精忠疏请撤藩。许之。壬午，命重修《太宗实录》。

八月丁未，试汉科道官于保和殿，不称职都罢。壬子，遣侍郎折尔肯、学士傅达礼往云南，尚书梁清标位广东，侍郎陈一炳往福建，经理撤藩。丁巳，谕礼部："祭祀大典，必仪文详备，乃可昭格。其稽古典礼酌议以闻。"

九月戊辰，礼部尚书龚鼎孳乞休。允之。乙亥，京师地震，诏修省。

冬十月壬寅，以王之鼎为京口将军。己酉，上幸南苑行围。

十一月丁卯，故明宗室朱议㳠以蓄发论死。得旨免死入旗，给与妻室房地。庚午，诏民间垦荒田亩，以十年起科。

十二月壬子，以姚文然为左都御史。吴三桂反，杀云南巡抚朱国治，贵州提督李本深、巡抚曹申吉俱降贼，总督甘文焜死之。丙辰，反问至，命前锋统领硕岱率禁旅守荆州。丁巳，召梁清标、陈一炳还，停撤二藩。命加孙延龄抚蛮将军，线国安为都统，镇广西。命西安将军瓦尔喀进守四川。京师民杨起隆伪称朱三太子，图起事。事发觉，起隆逸去。捕诛其党。诏奸民作乱已平，勿株连，民勿惊避。己未，命顺承郡王勒尔锦为宁南靖寇大将军，讨吴三桂。执三桂子额驸吴应熊下之狱。庚申，命副都统马哈达帅师驻兖州，扩尔坤驻太原，备调遣。辛酉，命直省巡抚仍管军务。壬戌，诏削吴三桂爵，宣示中外。命都统赫业为安西将军，会瓦尔喀守汉中。以倭内为奉天将军。吴三桂陷辰州。甲子，祫祭太庙。

是岁，免直隶、山东、安徽、浙江、湖广等省二十六州县卫灾赋有差。朝鲜、安南入贡。

十三年甲寅春正月乙亥，勒尔锦师行。庚辰，吴三桂陷沅州。丁亥，偏沅巡抚卢震弃长沙遁。己丑，以提督佟国瑶守郧阳。总兵吴之茂以四川叛，巡抚罗森、提督郑蛟麟降之。命总兵徐治都还守夷陵。庚寅，封世祖第七子隆禧为纯亲王。以席卜臣为镇西将军，守西安。

二月乙未朔，太皇太后颁内帑犒军。丁酉，钦天监新造仪象成。壬寅，贼犯澧州，守卒以城叛，提督桑峨退荆州，陷常德。命镇南将军尼雅翰率师守武昌。癸丑，上御经筵。以赵赖为贵州提督。甲寅，吴三桂陷长沙，副将黄正卿叛应之，旁陷衡州。命都统觉罗朱满守岳州，未至，岳州失。辛酉，命刑部尚书莫洛加大学士衔，经略陕西。孙延龄以广西叛，杀都统王永年，执巡抚马雄镇幽之。

三月乙丑，命整饬驿站，每四百里置一笔帖式，接递军报，探发塘报。命左都御史多诺等军前督饷。戊辰，吴三桂将犯夷陵，勒尔锦遣兵击败之。庚午，以额驸华善为安南将军，镇京口。庚辰，耿精忠反，执福建总督范承谟幽之，巡抚刘秉政降贼。癸未，郧阳副将洪福叛，提督佟国瑶击败之。壬辰，襄阳总兵杨来嘉以谷城叛。命希尔根为定南将军，尚书哈尔哈齐副之。命舒恕、桑遏、根特、席布率师赴江西。甲午，西安将军瓦尔喀克阳平关。

夏四月癸卯，调西安副都统德业立守襄阳。丁未，吴三桂子应熊、孙世霖伏诛。初，三桂仓卒起兵，而名义不扬，中悔。至澧州，颇前却。至是，方食闻报，惊曰："上少年乃能是耶？事决矣！"推食而起。诏削孙延龄职。以阿密达为扬威将军，驻江宁，赖塔为平南将军，赴杭州。甲寅，潮州总兵刘进忠以城叛。戊午，以根特为平寇将军，赴广西讨孙延龄。河北总兵蔡禄谋叛，命阿密达袭诛之。辛酉，诏削耿精忠爵。癸亥，诏以分调禁旅遣将分防情形寄示平南王尚可喜。

五月丙寅，皇子胤礽生，皇后赫舍里氏崩。戊寅，安西将军赫业等败吴之茂于札阁堡，复朝天关。壬午，浙江平阳兵变，执总兵蔡朝佐，应耿精忠将曾养性，围瑞安。命赖塔进兵讨之，壬辰，副都统德业立败洪福于武当。

六月丙午，命贝勒尚善为安远靖寇大将军，率师赴岳州，贝子准达赴荆州。庚戌，总兵祖弘勋以温州叛。金华副将牟大寅败耿精忠将于常山。壬子，命将军喇哈达守杭州。乙卯，命康亲王杰书为奉命大将军赴浙江，贝勒洞鄂为定西大将军赴四川。浙江温州、黄岩、太平诸营相继叛。命喇哈达守台、宁。

七月辛未，以郎廷佐为福建总督，段应举为提督。癸酉，赖塔败耿精忠将于金华。是时精忠遣其大将马九玉、曾养性犯浙江，白显忠犯江西，所至土匪蜂应，江西尤甚。南瑞总兵杨富应贼，董卫国诛之。丁亥，贝勒察尼大战贼将吴应麒于岳州七里山，败之。

八月壬寅，平寇将军根特卒于军，以哈尔哈齐代之。海澄公黄梧卒，子芳度袭爵，守漳州。乙巳，金光祖报孙延龄陷梧州，督兵复之。丙午，上幸南苑。

九月壬戌，上御经筵，命每日进讲如常。耿精忠将以土寇陷清溪、徽州，江宁将军额楚，统领巴尔堪击走之，连战入江西，复乐平等县。命硕塔等驻安庆。辛未，麻城土寇邹君升等作乱，知府于成龙讨平之。命简亲王喇布为扬威大将军，率师赴江西，侍卫坤为振武将军副之。广西提督马雄叛，命安亲王岳乐为定远平寇大将军，率师赴广东，宗室瓦山、觉罗画特副之。

冬十月壬辰,喇布师行。丙申,岳乐师行。壬寅,上奉太皇太后幸南苑。辛亥,还宫。

十一月庚申朔,莫洛报吴之茂兵入朝天关,饷路中阻,洞鄂退守西安。命移西安军守汉中,河南军守西安。

十二月庚寅朔,杰书大败曾养性于衢州,又败之于台州。王辅臣叛,经略莫洛死之。上议亲征。王大臣以京师根本重地,太皇太后年高,力谏乃止。征盛京兵、蒙古兵分诣军前。丁未,命尚可喜节制广东军事。戊午,祫祭太庙。

是岁,免直隶、江南、山东、河南、陕西等省七十八州县灾赋有差。朝鲜、琉球入贡。

十四年乙卯春正月辛酉,尚可喜报贼犯连州,官兵击败之。戊辰,晋封尚可喜平南亲王,命其子之孝佩大将军印讨贼。

二月癸巳,下诏切责贝勒洞鄂退缩失机,饬令速定平凉、秦州以通栈道。乙巳,康亲王杰书遣兵复处州,进复仙居。王辅臣陷兰州。西宁总兵王进宝大战于新城,围兰州。洞鄂复陇州关山关。

三月己未朔,叛将杨来嘉犯南漳,总兵刘成龙击走之。戊辰,饶州贼犯祁门,巡检张行健被执不屈,死之。丁丑,命张勇为靖逆将军,会总兵孙思克等讨王辅臣。贼陷定边城,命提督陈福驻宁夏讨贼。丁亥,蒙古布尔尼反,命信郡王鄂扎为抚远大将军,大学士图海为副将军,讨平之。戊子,以熊赐履为大学士。

夏四月己丑,以勒德洪为户部尚书。署护军统领郎肃等剿耿寇于五桂寨,斩级两万,复余千。乙未,封张勇靖逆侯,王进宝一等男。戊戌,以左都督许贞镇抚州、建昌、广信。戊申,王辅臣遣兵援秦州,官兵迎击败之。辛亥,上谕:"侍臣进讲,朕乃覆讲,互相讨论,庶有发明。"癸丑,王进宝复临洮,孙思克复靖远。戊午,绍兴知府许弘勋招抚降众五万人。

五月庚午,察哈尔左翼四旗来归。庚辰,命毕力克图援榆林。王辅臣兵陷延安、绥德。甲申,张勇复洮、河二州。

闰五月癸巳,上幸玉泉山观禾。杨来嘉、洪福陷谷城。斩守城不力之副将马郎阿以徇,削总兵金世需职,随军效力。壬子,额楚复广信。乐平土寇复陷饶州,将军希尔根击之,复饶州。

六月,毕力克图复吴堡,复绥德。丁丑,命将军舒恕援广东。己卯,命振武将军佛尼勒开栈道援汉中。庚辰,上幸南苑行围。壬午,张勇功巩昌。江西官军攻石峡,失利,副都统雅赖战死。甲申,克兰州。毕力克图复延安。以军兴停陕西、湖广乡试。

七月乙巳,陈福剿定边,斩贼将朱龙。庚戌,江西官兵复浮梁、乐平、宜黄、崇仁、乐安诸县。

八月戊午,上幸南苑行围。洞鄂、毕力克图、阿密达会攻王辅臣,斩贼将郝天祥。傅喇塔复黄岩。壬申,上奉太皇太后幸汤泉。甲申,上还京,御经筵。

九月,上次昌平,诣明陵,致奠长陵,遣官分奠诸陵。丙申,上奉太皇太后还宫。辛丑,诏每岁正月停刑,著为令。

冬十月癸亥,康亲王兵复太平、乐清诸县。丙寅,上谒孝陵。戊辰,祭孝陵。乙亥,还宫。陈福及王辅臣战于固原,不利,副将太必图战没。论平布尔尼功,封赏有差,及助顺蒙古王贝勒沙津以次各晋爵,罚助逆奈曼等部。

十一月癸巳,贝勒察尼复兴山。丁酉,复设詹事府官。壬寅,叛将马雄纠吴三桂兵犯高州,连陷廉州。命简亲王喇布自江西援广东。是月,郑锦攻陷漳州,海澄公黄芳度死之,戕其家。

十二月丙寅,立皇子胤礽为皇太子,颁诏中外,加恩肆赦。乙亥,以勒尔锦师久无功,夺其参赞巴尔布以下职。宁夏兵变,提督陈福死之。壬午,祫祭太庙。

是岁,免湖广、河南七府五州县灾赋有差。朝鲜入贡。

十五年丙辰春正月丁亥,以王进宝为陕西提督,驻秦州。甲午,以建储恭上太皇太后、皇太后徽号。乙未,升宁夏总兵官为提督,以赵良栋为之。辛丑,上幸南苑行围。

二月丁巳,诏军中克城禁杀掠。壬戌,命大学士图海为抚远大将军,统辖全秦,自贝勒洞鄂以下咸受节制。癸酉,上如巩华城,谕扈从勿践春田。乙亥,吴三桂将高大杰陷吉安。戊寅,安亲王岳乐击三桂将于萍乡,败之,复萍乡。辛巳,上御经筵。赠死事副将张国彦太子太保,予世职。

三月癸未,赠海澄公黄芳度郡王。丙戌,王进宝、佛尼勒大败吴之茂于北山。庚寅,傅喇塔围温州,曾养性、祖弘勋悉众来犯,副都统纪尔他布击走之。辛卯,岳州水师克君山。庚子,勒尔锦渡江与三桂之众战,迭败之。乙巳,赐彭定求等二百九人进士及第出身有差。己酉,勒尔锦与三桂之众战于太平街,不利,退守荆州。壬子,移赵赖提督江西。

夏四月辛丑,马雄、祖泽清纠滇贼犯广东。尚可喜老病不能军,屡疏告急,援兵不时至。至是,贼逼广州,尚之信劫其父以降贼。总督金光祖,巡抚佟养钜、陈洪明,提督严自明俱从降。福建巡抚杨熙、总兵拜音达夺门出。舒恕、莽依图退至江西。上闻广东变作,命移兵益江西。

五月壬午朔,日有食之。乙酉,复设郧阳抚治,以杨茂勋任之。丙戌,鄂罗斯察汉汗使人来贡。己亥,抚远大将军图海败王辅臣于平凉。

六月壬子朔,王辅臣降,图海以闻。诏复其官,授靖寇将军,立功自效,诸将弁皆原之。己卯,耿继善弃建昌遁。上谕杰书曰:"耿精忠自撤其兵,显为海寇所逼。其乘机速进。"

七日辛巳朔,赐鄂罗斯使臣鞍马服物。大学士熊赐履免。以慕天颜为江苏巡抚。庚子,以姚文然为刑部尚书,郎廷相为福建总督。振武将军佛尼勒会张勇、王进宝击吴之茂于秦州,大败之,贼众宵遁。

八月甲寅,穆占复礼县。壬戌,上奉太皇太后幸汤泉。乙亥,赖塔击马九玉于衢州,复江山,九玉弃军遁。

九月庚辰朔,赖塔进击马九玉,破之,复常山。进攻仙霞关,贼将金应虎迎降,复浦城,连下建宁。癸未,张勇复阶州。乙未,耿精忠戕前总督范承谟。山西巡抚达尔布有罪免。丙午,命穆占为征南将军,移军湖广。

冬十月辛酉，上奉太皇太后还宫。乙丑，康亲王杰书师次延平，贼将耿继美以城降。耿精忠遣子显祚献伪印乞降，杰书入福州，疏闻，上命复其爵，从征海寇自效。其将曾养性、叛将祖弘勋俱降。浙江官兵复温、处二府。撤兖州屯兵。癸酉，命讲官进请《通鉴》。

十一月丙戌，海寇犯福州，都统喇哈达击败之。丙申，官兵围长沙。宁海将军贝子傅拉塔卒于军。

十二月壬子，遣耿昭忠为镇平将军，驻福州，分统靖南藩军。叛将严自明犯南康，舒恕击走之。丁巳，尚之信使人诣简亲王军前乞降，且乞师，疏闻。许之。吴三桂将吴世琮杀孙延龄，踞桂林。庚申，海澄公黄芳世自贼中脱归。上嘉之，加太子太保，与其弟黄蓝并赴康亲王大军讨贼。建威将军吴丹复山阳。辛未，颁赏诸军军士金帛。丙子，祫祭太庙。耿继善弃邵武，海寇据之。副都统穆赫林击之，贼将彭世勋以城降。

是岁，免直隶、江南、江西、陕西各省三十四州县灾赋有差。朝鲜入贡。

十六年丁巳春正月丙申，将军额楚攻吉安失利，命侍郎班迪驰勘军状。

二月己未，上幸南苑行围。甲子，大阅于南苑。免福建今年租赋，招集流亡。丙寅，以鄂内为讨逆将军，赴岳州。丁卯，康亲王杰书败郑锦于兴、泉，贼弃漳州遁，复海澄。遣郎中色度劳军岳州，察军状。辛未，以靳辅为河道总督。癸酉，论花马池剿寇功，蒙古鄂尔多斯贝勒索诺木等晋爵有差。乙亥，上御经筵。是日江西官军复瑞金、铅山。

三月甲申，以莽依图为镇南将军，督兵广东。己丑，谕礼部：“帝王克谨天戒，凡有垂象，皆关治理。设立专官，谨司占候。今星辰凌犯，霜露非时，钦天监不以实告，有辜职掌。其察议以闻。”庚寅，命翰林长于辞赋书法者，以所业进呈。乙未，原任总兵刘进忠、苗之秀诣康亲王军降，命随大军剿贼。癸未，诏：“军兴以来，文武官身殉封疆，克全忠节，其有旅榇不能归，妻子不得养者，深堪轸恻。所在疆吏察明，妥为资送，以昭褒忠至意。”甲辰，含誉星见，庆云见。乙巳，吴三桂聚兵守长沙。命勒尔锦进临江、图海守汉中，喇布镇吉安，莽依图进韶州，额楚驻袁州，舒恕防赣州。

夏四月己未，康亲王杰书疏言处州府庆元县民人吴臣任等不肯从贼，结寨自固，守义杀贼，实为可嘉。已交浙江督抚，效力者录用，归农者奖赏，其阵亡札委守备吴受南等并请恩恤。从之。辛酉，上幸霸州行围。以伊桑阿为工部尚书，宋德宜为左都御史。丁卯，提督赵赖败土寇于泰和，擒贼目萧元。戊辰，予死事温处道陈丹赤等官荫。辛未，上制《大德景福颂》，书屏，上太皇太后。乙亥，莽依图师至南安，严自明以城降，遂克南雄，入韶州。

五月己卯，尚之信降，命复其爵，随大军讨贼。特擢谪戍知府傅弘烈为广西巡抚。先是，弘烈以首吴三桂反状谪梧州。及兵起，弘烈上书陈方略，故有是命。旋加授抚蛮灭寇将军，与莽依图规取广西。甲午，额鲁特噶尔丹攻败喀尔喀车臣汗，来献军实，却之。

六月丁巳，祖泽清以高州降。

秋七月庚子，郑锦将刘国轩自惠州犯东莞，尚之信大败之，贼将陈琏以惠州降。甲辰，上御便殿。召大学士等赐座，论经史，因及前代朋党之弊，谕加警戒。以明珠一、觉罗勒德洪为大学士。

八月丁未,明宗人朱统锜起兵陷贵溪、泸溪。己未,上御经筵。丙寅,册立贵妃钮祜禄氏皇后,佟佳氏为贵妃。戊辰,傅弘烈等复梧州。

九月丙子,命宗室公温齐、提督周卜世赴湖广协剿。癸未,命额驸华善率师益简亲王军,科尔科代接驻江宁。丁亥,上发京师,谒孝陵,巡近边。丙申,次喀拉河屯。庚子,次达希喀布秦昂阿,近边蒙古敖汉部札穆苏等朝行在,献驼马,赐金币。吴三桂将胡国柱、马宝寇韶州,将军莽依图、额楚夹击破之,贼遁,追之过乐昌,复仁化。

冬十月甲辰,上次汤泉,癸丑,还宫。傅弘烈败吴世琮于昭平,复浔州。福建按察使吴兴祚败朱统锜于光泽,其党执统锜降。癸亥,始设南书房,命侍讲学士张英、中书高士奇入直。

十一月己卯,吴三桂将韩大任陷万安,护军统领哈克山击败之。庚子,封长白山神,遣官望祭。是月,官兵复茶陵、攸县。

十二月乙巳,海寇犯泉州,提督段应举等御之。辛亥,海寇犯钦州,游击刘士贵击败之。命参赞勒贝、将军额楚进取郴、永。己巳,以冯苏为刑部侍郎。辛酉,金星昼见。辛未,祫祭太庙。

是岁,免直隶、江南、江西、陕西、湖广等省七十州县灾赋有差。朝鲜入贡。

十七年戊午春正月己丑,副都统哈当、总兵许贞击韩大任于宁都,大任遁之汀州,诣康亲王军前降,命执送京师。壬辰,以郭四海为左都御史。乙未,诏曰:"一代之兴,必有博学鸿儒振起文运,阐发经史,以备顾问。朕万几余暇,思得博通之士,用资典学。其有学行兼优、文辞卓越之士,勿论已仕未仕,中外臣工各举所知,朕将亲试焉。"于是大学士李霨等荐曹溶等七十一人,命赴京齐集请旨。

二月甲辰,傅弘烈疏言吴三桂兵犯广西,诏额楚、勒贝守梧州。己未,上御经筵,制《四书讲疏义序》。丁卯,皇后钮祜禄氏崩,谥曰孝昭皇后。辛未,莽依图及吴世琮战于平乐,失利,退守梧州。命尚之信及都统马九玉会师守梧州。

三月丙子,湖广官兵击杨来嘉、洪福,败之,复房县。丁丑,海寇犯石门,黄芳世击败之。癸巳,祖泽清复叛应吴三桂。

闰三月癸卯,上巡近畿。乙丑,命内大臣喀代、尚书马喇往科尔沁四十九旗莅盟。丁卯,吴三桂将林兴珠诣安亲王军前降,诏封建义侯,随军剿贼。逮问副都统甘度海、阿进泰,以在江西剿贼失机也。

夏四月庚午,海寇蔡寅陷平和,进逼潮州。甲戌,祖泽清犯电白,尚之信、额楚击之,泽清遁。庚寅,庆阳土贼袁本秀作乱,官兵击斩之。

五月庚子朔,海澄公黄芳世卒于军,命其弟芳泰袭爵。戊申,福建总督郎廷相、巡抚杨熙、提督段应举俱免,以姚启圣为福建总督,吴兴祚为福建巡抚,杨捷为福建水陆提督。甲寅,上幸西郊观禾。额鲁特部济农为噶尔丹所逼,入边,张勇逐出之。

六月壬申,尚善遣林兴珠败三桂舟师于君山。丁亥,上以盛夏亢旱,步祷于天坛。是日,大雨。壬辰,吴三桂将犯永兴,都统伯宜理布、统领哈克山与战,败殁。海寇犯廉州,总兵班绍明等击走之。吴三桂兵犯郴州,副都统硕岱与战,不利,奔永兴。丁酉,诏曰:

"军兴以来,将士披坚执锐,盛暑祁寒,备极劳苦,朕甚悯焉。其令兵部察军中有负债责者,官为偿之,战殁及被创者恤其家。"

秋七月,郑锦陷海澄,前锋统领希佛、副都统穆赫林、提督段应举死之。甲辰,郑锦犯泉州。甲寅,以安珠护为奉天将军。壬戌,以魏象枢为左都御史。丙寅,召翰林院学士陈廷敬、侍读学士叶方蔼入直南书房。是月,吴三桂僭号于衡州。

八月己卯,安远靖寇大将军、贝勒尚善卒于军,命贝勒察尼代之。庚午,西洋国王阿丰肃使臣入贡。癸未,上御经筵,以《御制诗集》赐陈廷敬等。乙未,吴三桂死,永兴围解。颁行《康熙永年历》。丙申,诏曰:"逆贼倡乱,仰服天诛。诖误之徒,宜从宽典。其有悔悟来归者,咸与勿治。"

九月,上奉太皇太后幸汤泉,晋谒孝陵。姚启圣、拉哈达大败海寇于蜈蚣山,刘国轩遁,泉州围解。

冬十月癸未,上巡近边,次滦河,阅三屯营兵。己丑,将军鄂内败吴应麒于石口。丁酉,皇四子胤禛生,是为世宗,母曰吴雅氏。

十一月己亥,拉哈达疏言海贼断江东桥,兵援泉州难进。在籍侍读学士李光地为大军向导,修通险路,接济军需,请议叙。得旨:"李光地前当变乱之初,密疏机宜。兹又迎接大兵,备办粮米,深为可嘉,即升授学士。"辛酉,上奉太皇太后还宫。癸亥,命福建陆路提督杨捷加昭武将军,王之鼎为福建水师提督。

十二月丁亥,额楚、傅弘烈及吴世琮战于藤县,不利,退守梧州。乙未,祫祭太庙。

是岁,免直隶、江南、江西、湖广等省七十州县灾赋有差。朝鲜、西洋入贡。

十八年己未春正月戊申,遣官分赈山东、河南。甲寅,贝勒察尼督水师围岳州,贼将吴应麒遁,复岳州。上御午门宣捷。设随征总兵官以处降将,旋裁之。壬戌,刘国轩犯长乐,总督姚启圣偕纪尔他布、吴兴祚击败之。甲子,岳乐复长沙。

二月丙寅,傅弘烈战吴世琮于梧州,贼遁。己巳,诏数江西奸民从逆之罪,仍免其逋赋。甲戌,顺承郡王勒尔锦督兵过江,分复松滋、枝江、宜都、澧州,叛将洪福以舟师降。戊寅,简亲王喇布遣前锋统领希佛复衡州,贼将吴国贵、夏国相遁。庚辰,诏军前王大臣议进取云、贵事宜。以周有德为云贵总督,桑峨为云南提督,赵赖为贵州提督,并随王师进讨。以杨雍建为贵州巡抚。癸未,以夸扎为蒙古都统。

三月丙申朔,御试博学鸿词于保和殿,授彭孙遹等五十人侍读、侍讲、编修、检讨等官。修《明史》,以学士徐元文、叶方蔼、庶子张玉书为总裁。丁酉,上幸保定县行围。甲辰,以徐治都为湖广提督。将军穆占击吴国贵于永州,败之,复永州、道州、永明。己酉,上还宫。戊午,赐归允肃等百五十一人进士及第出身有差。庚申,岳州阵殁诸将丧至,遣侍卫迎奠。福建阵没将士丧至亦如之。

夏四月丙寅,以杨茂勋为四川总督,驻郧阳。戊辰,以万正色为福建水师提督。己卯,旱甚,上步祷于天坛。是日,大雨。莽依图击吴世琮于浔州,败走之。壬寅,上出阜成门观禾。

五月庚戌,刘国轩犯江东桥,赖塔大战败之。

六月辛未，诏曰："盛治之世，余一余三。盖仓廪足而礼教兴，水旱乃可无虞。比闻小民不知积蓄，一逢歉岁，率致流移。夫兴俭化民，食时用礼，惟良有司是赖。督抚等其选吏教民，用副朕意。"己卯，以希佛为蒙古都统。

秋七月甲午，靳辅疏报淮扬坝工成，涸出田地，招民种之。丁未，上视纯亲王隆禧疾。隆禧死。乙卯，额楚败吴世琮于南宁，世琮遁。庚申，京师地震，诏发内帑十万赈恤，被震庐舍官修之。壬戌，召廷臣谕曰："朕躬不德，政治未协，致兹地震示警。悚息靡宁，勤求致灾之由。岂牧民之官苛取以行媚欤？大臣或朋党比周引用私人欤？领兵官焚掠勿禁欤？蠲租给复不以实欤？问刑官听讼或枉平民欤？王公大臣未能束其下致侵小民欤？有一于此，皆足致灾。惟在大法而小廉，政平而讼理，庶几仰格穹苍，弭消沴戾。用是昭布朕心，愿与中外大小臣工共勉之。"

八月癸亥朔，将军穆占复新宁。甲子，傅弘烈复柳城、融县。庚辰，提督赵国祚、将军林兴珠大破吴国贵于武冈，国贵死，复武冈州。

九月庚戌，以地震祷于天坛。辛亥，命简亲王喇布守桂林。甲寅，金光祖执叛镇祖泽清送京，及其子良梗磔诛之。

冬十月辛未，诏将军张勇、王进宝、提督赵良栋、孙思克取四川。王进宝、赵良栋行。癸未，王进宝克武关，复凤县。赵良栋复两当。

十一月戊戌，王进宝击叛将王屏藩，遁之广元，复汉中。庚子，赵良栋复略阳，进克阳平关。丁酉，以许贞为江西提督。

十二月壬戌，以蔡毓荣为绥远将军，进定云、贵。将军佛尼勒、吴丹克梁河关，贼将韩晋卿遁，复兴安、平利、紫阳、石泉、汉阴、洵阳、白河及郧阳之竹山、竹溪。丁卯，上幸南苑。辛未，诏安亲王岳乐率林兴珠班师。壬午，授赵良栋勇略将军。乙丑，袷祭太庙。

是岁，免顺天、江南、山东、山西、河南、浙江、湖广等省二百六十一州县灾赋有差。朝鲜、琉球、安南入贡。

十九年庚申春正月甲午，赵良栋复龙安府，进至绵竹，伪巡抚张文等迎降，遂入成都。诏以良栋为云贵总督。王进宝克朝天关，复广元，王屏藩缢死，生擒吴之茂。壬子，上幸巩华城，遣内大臣赐奠昭勋公图赖墓。

二月辛酉朔，诏吴丹会赵良栋进取云南，王进宝镇四川，勒尔锦取重庆，徐治都守荆州。乙丑，佛尼勒收顺庆府、潼川、中江、南部、蓬县、广安、西充诸县悉下。丁卯，诏莽依图督马九玉、金光祖、高承荫进兵云南。己巳，上幸南苑。丙子，大阅。以于成龙为直隶巡抚。徐治都大败叛将杨来嘉，复巫山，进取夔州。杨茂勋复大昌、大宁。癸未，万正色败海寇于海坛。

三月辛卯，吴丹复重庆，达州、奉乡诸州县悉定。杨来嘉降，送京。乙未，以伊辟为云南巡抚。丁酉，安亲王岳乐师旋，上劳于卢沟桥。辛丑，马承荫诱执傅弘烈。先是，马雄踞柳州，死，其子承荫以柳州降。至是，复叛，执弘烈送贵阳，不屈，死之。平南将军赖塔复铜山，命守潮州备承荫。万正色击海寇于平海噙，克之，进克湄州、南日、崇武诸噙。朱天贵降。拉哈达击刘国轩，败之，遁厦门。伪将苏堪迎降，进平玉洲、石马、海澄、马州等

蔡毓荣南征图卷

十九寨,复偕吴兴祚取金门。己酉,察尼下辰龙关,蔡毓荣复铜仁。

夏四月庚申朔,以赖塔为满州都统。癸亥,穆占、董卫国败吴应麟,复沅州、靖州,进复黎平。丁卯,上以学士张英等供奉内廷,日备顾问,下部优叙,高士奇、杜讷均授翰林官。己巳,命南书房翰林每日晚讲《通鉴》。丙子,上祈雨天坛,翌日,雨。己卯,颁行《尚书讲义》。王进宝以病回固原,以其子总兵用予统军驻保宁。庚辰,宗人府进玉牒。

五月壬辰,命甘肃巡抚治兰州。乙巳,莽依图会军讨马承荫,复降,命执送京师。己酉,山海关设关收税。

六月甲子,蔡毓荣复思南。丁丑,命五城粥厂再展三月,遣太医官三十员分治饥民疾疫。壬午,副都统马尔哈齐、营总马顺德以纵兵杀人论罪。

秋七月甲午,停捐纳官考选科道。褒恤福建总督范承谟、广西巡抚马雄镇,赠官予谥荫。乙巳,以折尔肯为左都御史。己酉,解顺承郡王勒尔锦大将军,撤还京。

八月戊辰,上御经筵。己巳,命赖塔移驻广州,以博济军益之。戊寅,大学士索额图免。壬午,将军莽依图卒于军,以勒贝代之。甲申,尚之信以属人王国光讦告其罪,擅杀之,诏赐之信死。其弟之节,其党李天植,皆伏诛,家口护还京师。

闰八月乙未,命各将帅善抚绿旗军士。壬子,以王永誉为广东将军。

九月癸亥,吴世璠使其将夏国柱、马宝潜寇四川,谭弘复叛应之,连陷泸州、永宁、夔州土匪应之。命将军吴丹、噶尔汉,提督范达理、徐治都分道讨之。乙丑,以赖塔为平南大将军,率师进云南。戊寅,吴丹复泸州。

冬十月，仁怀失守，罢吴丹，以鄂克济哈领其军。戊戌，以阿密达为蒙古都统。噶尔汉复巫山。壬寅，大将军康亲王杰书师旋，上郊劳之。戊申，彰泰、穆占败吴世璠于镇远。噶尔汉击谭弘于铁开峡，败之。是月，王大臣议上师行玩误之王贝勒大臣罪。得旨，勒尔锦革去王爵，籍没羁禁。尚善、察尼均革去贝勒。兰布革去镇国公。朱满革去都统，立绞。余各褫官、夺世职、鞭责、籍没有差。

十一月丙辰朔，冬至，祀天于圜丘。彗星见，诏求直言。甲子，贝子彰泰进复平越，遂入贵阳。逆渠吴世璠及吴应麒等夜遁。安顺、石阡、都匀三府皆下。庚午，以达哈里为蒙古都统。丙子，川北总兵高孟败彭时亨于南溪桥，复营山，进围灵鹫寨，斩伪将魏卿武。甲申，提督周卜世复思南。

十二月壬辰，以徐元文为左都御史。甲午，高孟复渠县。乙未，提督桑峨大败吴世璠于永宁，追至铁索桥，贼焚桥遁。土官龙天祐、沙起龙造盘江浮桥济大军。壬寅，高孟复广安州。庚戌，以郝浴为广西巡抚。癸丑，祫祭太庙。

是岁，免直隶、江南、山东、山西、陕西、江西、福建、湖广等省一百八十六州县灾赋有差。朝鲜、琉球入贡。

二十年辛酉春正月壬申，叛将李本深降，械送京师。癸酉，总兵高孟复达州。甲戌，将军噶尔汉复云阳，谭弘死，进复忠州、万县、开县。乙亥，命侍郎温代治通州运河。丙子，将军穆占、提督赵赖击夏国相等，走之，复平远。辛巳，增置讲官。诏法司慎刑。是月，郑锦死，其子克塽继领所部。

二月己丑，贝子彰泰师到安南卫，击贼将线域于江西坡。贼列象阵拒战。官兵分三队奋击，大破之。贼遁，公图、达汉泰追击，复败之，复普安州、新兴所。壬辰，副都统莽奕禄败贼张足法等于三山。甲午，诏凡三藩往事为民害者悉除之。蠲奉天盐引。大将军赖塔师至广西，大破贼于黄草坝，复安笼，入曲靖。高孟复东乡，败彭时亨于月城寨。戊戌，增钦天监满监副一员。都统希福、马缉、硕塔复马龙州、杨林城，入嵩明州，贼遁。穆占复黔西、大定，斩其伪将张维坚。乙巳，贝子彰泰、大将军赖塔、将军蔡毓荣先后入滇。贼将胡国柄、刘起龙迎拒，官军分击败之，斩国柄、起龙。辛亥，谒孝陵。

三月甲辰，宣威将军鄂克济哈以失援建昌自劾。诏以觉罗纪哈里代之。辛酉，葬仁孝皇后、孝昭皇后于昌瑞山陵。诏行在批阅章奏，令大学士审校。壬戌，胡国柱犯建昌，将军佛尼勒击走之，复马湖。癸亥，马宝弃遵义，犯泸、叙。诏佛尼勒、赵良栋急击滇贼。勿令回援。丙寅，赠恤福建死事运使高天爵、知府张瑞午等官荫。戊辰，土官陆道清以永宁降。癸酉，上奉太皇太后幸遵化汤泉。

夏四月申辰朔，王用予复纳溪、江安、仁怀、合江。己酉，贝子彰泰遣使招抚诸路，武定、大理、临安、永顺、姚安皆降。壬子，上奉太皇太后还宫。

五月癸丑朔，提督周卜世取遵义，降伪官金仕俊等，复真安州、仁怀、桐梓、绥阳等县。己未，遣官察阅克苏尼特等旗被旱灾状。乙丑，诏行取州县曾陷贼中者勿选科道。辛巳，大将军贝子彰泰报抵云南省城，伪将李发美以鹤庆、丽江二府降。

六月戊子，除山西、陕西房号银。

秋七月丁巳,以礼部尚书郭四海兼管刑部。庚申,诏四川民田为弁兵所占者察还之。辛酉,都统希福、提督桑峨击马宝于乌木山,大败之。马宝降,械送京师诛之。乙丑,赵良栋遣总兵李芳述击败胡国柱,复建昌,入云南。戊辰,诏图海率王辅臣还京。壬申,赐宴瀛台,员外郎以上皆与焉,赐彩币。己卯,以施琅为福建水师提督,规取台湾,改万正色陆路提督。

八月辛巳朔,日有食之。乙巳,上御经筵。

九月辛亥,上巡幸畿甸。故平南王尚可喜丧至通州,赐银八千两,遣官奠茶果。戊午,上次雄县,召见知州吴鉴,问浑河水决居民被灾状。丙寅,上还京。诏停本年秋决。壬申,复运丁工银。

冬十月癸未,偏沅巡抚韩世琦败贼将黄明于古州。甲申,额鲁特噶尔丹入贡。乙酉,大学士图海师旋,上嘉劳之。壬辰,诏撤平南、靖南两藩弁兵还京。癸卯,诏免吐鲁番贡犬马。

十一月辛亥,诏从贼诸人,除显抗王师外,余具削官放还。以诺迈为汉军都统。癸亥,定远平寇大将军贝子彰泰、平南大将军都统赖塔、勇略将军总督赵良栋、绥远将军总督蔡毓荣疏报王师于十月二十八日入云南城,吴世璠自杀,传首,吴三桂析骸,示中外,诛伪相方光琛,余党降,云南平。是日,以昭告孝陵,车驾次蓟州。丁卯,祭孝陵。辛未,召贝子彰泰、将军赵良栋还京。乙亥,上猎于南山,发矢殪三虎。己卯,回銮。

十二月戊子,设满洲将军驻荆州,汉军将军驻汉中,癸巳,群臣请上尊号。敕曰:"自逆贼倡乱,莠民响应,师旅疲于征调,间阎敝于转输。加以水旱频仍,灾异叠见。此皆朕躬不德所致。赖宗社之灵,削平庶孽。方当登进贤良,与民休息,而乃侈然自足,为无谓之润色,能勿恧乎! 其勿行。"补广西乡试。戊戌,大学士图海卒。己亥,上御太和门受贺,宣捷中外。癸卯,加上太皇太后、皇太后徽号,颁发恩诏,赐宗室,赉外藩,予封赠,广解额,举隐逸,旌节孝,恤孤独,罪非常赦不原者悉赦除之。以于成龙为江南江西总督,吴兴祚为广东广西总督。丁未,祫祭太庙。

是岁,免直隶、江南、江西、山东、山西、浙江、福建等省七十五州县灾赋有差。丁户一千七百二十三万,征银二千二百一十八万三千七百六十两有奇。盐、茶课银二百三十九万九千四百六十八两。铸钱二万三千一百三十九万。朝鲜、厄鲁特入贡。

二十一年壬戌春正月壬戌,上元节,赐廷臣宴,观灯,用柏梁体赋诗。上首唱去:"丽日和风被万方。"廷臣以次属赋。上为制《升平嘉宴诗序》,刊石于翰林院。丙寅,调蔡毓荣为云贵总督。戊辰,王大臣奏曰:"耿精忠累世王封,甘心叛逆,分扰浙、赣,及于皖、徽,设非师武臣力,蔓延曷极。李本深、刘进忠等多年提镇,高官厚禄,不能革其鸮音,俯首从贼,抑有何益。均宜从严惩治,大为之防,以为世道人心之范。谨拟议请旨。"得旨:耿精忠、曾养性、白显中、刘进忠、李本深均磔死枭首。耿精忠之子耿继祚,李本深之孙李象乾、李象坤,其侄李济祥、李济民,暨祖弘勋等俱处斩。为贼诖误之陈梦雷、李学诗、金境、田起蛟均减死一等。己巳,特封安亲王岳乐子岳希为僖郡王。

二月庚辰,以达都为左都御史。癸未,以平滇遣官告祭岳渎、古帝陵、先师阙里。甲申，上御经筵。丙戌，以佟国维为领侍卫内大臣。辛卯，上斋居景山，为太皇太后祝厘。癸巳，上东巡，启銮。皇太子胤礽从。蒙古王贝勒等请上尊号，不许。以穆占为蒙古都统。妖人朱方旦伏诛。戊戌，次山海关，遣大臣祭伯夷、叔齐庙。

三月壬子，上谒福陵、昭陵，驻跸盛京。甲寅，告祭于福陵。丙辰，告祭于昭陵。大赉将军以下，至守陵官、年老致仕官及甲兵废闲者。曲赦盛京、宁古塔。蠲跸路所过租税。乙未，上谒永陵，行告祭礼。上具启太皇太后、皇太后进奉鲢鱼、鳟鱼。庚申，上由山道幸乌拉行围。辛酉，望祭长白山。乙亥，泛舟松花江。

夏四月辛巳，上回銮。赐宁古塔将军、副都统宴，赉致仕官及甲士。乙巳，次中后所。流人王廷试子德麟叩阍乞代父戍，部议不准。上谕："王德麟所言情甚可悯。遇朕来此，亦难得之遭。其父子俱读书人，可均释回。"

五月辛亥，上还京。壬子，诏宁古塔地方苦寒，流人改发辽阳。己未，大学士杜立德乞休，温旨允之。丙寅，免吉林贡鹰，减省徭役。戊辰，以王熙为大学士。

六月乙酉，以佟国瑶为福州将军。庚寅，以公倭赫为蒙古都统。甲辰，大学士冯溥乞休，温旨允之，差官护送，驰驿回籍。

秋七月庚戌，从杭艾为左都御史。甲寅，命刑部尚书魏象枢、吏部侍郎科尔坤巡察畿辅，豪强虐民者拘执以闻。乙卯，以三逆荡平宣示蒙古。

八月丙子，诏内阁学士参知政事。癸卯，谭弘之子谭天祕、谭天伦伏诛。

九月戊申，赐蔡升元等一百七十六人进士及第出身有差。甲子，诏每日御朝听政，春夏以辰初，秋冬以辰正。

冬十月甲申，定远大将军贝子彰泰，征南大将军都统赖塔凯旋，上郊劳之。己丑，以黄机、吴正治为大学士。辛卯，诏重修《太祖实录》，纂修《三朝圣训》《平定三逆方略》。

十一月甲寅，以李之芳为兵部尚书，希福为西安将军，瓦岱为江宁将军。戊午，诏广西建双忠祠，祀巡抚马雄镇、傅弘烈。庚申，以赵赖为汉军都统。戊辰，以施维翰为浙江总督，以噶尔汉为满洲都统。

十二月己卯，前广西巡抚陈洪起从贼论死，命流宁古塔。癸未，以许贞为广东提督。戊子，录达海之孙陈布禄为刑部郎中。癸巳，论行军失律罪，简亲王喇布夺爵，余遣戍降黜有差。庚子，郎谈使黑龙江还，上罗刹犯边事状。命宁古塔将军巴海、副都统萨布素率师防之。建木城于黑龙江、呼马尔，分军屯田。

是岁，免直隶、江南、江西、山东、山西、浙江、湖广等省七十八州县卫被灾额赋有差。朝鲜、安南入贡。

二十二年癸亥春正月乙卯，宴赉廷臣。己未，上阅官校较射。

二月癸酉，帅颜保罢，以介山为礼部尚书，喀尔图为刑部尚书。甲申，上幸五台山。

三月戊申，还京。戊午，以噶尔汉为荆州将军，彭春为满洲都统。

夏四月乙亥，命提镇诸臣以次入觐。庚辰，命巴海回驻乌拉，萨布素、瓦礼祜帅师驻额苏里备边。辛卯，以公坡尔盆为蒙古都统。

五月丙午，设汉军火器营。甲子，命施琅征台湾。

六月丁丑，上阅内库，颁赉廷臣币器。戊寅，以伊桑阿为吏部尚书，杭艾为户部尚书。癸未，上奉太皇太后避暑古北口。

闰六月戊午，施琅克澎湖。庚申，谕饬刑官勘狱勿淹系。

秋七月，车驾次胡图克图，赐随围蒙古王公冠服，兵士银币。甲午，上奉太皇太后还宫。

八月庚子，命经筵大典，大学士以下侍班。戊申，以哈占为兵部尚书，科尔坤为左都御史。戊辰，施琅疏报师入台湾，郑克塽率其属刘国轩等迎降，台湾平。诏赐克塽、国轩封爵，封施琅靖海侯，将士擢赉有差。

九月癸酉，以丁思孔为偏沅巡抚。己卯，上奉太皇太后幸五台山。壬辰，次长城岭，太皇太后以道险回銮。上如五台山。限额鲁特入贡人数。

冬十月，上至五郎河行宫，奉太皇太后还京。丁未，群臣以台湾平，请上尊号，不许。癸亥，以萨布素为新设黑龙江将军。乙丑，诏沿海迁民归复田里。

十一月癸未，授罗刹降人宜番等官。戊子，上以海寇平，祭告孝陵。癸巳，上巡幸边界。

十二月甲辰，上还京。丁未，从逆土司陆道清伏诛。壬子，以纪尔他布为蒙古都统。乙卯，《易经日讲》成，上制序颁行。尚书朱之弼、左都御史徐元文以荐举非人免。乙丑，祫祭太庙。

是岁，免山东、山西、甘肃、江西、湖广、广西壮族自治区二十州县灾赋有差。朝鲜、琉球入贡。

二十三年甲子春正月辛巳，上幸南苑行围，丙戌，加封安亲王岳乐子袁端为勤郡王。壬辰，命整肃朝会礼仪。罗刹踞雅克萨、尼布潮二城，饬断其贸易，萨布素以兵临之。

二月乙巳，上御经筵。癸丑，上巡幸畿甸。丙寅，还驻南苑。大学士黄机罢。乙丑，给事中王承祖疏请东巡，命查典礼以闻。

三月壬申，以刘国轩为天津总兵官，陛辞，赐白金二百、缎匹三十、内厩鞍马一。丁亥，上制五台山碑文，召示廷臣。谕之曰："近人每一文出，不乐人点窜，此文之所以不工也。"

夏四月己酉，设台湾府县官，隶福建行省。壬子，刑部左侍郎宋文运乞休，命加太子少保致仕。庚申，谕凡一事经关两部，俱会同具奏。乙丑，谕讲官："讲章以精切明晰为尚，毋取繁衍。朕阅张居正《尚书》《四书直解》，义俱精实，无泛设之词，可为法也。"江南江西总督于成龙卒，予祭葬，谥清端。

五月丁卯，裁浙江总督。以公瓦山为满洲都统。己巳，修《大清会典》。丙子，以孙思克为甘肃提督。辛巳，命廷臣察举清廉官。九卿举格尔古德、苏赫、范承勋、赵仑、崔华、张鹏翮、陆陇其。癸未，起巴海为蒙古都统。甲申，上幸古北口，诏跸路所经勿践田禾。乙未，惠郡王博翁果诺坐陪祀不谨削爵。王大臣议奏侍郎宜昌阿、巡抚金俊查看尚之信家产，隐蚀银八十九万，并害杀商人沈上达，应斩。郎中宋俄托、员外郎卓尔图及审谳不实之侍郎禅塔海应绞。从之。诏追银勿入内务府，交户部充饷。

六月丁未,琉球请遣子弟入国子监读书。许之。甲寅,暹罗国王森列拍腊照古龙拍腊马呼陆坤司由提呀菩挨遣陪臣言贡船到虎跳门,阻滞日久,每致损坏。乞谕粤省官吏准其放入河下,军得登岸,贸易采办,勿被拦阻。从之。谕一等侍卫阿南达曰:"朕视外旗蒙古与八旗一体。今巡行之次,见其衣食困苦,深用恻然。尔即传谕所过地方蒙古无告者,许其来见,询其生计。"于是蒙古扶老携幼,叩首行宫门。上详问年齿生计,给与银两布疋。乙卯,上阅牧群,赐从臣马。刑部尚书魏象枢再疏乞休。允之,丁巳,以汤斌为江苏巡抚。

七月乙亥,以宋德宜为大学士。辛巳,上驻跸英尼汤泉。以佟佳为蒙古总督。

八月戊申,上还京。甲寅,大学士李霨卒,遣官奠茶酒,赐祭葬,谥文勤。甘肃提督靖逆侯张勇卒,予祭葬,谥襄壮。

九月甲子朔,停本年秋决。丙寅,以张士甄为刑部尚书,博济为满洲都统。以钱贵,更铸钱,减四分之一。听民采铜铅,勿税。丁卯,改梁清标为兵部尚书,余国柱为户部尚书。庚午,以蒙古都统阿拉尼兼理藩院尚书。癸酉,以陈廷敬为左都御史,莽奕禄为蒙古都统。丁方,诏南巡车驾所过,赐复一年。辛卯,上启銮。

冬十月壬寅,上次泰安,登泰山,祀东岳。辛亥,次桃源,阅河工,慰劳役夫,戒河吏勿侵渔。临视天妃闸。与河臣靳辅论治河方略。壬子,上渡淮。甲寅,次高邮湖,登岸行十余里,询耆老疾苦。丙辰,上幸焦山、金山,渡扬子江,舟中顾侍臣曰:"此皆战舰也。今以供巡幸,然艰难不可忘也。"丁巳,弛海禁。戊午,上驻苏州。庚申,幸惠山。谕巡抚,百姓远道来观,其不能归者资遣之。

山东曲阜孔庙"万世师表"匾额

十一月壬戌朔,上驻江宁。癸亥,诣明陵致奠。乙丑,回銮。泊舟燕子矶,读书至三鼓。侍臣高士奇请曰:"圣躬过劳,宜少节养。"上曰:"朕自五龄受书,诵读恒至夜分,乐此不为疲也。"丁卯,命伊桑阿、萨穆哈视察海口。谕曰:"海口沙淤年久,遂至雍塞。必将水道疏通,始免昏垫。即多用经费,亦所不惜。"辛未,临阅高家堰。次宿迁。过白洋河,赐老人白金。戊寅,上次曲阜。己卯,上诣先师庙,入大成门,行九叩礼。至诗礼堂,讲《易经》。上大成殿,瞻先圣像,观礼器。至圣迹殿,览图书。至杏坛,观植桧。入承圣门,汲孔井水尝之。顾问鲁壁遗迹,博士孔毓圻占对甚详,赐官助教。诣孔林墓前酹酒。书"万世师表"额。留曲柄黄盖。赐衍圣公孔毓埏以次日讲诸经各一。免曲阜明年租赋。庚寅,上还京。以马哈达为满洲都统。

十二月壬辰朔，以石文炳为汉军都统。癸卯，命公瓦山视师黑龙江，佟宝、佛可托副之，备罗刹。甲辰，赐公郑克塽、伯刘国轩、冯锡范田宅，隶汉军。丙午，命流人值冬令，过严寒时乃遣。丙辰，上谒陵，赐守陵官兵牛羊。己未，还宫。

是岁，免直隶、江南、江西、河南、湖广等省二十六州县灾赋有差。朝鲜、暹罗入贡。

二十四年乙丑春正月癸酉，享太庙。谕曰："赞礼郎读祝，读至朕名，声辄不扬，失父前子名之义。自今俱令宣读。"癸未，命公彭春赴黑龙江督察军务。命侯林兴珠率福建藤牌兵从之。以班达尔沙、佟宝、马喇参军事。乙丑，试翰詹官于保和殿，上亲定甲乙，其不称者改官。戊子，命蒙古科尔沁十旗所贡牛羊送黑龙江军前。

二月庚子，命周公后裔东野氏为《五经》博士，予祀田。以额赫纳为满洲都统。癸卯，上御经筵。乙卯，上巡幸畿甸。庚申，还京。再赐刘国轩第宅。以范承勋为广西巡抚。

三月壬戌，上撰孔子庙碑文成，亲书立碑。重修《赋役全书》。辛巳，赐陆肯堂等一百二十一人进士及第出身有差。

夏四月辛卯，予宋儒周敦颐裔孙《五经》博士。丙申，授李之芳轻车都尉世职。戊戌，马喇以所俘罗刹上献，命军前纵遣之。辛丑，诏以直隶连年旱灾，逋赋六十余万尽免之，并免今年正赋三分之一。诏医官博采医林载籍，勒成一书。庚戌，设内务府官学。

五月癸未，诏厄鲁特济农违离本部，向化而来，宜加爱惜，予之田宅。修《政治典训》。甲申，以原广西巡抚郝浴历官廉洁，悉免应追帑金。彭春等攻雅克萨城，罗刹来援，林兴珠率藤牌兵迎击于江中，破之，沉其船，兴人额里克舍乞降。

六月庚寅朔，上巡幸塞外，启銮。戊戌，上还京。癸卯，诏曰："鄂罗斯入我边塞，侵扰鄂伦春、索伦、赫哲、飞牙喀等处人众，盘踞雅克萨四十年。今克奏厥绩，在事人员，咸与优叙。应于何地永驻官兵，即会议具奏。"上试汉军笔帖式、监生，曳白八百人，均斥革，令其读书再试。乙巳，上巡幸塞外。

秋七月壬申，设吉林、黑龙江驿路，凡十九驿。

八月丙午，上驻跸拜巴哈昂阿，赐朝行在蒙古王贝勒冠服银币。

九月戊午朔，上闻太皇太后违豫，回銮。己未，上驰回京，趋侍医药，旋即康复。辛巳，陕西提督王进宝卒，赠太子太保，予祭葬，谥忠勇。甲申，命副都统温代、纳秦驻防黑龙江，博定修筑墨尔根城，增给夫役，兼令屯田。乙酉，以吴英为四川提督。

冬十月甲午，上幸南苑。戊戌，厄鲁特使人伊特木坐杀人弃市。己亥，以瓦代为满洲都统。庚子，定外藩王以下，岁贡羊一只、酒一瓶。丙午，庆云见。乙酉，靳辅请下河涸出田亩，佃民收价偿工费。上曰："如是则累民矣。其勿取。"甲寅，以博霁为江宁将军。

十一月丁巳朔，日有食之。庚申，以莽奕禄为满洲都统，塔尔岱为蒙古都统。甲戌，上大阅于卢沟桥。丙子，靳辅、于成龙遵召至京，会议治河方略。靳辅议开六河建长堤。于成龙请开浚海口故道。大学士以闻。上云："二说俱有理，可询高、宝七州县京官，孰利民。"侍读乔莱奏，从于成龙议，则工易成，而百姓有利。上令于成龙兴工。旋以民情不便而止。己卯，上赐鄂内、坤巴图鲁散秩大臣，听其家居，二人皆太宗朝旧臣也。乙酉，诏曰："日蚀于月朔，越十六日月食。一月之中，薄蚀互见。天象示儆，宜亟修省。廷臣集议以闻。"

十二月庚寅，以察尼为奉天将军。己亥，谒孝陵。癸卯，上还宫。甲寅，袷祭太庙。

是岁，免江南、江西、山东、山西、湖广等省七十四州县卫灾赋有差。朝鲜、琉球、噶尔丹入贡。

二十五年丙寅春正月丙申，命马喇督黑龙江屯田。鄂罗斯复据雅克萨，命萨布素率师逐之。

二月甲辰，重修《太祖实录》成。丁未，诏曰："国家削平逆孽，戡定遐荒，惟宜宣布德意，劝其畏怀。近见云、贵、川、广大吏，不善抚绥，颇行苟虐，贪黩生事，假借邀功，朕思土司苗蛮，既归王化，有何杌陧，格斗摩宁。其务推示诚信，化导安辑，以副朕抚驭遐荒至意。"停四川采运木植。己酉，文华殿成。壬子，告祭至圣先师于传心殿。癸丑，上御经筵。以津进为领侍卫内大臣。

三月戊午，命修栖流所。己未，命纂修《一统志》。甲戌，以汤斌为礼部尚书，兼管詹事府。

夏四月乙酉朔，命阿拉尼往喀尔喀七旗莅盟。庚寅，诏曰："赵良栋前当逆赋盘踞汉中，首先入川，功绩懋著。复领兵直抵云南，功克省城之后，独能恪守法纪，廉洁自持，深为可嘉。今己衰老解任，应复其勇略将军、兵部尚书、总督以示眷注。"命郎谈、班达尔沙、马喇赴黑龙江参赞军务。赠陕西死事平逆将军毕力克图、参赞阿尔瑚世职。甲午，诏求遗书。戊申，调万正色云南提督，以张云翼为福建陆路提督。辛亥，始令顺天等属旗庄屯丁，编查保甲，与民户同。

闰四月辛未，以范承勋为云南贵州总督。

五月丁亥，诏毁天下淫祠。

六月乙亥，录平南大将军赖塔、都统赵赖以次功，各予世职有差。戊寅，以阿兰泰为左都御史。

秋七月己酉，锡荷兰国王耀汉连氏甘勃氏文绮白金，命其使臣赍书致鄂罗斯。吏部奏定侍读、庶子以下各官学问不及者，以同知、运判外转。从之。辛亥，上巡幸塞外。

八月辛未，上驻跸乌尔格苏台。丙子，上还京。以索额图为领侍卫内大臣。丁丑，诏萨布素围雅充萨城，遏其援师，以博定参军事。戊辰，诏天下学宫崇祀先儒。庚辰，诏增孔林地十一顷有奇，从衍圣公孔毓埏请也，除其赋。

九月己丑，以班达尔沙为蒙古都统。乙巳，以图纳为四川陕西总督。丁未，以陈廷敬为工部尚书，马齐为山西巡抚。己酉，鄂罗斯察汉汗使来请解雅克萨之围。许之。是月，内大臣拉笃祜奉诏与罗、藏济农及噶尔丹定地而还。

冬十月丙辰，调张士甄为礼部尚书，以胡升猷为刑部尚书。

十一月庚子，上谒孝陵。赏蒙古喀喇沁兵征浙江、福建有功者。

十二月癸丑，上还宫。丙辰，命侍郎萨海督察凤凰城屯田。癸亥，谕："纠仪御史纠察必以严，设朕躬不敬，亦当举奏。"戊寅，袷祭太庙。

是岁，免直隶、江南、浙江、湖广、甘肃等省二十七州县被灾额赋有差。朝鲜、安南、荷兰、吐鲁番入贡。

二十六年丁卯春正月戊子,遣医官往治雅克萨军士疾,罗刹愿就医者并医之。丙申,蒙古土谢图汗、车臣汉及济农合疏请上尊号。不许。乙巳,大学士吴正治乞休。允之。

二月癸丑,上大阅于卢沟桥。原任湖广总督蔡毓荣隐藏吴三桂孙女为妾,匿取逆财,减死鞭一百,枷号三月,籍没,并其子发黑龙江。原谳尚书禧佛等坐隐庇,黜革有差。甲寅,以余国柱为大学士。庚申,命八旗都统、副都统更番入值紫禁城。丁卯,以张玉书为刑部尚书。壬中,户部奏浒墅关监督桑额溢征银二万一千余两。得旨:"设立榷关,原为稽察奸宄。桑额多收额银,乃私封便民桥,以致扰害商民。著严加议处。嗣后司榷官有额外横征者,该部其严饬之。"

三月己丑,以董讷为江南江西总督。癸巳,以王鸿绪为左都御史。癸卯,上御太和门视朝,谕大学士等详议政务阙失,金以无弊可陈对。上曰:"尧、舜之世,府修事和,然且兢兢业业,不敢谓已治已安。汉文帝亦古之贤主,贾谊犹指陈得失,直言切谏。今但云主圣臣贤,政治无阙,岂国家果无一事可言耶?大小臣工,各宜尽心职业,视国事如家事,有所见闻,入陈无隐。"以马世济为贵州巡抚。

夏四月己未,上谕大学士曰:"纂修《明史》诸臣,曾参看前明实录否?若不参看实录,虚实何由悉知。《明史》成日,应将实录并存,令后世有所考证。"丙寅,以田雯为江苏巡抚。癸酉,罢科道侍班。

五月己亥,宋人府奏平郡王纳尔都打死无罪属人,折伤手足,请革爵圈禁。得旨:"革爵,免圈禁。"庚辰,诏曰:"今兹仲夏,久旱多风,阴阳不调,灾祲大焉。用是减膳撤乐,斋居默祷。虽降甘霖,尚未沾足。皆朕之凉德,不能上格天心。政今有不便于民者更之。罪非常赦不原者咸赦除之。"戊子,上召陈廷敬、汤斌十二人各试以文。谕曰:"朕闲与熊赐履讲论经史,有疑必问。继而张英、陈延敬以次进讲,大有裨益。德格勒每好评论时人学问,朕心以为不然,故兹召试,兹判然矣。"壬辰,上制周公、孔子、孟子庙碑文,御书勒石。

六月丁酉,上素服步行,祈雨于天坛。是夜,雨。辛丑,改祀北海于混同江。以杨素蕴为安徽巡抚。

秋七月戊子,鄂罗斯遣使议和,命萨布素退兵。丙午,户部请裁京员公费。得旨勿裁。

八月己酉,上巡幸塞外。癸丑,次博洛和屯行围。甲戌,赐外藩银币。

九月己卯,上还京。辛巳,于成龙进嘉禾。上曰:"今夏干旱,幸而得雨,未足为瑞也。"壬午,以李之芳为大学士。乙未,调汤斌为工部尚书。起徐元文为左都御史。

冬十月癸丑,上巡幸畿甸。甲子,上还驻畅春园。

十一月甲申,以李正宗为汉军都统。丙申,太皇太后不豫。上诣慈宁宫侍疾。

十二月乙巳朔,上为太皇太后不豫,亲制祝文,步行祷于天坛。癸亥,以王永誉为汉军都统。乙丑,湖广巡抚张汧为御史陈紫芝劾其贪婪,侍郎色楞额初按不实。至是,命于成龙、马齐、开音布驰往提拿,究拟论死,陈紫芝内升。己巳,太皇太后崩。上哭踊视殓,割辫服衰,居慈宁宫庐次。甲戌除夕,群臣请上还官。不允。

是岁,免直隶、山东、山西、江西等省四州县灾赋有差。朝鲜入贡。

二十七年戊辰春正月戊子,上居乾清门外左幕次。乙未释服。丁酉听政。

二月壬子,大学士勒德洪、明珠、余国柱有罪免,李之芳罢御史,郭琇具疏论列也。尚书科尔昆、佛伦、熊一潇俱罢。甲寅,以梁清标、伊桑阿为大学士,李天馥为工部尚书,张玉书为兵部尚书,徐乾学为刑部尚书。定宗室袭封年例。

三月乙亥,以马齐为左都御史。辛巳,上召廷臣及董讷、靳辅、于成龙、佛伦、熊一潇等议河务。次日亦如之。乙酉,色楞额以按张汧狱欺罔论死,总督徐国相以徇庇,侍郎王遵训等以滥举,俱免官。己丑,以王新命为河道总督。辛卯,裁湖广总督。丁酉,论河工在事互讦诸臣,董纳、熊一潇、靳辅、慕天颜、孙在丰俱削官,并赵吉士、陈潢罪之。己亥,增遣督捕理事官张鹏翮、兵科给事中陈世安、会内大臣索额图与鄂罗斯议约定界。壬寅,赐沈廷文等一百四十六人进士及第出身有差。李光地坐妄举德格勒议处。得旨:“李光地前于台湾一役有功,仍以学士用。”

夏四月癸卯朔,日有食之。戊申,以傅拉塔为江南江西总督。己酉,上躬送太皇太后梓宫奉安暂安奉殿。其后起陵,是曰昭西陵。回跸至蓟州除发。甲寅,以厄鲁特侵喀尔喀,使谕噶尔丹。戊辰,上还宫。庚午,命侍郎成其范、徐廷玺查阅河工。

五月己卯,吏部尚书陈廷敬、刑部尚书徐乾学以疾罢。甲午,以纪尔他布为兵部尚书。丙申,上谒祭暂安奉殿。

六月甲辰,湖广督标裁兵夏逢龙作乱,踞武昌,巡抚柯永升投井死。署布政使粮道叶映榴骂贼被害。命瓦岱佩振武将军印讨之。庚申,阿喇尼奏噶尔丹侵厄尔德尼招,哲卜尊丹巴、土谢图汗遁。发兵防边。戊辰,起熊赐履为礼部尚书,徐元之为左都御使。以翁叔元为工部尚书。

秋七月癸酉,以辅国公化善为蒙古都统。乙酉,湖广提督徐治都大败夏逢龙于应城,于鲤鱼套焚贼舟,贼遁黄冈。丙戌,上巡幸塞外。戊子,南阳总兵史孔华复汉阳。庚寅,瓦岱复黄州,获夏逢龙,磔诛之,贼平。壬午,云南提督万正色侵冒兵饷,按律论死。上念其前陷贼时抗志不屈,行间血战劳绩甚多,免死,革提督,仍留世职。壬辰,上驻喀尔必哈哈达,有峰旧名纳哈里,高百数十丈,上发数矢皆过峰顶,赐今名。

八月癸卯,上驻巴颜沟行围。叶映榴遗疏至,赠工部侍郎,下部优恤。乙卯,张玉书奏查阅河工,多用靳辅旧议。

九月壬申,遣彭春、诺敏率师驻归化城防边。是时喀尔喀为噶尔丹攻破,徙近边内。遣阿喇尼往宣谕之,并运米赈抚。辛卯,上还京。癸巳,复设湖广总督,以丁思孔为之。

冬十月癸卯,移杨素蕴为湖广巡抚。庚戌,以辅国公绰克托为奉天将军。乙卯,上大行太皇太后尊谥曰孝庄文皇后。辛酉,升祔太庙,颁诏中外。

十一月辛卯,荆州将军噶尔汉等坐讨贼逗遛夺职,鞭一百,官吏从贼受官者逮治,余贷之。

十二月庚子,以希福为蒙古都统。甲辰,建福陵、昭陵圣德神功碑,御制碑文。上谒孝庄山陵。乙巳,以尼雅翰为西安将军。己酉,进张玉书为礼部尚书;徐元文刑部尚书,再进户部尚书。丙寅,上还京。兵部、工部会疏福建前造炮船核减工料银两万余两,应著落故总督姚启圣名下追赔。上以姚启圣经营平台甚有功绩,毋庸著追。

是岁,免江南、江西、湖广、云南、贵州等省三十三州县灾赋有差。朝鲜、琉球入贡。

二十八年己巳春正月庚午,诏南巡临阅河工。丙子启銮。诏所过勿令民治道。献县民献嘉禾。壬午,诏免山东地丁额赋。甲申,上驻济南。乙酉,望祀泰山。庚寅,次剡城,阅中河。壬辰,次清河。癸巳,诏免江南积欠二十余万。乙未,上驻扬州。诏曰:"朕观风问俗,卤薄不设,扈从仅三百人。顷驻扬州,民间结彩盈衢,虽出自爱敬之诚,不无少损物力。其前途经过郡邑,宜悉停止。"

二月辛丑,上驻苏州。丁未,驻杭州。诏广学额,赉军士,复因公降谪官,赐扈从王大臣以次银币,赐驻防耆民金。辛亥,渡钱塘江,至会稽山麓。壬子,祭禹陵,亲制祭文,书名,行九叩礼,制颂刊石,书额曰:"地平天成。"癸丑,上还驻杭州,阅骑射,赐将军以及官兵大酺。丁巳,次苏州。故胡广粮道叶映榴之子敷迎銮,为其父请谥。上书"忠节"二大字赐之。松江百姓建碑祈寿,献进碑文。江南百姓吁留停跸,献土物为御食,委积岸上。令取米一撮,果一枚,为留一日。浙江巡抚金鋐有罪,削职遣戍。以张鹏翮为浙江巡抚。增设武昌、荆州、常德、岳州水师。癸亥,上驻跸江宁。甲子,祭明陵。赐江宁、京口驻防高年男妇白金。乙丑,上阅射,赐酺。上诣观星台,与学士李光地咨论星象,参宿在觜宿之先,恒星随天而动,老人星合见江南,非隐见也。江宁士民吁留圣驾。为留二日。

三月戊辰朔,发江宁。甲戌,阅高家堰,指授治河方略。丙戌,上还京。闻安亲王岳乐之丧,先临其第哭之,乃还宫。丁亥,命八旗科举先试骑射。戊子,诏靳辅治河劳绩昭然,可复原官。丁酉,增设八旗火器营,副都统领之。

闰三月壬子,予安亲王岳乐祭葬立碑,谥曰和。己未,上谒陵。丙午,谒孝庄皇后山陵,谒孝陵。辛酉,上还京。

夏四月乙亥朔,上制《孔子赞序》及颜、曾、思、孟四赞、颁于学宫。壬辰,复命索额图等赴尼布楚,与鄂罗斯定边界。喀尔喀外蒙古内附告饥。命内大臣伯费扬古往赈抚之。命台湾铸钱。

五月乙巳,以阿兰泰、徐元文为大学士,顾八代为礼部尚书,郭琇为左都御使。壬戌,颁行《孝经衍义》。癸亥,命归化城屯兵备边。

六月乙亥,以佟宝为宁古塔将军。两广总督吴与祚以鼓铸不实黜官。

秋七月,以石琳为两广总督。癸卯,册立贵妃佟氏为皇后。甲辰,皇后崩,谥曰孝懿。

八月癸酉,上巡幸边外。戊寅,驻博洛和屯,赐居民银米。

九月癸卯,上还京。戊午,以倭赫为蒙古都统,额驸穆赫为汉军都统。

冬十月丙寅,以郎谈为满州都统。辛未,增设喀尔喀两翼扎萨克,招集流亡,编置旗队。癸酉,左都御史郭琇以致书本省巡抚请托降官。甲戌,葬孝懿皇后,上临送。是月,岷州生番内附。

十一月丙申,上还宫。辛酉,孝懿皇后祔奉先殿。

十二月乙亚，诏免云南二十一年至二十三年民欠。丙寅，上朝皇太后于慈宁新宫。戊辰，以张英为工部尚书。乙亥，内大臣索额图疏报与鄂罗斯立约，定尼布楚为界，立碑界上，以五体文书碑。

是岁，免直隶、浙江、湖北等省十一州县灾赋有差。朝鲜入贡。

二十九年庚午春正月癸丑，上幸南苑。庚申，遣官赈蒙古喀尔喀。

二月甲子，以岳乐子马尔浑嗣封安郡王。乙丑，遣大臣巡视直隶灾区流民。五城粥厂宽期，倍发银米，增置处所。己巳，上谒孝庄山陵，谒孝陵。庚午，大雨。癸酉，上还京。甲戌，上御经筵。戊子，起陈廷敬为左都御史。

三月壬辰朔，除长芦新增盐课。乙未，诏修三朝国史。癸卯，命都统额赫纳、护军统领马赖、前锋统领硕鼐率师征厄鲁特。先是，噶尔丹兵侵喀尔喀，迭诏谕解不从，兵近边塞。至是，命额赫纳等莅边御之。辛亥，除云南黑井加增盐课。以张思恭为京口将军。

夏四月丁丑，以旱赦殊死以下系囚。甲申，建子思子庙于阙里。《大清会典》成。

五月辛卯朔，命九卿保举行取州县堪为科道者。

六月癸酉，大学士徐元文免。戊寅，噶尔丹追喀尔喀侵入边。命内大臣苏尔达赴科尔沁征蒙古师备御。命康亲王杰书、恪慎郡王岳希师驻归化城。

秋七月庚寅朔，以张英为礼部尚书，以董元卿为京口将军。辛卯，噶尔丹入犯乌珠穆秦。命裕亲王福全为抚远大将军，皇子胤禔副之，出古北口。恭亲王常宁为安远大将军，简亲王喇布、信郡王鄂扎副之，出喜峰口。内大臣佟国纲、索额图、明珠、彭春等俱参军事，阿密达、阿拉尼、阿南达俱会军前。己亥，以陈廷敬为工部尚书，于成龙为左都御史。癸卯，上亲征，发京师。己酉，上驻博洛和屯，有疾回銮。

八月乙未朔，日有食之。抚远大将军裕亲王福全大败噶尔丹于乌兰布通，噶尔丹以喇嘛济隆来请和，福全未即进师。上切责之。乙丑，上还京。丙子，噶尔丹以誓书来献。上曰："此虏未足信也。其整师待之。"

九月癸巳，先是，乌兰布通之战，内大臣公佟国纲战殁于阵。至是，丧还，命皇子率大臣迎接，凡阵亡官咸赐奠赐恤有差。戊申，停今年秋决。壬子，弛民间养马之禁。

冬十月己未，上疾少愈，召大学士诸臣至乾清宫轮对。乙亥，以鄂伦岱为汉军都统。辛巳，领翰林院学士张英失察编修杨瑄撰拟佟国纲祭文失当，削礼部尚书，杨瑄褫官戍边入旗。

十一月己亥，以熊赐履为礼部尚书。甲辰，达赖喇嘛请上尊号。不许，并却其贡。己酉，裕亲王福全等至京听勘。王大臣议上。上薄其罪，轻罚之。将士仍叙功。

十二月丁丑，上谒陵。行孝庄文皇后三年致祭礼。庚辰还京。

是岁，免直隶、江南、浙江、甘肃等省三十二州县卫灾赋有差。朝鲜入贡。

三十年辛未春正月戊申，封阿禄科尔沁贝勒楚依为郡王，以与厄鲁特力战受伤被执不屈而脱归也。其十二旗阵亡台吉俱赠一等台吉，赐号达尔汉，子孙承袭。葛尔丹复掠喀尔喀。命瓦岱为定北将军，驻张家口，郎谈为安北将军，驻大同，川陕总督会西安将军驻兵宁夏备之。命在籍勇略将军赵良栋参军事。乙卯，以马齐为兵部尚书。

二月丁巳朔，日有食之。乙丑，上御经筵。命步军统领领巡捕三营，兼辖五城督捕。戊午，厄鲁特策旺阿拉布坦使来，噶尔丹之侄也，厚赍其使，比旋，遣郎中桑额护其行。

三月戊子，翻译《通鉴纲目》成，上制序文。己酉，赐戴有祺等一百四十八人进士及第出身有差。

夏四月戊午，左都御使徐乾学致私书于山东巡抚钱钰，事发，并褫职。丁卯，上以喀尔喀内附，躬莅边外抚绥。是日，启銮。

五月丙戌，上驻多罗诺尔。

北征督运图册

喀尔喀来朝。先是，喀尔喀土谢图汗听哲卜尊丹巴唆，杀其同族扎萨克图汗得克得黑墨尔根阿海，内乱迭兴，为厄鲁特所乘。至是，遣大臣按其事。土谢图汗、哲卜尊丹巴具疏请罪。上赦之。以扎萨克图汗，七旗之长，饬其弟策旺扎布袭汗号，封为亲王。丁亥，上御行幄，土谢图汗、哲卜尊丹巴入觐，俯伏请罪。大臣宣敕，泣涕谢恩。赐茶赐宴赐坐，大合乐，九叩首而退。戊子，复召土谢图汗、哲卜尊丹巴、策旺扎布、车臣汗及喀尔喀诸部济农、伟征、诺颜、阿玉锡诸大台吉三十五人赐宴。谕曰："朕欲熟识尔等，故复飨宴。"赐之寇服。策旺扎布年幼，以皇子衣帽数珠赐之。以车臣汗之叔扎萨克济农纳穆扎尔前劝车臣汗领十万众归顺，身为之倡，请照四十九旗一例，殊为可嘉，许照旧扎萨克，去其济农之号，封为郡王。余各封爵有差。传谕喀尔喀曰："尔等困穷至极，互相偷夺，朕已拯救爱惜。今与四十九旗一体编设各处扎萨克，管辖稽查，其各遵守。如再妄行，则国法治之矣。"己丑，上御甲胄乘马，遍阅各部。下马亲射，十矢九中。次大阅满州兵、汉军兵、古北口兵，列阵鸣角，鸟枪齐发，声动山谷。众喀尔喀环瞩骇叹曰："真神威也！"科尔沁喀尔喀各蒙古王贝勒请上尊号。不许。庚寅，上按阅喀尔喀营寨，赍牛羊及其穷困者。辛卯，遣官往编喀尔喀佐领，予之游牧。乌珠穆秦台吉车根等以降附厄鲁特，按实罪之。壬辰，上回銮。癸卯，还京。辛亥，分会试中卷南左、南右、北左、北右、中左、中右，从御史江蘩之言也。壬子，群臣请上尊号。不许。

六月乙卯，以李天馥为吏部尚书，陈廷敬为刑部尚书，高尔位为工部尚书。

秋七月甲申，西安将军尼雅翰奉诏督兵迁巴图尔额尔克济农于察哈尔，济农惮行遁去，尼雅翰追之不及，按问论死。命总督葛思泰追讨之。朝鲜使人以买《一统志》发其国论罪。致仁大学士杜立德卒，予祭葬，谥文端。

闰七月丙辰，葛斯泰疏报济农之弟博济在昌宁湖，经总兵柯彩派兵剿败，生擒博济及前禁之格隆等，均斩之。乙亥，上巡幸边外。

九月辛酉，上回銮，道遵化，谒孝庄山陵，谒孝陵。乙丑，还京。庚午，以公阿灵阿为蒙古都统。甲戌，命侍郎博济、李光地、徐廷玺偕靳辅视河。

冬十月庚寅，谢尔素番盗杀参将朱震，西宁总兵官李芳述擒盗首华木尔加诛之。癸巳，以巴德浑为满州都统，杭奕禄为荆州将军。丁未，甘肃提督孙思克讨阿奇罗卜藏，斩之。先是，使于厄鲁特之侍读学士达虎还及嘉峪关，为阿奇罗卜藏所害，命思克讨之。至是，捷闻。

十一月丁巳，以索诺和、李振裕为工部尚书，以伊勒慎为满州都统。己未，诏曰："朕崇尚德教，蠲涤烦苛，大小诸臣，咸被恩礼。即因事罢退，仍令曲全乡里。近来交争私怨，纠结不已，颇有党同伐异之习，岂欲酿明季门户之祸耶？其各蠲私忿，共矢公忠。有怙终者，朕必穷治之。"是时徐元文、徐乾学、王鸿绪既罢，而付腊塔等抉摘琐隐，钩连兴狱，故特诏儆饬焉。甲戌，诏曰："钦天监奏来岁正月朔日食。天象示儆，朕甚惧焉。其罢元日筵宴诸礼。诸臣宜精白供职，助朕修省。"

十二月甲申，诏曰："朕抚驭区宇，唯以爱惜苍生，俾臻安阜为念。比岁地丁额赋，迭经蠲免，而岁运漕米，尚在输将，时切轸念。除河南已经蠲免外，其湖广、江苏、浙江、安徽、山东漕米，以次各免一年，用纾民力。"丁亥，移旗庄壮丁赴古北口外达尔河垦田。遣侍郎阿山、德珠等往陕西监赈。壬辰，谕督、抚、提、镇保举武职堪任用及曾立功者，在内八旗旗员，令都统等举之。

是岁，免直隶、江南、江西、河南、山东、陕西、湖广、云南等省一百八十八州县灾赋有差。朝鲜、安南、琉球入贡。

三十一年壬申春正月辛亥朔，日有食之，免朝贺。甲寅，上御乾清门，出示《太极图》《五音八声八风图》，因言："《律吕新书》径一围三之法，用之不合。径一尺围当三尺一寸四分一厘，积至百丈，所差至十四丈外矣。宁可用邪？惟隔八相法之说，试之悉合。"又论河道闸口流水，昼夜多寡，可以数计。又出示测日晷表，画示正午日影至处，验之不差。诸臣皆服。庚午，上幸南苑行围。

二月辛巳，以靳辅为河道总督。乙酉，以陕西旱灾，发山西帑银，襄阳米石赈之。丁亥，上巡幸畿甸。辛卯，陕西巡抚萨弼以赈灾不实褫职。戊戌，上还京。己亥，上御经筵。乙巳，以马齐为户部尚书。

三月丙辰，遣内大臣阿尔迪、理藩院尚书班迪赴边外设立蒙古驿站。乙丑，命府丞徐廷玺协理河工。加甘肃提督孙思克太子少保，予世职。致仕大学士冯溥卒，予祭葬，谥文敏。以阿席坦为满洲都统。置云南永北镇。

夏四月庚辰朔，以希福为满洲都统，护巴为蒙古都统。乙丑，发帑银百万赈陕西，尚书王骘、沙穆哈往视加赈。戊戌，上幸瀛台，召近臣观稻田及种竹。河道总督靳辅请建新庄、仲家浅各一闸，下部议行。

五月庚寅，谕户部，山西平阳丰收，可遣官购买备荒。命王维珍董其事。癸卯，定喀尔喀部为三路,土谢图为北路,车臣为东路,扎萨克图为西路,属部各从其分地画为左右翼。

六月庚辰,以宋荦为江宁巡抚。乙未,蒙古科尔沁进献锡伯、卦尔察、打虎尔一万余户,给银酬之。

秋七月乙亥,上巡幸塞外。

八月己丑,以翁叔元为刑部尚书,以博济为西安将军,李林隆为固原提督,李芳述为贵州提督。

九月戊申,噶尔丹属人执我使臣马迪戕之。庚戌,上还次汤泉。己未,还京。丁卯,上御经筵。壬申,上大阅于玉泉山。

冬十月己卯,诏曰:"秦省比岁凶荒,加以疾疫,多方赈济,未苏积困,所有明年地丁税粮,悉予蠲免。从前逋欠,一概豁除。用称朕子惠元元至意。"庚辰,以李天馥为大学士。壬午,上谒陵。曲赦陕西,非十恶及军前获谴者,皆免死减一等。以佛伦为川陕总督,宗室董额为满州都统,庚寅,上还京。癸巳,以熊赐履为吏部尚书,张英为礼部尚书。庚子,停直省进鲜茶暨赍送表笺。

十一月庚戌,以阿灵阿为满洲都统。甲寅,命熊赐履勘察淮、扬滨河涸田。丙寅,加孙思克振武将军。以觉罗席特库为蒙古都统。

十二月壬午,河道总督靳辅卒,予祭葬,谥文襄。以于成龙为河道总督,董纳为左都御史。壬辰,以郎化麟为汉军都统。辛丑,以西安饥,运襄阳米平粜。加希福建威将军,移戍右卫。召科尔沁蒙古王沙津入京,面授机宜,使诱噶尔丹。

是岁,免陕西、江南、四川等省十三州县灾赋有差。朝鲜入贡。

三十二年癸酉春正月甲子,诏朝鲜岁贡黄金木棉永行停止。

二月乙亥朔,发帑金,招商贩米西安平市价。丙子,遣内大臣坡尔盆等往督归化城三路屯田诏修南河周桥堤工,往年靳辅与陈潢所经度者,至是阅河大臣绘图进呈,特诏修之。策旺阿拉布坦遣使入贡,报告使臣马迪被害及噶尔丹密事,以彩缎赍之。癸未,上御经筵。改宣府六厅十卫为一府八县。戊子,命郎谈为昭武将军,偕阿南达、硕鼐帅师赴宁夏,将军博济、孙思克参军事。庚寅,上巡幸畿甸,阅霸州苑家口堤工,谕巡抚郭世隆修之。庚子,上还京。贵州巡抚卫既齐疏报剿办土司失实,夺职戍黑龙江。

三月丙午,遣皇子胤禔祭华山。丁未,移饶州府驻景德镇。乙卯,置广东运司、潮州运同。庚午,诏赵庚栋系旧臣,可暂领宁夏总兵。

夏四月丙戌,喀尔喀台吉车凌扎布自鄂罗斯来归,赍之袍服,赐克鲁伦游牧。癸巳,命检直省解送物料共九十九项,减去四十项免解。丁酉,以心裕为蒙古都统。

五月庚戌,命内大臣伯费扬古为安北将军,驻归化城。

六月乙亥,广八旗乡,会中额。

八月甲戌,免广西、四川、贵州、云南四省明年地丁税粮。癸未,上巡幸塞外行围。蒙古科尔沁诸部朝行在,赐冠服银币。

九月丁未,修盛京城。丙寅,琉球来贡,遣其质子还国。丁卯,上还京。

冬十月壬申,诏曰:"给事中彭鹏奏劾顺天考官,请朕亲讯,是大臣皆不可信矣。治天下当崇大体,若朕事事躬亲,则庶务何由毕理乎"?壬辰,上大阅于玉泉山。丁酉,鄂罗斯察汉汗来贡。上谕大学士曰:"外蕃朝贡,固属盛事,传至后世,未必不因而生事。惟中国安宁,则外患不生,当培养元气为根本耳。"

十一月辛丑,上奉皇太后谒孝庄山陵、孝陵。庚申,还宫。甲子,诏免顺天、河间、保定、永平四府明年税粮。

十二月辛未,以宗室公杨岱为蒙古都统。丁亥,上幸南苑行围。谕:"满洲官兵近来不及从前之精锐,故比年亲加校阅,间以行围。顷见诸士卒行列整齐,进退娴熟,该军校等赏给一个月钱粮,该管官赏给缎疋,以激戎行。"丁酉,祫祭太庙。

是岁,免直隶、江南、江西、浙江、山西、湖广等省六十九州县灾赋有差。朝鲜、琉球入贡。

三十三年甲戌春正月乙卯,盛京歉收,命马齐驰往,以仓谷支给兵丁,海运山东仓谷济民食。丙辰,召见河道总督于成龙,问曰:"尔前言减水坝不宜开,靳辅糜费钱粮,今竟何如?"成龙曰:"臣前诚妄言。今所办皆照靳辅而行。"上曰:"然则尔所言之非,靳辅所行之是,何以不明白陈奏,尚留待排陷耶?"因谕大学士曰:"于成龙前奏靳辅未曾种柳河堤,朕南巡时,指河干之柳问之,无辞以对。又奏靳辅放水淹民田,朕复至其地观之,断不至淹害麦田。而王鹭、董纳等亦符合于成龙言之。"下部议,将于成龙革职枷责。上曰:"伊经手之工未完,应革职留任。"王鹭休致,董纳革职。

二月辛未,上御经筵。癸酉,大学士请间三四日一御门听政。上曰:"昨谕六十以上大臣间日奏事,乃优礼老臣耳。若朕躬岂敢暇逸,其每日听政如常。"丁丑,以诺穆图为汉军都统,庚辰,上巡幸畿甸。敕修通州至西沽两岸堤工。

三月辛丑,上还京。礼部尚书沙穆哈以议皇太子祀奉先殿仪注不敬免官。辛酉,赐胡任舆等一百六十八人进士及第出身有差。以范承勋为左都御使。

夏四月庚午,理藩院奏编审外蒙古四十九旗人丁二十二万六千七百有奇。辛己,以查木扬为杭州将军。

五月戊寅,步军统领凯音布奏天坛新修之路,勿令行人来往。上曰:"修路以为民也。若不许行,修之何益。后若毁坏,令步兵随时葺治。"顺天学政李光地丁母忧,令在京守制。甲辰,命翰林院、詹事府、国子监日轮四员入直南书房。辛亥,以纪尔他布为满洲都统,噶尔玛为蒙古都统。甲寅,诏修《类函》。丁巳,上巡幸畿甸,阅视河堤,谕扈从卫士鱼贯而行,勿践田禾。戊午,上阅龙潭口。己未,阅化家口、黄须口、八百户口、王家甫口、筐儿港口、白驹场口,薄弱之处,咸令增修。庚申,阅桃花口、永安口、李家口、信艾口、柳滩口等处新堤。上曰:"观新堤甚属坚固,百姓可免数年水患矣。"壬戌,上还京。

闰五月庚午,上试翰林出身官于丰泽园。

六月辛丑,加湖广提督徐治都镇平将军。丙辰,以范承勋为江南江西总督。

秋七月丁卯,以蒋弘道为左都御史,转王士禛户部左侍郎,王掞户部右侍郎。巴图尔额尔克济农奏报降人祁齐克逃遁,遣兵追斩之。丁亥,上求文学之臣。大学士举徐乾学、王鸿绪、高士奇及韩菼、唐孙华以对。上曰："韩菼非谪降之人，当以原官召补。徐乾学、王鸿绪、高士奇可起用修书。并召徐秉义来。"他日试唐孙华诗佳，授礼部主事、翰林院行走。己丑，江南江西总督傅拉塔卒，赠太子太保，予祭葬，谥清端。庚寅，上巡幸塞外。

八月己未，上驻跸拜巴哈昂阿。喀尔喀哲布尊丹巴来朝，赐之冠服。

九月己巳，广八旗入学学额。己卯，上还京。壬午，以石文炳为汉军都统，以王继文为云南贵州总督。

冬十月丙申，以吴赫为四川陕西总督。乙巳，以金世荣为福州将军。

十一月丁卯，温僖贵妃钮祜禄氏薨。癸酉，以张旺为江南提督。戊寅，起陈廷敬为户部尚书。

十二月庚戌，以觉罗席特库为满洲都统，杜思噶尔为蒙古都统。

是岁，免直隶、山东等省十二州县灾赋有差。朝鲜入贡。

三十四年乙亥春正月丁亥，以护巴为满洲都统。

二月己亥，以郭世隆为浙江福建总督。丁巳，太和殿工成。休致大学士李之芳卒，予祭葬，谥文襄。

三月丙戌，以石文英为汉军都统。

夏四月丁酉，平阳府地震。甲辰，遣使册立班禅胡土克图。己酉，追叙赵良栋平蜀、滇功，授一等子世职。其部将升赏有差。己未，以李辉祖为河南巡抚。

五月壬寅朔，遣尚书马齐察赈地震灾民。巡抚噶世图以玩灾免。辛未，命在京八旗分地各造屋二千间住兵。壬申，上巡幸畿甸，阅新堤及海口运道，建海神庙。戊子，还京。

六月丁酉，策封皇太子胤礽妃石氏。庚子，以久雨诏廷臣陈得失，礼部祈晴。庚申，漕运总督王梁奏参卫千总杨奉漕船装带货物。谕曰："商人装带货物，于运何妨。王梁乃将货物搜出弃置两岸，所行甚暴，即解任。"

秋七月己丑，以觉罗舒恕为宁夏将军，鄂罗顺为江宁将军。赵良栋告赴江南就医，命给与南巡旧船。

八月壬辰，上巡幸塞外。辛丑，博济奏报噶尔丹属下回子五百人拦入三岔河汛界，肃州总兵官潘育龙尽俘之，拘于肃州。丙午，次克勒和洛。命宗室公苏努、都统阿席坦、护巴领兵备噶尔丹。己酉，次克勒乌理雅苏台。调董安国为河道总督，桑额为漕运总督。

九月辛巳，上还京。癸未，诏顺天、保定、河间、永平四府水潦伤稼，免明年地丁钱粮，仍运米四万石前往平粜。

冬十月丁未，命内大臣索额图、明珠视察噶尔丹。

十一月己未朔，日有食之。壬戌，命大军分三路备噶尔丹，裹八十日粮，其驼马米粮，令侍郎陈汝器、前左都御史于成龙分督之。丙寅，停今年秋决。庚午，命李天馥为大学士。庚辰，上大阅于南苑。戊子，命安北将军伯费扬古为抚远大将军。遣大臣如蒙古征师，示师期。

十二月己亥，命将军博济、孙思克师出镇彝。乙巳，平阳地震，命蠲本年粮额，并免山西、陕西、江南、浙江、江西、湖广、广东、福建等省通赋，赦殊死以下，其政令有不便于民者,令督抚以闻。以齐世为满洲都统。

是岁,免直隶、山西、江西、福建、广东等省十二州县灾赋有差。朝鲜、琉球入贡。

三十五年丙子春正月甲午,下诏亲征噶尔丹。赉随征大臣军校宴。甲申,命公彭春参赞西路军务。

二月丁亥朔,上谒陵。辛卯,上还京。壬辰,以硕鼐为蒙古都统。癸丑,告祭郊庙社稷。甲寅,命皇太子胤礽留守。丙辰,上亲统六师启行。

三月戊辰,上出行宫观射。辛未,次滚诺,大雨雪,上露立,俟军士结营毕,乃入行幄。军中毕炊,乃进膳。以行帐粮薪留待后至者。庚辰,予故巡抚王维珍祭葬,谥敏悫。

夏四月辛卯,上次格德尔库。壬辰,上驻塔尔奇拉。谕:"兹已抵边界,自明日始,均列环营。"

前哨报噶尔丹在克鲁伦,命蒙古兵先进据河。

五月丙辰朔,上驻跸拖陵布拉克。辛酉,次枯库车尔。壬戌,侦知噶尔丹所在,上率前锋先发,诸军张两翼而进。至燕图库列图驻营。其地素乏水,至是山泉涌出,上亲临视。癸亥,次克鲁伦河。上顾大臣曰:"噶尔丹不知据河拒战,是无能为矣。"前哨中书阿必达探报噶尔丹不信六师猝至,登孟纳尔山,望见黄幄网城,大兵云屯,漫无涯际,大惊曰:"何来之易耶!"弃其庐帐宵遁。验其马矢,似遁二日矣。上率轻骑追之。沿途什物、驼马、妇孺委弃甚众。上顾谓科尔沁王沙律曰:"虏何仓皇至是?"沙律曰:"为逃生耳。"喀尔喀王纳木扎尔曰:"臣等当日逃难,即是如此。"上上书皇太后,备陈军况,并约期回京。追至拖纳阿林而还,令内大臣马思喀追之。戊辰,上班师。是日晨,五色云见。癸酉,次中拖陵。抚远大将军伯费扬古大败喀尔丹于昭莫多,斩级三千,阵斩其妻阿奴。噶尔丹以数骑遁。癸未,次察罕诺尔。召见蒙古诸王,奖以修道凿井监牧之劳,各赐其人白金。

六月癸巳,上还京。是役也,中路上自将,走噶尔丹,西路费扬古大败噶尔丹,唯东路萨布素以道远后期无功。甲午,论喀尔喀郡王善巴尽以马匹借军功,晋封亲王,贝子盆楚克侦敌有劳,封为郡王。诸臣行庆贺礼。乙未,赐察哈尔护军月饷加一金,喀尔喀人六金,限给三年,诏停本年秋审。壬子,以吴珼为左都御史,调张旺为福建水师提督,张云翼为江南提督。

秋七月戊午,以平定朔漠勒石太学。以李辉祖为湖广总督。癸亥,广直省乡试解额。戊辰,改吴英福建陆路提督,岳升龙为四川提督。

八月丁酉,索诺和以乏军需免,以凯音布为兵部尚书。

九月甲寅朔,回回国王阿卜都里什克奏:"臣仗天威,得以出降。遣臣回国叶尔钦,请敕策旺阿拉布坦勿加虐害。"乙卯,赐厄鲁特降人官秩衣粮。壬申,上巡幸塞外。丙子,次沙城。诏:"年来宣化所属牧养军马,供亿甚繁,深劳民力,其悉蠲明年额赋。"丁丑,副都统祖良璧败喀尔丹部人丹济拉于翁金。

冬十月甲申朔,遣官赉赐西路军士衣裘牛羊。丁亥,次昭哈。赐右卫、大同阵之军士白金。庚寅,大将军费扬古献俘至。赐银赎出,令其完聚。戊申,上临视右卫军士,赐食。

传谕曰："昭莫多之役，尔等乏粮步行而能御敌，故特赐食。悉免所借库银。其伤病之人，另颁赐之。"众叩首欢谢。庚戌，上驻跸丽苏。上皇太后书，谢赐裘服。

十一月戊寅，噶尔丹遣使乞降，其使格垒沽英至，盖微探上旨也。上告之曰："俟尔七十日，过此即进兵矣。"庚辰，回銮。

十二月壬寅，上还京。以宗室费扬固为右卫将军，祁布为满州都统，雷继尊为汉军都统。庚戌，诏："陕、甘沿边州县卫所，当师行孔道，供亿繁多，间阎劳苦，其明年地丁银米悉行蠲免。"

是岁，免江南、江西等省三十二州县灾赋有差。朝鲜入贡。

三十六年丁丑春正月丙辰，上幸南苑行围。戊辰，哈密回部擒噶尔丹之子塞卜腾巴尔珠尔来献。己巳，遣官存问勇略将军赵良栋，赐人参鹿尾。甲戌，谕："朕观明史，一代并无女后预政，以臣陵君之事。我朝事例，因之者多。朕不似前人辄讥亡国也。现修《明史》，其以此谕增入敕书。"

二月丁亥，上亲征噶尔丹，启銮。是日，次昌平。阿必达奏哈密擒获厄鲁特人土克齐哈什哈，系害使臣马迪之首犯。命诛之，子女付马迪之家为奴。戊戌，上驻大同。丁未，次李家沟。戊中，诏免师行所过岢岚、保德、河曲等州县今年额赋。是日，次辇鄢村，山泉下勇，人马沾足。庚戌，遣官祭黄河之神。

三月丙辰，上驻跸屈野河。厄鲁特人多尔济、达拉什等先后来降。赐哈密回王金币冠服。丁巳，赵良栋卒，上闻之，嗟悼良久，语近臣曰："赵良栋，伟男子也。"辛酉，次榆林。戊辰，次安边城。宁夏总兵王化行请上猎于花马池。上曰："何如休养马力以猎噶尔丹乎？"辛未，次花马池。丙子，上自横城渡河。遣皇长子胤禔赐奠赵良栋及前提督陈福。丁丑，上驻跸宁夏。察恤照莫多、翁金阵亡弁兵。己卯，祭贺兰山。庚辰，上阅兵。命侍卫以御用食物均赐战士。

闰三月辛巳朔，日有食之。庚寅，康亲王杰书薨。宁夏百姓闻上将行，恳留数日，上曰："边地硗瘠，多留一日，即多一日之扰。尔等诚意，已知之矣。"

夏四月辛亥，上次狼居胥山。甲寅，回銮。庚申，命直省选文行兼优之士为拔贡生，送国子监。甲子，费扬古疏报闰三月十三日噶尔丹仰药死，其女钟齐海率三百户来降。上率百官行拜天礼。敕诸路班师。是日，大雨。厄鲁特降人请庆贺。止之。先是，上将探视宁夏黄河，由横城乘舟行，至湖滩河朔，登陆步行，率侍卫行猎，打鱼射水鸭为粮，至包头镇会车骑。

五月乙未，上还京。丁酉，以傅拉塔为刑部尚书，席尔达左都御史，翁叔元罢，以吴琠为刑部尚书，张鹏翮左都御使。癸卯，礼部请上尊号。不许。

六月甲寅，礼部请于师行所过名山磨崖纪功。从之。予故勇略将军一等子赵良栋祭葬，谥襄忠。

秋七月癸未，群臣请上皇太后徽号，三上，不允。乙未，以朔漠平定，遣官祭告郊庙、陵寝、先师。赐李蟠等一百五十人进士及第出身有差。晋封大将军伯费扬古一等公，参赞以下各授世职。辛丑，免旗兵借帑。乙巳，遗官赍外藩四十九旗兵。丁未，上巡幸塞外。

八月乙亥，上驻巴图舍里，赐蒙古王、公、台吉银币。

九月癸未，厄鲁特丹济拉来归。上独御毡幄召见之。丹济拉出语人曰："我罪人也，上乃不疑，真神人也。"甲午，上还京。庚子，以都统凯音布兼步军统领。壬寅，上御经筵。乙巳，振平将军、湖广提督徐治都卒，赠太子少保，予祭葬，谥襄毅。赈黑龙江被水居民。以席尔达为兵部尚书，哈雅尔为左都御史。

冬十月己巳，始令宗室应乡、会试。壬戌，诏曰："比年师行出入，皆经山西地方，有行赍居送之劳。其免山西明年额赋。"叙从征镇国公苏努功，晋封贝子。庚午，上谒陵。甲戌，内监刘进朝以讹诈人论死。

十一月辛巳，上还京。丙戌，和硕恪靖公主下嫁喀尔喀郡王敦多布尔济。戊戌，朝鲜告枭，命运米三万石往赈。甲辰，诏直省报灾即察实以闻。

十二月丁卯，改宗室董额为满洲都统。乙亥，祫祭太庙。

是岁，免直隶、江南、安徽、江西等省五十九，州县灾赋有差。朝鲜、琉球、安南入贡。

三十七年戊寅春正月庚寅，策旺阿拉布坦奏陈第巴匿达赖喇嘛圆寂之事，斥班禅而自尊，恳请睿鉴。上答之曰："朕曾敕责第巴具奏认罪，若怙终不悛，朕不轻恕也。"并遣侍读学士伊道等赍敕往。癸卯，上巡幸五台山。甲辰，次涿州。命皇长子胤禔、大学士伊桑阿祭金太祖、世宗陵。

二月辛亥，诏免山西三十六年逋赋。癸丑，上驻跸菩萨顶。乙丑，遣官赈山东。戊辰，上还京。

三月丙子朔，上御经筵。丁丑，封皇长子胤禔为直郡王，皇三子胤祉为诚郡王，皇四子胤禛、皇五子胤祺、皇七子胤祐、皇八子胤禩俱为贝勒。戊子，禁造烧酒。辛卯，直隶巡抚于成龙奏偕西洋人安多等履勘浑河，帮修挑浚，绘图呈进。得旨："于六月内完工。"

夏四月癸亥，减广东海关税额。己巳，诏温郡王延寿行止不端，降为贝勒，贝子袁端削爵。壬申，以贝子苏努管盛京将军。癸酉，上阅漕河。

五月甲戌，武清民请筑外堤。上曰："筑外堤恐损民田。"民曰："河决之害，更甚于损田。"上曰："水潦将降，暂立木桩护堤，开小河泄水，俟明春雨水前为尔等成之。"癸未，上还京。壬寅，裁上林苑。以李林盛为陕西提督，张旺为广西提督。是月，策旺阿拉布坦上言与哈萨克构兵，及将丹津鄂木布拘禁各缘由。命示议政大臣。

六月辛亥，移吴英为福建水师提督。丁巳，改四川梁万营为化林营，设参将以下官。己未，云南巡抚石文晟奏三藩属人奉旨免缉者，准其垦田应试。从之。

秋七月癸酉朔，张玉书丁母忧，以吴琠为大学士，王士祯为左都御史。辛卯，命吏部月选同、通、州、县官引见。癸巳，霸州新河成，赐名永定河，建河神庙。己亥，以卢崇耀为广州将军，殷化行为广东提督。庚子，以苏尔发为满洲都统。辛丑，上奉皇太后东巡，取道塞外。

八月癸丑，上奉皇太后临幸喀拉沁端静公主第，赐金币及其额驸噶尔臧。甲子，皇太后望祭父母于发库山。己巳，赐端敏公主及其额驸达尔汉亲王班第金币。湖南山贼黄明犯靖州,陈丹书犯茶陵州,官兵讨平之。

九月壬申,上次克尔苏,临科尔沁故亲王满珠习礼墓前酹酒,孝庄皇后之父也。癸巳,上驻扎星阿。赐黑龙江将军萨布素等金币冠服。庚子,停盛京、乌拉本年决囚。

冬十月癸卯,上行围,射殪二虎,其一虎,隔涧射之,穿其肋。丁未,上行围,枪殪二熊。是日,驻跸辉发。己酉,裁云南永宁府。置永北府。癸巳,上驻跸兴京。甲寅,上谒永陵。遣官赐奠武功郡王礼敦墓。改贵州水西土司,置大定、平远、

黄河筑堤图册页

黔西三流官。丁巳,上谒福陵、昭陵,临奠武勋王扬古利、直义公费英东、弘毅公额亦都墓。免奉天今年米豆。壬戌,上奉皇太后回銮。

十一月癸未,上奉皇太后还宫。丙戌,诏曰:"朕巡幸所经,敖汉、奈曼、阿禄科尔沁、扎鲁特诸蒙部水草甚佳,而生计窘迫,盖因牲畜被盗,不敢夜牧耳。朕即遣郎中李学圣等往为料理,盗窃衰止。其他处蒙古亦宜照此差遣。旗员有愿往蒙古教导者,准其前往。命盗各案,同听决之。"庚寅,以张鹏翮为江南江西总督。

十二月辛丑朔,命徐廷玺协理河务,命尚书马齐,侍郎于成龙、常绥察视河工。庚戌,谕宗人府:"闲散宗室,材力干济,精于骑射,及贫无生计者,各察实以闻。"诏官民妻女缘事牵连,勿拘讯,著为令。改四川东川土司为东川府,设知府以下官。戊午,诏八旗察访孝子节妇。己未,以巴锡为云南贵州总督,马自德为京口将军。己巳,祫祭太庙。

是岁,免直隶、江南、福建、浙江、湖广等省三十五州县灾赋有差。朝鲜入贡。

三十八年己卯春正月辛卯,诏:"朕将南巡察阅河工,一切供亿,由京备办。预饬官吏,勿累闾阎。"

二月壬寅,詹事尹泰以不职解任。癸卯,上奉皇太后南巡启銮。戊申,以天津总兵潘育龙训练有方,赐御服貂裘。

三月庚午,上次清口,奉皇太后渡河。辛未,上御小舟,临阅高家堰、归仁堤、烂泥浅等工。截漕粮十万石,发高邮、宝应等十二州县平粜。壬申,上阅黄河堤。丙子,车驾驻扬州。谕随从兵士勿践麦禾。壬午,诏免山东、河南逋赋,曲赦死罪以下。癸未,车驾次苏州。辛卯,车驾驻杭州。丙申,上阅兵较射。戊戌,上奉皇太后回銮。

夏四月庚子朔,回次苏州。诏免盐课、关税加增银两,特广江、浙二省学额。乙巳,以

丹岱为杭州将军。己酉，车驾次江宁。上阅兵。庚申，次扬州。辛酉，以彭鹏为广西巡抚。丙寅，渡黄河，上乘小舟阅新埽。

五月辛未，次仲家闸，书"圣门之哲"额，悬先贤子路祠。乙酉，上奉皇太后还宫。丁亥，以马尔汉为左都御史，王鸿绪为工部尚书。

六月戊戌朔，起郭琇为湖广总督，以镇国公英奇为蒙古都统。

秋七月甲申，河决淮、扬。

闰七月戊戌，敏妃张佳氏薨。诚郡王胤祉其所出也，不及百日剃发，降贝勒。癸丑，先是，苗贼黄明屡报获报死，仍报犯事。至是，遣官按鞫，并其伙陈丹书、吴思先等三十余人诛之。其奏报不实之督抚麻勒吉等降黜有差。上巡幸塞外。

九月丙午，上还京。丙辰，上御经筵。改扬岱为满洲都统，鲁伯赫、拖伦、崇古礼俱为蒙古都统。戊午，大学士阿兰泰卒，上悼惜之，遣皇长子胤禔视疾，赐奠加祭，谥文清。

冬十月癸酉，上巡视永定河工。庚辰，上还宫。大学士李天馥卒，予祭葬，谥文定。

十一月乙巳，上谒陵。壬辰，以马齐、佛伦、熊赐履、张英为大学士，陈廷敬为吏部尚书，李振裕为户部尚书，杜臻为礼部尚书，马尔汉、范承勋为兵部尚书，王士禛为刑部尚书。壬寅，命满、汉给事中各四员侍班。丙午，令宝源局收买废钱。

十二月戊辰，上还京。癸巳，祫祭太庙。

是岁，免直隶、江南、江西、浙江、福建、陕西、湖广等省七十三州县灾赋有差。朝鲜、琉球入贡。

三十九年庚辰春正月己未，朝鲜国王李焞以遣回难民进方物，上还之。癸亥，上阅永定河工。

二月甲戌，上乘舟阅郎城、柳岔诸水道，水浅，易艇而前，指示修河方略。壬午，还京。己丑，命内大臣费扬古、伊桑阿考试宗室子弟骑射。

三月甲午，上御经筵。吏部奏安徽巡抚李钠被参一案，请交将军、提督查按。上曰："将军、提督不与民事，部议不合。"严饬之。尚书库勒纳旋罢。癸卯，改张鹏翮为河道总督。鹏翮请撤协理官及效力员，部臣宽文法，以责成功。从之。甲寅，以宗室特克新为蒙古都统。丙辰，赐汪绎等三百一人进士及第出身有差。四川巡抚于养志、提督岳升龙互讦，遣官按鞫，俱削职。

夏四月庚辰，上阅永定河。命八旗兵丁协助开河，以直郡王胤禔领之，僖郡王岳希等五人偕往。壬午，上阅子牙河。壬辰，还京。

五月丁未，以阿山为江南江西总督。甲寅，以阿灵阿为蒙古都统。

六月癸亥，张鹏翮报修浚海口工成，河流畅遂，改拦黄坝为大通口，建海神庙。杜臻罢，以王泽弘为礼部尚书，李柟为左都御史。丁亥，停宗室科举。

秋七月甲午，理藩院议覆喇嘛商南多尔济所奏策旺阿拉布坦遣兵往青海一事，毋庸议。上曰："此事目前甚小，将来关系甚大。该部拟以勿庸议，倘青海问商南多尔济，何以答之？策旺阿拉布坦为人狡猾，素行奸恶，邻近诸部，俱与仇雠。其称往征第巴，道远险多，或虚张声势以恫吓青海，未可知也。要使不敢构衅为是。"乙巳，定翰林官编、检、庶吉十月给银三两例,学道缺出,较俸派出。壬子,故振武将军孙思克卒,命皇长子胤禔奠酒,赐鞍马二匹,银一千两,谥襄武。丁巳,上巡幸塞外。命李光地、张鹏翮、郭琇、彭鹏详议科场事宜。

八月辛未,上次齐老图。

九月癸巳,停今年秋决。诏张鹏翮专理河工,范成勋等九人撤回。给事中穆和伦请禁服用奢侈,阁臣票拟申饬。上曰:"言官耳目之职,若因言而罪之,谁复言者。惟其言奢侈在康熙十年后则非,乃在辅臣时耳,今少息矣。"

冬十月辛酉,皇太后六旬万寿节,上制《万寿无疆赋》,亲书围屏进献。癸酉,上巡阅永定河。戊寅,上还京。己卯,命本年行取科道未补官者,作为额外御史,随班议事。

十一月庚寅,命青海鄂尔布图哈滩巴图尔移驻宁夏。诏侍郎温达查视陕、甘驿站。王泽弘免。以韩菼为礼部尚书。命大臣及清要官子弟应试者,编为官号,限额取中。辛亥,上巡幸边外。命卓异官如行取例引见。戊午,四川打箭炉土蛮作乱,遣侍郎满丕偕提督唐希顺讨之。

十二月己未朔,上驻跸暖泉,赐外藩王以下至官兵白金。戊辰,上还京。癸酉,移萧永藻为广西巡抚、彭鹏为广东巡抚。壬午,故安亲王岳乐坐前审拟贝勒诺尼一案失入,追降郡王、子僖郡王岳希、贝子吴尔占俱降镇国公。丁亥,祫祭太庙。

是岁,免直隶、江南、安徽、陕西、浙江等省五十七州县灾赋有差。朝鲜入贡。

四十年辛巳春正月辛亥,以河伯效灵,封金龙四大王。甲寅,以心裕为满洲都统。

二月己未朔,上巡阅永定河。谕李光地曰:"河水涸必致淤塞,此甚难治,当徐议之。"乙丑,满丕、唐希顺讨打箭炉土蛮平之,蛮民万二千户内附。庚辰,上还宫。

三月戊子,上御经筵。丁酉,张鹏翮请以治河方略纂集成书。上斥之曰:"朕于河务之书,罔不披阅,大约坐言则易,实行则难。河性无定,岂可执一法以绳之。编辑成书,非但后人难以仿行,即揆之己心,亦难自信。张鹏翮试编辑之!"给事中马士芳劾湖北布政使任风厚年老。调来引见,年尚未衰。上因谕曰:"坐而办事,必得老成练达者,方能得当,州县官则不可耳。"

夏四月己未,调李林盛为甘肃提督,擢潘育龙为固原提督,移蓝理为天津总兵官,以曹秉桓为汉军都统。丙子,刑部尚书王士禛请假回籍。上谕大学士曰:"山东人性多偏执,好胜寻仇,惟王士禛无之。其诗甚佳,居家惟读书。若令回籍,殊为可惜。给假五月,不必开缺。"丁丑,上阅永定河。谕李光地:"隆冬冰结,可照常开泄。清水流于冰下,为冰所逼,冲刷河底愈深。"阅大湾口,谕:"石堤尚未兴工,可以南来杉木排桩,尔等勿忽。"阅子牙河。乙酉,上还京。

五月癸巳,黑龙江管水手官员缺,部臣拟补遣戍道员周昌。上曰:"周昌既遣戍矣,又补官乌拉,是终身不得归也。可令八旗官愿效力者为之。"戊申,御使张瑗请毁前明内监魏忠贤墓。从之。丙辰,上巡幸塞外。

六月庚辰,授宋儒邵雍后裔《五经》博士。

秋七月丁亥,领侍卫内大臣公费扬古随扈患病,上为停銮一日,亲往视疾。随以不起闻，赐鞍马三匹，散马四匹，银五千两，遣大臣护送还京，予祭葬，谥襄壮。

八月乙丑，上幸索岳尔济山。诏曰："此山形势崇隆，允称名胜。嗣后此处禁断行围。"甲申，上次马尼图行围，一矢穿两黄羊，并断拉哈里木，蒙古皆惊。

九月辛丑，简亲王雅布随扈薨，命大臣送还京，皇长子胤禔、皇三子胤祉出迎，遣官治丧，赐银四千两，皇子合助银三千两。发引时，皇子侍卫往送，予祭葬立碑，谥曰修。乙巳，上还京。庚戌，上御经筵。大学士王熙以衰疾乞休，温旨慰谕，加少傅致仕。噶尔丹之女钟其海到京，命与其兄一等侍卫色卜腾巴尔珠尔同居，配二等侍卫蒙古沙克都尔。

冬十月戊午，以宗室特克新为满州都统，迓图布尔塞为蒙古都统。己未，召大学士张玉书还朝。诏免甘肃来年额赋。庚申，以梁鼐为福建陆路提督。辛酉，免江苏明年额赋。起岳升龙为四川提督。辛未，改普奇为满洲都统，孙渣齐为蒙古都统，以华显为四川陕西总督。癸酉，大学士张英乞休，温旨慰谕令致仕。御史靳让疏言为州县者，须令家给人足，方为良吏。命改靳让通州知州。诏总督郭琇、张鹏翮、桑额、华显，巡抚李光地、彭鹏、徐潮各举贤能。平悼郡王讷尔福薨，子讷尔素袭爵。

十一月甲午，诏："朕详阅秋审重案，字句多误。廷臣竟未察出一二，刑部尤为不慎，其议罚之。"

十二月壬申，广东连山瑶匪作乱，命都统嵩祝讨之。辛巳，祫祭太庙。

是岁，免直隶、江南、河南、陕西、广东等省四十二州县灾赋有差。朝鲜、琉球入贡。

四十一年壬午春正月壬寅，诏修国子监。丙午，诏系囚经缓决者减一等。以雅尔江阿袭封简亲王。庚戌，上巡幸五台山。

二月庚申，次射虎川。士民请于菩萨顶建万寿亭祝厘。不许。丁卯，上巡视子牙河。

三月壬午，上还京。以瓦尔岱为满洲都统，吴达禅、马思哈、满丕为蒙古都统。丁亥，上御经筵。

夏四月甲戌，赐致仕大学士王熙御书匾对，传旨曰："卿先朝旧臣，其强餐食，慎医药，以慰朕念。"

五月癸巳，定发配人犯归籍金遣，流犯死配所，妻子许还乡里。辛丑，显亲王丹臻薨，遣皇子及大臣治丧，赐银万两，谥曰密，子衍璜袭。壬寅，先是，廉州府连山瑶人作乱，御史参奏，命都统嵩祝率禁旅会讨，并命尚书范承勋勘状。至是，嵩祝奏官兵一到，瑶人乞降，先后投出瑶人一万九千余名。献出戕官黎贵等九人，即于军前正法。降瑶安插，交总督料理。范承勋奏瑶人滋事，副将杜芳伤死，总兵刘虎先行退回，应拟斩，提督殷化行应革职。行旨："殷化行有战功，改原品致仕。刘虎免死。"丙午，召廷臣至保和殿，颁赐御书。

六月壬子，贵州葛彝寨苗人为乱，官军讨平之。戊午，上制《训饬士子文》，颁发直省，勒石学宫。乙未，上奉皇太后幸热河。乙丑，四川提督岳升龙疏报大凉山倮目马比必率众内附，请授土千户，给印信。

闰六月辛丑，木鸦番民万九千余户内附，请置安抚使、副史、土百户等职，均从之。

八月良辰朔，增顺天、浙江、湖广乡试中额。戊申，上奉皇太后还宫。

九月辛亥，以李正宗、卢崇耀、冯国相为汉军都统。壬子，定《五经》中式例。癸丑，停本年秋决。辛酉，以齐世、嵩祝为满洲都统，莽喀为汉军都统，车纳福为蒙古都统。甲子，诏："南巡阅河，所过停供张，禁科敛。官吏无相馈遗，百姓各守本业。督抚布告，使明知朕意。"己巳，以席哈纳为大学士，敦拜为吏部尚书，席尔达为礼部尚书，温达为左都御史，管源忠为广州将军。镇箪诸生李丰等叩阍言红苗杀人，有司不问。诏侍郎付继祖、甘国枢，巡抚赵申乔驰驿按问。癸酉，上南巡启銮。

冬十月壬午，次德州。皇太子胤礽有疾，上回銮。癸卯，上还宫。丙午，以郭世隆为广东广西总督，金世荣为浙江福建总督。

十一月丙辰，诏免陕西、安徽明年额赋。甲子，大学士伊桑阿乞休，命致仕。壬申，广西巡抚萧永藻疏劾布政使教化新亏空仓谷，应令赔补。上曰："米谷必有收贮之地，乃可经久。若无仓廒，积于空野，难免朽烂，况南方卑湿之地乎？其别定例以闻。"命修禹陵。

十二月壬辰，廷臣以明年五旬万寿，请上尊号。上不许。户部议驳奉天报灾。上曰："晴雨原无一定，始者雨水调和，其后被灾，亦常事耳。可准其奏。"乙未，改赵申乔为偏沅巡抚，以赵弘灿为广东提督，王世臣为浙江提督，孙征灏为汉军都统。壬寅，厄鲁特丹津阿拉布坦来朝，厚赉之，封为郡王，赐地游牧。

是岁，免江南、河南、浙江、湖广、甘肃等省十州县灾赋有差。朝鲜、琉球入贡。

四十二年癸未春正月壬子，大学士诸臣贺祝五旬万寿，恭进"萬寿无疆"屏。却之，收其写册。壬戌，上南巡阅河。丁卯，以俞益谟为湖广提督。庚午，次济南，观珍珠泉，赋《三渡齐河诗》。壬申，次泰安，登泰山。诏免跸路所经及歉收各属去年逋赋。

二月丁丑，运漕米四万石赈济宁、泰安。阅宿迁堤工。己卯，自桃源登舟，遍阅河堤。甲申，渡江登金山。丙戌，次苏州。遣官奠大学士宋德宜墓。庚寅，上驻杭州阅射。辛丑，次江宁。

三月戊甲，上阅高家堰、翟家坝堤工。己酉，上阅黄河南龙窝、烟墩等堤。庚申，上还京。癸亥，万寿节，上朝皇太后宫，免廷臣朝贺。颁恩诏，锡高年，蠲额赋，察孝义，恤困穷，举遗逸，罪非常赦所不原者，咸赦除之。颁赐亲王、郡王以下文武百官有差。庚午，以洞鄂袭封信郡王。辛未，上御经筵。赐内廷修书举人汪灏、何焯、蒋廷锡进士，一体殿试。

夏四月辛巳，赐王式丹等一百六十三人进士及第出身有差。四川威州龙溪十八寨生番归化纳粮。丁亥，大学士熊赐履乞休，命解官食俸，留备顾问。傅继祖等察审湖广红苗抢掠一案。得旨："总督郭琇、提督杜本植隐匿不报，均革职。巡抚金玺降官。"以于成龙为湖广总督。癸巳，致仕大学士王熙卒，予祭葬，谥文靖。丙甲，以陈廷敬为大学士兼吏部尚书。戊戌，诏原任侍郎任克溥年逾九十，洵为耆硕，加尚书衔。以李光地为吏部尚书，仍巡抚直隶。以莽喀为荆州将军，诺罗布为杭州将军，宗室爱音图为汉军都统，孙渣齐、翁俄里为蒙古都统。己亥，谕八旗人等："朕不惜数百万帑金为旗丁偿逋赎地，筹画生计。尔等能人人以孝悌为心，勤俭为事，则足仰慰朕心矣。倘不知爱惜，仍前游荡饮博，必以严法处之。亲书宣谕，其尚钦遵！"

五月壬子，裕亲王福全有疾，上连日视之。癸亥，内大臣索额图有罪，拘禁于宗人府。

己巳,上巡幸塞外。

六月辛巳,恭亲王常宁薨,命皇子每日齐集,赐银一万两,遣官造坟立碑。壬寅,裕亲王福全薨,上闻之,兼程回京。

秋七月乙巳朔,上临裕亲王丧,哭之恸,自苍震门入居景仁宫。王大臣请还乾清宫,上曰:"居便殿乃祇遵成宪也。"居五日,命皇长子等持服,命御史罗占造坟建碑,谥曰宪。子保泰嗣爵。戊申,以山东大雨,遣官分赈。庚戌,上巡幸塞外。己巳,发帑金三十万两,截漕五十万石赈山东。山东有司不理荒政,停其升转。

八月癸巳,停本年秋审。

九月壬子,予故侍郎高士奇、励杜讷祭葬。己巳,命尚书席尔达督办红苗。

冬十月癸未,上西巡启銮。命给事中满普、御史顾素在后行,查仆从生事,即时锁拿。庚寅,喇嘛请广洮州卫庙,上曰:"取民地以广庙宇,有碍民生。其永行禁止。"癸巳,过井陉,次柏井驿。驿向乏泉,至是井泉涌溢。丁酉,驻太原。戊戌,诏免山西逋赋。百姓集行宫前吁留车驾,上为再停留一日。

十一月乙巳,上次洪洞。遣官祭女娲陵。壬子,渡黄河,次潼关。遣官祭西岳。赐迎驾百岁老人白金。甲寅,次渭南。阅固原标兵射,赐提督潘育龙以下加一级。丙辰,上驻西安。丁巳,阅驻防官兵射。遣官祭周文王、武王,祭文书御名。遣官奠提督张勇、梁化凤墓。己未,上大阅于西安,赐将军博济御用弓矢。赐官兵宴。军民集行宫前吁留,上为留一日。赐盩厔征士李颙御书"操志清洁"匾额。免陕、甘逋赋。癸亥,上回銮。己巳,次陕州。命皇三子胤祉往阅三门底柱。

十二月乙亥,上次修武。阅怀庆营伍不整,逮总兵官王应统入京论死。庚辰,次磁州。御书"贤哲遗休"额悬先贤子贡墓。庚寅,上还京。辛卯,定外任官在本籍五百里内者回避。封常宁子海善为贝勒。

是岁,免直隶、江南、山东、河南、陕西、浙江、湖广等省九十一州县灾赋有差。朝鲜、琉球、安南入贡。

四十三年甲申春正月辛酉,诏曰:"朕咨访民瘼,深悉力作艰难。耕三十亩者,输租赋外,约余二十石。衣食丁徭,取给于此。幸逢廉吏,犹可有余。若诛求无艺,则民无以为生。是故察吏所以安民,要在大吏实心体恤也。"戊辰,诏汉军一家俱外任者,酌改京员。己巳,上谒陵。

二月甲戌,封淮神为长源佑顺大淮之神,御书"灵渎安澜"额悬之。癸巳,上还宫。以李基和为江西巡抚,能泰为四川巡抚。

三月辛丑,上御经筵。己酉,诏停热审。辛酉,以吴洪为甘肃提督。资送山东饥民回籍。丙寅,以温达为工部尚书。

夏四月癸酉,命侍卫拉锡察视河源。己卯,上幸髻髻山,遂阅永定河、子牙河。丙申,上还京。

五月辛酉,以于准为贵州巡抚。

六月乙亥,上巡幸塞外。

秋九月癸卯，诏督抚调员违例者罪之。侍郎常授招抚广东海盗阿保位等二百三十七名，就抚为兵。戊午，刑部尚书王士禛以失出降官。癸亥，上还宫。丁卯，侍卫拉锡察视河源，还自星宿海，绘图以进。

冬十月戊辰朔，浚杨村旧河。甲戌，诏免顺天、河间二府及山东、浙江二省明年税粮。庚辰，以李振裕为礼部尚书，徐潮为户部尚书，屠粹忠为兵部尚书，王掞为刑部尚书，吴涵为左都御史。癸未，颁内制铜斗铜升于户部，命以铁制颁行。戊子，以赵弘燮为河南巡抚。乙丑，命浚汾、渭、贾鲁诸河。辛卯，上阅永定河。

十一月丁酉朔，日有食之。上还宫。上以仪器测验与七政历不符，钦天监官请罪，免之。郎中费仰嘏以贪婪弃市。辛亥，定吏部行取知县例，停督抚保荐。戊午，湖广巡抚刘殿衡建御书楼，上斥其糜费，并严禁藉修建侵帑累民者。四川陕西总督博霁疏参凉州总兵官魏勋年老，上曰："魏勋前有军功，兵民爱戴，与师帝宾、麦良玺、潘育龙俱系旧臣，难得，何可参耶？"壬戌，诫修《明史》史臣核公论，明是非，以成信史。

十二月乙酉，天津总兵官蓝理请沿海屯田，从之。甲午，以御制诗集赐廷臣。

是岁，免直隶、江南、山东、湖广、广东等省一百九州县灾赋有差。朝鲜入贡。

四十四年乙酉春正月戊午，《古文渊鉴》成，颁赐廷臣，及于官学。癸亥，上幸汤泉。

二月乙丑朔，上还宫。癸酉，上南巡阅河。诏曰："朕留意河防，屡行阅视，获告成功。兹黄水畅流，尚须察验形势，即循河南下。所至勿缮行宫，其有科敛累民者，以军法治罪。"壬午，次静海。遣官奠故侍郎励杜讷墓，予谥文恪。

三月己亥，谕山东抚臣曰："百姓欢迎道左者日数十万人，计日回銮，正当麦秀，其各务稼穑，毋致妨农。"乙巳，上驻扬州。授河臣张鹏翮方略。辛亥，上驻苏州。命选江南，浙江举、贡、生、监善书者入京修书。赐公福善，大学士张玉书、陈廷敬，在籍大学士张英，都统爱音图白金。赐大学士马齐等《皇舆表》。己未，次松江阅射。上书"圣迹遗徽"额赐青浦孔氏。赐故侍郎高士奇谥文恪。

夏四月丙寅，上驻杭州阅射。庚午，诏赦山东、江苏、浙江、福建死罪减一等。戊寅，御书"至德无名"额悬吴太伯祠，并书季札、董仲舒、焦先、周敦颐、范仲淹、苏轼、欧阳修、胡安国、米芾、宗泽、陆秀夫各匾额悬其祠。乙酉，上驻江宁。

闰四月癸卯，上阅高家堰堤工。辛酉，上还京。

五月戊寅，上亲鞫郎中陈汝弼一案，原汝弼罪。刑部尚书安布禄、左都御使舒辂以失狱免职。庚辰，以贝和诺为云南贵州总督。丙戌，上巡幸塞外。

六月甲午，命行取知县非再任者不得考选科道。庚戌，停广东开矿。丙辰，上驻跸热河。

秋七月壬申，河决清水沟、韩庄，命河臣察居民田舍以闻。

八月甲午，免八旗借支兵饷银七十万两。戊午，于成龙免，以石文晟为湖广总督。庚申，上发博洛河屯，阅牧群。

九月己巳，进张家口。丙子还京。甲申，以希福纳为左都御使，达佳为江宁将军。

冬十月辛卯朔，重修华阴西岳庙成，上制碑文。丙午，以富宁安为汉军都统。

十一月辛酉，命蒙古公丹济拉备兵推河，察视策旺阿拉布坦。己巳，以李光地为大学士，宋荦为吏部尚书，调赵弘燮为直隶巡抚。癸酉，诏免湖广明年额赋及以前逋赋。甲戌，国子监落成，御书"彝伦堂"额。庚辰，以汪灏为河南巡抚。乙酉，上谒陵。巡幸近塞。戊子，设云南广南、丽江二府学官，许土人应试。

十二月壬寅，上临裕亲王福全葬。以阿灵阿兼理藩院尚书。己酉，上还宫。丙辰，以祖良璧为福州将军。

是岁，免直隶、江南、湖广、广东等省四十六州县灾赋有差。朝鲜、琉球入贡。

四十五年丙戌春正月乙酉，命孙渣齐、徐潮督浚淮扬引河。顺天考官户部侍郎汪霦、赞善姚士蘁以取士不公褫职。

二月癸巳，上巡幸畿甸。丁未，次静海，阅子牙河。壬子，还驻南苑。以诸满为江宁将军。以王然为浙江巡抚。江南江西总督阿山劾江宁知府陈鹏年安奉《圣训》不敬，部议应斩。先是，乙酉年南巡，陈鹏年遵旨不治行宫，阿山故假他事劾之。上命入京修书。戊午，上还宫。

三月庚申，上御经筵。辛巳，赐施云锦等二百八十九人进士及第出身有差。诏直省建育婴堂。

夏四月戊子朔，日有食之。加贵州提督李芳述镇远将军。乙未，吴涵罢，以梅鋗为左都御史。

五月己未，以金世荣为兵部尚书。甲戌，诏免直隶、山东逋赋。丁丑，以梁鼐为福建浙江总督。戊寅，上巡幸塞外。

六月丁亥朔，诏修《功臣传》。癸巳，命梅鋗、二鬲按容美土司田舜年狱。壬寅，命凡部寺咨取钱粮非由奏请者，户部月会其数以闻。以蓝理为福建陆路提督。辛亥，四川巡抚能泰疏报安乐铁索桥告成，移化林营千总驻守。

秋七月庚申，上驻跸热河。甲子，以德昭嗣封信郡王。

八月壬辰，高家堰车逻坝涧河河堤告成。

九月己亥，上还京。

冬十月乙酉朔，敦拜罢，以温达为吏部尚书，希福纳为工部尚书。庚寅，武殿试。谕曰："今天下承平日久，曾经战阵大臣已少，知海上用兵者益少。他日台湾不无可虑。朕甲子南巡，由江宁登舟，至黄天荡，江风大作，朕独立船头射江豚，了不为意。迨后渡江，渐觉心动。去岁渡江，则心悸矣。皆年为之也。问之宿将亦然。今使高年奋勇效命，何可得耶？"壬寅，命大学士席哈纳、侍郎张廷枢、萧永藻覆按土司田舜年狱。丁未，以迓图为满洲都统。己酉，诏免山西、陕西、江苏、安徽、江西、浙江、福建、湖北、湖南、广东十省逋赋。

十一月癸酉，命尚书金世荣，侍郎巴锡、范承烈督浚清河。免八旗官兵贷官未归银三百九十五万六千六百两有奇。甲戌，以阿山为刑部尚书。庚辰，上谒陵。辛巳，以邵穆布为江南江西总督。癸未，以山东私铸多，听以小钱完正赋，责有司运京鼓铸。甲申，上巡幸塞外。西藏达赖喇嘛卒，其下第巴匿之，又立伪达赖喇嘛。拉藏汗杀第巴而献其伪喇

嘛。西宁喇嘛商南多尔济以闻。

十二月壬寅，上还宫。诏罪囚缓决至三四年者减一等。辛亥，郭世隆罢，以赵弘灿为广东广西总督。

是岁，免直隶、江南、福建、江西、湖广等省三十二州县灾赋有差。朝鲜入贡。

四十六年丁亥春正月丁卯，诏："南巡阅河，往返舟楫，不御室庐。所过勿得供亿。"丁巳，梅鋗免，以萧永藻为左都御使。

二月戊戌，次台庄，百姓来献食物。召耆老前，详询农事生计，良久乃发。癸卯，上阅溜淮套，由清口登陆，如曹家庙，见地势毗连山岭，不可疏凿，而河道所经，直民庐舍坟墓，悉当毁坏。诘责张鹏翮等，遂罢其役，道旁居民欢呼万岁。命别勘视天然坝以下河道。

三月己未，上驻江宁。乙巳，上驻苏州。

夏四月甲申，上驻杭州。诏曰："朕顷因视河，驻跸淮上。江、浙二省官民吁请临幸，朕免徇群情，涉江而南。方今二麦垂熟，百姓沿河拥观，不无践踏。其令停迎送，示朕重农爱民至意。"戊申，以鄂克逊为江宁将军，殷泰为甘肃提督。

五月壬子朔，上次山阳，示河臣方略。癸酉，上还京。丙子，解阿山尚书，削张鹏翮宫保。戊寅，赠故河道总督靳辅太子太保，予世职。加福建提督吴英威略将军。赠死难运司高天爵官，予谥忠烈。以达尔占为荆州将军。

六月丁亥，上巡幸塞外。以巢可托为左都御史，起郭世隆为湖广总督。

七月壬子，上驻跸热河。丁卯，车驾发喀拉河屯，巡幸诸蒙古部落。外藩来朝，各赐衣币。

八月甲辰，次洮尔毕拉，赐迎驾索伦总管塞音察克、杜拉图及打牲人银币。贵州三江苗人作乱，讨平之。

九月癸亥，上驻和尔博图噶岔。甲子，阅察哈尔、巴尔虎兵丁射。

冬十月辛巳，以江苏、浙江旱，发帑市米平粜，截漕放赈，免逋赋。外藩献驼马，却之。戊戌，上还京。己亥，户部议增云南矿税，命如旧额。庚子，金世荣免，以萧永藻为兵部尚书。

十一月己酉朔，诏曰："顷以江、浙旱灾，随命减税、蠲逋、截漕。其江、浙两省明年应出丁钱，悉予蠲免。被灾之处，并免正赋。使一年之内，小民绝迹公庭，优游作息，副朕惠爱黎元至意。"己未，诏台湾客民乏食，愿归者听附公务船内渡。以汪悟礼为汉军都统。己亥，诏江、浙诸郡县兴修水利备旱涝。

十二月丙戌，以温达为大学士，马尔汉为吏部尚书，耿额为兵部尚书，巢可托为刑部尚书，富宁安、王九龄为左都御史。丙午，赐亲王以次内大臣、侍卫白金有差。

是岁，免直隶、江南、江西、福建、湖广等省三十二州县卫灾赋有差。朝鲜、琉球入贡。

四十七年戊子春正月庚午，浙江大岚山贼张念一、朱三等行劫慈溪、上虞、嵊县，官兵捕平之。辛未，重修南岳庙成，御制碑文。以觉罗孟俄洛为奉天将军。乙亥，诏截留湖广、江西漕粮四十万石，留于江南六府平粜。

二月庚寅，上御经筵。壬辰，遣侍郎穆丹按大岚山狱，学士二鬲按红苗狱。甲午，上巡畿甸。丙午，诏暹罗使臣挈带土货，许随处贸易，免征其税。

三月丙辰，上还驻畅春园。戊午，以希思哈、李绳宗为汉军都统。

闰三月戊寅朔，重修北镇庙成，御制碑文。乙未，以施世骠为广东提督，席柱为西安将军。

夏四月己酉，宋荦罢，以徐潮为吏部尚书，以齐世武为四川陕西总督。戊午，山东巡抚赵世显报捕获朱三父子，解往浙江。上曰："朱三父子游行教书，寄食人家。若因此捕拿，株连太多，可传谕知之。"辛酉，湖广提督俞益谟密请剿除红苗。上以红苗无大罪，不许。以阿喇衲为蒙古都统，李林盛为汉军都统。内大臣明珠卒，命皇三子胤祉奠茶酒，赐马四匹。

五月甲申，以王鸿绪为户部尚书，富宁安为礼部尚书，穆和伦为左都御使。丙戌，上巡幸塞外。乙未，诏免大岚山贼党太仓人王照骏伯叔兄弟连坐罪。

六月丁未，上驻跸热河。丁巳，九卿议覆大岚山狱上，得旨："诛其首恶者，朱三父子不可宥，缘坐可改流徙。巡抚王然、提督王世臣俱留任，受伤官兵俱议叙。"丁卯，《清文鉴》成，上制序文。

秋七月丁丑，谕刑部，免死流人在配犯罪者按诛之。癸未，《平定朔漠方略》成，上亲制序文。壬辰，上行围。二禺奏按红苗杀人之廖老宰等斩枭，擅自遣兵前往苗寨之守备王应瑞遣戍，从之。

八月甲辰朔，日有食之。壬戌，上回銮，驻永安拜昂阿。

九月乙亥，上驻布尔哈苏台。丁丑，召集廷臣行宫，宣示皇太子胤礽罪状，命拘执之，送京幽禁。乙丑，上还京。丁酉，废皇太子胤礽，颁示天下。

冬十月甲辰，削贝勒胤禩爵。乙卯，以王掞为工部尚书，张鹏翮为刑部尚书。辛酉，上幸南苑行围。以辛泰为蒙古都统。

十一月癸酉朔，削直郡王胤禔爵，幽之。己卯，致仕大学士张英卒，予祭葬，谥文端。辛巳，副都御史劳之辨奏保废太子，夺职杖之。丙戌，召集廷臣议建储贰。阿灵阿、鄂伦岱、揆叙、王鸿绪及诸大臣以皇八子胤禩请。上不可。戊子，释废太子胤礽。己丑，王大臣请复立胤礽为皇太子。丙申，以宗室发度为黑龙江将军。庚子，复胤禩贝勒。

十二月甲辰，褒恤死难生员稽永仁、王龙光、沈天成、范承谱，附祀范承谟祠，承谟子巡抚范时崇请之也。丁巳，以陈诜为湖广巡抚，蒋陈锡为山东巡抚，黄秉中为浙江巡抚，刘荫枢为贵州巡抚。

是岁，免山东、福建、湖广等六十州县灾赋有差。朝鲜入贡。

四十八年己丑春正月癸巳，召集廷臣问举立胤禩，孰为倡议者。群臣皇恐莫敢对，乃进大学士张玉书而问之，对曰："先闻之马齐。"上切责之。次日，列马齐罪状，宥死拘禁。已而上徐察其诬，释之。丙申，上幸南苑。己亥，命侍郎赫寿驻藏，协办藏事。初拉藏汗与青海争立达赖喇嘛，不决，特命大臣往监临之。王鸿绪、李振裕免。

二月己酉，上巡幸畿甸。以宗室杨福为黑龙江将军，觉罗孟俄洛为宁古塔将军，王文义为贵州提督。戊午，以嵩祝署奉天将军。戊辰，上还宫。庚午，以张鹏翮为户部尚书，张廷枢为刑部尚书。

三月辛巳，复立胤礽为皇太子，昭告宗庙，颁诏天下。甲午，赐赵熊诏等二百九十二人进士及第出身有差。

夏四月甲辰，以富宁安为吏部尚书，穆和伦为礼部尚书，穆丹为左都御使。移禁胤禔于公所，遣官率兵监守。丁卯，上巡幸塞外。

五月甲戌，上驻跸热河。

六月戊午，康亲王椿泰薨，谥曰悼，子崇安袭封。

秋七月庚寅，以殷泰为四川陕西总督，噶礼为江南江西总督，江琦为甘肃提督，师懿德为江南提督。戊戌，上行围。

八月己亥朔，日有食之。加陕西提督潘育龙镇绥将军。

九月庚寅，上还京。以年羹尧为四川巡抚。

冬十月壬寅，诏福建、广东督抚保举深谙水性熟知水师者。戊午，册封皇三子胤祉诚亲王，皇四子胤禛雍亲王，皇五子胤祺恒亲王，皇七子胤祐淳郡王，皇十子胤䄉敦郡王，皇九子胤禟、皇十二子胤祹、皇十四子胤禵俱为贝勒。壬戌，诏免江苏被灾之淮、扬、徐、山东之兖州、河南之归德明年地丁额赋。

十一月丙子，诏各省解部之款过多，可酌量截留，以备急需。安郡王马尔浑薨，谥曰懿，子华玐袭。己卯，加漕运总督桑额太子太保。庚寅，上与大学士李光地论水脉水源，泰、岱诸山自长白山来。沛水伏流，黄河未到积石亦是伏流，蒙古人有书言之甚详。江源亦自昆仑来，至于岷山乃不伏流耳。遣张鹏翮、噶敏图按江南宜思恭亏帑狱。

十二月己亥，上谒陵。己未，上还宫。命马齐管鄂罗斯贸易事。刑部尚书巢可托免。

是岁，免直隶、江苏、安徽、山东、河南、湖广等省五十三州县灾赋有差。朝鲜、琉球入贡。

四十九年庚寅春正月庚寅，命修《满蒙合璧清文鉴》。

二月丁酉，上巡幸五台山。吏部尚书徐潮乞休，允之。

三月己巳，上还京。乙亥，命编纂《字典》。诏以故大学士李霨嫡孙主事李敏启擢补太常寺少卿。戊寅，敕封西藏胡必尔汗波克塔为六世达赖喇嘛。辛巳，诏免浙江杭、湖二府未完漕米三万九千余石。

夏四月乙巳，调萧永藻为吏部尚书，王掞为兵部尚书。

五月己酉朔，上巡幸塞外。癸酉，次花峪沟。阅吉林、黑龙江官兵。丁丑，上驻跸热河。

六月己亥，命诸皇子恭迎皇太后至热河避暑。戊午，刑部尚书张廷枢免。

秋七月壬午，按事湖南尚书萧永藻等疏报巡抚提督互讦案，查审俱实。得旨："俞益谟休致，赵申乔革职留任。"

闰七月甲寅，上行围。

八月乙亥，诏福建漳、泉二府旱，运江、浙漕粮三十万石赈之，并免本年未完额赋。丙戌，上还驻热河。庚寅，以范时崇为福建浙江总督，额伦特为湖南提督。

九月辛丑,上奉皇太后还宫。辛亥,希福纳免。时户部亏蚀购办草豆银两事觉,积十余年,历任尚书、侍郎凡百二十人,亏蚀至四十余万。上宽免逮问,责限偿完,希福纳现任尚书,特斥之。以穆和伦为户部尚书,贝和诺为礼部尚书。

冬十月甲子,诏曰:"朕临御天下垂五十年,诚念民为邦本,政在养民。迭次蠲租数万万,以节俭之所余,为涣解之弘泽。惟体察民生,未尽康阜,良由生齿日繁,地不加益。宜沛鸿庥,藉培民力。自康熙五十年始,普免天下钱粮,三年而遍。直隶、奉天、浙江、福建、广东、广西、四川、云南、贵州九省地丁钱粮,察明全免。历年逋赋,一体豁除。其五十一年、五十二年应蠲省分,届时候旨。地方大吏以及守令当体朕保义之怀,实心爱惜,庶几升平乐利有可征矣。文到,其刊刻颁布,咸使闻知。"丁卯,谕外藩已朝行在,勿庸朝正。丙子,以郭瑮为云南贵州总督,以郭世隆为刑部尚书,鄂海为湖广总督。癸未,谕大学士:"江南亏空钱粮多至数十万两,此或朕数次南巡,地方挪用。张鹏翮谓俸工可以抵补。牧令无俸,仍以累民,莫若免之为善。其会议以闻。"

十一月辛卯朔,诏凡遇蠲赋之年,免业主七分,佃户三分,著为令。大学士陈廷敬以老乞休,温旨慰谕,命致仕。乙巳,上谒陵。以萧永藻为大学士,王掞为礼部尚书,徐元正为工部尚书。丁未,以孙征灏为兵部尚书。乙卯,以桑额为吏部尚书。

十二月癸酉,以赫寿为漕运总督。戊寅,上还京。辛巳,诏曰:"朕因朝列旧臣渐次衰谢,顺治年间进士去职在籍者,已无多久。王士禛、江皋、周敏政、叶矫然、徐淑嘉皆以公过屏废,俱复还原官。"以赵申乔为左都御史。

是岁,免直隶、江南等省七州县灾赋有差。朝鲜、安南入贡。

五十年辛卯春正月癸丑,上巡畿甸,视通州河堤。

二月辛酉,以班迪为满洲都统,善丹为蒙古都统。丁卯,阅筐儿港,命建挑水坝。次河西务,上登岸步行二里许,亲置仪器,定方向,钉椿木,以纪丈量之处。谕曰:"用此法可以测量天地、日月交食。算法原于《易》。用七九之奇数,不能尽者,用十二、二十四之偶数,乃能尽之,即取象十二时、二十四气也。"庚午,上还京。辛巳,上御经筵。

三月庚寅,王大臣以万寿节请上尊号。自平滇以来,至是凡四请矣。上谦挹有素,终不之许。

夏四月庚申,徐元正养亲回籍,以陈诜为工部尚书。庚辰,上奉皇太后避暑热河。乙未,命礼部祈雨。庚子,大雨。丙午,留京大学士张玉书卒,上悼惜,赋诗一篇,遣官治丧,赐银一千两,加祭葬,谥文贞。己酉,诏免江苏无著银十万两有奇。丙辰,召致仕大学士陈廷敬入阁办事。增乡、会试《五经》中额。

六月戊辰,设广西西隆州儒学训导。

秋七月丙辰,上行围。

八月庚午,高宗纯皇帝生。以王原祁为掌院学士。设先贤子游后裔《五经》博士。

九月戊申,上奉皇太后还宫。蓝理有罪免,以杨琳为福建陆路提督,马际伯为四川提督。停本年秋决。

冬十月丙辰,诏免台湾五十一年应征稻谷。贝和诺免,以嵩祝为礼部尚书。戊午,诏前旨普免天下钱粮,五十一年轮及山西、河南、陕西、甘肃、湖北、湖南六省,地丁钱粮及逋欠俱行蠲免。庚午,以硕鼐为满州都统,琊世巴、马尔赛为蒙古都统。戊寅,免朝鲜白金豹皮岁贡。庚辰,诏举孝义。辛巳,命张鹏翮置狱扬州,按江南科场案。壬午,鄂缮、耿额、齐世武、悟礼等有罪,褫职拘禁。赵申乔疏劾新科编修戴名世恃才放荡,语多悖逆,下部严审。

十一月丙戌,以殷特布为汉军都统,隆科多为步军统领,张谷贞为云南提督。丁未,上谒陵,赐守陵官役马匹白金。

十二月癸酉,上还宫。癸未,祫祭太庙。

是岁,免直隶、安徽等省八州县灾赋有差。朝鲜、琉球入贡。丁户二千四百六十二万一千三百二十四,田地六百九十三万三百四十四顷三十四亩,征银二千九百九十万四千六百五十二两八钱。盐课银三百七十二万九千二百二十八两。铸钱三万七千四百九十三万三千四百有奇。

五十一年壬辰春正月丙午,擢编修张逸少为翰林院侍读学士,故大学士张玉书之子也。壬子,命内外大臣具折陈事。折奏自此始。癸丑,上巡幸畿甸。诏右卫将军宗室费扬古办事诚实,供职年久,且系王子,可封为辅国公。

二月丁巳,诏宋儒朱子配享孔庙,在十哲之次。江苏巡抚张伯行与总督噶礼互评,俱解任,交张鹏翮、赫寿查审。福建浙江总督范时崇疏陈沿海渔船,只许单桅,不许越省行走,交地方文武钤束。上曰:"此事不可行。渔户并入水师营,则兵弁侵欺之矣。盗贼岂能尽除,窃发何地无之?只视有益于民者行之,不当以文法为捕具也。"戊寅,命卓异武官照文职引见。庚辰,上还京。壬午,诏曰:"承平日久,生齿日繁。嗣后滋生户口,勿庸更出丁钱,即以本年丁数为定额,著为令。"

三月辛卯,谕大学士:"翻译本章,甚有关系。昨见本内'假官'二字,竟译作'伪官',舛错殊甚。其严饬之。"丁酉,上御经筵。

夏四月丁巳,赐王世琛等百七十七人进士及第出身有差。甲子,以康泰为四川提督。定会试分省取中例。壬申,谕:"故大学士熊赐履夙学旧臣,身殁以后,时轸于怀。闻其子已长成,可令来京录用。"壬戌,予故一等侍卫海青副都统衔,予祭葬,谥果毅。致仕大学士陈廷敬卒,命皇三子奠茶酒,御赋挽诗,命南书房翰林励廷仪、张廷玉赍奠,予治丧银一千,谥文贞。诏明年六旬万寿,二月特行乡试,八月会试。以嵩祝为大学士,黑硕咨为礼部尚书,满笃为工部尚书,以王掞为大学士,陈诜为礼部尚书,起张廷枢为工部尚书。丙子,上奉皇太后避暑热河,启銮。壬午,上驻跸热河。

五月壬寅,命有司稽察流民徙边种地者。以穆丹为左都御史,鄂代为蒙古都统。

六月癸丑朔,日有食之。丁巳,命穆和伦、张廷枢覆按江南督抚互评案。湖广镇箪红苗吴老化率毛都塘等五十二寨内附。辛酉,以张朝午为广西提督。

秋八月癸丑,上行围。戊寅,诏朝鲜遇有中国渔船违禁至界汛,许拘执以闻。镇箪苗民续内附八十三寨。

九月庚戌,上奉皇太后还宫。皇太子胤礽复以罪废,锢于咸安宫。

冬十月壬戌，穆和伦等覆按江南狱上，上命夺噶礼职，张伯行复任。以揆叙为左都御史，赫寿为江南江西总督。

十一月乙酉，前福建提督蓝理狱上，应死。上念征台湾功，特原之。己亥，群臣以万寿六旬请上尊号，不许。丁未，以复废皇太子胤礽告庙，宣示天下。己酉，上谒陵，赐守陵大臣白金。

十二月甲戌，上还京。

是岁，免直隶、江南、山东、浙江等省二十三州县灾赋有差。朝鲜入贡。

五十二年癸巳春正月戊申，诏封后藏班禅胡土克图喇嘛为班禅额尔得尼。

二月庚戌，赵申乔疏言太子国本，应行册文。上以建储大事，未可轻定，宣谕廷臣，以原疏还之。乙卯，上巡幸畿甸。编修戴名世以著述狂悖弃市。进士方苞以作序干连，免死入旗，旋赦出之。乙亥，上还驻畅春园。

三月戊寅朔，谕王大臣：“朕昨还京，见各处为朕保厘乞福者，不计其数，实觉愧汗，万国安，即朕之安，天下福，即朕之福，祝延者当以兹为先。朕老矣，临深履薄之念，与日俱增，敢满假乎？”又谕：“各省祝寿老人极多，倘有一二有恙者，可令太医看治。朕于十七日进宫经棚，老人已得从容瞻觐。十八日正阳门行礼，不必再至龙棚。各省汉官传谕知悉。”甲午，上还宫，各省臣民夹道俯伏欢迎，上驻辇慰劳之。乙未，万寿节，上朝慈宁宫，御太和殿受贺，颁诏覃恩，锡高年，举隐逸，旌孝义，蠲逋负，鳏寡孤独无告者，官为养之，罪非殊死，咸赦除焉。壬寅，召直省官员士庶年六十五以上者，赐宴于畅春园，皇子视食，宗室子执爵授饮。扶掖八十以上老人至前，亲视饮酒。谕之曰：“古来以养老尊贤为先，使人人知孝知悌，则风俗厚矣。尔耆老当以此意告之乡里。昨日大雨，田野沾足。尔等速回，无误农时。”是日，九十以上者三十三人，八十以上者五百三十八人，各赐白金。加祝厘老臣宋荦太子少师，田种玉太子少傅。甲辰，宴八旗官员、兵丁、闲散于畅春园，视食授饮、视饮赐金同前。是日，九十以上者七人，八十以上者一百九十二人。

夏四月甲寅，以鄂海为陕西四川总督，额伦特为湖广总督，高其位为湖广提督。四川提督岳升龙请入籍四川，许之。丁卯，遣官告祭山川、古陵、阙里。五月丙戌，上奉皇太后避暑热河。调张廷枢为刑部尚书，王顼龄为工部尚书。颁赍蒙古老人白金。辛丑，诏停本年秋决。

闰五月乙卯，赍热河老人白金。御史陈汝咸招抚海寇陈尚义入见，询海上情势及洋船形质，命于金州安置，置水师营。

六月丁丑，修律算书。

秋七月壬子，诏宗人削属籍者，子孙分别系红带、紫带，载名玉牒。丙寅，上行围。

八月丁丑，蒙古鄂尔多斯王松阿拉布请于察罕托灰游牧，不许，命游牧以黄河为界，从总兵范时捷请也。

九月甲子，上奉皇太后还宫。辛未，以江南漕米十万石分运广东、福建平粜。

冬十月丙子，以张鹏翮为吏部尚书。乙酉，赐王敬铭等一百四十三人进士及第出身有差。

十一月己酉,诏免广东、福建、甘肃二十一州县卫明年税粮。癸亥,上谒陵。

十二月己卯,以赫奕为工部尚书。辛卯,令文武科目愿兼应者,许改试一科。壬辰,上还京。甲午,以五鬲为蒙古都统。辛丑,祫祭太庙。

是岁,免浙江十州县灾赋有差。朝鲜、琉球入贡。

五十三年甲午春正月己未,命修坛庙殿廷乐器。癸亥,户部请禁小钱。上曰:"凡事必期便民,若不便于民,而惟言行法,虽厉禁何益。"戊辰,上巡幸畿甸。丁卯,以何天培为京口将军。

二月甲戌,诏停今年秋审,矜疑人犯,审理具奏,配流以下,减等发落。乙酉,上还京。癸丑,命侍郎常泰、少卿陈汝咸赴甘肃赈抚灾民。丁巳,前尚书王鸿绪进《明史列传》二百八十卷,命付史馆。

夏四月戊子,改师懿德为甘肃提督。辛卯,上奉皇太后避暑热河。六月乙亥,诏:"拉藏汗年近六十,二子在外,宜防外患,善自为谋。"癸未,以炎暑免从臣晚朝。

秋七月辛卯,诏以江南暵旱,浙江米贵,河南歉收,截漕三十万石,分运三省平粜。

八月乙亥,上行围。

九月丙寅,上奉皇太后还宫。

冬十月己巳朔,命张鹏翮、阿锡鼐往按江南牟钦元狱。己丑,命大学士、南书房翰林考定乐章。

十一月,敕户部截漕三十余万石,于江南、浙江备赈。戊申,免甘肃靖边二十八州县卫明年额赋。诚亲王胤祉等以御制《律吕正义》进呈,得旨:"律吕、历法、算法三书共为一部,名曰《律历渊源》。"甲寅,冬至,祀天于圜丘,奏新乐。丙辰,上巡幸塞外。贝勒胤祀属下人雅齐布有罪伏诛。遣何国栋测量广东、云南等省北极出地及日景。

十二月癸酉,上驻特布克,赐随围蒙古兵银币。己丑,上还京。辛卯,洮、岷边外生番喇子等一十九族内附。

是岁,免江南、河南、甘肃、浙江、湖广等省百二十二州县灾赋有差。朝鲜入贡。

五十四年乙未春正月甲子,停《五经》中式例。封阿巴垓台吉德木楚克为辅国公。诏贝勒胤祀、延寿溺职,停食俸。

二月戊辰朔,张伯行缘事解任,交张鹏翮审理。己巳,以施世纶为漕运总督。辛未,上巡幸畿甸,谕巡抚赵弘燮曰:"去年腊雪丰盈,今年春雨应节,民田想早播种。但虑起发太盛,或有二疸之虞。可示农民芸耨宜疏,以防风霾。"又谕:"朕时巡畿甸,见民生差胜于前。但诵读者少,风俗攸关。宜令穷僻乡壤广设义学,劝令读书。尔有司其留意。"甲午,以杜呈泗为江南提督,穆廷栻为福建陆路提督。

三月己亥,以蒙古吴拉忒等部十四旗雪灾,命尚书穆和伦运米往赈,教之捕鱼为食。庚子,以赵弘燮为直隶总督,任巡抚事。以睦森为宁古塔将军。

夏四月庚午,赐徐陶璋等一百九十人进士及第出身有差。己卯,师懿德奏策旺阿拉布坦兵掠哈密,游击潘至善击败之。命尚书富宁安、将军席柱率师援剿,祁里德赴推河,谕喀尔喀等备兵。庚辰,征外藩兵集归化城,调打牲索伦兵赴推河。己丑,谕议政大臣:

"朕曾出塞亲征,周知要害。今讨策旺阿拉布坦进兵之路有三:一由噶斯直抵伊里河源,趋其巢穴;一越哈密、吐鲁番,深略敌境;一取道喀尔喀,至博克达额伦哈必尔汉,度岭扼险。三路并进,大功必成"。壬午,漕运总督郎廷极卒,上称其抚恤运丁,历运无阻,予祭葬,谥温勤。辛卯,上奉皇太后避暑热河。乙未,命富宁安分兵戍噶斯口,总兵路振声驻防哈密。

五月丙午,黑龙江将军宗室杨福卒,赐银一千两,命侍卫尚崇义、傅森驰驿赐奠,谥襄毅,命其子三官保暂署父任。戊午,内阁侍读图理琛使于鄂罗斯,使备兵。

六月壬申,命都统图斯海等赴湖滩河朔运粮。甲戌,富宁安、席柱疏报进兵方略。得旨,明年进兵。丁亥,兵部尚书孙征灏卒,赐鞍马二、散马二、银五百两,谥清端。

秋七月甲午朔,命和托辉特公博贝招抚乌梁海。辛酉,命公傅尔丹往乌兰古等处屯田。

八月辛未,大学士李光地乞假归,上赋诗送之。癸酉,上行围。壬辰,撤噶斯口戍兵还肃州。

九月己酉,博贝招抚乌梁海部来归。

冬十月丙寅,上谕大学士:"朕右手病不能写字,用左手执笔批答奏折,期于不泄漏也。"辛巳,上奉皇太后还宫。诏顺天、保定、河间、永平、宣化今岁雨溢,谷耗不登,所有五府应完五十五年税粮,悉蠲除之。

十一月甲午,以范时崇为左都御史,觉罗满保为浙江福建总督,宗室巴塞为蒙古都统。庚子,停京师决囚。辛丑,以宋臣范仲淹从祀孔庙。己未,冬至,祀天于圜丘,始用御定雅乐。

十二月己巳,以塔拜为杭州将军。命护军统领晏布帅师驻西宁。甲申,张伯行以疑赃诬参论罪应死,上原之,起为仓场侍郎。

是岁免江南、湖南二省二十四州县卫灾赋有差。朝鲜、琉球入贡。

五十五年丙申春正月壬子,上幸汤泉。

二月乙丑,命副都统苏尔德经理图呼鲁克等处屯田。癸酉,上还驻畅春园。丙子,诏免安南岁贡犀角、象牙。己卯,上巡幸畿甸。庚寅,定丁随地出例。

三月丁酉,恤赠广西右江剿瑶伤亡参将王启官荫。庚子,上还宫。乙巳,召席柱还,以晏布代之,路振声参军事。癸丑,蒙古图尔胡特贝子阿拉布珠尔请从军。命率蒙古兵戍噶斯口。贵州巡抚刘荫枢疏请罢兵,命承传诣军周阅议奏。

闰三月癸亥,以额伦特署西安将军,满丕署湖广总督。丁丑,以左世永为广西提督。壬午,发京仓米二十万石赈顺天、永平。五城粥厂展期至秋。命礼部祈雨。

夏四月癸卯,上奉皇太后避暑热河。

五月庚申,上驻热河,斋居祈雨。起马齐为大学士,穆和伦为户部尚书。壬戌,发仓米平粜。预发八旗兵粮。甲子,雨。上曰:"宋儒云:'求雨得雨,旱岂无因。'此言可味也。"己巳,京师远近雨足,上复常膳。乙酉,赫奕免,以孙渣齐为工部尚书。

六月丙辰,上幸汤泉。

秋七月辛未,命移噶斯口防军分戍察罕乌苏、噶顺。癸未,上行围。

八月乙卯,前奉天府尹董弘毅坐将承德等九州县米豆改征银两,致仓储阙乏,黜官。

九月庚午,以蒋陈锡为云南贵州总督。甲申,上奉皇太后还宫。

冬十月丁亥朔,诏刑部积岁缓决长系人犯,分别减释之。停本年秋决。戊子,以托留为黑龙江将军,赵弘灿为兵部尚书。癸巳,诏:"近以策旺阿拉布坦侵入哈密,征兵备边,一切飞刍輓粟经过边境,不无借资民力。所有山西、陕西、甘肃四十八州县卫应征明年银米谷草及积年补欠,悉与蠲除。"丁酉,诏肃州与布隆吉尔毗连迤北西吉木、达里图、金塔寺等处,招民垦种。以杨琳为广东广西总督。以宗室巴赛为满州都统,晏布为蒙古都统。丙午,策旺阿拉布坦执青海台吉罗卜藏丹济布,犯噶斯口,官兵击走之。命额伦特驻师西宁,分兵戍噶斯口,布隆吉尔散秩大臣阿喇衲赴巴尔库尔参赞军事。

十一月乙丑,以傅尔丹、额尔锦为领侍卫内大臣。戊辰,上谒陵。甲申,上巡幸塞外。盗发明陵,命置之法。

十二月己酉,上还京。诏免顺天、永平三十五州县明年地丁税粮,其积年逋赋并除之。

是岁,免直隶、江南、山东、浙江、江西、湖广等省六十三州县灾赋有差。朝鲜、安南入贡。

五十六年丁酉春正月丁卯,修《周易折中》成,颁行学官。壬午,以徐元梦为左都御史,朱轼为浙江巡抚。

二月丙戌朔,上巡幸畿甸。乙未,征奉天、吉林兵益祁里德军。癸卯,上还驻畅春园。丁未,定盗案法无可宽、情有可原例。顺承郡王诺罗布冀,谥曰忠,子锡保袭封。左都御史揆叙卒,予祭葬,谥文端。

三月丁巳,上御经筵。戊寅,以富宁安为靖逆将军,傅尔丹为振武将军,祁里德为协理将军,视师防边。壬午,上巡视河西务堤。

夏四月乙酉,上还驻畅春园。乙未,发通州仓米分贮直隶州县备赈。丙申,碣石镇总兵陈昂奏天主教堂各省林立,宜行禁止,从之。以孙柱、范时崇为兵部尚书。辛丑,上奉皇太后避暑热河。

五月庚申,九卿议王贝勒差人出外,查无勘合,即行参究。

六月壬子,傅尔丹袭击厄鲁特博罗布尔哈苏,斩俘而还。兵部尚书赵弘灿卒,予祭葬,谥清端。

秋七月丙辰,策旺阿拉布坦遣其将策零敦多布侵掠拉藏。癸亥,富宁安袭击厄鲁特于通俄巴锡,进及乌鲁木齐,毁其田禾,还军遇贼毕留图,击败之。阵亡灰特台吉扎穆毕,追封辅国公。

八月壬午朔,上行围。

九月辛未,以路振扬署四川提督。河南奸民亢珽滋事,官兵捕之,珽走死。命尚书张廷枢、学士勒什布往鞫,得前巡抚李锡贪虐激变状以闻。李锡褫职论死,贼党伏诛。

冬十月乙酉,命侍郎梁世勋、海寿往督巴尔库尔屯田。庚子,上奉皇太后还宫。乙已，命内大臣公策旺诺尔布、将军额伦特、侍卫阿齐图等率师戍青海。以宗室公吞珠为礼部尚书，蔡升元为左都御史。

十一月壬子，命停决囚。乙丑，皇太后不豫，上省疾慈宁宫。辛未，诏曰："帝王之治，必以敬天法祖为本。合天下之心以为心，公四海之利以为利，制治于未乱，保邦于未危，夙夜兢兢，所以图久远也。朕八龄践祚，在位五十余年，今年近七旬矣。当二十年时，不敢逆计至三十。三十年时，不敢逆计至四十。赖宗社之灵，今已五十七年矣，非凉德所能致也。齿登耆寿，子孙众多。天下和乐，四海又安。虽未敢谓家给人足，俗易风移，而欲使民安物阜之心，始终如一。殚竭思虑，耗敝精力，殆非劳苦二字所能尽也。古帝王享年不永，书生每致讥评。不知天下事烦，不胜其劳虑也。人臣可仕则仕，可止则止，年老致仕而归，犹得抱子弄孙，优游自适。帝王仔肩无可旁委，舜殁苍梧，禹殂会稽，不遑宁处，终鲜止息。《洪范》五福，终于考终命，以寿考之难得也。《易·遯》六爻，不及君主，人君无退藏之地也。岂当与臣民较安逸哉！朕自幼读书，寻求治理。年力胜时，挽强决拾。削平三藩，绥辑漠北，悉由一心运筹，未尝妄杀一人。府库帑金，非出师赈饥，未敢妄费。巡狩行宫，不施采缋。少时即知声色之当戒，佞幸之宜远，幸得粗致谧安。今春颇苦头晕，形渐羸瘦。行围塞外，水土较佳，体气稍健，每日骑射，亦不疲乏。复以皇太后违和，头晕复作，步履艰难。倘一时不讳，不得悉朕衷曲。死者人之常理，要当于明爽之时，举平生心事一为吐露，方为快耳。昔人每云帝王当举大纲，不必兼综细务。朕不谓然，一事不谨，即贻四海之忧；一念不谨，即贻百年之患。朕从来莅事无论钜细，莫不慎之又慎。惟年既衰暮，只惧五十七年忧勤惕励之心，隳于末路耳。立储大事，岂不在念。但天下大权，当统于一，神器至重，为天下得人至难，是以朕垂老而惓惓不息也。大小臣工能体朕心，则朕考终之事毕矣。兹特召诸子诸卿士详切言之。他日遗诏，备于此矣。"甲戌，免八旗借支银二百万两。丙子，诏免直隶、安徽、江苏、浙江、湖广、陕西、甘肃等省积年逋赋，江苏、安徽并免漕项银米十分之五。

十二月甲申，皇太后病势渐增，上疾七十余日矣，脚面浮肿，扶掖日朝宁寿宫。丙戌，皇太后崩，颁遗诰，上服衰割辫，移居别宫。己酉，上还宫。

是岁，朝鲜入贡。

五十七年戊戌春正月乙卯，上有疾，幸汤泉。戊寅，赐防边军士衣两万袭。

二月庚寅，拉藏乞师，命侍卫色楞会青海兵往援。癸卯，以路振声为甘肃提督。检讨朱天保上疏请复立胤礽为皇太子，上于行宫亲讯之曰："尔何知而违旨上奏？"朱天保曰："臣闻之臣父，臣父令臣言之。"上曰："此不忠不孝之人也。"命诛之。丁未，上还宫。碣石镇陈昂疏请洋船入港，先行查取大炮，方许进口贸易。部议不行。

三月癸丑，减大兴、宛平门厂房税。辛酉，上大行皇后谥曰孝惠仁宪端懿纯德顺天翊圣章皇后。丙寅，以颜寿为右卫将军，黄秉钺为福州将军。戊辰，裁起居注官。甄别不职学政丛澍等七员，俱褫职。丁丑，命浙江南北新关税交同知管理。戊寅，浙江巡抚朱轼请修海宁石塘。从之。

夏四月乙酉，葬孝惠章皇后于孝东陵。丁亥，赐汪应铨等一百七十一人进士及第出

身有差。辛卯，上幸热河。穆和伦免，以孙渣齐为户部尚书。

五月癸丑，以徐元梦为工部尚书。丁巳，额伦特奏拉藏汗被陷身亡，二子被杀，达赖、班禅均被拘。己未，浙江福建总督满保疏台湾一郡有极冲口岸九处，次冲口岸十五处，派人修筑，酌移员弁，设淡水营守备。从之。

六有壬辰，遣使册封琉球故王曾孙尚敬为中山王。己丑，大学士李光地卒，命皇五子恒亲王胤祺往奠茶酒，赐银一千两，徐元梦还京护其丧事，谥文贞。丁未，赐哈密军士衣四百袭。

秋七月己未，打箭炉外墨里喇嘛内附。甲戌，修《省方盛典》。

八月壬子，索伦水灾，遣官赈之。孟光祖伏诛。戊子，上行围。甲午，礼部尚书吞珠卒，予祭葬，谥恪敏。总兵官仇机有罪伏诛。

闰八月戊辰，诏曰："夷虏跳梁，大兵远驻西边，一切征缮，秦民甚属劳苦。所有陕西、甘肃明年地丁粮税俱行蠲免，历年逋赋亦尽除之。"

九月己卯，命都统阿尔纳、总兵李耀率师赴噶斯口、柴旦木驻防。丙戌，以王顼龄为大学士，陈元龙为工部尚书。甲辰，上还京。将军额伦特、侍卫色楞会师喀喇乌苏，屡败贼，贼愈进，师无后继，矢竭力战，殁于阵。

冬十月甲寅，停本年决囚。丙辰，命皇十四子贝子胤禵为抚远大将军，视师青海。命殉难总督甘文焜、知府黄庭柏建祠列祀，甲子，诏四川巡抚年羹尧，军兴以来，办事明敏，即升为总督。命翰林、科道轮班入直。戊辰，上驻汤泉。命皇七子胤祐、皇十子胤䄉、皇十二子胤祹分理正黄、正白、正蓝满、蒙、汉三旗事务。

十一月丙子，上还驻畅春园。福建巡抚陈瑸卒，赠礼部尚书，谥清端。以宜兆熊为汉军都统。

十二月丙辰，上谒陵。己未，孝惠章皇后升祔太庙，位于孝康章皇后之左，颁诏天下。云南撒甸苗人归顺。己巳，上还宫。

是岁，免江南、福建、甘肃、湖广等省二十六州县卫灾赋有差。朝鲜、琉球、安南入贡。

五十八年己亥春正月甲戌朔，日有食之。诏曰："日食三始，垂象维昭。宜修人事，以敬天戒。臣工其举政事阙失以闻。"乙未，上幸汤泉。庚子，上还驻畅春园。辛丑，诏立功之臣退闲，世职准子弟承袭。若无应袭之人，给俸终其身。壬寅，命截漕米四十三万石，留江苏、安徽备荒。

二月己巳，上巡幸畿甸。己卯，学士蒋廷锡表进《皇舆全览图》，颁赐廷臣。庚申，上还驻畅春园。辛未，命都统法喇抚辑里塘、巴塘，护军统领噶尔弼同理军事。

三月乙未，侍郎色尔图以运饷迟延罢，命巡抚噶什图接管。

夏四月乙巳，命抚远大将军胤禵驻师西宁。癸丑，上巡幸热河。

五月戊寅，以麦大熟，命民间及时收贮。庚辰，以扬都为蒙古都统。浙江正考官索泰贿卖关节，在籍学士陈恂说合，陈凤墀夤缘中式，均论死，并罪其保荐索泰为考官者。南阳标兵执辱知府沈渊，总兵高成革职，游击王洪道论死，兵处斩。

六月甲辰，以贝勒满笃祜为满州都统。丁未，年羹尧、噶尔弼、法喇先后奏副将岳钟琪招辑里塘、巴塘就抚。命法喇进驻巴塘，年羹尧拨兵接应。丙寅，以马见伯为固原提督。

秋七月癸未，以宗查木为西安将军。

八月庚戌，上行围。庚申，振威将军傅尔丹奏鄂尔斋图二处筑城设站。命尚书范时崇往董其役。

九月乙未，谕西宁现有新胡毕勒罕，实系达赖后身，令大将军遣官带兵前往西藏安禅。戊戌，安郡王华妃薨，谥曰节。

冬十月丁未，上还京。壬子，命蒙养斋举人王兰生修《正音韵图》。甲寅，固原提督潘育龙卒，赠太子少保，予祭葬，谥襄勇。

十一月丙子，礼部尚书陈诜致仕。庚寅，增江西解额。

十二月壬寅，以蔡升元为礼部尚书，田从典为左都御史。戊申，西安将军额伦特之丧至京，命皇五子恒亲王胤祺、皇十二子贝子胤祹迎奠。庚申，命截湖广漕粮十万石留于本省备荒。辛酉，诏曰："比年兴兵西讨，远历边陲，居送行赍，民力劳瘁。所有沿边六十六州县卫所明年额征银朱，俱行蠲免。"

是岁，免江苏、安徽等省十三州县灾赋有差。朝鲜、琉球入贡。

五十九年庚子春正月丁酉，命抚远大将军胤禵移师穆鲁斯乌苏。以宗室延信为平逆将军，领兵进藏，以公策旺诺尔布参赞军务。命西安将军宗查木驻西宁，平郡王讷尔素驻古木。

二月甲辰，上巡幸畿甸。癸丑，命噶尔弼为定西将军，率四川、云南兵进藏，册封新胡毕勒罕为六世达赖喇嘛。辛酉，上还驻畅春园。

三月己丑，命云南提督张谷贞驻防丽江、中甸。丙申，命靖逆将军富宁安进师乌鲁木齐，散秩大臣阿喇衲进师吐鲁番，祁里德领七千兵从布娄尔，傅尔丹领八千兵从布拉罕，同时进击准噶尔。

夏四月戊申，上巡幸热河。

五月辛巳，以旱求言。壬午，雨。

六月己亥，陕西饥，运河南积谷往赈。丙辰，保安、怀来地震，遣官赈之。

秋七月丙寅朔，日有食之。癸酉，富宁安击贼于阿克塔斯、伊尔布尔和韶，败之，擒其台吉垂木拍尔。阿喇衲师至齐克塔木，遇贼，击破之，尽虏其众。进击皮禅城，降之。师至吐鲁番，番酋阿克苏尔坦率众迎降。丙戌，傅尔丹击贼于格尔厄尔格，斩获六百，阵擒寨桑贝肯，焚其积聚而还，贝肯送京。祁里德败贼于铿额尔河，降其寨桑色布腾等二千余人。

八月戊戌，上行围。庚子，琉球请令其陪臣子弟入国子监读书，许之。癸丑，平逆将军延信连败贼众于卜克河。丁巳，又败贼众于绰马喇，贼将策零敦多布遁。定西将军噶尔弼率副将岳钟琪自拉里进兵。戊午，克西藏，执附贼喇嘛百余，斩其渠五人，抚谕唐古特、土伯特，西藏平。以高其倬为广西巡抚。

九月壬申，平逆将军延信以兵送达赖喇嘛入西藏坐床。富宁安兵入乌鲁木齐，哈西哈回人迎降，军回至乌兰乌苏。戊寅，云贵总督蒋陈锡、巡抚甘国璧以馈饷后期褫职，仍令运米入藏。

冬十月癸卯，上还京。诏再以河南积谷运往陕西放赈。明年，河南漕粮照数补还仓谷，其余漕粮留贮河南。甲辰，朝鲜国王李焞薨。诏曰："李焞袭封五十年，奉藩恭谨，抚民慈爱。兹闻溘逝，恻悼实深，即令王子李昀袭封。所进贡物悉数带回，仍查恤典具奏。"诏陕西、甘肃两省康熙六十年地丁银一百八十八万两零，通行蠲免。沿边歉收，米价昂贵，兵力拮据，并豫发本年兵饷。赉进藏官兵。甲寅，户部尚书赵申乔卒，予祭葬，谥恭毅。丁巳，诏抚远大将军胤禵会议明年师期。戊午，以陕西、甘肃歉收，命银粮兼赈，以麦收为止。

十一月辛未，遣宫致祭朝鲜国王李焞，特谥僖顺，册封世子李昀为朝鲜国王。戊寅，以田从典为户部尚书，朱轼为左都御史，以杨名时为云南巡抚。辛巳，诏："大兵入藏，其地俱入版图，山川名号番、汉异同，应即考证明核，传信后世。"上因与大学士讲论河源、江源，及于《禹贡》三危。庚寅，以隆科多为理藩院尚书，仍兼步军统领。

十二月甲辰，廷臣再请行六十年庆贺礼。不允。壬子，授先贤子夏后裔《五经》博士。甲寅，以诚亲王胤祉子弘晟、恒亲王胤祺子弘升为世子。辛酉，祫祭太庙。

是岁，免直隶、江苏、陕西、浙江、四川等省五十六州县卫灾赋有差。朝鲜、琉球入贡。

六十年辛丑春正月乙亥，上以御极六十年，遣皇四子胤禛、皇十二子胤祹、世子弘晟告祭永陵、福陵、昭陵。

二月乙未，上谒孝庄山陵、孝陵、孝东陵，行告祭礼。遣官告祭郊庙社稷。乙卯，上还京。山东盐徒王美公等作乱，捕斩之。己未，命公策旺诺尔布驻防西藏。论取藏功，封第巴阿尔布巴、康济鼐为贝子，第巴隆布奈为辅国公。

三月乙丑，群臣请上万寿节尊号，上不许，曰："加上尊号，乃相沿陋习，不过将字面上下转换，以欺不学之君耳。本朝家法，唯以爱民为事，不以景星、庆云、芝草、甘露为瑞，亦无封禅改元之举。现今西陲用兵，兵久暴露，民苦转输。朕方修省经营之不暇，何贺之有？"庚午，赐举人王兰生、留保进士，一体殿试。甲戌，先是，大学士王掞密疏复储，至是御史陶彝、任坪、范长发、邹图云、陈嘉猷、王允晋、李允符、范允铭、高玢、高怡、赵成穮、孙绍曾疏请建储，上不悦，并掞切责之，命其子詹事王奕清及陶彝等十二人为额外章京，军前效力。

夏四月甲午，以李麟为固原提督。乙未，赐邓钟岳等一百六十三人进士及第出身有差。丙申，诏厘定历代帝王庙崇祀祀典。丁酉，命张鹏翮、陈鹏年赴山东阅河。以赖都为礼部尚书，托赖为刑部尚书。丙午，上幸热河。戊午，命定西将军噶尔弼驻藏。

五月壬戌，命抚远大将军胤禵移师甘州。丙寅，台湾奸民朱一贵作乱，戕总兵官欧阳凯。癸酉，以署参将管永宁协副将岳钟琪为四川提督。乙亥，改思明土州归广西太平府。戊寅，诏停本年进兵。以常授为理藩院额外侍郎，办事西宁。乙酉，以年羹尧为四川陕西总督，赐弓矢。发帑金五十万赈山西、陕西，命朱轼、卢询董其事。

六月壬辰，改高其位为江南提督，魏经国为湖广提督。丙申，诏曰："平逆将军延信，朕之侄也。统兵历从古未到之烟瘴绝域，歼灭巨虏，平定藏地，允称不辱宗支，可封为辅国公。"乙卯，吐鲁番回人拖克拖麻穆克等来归，命散秩大臣阿喇衲率兵护之。福建水师提督施世骠平台湾，擒朱一贵解京。诏奖淡水营守备陈策固守功，超擢台湾总兵。

闰六月庚申朔，日有食之。丙寅，令刑部弛轻系。戊辰，以噶尔弼为蒙古都统。

秋七月己酉，上行围。

八月甲戌，命副都统庄图率兵二千进驻吐鲁番，益阿喇衲军。丙戌，河决武陟入沁水。

九月辛卯，命副都统穆克登将兵二千赴吐鲁番。甲午，噶尔弼从病罢，命公策旺诺尔布署定西将军，驻藏，以阿宝、武格参军事。丙申，策旺阿拉布坦犯吐鲁番，阿喇衲击走之。丙午，赈河南、山东、直隶水灾。乙卯，上还京。丙辰，命副都御史牛钮、侍讲齐苏勒、员外郎马泰筑黄河决口，引沁水入运河。丁巳，以阿喇衲为协理将军。上制平定西藏碑文。

冬十月壬戌，置巡察台湾御史。诏："本年秋审俱已详览，其直省具题缓决之案，九卿已加核定，朕不忍覆阅，恐审求之或致改重也。"丙寅，召抚远大将军胤禵来京。辛未，诏："大学士熊赐履服官清正，学问博通，朕久而弗忘，常令周恤其家。令其二子来京，观其气质，尚可读书，宜加造就，可传谕九卿知之。"以钟世臣为浙江提督，姚堂为福建水师提督，冯毅署广东提督。

十一月辛卯，以陈鹏年署河道总督。戊戌，以马武、伊尔哈岱为蒙古都统。己酉，上幸南苑。诏将军额伦特，侍卫色楞、副都统查礼浑、提督康泰等，杀敌殉国，俱赐恤。

十二月壬申，四川提督岳钟琪征郭罗克番人，平之。丁丑，上还驻畅春园。遣鄂海、永泰往视吐鲁番屯田。

是岁，免江南、河南、陕西、甘肃、福建、浙江、湖广等省一百二十三州县灾赋有差。朝鲜、琉球、安南入贡。丁户二千九百一十四万八千三百五十九，又永不加赋后滋生人丁四十六万七千八百五十，征银二千八百七十九万零。盐课银三百七十七万二千三百六十三两零。铸钱四万三千七百三十二万五千八百有奇。

六十一年壬寅春正月戊子，召八旗文武大臣年六十五以上者六百八十人，已退者咸与赐宴，宗室授爵劝饮。越三日，宴汉官年六十五以上三百四十人亦如之。上赋诗，诸臣属和，题曰《千叟宴诗》。戊申，上巡幸畿甸。

二月庚午，以高其倬署云南贵州总督。丙子，上还驻畅春园。

三月丙戌，以阿鲁为荆州将军。

夏四月甲子，遣使封朝鲜国王李昀弟昑为世弟。丁卯，上巡幸热河。己巳，抚远大将军胤禵复莅军。癸未，福州驻防兵哗，将军黄秉钺不能约束，褫职，斩为首者。

五月戊戌，施世纶卒，以张大有署漕运总督。

六月，以奉天连岁丰稔，弛海禁。暹罗米贱，听入内地，免其税。辛未，命直隶截漕二十万石备赈。丙子，赵弘燮卒，以其兄子郎中赵之垣加金都御史衔，署直隶巡抚。

秋七月丁酉，征西将军祁里德上言乌兰古木屯田事宜，请益兵防守。命都统图拉率兵赴之。壬寅，命色尔图赴西藏统四川防兵。戊申，以蔡珽为四川巡抚。予故直隶总督赵弘燮祭葬，谥肃敏。

八月丙寅，停今年决囚。故提督蓝理妻子先以有罪入旗，至是，上念平台湾功，贳还原籍，交款免追。己卯，上驻跸汗特木尔达巴汉昂阿。赐来朝外藩银币鞍马，随围军士银币。

九月甲申，上驻热河。乙酉，谕大学士曰："有人谓朕塞外地围，劳苦军士。不知承平日久，岂可遂忘武备？军旅数兴，师武臣力，克底有功，此皆勤于训练之所致也。"甲午，年羹尧、噶什图请量加火耗，以补有司亏帑。上曰："火耗只可议减，岂可加增？此次亏空，多由用兵。官兵过境，或有馈助。其始挪用公款，久之遂成亏空，昔年曾有宽免之旨。现在军需正急，即将户部库帑拨送西安备用。"戊戌，上回銮。丁未，次密云，阅河堤。庚戌，上还京。

冬十月辛酉，命雍亲王胤禛、弘升、延信、孙渣齐、隆科多、查弼纳、吴尔占察视仓廒。壬戌，以觉罗德尔金为蒙古都统，安盚为杭州将军。辛未，以查弼纳为江南江西总督。癸酉，上幸南苑行围。以李树德为福州将军，黄国材为福建巡抚。

十一月戊子，上不豫，还驻畅春园。以贝子胤祹、辅国公吴尔占为满州都统。庚寅，命皇四子胤禛恭代祀天。甲午，上大渐，日加戌，上崩，年六十九。即夕移入大内发丧。雍正元年二月，恭上尊谥。九月丁丑，葬景陵。

【译文】

圣祖合天弘运文武睿哲恭俭宽裕孝敬诚信功德大成仁皇帝，名玄烨，是世祖的第三子。母亲是孝康章皇后佟佳氏，顺治十一年三月戊申生在景仁宫。圣祖仪表英俊，身材伟岸，声音洪亮。六岁的时候，偕同兄弟们向父亲请安问好，世祖问起他们的愿望。皇二子福全说："我愿意做一个贤王。"圣祖回答："我愿意效法父皇。"世祖对他感到惊异。

顺治十八年正月丙辰，世祖驾崩，圣祖即皇帝位，时年八岁，改年号为康熙。世祖遗诏让索尼、苏克萨哈、遏必隆、鳌拜四大臣辅佐朝政。

二月癸未，圣祖除去丧服。乙未，诛杀宫内有罪太监吴良辅，废止内官。丙申，以简亲王济度子德塞承袭父爵。

三月丙寅，下诏说："国家的法度，每代有所不同。太祖、太宗创立本朝的法度，为后人留下了财富。但现在满、汉之间并不一致，前后之间也有所更易。应该详尽考查已有的法度。撰成典册，讨论之后送给我。"

四月，赐予为世祖殉葬的宫内侍卫傅达理祭葬。甲申，命令湖广总督驻守荆州。乙酉，命令将军线国安统领定南部军镇守广西。丙戌，任命哈达为工部尚书。癸卯，安南国王黎维祺派遣使节入贡。丙午，大学士洪承畴请求退休，赐三等轻车都尉世袭的职位。戊申，赐马世俊等三百八十三人进士及第、出身等各有差别。

五月，废除各省巡按官。己巳，任命高景为工部尚书，刘良佐为江安提督。乙亥，安南叛臣莫敬耀前来投降，封为归化将军。

六月己卯,江苏巡抚朱国治上疏说江苏省逃赋的绅衿达一万三千五百十七人,圣祖将疏复文交部里按照不同情况加以斥责罢官。辛巳,黑江牙喀部士屯前来归附。庚寅,信郡王铎尼子鄂扎承袭爵位。癸巳,大学士傅以渐请求退休,批准请求。丁酉,废除内阁,恢复内三院。戊戌,吴三桂进献驯象五只,圣祖拒绝受。下令停止各省进献事宜。

闰七月庚辰,任命车克为吏部尚书,阿思哈为户部尚书。甲午,以傅维麟为工部尚书。壬寅,封赐苏松提督梁化凤为男爵。

八月甲寅,达赖喇嘛请求互市贸易,圣祖批准请求。

九月丁未,任命卞三元为云南总督,李栖凤为广东总督,郎廷佐为江南总督,梁化凤为江南提督。

青年康熙

十月己酉,任命林起龙为漕运总督。诛杀降将郑芝龙和他的儿子郑世恩、郑世荫。辛酉,裁撤顺天巡抚。山东百姓于七作乱,逮捕巡抚许文秀,总兵李永盛、范承宗加以问罪,命令靖东将军济世哈讨伐平定。

十一月丙子朔,圣祖亲赴圜丘祭天。己亥,把世祖章皇帝的神主迁入太庙。甲辰,湖南巡按御史佴劭昕因犯贪赃罪被杀。

十二月丙午,平西王吴三桂、定西将军爱星阿会同奏报大军入缅甸,缅甸人抓了明永历帝朱由榔献给大军。明将白文选投降。清军班师回国。丁卯,宗人府进呈玉牒。

这一年,免直隶、江南、河南、浙江、湖广、陕西各州县的赋税数量不等。朝鲜派遣使节进贡香料。

康熙元年壬寅春正月乙亥朔。乙酉,祭享太庙。庚寅,载录大学士范文程等在建立国家中的功绩,封他们的儿子范承谟等均为内院学士。

二月壬子,是太皇太后的万寿节,圣祖率领群臣朝贺。

三月,因为滇南平定,谒告太庙祭祀陵寝,大赦天下。辛卯,万寿节。己亥,派遣官员安抚浙江、福建、广东新近归附的官民。

夏四月丙辰,恭上太祖、太宗谥号。

五月戊寅,夏至,圣祖亲赴方泽祭地。

六月丁未,命礼部考核确定贵贱等级礼仪。

秋七月壬申朔,任车克为大学士,宁古礼为户部尚书,张杰为浙江提督,施琅为福建提督。

八月辛丑朔,罢免大学士金之俊。

九月，裁撤延绥巡抚。

冬十壬寅，任成克巩为大学士。癸卯，尊奉皇太后为太皇太后。尊奉皇后为仁宪皇太后，亲生母亲为慈和皇太后。

十一月辛巳，冬至，在圜丘祭天，免去朝贺。

十二月辛酉，任命吴三桂总管云南、贵州两省。

这一年，天下户丁为一千九百一十三万七千六百五十二，征银二千五百七十二万四千一百二十四两多，盐课银为二百七十二万一千二百一十二两多，铸钱二万九千万多。因天灾免除直隶、江南各州县赋税数量不等。朝鲜派使节入贡。

二年癸卯春正月己亥，广东总督卢崇峻奏请查封民船接济官军，加以斥责。

二月庚戌，慈和皇太后佟佳氏驾崩。

三月，荷兰国派遣使节入贡，请求帮助征讨台湾，被优加赏赐。

五月丙子，任命孙廷铨为大学士。乙酉，云南开局铸造铜钱。丙戌，诏告天下钱粮统归户部，各部、寺所需费用，都向户部领取，作为明文规定。戊子，任命魏裔介为吏部尚书。甲午，恭上刚刚去世的慈和皇太后谥号为孝康慈和庄懿恭惠崇天育圣皇后。

六月，在孝陵安葬世祖章皇帝，并合葬孝康皇后、端敬皇后。戊申，任命龚鼎孳为左都御史。乙卯，前明朝将军李定国的儿子嗣兴前来投降。乙丑，任命哈尔库为浙江提督。

八月癸卯，诏令乡试、会试时停试制义，改用策论，又恢复八旗翻译乡试。甲寅，任穆里玛为靖西将军，图海为定西将军。率禁旅会同四川、湖广、陕西总督讨伐郧阳逃贼李来亨、郝摇旗等。

冬十月壬寅，耿继茂、施琅会同荷兰兵船围剿海寇，攻克厦门，夺取浯屿、金门二岛，郑锦逃到台湾。

十一月，诏令免征各国贡使的土物税。乙酉，冬至，在圜丘祭天。

十二月壬戌，在太庙举行祫祭。

这一年，因天灾免征直隶、江南、江西、河南、陕西、浙江、湖广、四川、云南、贵州等省二百七十余州县的赋税。朝鲜派遣使节进贡香料。

三年甲辰春正月，赐给正月前来朝觐的外藩银币和鞍马。

二月壬寅，巡盐御史张吉午请求增加长芦盐引，加以斥责。

三月丙子，耿继藏等攻拔克山。丙戌，赐严我斯等一百九十九人进士及第、出身各有差别。

夏四月己亥，辅臣等诬奏内大臣飞扬古的儿子侍卫倭赫擅骑御马，飞扬古心存怨望，把他们一并斩首陈尸，籍没家产，鳌拜将财产给了自己的兄弟穆里玛。派遣尚书喀兰图赴科尔沁四十七旗会盟。戊申，裁撤郧阳抚治。

五月甲子，诏令凡是州县私派徭役使百姓劳累，上官加以纵容隐匿者一并治罪。

六月庚申，诏令免除顺治十五年以前拖欠的赋税。

闰六月乙酉，任命王弘祚为刑部尚书。丙戌，把汉军旗的京官归入汉人官员中升转。

秋七月丁未，任命施琅为靖海将军，征讨台湾。

八月甲戌，浙江总督赵廷臣奏报擒获明朝大臣张煌言。己卯，穆里玛、图海奏报进剿郧阳茅麓山的李来亨、郝摇旗，他们都自焚而死，贼军被讨平。

九月癸丑，发放国家仓库中贮藏的粮食赈济八旗庄田，乙卯，任命查克旦为领侍卫内大臣。

十一月壬辰，冬至，在圜丘祭天。丁未，任命魏裔介为大学士，杜立德为吏部尚书，王弘祚为户部尚书，龚鼎孳为刑部尚书。

十二月戊午朔，发生日食。丙戌，祭祀太庙。这一月，彗星出现于张宿、井宿、胃宿、奎宿，金星出现。给事中杨雍建奏请修身反省。

这一年，因天灾免除直隶、江南、江西、山东、陕西、浙江、福建、湖广、贵州等省一百二十一州县的赋税数量不等。朝鲜派遣使节入贡。

四年乙巳春正月壬辰，任命郝惟讷为左都御史。己亥，停止对专卖和关税收入超过定额的奖励。辛丑，封承泽亲王硕色的儿子博翁果诺为惠郡王。退休大学士洪承畴去世，赐予祭葬，谥号文襄。

二月乙丑，太皇太后寿诞，免去朝贺的典礼。己巳，吴三桂奏报剿平水西乌撒土司，擒获了首领安坤、安重圣。丙戌，因为天上的星星发生异常现象，诏令臣工上书陈达朝政的阙失。御史董文骥奏称大臣更易先皇帝制度，不妥当，应当一切恢复过去的规定。

三月戊子，京师地震，有响声。辛卯，金星在白昼出现。因为星星的变异和地震而实行赦免罪人，免征拖欠赋税。山西发生旱灾，官员没有上奏，诏令把山西有关官员交吏部议罪，并免去该省积欠及本年额赋。壬辰，诏令禁止州县预征隔年税粮。丙申，诏命称："群县灾荒，官员奏请蠲免除赋税，而百姓已经早就完纳，这是恩泽没有下达。从今后凡是受灾的，缓征额赋十分之三。"甲辰，万寿节，免去朝贺的礼仪。丙午，修建历代帝王庙。太常寺少卿钱廷奏请挑选几位老成耆德博通经史的人，出入侍从，以备顾问。

夏四月丙寅，诏令凡灾伤免除赋税的同时免去人力徭役。戊辰，诏令九卿以上大臣和外省总督巡抚缺员，仍由朝廷高级官员会议推举人选。

五月丁未，设置直隶总督，兼辖山东、河南。裁撤贵州总督归属云南，广西总督归属广东，江西总督归属江南，山西总督归属陕西，凤阳、宁夏、南赣巡抚都被裁撤。

六月乙丑，诏令如果父子兄弟同役，免徭役一年。

秋七月己酉，吏部因山西征粮完成定额，请求议叙。下诏说："过去太原各处旱灾饥馑，总督巡抚没有上奏，曾发交吏部议罪。由于大赦才得免罪，哪里还能用完成征粮一事上报为最优等政绩。唯有未被灾的地方官政绩，仍然给予记录在案。"

八月庚午，诏令凡赃官遇赦免罪的人，不许复职。

九月辛卯，册立赫舍里氏为皇后，她是辅臣索尼的孙女，恭上太皇太后、皇太后的尊号，并加恩中外。

冬十月癸亥，圣祖到南苑射猎行围。甲戌，返宫。

十一月丁酉，在圜丘祭天。

十二月庚辰，祭祀太庙。

这一年，因灾免去直隶、江南、江西、山东、河南、浙江、广东、贵州等省一百二十一州县卫赋税数量不等。朝鲜、琉球、暹罗派遣使节入贡。索伦、飞牙喀人前来归附。

五年丙午春正月庚寅，由于广东旱灾，发出国家仓库中的粮食七万石赈济。令承泽亲王硕色的嗣子恩克布承袭爵位。

二月壬子朔，设置平远、大定、黔西三府。丁巳，以十二月节气不应，下诏访求通晓历法的人。乙丑，诏令从今以后汉军旗人遇父母之丧，准予解除职务守丧三年。

三月，任命胡拜为直隶总督。

五月丙午，任命孙延龄为广西将军，统辖定南部军驻守桂林。

六月庚戌朔，发生日食。癸酉，傅维麟因病免职，任命郝惟讷为工部尚书。辛未，诏令崇文门凡货物出京者放宽征税。

秋七月庚辰朔，任命朱之弼为左都御史。辛巳，琉球前来进贡，并补进过去漂流遗失的贡品。圣祖嘉奖他们的恭顺，命令把贡物归还，并从现在开始如果不是该国所产的物品就不必用来进贡。

八月己酉，给事中张维赤上疏请圣祖亲政。

九月丁亥，圣祖在南苑围猎。癸卯，返宫。礼部尚书沙澄被免职。任命梁清标为礼部尚书，龚鼎孳为兵部尚书，郝惟讷为刑部尚书，朱之弼为工部尚书。

冬十月，诏令起复守丧的范承谟为秘书院学士。

十一月丙申，辅臣鳌拜以改拨圈地为由，诬奏大学士管户部尚书苏纳海、直隶总督朱昌祚、巡抚王登联等有罪，逮捕下狱。四大臣所以受遗诏辅政，因为他们都是有功勋的旧臣。索尼年老，遏必隆昏暗懦弱，苏克萨哈资望不深，心里不同意鳌拜所为而不能抗争。鳌拜横暴，又是宿将，屡建战功，名字排在最后，而遇事专横，屡兴大狱，即使地位相同的官员也为之侧目。

十二月丙寅，鳌拜假传圣旨杀了苏纳海、朱昌祚、王登联。甲戌，祭祀太庙。

这一年，因灾免除直隶、江南、江西、河南、陕西、浙江、湖广等省八十六州县的赋税数量不等，朝鲜、琉球派遣使节前来进贡。

六年丁未春正月己丑，册封世祖第二子福全为裕亲王。丁酉，圣祖赴南苑围猎。任命明安达礼为礼部尚书。

二月癸亥，晋封已故亲王尼堪之子贝勒兰布为郡王。丁卯，任命宗室公班布尔善为大学士。重新起用图海为大学士。赐已故总督李率泰一等男爵。

三月己亥，赐缪彤等一百五十人进士及第出身，各有差别。

夏四月甲戌，加封索尼一等公。甲子，江南百姓沈天甫撰写反诗栽赃诬告别人，把他处死。被诬告的人都判处无罪。御史田六善奏奸民告发别人，对南方人不是称为"通海"，则称为"逆书"，北方人不是称为"于七党"，则称为"逃人"，请审讯诬告者的反坐之罪。圣祖同意了。

五月辛酉，吴三桂上疏辞去总理云南、贵州两省事。圣祖同意了。

六月己亥，禁止借采办楠木的公家徭役之机生事扰民。

秋七月己酉,圣祖亲政,登太和殿接受朝贺,加恩中外,如果不是犯了斩首的大罪,都予以赦除。当日,开始到乾清门听政。甲寅,命武职官员一体引见。己未,辅臣鳌拜擅自杀死辅臣苏克萨哈及其子孙。癸亥,赐予辅臣遏必隆、鳌拜加封一等公。

九月丙午,诏命修撰《世祖实录》。

冬十月己卯,盛京发生地震,有响声。

十一月丁未,冬至,在圜丘祭天,敬奉世祖章帝为配飨。丁巳,增加太皇太后、皇太后的尊号。

十二月丙戌,任命塞白理为广东水师提督。戊子,任命马尔赛为刻部增设尚书。戊戌,在太庙举行祫祭。

这一年,因灾免除直隶、江南、江西、山东、山西、陕西、甘肃、浙江、福建、湖广等省一百六十州县的赋税数量不等。朝鲜、荷兰派使节入贡。

七年戊申春正月戊申,任命莫洛为山西陕西总督,刘兆麒为四川总督。戊午,加封鳌拜、遏必隆为太师。

二月辛卯,圣祖驾赴南苑。

三月丁未,诏令部院官员中如有才能卓越的人,升转不要拘泥常格。

夏四月庚辰,浙江嘉善百姓郁之章有罪被发配边疆,他儿子郁褒、郁广到京向朝廷申诉,请求代替父亲服刑。圣祖对他们一概宽免。

五月壬子,由于星星的变异和地震,下诏令修身反省,并谕诫文武各官。

六月癸酉,金星白昼出现。丁亥,平南王尚可喜遣送儿子尚之信入京侍奉圣祖。

秋七月戊午,前任漕运总督吴维华奏请征收市镇的房屋税,把沙滩涨成的无主之田招募百姓出钱佃种。圣祖讨厌他出主意唯利是图,把他发交刑部议罪。庚申,任命夸岱为满洲都统。

八月壬申,户部尚书王弘祚因为没有觉察部里的书吏用假印盗窃公款,被免官。

九月庚子,任命吴玛护为奉天将军,额楚为江宁将军,瓦尔喀为西安将军。壬寅,圣祖将要出巡边境,侍读学士熊赐履、给事中赵之符上疏劝谏。圣祖就停止不去,并且让他们以后仍然要切直地陈述意见。

冬十月,定八旗武职人员离职守表一百天,除去白色丧服复职,仍然要守孝三年。庚午,圣祖驾临南苑。

十一月癸丑,冬至,在圜丘祭天。

十二月癸酉,任命麻勒吉为江南总督,甘文焜为云南贵州总督,范承谟为浙江巡抚。癸巳,祭祀太庙。

这一年,因灾免去奉天、直隶、江南、山东、河南、浙江、陕西、甘肃等省二百十六州县的赋税数量不等。朝鲜、安南、暹罗派使者入贡。

八年己酉春正月戊申,修缮乾清宫,圣祖移驾至武英殿。

二月庚午,命实行南怀仁推算的历法。庚午,圣祖巡视京城附近。

三月辛丑,把直隶过去藩王占有的土地分给百姓。

夏四月癸酉,罢免卫周祚,任命杜玄德为大学士。丁丑,圣祖到太学,举行祭祀先师孔子的典礼,讲解《周易》《尚书》。丁巳,给事中刘如汉奏请在御前举行讲解经书的礼仪。圣祖予以嘉奖批准。

五月乙未,任命黄机为吏部尚书,郝惟讷为户部尚书,龚鼎孳为礼部尚书,起复王弘祚为兵部尚书。戊申,诏令逮捕辅臣鳌拜审讯治罪。圣祖很久以来就了解鳌拜专横乱政,但考虑他力大难制,就挑选侍卫、拜唐阿少年有力的人作扑击游戏。这一天,鳌拜入宫朝见,就命令侍卫等将他击倒缚拿。在这以后就有了善扑营的建制,任命亲近的大臣率领。庚申,王大臣讨论鳌拜一案上奏,列举大罪三十一条,请求诛灭全族。圣祖下诏说:"鳌拜愚悖无知,确实应该诛灭全族。姑念他多年为朝廷效过力,屡次立有战功,免他一死,籍没家产拘禁。"鳌拜的弟弟穆里玛、塞本得,侄子讷莫,同党大学士班布尔善,尚书阿思哈、噶褚哈、济世,侍郎泰璧图,学士吴格塞都被诛杀处死。其余死党贬谪罢官。另外的弟弟巴哈宿卫谨慎,卓布泰立有军功,免他们从坐。入嗣为敬谨亲王的兰布降为镇国公。革除遏必隆的太师、一等公封爵。

六月丁卯,圣祖下诏说:"朕日夜求治,关心人民。近年水旱灾害接连不断,盗贼未息,没有平定,加上贪官污吏苛剥克扣,民力日渐衰竭,朕甚为怜悯。部院科道诸臣,对民间疾苦,应该做何补救,可以各抒所见呈奏,让朕知道。"戊辰,敕令改造观象台的仪器。壬申,诏令恢复辅臣苏克萨哈的官职与世职,他的侄子白尔图立功边塞,蒙冤尤深,恢复的世职,都让白尔图的儿子承袭。戊寅,诏令满族兵士有索占民间房地的,永远禁止,仍归还百姓。任命米思翰为户部尚书。戊子,下诏说,皇族的人犯了罪,一下子就削去皇族辖属,心里有所不忍。自顺治十八年以来,凡是皇族被削籍的,命令宗人府详察后奏闻。

秋七月壬辰朔,裁撤直隶山东河南总督。壬寅,诏令恢复大学士苏纳海、总督朱昌祚、巡抚王登联的原官,并赐予谥号。

八月甲申,任命索额图为大学士,明珠为左都御史。

九月甲午,京师地震,发出声响。丁未,任命勒贝为满洲都统,塞白理为浙江提督,毕力克图为蒙古都统。

冬十月甲子,圣祖驾赴南苑。诏令出巡行宫不得借用民间的器物。卢沟桥落成,圣祖撰文刻碑。

十一月己亥,在这以前山西陕西总督莫洛、陕西巡抚白清额和因为是鳌拜同党罢官。后来,西安百姓向朝廷申诉称道他们清廉,请求让他们恢复原任,诏令特加准许。壬子,太和殿、乾清宫修缮完工,圣祖到太和殿接受朝贺,并住进乾清宫。

十二月己卯,显亲王福寿去世。丁亥,祭祀太庙。

这一年,因灾免去直隶、江南、河南、山西、陕西、湖广等省四十五州县的赋税,数量不等。朝鲜、琉球派使节入贡。

九年庚戌春正月丙申,赐宋儒程颢、程颐的后裔五经博士衔。丁酉,祭祀太庙。辛丑,向天帝祈求丰年,供奉太祖高皇帝、太宗文皇帝、世祖章皇帝的神主配祭。起用遏必隆为公爵,宿卫宫中内廷。己酉,下令明代藩王占有的田地等同于百姓的田地交纳田赋。

壬子,圣祖驾赴南苑。

二月癸酉,任命金光祖为广东广西总督,马雄镇为广西巡抚。癸未,诏令流成尚阳堡、宁古塔的人犯,每年十月至来年正月都停止遣发。

三月辛酉,赐蔡启僔等二百九十二人进士及第出身各有差别。

夏四月己丑、任命蔡毓荣为四川湖广总督。己亥,圣祖驾赴南苑。

五月丙辰朔,加奉孝康章皇后谥号,把神主迁入太庙,并颁发恩诏,访求隐逸,赏赐高年,赦免犯死罪以下的罪人。丙子,编修《会典》。

六月丙戌朔,任命席卜臣为蒙古都统。丁酉,令已故显亲王福寿的儿子丹臻承袭爵位。己酉,命大学士会同刑部审讯囚犯。

秋七月丁巳,任命王辅臣为陕西提督。丁巳,奉祀孝康章皇后神主于奉先殿。

八月戊子,祭祀社稷坛。诏令都察院官员纠察陪祀的王大臣队伍中不整齐严肃的人。乙未,恢复内阁,恢复翰林院。丁酉,圣祖侍奉太皇太后、皇太后前赴孝陵祭祀。壬子,车驾回宫。

九月庚申,令简亲王济度的儿子喇布承袭爵位。

冬十月庚巳,颁布《圣谕》十六条。甲午,改建内三院,恢复中和殿、保和殿、文华殿大学士。丁酉,诏谕礼部举荐经筵讲官。

十一月癸酉,任命艾元征为左都御史。壬午,任命中和殿大学士魏裔介兼礼部尚书。

十二月癸卯,任命莫洛为刑部尚书。辛亥,祭祀太庙。

这一年,免除河南、湖广、江南、福建、广东、云南等省二百五十三州县卫赋税数量不等。朝鲜派使节入贡。

十年辛亥春正月丁卯,蒙古苏尼特部、四子部遍降大雪,百姓饥寒,派遣官员赈济。癸酉,加封世祖第五子常宁为恭亲王。庚辰,罢免大学士魏裔介。任命曹申吉为贵州巡抚。

二月丁酉,任命冯溥为大学士,任命梁清标为刑部尚书。乙巳,召宗人觉罗年龄七十岁以下的赵班等四人入见,赐给他们朝服银币。戊申,命令编纂《孝经衍义》。庚戌,任命尼雅翰为满洲都统。

三月壬子朔,圣祖诰诫年幼诸王皇子要读书演习骑射,不要依仗显贵而随意放纵。癸丑,设立日讲官。庚午,为没有下雨而有大风阴霾,圣祖下诏修身反省。

夏四月乙酉,命令纂修《太祖圣训》《太宗圣训》。诏令对宗人中的闲散和孤幼人员,酌量给予赡养,并作为明令规定。丙戌,诏令清理各种刑狱案件,对情有可悯和理有可原的案犯减刑一等。辛卯,开始每天听讲课。壬辰,圣祖亲赴天坛祈雨。甲午,天降雨。

五月庚申,理藩院尚书喀兰图乞请离任退休,加太子太保衔,给内大臣的身份参加朝会大典。癸酉,圣祖驾赴南苑。

六月丁亥,任命靳辅为安徽巡抚。甲午,金星白昼可见。这一月,靖南王耿继茂死,他的儿子耿精忠承袭封号,仍然镇守福建。

八月己卯朔,发生日食。丁未,圣祖驾临经筵。戊申,任命王之鼎为江南提督。

　　九月庚戌,圣祖因为全国统一,要在太祖太宗的陵墓前祭祀报告成功。辛亥,圣祖侍奉太皇太后、皇太后銮驾启程。蒙古科尔沁、喀喇沁、土默特、敖汉各部的王、贝勒、公来行宫朝觐。丁卯,晋谒福陵、昭陵。戊辰,祭祀福陵,举行报告成功的典礼。庚午,祭酉昭陵,举行报告成功的典礼。辛未,圣祖驾抵盛京,住在清宁宫,赐赏百官宴筵,八十岁以上的官员召御前赐酒。赐予奉天、宁古塔甲士及伤残老病的人银两,民间的老人也加以赏赐。特别赦免死罪犯人减刑一等,军罪、流罪以下的犯人释放。山海关外巡行跸路所经之地,免交今年明年租赋。派遣官员祭祀诸王诸大臣墓。壬申,圣祖从盛京东巡。

　　冬十月辛巳,在爱新停留暂住。召见宁古塔将军巴海,圣祖面谕应当对新近归附的瓦尔喀、虎尔哈部妥善抚慰。己丑,圣祖回到盛京,再次赐给老人银两。辛卯,晋谒福陵、昭陵。命令文武官员比赛射箭。命令来朝的外藩王公比赛射箭。壬辰,圣祖侍奉太皇太后、皇太后銮驾返京。

　　十一月庚戌,回到京城。壬申,任命明珠为兵部尚书。

　　十二月丙午,在太庙举行祫祭。

　　这一年,因灾免去直隶、江南、江西、浙江、山东、河南、陕西、湖广等省三百零二州县卫的赋税和欠赋,数量不等。朝鲜、琉球派遣使节入贡。

　　十一年壬子春正月辛未,圣祖侍奉太皇太后驾临赤城汤泉,过八达岭的时候,亲自扶着辇舆,步行下山。

　　二月戊寅,圣祖侍奉太皇太后到汤泉。辛卯,圣祖回京。丙申,亲自耕种籍田。丁酉,在京师东郊朝拜日神。戊戌,圣祖到达赤城。

　　三月戊辰,圣祖侍奉太皇太后回宫。

　　夏四月乙巳,命令侍卫吴丹、学士郭廷祚巡视黄河工程。

　　五月乙五,《世祖实录》修成。丙寅,圣祖出德胜门观看麦子的生长情况。

　　六月庚寅,诏令改定《赋役全书》。

　　秋七月己酉,议定征讨缅甸、云南、贵州的功劳,赐予何建忠等一百二十七人世袭的职位。丙辰,圣祖观看稻子的生长情况。御史孟雄飞上疏奏称孙可望穷蹙无路前来归降,滥受王封。在他死后,已被承袭二次。现在他的孙子孙征淳已死,应当降等承袭。诏令降等承袭慕义公。

　　闰七月,再次封尚善为贝勒。丁亥,诏令审讯案件不准使用严刑轻毙人命,违者治罪。

　　八月壬子,圣祖驾临南苑举行围猎。癸丑,下诏说:“帝王要达到太平盛世,关键在于维持社会风化,辨别贵贱等级。近来官员服饰享用奢侈超出规定,而且争相效尤。应当讨论禁止。”庚申,圣祖亲临经筵。壬戌,圣祖侍奉太皇太后驾临遵化汤泉。甲子,圣祖观看蓟州官兵比赛射箭。丁卯,圣祖晋谒孝陵。

　　九月丁丑,圣祖检阅遵化驻军、三屯营驻军。

　　冬十月甲辰,圣祖侍奉太皇太后回宫。壬子,任命范承谟为福建总督。

　　十一月辛丑,圣祖驾临南苑,并建立行宫。

十二月丁未,裕亲王福全、庄亲王博果铎、惠郡王博翁果诺、温郡王孟峨上疏辞去议政之职,圣祖答应了。戊午,圣祖召集讲官面谕说:"有人奏请让御史可以根据道听途说上疏奏事。朕认为切中事理的言论,唯恐它不多。如果借端生事,倾轧诬陷,乘机扰乱,就非常有害于朝政。和百姓一起休养生息,重要的是在于不去打扰百姓。如果白白地损伤耗费元气,百姓的生计就会蹙迫了。"己未,康亲王杰书、安亲王岳乐上疏辞去议政之职。圣祖不批准。庚午,祭祀太庙。

这一年,因灾免去直隶、江南、浙江、山东、山西、河南、湖广等省一百四十一州县卫赋税,数量不等。朝鲜派使节入贡。

十二年癸丑春正月庚寅,圣祖驾临南苑,举行大阅兵。

二月辛亥,任命吴正治为左都御史。壬子,圣祖亲临经筵,命讲官天天讲解经义。戊辰,赐给八旗官学翻译成满文的《大学衍义》一书。

三月丁丑,圣祖巡视察看麦子的生长情况。壬午,平南王尚可喜奏请告老还乡,圣祖批准了;尚可喜奏请让儿子尚之信承袭封号镇守广东,圣祖不批准,令他撤藩还驻辽东。癸巳,赐韩菼等一百六十六人进士及第出身,各有差别。

夏四月丁巳,派遣官员加封暹罗国王。

五月壬申,学士傅达礼等奏请到夏至时停止进讲。圣祖说:"学问之道,理当不要间断。不用停止进讲。"

六月壬寅,起复张朝珍为湖广巡抚,李之芳为浙江总督。丁未,圣祖驾临瀛台,召集群臣观赏荷花并赐宴。乙卯,禁止八旗用奴仆殉葬。

秋七月庚午,平西王吴三桂上疏奏请撤藩,圣祖批准了。丙子,嗣靖南王耿精忠上疏奏请撤藩,圣祖批准了。壬午,命令重修《太宗实录》。

八有丁未,圣祖在保和殿面试汉族科道官,对不称职者概行罢免。壬子,圣祖派遣侍郎折尔肯、学士傅达礼前往云南,尚书梁清标前往广东,侍郎陈一炳前往福建,处理撤藩事务。丁巳,圣祖诏谕礼部:"祭祀的大典,必须将仪文详加准备,然后才可以正式公布。有关人员应该稽考古代典礼加以酌议上奏。"

九月戊辰,礼部尚书龚鼎孳请求退休。圣祖答应了。乙亥,京师发生地震,圣祖下诏修身反省。

冬十月壬寅,任命王之鼎为京口将军。己酉,圣祖驾临南苑举行围猎。

十一月丁卯,过去明朝的宗室朱议㵀因为蓄发论罪处死。得到圣旨免死发入旗下,给他妻室房地。庚午,诏令凡是民间垦荒的田亩,到第十年才起科征赋。

十二月壬子,任命姚文然为左都御史。吴三桂反叛,杀死云南巡抚朱国治,贵州提督李本深、巡抚曹申吉都投降贼军,总督甘文煜为此殉国。丙辰,反叛的消息传到朝廷,圣祖命令前锋统领硕岱率领禁卫旅守卫荆州。丁巳,召梁清标、陈一炳回朝,并停止撤销平南、靖南二藩。命令加封孙延龄为抚蛮将军,线国安为都统,镇守广西。命令西安将军瓦尔喀进守四川。京师百姓杨起隆假称自己是朱三太子,图谋起事。事情被发现,杨起隆逃走。搜捕诛杀他的同党。圣祖下诏说奸民作乱已经平定,不要株连,百姓不要惊怕躲避。己未，任命顺承郡王勒尔锦为宁南靖寇大将军，讨伐吴三桂。逮捕吴三桂的儿子额驸吴应熊并将他下狱。庚申，命令副都统马哈达领兵驻扎兖州，扩尔坤驻扎太原，以备调遣。辛酉，命各省巡抚仍然管理军务。壬戌，圣祖下诏削去吴三桂的封爵，并宣示中外。任命都统赫业为安西将军，会同瓦尔喀守卫汉中。任命倭内为奉天将军。吴三桂叛军攻陷辰州。甲子，在太庙举行祫祭。

这一年，因灾免去直隶、山东、安徽、浙江、湖广等省二十六州县卫的赋税数量不等。朝鲜、安南派遣使节入贡。

十三年甲寅春正月乙亥，勒尔锦领兵出征。庚辰，吴三桂叛军攻陷沅州。丁亥，偏沅巡抚卢震丢下长沙逃走。己丑，令提督佟国瑶驻守郧阳。总兵吴之茂据有四川反叛，巡抚罗森、提督郑蛟麟投降叛军。命令总兵徐治都还守夷陵。庚寅，加封世祖第七子隆禧为纯亲王。任命席卜臣为镇西将军，驻守西安。

二月乙未朔，太皇太后颁发宫内的银两犒劳军士。丁酉，钦天监新造观测天象的仪器告成。壬寅，贼军进犯澧州，驻守的军士举城投降贼军，提督桑峨退守荆州，常德陷落。命令镇南将军尼雅翰领兵驻守武昌。癸丑，圣祖临经筵。任命赵赖为贵州提督。甲寅，吴三桂叛军攻陷长沙，副将黄正卿叛变接应，叛军又攻陷衡州。命令都统觉罗朱满驻守岳州，尚未到达，岳州已经失陷。辛酉，命令刑部尚书莫洛加大学士衔，并筹划治理陕西事务。孙延龄据有广西叛变，杀死都统王永年，逮捕巡抚马雄镇并将他幽禁。

三月乙丑，圣祖命令整顿驿站，每四百里设置一个笔帖式，用以接收传递军事报告，探听发出紧急军事报告。命令左都御史多诺等在军前督理军饷。戊辰，吴三桂将要进犯夷陵，勒尔锦派遣军队将叛军击败。庚午，任命额驸华善为安南将军，镇守京口。庚辰，耿精忠反叛，逮捕福建总督范承谟并将他囚禁，巡抚刘秉政投降叛军。癸未，郧阳副将洪福叛变，提督佟国瑶将他击败。壬辰，襄阳总兵杨来嘉据以谷城叛变。任命希尔根为定南将军，尚书哈尔哈齐为副将。命令舒恕、桑遏、根特、席布率师前往江西。甲午，西安将军瓦尔喀攻克阳平关。

夏四月癸卯，调西安副都统德业立镇守襄阳。丁未，吴三桂的儿子吴应熊、孙子吴世霖被诛杀。最初，吴三桂仓促起兵反，但名义不正，中间感到懊悔。到达澧州时，进退之间颇为犹豫。到这时候，正在吃饭的吴三桂得悉儿子和孙子被处死的消息，惊呼说："皇上还是少年，竟能够这么干？事情就此决定了！"便推开饮食，愤然起身。圣祖诏令削去孙延龄的官职。任命阿密达为扬威将军，驻守江宁，赖塔为平南将军，开赴杭州。甲寅，潮州总兵刘进忠据城叛变。戊午，任命根特为平寇将军，开赴广西讨伐孙延龄。河北总兵蔡禄图谋叛变，圣祖命令阿密达袭击诛杀。辛酉，诏令削去耿精忠的爵位。癸亥，诏令将分调禁卫旅派遣将领分别防守的情况寄送给平南王尚可喜。

五月丙寅，皇子胤祁出生，皇后赫舍里氏驾崩。戊寅，安西将军赫业等在札阁堡击败吴之茂，收复朝天关。壬午，浙江平阳兵士叛变，逮捕了总兵蔡朝佐，响应耿精忠的部将曾养性叛军，围攻瑞安。圣祖命令赖塔进兵讨伐。壬辰，副都统德业立在武当击败洪福叛军。

六月丙午，任命贝勒尚善为安远靖寇大将军，领兵开赴岳州，贝子准达开赴荆州。庚戌，总兵祖弘勋据有温州叛变。金华副将牟大寅在常山击败耿精忠部将。壬子，命令将军喇哈达驻守杭州。乙卯，任命康亲王杰书为奉命大将军开赴浙江，贝勒洞鄂为定西大将军开赴四川。浙江温州、黄岩、太平各营相继叛变。命令喇哈达镇守台州、宁波。

七月辛未，任命朗廷佐为福建总督，段应举为提督。癸酉，赖塔在金华击败耿精忠部将。当时耿精忠派遣部下大将马九玉、曾养性进犯浙江，白显忠进犯江西，叛军所到之处土匪纷纷起来响应，江西的情况尤其严重。南瑞总兵杨富在内部接应叛军，董卫国将他诛杀。丁亥，贝勒察尼在岳州七里山与贼将吴应麒激战，将他击败。

八月壬寅，平寇将军根特死于军中，任命哈尔哈齐代替他。海澄公黄梧去世，嗣子黄芳度承袭爵位，驻守漳州。乙巳，金光祖奏报孙延龄攻陷梧州，后来带兵将它收复。丙午，圣祖驾临南苑。

九月壬戌，圣祖亲临经筵，命令每天进讲经义一如往常。耿精忠部将带领土寇攻陷清溪、徽州，江宁将军额楚、统领巴尔堪把他击退，继续作战进入江西，收复乐平等县。命令硕塔等驻守安庆。辛未，麻城土寇邹君升等作乱，知府于成龙讨平叛乱。任命简亲王喇布为扬威大将军，领兵开赴江西，侍卫坤为振武将军作为他的副手。广西提督马雄叛变，任命安亲王岳乐为定远平寇大将军，领兵开赴广东，宗室瓦山、觉罗画特作为他的副手。

冬十月壬辰，喇布的部队出发。丙申，岳乐的部队出发。壬寅，圣祖侍奉太皇太后驾临南苑。辛亥，回宫。

十一月庚申朔，莫洛奏报吴之茂兵占领朝天关，运粮饷的道路中间被阻隔，洞鄂退守西安。命令调发西安的部队守汉中，河南的部队守西安。

十二月庚寅朔，杰书在衢州大败曾养性叛军，又在台州击败叛军。王辅臣叛变，经略莫洛在叛变事件中殉国。圣祖与群臣讨论准备亲自出征。王大臣认为京师是根本重地，太皇太后年高，力加劝谏，这才作罢。征调盛京兵士、蒙古兵士分别补充前线部队。丁未，圣祖命令尚可喜节制广东军事。戊午，在太庙举行祭祀。

这一年，因灾免去直隶、江南、山东、河南、陕西等省七十八州赋税数量不等。朝鲜、琉球派遣使节入贡。

十四年乙卯春正月辛酉，尚可喜奏报叛军进犯连州，官兵将叛军击败。戊辰，晋封尚可喜为平南亲王，任命他的儿子尚之孝佩带大将军印讨贼。

二月癸巳，圣祖下诏严厉责备贝勒洞鄂退缩不前坐失战机，饬令迅速平定平凉、秦州叛军以打通栈道。乙巳，康亲王杰书派兵克复处州，进而克复仙居。叛军王辅臣攻陷兰州。西宁总兵王进宝在新城与叛军大战，并围攻兰州。洞鄂收复陇州关山关。

三月己未朔，叛将杨来嘉进犯南漳，总兵刘成龙把他击退。戊辰，饶州贼军进犯祁门，巡检张行健被擒不屈而死。丁丑，命张勇为靖逆将军，会同总兵孙思克等征讨王辅臣。叛军攻陷定边城，命令提督陈福驻扎宁夏讨伐叛军。丁亥，蒙古布尔尼反叛，任命信郡王鄂扎为抚远大将军。大学士图海为副将军，将布尔尼讨伐平定。戊子，任命熊赐履夏四月己丑，任命勒德洪为户部尚书。署护军统领郎肃等在王桂寨攻击耿精忠的叛军，斩获叛军首级两万，收复了余干。乙未，封张勇为靖逆侯，王进宝为一等男爵。戊戌，任命左都督许贞镇守抚州、建昌、广信。戊申，叛军王辅臣调遣兵将救援秦州，官兵迎击叛军并将它击败。

辛亥，圣祖指示说："侍臣进讲经义，我再讲解一次，彼此互相讨论，这样可能会有新的发挥阐明。"癸丑，王进宝收复临洮，孙思克收复靖远。戊午，绍兴知府许弘勋招抚归降的反叛军民五万人。

五月庚午，察哈尔左翼四旗前来归附。庚辰，命令毕力克图救援榆林。王辅臣叛军攻陷延安、绥德二城。甲申，张勇收复洮、河二州。

闰五月癸巳，圣祖驾临玉泉山察看苗情。杨来嘉、洪福攻陷谷城。下诏将守城不力的副将马郎阿斩首示众，削去总兵金世需的官职，让他随军效力。壬子，额楚收复广信城。乐平土寇又攻陷饶州城，将军希尔根率官军将土寇击溃，收复饶州城。

六月，毕力克图收复吴堡，收复绥德城。丁丑，信念将军舒恕救援广东。己卯，命令振武将军佛尼勒开栈道救援汉中。庚辰，圣祖驾临南苑举行围猎活动。壬午，张勇进攻巩昌。江西官军进攻石峡，遭到失败，副都统雅赖在战斗中战死。甲申，官军攻克兰州。毕力克图收复延安。因为战事正在进行，停止陕西、湖广的乡试。

七月乙巳，陈福进剿定边，斩杀叛军将领朱龙。庚戌，江西官兵收复浮梁、乐平、宜黄、崇仁、乐安各县。

八月戊午，圣祖驾临南苑进行围猎活动。洞鄂、毕力克图、阿密达合兵进攻王辅臣，斩杀叛军将领郝天祥。傅喇塔收复黄岩城。壬申，圣祖侍奉太皇太后驾临汤泉。甲申，圣祖回到京师，并亲临经筵。

九月，圣祖驾临昌平住下，到了明陵，并祭祀长城，派遣官员分别祭奠各陵陵墓。丙申，圣祖侍奉太皇太后回宫。辛丑，圣祖诏令每年正月停止执行刑罚，并作为明文规定。

冬十月癸亥，康亲王率官兵收复太平、乐清各县。丙寅，圣祖晋谒孝陵。戊辰，祭祀孝陵。乙亥，圣祖回宫。陈福与叛军王辅臣在固原激战，战斗失利，副将太必图在战斗中阵亡。圣祖命评论平定布尔尼的战功，赐予封赏各有差别，并对帮助朝廷做归顺工作的蒙古藩王、贝勒自沙津等以下晋升爵位，对帮助叛逆的奈曼等部给予处罚。

十一月癸巳，贝勒察尼收复兴山。丁酉，恢复詹事府官的设置。壬寅，叛军将领马雄纠集吴三桂叛军进犯高州，并接连攻陷廉州城。圣祖命令简亲王喇布从江西出发救援广东。这一月，郑锦的叛军攻陷漳州，杀死海澄公黄芳度，并杀害了他全家。

十二月丙寅，圣祖立皇子胤礽为皇太子，并下诏公布于中外，加恩宽赦有罪的人。乙亥，因为勒尔锦领兵出征久无战功，革去他参赞巴尔布以下人员的官职。宁夏发生兵变，提督陈福被杀死。壬午，在太庙举行祭祀。

这一年，因灾免去湖广、河南七府五州县灾赋数量不等。朝鲜派遣使节入贡。

十五年丙辰春正月丁亥，任命王进宝为陕西提督，驻守秦州。甲午，由于册立太子而恭上太皇太后、皇太后徽号。乙未,将宁夏总兵官升格为提督,并任命赵良栋担任这一官职。辛丑,圣祖驾临南苑进行围猎活动。

二月丁巳,圣祖下诏令官军攻克收复城池后严禁烧杀抢掠。壬戌,圣祖任命大学士图海为抚远大将军,统辖全部三秦地区的军事,自贝勒洞鄂以下官员都受他节制。癸酉,圣祖驾临巩华城,谕令扈从随行人员不要践踏民间春田禾苗。乙亥,吴三桂的将领高大杰率领叛军攻陷吉安城。戊寅,安亲王岳乐率领官军在萍乡攻击吴三桂的叛军将领,并将叛军击败,收复萍乡城。辛巳,圣祖亲临经筵。加赠死于战事的副将张国彦为太子太保,给予世袭的职衔。

三月癸未,追赠海澄公黄芳度郡王爵位。丙戌,王进宝、佛尼勒官军在北山大败吴之茂叛军。庚寅,博喇塔率领官军围攻温州城,曾养性、祖弘勋率领全部叛军前来进犯,副都统纪尔他布率官军将来犯叛军击退。辛卯,岳州官军水师克复君山城。庚子,勒尔锦率领官军渡江与吴三桂叛军交战,屡次打败叛军。乙巳,赐彭定求等二百零九人进士及第出身各有差别。已酉,勒尔锦率领官军与吴三桂叛军在太平街交战,官军失利,退守荆州城。壬子,命令赵赖提督江西。

夏四月辛丑,马雄、祖泽清纠集云南叛军进犯广东。尚可喜因年老有病不能处理军务,屡次向圣祖上疏奏称告急,官军援兵不能及时到达。到这时候,叛军进犯逼近广州城,尚之信便劫持他的父亲而投降叛军。总督金光祖,巡抚佟养钜、陈洪明,提督严自明都跟随他们投降。福建巡抚杨熙、总兵拜音达夺门出走。舒怒、莽依图率领官军退至江西。圣祖听到广东军事上的变故,便命令移兵加强江西的兵力。

五月壬午朔,发生日食。乙酉,恢复勋阳为巡抚官署所在地,任命扬茂郧担任巡抚。丙戌,鄂罗斯察汉汗派遣使节前来进贡。已亥,抚远大将军图海率官军在平凉击败王辅臣叛军。

六月壬子朔,王辅臣向官军投降,图海把这一情况上奏圣祖。圣祖诏令恢复王辅臣的官职,并任命他为靖寇将军,让他立功自效,对他部下的各将弁都加以原宥。已卯,耿继善弃守建昌城领叛军逃遁。圣祖在给杰书的上谕中说:"耿精忠从建昌自己撤走他的部队,显然是为海寇所逼迫。所以应当乘此机会迅速向前推进。"

七月辛己朔,圣祖赏赐鄂罗斯前来入贡的使臣以鞍马衣服等物品。大学士熊赐履被免去官职。任命慕天颜为江苏巡抚。庚子,任命姚文然为刑部尚书,郎廷相为福建总督。振武将军佛尼勒会同张勇、王进宝率领官军在秦州进击吴之茂,大败贼军,贼军乘夜间逃亡。

八月甲寅,穆占收复礼县。壬戌,圣祖侍奉太皇太后驾临汤泉。乙亥,赖塔率领官军在衢州进击马九玉部叛军,收复江山县,叛将马九玉弃军逃遁。

九月庚辰朔,赖塔率官军进击马九玉,大破叛军,并收复常山城。又进攻仙霞关,叛将金应虎率部投降官军,收复浦城,并乘胜接连收复建宁城。癸未,张勇率官军收复阶州。乙未,耿精忠杀死了前总督范承谟。山西巡抚达尔布有罪免官。丙午,任命穆占为征南将军,移军湖广。

冬十月辛酉，圣祖侍奉太皇太后回宫。乙丑，康亲王杰书率官军班师驻扎在延平城外，叛军将领耿继美举城投降官军。耿精忠派遣儿子耿显祚献伪印向官军乞降，杰书率官军进入福州，并上疏向圣祖奏闻。圣祖命令恢复耿显祚的爵位，随官军征讨海寇立功自效。他的将领曾养性、叛将祖弘勋都向官军投降。浙江官兵收复温州、处州二府城。撤去兖州的驻军。癸酉，圣祖命讲官进讲《通鉴》。

十一月丙戌，海寇进犯福州城，都统喇哈达率军把海寇击败。丙申，官军围攻长沙城。宁海将军、贝子傅拉塔在军中死去。

十二月壬子，派遣耿昭忠为镇平将军，驻守福州，并分统靖南藩军。叛将严自明率领叛军进犯南康城，舒恕率军把他们击退。丁巳，尚之信派遣使者赴简亲王军前乞求投降，并且乞请官军出兵援助，简亲王上疏奏闻。圣祖批准了。吴三桂的将领吴世琮杀死孙延龄，并盘踞桂林城。庚申，海澄公黄芳世从叛军中脱逃归来。圣祖嘉奖他，加封太子太保衔，让他和他的兄弟黄蓝同赴康亲王大军中讨伐叛军。建威将军吴丹率官军收复山阳。辛未，圣祖颁赏各军军士金帛。丙子，在太庙举行祫祭。耿继善放弃邵武城，海寇占据该城。副都统穆赫林率军进击叛军，贼军将领彭世勋举城投降官军。

这一年，因灾免去直隶、江南、江西、陕西各省三十四州县灾赋各有差别。朝鲜派遣使节入贡。

十六年丁巳，春正月丙申，将军额楚率官军攻吉安失利，圣祖命令侍郎班迪驰往吉安察勘军情。

二月己未，圣祖驾临南苑进行围猎活动。甲子，圣祖在南苑校阅三军。免去福建今年应交的租赋，并招集流亡的百姓归还故土。丙寅，任命鄂内为讨逆将军，率领官军开赴岳州。丁卯，康亲王杰书率领官军在兴、泉击败郑锦，叛军放弃漳州城逃遁，官军收复了海澄。圣祖派遣郎中色度在岳州犒劳官军，并视察军中情况。辛未，任命靳辅为河道总督。癸酉，评论花马池剿寇战功，蒙古的鄂尔多斯贝勒索诺木等晋爵各有差别。乙亥，圣祖驾临经筵讲席。这一月，江西官军收复瑞金、铅山二城。

三月甲申，任命莽依图为镇南将军，督兵广东。己丑，圣祖诏谕礼部："帝王谨遵上天的告诫，凡是上天垂示天象，都关系到治国理民。为此设立了专门的官员，负责占卜天象星候的事情。现在星辰互相侵犯，霜降白露等节候失常，而钦天监官员对此不据实报告，实在辜负职责。应加以查察议处以后报告给我。"庚寅，圣祖命令翰林官员中有长于辞赋书法的人，把自己的作品进呈。乙未，原任总兵刘进忠、苗之秀赴康亲王军营中投降，圣祖诏命他归降后随同大军剿灭叛军。癸未，圣祖诏谕说："自从战事发生以来，文武官员以身殉国，能保令忠节，其中有死后棺木在外不能归葬家乡，妻儿子女无人养活的，深堪怜悯。各地的封疆大吏和官员应该详细查察，妥善地出资送回原籍，以昭示朝廷褒奖忠贞为国之人的心意。"甲辰，含誉星在天上出现，吉庆的五色祥云在空中出现。乙巳，吴三桂聚集兵力驻守长沙城。圣祖命令勒尔锦率兵进攻临江，图海率兵守卫汉中，喇布率兵镇守吉安，莽依图率兵进攻韶州，额楚率兵驻守袁州，舒恕率兵布防于赣州。

夏四月己未，康亲王杰书在给圣祖的疏奏中说处州府庆元县百姓吴臣任等不肯投降

纪功图卷

叛军,安营扎寨,自己固守,坚守大义,奋力杀贼,实为可嘉。此事已交浙江总督和巡抚办理,对其中愿意从军效力的予以录用,回家务农的给予奖赏,对已经阵亡的委任守备吴受南等奏请朝廷加以恩典抚恤。圣祖同意了。辛酉,圣祖驾临霸州举行围猎活动。任命伊桑阿为工部尚书,宋德宜为左都御史,丁卯,提督赵赖率官军在泰和大败土寇,并擒获贼军头目萧元。戊辰,授予死于战事的温处道陈丹赤等人子孙的荫官。辛未,圣祖御制《大德景福颂》一首,并亲自书写于屏风之上,敬献给太皇太后。乙亥,莽依图率官军进至南安,严自明举城投降,官军又接着克复南雄城,并进入韶州城。

　　五月己卯,尚之信向朝廷投降,圣祖命令恢复他的爵位,并让他随同大军一起讨伐叛贼。圣祖还命令特别提拔曾遭贬官而戍守边疆的知府傅弘烈升任为广西巡抚。最初,傅弘烈因为告发吴三桂谋反的罪状而被贬官梧州。及至吴三桂起兵反叛朝廷,傅弘烈又上书给圣祖陈述讨贼的各种方略,所以有这一任命。随后又加授抚蛮灭寇将军,命令他与莽依图一起共同规划夺取广西。甲午,额鲁特噶尔丹率部攻击并打败喀尔喀车臣汗,派遣使节来向圣祖进献缴获的器械、粮饷以及作战俘获的俘虏等。圣祖拒绝不受。

　　六月丁巳,祖泽清在高州举城投降。

　　秋七月庚子,郑锦的部将刘国轩率军从惠州进犯东莞城,尚之信率官军大败来犯的叛军,贼将陈琏于是在惠州向官军投降。甲辰,圣祖驾临便殿,召集大学士等人,赐给座位,一起讨论经书和史书,由此而涉及前朝明代的朋党之争的各种弊端,圣祖特别告谕对此要严加警惕和引以为戒。任命明珠、沉罗勒德洪为大学士。

　　八月丁未,明代王室族人朱统锠率众起兵反叛攻陷贵溪、泸溪二城。己未,圣祖御亲经筵讲席听讲经义。丙寅，册立贵妃钮祜禄氏为皇后，佟佳氏为贵妃。戊辰，傅弘烈等率领官军收复梧州城。

九月丙子，命令宗室公温齐、提督周卜世前往湖广协助剿灭叛军。癸未，命令额驸华善率领官军补充简亲王的部队，又命科尔科代接替驻守江宁城。丁亥，圣祖一行从京师启程出发，前往谒拜孝陵，并巡视接近京畿的边境防务。丙申，圣祖一行住在喀拉河屯。庚子，住在希喀布秦昂阿，接近京畿的边境的蒙古敖汉部札穆苏等人前往圣祖驻屯行宫朝见圣祖，并进献骆驼和马匹，圣祖则赏赐给他们金银财物。吴三桂叛军将领胡国柱、马宝率领叛军进犯韶州，将军莽依图、额楚率领官军分进夹击叛军，叛军大败后逃跑，官军乘胜追击越过乐昌城，并一举收复仁化城。

冬十月甲辰，圣祖住在汤泉。癸丑，回到京师。傅弘烈率官军在昭平大败吴世琮叛军，并收复浔州城。福建按察使吴兴祚率官军在光泽大败朱统铝叛军，并收复浔州城。朱统锠的党羽把他抓起来向官军投降。癸亥，开始设立南书房，圣祖任命侍讲学士张英、中书高士奇到南书房值班任事。

十一月己卯，吴三桂将领韩大任率领叛军攻陷万安城，护军统领哈克山率军把叛军击败。庚子，圣祖正式册封长白山神，并派遣官员前去祭祀。这一月，官兵收复茶陵、攸县二城。

十二月乙巳，海寇进犯泉州城，提督段应举等率军奋起抵御。辛亥，海寇进犯钦州城，游击刘士贵率军将来犯之敌击败。命令参赞勒贝、将军额楚率领官军进攻并夺取郴州、永州。己巳，圣祖任命冯苏为刑部侍郎。辛酉，金星在白昼出现于天空。辛未，在太庙举行袷祭。

这一年，因灾而免去直隶、江南、江西、陕西、湖广等省七十州县赋税数量不等。朝鲜派遣使节前来入贡。

十七年戊午春正月己丑，副都统哈当、总兵许贞领军在宁都击溃叛军韩大任部，韩大任率叛军残部向汀州逃去，后来到康亲王军前投降，圣祖命令将韩大任押送京师。壬辰，任命郭四海为左都御史。乙未，圣祖下诏说："一个时代的兴盛，必须要有渊博学识的大儒学者，振起文章的命运，阐述和发挥经书和史书的要旨，以备顾问。朕在日理万机的空闲时刻，经常想得到一些博通经学史学的鸿儒学士，以从事于学问。凡是有学识德行兼优、文章诗词才华卓越的人，不论是否已经入仕，中外臣工各人举荐自己的了解的人才，朕将对他们亲自考试。"于是大学士李霨等举荐曹溶等七十一人，圣祖命令他们前往京师聚集齐等候旨意。

二月甲辰，傅弘烈上疏奏吴三桂叛兵进犯广西，圣祖下诏命令额楚、勒贝率领官军镇守梧州城。己未，圣祖亲临经筵听讲经义。撰成《四书讲疏义序》。丁卯，皇后钮祜禄氏驾崩，加谥号为孝昭皇后。辛未，莽依图率官军与吴世琮叛军在平东交战，结果官军失利，退守梧州城。圣祖命令尚之信及都统马九玉率官军与莽依图会师共守梧州城。

三月丙子，湖广官兵进攻杨来嘉、洪福所率叛军，把他们击败，收复房县。丁丑，海寇进犯石门，黄芳世率官军将海寇击退。癸巳，祖泽清再次叛变朝廷，率领部下接应吴三桂叛军。

闰三月癸卯，圣祖巡视京师近郊一带。乙丑，圣祖命令内大臣喀代、尚书马喇前往科尔沁四十九旗参加会盟仪式和活动。丁卯，吴三桂的将领林兴珠率叛军到安亲王军前投降，圣祖下诏封他为建义侯，让他随同官军剿灭叛军。逮捕副都统甘度海、阿进泰，并加以问罪，因为他们在江西作战中坐失战机。

夏四月庚午，海寇蔡寅率贼军攻陷平和城，进逼潮州。甲戌，祖泽清率叛军进犯电白城，尚之信、额楚率官军迎战，祖泽清兵败逃走。庚寅，庆阳地方的土匪袁本秀聚众作乱，官军击退土匪并将匪首袁本秀擒拿斩首。

五月庚子朔，海澄公黄芳世死于军中，圣祖命令他的弟弟黄芳泰承袭爵位。戊申，圣祖免去福建总督郎廷相、巡抚杨熙、提督段应举的职务，任命姚启圣为福建总督，吴兴祚为福建巡抚，杨捷为福建水陆提督。甲寅，圣祖驾临京师西郊视察农田苗情。额鲁特部济农被噶尔丹部所逼迫，进入边境，被张勇率官军把他驱逐出边。

六月壬申，尚善派遣林兴珠率官军在君山打败吴三桂的水军，丁亥，圣祖因为本年入夏以来大旱无雨，步行到天坛祈祷求雨。当天大雨。壬辰，吴三桂部将率叛军进犯永兴城，都统伯宜理布、统领哈克山率官军与叛军交战，官军战败，二人战死。海寇进犯廉州城，总兵班绍明等率官军将海寇击退。吴三桂叛兵进犯郴州城，副都统硕岱率官军与之交战，出战不利，败走到永兴城。丁酉，圣祖下诏说："自军兴以来，官军将士身披坚甲、手执兵器作战，不论盛暑严寒都是如此，极为劳累辛苦，朕对此甚为怜悯。现命令兵部官员详加考察，凡军队中尚有欠负债款的官兵，官府一律代他们偿还，凡作战中阵亡及受伤的官兵要抚恤他们的家属。"

秋七月，郑锦率贼军攻陷海澄城，官军前锋统领希佛、副都统穆赫林、提督段应举在作战中战死。甲辰，郑锦率贼军进犯泉州。甲寅，任命安珠护为奉天将军。壬戌，任命魏象枢为左都御史。丙寅，征召翰林院学士陈廷敬、侍读学士叶方蔼到南书房值班任事。这一月，吴三桂于衡州僭称皇帝。

八月己卯，安远靖寇大将军、贝勒尚善在军中去世，圣祖命令贝勒察尼代替他的职务。庚午，西洋国王阿丰肃派遣使臣来朝入贡。癸未，圣祖亲临经筵讲席听讲经义，并将《御制诗集》赐给陈廷敬等人。乙未，吴三桂死去，永兴城之围于是解除。朝廷向全国颁发并实行《康熙永年历》。丙申，圣祖下诏说："逆贼作乱，已被上天诛灭。对贼军中一些被裹胁而误入歧途之人，应当给予从宽发落。贼军中凡有悔悟前来投奔归顺官军的人，一概不加追究治罪。"

九月，圣祖亲自侍奉太皇太后一行驾临汤泉，并晋谒孝陵。姚启圣、拉哈达率官军在蜈蚣山大败海寇，刘国轩战败后逃走，泉州城之围于是解除。

冬十月癸未，圣祖巡视靠近京畿的边境，抵达滦河城时，检阅了三屯营的士兵。己丑，将军鄂内率官军在石口大败吴应麒部叛军。丁酉，第四个皇子胤禛出生，这就是后来的世宗，其生母为吴雅氏。

十一月己亥，拉哈达上疏说由于海寇截断了江东桥，致使官军支援泉州城的援兵难以按时前进。在家乡的侍读学士李光地为官军当向导，并参加为军队修通险路的工程，还接济官军军需物资，请求奖励。随后得到圣旨说："李光地在吴三桂等发生变乱之初，便向朝廷秘密上奏过各种应变的机宜事项。现在他又迎接官军，并为官军备办粮米军饷，实在值得嘉许，立即提升授予学士之职。"辛酉，圣祖亲自侍奉太皇太后回宫。癸亥，命令加封福建陆路提督杨捷为昭武将军，任命王之鼎为福建水师提督。

十二月丁亥，额楚、傅弘烈率官军与吴世琮部叛军在藤县激战，官军失利。退守梧州城。乙未，在太庙举行祫祭。

这一年，因灾免去直隶、江南、江西、湖广等省七十州县灾赋税数量不等。朝鲜、西洋派遣使节进贡朝廷。

十八年己未春正月戊申，圣祖派遣官员分别前往山东、河南赈济受灾百姓。甲寅，贝勒察尼督率官军水军围攻岳州城，叛军将领吴应麒战败逃跑，官军收复岳州城。圣祖驾临午门城楼向臣工宣告官军的捷报。设置随征总兵官以处置叛军降将，但随后又裁撤。壬戌，刘国轩率叛军进犯长乐城，总督姚启圣偕同纪尔他布、吴兴祚率官军将来犯叛军击败。甲子，岳乐率官军收复长沙城。

二月丙寅，傅弘烈率官军与吴世琮叛军在梧州交战。叛军战败后逃跑。己巳，圣祖下诏历数江西奸民依附逆贼的罪过，但还是免除应交纳的拖欠田赋。甲戌，顺承郡王勒尔锦督率官兵渡过长江，并分别收复松滋、枝江、宜都、沣州，叛军将领洪福率领船队向官军投降。戊寅，简亲王喇布派遣前锋统领希佛率官军收复衡州城，叛军将领吴国贵、夏国相战败后逃走。庚辰，圣祖下诏命令军前的王大臣共同商议官军进取云南、贵州的有关事宜。任命周有德为云贵总督，桑峨为云南提督，赵赖为贵州提督，并随同大军共同进讨叛军。任命杨雍领建为贵州巡抚。癸未，任命夸扎为蒙古都统。

三月丙申朔，圣祖亲自在保和殿考试博学鸿词的士人，殿试后圣祖分别授予彭孙遹等五十人侍读、侍讲、编修、检讨等官职。命令纂修《明史》，任命学士徐元文、叶方蔼、庶子张玉书为总裁。丁酉，圣祖驾临保定县进行围猎活动。甲辰，任命徐治都为湖广提督。将军穆占率官军在永州攻击吴国贵，打败了他，官军收复永州、道州、永明。己酉，圣祖回宫。戊午，圣祖赐予归允肃等一百五十一人进士及第出身各有差别。庚申，岳州之战中阵亡的官军将领的灵柩运至京师，圣祖派遣侍卫迎接灵柩并致祭奠。在福建作战阵亡的官军将士的灵柩到达京师也同上办理。

夏四月丙寅，任命杨茂勋为四川总督，驻在郧阳城。戊辰，任命万正色为福建水师提督。己卯，因为旱情严重，圣祖步行到天坛祈祷降雨。当日，天降大雨。莽依图率领官军在浔州城攻击吴世琮部叛军。叛军战败后逃走。壬寅，圣祖出京师阜成门外观看田间苗情。

五月庚戌，刘国轩叛军进犯江东桥，赖塔率官军与叛军大战并将他们击败。

六月辛未，圣祖下诏说："兴盛昌明的时代，国家有一至三年的余粮积蓄。因为只有仓廪粮食充足，礼教才能兴起，即使遇到水旱之灾也可保没有危险。近来听说小民不知道储备粮食，一遇歉收的年份，大多流散迁移。提倡节俭教化人民，消费粮食根据礼仪，

中华传世藏书

二十五史

清史稿

必须要依靠好的官员。总督巡抚等封疆大吏应当选择合适的官吏教化百姓，以符合朕的一番苦心。"己卯，任命希佛为蒙古都统。

秋七月甲午，靳辅上疏报告淮扬的堤坝工程已完成，干涸出来的田地，已经招募百姓进行耕种。丁未，圣祖亲自看望纯亲王隆禧的病情。隆禧病逝。乙卯，额楚率官军在南宁打败吴世琮叛军，世琮率叛军逃去。庚申，京师发生地震，圣祖下诏命令发放宫中库银十万两赈济抚恤受震灾民，被地震破坏的房屋由官府负责修缮。壬戌，圣祖召见朝廷大臣当面指示说："由于朕自身缺乏德行，治理的措施不能和谐，致使发生地震，以示警告。朕惶恐喘息，不敢有一刻安宁，仔细寻求造成灾害的根由，难道是治理百姓的官吏苛剥夺取以讨好献媚于上司吗？难道是大臣中结党营私任用了不能称职的亲近之人吗？难道是领兵官员放纵部下焚掠烧杀而不加禁止吗？难道是蠲免租赋和免除徭役而不实事求是吗？难道是执法的官员在办理官司诉讼时有人冤枉平民吗？难道王公大臣们没有能够约束下人以致他们仗势侵凌小民吗？凡此只要有一项存在，便足以导致天灾。事情就在于建立根本法度，小事才能廉明，政治公平，诉讼才能得到治理，这样也许可能感动上天，消弭灾害的横行。为此，昭示公布朕的一片诚心，愿与中外大小臣工共勉。"

八月癸亥朔，将军穆占率官军收复新宁城。甲子，傅弘烈率官军收复柳城、融县城。庚辰，提督赵国祚、将军林兴珠率官军大破在武冈吴国贵贼军，吴国贵战败而死，官军收复武冈州。

九月庚戌，因地震在天坛祈祷。辛亥，命令简亲王喇布率官军驻守桂林。甲寅，金光祖率官军擒获叛将祖泽清，押送京师，祖泽清及其儿子祖良梗都被大卸八块处死。

冬十月辛未，圣祖诏令将军张勇、王进宝、提督赵良栋、孙思克率官军进取四川。王进宝、赵良栋率官军出征讨伐。癸未，王进宝率官军攻克武关，收复凤县城。赵良栋率官军收复两当城。

十一月戊戌，王进宝率官军向叛将王屏藩发起攻击，叛军战败后逃往广元，官军收复汉中。庚子，赵良栋率官军收复略阳，并进而攻克阳平关。丁酉，任命许贞为江西提督。

十二月壬戌，任命蔡毓荣为绥远将军，进兵平定云南、贵州。将军佛尼勒、吴丹率官军攻克梁河关，贼将韩晋卿逃跑，官军于是收复兴安、平利、紫阳、石泉、汉阴、洵阳、白河及郧阳的竹山、竹溪等地。丁卯，圣祖驾幸南苑。辛未，圣祖诏令安亲王岳乐率林兴珠班师回朝。壬午，授予赵良栋为勇略将军。乙丑，祭祀太庙。

这一年，因灾免去顺天、江南、山东、山西、河南、浙江、湖广等省二百六十一州县赋税数量不等。朝鲜、琉球、安南派遣使节向朝廷入贡。

十九年庚申春正月甲午，赵良栋率官军收复龙安府，并进军到达绵竹，叛军伪巡抚张文等人投降，官军乘势攻取成都。圣祖下诏任命赵良栋为云贵总督。王进宝率官军攻克朝天关，并收复广元，王屏藩自缢而死，官军活捉吴之茂。壬子，圣祖一行驾临巩华城，派遣内大臣祭奠昭勋公图赖的坟墓。

二月辛酉朔，圣祖诏令吴丹会同赵良栋率官军进攻夺取云南，王进宝镇守四川，勒尔锦夺取重庆，徐治都驻守荆州。乙丑，佛尼勒率官军收复顺庆府、潼川、中江、南部、蓬县、广安、西充等各县县城都被官军攻下。丁卯，圣祖诏令莽依图督率马九玉、金光祖、高承荫等部官军进兵云南。己巳，圣祖一行驾临南苑。丙子，圣祖对军队进行盛大检阅。任命于成龙为直隶巡抚。徐治都率官军大败叛将杨来嘉，收复巫山，进而夺取夔州。杨茂勋率官军收复大昌、大宁。癸未，万正色率官军在海坛击败海寇。

三月辛卯，吴丹率官军收复重庆，于是达州、奉乡等各州县全部平定。杨来嘉向官军投降，被押送京师。乙未，任命伊辟为云南巡抚。丁酉，安亲王岳乐班师回朝，圣祖亲自去卢沟桥慰问犒劳。辛丑，马承荫引诱抓住了傅弘烈。这以前，马雄率叛军盘踞柳州，马雄死后，他的儿子马承荫带领柳州军民投降官军。随后，又再次叛变，抓住傅弘烈送往贵阳，傅弘烈不肯投降，被杀殉国。平南将军赖塔率官军收复铜山，驻守潮州以防备马承荫部叛军。万正色率官军在平海峡攻击海寇，攻克了平海峡，进而又攻克湄州、南日、崇武等各屿。朱天贵向官军投降。拉哈达率官军攻击刘国轩，把他击败，刘国轩率残部逃往厦门。叛军将领苏堪迎接投降官军，官军进而平定玉洲、石马、海澄、马州等十九寨，后又偕同吴兴祚一起夺取金门。己酉，察尼部官军攻占辰龙关，蔡毓荣率官军收复铜仁。

夏四月庚申朔，任命赖塔为满洲都统。癸亥，穆占、董卫国率官军击败吴应麒，收复沅州、靖州，进而又收复黎平。丁卯，圣祖由于学士张英等人供奉内廷，每日以备顾问，命令交吏部从优提出奖励意见，高士奇、杜讷均被授予翰林院的官职。己巳，圣祖命令南书房的翰林院官员每天晚上进讲《资治通鉴》。丙子，圣祖亲自到天坛祈祷上天降雨，第二天，果然降雨。己卯，圣祖命向全国正式颁行《尚书讲义》一书。王进宝因病回到固原，于是任命他的儿子总兵王用予统率官军驻守保宁城。庚辰，宗人府官员向圣祖进呈玉牒。

五月壬辰，命令甘肃巡抚以兰州为官署所在地。乙巳，莽依图会同官军讨伐马承荫，马承荫再次投降，圣祖命令把他押送京师。己酉，山海关开始设关收税。

六月甲子，蔡毓荣率官军收复思南。丁丑，圣祖命令京师五城中设置的粥厂施粥活动再延长三个月，并派遣太医院医官三十人分别治疗饥民的疾病。壬午，副都统马尔哈齐、营总马顺德因放纵部下官兵杀人而被朝廷论罪惩处。

秋七月甲午，朝廷命令出资捐来的官员停止参加都察院所属官员的考试选拔。褒奖抚恤已故福建总督范承谟、广西巡抚马雄镇，封赠官爵，并赐予谥号，赐给儿子荫官。乙巳，任命折尔肯为左都御史。己酉，解除顺承郡王勒尔锦的大将军职务，并命令他撤回京师。

八月戊辰，圣祖亲临经筵讲席听讲经义。己巳，命令赖塔率官军移驻广州，并以博济所率官军加以补充。戊寅，大学士索额图被免去官职。壬午，将军莽依图在军中去世，任命勒贝代替他的职务。甲申，尚之信因为他的属下王国光揭发举报他有罪，而将他擅自杀害，圣祖下诏将尚之信赐死。尚之信的弟弟尚之节，同党李天植，都被诛杀，家属则被护送回京师。

闰八月乙未，命令各军将帅妥善安抚汉族的绿营军士。壬子，任命王永誉为广东将军。

九月癸亥，吴世璠派遣叛军将领夏国柱、马宝偷偷地进攻四川，谭弘率军再次叛变以策应叛军，叛军接连攻陷泸州、永宁两城，夔州的土匪也起来响应他们。圣祖命令将军吴丹、噶尔汉，提督范达理、徐治都率领官军分几路对叛军进行讨伐。乙丑，任命赖塔为平南大将军，率领官军进入云南。戊寅，吴丹率领官军收复泸州。

冬十月，仁怀城陷落失守，罢免吴丹的官职，任命鄂克济哈统领他所率的官军。戊戌，任命阿密达为蒙古都统。噶尔汉率官军收复巫山。壬寅，大将军康亲王杰书凯旋，圣祖亲自前往京师郊外慰问犒劳将士。戊申，彰泰、穆占率官军在镇远击败吴世璠。噶尔率官军在铁开峡出击谭弘，并将他打败。这一月，王大臣们共同议奏军队出征行进中玩忽职守贻误军机的王公贝勒大臣的罪责，奉圣旨，革除勒尔锦的王爵，籍没全部家产，并将他拘禁。尚善、察尼二人革除贝勒爵位。兰布革除镇国公爵位。朱满革除都统官职，并立即处以绞刑。其余有的革除官职，有的夺去世袭职位，有的受鞭责之刑，有的籍没家产，各有差别。

十一月丙辰朔，冬至，在圜丘祭天。彗星出现，圣祖下诏征求直陈朝政的意见和忠言。甲子，贝子彰泰率官军进攻并收复平越，于是官军乘势进入贵阳。逆贼首领吴世璠及吴应麒等在夜里逃跑。安顺、石阡、都匀三府都被官军攻下。庚午，任命达哈里为蒙古都统。丙子，川北总兵高孟率官军在南溪桥打败彭时亨叛军，收复营山，进而围攻灵鹫寨，斩杀伪将魏卿武。甲申，提督固卜世率官军收复思南。

十二月壬辰，任命徐元文为左都御史。甲午，高孟率官军收复渠县。乙未，提督桑峨率官军在永宁大败吴世璠，官军追赶到铁索桥，叛军烧桥以后逃跑。土司官员龙天佑、沙起龙建造起盘江浮桥用以渡过大军。壬寅，高孟率官军收复广安州。庚戌，任命郝浴为广西巡抚。癸丑，在太庙举行祫祭。

这一年，因灾免去直隶、江南、山东、山西、陕西、江西、福建、湖广等省一百八十六州县灾赋税数量不等。朝鲜、琉球派遣合节向朝廷入贡。

二十年辛酉春正月壬申，叛将李本深投降，把他带上镣铐押送京师。癸酉，总兵高孟率官军收复达州。甲戌，将军噶尔汉收复云阳，谭弘败死，官军进而收复忠州、万县、开县。乙亥，命令侍郎温代治理通州运河。丙子，将军穆占、提督赵赖率官军攻击夏国相等叛军，叛军败走，收复平远。辛巳，朝廷增设讲官。圣祖诏令司法官员要谨慎用刑。这一月，郑锦死去，他的儿子郑克塽继续统领郑锦的部属。

二月己丑，贝子彰泰率领军队进至安南卫，在江西坡进击叛将线绒。叛军在军前排列大象，布置阵势抵御官军。官兵分三队奋力攻击，大破象阵和叛军。叛军逃跑，公图、达汉泰率领官军进行追击，又把逃跑的叛军打得大败，官军收复普安州、新兴所。壬辰，副都统莽奕禄率官军在三山击败叛军张足法等部。甲午，圣祖下诏命令凡是三藩在以往的事情中有危害百姓的都加以革除。朝廷减免奉天盐引数额。大将军赖塔率领军队进至广西，在黄草坝大破叛军，收复安笼，进入曲靖。高孟率领官军收复东乡，在月城寨打败了彭时亨的叛军。戊戌，增设钦天监中满族监副一员。都统希福、马绪、硕塔率领官军收复马龙州、杨林城，并进入嵩明州，叛军逃跑。穆占收复黔西、大定，斩杀叛军将领张维坚。乙巳，贝子彰泰、大将军赖塔、将军蔡毓荣率官军先后进入云南。叛将胡国柄、刘起龙迎战官军,官军分别将叛军击败,斩杀胡国柄、刘起龙。辛亥,圣祖谒拜孝陵。

三月甲辰,宣威将军鄂克济哈因失去援助建昌的战机而弹劾自己。圣祖下诏以觉罗纪哈里代替他。辛酉,安葬仁孝皇后、孝昭皇后在昌瑞山陵墓。圣祖下诏凡在行宫批阅的奏章,命令大学士加以审校。壬戌,胡国柱叛军进犯建昌,将军佛尼勒率官军把叛军击退逃跑,并收复马湖。癸亥,马宝放弃遵义城,进犯泸州、叙州。圣祖下诏命令佛尼勒、赵良栋率官军紧急出击云南叛军,不要让他们返回救援。丙寅,朝廷赠予并抚恤福建死于战事的运使高天爵、知府张瑞午等以官职并且荫袭子孙。戊辰,土司官员陆道清在永宁举城投降。癸酉,圣祖亲自侍奉太皇太后驾临遵化温泉。

夏四月甲辰朔,王用予率官军收复纳溪、江安、仁怀、合江。己酉,贝子彰泰派遣使者对各路叛军进行招抚,武定、大理、临安、永顺、姚安都向官军投降。壬子,圣祖亲自侍奉太皇太后回宫。

五月癸丑朔,提督周卜世率官军夺取遵义,招降伪官金仕俊等,收复真安州、仁怀、桐梓、绥阳等县。己未,朝廷派遣官员察看蒙古苏尼特等旗遭受旱灾的灾情。乙丑,圣祖诏令调到京师的州县官中曾经陷入贼军营中的人不能再参加考选补授都察院的科道官职。辛巳,大将军贝子彰泰奏报已经抵达云南省城,伪将军李发美率鹤庆、丽江二府向官军投降。

六月戊子,废除山西、陕西房号银。

秋七月丁巳,任命礼部尚书郭四海兼管刑部。庚申,圣祖诏令凡是四川的百姓田地被官兵所占有而经调查属实后统统归还。辛酉,都统希福、提督桑峨率官军在乌木山迎击,大败叛军。马宝投降,就带上镣铐押送京师处死。乙丑,赵良栋派遣总兵李芳述击败胡国柱叛军,官军收复建昌,进入云南。戊辰,圣祖诏令图海率领王辅臣回京师。壬申,圣祖在瀛台赐宴,朝中自员外郎以上文武官员都参加宴会,又把彩色缎匹和财物赏赐赴宴百官。己卯,任命施琅为福建水师提督,筹划夺取台湾,又改命万正色为陆路提督。

八月辛巳朔,发生日食。乙巳,圣祖亲临经筵讲席听讲经义。

九月辛亥,圣祖巡视京郊地区。已故平南王尚可喜的灵柩到达通州,圣祖赐银八千两,并派遣官员以茶果祭奠。戊午,圣祖一行到达雄县住下,亲自召见知州吴鉴,询问浑河水决堤以后居民遭灾的状况。丙寅,圣祖一行回到京师。圣祖诏令停止本年秋季对犯人的行刑处决。壬申,重新恢复对漕运民工发放工钱。

冬十月癸未,偏沅巡抚韩世琦率官军在古州打败叛将黄明。甲申,额鲁特噶尔丹派遣使臣向朝廷入贡。乙酉,大学士图海率领大军凯旋,圣祖予以嘉奖慰劳。壬辰,圣祖诏令撤除平南、靖南两藩的官兵,返回京师。癸卯,圣祖诏令免除吐鲁番进贡狗和马。

十一月辛亥,圣祖诏令凡是投降过叛军的各种人,除公开抗拒官军的人以外,其余都削去官职遣返原籍。任命诺迈为汉军都统。癸亥,定远平寇大将军贝子彰泰、平南大将军都统赖塔、勇略将军总督赵良栋、绥远将军总督蔡毓荣上奏报告官军在十月二十八日进入云南城,吴世璠自杀而死,把他的脑袋割下传观,将吴三桂分尸析骨,并宣示中外,又诛杀伪相方光琛,其余党羽投降,云南自此平定。这一天,为祭祀禀告孝陵,圣祖车驾住在蓟州。丁卯,祭祀孝陵。辛未,圣祖召贝子彰泰,将军赵良栋回京师。乙亥,圣祖在南山狩猎,发箭射死三只猛虎。己卯,圣祖驾返京师。

十二月戊子,设置满洲将军驻守荆州,汉军旗将军驻守汉中。癸巳,群臣奏请给圣祖加上尊崇的称号。圣祖敕谕群臣说:"自从逆贼作乱以来,奸民纷纷响应,致使军旅疲于征发调动,民间困于来回运输。加之水旱灾害连年发生,灾异之象频频出现。这一切都是因为朕自身没有德行所造成的。幸赖祖宗在天之灵,终于削平这几个妖孽。现在正当让贤良升迁进用,让百姓休养生息之际,而如果任意自满,作无谓的修饰点缀,能不惭愧吗!因此不能这样做。"补行广西暂停的乡试科举考试。戊戌,大学士图海去世。己亥,圣祖亲临太和门接受朝贺,宣示胜利于天下。癸卯,圣祖加奉太皇太后、皇太后的尊称徽号,并向天下颁发施恩的诏令,赏赐宗室,赐予外藩,给予封赠名号,增加科举考试的录取名额,举拔隐逸之人入仕,旌表守节和奉行孝道的人,抚恤没有父母的儿童和没有子女的老人,对平常赦免不能宽宥的以外的罪人全部予以赦免。任命于成龙为江南江西总督,吴兴祚为广东广西总督。丁未,在太庙举行袷祭。

这一年,因灾免去直隶、江南、江西、山东、山西、浙江、福建等省七十五州县赋税数量不等。全国人丁户数为一千七百二十三万,征银额本年为二千二百一十八万三千七百六十两有余。盐、茶税银为二百三十九万九千四百六十八两。铸钱二万三千一百三十九万。朝鲜、厄鲁特派遣使者入贡朝廷。

二十一年壬戌春正月壬戌,是上元节,圣祖设宴赏赐朝廷文武大臣,并与群臣一起观灯,还即兴用柏梁体赋诗联句。圣祖首先写下:"丽日和风被万方。"朝廷大臣随后依次接续赋诗。圣祖亲自撰制《升平嘉宴诗序》,并把诗文刻石立在翰林院内。丙寅,调任蔡毓荣为云贵总督。戊辰,王大臣向圣祖上奏说:"耿精忠几代人被朝廷封为王,却甘心背叛朝廷附和逆贼,并分别进扰浙、赣,以及皖、徽等地,如果不是王师勇武臣工有力,叛逆的祸害蔓延哪里会有尽头。李本深、刘进忠等人多年身任提镇,高官厚禄,不但未能革除鸮鸟的嚣张声势,却俯首听命于贼军,留下还有什么好处。均应从严惩治,划清忠奸顺逆的区别,以此作为世道人心的规范。谨拟议之后请示圣旨。"得圣旨:耿精忠、曾养性、白显中、刘进忠、李本深都大卸八块后再斩首示众。耿精忠的儿子耿继祚,李本深的孙子李象乾、李象坤,他的侄子李济祥、李济民,以及祖弘勋等人都斩首处死。而和叛贼有纠葛牵连的陈梦雷、李学诗、金境、田起蛟都处以减免死刑一等。己巳,圣祖特别加封巡亲王岳乐的儿子岳希为僖郡王。

二月庚辰,任命达都为左都御史。癸未,圣祖因滇省平定派遣官员前往告祭五岳四渎、古代圣帝的陵墓、先师孔子的故乡阙里等处。甲申,圣祖亲临经筵讲席听讲经义。丙戌,任命佟国维为领侍卫内大臣。辛卯,圣祖斋戒居住在景山,为太皇太后祝福。癸巳,圣祖东巡,启驾出发。皇太子胤祁随从。蒙古王、贝勒等人奏请给圣祖加上尊崇的称号,圣祖不同意。任命穆占为蒙古都统。妖人朱方旦服罪处死。戊戌,圣祖抵达山海关,派遣大臣祭祀伯夷、叔齐的庙宇。

三月壬子,圣祖拜谒福陵、昭陵二陵,住在盛京。甲寅,祝告并祭祀福陵。丙辰,祝告并祭祀昭陵。大量赏赐钱物给将军以下直至守陵官员、年老退休官员以及甲兵中废弃闲散的人。特别赦免盛京、宁古塔的罪人。免去车驾所过地方的租税。己未,圣祖拜谒永陵,并举行告祭仪礼。圣祖启禀太皇太后、皇太后进奉鲢鱼、鳟鱼等食品。庚申,圣祖由山路驾临乌拉进行围猎。辛酉,遥望祭祀长白山。乙亥,圣祖一行乘船泛舟在松花江上。

夏四月辛巳,圣祖启驾回京师。赐宴给宁古塔将军、副都统,并赏赐退休的官员以及甲士等人。乙巳,圣祖车驾停宿在中后所。被流放戍边的罪人王廷试的儿子王德麟叩门乞请代替父亲戍边,部议不予批准。圣祖上谕说:"王德麟所说的情形极为可怜。遇见朕来到这里,也是难得的机遇。他们父子都是读书人,可将他们统统释放回籍。"

五月辛亥,圣祖回到京师。壬子,圣祖下诏说宁古塔地方太苦太寒冷,流放罪人以后改为发配辽阳。己未,大学士杜立德乞请退休,圣祖以情词恳挚的圣旨予以批准。丙寅,免除吉林对朝廷的贡鹰,并减省当地徭役。戊辰,任命工熙为大学士。

六月乙酉,任命佟国瑶为福州将军。庚寅,任命公倭赫为蒙古都统。甲辰,大学士冯溥乞请退休,圣祖以情词恳挚的圣旨予以批准,并差遣官员专程护送,乘坐驿站车马返回原籍。

秋七月庚戌,任命杭艾为左都御史。甲寅,圣祖命令刑部尚书魏象枢、吏部侍郎科尔坤巡行视察京师郊区地方,凡是豪强欺压凌虐百姓的立即逮捕拘禁并加奏闻。乙卯,三藩之乱扫荡平定,宣示晓谕蒙古。

八月丙子,圣祖诏谕内阁学士参与朝政。癸卯,谭弘的儿子谭天秘、谭天伦伏法处死。

九月戊申,赐予蔡升元等一百七十六人进士及第出身,各有差别。甲子,圣祖诏令每天临朝听取奏报军政大事,春夏二季以辰时之初为开始,秋冬两季则以辰时正刻开始。

冬十月甲申,定远大将军贝子彰泰、征南大将军都统赖塔率大军凯旋回朝,圣祖亲往京郊慰问犒劳。己丑,任命黄机、吴正治为大学士。辛卯,圣祖诏令重修《太祖实录》,并纂修《三朝圣训》《平定三逆方略》二书。

十一月甲寅,任命李之芳为兵部尚书,希福为西安将军,瓦岱为江宁将军。戊午,圣祖诏令广西壮族自治区建造双忠祠,祭祀巡抚马雄镇、傅弘烈。庚申,任命赵赖为汉军都统。戊辰,任命施维翰为浙江总督,任命噶尔汉为满洲都统。

十二月怀卯,前任广西巡抚陈洪起因为追随叛逆拟加处死,圣祖命令流放宁古塔。癸未,任命许贞为广东提督。戊子,录用达海的孙子陈布禄为刑部郎中。癸巳,朝廷议定行军中纪律约束不严之罪,简亲王喇布被削夺爵位,其余的人被遣戍被降黜各有差别。庚子,郎谈奉使命到黑龙江以后返回京师,并上奏罗刹侵犯边疆的事件的情况。圣祖命令宁古塔将军巴海、副都统萨布素率领军师加以防范。在黑龙江、呼马尔建修木城,分遣军队进行屯田。

这一年,因灾免去直隶、江南、江西、山东、山西、浙江、湖广等省七址八州县卫额税各有差别。朝鲜、安南派遣使节入贡。

二十二年癸亥春正月乙卯,圣祖设宴赏赐朝廷文武群臣。己未,圣祖亲自检阅观看武官考核比赛射箭。

二月癸酉,罢免帅颜保,任命介山为礼部尚书,喀尔图为刑部尚书。甲申,圣祖驾临五台山。

三月戊申,圣祖驾返京师。戊午,任命噶尔汉为荆州将军,彭春为满洲都统。

夏四月乙亥,朝廷命提镇诸臣按次序先后来京师朝觐。庚辰,命令巴海返回驻守乌拉,萨布素、瓦礼古率军驻守额苏里守备边防。辛卯,任命公爵坡尔盆为蒙古都统。

五月丙午,在汉军旗兵中设立火器营。甲子,命令施琅出征台湾。

六月丁丑,圣祖亲自巡阅内库,并颁赐朝廷百官财物器用。戊寅,任命伊桑阿为吏部尚书,杭艾为户部尚书。癸未,圣祖亲自侍奉太皇太后到古北口避暑。

闰六月戊午,施琅攻克澎湖。庚申,圣祖谕令刑部等官员要及时察勘讼狱案件,不要把犯人久困于牢狱之中。

秋七月,圣祖巡行到达胡图克图,赏赐给随行围猎的蒙古王公衣帽服饰,随驾兵士则赏给银币。甲午,圣祖亲自侍奉太皇太后回宫。

八月庚子,圣祖命举行经筵讲席大典,大学士以下官员按班次侍立听讲。戊申,任命哈占为兵部尚书,科尔坤为左都御史。戊辰,施琅上疏奏报官军攻入台湾,郑克塽率领下属官员刘国轩等人来迎投降,台湾至此平定。圣祖下诏赐给郑克塽、刘国轩以封爵,封施琅为靖海侯,施琅部下的将士加以提升和赏赐财物各有差别。

九月癸酉,任命丁思孔为偏沅巡抚。己卯,圣祖亲自侍奉太皇太后驾临五台山。壬辰,圣祖一行车驾到达长城岭,太皇太后因道路险峻而返回。圣祖前往五台山。朝廷限制额鲁特进贡时前来的人数。

冬十月,圣祖到达五郎河行宫,亲自侍奉太皇太后回到京师。丁未,文武群臣因为台湾平定,奏请给圣祖加上尊崇的称号,圣祖不同意。癸亥,任命萨布素为新设的黑龙江将军。乙丑,圣祖诏令凡沿海原来迁走的百姓可以回到家乡。

十一月癸未,朝廷授予罗刹投降的人员宜番等官职。戊子,圣祖因为海寇的祸乱平息,祭祀并禀告孝陵。癸巳,圣祖巡视边界。

十二月甲辰,圣祖回到京师。丁未,追随叛逆的土司官陆道清伏法被处死。壬子,任命纪尔他布为蒙古都统。乙卯,《易经日讲》一书告成,圣祖亲自为此书作序并颁行天下。尚书朱之弼、左都御史徐元文因为举荐的人员失当而被朝廷免去官职。乙丑,在太庙举行祫祭。

这一年,因灾免去山东、山西、甘肃、江西、湖广、广西壮族自治区二十州县赋税数量不等。朝鲜、琉球派遣使节入贡朝廷。

二十三年甲子春正月辛巳,圣祖驾临南苑进行围猎。丙戌,加封安亲王岳乐的儿子袁端为勤郡王。壬辰,命令整顿文武官员朝见皇上的朝会礼仪。罗刹占据雅克萨、尼布潮二城,圣祖命令断绝与它的贸易往来,萨布素则率官军兵临城下。

二月乙巳,圣祖亲临经筵讲席。癸丑,圣祖巡视京郊地区。丙寅,圣祖回驻南苑。大学士黄机被罢免。乙丑,给事中王承祖上疏奏请巡视东方,圣祖命令查阅过去的巡视典礼上奏。

三月壬申,任命刘国轩为天津总兵官,辞别圣祖时,赐给白金二百两、缎三十匹、宫内饲养的带鞍的马一匹。丁亥,圣祖亲自撰写五台山碑文,并召集朝廷大臣观看。圣祖又面谕群臣说:"近来的人每撰写一篇文章,都不乐意请教别人修改字句,这是文章不能写好的原因所在。"

夏四月己酉,设置台湾府县官,并隶属于福建行省。壬子,刑部左侍郎宋文运乞请退休,命令加太子太保衔归里休养。庚申,谕令凡一事经过关涉到两个部的,都应该由两部官员共同会奏。乙丑,圣祖告谕讲官:"讲解文章应以精当切要和明了为好,不要烦琐枝蔓。朕阅读张居正的《尚书》《四书直解》,就感到书中的义理都能精当朴实,而没有浮泛的词句,可以把这部书作为标准。"江南江西总督于成龙去世,圣祖赐予祭葬,加谥号为清端。

五月丁卯,裁撤浙江总督。任命公爵瓦山为满洲都统。己巳,纂修《大清会典》一书。丙子,任命孙思克为甘肃提督。辛巳,圣祖命令朝廷大臣考察举荐为政清廉的官员。九卿举荐格尔古德、苏赫、范承勋、赵仑、崔华、张鹏翮、陆陇其。癸未,起用巴海为蒙古都统。甲申,圣祖驾临古北口,诏令出巡车驾所经的沿路不要践踏百姓田地里的禾苗。乙未,惠郡王博翁果诺因为陪同祭祀时不恭敬而被定罪削去爵位。王大臣议奏揭发侍郎宜昌阿、巡抚金俊查看尚之信的家产,隐瞒侵蚀的白银达八十九万两,并杀害商人沈上达,应予处斩;郎中宋俄托、员外郎卓尔图及审讯定罪不确实的侍郎禅塔塔海应处以绞刑。圣祖同意了。诏令追缴的银两不要归入内务府,而要上交给户部充作粮饷。

六月丁未,琉球请求派遣子弟进入国子监读书。圣祖批准了。甲寅,暹罗国王森列拍腊照古龙拍腊马呼陆坤司由提呀菩挨派遣陪臣说入贡的船只到达虎跳门以后,被阻滞停留的日子太久,常使贡物发生损坏,请求圣祖谕令粤省的官吏准予将贡船放行进入河下,以便能及早得贸易和采办货物,不要受阻拦。圣祖同意了。圣祖面谕一侍卫阿南达说:"我把外旗蒙古和满洲八旗视同一体。今巡行抵达这里,见他们衣食生活十分困苦,深感忧伤。你立即传谕所经过地方蒙古人中间贫苦无靠的,准许他们前来进见,以便询问他们生计如何。"于是蒙古人扶老携幼,都来到行宫门口向圣祖磕头求见。圣祖则详细询问他们的年龄生活状况后,给予他们银两和布匹。乙卯,圣祖亲自巡看牲畜牧群,并赐给随从出巡的大臣马匹。刑部尚书魏象枢再次上疏请求离任退休。圣祖答应了。丁巳,任命汤斌为江苏巡抚。

七月乙亥,任命宋德宜为大学士。辛巳,圣祖住在英尼温泉。任命佟佳为蒙古都统。

八月戊申,圣祖回到京师。甲寅,大学士李霨去世,圣祖派遣官员祭奠茶酒,并赐予祭葬,谥号为文勤。甘肃提督靖逆侯张勇去世,圣祖赐予祭葬,谥号为襄壮。

九月甲子朔,停止本年秋天对犯人的处决行刑。丙寅,任命张士甄为刑部尚书,博济为满洲都统。因铜钱的价格高,决定重新铸造铜钱,每个钱的重量减少四分之一。听任百姓开采铜矿铅矿,并且不征税。丁卯,改命梁清标为兵部尚书,余国柱为户部尚书。庚午,任命蒙古都统阿拉尼兼理藩院尚书。癸酉,任命陈廷敬为左都御史,莽奕禄为蒙古都统。丁亥,圣祖下诏命令凡是南巡车驾所经过的地方,恩赐免去赋税劳役一年。辛卯,圣祖启驾南巡。

冬十月壬寅,圣祖抵达泰安,登上泰山,祭祀东岳神庙。辛亥,圣祖到达桃源,巡阅黄河治河工程,慰劳治河民工,告诫治河官吏不要侵夺吞没工程中的费用。圣祖亲自视察天妃闸工程。与治河大臣靳辅共同讨论治河的方针。壬子,圣祖渡过淮河。甲寅,停船住在高邮湖,圣祖登岸行走几里地,向老年人询问民间疾苦。丙辰,圣祖巡幸焦山、金山,渡过扬子江,在船中对周围的侍臣说:"这些都是战舰。现在把它用来供巡视使用,然而过去艰难岁月不能忘记。"丁巳,开放改变过去禁止海上通商的命令。戊午,圣祖驻跸苏州。庚申,巡幸惠山,面谕巡抚:百姓自远道来观看,有不能返回的,资助遣返。

十一月壬戌朔,圣祖住在江宁。癸亥,到明陵祭奠。乙丑,启驾回京。坐船停泊燕子矶,圣祖读书到夜里三更。侍臣高士奇劝请说:"圣上身体过于劳累,应该稍加节制休养。"圣祖说:"我从五岁开始读书,常常诵读到夜半,以此为乐而不觉得疲劳。"丁卯,命令伊桑阿、萨穆哈视察海口。面谕说:"海口淤沙年久,因而被堵塞。务必将水道疏通,才能避免大水淹溺。即使多用经费,也在所不惜。"辛未,圣祖亲自阅视高家堰工程。住在宿迁。过白洋河,赐给老人白金。戊寅,圣祖到达曲阜。己卯,圣祖到先师孔庙,进大成门,行三跪九叩的大礼。到诗礼堂,讲解《易经》。登上大成殿,瞻仰先圣的塑像。观看礼器,到圣迹殿,阅览图书。到杏坛,观看孔子亲手种植的桧树。进入承圣门,汲上孔井水品尝。向左右询问汉代鲁共王府壁遗迹,博士孔毓圻对答十分详细,恩赐他为助教。前往孔林孔子墓前祭酒。亲书"万世师表"匾额。留下曲柄黄盖。赐令衍圣公孔毓埏,在第二

康熙南巡图之江南水乡景色

天讲解各经书各一段。免征曲阜下一年的租赋。庚寅,圣祖返回京师。授马哈达为满洲都统。

十二月壬辰朔,任命石文炳为汉军都统。癸卯,命令公爵瓦山视察黑龙江驻军,佟宝、佛可托为辅佐官员,防备罗刹。甲辰,赏赐公爵郑克塽、伯爵刘国轩、冯锡范田地宅第,隶属汉军旗。丙午,命令说现在正逢冬季,流放的人犯等过了严寒季节后再发配。丙

辰,圣祖谒陵,赐给守陵官兵牛羊。己未,返回宫中。

这一年,因灾免征直隶、江南、江西、河南、湖广等省二十六州县的赋税数量不等。朝鲜、暹罗来进贡。

二十四年乙丑春正月癸酉,祭献太庙。圣祖谕令说:"赞礼郎宣读祝颂,读到朕的名字,就声音不响亮,有失儿子在父亲前面自称名的古义,从今以后俱令宣读。"癸未,任命公爵彭春赴黑龙江督察军务。命令侯林兴珠率领福建藤牌兵跟随前去。任命班达尔沙、佟宝、马喇参谋军事。乙丑,在保和殿考试翰林、詹事,圣祖亲定甲乙名次。其中不称职的,改授其他官职。戊子,命令将蒙古科尔沁十旗所进贡的牛羊,送到黑龙江军营。

二月庚子,任命周公后裔东野氏为五经博士,给予供祭祀所需的田地。任命额赫纳为满洲都统。癸卯,圣祖亲临经筵讲席。乙卯,圣祖巡视京郊地区。庚申,回京。再次赏给刘国轩房宅。任命范承勋为广西巡抚。

三月壬戌,圣祖撰写的孔子庙碑文完成,亲自书写立碑。重新纂修《赋役全书》。辛巳,赐给陆肯堂等一百二十一人进士及第出身,各有差别。

夏四月辛卯,授予宋代儒臣周敦颐的后代为五经博士。丙申,授予李之芳轻车都尉世袭职衔。戊戌,马喇把所俘虏的罗刹人进献。圣祖命令在军营前把他们释放遣回。辛丑,下诏因为直隶连年遭受旱灾,拖欠赋税六十余万全部免征,并免征今年正赋的三分之一。诏令医官博采医林的典籍,编刻为一部书。庚戌,设立内务府官学。

五月癸未,圣祖下诏说厄鲁特部济农背离本部,向化投诚而来,应当加以抚养爱护,赐给他田宅。编纂《政治典训》。甲申,因为原任广西巡抚郝浴为官廉洁,全部免除应该追赔的国库银两。彭春等攻打雅克萨城,罗刹前来增援,林兴珠率藤牌兵在江中迎击,打败罗刹,击沉了他们的兵船,罗刹首领额里克舍乞求投降。

六月庚寅朔,圣祖巡视塞外,启驾出行。戊戌,圣祖回京。癸卯,下诏说:"鄂罗斯入侵我边塞,侵扰鄂伦春、索伦、赫哲、飞牙喀等地的百姓,盘踞雅克萨四十年。现在已经把他们全部击败,有关人员,都给予从优奖励。为了防止他们再度入侵,应该在什么地方长驻官兵,立即会同议论后一一奏闻。"圣祖考试汉军笔帖式、监生,交白卷的八百人,都被斥革,命令他们读书再试。乙巳,圣祖巡视塞外。

秋七月壬申,设立吉林、黑龙江驿路,共十九个驿站。

八月丙午,圣祖驻跸在拜巴哈昂阿,赐给前来行宫朝觐的蒙古王贝勒冠服银两财物。

九月戊午朔,圣祖听说太皇太后身体不适,启驾回京。己未,圣祖驰回京,赶赴侍奉医药,太皇太后很快就恢复了健康。辛巳,陕西提督王进宝去世,追封太子太保,赐给祭葬,谥号忠勇。甲申,命令副都统温代、纳秦驻防黑龙江,命令博定修筑墨尔根城,增加民工,同时让他们开垦耕种田地。乙酉,任命吴英为四川提督。

冬十月甲午,圣祖驾临南苑。戊戌,厄鲁特使者伊特木因为杀人罪被斩首示众,己亥,任命瓦代为满洲都统。庚子,规定外藩王以下,每年进贡羊一只、酒一瓶。丙午,五色云彩出现。乙酉,靳辅请求将黄河沿岸干涸田亩,租佃给百姓收取价银以偿还工程所需费用。圣祖说:"如此办理则扰累民众了。不采纳这一建议。"甲寅,任命博霁为江宁十一月丁巳朔，出现日食。庚申，任命莽奕禄为满洲都统，塔尔岱为蒙古都统。甲戌，圣祖在卢沟桥检阅军队。丙子，靳辅、于成龙应召到京，会商治理黄河的方略。靳辅建议开通六河建筑长堤，于成龙请求开通海口的黄河故道。大学士把两种建议奏报。圣祖说："两种建议都有道理，可向高邮、宝应七州县在京做官的人询问，看哪种对百姓有利。"侍读乔莱奏称，采纳于成龙的建议，则工程容易完成，而对百姓有利。圣祖命令于成龙动工。随即因与民情不合而停止。己卯，圣祖赐给鄂内、坤巴图鲁散秩大臣职衔，听任他们在家居住，因为这二人都是太宗朝的老臣。乙酉，圣祖下诏说："月朔出现日食，越过十六日出现月食。一月之内，日月食互见。天象发出警告，应当赶快修身反省。朝中大臣集中商议奏闻。"

十二月庚寅，任命蔡尼为奉天将军。己亥，圣祖拜谒孝陵。癸卯，圣祖还宫。甲寅，在太庙举行祫祭。

这一年，因灾免除江南、江西、山东、山西、湖广等省七十四州县卫的赋税数量不等。朝鲜、琉球、噶尔丹派使节入贡。

二十五年丙寅春正月丙申，命令马喇督办黑龙江屯田。鄂罗斯再次占据雅克萨，命令萨布素统率军队驱逐他们。

二月甲辰，重修《太祖实录》完成。丁未，圣祖下诏说："国家削平叛逆势力，戡定荒远地区，唯当宣布德政，才能使他们敬服而归顺。近来看见云、贵、川、广的高级官吏，不善于安抚治理，多有苛刻暴虐，贪婪纳贿生事扰民，以此假冒功绩请赏。我想土司苗蛮，既已归顺向化，又有什么原因不能安宁，彼此攻斗不息。务必推示诚信，化导安抚，才符合朕抚绥驾双边疆的至意。"停止在四川采运木料。己酉，文华殿竣工。壬子，在传心殿告祭至圣先师。癸丑，圣祖亲临经筵讲席。任命津进为领侍卫内大臣。

三月戊午，命令修建栖流所。己未，命令纂修《一统志》。甲戌，任命汤斌为礼部尚书，兼管詹事府。

夏四月乙酉朔，命令阿拉尼前往喀尔喀七旗莅临盟会。庚寅，下诏说："赵良栋先前当逆贼盘踞汉中时，首先进入四川，功绩卓著。又领兵直达云南，攻克省城之后，唯独他能够遵守法纪，廉洁自持，深为可嘉。现在已经衰老离任，应当恢复他勇略将军、兵部尚书、总督的名义，以表示关注。"命令郎谈、班达尔沙、马喇赴黑龙江参赞军务。追封陕西战死的平逆将军毕力克图、参赞阿尔瑚世袭职位。甲午，下诏访求遗散的书籍。戊申，调任万正色为云南提督，任命张云翼为福建陆路提督。辛亥，开始将顺天等所属八旗田庄中的屯丁，编查保甲，与一般的户口相同。

闰四月辛未，任命范承勋为云南贵州总督。

五月丁亥，下诏拆毁全国各地滥设的祠庙。

六月乙亥，奖励平南大将军赖塔、都统赵赖以下官员的功劳，各赐给世袭职位等级不同。戊寅，任命阿兰泰为克都御史。

秋七月己酉，赏赐荷兰国王耀汉连氏甘勃氏刺绣的丝织品和白金，命令他的使臣携带信件致送鄂罗斯。吏部奏定侍读、庶子以下各官学问不够的,以同知、运判的职衔到外省任官。圣祖同意了。辛亥,圣祖巡幸塞外。

八月辛未,圣祖驻跸乌尔格苏台。丙子,圣祖返回京师。任命索额图为领侍卫内大臣。丁丑,诏令萨布素包围雅克萨城,堵截鄂罗斯的援兵,命令博定参赞军务。戊辰,诏命全国各地的学校书院崇祀前代大儒。庚辰,下诏增加孔林地亩十一顷有余,这是同意衍圣公孔毓埏的请求,并免除赋税。

九月己丑,任命班达尔沙为蒙古都统。乙巳,任命图纳为四川陕西总督。丁未,任命陈廷敬为工部尚书,马齐为山西巡抚。己酉,鄂罗斯察汉汗派遣使者前来请求解除对雅克萨的包围。圣祖同意了。这一月,内大臣拉笃祜奉诏命与罗卜藏济农及噶尔丹划定地界以后而返回。

冬十月丙辰,调任张士甄为礼部尚书,任命胡升猷为刑部尚书。

十一月庚子,圣祖拜谒孝陵。赏赐征伐浙江、福建立功的喀喇沁蒙古兵丁。

十二月癸丑,圣祖返回皇宫。丙辰,命令侍郎萨海督察凤凰城的屯田。癸亥,圣谕说:"纠仪御史的纠察务必要严厉,倘若我自己有失敬之处,也应举劾参奏。"戊寅,在太庙举行祫祭。

这年,免征直隶、江南、浙江、湖广、甘肃等省二十七州县遭灾额赋有一定的差别。朝鲜、安南、荷兰、吐鲁番来进贡。

二十六年丁卯春正月戊子,派遣医官前往雅克萨治疗军士的疾病,罗刹人愿意医治的也一并给予治疗。丙申,蒙古土谢图汗、车臣汗及济农共同上奏,请求圣祖接受尊号。圣祖没有同意。乙巳,大学士吴正治请求告老还乡。圣祖批准了。

二月癸丑,圣祖在卢沟桥检阅军队。原任湖广总督蔡毓荣隐藏吴三桂的孙女为妾,藏匿收取叛逆者的财物,判处宽免死刑,鞭打一百,枷号三个月,籍没家产入官,和他儿子一道流放黑龙江。原来判处这一案件的尚书禧佛等处以隐瞒包庇罪,分别被斥退革职情况不等。甲寅,任命余国柱为大学士。庚申,命令八旗都统、副都统轮番进入紫禁城值班。丁卯,任命张玉书为刑部尚书。壬申,户部奏称浒墅关监督桑额多征收了税银二万一千余两。得圣旨:"设立专卖关卡,本来就为稽查狡诈犯法的人。桑额为多收银两,就私下封闭便民桥,以至于骚扰商贾百姓。着令把他严加议处。今后主管专卖关卡的官员有额外横征银两的,有关部门应严加整肃。"

三月己丑,任命董讷为江南江西总督。癸巳,任命王鸿绪为左都御史。癸卯,圣祖到太和门临朝听政,谕令大学士等详议政务中的欠缺遗漏,众人都陈奏没有弊端可言。圣祖说:"尧、舜时代,政府修明,人事和顺,然而还兢兢业业,不敢说已经治理已经安定。汉文帝也是古代的贤明之主,贾谊还能指出他的得失,直言劝谏。现在却只说主圣臣贤,政务治理没有欠缺遗漏,那么国家果真没有一事可说吗?大小官员,应该各自尽心职守,将国事看作家事,有什么见闻,尽管陈奏不要隐瞒。"任命马世济为贵州巡抚。

夏四月己未,圣祖谕令大学士说:"纂修《明史》的各大臣,是否曾经参阅前明的实录?如果不参阅实录,事情的真相哪里能全部了解。《明史》修纂完成的时候,应该把实录与之并存,使后世能据以考证。"丙寅,任命田雯为江苏巡抚。癸酉,停止科道的随侍值班。

五月己亥,宗人府奏称平郡王纳尔都打死无罪的属下人,折伤手脚,请求把他革去爵位圈禁。得圣旨说:"革去爵位,免予圈禁。"庚辰,圣祖下诏说:"今年仲夏,久旱多风,阴阳不调,灾害十分严重。因此减膳撤乐,斋戒独居默默祈祷。虽然降有甘霖,但还是不够。这都是我德行不足,不能感动上天的意志。现行的政令有不便于百姓的就加以改革。罪犯如果是平常的赦免令所能赦免的,一概加以赦免。"戊子,圣祖召见陈廷敬、汤斌等十二人分别考试文章。上谕说:"我闲暇时与熊赐履谈论经史,有疑难必问。继而听张英、陈廷敬先后进一步讲解,大有收益。德格勒常常喜欢评论时人的学问,我心里不以为然,所以现在召试,结果就很清楚了。"壬辰,圣祖撰写周公、孔子、孟子庙的碑文,亲自书写刻石立碑。

六月丁酉,圣祖身穿素服步行,到天坛祈雨。这天夜里,降雨。辛丑,改在混同江祭礼北海。授杨素蕴为安抚巡抚。

秋七月戊子,鄂罗斯派遣使臣来讲和,命令萨布素退兵。丙午,户部请求裁减京官的公费银两数目。奉圣旨不予裁减。

八月己酉,圣祖出巡塞外。癸丑,到博洛和屯行围打猎。甲戌,赏赐外藩银币。

九月己卯,圣祖返回京师。辛巳,于成龙进献一茎多穗显示祥瑞的禾稻。圣祖说:"今年夏季干旱,幸亏降有雨水,算不上祥瑞。"壬午,任命李之芳为大学士。乙未,调用汤斌为工部尚书。起用徐元文为左都御史。

冬十月癸丑,圣祖巡幸京郊地区。甲子,圣祖回京住在畅春园。

十一月甲申,任命李正宗为汉军都统。丙申,太皇太后有病。圣祖到慈宁宫侍奉治病。

十二月乙巳朔,圣祖因为太皇太后有病,亲自撰写祝文,步行到天坛祈祷。癸亥,任命王永誉为汉军都统。乙丑,湖广巡抚张汧被御史陈紫芝弹劾犯有贪污罪。侍郎色楞额初审不实。至此,命令于成龙、马齐、开音布疾驰前往提拿,追究责任拟罪论死,陈紫芝被提升。己巳,太皇太后驾崩。圣祖痛哭顿足亲视太皇太后入殓,割断辫子穿上丧服,在慈宁宫旁搭帐居住守灵。甲戌除夕,群臣请圣祖回宫。圣祖没有同意。

这一年,因灾免征直隶、山东、山西、江西等省四州县的赋税数量不等。朝鲜派使者入贡。

二十七年戊辰春正月戊子,圣祖住在乾清门外左幕次。己未脱掉孝服,丁酉临朝听政。

二月壬子,大学士勒德洪、明珠、余国柱有罪被免职,御史李之芳被罢官,这是由郭琇上奏列举了他们的罪状。尚书科尔昆、佛伦、熊一潇都被罢免。甲寅,任命梁清标、伊桑阿为大学士,李天馥为工部尚书,张玉书为兵部尚书,徐乾学为刑部尚书。制定宗室袭封世爵年例。

三月乙亥,任命马齐为左都御史。辛巳,圣祖召集朝廷大臣及董讷、靳辅、于成龙、佛伦、熊一潇等讨论治理黄河事务。第二天同第一天一样继续商讨。乙酉,色楞额审理张汧一案,因为欺骗罪被判处死刑,总督徐国相因为徇私包庇纵容,侍郎王遵训等因为滥加荐举,都被免官。乙丑,任命王新命为河道总督。辛卯,裁撤湖广总督。丁酉,讨论治理黄河各官员互相攻讦的问题。董讷、熊一潇、慕天颜、孙在丰都被削官,连同赵吉士、陈潢一并判罪。己亥,增派督捕理事官张鹏翮、兵科给事中陈世安,会同内大臣索额图与鄂罗斯议约划定国界。壬寅,赐给沈廷文等一百四十六人进士及第出身各有差异。李光地因为妄加举荐德格勒被议处。奉圣祖谕旨:"李光地以前在台湾一战中有功,仍然以学士任用。"

夏四月癸卯朔,出现日食。戊申,任命傅拉塔为江南江西总督。己酉,圣祖亲自送太皇太后的棺木到暂安奉殿安放。在这以后修造陵墓,这就是昭西陵。返回驻跸蓟州时剃发留辫。甲寅,因为厄鲁特侵扰喀尔喀,派遣使者谕告噶尔丹。戊辰,圣祖回到宫里。庚午,命侍郎成其范、徐廷玺查看黄河治事工程。

五月己卯,吏部尚书陈廷敬、刑部尚书徐乾学因病被免职。甲午,任命纪尔他布为兵部尚书。丙申,圣祖到暂安奉殿拜谒祭祀。

六月甲辰,湖广总督直属部队被裁的兵士夏逢龙作乱,盘踞武昌,巡抚柯永升投井而死,署布政使粮道叶映榴痛骂叛军被杀害。命令瓦岱佩带振武将军印信讨伐叛乱。庚申,阿喇尼奏称噶尔丹侵扰厄尔德尼招,哲卜尊丹巴、土谢图汗逃走。发兵防守边疆。戊辰,起用熊赐履为礼部尚书,徐元文为左都御史。任命翁叔元为工部尚书。

秋七月癸酉,任命辅国公化善为蒙古都统。乙酉,湖广提督徐治都在应城大败夏逢龙,在鲤鱼套烧毁了叛军的船只,叛军逃往黄岗。丙戌,圣祖出巡塞外。戊子,南阳总兵史孔华收复汉阳。庚寅,瓦岱收复黄州,俘获夏逢龙,把他大卸八块处死,叛乱平息。壬午,云南提督万正色侵吞冒领兵饷,按律被处死刑。圣祖惦念他从前陷身在叛军中坚决不屈,血战中劳绩很多,免除死罪,革去提督职衔,仍然保留世袭职位。壬辰,圣祖驻跸喀尔必哈哈达,有山峰旧名称纳哈里,高有一百几十丈,圣祖射发几支箭都飞过了峰顶,就亲自改成现在的名称。

八月癸卯,圣祖驻跸巴颜沟行围打猎。叶映榴临终前遗留的奏疏送到,追封他为工部侍郎,命令部里给予优厚抚恤。乙卯,张玉书奏称查阅治理黄河工程,大多采纳了靳辅原来的建议。

九月壬申,派遣彭春、诺敏率军驻守归化城守卫边境。这时喀尔喀部被噶尔丹击败,迁徙到了近边地区以内。派遣阿喇尼前往那里宣示圣谕,并运米安抚救济他们。辛卯,圣祖回京。癸巳,再设湖广总督,任命丁思孔担任。

冬十月癸卯,调杨素蕴任湖广巡抚。庚戌,任命辅国公绰克托为奉天将军。乙卯,朝廷为大行太皇太后上谥号为孝庄文皇后。辛酉,把灵位迁入太庙,颁诏于全国。

十一月辛卯,荆州将军噶尔汉等因为征讨叛逆时逗留不前被革职,鞭打一百,官吏中有投降叛逆接受官职的被逮捕法办,其余的被赦免。

十二月庚子,任命希福为蒙古都统。甲辰,建造福陵、昭陵圣德神功碑,圣祖自撰写碑文。圣祖谒孝庄山陵。乙巳,授尼雅翰为西安将军。己酉,调张玉书为礼部尚书;徐元文为刑部尚书,又调任户部尚书。丙寅,圣祖回到京师。兵部、工部会同上奏福建从前制造炮船经复核应该减去工料银二万余两,理应在原总督姚启圣名下追赔。圣祖念姚启圣经营平台事务很有功绩,命令不必追赔。

这一年,因灾免去江南、江西、湖广、云南、贵州等省三十三州县赋税数量不等。朝鲜、琉球来进贡。

二十八年己巳春正月庚午,圣祖下诏南巡亲自查看黄河工程。丙子,启驾南巡。诏令所经过之地,不要令百姓修理道路。献县百姓进献一茎多穗的禾稻。壬午,下诏免征山东的地丁额赋。甲申,圣祖驻跸济南。乙酉,圣祖遥望祭祀泰山。庚寅,停留在剡城,阅看中河。壬辰,停留在清河。癸巳,诏令免征江南积欠银二十余万两。乙未,圣祖驻跸扬州。下诏说:"朕观察民风询问民俗,不设仪仗队,扈从只要三百人。现在驻跸扬州,民间结彩满街,虽然出自爱敬的诚意,但多少会损耗民力财物。前面要经过的郡邑,理当全部停止这么做。"

二月辛丑,圣祖驻跸苏州。丁未,驻跸杭州。下诏扩大录取秀才的名额,赏赐军士,恢复因公被降贬官员的职务,把银两财物赐给扈从王公大臣以下的官员,把金钱赏给驻防老人。辛亥,渡过钱塘江,到达会稽山麓。壬子,祭祀大禹陵,亲自撰写祭文,文中自己称名,行三跪九叩的大礼,制颂刻石,碑额上写"地平天成"。癸丑,圣祖返回驻跸杭州。检阅官兵骑射,赏赐将军以及官兵大宴会。丁巳,圣祖停留在苏州。已故湖广粮道叶映榴之子叶敷迎驾,给他父亲请求谥号。圣祖提笔书写"忠节"两个大字赐给他。松江百姓树碑祈祷圣祖长寿,进献碑文。江南百姓吁请圣祖停跸,进献土产为御食,聚积在岸上。圣祖命令取米一撮,果一枚,同意停留一日。浙江巡抚金铉因为有罪,被革职发遣戍守。任命张鹏翮为浙江巡抚。增设武昌、荆州、常德、岳州水军。癸亥,圣祖驻跸江宁。甲子,祭祀明陵。赏给驻防江宁、京口的高年男子女白金。乙丑,圣祖检阅射箭,赐给官兵饮宴。圣祖到观星台,与学士李光地讨论星象问题,参宿在觜宿的前面,恒星随天而动,老人星应在江南出现,而不是隐见。江宁士民吁请挽留圣驾。圣祖同意停留二天。

三月戊辰朔,圣祖从江宁出发。甲戌,查看高家堰,指授治理黄河的方略。丙戌,圣祖返京。听说安亲王岳乐的丧事,先到他的宅第哭吊,然后才回宫。丁亥,命令八旗科举先考试骑射。戊子,圣祖下诏说靳辅治理黄河劳绩卓著,可以官复原职。丁酉,增设八旗火器营,由副都统统领。

闰三月壬子,赐给安亲王岳乐祭葬立碑,谥号为和。己未,圣祖谒陵。丙午,拜谒孝庄皇后陵墓,拜谒孝陵。辛酉,圣祖回京。

夏四月乙亥朔,圣祖撰写孔子赞序及颜渊、曾参、子思、孟子四圣赞序,颁布在学宫。壬辰,再命索额图等前赴尼布楚,与鄂罗斯勘定边界。喀尔喀外蒙古前来归附,报告发生饥馑。命令内大臣伯费扬古前往赈济安抚他们。命令台湾铸造钱币。

五月乙巳,任命阿兰泰、徐元文为大学士,顾八代为礼部尚书,郭琇为左都御史。壬戌,颁行《孝经衍义》一书。癸亥,命令归化城驻扎军队防守边防。

六月乙亥,任命佟宝为宁古塔将军。两广总督吴兴祚因为铸造钱币作弊不实,被

康熙南巡图之苏州繁华景象

罢官。

秋七月,任命石琳为两广总督。癸卯,册立贵妃佟氏为皇后。甲辰。皇后驾崩,谥号孝懿。

八月癸酉,圣祖巡视边外。戊寅,驻跸博罗和屯,赏给居民银米。

九月癸卯,圣祖回京。戊午,任命倭赫为蒙古都统,额驸穆赫为汉军都统。

冬十月丙寅,授命郎谈为满洲都统。辛未,增设喀尔喀两翼扎萨克,招集流亡百姓,编置旗队。癸酉,左都御史郭琇因致书本省巡抚请托私事被降官。甲戌,安葬孝懿皇后,圣祖哭泣送殡。这月,岷州生番前来归顺内附。

十一月丙申,圣祖回宫。辛酉,把孝懿皇后的灵位安放在奉先殿。

十二月乙丑,圣祖下诏免除云南二十一年至二十三年民欠租赋。丙寅,圣祖在慈宁新宫朝见皇太后。戊辰,任命张英为工部尚书。乙亥,内大臣索额图奏报已与鄂罗斯签约,划定以尼布楚为边界,在边界上立碑,以五种文字书写碑文。

这一年,因灾免除直隶、浙江、湖北等省十一州县的灾赋税数量不等。朝鲜派使节入贡。

二十九年春正月癸丑,圣祖驾临南苑。庚申,派遣官员赈济蒙古喀尔喀部。

二月甲子,命令岳乐的儿子马尔浑承袭安郡王。乙丑,派遣大臣巡视直隶灾区的流亡百姓。五城粥厂宽延施粥期限,加倍发给银米,增设施粥处所。己巳,圣祖谒孝庄山陵,谒孝陵。庚午,天降大雨。癸酉,圣祖回京。甲戌,圣祖亲临经筵听讲经义。戊子,起用陈廷敬为左都御史。

三月壬辰朔,取消长芦新增盐税。乙未,诏令修撰三朝国史。癸卯,命令都统额赫纳、护军统领马赖、前锋统领硕鼐等率军征伐厄鲁特。在这以前,噶尔丹兵侵扰喀尔喀,屡次下诏劝谕,噶尔丹不肯听从,军队逼近边塞。至此,命令额赫纳等领兵到边境抵御。辛亥,取消云南黑井加增的盐税。任命张思恭为京口将军。

夏四月丁丑,因为天旱赦免死刑以下在押囚犯。甲申,在阙里建造子思子庙。《大清会典》编纂完成。

五月辛卯朔,命令九卿保举选调京的州县官中能够胜任科、道官职的人员。

六月癸酉,大学士徐元文被免职。戊寅,噶尔丹追击喀尔喀侵入边塞。圣祖命令内大臣苏尔达赴科尔沁征召蒙古兵丁准备抵御。命令康亲王杰书、属慎郡王岳希率军驻扎归化城。

秋七月庚寅朔,任命张英为礼部尚书,董元卿为京口将军。辛卯,噶尔丹入侵乌珠穆沁。圣祖命裕亲王福全为抚远大将军,皇子胤禔为副将。出兵向古北口。恭亲王常宁为安远大将军,简亲王喇布、信郡王鄂扎为副将,出兵向喜峰口。内大臣佟国纲、索额图、明珠、彭春等都参与军事,阿密达、阿拉尼、阿南达都在军前会合。乙亥,任命陈廷敬为工部尚书,于成龙为左都御史。癸卯,圣祖亲征,由京师出发。己酉,圣祖驻跸博洛和屯,因有病回宫。

八月乙未朔,出现日食。抚远大将军裕亲王福全在乌兰布通大败噶尔丹,噶尔丹派喇嘛济隆来讲和,福全没有即刻进军。圣祖严词责备他。乙丑,圣祖返京。丙子,噶尔丹前来献上立誓保证的文书。圣祖说:"这个家伙不可轻信,整顿军队等着他。"

九月癸巳,在这以前,乌兰布通之战,内大臣公爵佟国纲战死于阵前。至此,他的棺木运回,命令皇子率领大臣去迎接。凡是阵亡的官员都赐予祭奠和抚恤各有差别。戊申,停止今年秋后处决犯人。壬子,放宽民间养马的禁令。

冬十月己未,圣祖患病稍愈,召见大学士各位大臣到乾清宫轮流奏对。乙亥,任命鄂伦岱为汉军都统。辛巳,领翰林院学士张英因失察编修杨瑄撰写佟国纲祭文失当之罪,被削革礼部尚书职,杨瑄革职戍边入旗下。

十一月己亥,任命熊赐履为礼部尚书。甲辰,达赖喇嘛奏请上圣祖尊号。圣祖没有同意,并退还了他的贡物。己酉,裕亲王福全到京听候查处。王大臣向圣祖议奏。圣祖减免他的罪过,只给予轻微处罚。将士们的功劳仍然给予奖励。

十二月丁丑,圣祖拜谒陵寝,为孝庄文皇后逝世三年致祭行礼。庚辰,回京。

这一年,因灾免征直隶、江南、浙江、甘肃等省三十二州县卫赋税数量不等。朝鲜派使节入贡。

三十年辛未春正月戊申，封阿禄科尔沁贝勒楚依为郡王，因为他与厄鲁特奋战受伤被俘，坚决不屈服而逃回。他的十二旗阵亡台吉都追封一等台吉，赐号达尔汉，子孙世代承袭。噶尔丹再次掠夺喀尔喀。任命瓦岱为定北将军，驻守张家口，郎谈为安北将军，驻守大同，川陕总督会同西安将军驻兵宁夏防守。命令在籍的勇略将军赵良栋参与军事。乙卯，任命马齐为兵部尚书。

二月丁巳朔，出现日食。乙丑，圣祖亲临经筵听讲经义。命令步军统领统率巡捕三营，兼管五城督捕。戊午，厄鲁特策旺阿闰布坦派遣使者来京，他是噶尔丹的侄子，给他的使者丰厚的赏赐，等到使者返回时，派遣郎中桑额护送他们上路。

三月戊子，《通鉴纲目》满文翻译完成，圣祖亲自撰写序文。己酉，赐给戴有祺等一百四十八人进上及第出身各有差别。

夏四月戊午，左都御史徐乾学私下致书山东巡抚钱钰，事情暴露，同被革职。丁卯，圣祖因为喀尔喀部前来归附，亲自到边外安抚。这一天，启驾出行。

五月丙戌，圣祖驻跸多罗诺尔。喀尔喀部来朝觐。以前，喀尔喀部土谢图汗听信哲卜尊丹巴的挑唆，杀害他同族托萨克图汗得克得黑墨尔根阿海，导致内乱屡次发生，被厄鲁特所利用。至此，派遣大臣查处他们的事务。土谢图汗、哲卜尊丹巴上疏请罪。圣祖赦免了他们。由于扎萨克图汗是七旗的首领，命令他的弟弟策旺扎布承袭汗号，被封亲王。丁亥，圣祖在临时搭起的帐幕中临朝，土谢图汗、哲卜尊丹巴来觐见，俯首请罪。大臣宣读赦令，他们感激涕零叩谢天恩。圣祖赐茶赐宴赐座，大规模合奏乐器，他们行三跪九叩礼退下。戊子，圣祖再次召集土谢图汗、哲卜尊丹巴、策旺扎布、车臣汗及喀尔喀诸部的济农、伟征、诺颜、阿玉锡等各大台吉三十五人赐宴。圣祖面谕说："朕想与你们熟悉，所以再次举行宴会。"赏给他们冠服。其中策旺扎布年幼，就把皇子衣帽数珠赏赐给他。因为车臣汗的叔父扎萨克济农纳穆扎尔从前劝说车臣汗率领十万人马归顺，亲自为之倡导，请照四十九旗一例办理，深属可嘉，准许他照旧为扎萨克，去掉他济农的名号，封为郡王。其余都封赐爵位各有差别。传谕喀尔喀部说："你们困难贫乏至极，互相偷盗抢夺，朕已经拯救你们并加爱惜。现在与四十九旗一体编设各处扎萨克，管辖稽察，应该各自遵守。如果再妄自行动，就要用国法处治了。"乙丑，圣祖穿甲胄骑马，一一检阅各部。下马亲自射箭。十箭九中。接着盛大地检阅满洲兵、汉军兵、古北口兵，他们列阵鸣角，鸟枪齐发，声音震撼山谷。众喀尔喀环顾四周惊叹道："真是神威啊！"科尔沁喀尔喀各蒙古王公贝勒请求上圣祖尊号。圣祖没有同意。庚寅，圣祖巡阅喀尔喀部营寨，赏给他们中穷困的人牛羊。辛卯，派遣官员前去编设喀尔喀部佐领，给他们划分游牧区。乌珠穆秦台吉车根等因为降服厄鲁特，按照实际情节轻重加以治罪。壬辰，圣祖启驾回京。癸卯，到达京师。辛亥，分会试中式的试卷为南左、南右、北左、北右、中左、中右，这是听从了御史江蘩的建议。壬子，郡臣奏请上圣祖尊号。没有同意。

六月乙卯，任命李天馥为吏部尚书，陈廷敬为刑部尚书，高尔位为工部尚书。

秋七月甲申，西安将军尼雅翰奉诏命督率兵丁把巴图尔额尔克济农迁往察哈尔，济农惧怕,途中逃跑,尼雅翰派兵追赶,没有追上,被问罪判处死刑。命令总督葛思泰继续追赶讨伐。朝鲜使者因为私自非法买《一统志》散发本国被判罪。退休大学士杜立德去世,赐予祭葬,谥号文端。

闰七月丙辰,葛思泰奏报济农的弟弟博济在晶宁湖,经总兵柯彩派兵进剿击败,生擒博济和从前囚禁的格隆等,都加以斩杀。乙亥,圣祖巡视边外。

九月辛酉,圣祖启驾返京,取道遵化,拜谒孝庄山陵,拜谒孝陵。乙丑,到京。庚午,任命公爵阿灵阿为蒙古都统。甲戌,命令侍郎博济、李光地、徐廷玺与靳辅一起视察黄河。

冬十月庚寅。谢尔素的胡人强盗杀害了参将朱震,西宁总兵官李芳述擒获强盗首领华木尔加把他杀了。癸巳,任命巴德浑为满洲都统,杭奕禄为荆州将军。丁未,甘肃提督孙思克讨伐阿奇罗卜藏杀了他。在此以前,出使厄鲁特的侍读学士达虎返回达嘉峪关,被阿奇罗卜藏杀害,圣祖命令孙思克讨伐他。至此,捷报上奏。

十一月丁巳,任命索诺和、李振裕为工部尚书,伊勒慎为满洲都统。己未,圣祖下诏说:"朕崇尚以德教化,免除繁杂苛刻的政令,大小诸臣,都蒙受恩礼。即使因事罢退,也仍然加以保全回归乡里。近来大臣为私怨互相争夺,纠结不已,颇有党同伐异的习气,难道要酿成明末门户之争的祸患吗?彼此间应该捐弃私怨,同心同德效忠国家。如果有所依仗而始终不改,朕必定要追查到底。"这时徐元文、徐乾学、王鸿绪已被罢官,而傅腊塔等挑剔揭发一些琐琐碎碎的隐私,想牵连制造大案,所以特意下诏令饬诫。甲戌,圣祖下诏说:"钦天监奏称来年正月朔日食。天象发出警告,朕十分恐惧。罢免元旦的筵宴各种礼仪。大臣们应当诚心诚意供职,以帮助我修身反省。"

十二月甲申,圣祖下诏说:"朕治理天下,唯以爱惜百姓,使他们能安居乐业为念。连年地丁额赋,屡经蠲免,而每年的漕米,还在不断运送,使朕时刻铭记在心。除河南已经蠲免外,湖广、江苏、浙江、安徽、山东的漕米,依次各免一年,用以减轻民力负担。"丁亥,迁移旗庄壮丁到古北口外达尔河开垦田地。派遣侍郎阿山、德珠等前赴陕西监督赈济。壬辰,谕令总督、巡抚、提督、总兵保举武职能够任用以及曾经立功的,属于内八旗的旗员,命令都统等保举。

这一年,因灾免征直隶、江南、江西、河南、山东、陕西、湖广、云南等省一百八十八州县的赋税数量不等。朝鲜、安南、琉球派使节入贡。

三十一年壬申春正月辛亥朔,出现日食,免去朝贺礼。甲寅,圣祖驾临乾清门,出示《太极图》《五音八声八风图》,就说:"《律吕新书》直径为一圆周为三的计算方法,使用不合实际。直径一尺围当三尺一寸四分一厘,到一百丈,所差有十四丈多。难道可以使用吗?唯有乐律隔八相生之说,经过试验都能符合。"又研究河道闸口流水,昼夜多少,可以用数字计算,又出示测日晷表,图画所示正午太阳影子所到处,验试不差,各位大臣都信服了。庚午,圣祖驾临南苑行围打猎。

二月辛巳,任命靳辅为河道总督。乙酉,因为陕西发生旱灾,调发山西库银、襄阳米石赈济。丁亥,圣祖巡视京郊地区。辛卯,陕西巡抚萨弼因赈济灾民不实被革职。戊戌,圣祖回京。己亥,圣祖亲临经筵听讲经义。乙巳,授马齐为户部尚书。

三月丙辰,派遣内大臣阿尔迪、理藩院尚书班迪赴边外设立蒙古驿站。乙丑,命令府丞徐廷玺协办治理黄河工程。给甘肃提督孙思克加太子少保衔,赐予世职。退休大学士冯溥去世,赐给祭葬,谥号文敏。任命阿席坦为满洲都统,设置云南永北镇。

夏四月庚辰朔,任命希福为满洲都统,护巴为蒙古都统。己丑,发放库银一百万两赈济陕西,尚书王骘、沙穆哈前往视察增加的赈济银两使用的情况。戊戌,圣祖驾临瀛台,召集近臣观看稻田和种竹。河道总督靳辅请求在新庄、仲家浅各建一个水闸,命令工部议奏施行。

五月庚寅,圣祖谕令户部,山西平阳粮食丰收,可以派官购买粮食备荒。命令王维珍督办此事。癸卯,划定喀尔喀部为三路,土谢图为北路,车臣为东路,扎萨克图为西路,所属各部按它们统辖的区域划为左右翼。

六月庚辰,任命宋荦为江宁巡抚。乙未,蒙古科尔沁进献锡伯、卦尔察、打虎尔一万余户,赐给银两作为酬报。

秋七月乙亥,圣祖巡视塞外。

八月己丑,任命翁叔元为刑部尚书,博济为西安将军,李林隆为固原提督,李芳述为贵州提督。

九月戊申,噶尔丹部属的人拘捕我使臣马迪杀害了他。庚戌,圣祖返回抵达汤泉。己未,到京。丁卯,圣祖亲临经筵听讲。壬申,圣祖在玉泉山检阅军队。

冬十月己卯,圣祖下诏说:“陕西连年发生灾荒,再加上疾病瘟疫,虽经多方赈济,仍然没能使损耗的元气恢复。明年所有的地丁税粮,全部予以免除。从前欠交的赋税,也一概给予豁免。用以表示朕爱惜百姓的诚意。”庚辰,任命李天馥为大学士。壬午,圣祖谒陵。对陕西施行特赦,不是十恶罪和军前获罪的,都免死罪减一等。任命佛伦为川陕总督,宗室董额为满洲都统。庚寅,圣祖回京。癸巳,任命熊赐履为吏部尚书,张英为礼部尚书。庚子,停罢各省进献鲜茶和赍送表笺。

十一月庚戌,任命阿灵阿为满洲都统。甲寅,命令熊赐履勘察淮、扬地区河边的干涸田亩。丙寅,加封孙思克为振武将军。任命觉罗席特库为蒙古都统。

十二月壬午,河道总督靳辅去世,赐予祭葬,谥号文襄。任命于成龙为河道总督,董讷为左都御史。壬辰,任命郎化麟为汉军都统。辛丑,因为西安发生饥荒,运襄阳米平价出售。加封希福为建威将军,迁移到右卫驻守。召科尔沁蒙古王沙津来京,面授机宜,让他去诱骗噶尔丹。

这一年,因灾免征陕西、江南、四川等省十三州县赋税数量不等。朝鲜派使节入贡。

三十二年癸酉春正月甲子,诏令永远停止朝鲜每年进贡黄金和木棉。

二月乙亥朔,发放库藏银两,招集商贩运米到西安稳定市价。丙子,派遣内大臣坡尔盆等前往归化城督办三路屯田。诏令修筑南河周桥堤坝工程,过去靳辅与陈潢所经营规划的,至此被视察黄河的大臣绘图进呈圣祖,特别诏令修筑。策旺阿拉布坦派遣使者来进贡,报告使臣马迪被害及噶尔丹的秘密事情,赏给使者彩缎。癸未,圣祖亲临经筵听讲。改设宣府六厅十卫为一府八县。戊子,任命郎谈为昭武将军,偕同阿南达、硕鼐率军队赴宁夏,将军博济、孙思克参赞军事。庚寅,圣祖巡视京郊地区,巡视霸州苑家口堤工,谕令巡抚郭世隆修理。庚子,圣祖回京。贵州巡抚卫既齐奏报剿办土司失实,被革职发配黑龙江。

三月丙午,派遣皇子胤禔祭奠华山。丁未,迁移饶州府官署到景德镇。乙卯,设置广东运司、潮州运同。庚午,圣祖下诏说赵良栋是旧臣,可以暂时兼任宁夏总兵。

夏四月丙戌,喀尔喀部台吉车凌扎布从鄂罗斯前来归顺,赏给他袍服,赐令在克鲁伦地区游牧。癸巳,命令查验各省解送的物料共九十九项,减去四十项免予解送。丁酉,任命心裕为蒙古都统。

五月庚戌,任命内大臣伯费扬古为安北将军,驻守归化城。

六月乙亥,增加八旗乡试、会试录取的名额。

八月甲戌,免征广西、四川、贵州、云南四省下一年地丁税粮。癸未,圣祖巡视塞外行围打猎。蒙古科尔沁各部到行宫朝觐,赏给他们冠服银两财物。

九月丁未,修缮盛京城。丙寅,琉球派使节前来进贡,圣祖下令把琉球派作人质的儿子遣送回国。丁卯,圣祖回京。

冬十月壬申,圣祖下诏说:"给事中彭鹏上奏弹劾顺天府考官,请朕亲自审讯,这样就表示大臣都不可信了。治理天下应当尊崇大体,如果每件事朕都亲自过问,那么国家事务怎么能料理完呢?"壬辰,圣祖在玉泉山检阅军队。丁酉,鄂罗斯察汉汗来进贡。圣祖谕令大学士说:"外藩来朝贡,固然属于盛事,但是传到后世,未必不会因此而生事。只要中国安宁,就不会发生外患,所以应当把培养元气作为根本。"

十一月辛丑,圣祖侍奉皇太后拜谒孝庄山陵、孝陵。庚申,回宫。甲子,下诏免征顺天、河间、保定、永平四府下一年的税粮。

十二月辛未,授宗室公爵杨岱为蒙古都统。丁亥,圣祖到南苑行围打猎。诏谕说:"满洲官兵近来不如从前精锐,所以每年我亲自操练检阅,有时再加上行围射猎。现在见到士卒行列整齐,进退娴熟,赏给这些军士一个月钱粮,该管官员赏给缎匹,以激励士气。"丁酉,在太庙举行祫祭。

这一年,因灾免征直隶、江南、江西、浙江、山西、湖广等省六十九州县赋税数量不等。朝鲜、琉球派使者入贡。

三十三年甲戌春正月乙卯,盛京歉收,命令马齐火速前往,用粮仓中贮藏谷米支给兵丁,海运山东粮仓中贮藏的谷米接济百姓。丙辰,召见河道总督于成龙,问:"你从前说减水坝不宜开闸放水,靳辅浪费钱粮,现在究竟怎么样?"于成龙回答:"臣原先的确是胡说。现在所办都是按照靳辅的办法。"圣祖说:"然而你所说的不对,靳辅所办的正确,为什么不明白陈奏,还留着等待排挤陷害吗?"于是面谕大学士说:"于成龙从前奏称靳辅没有在河堤种植柳树,我南巡时,指着河岸的柳树问他,他无辞对答。又奏称靳辅放水淹没民田,我又到放水的地方观看,绝对不至于淹害麦田,而王騭、董讷等也附和成龙的说法。"发交部里议处,奏请把于成龙革职枷号惩治。圣祖说:"他经办的工程没有完毕,应当革職留任。"王骘告老还乡,董讷被革职。

二月辛未,圣祖亲临经筵听讲经义。癸酉,大学士请求间隔三四日才临朝听政一次。圣祖说:"昨天谕令六十岁以上大臣隔一天奏事,这是优礼老臣。像朕自己怎敢安逸闲暇,还是每天听政如同往常。"丁丑,授诺穆图为汉军都统。庚辰,圣祖巡视京郊地区。敕令修筑通州至西沽两岸的河堤工程。

三月辛丑,圣祖回京。礼部尚书沙穆哈因为议定皇太子祭祀奉先殿仪注不恭敬被免官。辛西,赐给胡任舆等一百六十八人进士及第出身各有差别。任命范承勋为左都御史。

夏四月庚午,理藩院奏称编户审定外藩蒙古四十九旗人丁二十二万六千七百有余。辛巳,授命查木扬为杭州将军。

五月戊寅,步军统领凯音布奏称天坛新修的道路上,禁止行人来往。圣祖说:"修路就是为了百姓。如果不许行走,修它有什么益处。以后如果被毁坏,命令步兵随时修治。"顺天学政李光地母亲去世,命令他在京居丧。甲辰,命令翰林院、詹事府、国子监每日轮派四个人员到南书房值班。辛亥,任命纪尔他布为满洲都统,噶尔玛为蒙古都统。甲寅,诏令修纂《类函》。丁巳,圣祖巡视京郊地区,视察河堤,谕令扈从卫士鱼贯而行,不要践踏田里的禾苗。戊午,圣祖视察龙潭口。已未,视察化家口、黄须口、八百户口、王家甫口、筐儿港口、白驹场口、薄弱的地方,都命令增修。庚申,视察桃花口、永安口、李家口、信艾口、柳滩口等处新筑的河堤。圣祖说:"查看新筑河堤十分坚固,百姓可以几年免遭水灾了。"壬戌,圣祖回京。

闰五月庚午,圣祖在丰泽园考核翰林院出身的官员。

六月辛丑,加封湖广提督徐治都为镇平将军。丙辰,任命范承勋为江南江西总督。

秋七月丁卯,任命蒋弘道为左都御史,转授王士禛为户部左侍郎,王掞为户部右侍郎。巴图尔额尔济农奏报已经投降的祁齐克逃跑了,派遣兵丁追赶把他们杀死。丁亥,圣祖寻求工于文学的臣下。大学士举荐徐乾学、王鸿绪、高士奇和韩菼、唐孙华对答。圣祖说:"韩菼不是流放降职之人,理当以原官召补。徐乾学、王鸿绪、高士奇可以起用修书。并召徐秉义前来。"过些时候考试发现唐孙华诗好,任为礼部主事、翰林院行走。已丑,江南江西总督傅拉塔去世,追赠太子太保,赐给祭葬,谥号清端。庚寅,圣祖巡视塞外。

八月己未,圣祖驻跸拜巴哈昂阿。喀尔喀部哲布尊丹巴来朝见,赏给他冠服。

九月己巳,增加八旗入学的学生名额。己卯,圣祖回京。壬午,任命石文炳为汉军都统,王继文为云南贵州总督。

冬十月丙申,任命吴赫为四川陕西总督。乙巳,任命金世荣为福州将军。

十一月丁卯,温僖贵妃钮祜禄氏去世。癸酉,任命张旺为江南提督。戊寅,起用陈廷敬为户部尚书。

十二月庚戌,任命觉罗席特库为满洲都统,杜思噶尔为蒙古都统。

这一年,因灾免征直隶、山东等省十二州县赋税数量不等。朝鲜派使臣入贡。

三十四年乙亥春正月丁亥,任命护巴为满洲都统。

二月己亥,任命郭世隆为浙江福建总督。丁巳,太和殿工程完竣。退休大学士李之芳去世,赐予祭葬,谥号文襄。

三月丙戌,授石文英为汉军都统。

夏四月丁酉,平阳府发生地震。甲辰,派遣使者册立班禅胡土克图。己酉,追叙赵良栋平定四川、云南的功绩,授给一等子世职。对他的部将提升和赏赐各有差别。己未,任命李辉祖为河南巡抚。

五月壬寅朔,派遣尚书马齐察看赈济遭受地震的灾民。巡抚噶世图因玩忽救灾被免职。辛未,命令在京八旗分地各造屋二千间供兵士居住。壬申,圣祖巡视京郊地区,视察新筑河堤及海口水运道路,建造海神庙。戊子,圣祖回京。

六月丁酉,册封皇太子胤礽之妃石氏。庚子,因为多日连绵阴雨,诏令朝廷臣工陈奏政务得失,礼部祈祷天晴。庚申,漕运总督王梁参奏卫千总杨奉的漕船装带货物。圣祖诏谕说:"商人装带货物,对漕运有什么妨碍。王梁竟然将货物搜出弃置运河两岸,所作所为十分残暴,立即解除职务。"

秋七月乙丑,任命觉罗舒恕为宁夏将军,鄂罗顺为江宁将军。赵良栋禀告要到江南求医治疗,圣祖命令给他南巡时的旧船使用。

八月壬辰,圣祖巡幸塞外。辛丑,博济奏报噶尔丹所属的回民五百人闯入三岔河汛界,肃州总兵官潘育龙把他们全部俘获,拘禁在肃州。丙午,圣祖停留在克勒和洛。命令宗室公爵苏努、都统阿席坦、护巴领兵防备噶尔丹。己酉,圣祖停留在克勒乌理雅苏台。调任董安国为河道总督,桑额为漕运总督。

九月辛巳,圣祖回京。癸未,诏令顺天、保定、河间、永平四府因为涝灾伤害庄稼,免征第二年地丁钱粮,并运米四万石前往平价售卖。

冬十月丁未,命令内大臣索额图、明珠视察噶尔丹部。

十一月己未朔,出现日食。壬戌,命令军队分三路防备噶尔丹,带上八十天粮食,所需驼马米粮,责令侍郎陈汝器、前任左都御史于成龙分别督办。丙寅。停止今年秋季处决犯人。庚午,再授李天馥为大学士。庚辰,圣祖在南苑检阅军队。戊子,任命安北将军伯费扬古来为抚远大将军。派遣大臣到蒙古征召军队,颁布军队出征日期。

十二月己亥,命令将军博济、孙思克率师出兵镇彝。乙巳,平阳发生地震,命令免除本年应纳粮额,并免征山西、陕西、江南、浙江、江西、湖广、广东、福建等省积欠赋税,赦免犯斩刑以下犯人,政令中有对于百姓不方便的,责令总督、巡抚奏闻。授齐世为满洲都统。

这一年,因灾免征直隶、山西、江西、福建、广东等省十二州县赋税数量不等。朝鲜、琉球派使节入贡。

三十五年丙子春正月甲午,圣祖下诏亲征噶尔丹。赏给随征大臣军校饮宴。甲申,命令公爵彭春参赞西路军务。

二月丁亥朔,圣祖谒陵。辛卯,圣祖回京。壬辰,任命硕鼐为蒙古都统。癸丑,告祭天地、祖宗和社稷之神。甲寅，命令皇太子胤祁留守京师。丙辰，圣祖亲自统率六军出征。

三月戊辰，圣祖出行宫观看骑射。辛未，停留在滚诺，天降大雪，圣祖露天站立，等待军士结营扎寨完毕，才进入帐篷。军中做完了饭，圣祖才进膳。将自己帐篷中的粮食柴草留给后来到达的人。庚辰，赐已故巡抚王维珍祭葬，谥号敏悫。

夏四月辛卯，圣祖停留在格德尔库。壬辰，圣祖驻跸在塔尔奇拉。诏谕说："现在已经抵达边界，从明天开始，都排列连环营寨。"前哨报告噶尔丹在克鲁伦地方，命令蒙古兵率先进据河流沿岸。

五月丙辰朔，圣祖驻跸在拖陵布拉克。辛酉，抵达枯库车尔。壬戌，侦察得知噶尔丹所在的地方，圣祖率领前锋出发，各军摆开两翼推进。到燕图库列尔图安营扎寨。这地方一向缺乏水源，可在这时候山泉水涌出，圣祖亲自去观看。癸亥，停留在克鲁伦河。圣祖对周围大臣说："噶尔丹不懂得据河对抗，这就不能抵御大军了。"前哨中书阿必达探报噶尔丹不相信官军突然到来，他登上孟纳尔山，望见黄色的账篷布在城中，大兵云集，漫无边际，大惊说："怎么来得这么容易！"丢弃庐帐连夜逃跑。查验他们的马粪，好像逃走两天了。圣祖率领轻骑兵追击。沿途抛弃的杂物、驼马、妇女小孩很多。圣祖对身边的科尔沁王沙律说："他为什么仓皇失措到这样？"水律回答："为了逃命而已。"喀尔喀王纳木扎尔说："我们当时被他们驱赶逃难，就是这样。"圣祖上书皇太后，详细陈述军情，并约定回京日期。追到拖纳阿林而返回，圣祖命令内大臣马思喀继续追击。戊辰，圣祖班师凯旋。这天早晨，天空有五色云彩出现。癸酉，到达中拖陵。抚远大将军伯费扬古在昭莫多大败噶尔丹，斩首级三千，阵前斩杀他妻子阿奴。噶尔丹仅仅带着几个人骑马逃走。癸未，圣祖驻在察罕诺尔。召见蒙古各王，奖赏他们修道凿井放牧的劳绩，赐给他们的部下白金。

六月癸巳，圣祖回到京师。这一战役，中路由圣祖亲自统率，迫使噶尔丹逃跑，西路费扬古大败噶尔丹，只有东路萨布素因为道远后到没有建功。甲午，论功行赏，喀尔喀郡王善巴因为把所有马匹资助军队，晋封为亲王。贝子盆楚克侦察敌情有功，封为郡王。各位大臣行庆贺礼。乙未，赏赐察哈尔护军每月饷银加一两，喀尔喀人每月六两，连续给三年。诏命停止本年的秋审。壬子，任命吴琠为左都御史，调张旺为福建水师提督，张云翼为江南提督。

秋七月戊午，因为平定漠北在太学刻石立碑。任命李辉祖为湖广总督。癸亥，增加各省乡试的名额。戊辰，改授吴英为福建陆路提督，岳升龙为四川提督。

八月丁酉，索诺和因为办理军需供应不上被免职，任命凯音布为兵部尚书。

九月甲寅朔，回回国王阿卜都里什克奏称："臣下仰仗圣上威德，得以出来投降。圣上让臣下回国叶尔钦，请求您敕令策旺阿拉布坦不要加害施暴。"乙卯，赐给厄鲁特来投顺的人官职衣服粮食。壬申，圣祖巡视塞外。丙子，停留在沙城。圣祖下诏说："几年来宣化府所属牧养军马，调拨数目很大，使民力困乏已极，全部免除下一年额赋。"丁丑，副都统祖良璧在翁金地方大败噶尔丹部的丹济拉。

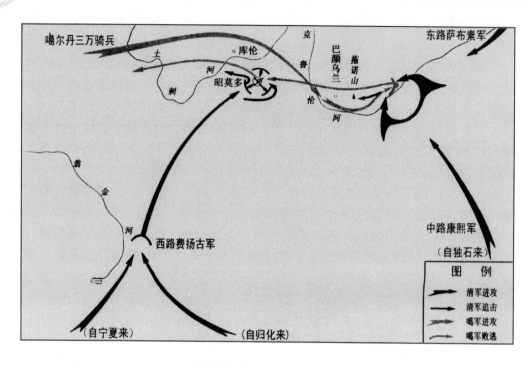

昭莫多之战作战经过示意图

冬十月甲申朔,派遣官员携带衣裘牛羊,赏赐西路的军士。丁亥,圣祖停留在昭哈。赏给右卫、大同阵亡的军士家属白金。庚寅,大将军费扬古进献俘虏。赐银给他们赎出俘虏,命令他们返回与家人团聚。戊申,圣祖亲自视察右卫军士,赐给食物。传谕说:"昭莫多之战,你们缺粮步行前进而能抵御敌军,所以特别赏给食物。全部免除你们所借的库银。对伤病员,另外颁给赏赐。"众军士叩头欢呼谢恩。庚戌,圣祖驻跸丽苏。给皇太后上书,谢恩赐裘服。

十一月戊寅,噶尔丹派使臣来请降,他的使臣格垒沽英到达,这是要暗中试探圣祖的意图。圣祖告诉他说:"宽限你们七十天,超过这个期限就进兵。"庚辰,圣祖启驾返京。

十二月壬寅,圣祖到京。任命宗室费扬固为右卫将军,祁布为满洲都统,雷继尊为汉军都统。庚戌,圣祖下诏说:"陕、甘沿边的州县卫所,地处大军往来的要道,调拨供给繁多,民间百姓劳苦,下一年的地丁银米全部予以蠲免。"

这一年,因灾免征江南、江西等省三十二州县赋税数量不等。朝鲜派使者入贡。

三十六年丁丑春正月丙辰,圣祖到南苑行围打猎。戊辰,哈密回部擒获噶尔丹之子塞卜腾巴尔珠尔来进献。己巳,派官员看望问候勇略将军赵良栋,赐给人参鹿尾。甲戌,圣祖诏谕说:"我阅读明史,整个朝代并没有女后干政、臣下欺侮君主的事情,我朝的典章事例,沿袭明朝的很多。朕不像前人总是指责前朝。现在修撰《明史》,把此诏谕增入敕书。"

二月丁亥,圣祖亲征噶尔丹,启驾。这一天,停留在昌平。阿必达奏称哈密地方擒获蝗厄鲁特人士克齐哈什哈,就是杀害使臣马迪的首犯。命令把他诛杀。他的子女发付给马迪家为奴。戊戌，圣祖驻跸大同。丁未，停留在李家沟。戊申，诏免军队所经过的岢岚、保德、河曲等州县今年的额赋。这一天，圣祖停留在辇鄠村，山泉喷涌，人马浸湿腿脚。庚戌，派遣官员致祭黄河之神。

三月丙辰，圣祖驻跸屈野河。厄鲁特人多尔济、达拉什等先后来投降。赐给哈密回王金子财物冠服。丁巳，赵良栋去世，圣祖获悉，叹息哀悼了很久，对近臣说："赵良栋是个男子汉。"辛酉，圣祖停留在榆林。戊辰，停留在安边城。宁夏总兵王化行请圣祖到花马池打猎。圣祖说："比起休养马力将噶尔丹作猎物怎么样呢?"辛未，到达花马池。丙子，圣祖从横城渡过黄河。派遣皇长子胤褆赐奠赵良栋和前任提督陈福。丁丑，圣祖驻跸宁夏。抚恤昭莫多、翁金之战阵亡的兵士。己卯，祭祀贺兰山。庚辰，圣祖检阅军队。命令侍卫将御用食物平均赏给战士。

闰三月辛巳朔，出现日食。庚寅，康亲王杰书去世。宁夏百姓听说圣祖将要启驾，恳留再驻跸几天。圣祖说："边地土质贫瘠不富庶，多留一天，就多一天的骚扰。你们的诚意，我已经知道了。"

夏四月辛亥，圣祖停留在狼居胥山。甲寅，启驾返京。庚申，命令各省选拔文章品行兼优的秀才为拔贡生，送国子监读书。甲子，费扬古奏报，闰三月十三日噶尔丹服毒死去，他的女儿钟齐海率领三百户来投降。圣祖率领百官行拜天礼。命令各路大军班师。这天天降大雨。厄鲁特投降的人奏请庆贺。圣祖制止不准。在此以前，圣祖为勘探视察宁夏黄河，从横城乘船行进，至湖滩河北，登陆步行，率领侍卫行猎，以捕鱼射水鸭为食粮，到包头镇与车骑会合。

五月乙未，圣祖回到京师。丁酉，授傅拉塔为刑部尚书，席尔达为左都御史，翁叔元被罢免，任命吴琠为刑部尚书，张鹏翮为左都御史。癸卯，礼部奏清上圣祖尊号。圣祖没有同意。

六月甲寅，礼部奏请在军队所经过的名山磨崖刻石纪功。圣祖批准了。赐给已故勇略将军一等子赵良栋祭葬，谥号襄忠。

秋七月癸未，群臣奏请给皇太后上徽号，连请三次，圣祖没有同意。乙未，因为平定朔漠，派遣官员祭告郊庙、陵寝、先师。赐给李蟠等一百五十人进士及第出身各有差别。晋封大将军伯费扬古一等公，参赞以下官员分别授给世职。辛丑，免除旗兵所借贷的国库银两。乙巳，遣官去赏赐外藩四十九旗蒙古兵丁。丁未，圣祖巡视塞外。

八月乙亥，圣祖驻跸巴图舍里，赏赐蒙古王、公、台吉银两财物。

九月癸未，厄鲁特丹济拉来归顺。圣祖单独在毡帐内召见他。丹济拉出来后对人说："我是罪人，圣上却不怀疑，真是神人。"甲午，圣祖亲临经筵听讲经义。慙已，振平将军、湖广提督徐治都死，追赠太子少保赐予祭葬，谥号襄毅。赈济黑龙江遭受水灾居民。任命席尔达为兵部尚书，哈雅尔为左都御史。

冬十月己巳，开始命令宗室参加乡试、会试。壬戌，圣祖下诏说："连年军队出征往来，都经过山西地方，有送往迎来的劳苦。免征山西下一年额赋。"讨论奖励随从出征镇国公苏努的功绩，晋封他为贝子，庚午，圣祖谒陵。甲戌，内监刘进朝因为讹诈他人被处死刑。

十一月辛巳,圣祖回京。丙戌,和硕恪靖公主下嫁喀尔喀郡王敦多布多尔济。戊戌,朝鲜请求卖给粮食,圣祖命令运米三万石前往赈济。甲辰,诏令各省报灾立即查实奏闻。

十二月丁卯,改任宗室董额为满洲都统。乙亥,在太庙举行祫祭。

这一年,因灾免征直隶、江南、安徽、江西等省五十九州县灾赋税数量不等。朝鲜、琉球、安南派使节入贡。

三十七年戊寅春正月庚寅,策旺阿拉布坦上奏陈说第巴隐匿达赖喇嘛圆寂之事,排斥班禅而自尊自大,恳请圣上明鉴。圣祖答复他说:"朕曾经敕谕责令第巴具奏认罪,如果始终坚持错误不肯悔改,朕是不会轻易饶恕的。"并派遣侍读学士伊道等携带敕书前往。癸卯,圣祖巡视五台山。甲辰,停留在涿州。命令皇长子胤褆、大学士伊桑阿祭祀金太祖、金世宗的陵墓。

二月辛亥,圣祖下诏免征山西省三十六年所欠的赋税。癸丑,圣祖驻跸菩萨顶。乙丑,派遣官员去赈济山东。戊辰,圣祖回到京师。

三月丙子朔,圣祖临经筵听讲经义。丁丑,封皇长子胤褆为直郡王,皇三子胤祉为诚郡王,皇四子胤禛、皇五子胤祺、皇七子胤祐、皇八子胤禩都为贝勒。戊子,禁止酿造烧酒。辛卯,直隶巡抚于成龙奏称偕同西洋人安多等踏勘浑河,帮助修控疏通,绘图进呈。奉旨说:"于六月内完工。"

夏四月癸亥,减免广东海关的税额。己巳,圣祖下诏说温郡王延寿行为不端,降为贝勒,削去贝子袁端的爵位。壬申,让贝子苏努管理盛京将军事务。癸酉,圣祖视察漕运河道。

五月甲戌,武清县百姓请求修筑外堤。圣祖说:"修筑外堤恐怕损坏民田。"百姓说:"河水决口遭受的灾害,远远超过筑堤损坏田地。"圣祖说:"雨水将要下降,暂时立木桩保护堤坝,另开一条小河泄水,等到明春雨水前为你们修成外堤。"癸未,圣祖回到京师。壬寅,裁撤上林苑。任命李林盛为陕西提督,张旺为广西提督。这一月,策旺阿拉布坦上书陈述与哈萨克交战以及把丹济鄂木布拘禁的各事情由。命把这件事通知议政大臣。

六月辛亥,调吴英为福建水师提督。丁巳,改设四川梁万营为化林营,设置参将以下各官。己未,云南巡抚石文晟奏称三藩的部属奉旨免予缉拿的,准令他们垦田应试。圣祖同意了。

秋七月癸酉朔,张玉书为母亲守孝,任命吴琠为大学士,王士禛为左都御史。辛卯,命令吏部引见的单月双月在京候选的同知、通判、知州、知县各官。癸巳,霸州新河竣工,赐名为永定河,建造河神庙。己亥,任命卢崇耀为广州将军,殷化行为广东提督。庚子,任命苏尔发为满洲都统。辛丑,圣祖侍奉皇太后东巡,取道塞外。

八月癸丑,圣祖侍奉皇太后驾临喀拉沁端静公主宅第,赏给她和额驸噶尔臧金子财物。甲子,皇太后在发库山遥祭父母。己巳,赐给端敏公主及其额驸达尔汉亲王班第金子财物。湖南山贼黄明进犯靖州,陈丹书进犯茶陵州,被官兵讨伐平息。

九月壬申,圣祖到达克尔苏,亲临科尔沁已故亲王满珠习礼墓前祭酒,他是孝庄皇后的父亲。癸巳，圣祖驻跸扎星阿。赏给黑龙江将军萨布素等金子财物冠服。庚子，停止盛京、乌拉本年处决因犯。

冬十月癸卯，圣祖行围射猎，射杀二虎，其中一虎隔涧射中，箭穿透了它的胁下。丁未，圣祖行围，枪杀二熊。这一天，驻跸辉发。己酉，裁撤云南永宁府，设置永北府。癸巳，圣祖驻跸兴京。甲寅，圣祖谒永陵。派遣官员赐奠武功郡王礼敦的坟墓。改革贵州水西土司，设置大定、平远、黔西三个流官。丁巳，圣祖拜谒福陵、昭陵，亲临祭奠武勋王扬古利、直义公费英东、弘毅公额亦都的坟墓。免征奉天本年米豆。壬戌，圣祖侍奉皇太后启驾返京。

十一月癸未，圣祖侍奉皇太后返宫。丙戌，圣祖下诏说："朕巡视所经过的敖汉、奈曼、阿禄科尔沁、扎鲁特各蒙古部落的水草很好，而他们的生计窘迫，这是因为牲畜被盗，不敢夜间放牧的缘故。朕立即派遣郎中李学圣等前去照料办理，盗窃事件就逐渐不再发生了。其他地方的蒙古部落也应照此差遣办理。旗员有自愿前往蒙古教导的，批准他前往。人命和盗窃案件，由他全权处理。"庚寅，任命张鹏翮为江南江西总督。

十二月辛丑朔，命令徐廷玺协理黄河事务，责成尚书马齐、侍郎哈成龙、常绶视察黄河工程。庚戌，圣祖诏谕宗人府说："闲散的宗室人员，办事干练、能力强，精于骑射的，和生活贫穷无着的，都查核实情奏闻。"诏令官民妻女因事受牵连，不要拘留审讯，并记在案成为法令。改四川东川土司为东川府，设知府以下官员。戊午，诏令八旗察访孝子节妇。己未，任命巴锡为云南贵州总督，马自德为京口将军。己巳，在太庙举行袷祭。

这一年，因灾免征直隶、江南、福建、浙江、湖广等省三十五州县的赋税数量不等。朝鲜派使者入贡。

三十八年己卯春正月辛卯，圣祖下诏说："我将要南巡视察黄河工程，一切供给需用，由京师备办。预先饬令官吏，不要打扰民间。"

二月壬寅，詹事尹泰因为不称职被免职。癸卯，圣祖侍奉皇太后启驾南巡。戊申，因为天津总兵潘育龙训练兵丁有方，圣祖赏赐他自己服用的貂皮裘衣。

三月庚午，圣祖停留在清口，侍奉皇太后渡过黄河。辛未，圣祖乘坐小船，亲临查看高家堰、归仁堤、烂泥浅等工程。截住漕粮十万石，发往高邮、宝应等十二州县平价售卖。壬申。圣祖视察黄河河堤工程。丙子，圣祖车驾驻跸扬州。谕令随从兵士不要践踏麦苗。壬午，诏令免征山东、河南拖欠的赋税，特别赦免死罪以下犯人。癸未，圣祖车驾停留在苏州。辛卯，驻跸杭州。丙申，圣祖大阅兵丁操练射击。戊戌，圣祖侍奉皇太后启驾返京。

夏四月庚子朔，归途中停留在苏州。诏令免去盐课、关税加增的银两，特令增加江南、浙江二省的秀才的录取名额。乙巳，授丹岱为杭州将军。己酉，圣祖停留在江宁。圣祖检阅军队。庚申，停留在扬州。辛酉，任命彭鹏为广西巡抚。丙寅，渡过黄河，圣祖乘坐小船察看用埽料新筑河堤。

五月辛未，圣祖到达仲家闸，御书"圣门之哲"匾额，悬挂在先贤子路的祠堂。乙酉，圣祖侍奉皇太后回宫。丁亥，任命马尔汉为左都御史，王鸿绪为工部尚书。

康熙南巡图卷之校场阅兵

六月戊戌朔,起用郭琇为湖广总督,任命镇国公英奇为蒙古都统。

秋七月甲申,河水决口淹没淮安、扬州一带。

闰七月戊戌,敏妃张佳氏去世。诚郡王胤祉是她生的,因为守孝不到一百天就剃发,被降为贝勒。癸丑,在此以前,曾屡次奏报苗贼黄明被拿获被杀死的消息,可是又仍然奏报他还在作乱,至此,圣祖派官员前往调查审讯,并将黄明同伙陈丹书、吴思先等三十八人处死。将奏报不实的总督巡抚麻勒吉等分别降职或罢官。圣祖巡视塞外。

九月丙午,圣祖回到京城。丙辰,圣祖亲临经筵听讲经义。改任扬岱为满洲都统,鲁伯赫、拖伦、崇古礼都为蒙古都统。戊年,大学士阿兰泰去世,圣祖悼念痛惜,派皇长子胤禔探望病情,赐奠加祭,谥号文清。

冬十月癸酉,圣祖巡视永定河工程。庚辰,圣祖回宫。大学士李天馥去世,赐予祭葬,谥号文定。

十一月乙巳,圣祖谒陵。壬辰,任命马齐、佛伦、熊赐履、张英为大学士,陈廷敬为吏部尚书,李振裕为户部尚书,杜臻为礼部尚书,马尔汉、范承勋为兵部尚书,王士禛为刑部尚书。壬寅,命令满汉给事中各派四员侍奉值班。丙午,下令宝源局收买废钱。

十二月戊辰,圣祖回到京城。癸巳,在太庙举行袷祭。

这一年,因灾免征直隶、江南、江西、浙江、福建、陕西、湖广等省七十三州县赋税数量不等。朝鲜、琉球派使节入贡。

三十九年庚辰春正月己未,朝鲜国王李焞因为遣返难民而进献土产,圣祖归还土产。癸亥,圣祖视察永定河工程。

二月甲戌,圣祖乘船察看郎城、柳岔各水道,因为水浅,改换小艇前进,指示修河的方略。壬午,回到京师。己丑,命令内大臣费扬古、伊桑阿考核宗室子弟的骑射技艺。

三月甲午,圣祖亲临经筵听讲经义。吏部奏报安徽巡抚李钠被参劾一案,请交将军、提督据实查核。圣祖说:"将军、提督不管民事,部议不妥。"对吏部严加告诫。尚书库勒纳随即被罢官。癸卯,改任张鹏翮为河道总督。张鹏翮请求裁撤协理官员及效力人员,并请求要工部放宽条文法令,以求得成功。圣祖同意了。甲寅,任命宗室特克新为蒙古都统。丙辰,赐给汪绎等三百零一人进士及第出身各有差别。四川巡抚于养志、提督岳升龙互相攻击揭短,派官员查实审讯,二人都被革职。

夏四月庚辰,圣祖视察永定河。命令八旗兵丁协助开控河道,由直郡王胤禔统领,僖郡王岳希等五人一同前往。壬午,圣祖视察子牙河。壬辰,圣祖回到京城。

五月丁未，任命阿山为江南江西总督。甲寅，任命阿灵阿为蒙古都统。

六月癸亥，张鹏翮奏报修浚海口的工程完成，河流畅通，改拦黄坝为大通口，建造了海神庙。杜臻被罢免，任命王泽弘为礼部尚书，李柟为左都御史。丁亥，停止宗室科举。

秋七月甲午，理藩院议核喇嘛商南多尔济所奏的策旺阿拉布坦派兵前往青海一事，认为不必讨论处理。圣祖说："这件事在目前看来很小，在将来却关系很大。该部拟定不必讨论处理，倘若青海问商南多尔济，他如何对答？策旺阿拉布坦为人狡猾，平素作恶多端，邻近各部，都与他与仇恨。他声称前往征伐第巴，道远险多，也许是虚张声势来恫吓青海，也未可知，关键是使他不敢挑衅为是。"乙巳，制定翰林官编修、检附、庶吉士每月给银三两的条例，学道出缺，派出俸禄相当者担任。壬子，原振武将军孙思克去世，命皇长子胤禔祭酒，赏给鞍马二匹、银一千两，谥号襄武。丁巳，圣祖巡视塞外。命令李光地、张鹏翮、郭琇、彭鹏详议科场事宜。

八月辛未，圣祖停留在齐老图。

九月癸巳，停止本年秋后处决。诏令张鹏翮专门管理黄河工程，将范成勋等九人撤回。给事中穆和伦请求禁止服用奢侈，内阁大臣拟旨予以申饬。圣祖说："谏议官担负朝廷耳目的职责，如果因为上书而得罪，谁还敢言语。只是他说奢侈撰写在康熙十年后不对，因为那是大臣辅政时的事情，现在已逐渐收敛了。"

冬十月辛酉，皇太后六旬万寿节，圣祖撰写《万寿无疆赋》，亲自书写在围屏上进献。癸酉，圣祖巡查永定河。戊寅，圣祖回京。己卯，命令本年经过考选的科道候补官员，作为额外御史，随班议事。

十一月庚寅，命令青海鄂尔布图哈滩巴图尔移驻宁夏。诏令侍郎温达巡察陕、甘驿站。罢免王泽弘，任命韩菼为礼部尚书。命令大臣及清要官员中子弟应试的，编为官号，限额录取。辛亥，圣祖巡视边外。命令将评为政绩卓异的官员按照保举的成例引见。戊午，四川打箭炉蛮人作乱，派遣侍郎满丕偕同提督唐希顺讨伐叛乱。

十二月己未朔，圣祖驻跸暖泉，把白金赏赐外藩王以下直至官兵。戊辰，圣祖回到京城。癸酉，调萧永藻为广西巡抚，彭鹏为广东巡抚。壬午，已故安亲王岳乐因生前审拟贝勒诺尼一案失察有出入，被追降郡王，他的儿子僖郡王岳希、贝子吴尔占都降为镇国公。丁亥，在太庙举行祫祭。

这一年因灾，免征直隶、东南、安徽、陕西、浙江等省五十七州县赋税数量不等。朝鲜派使节入贡。

四十年辛巳春正月辛亥，因为河伯显灵，封金龙四大王。甲寅，任命心裕为满洲都统。

二月已未朔，圣祖巡视永定河。谕令李光地说："河水干涸必然使河道淤塞，这很难治理，应当慢慢商议。"乙丑，满丕、唐希顺平息了打箭炉蛮人的叛乱，蛮人有一万二千户内附归顺。庚辰，圣祖回宫。

三月戊子，圣祖亲临经筵。丁酉，张鹏翮请求将治理黄河的方略纂集成书。圣祖训斥他说："朕对治理黄河的书籍，无不遍加披阅，大多坐着说话容易，实际做起来却难。黄河水情无定，怎么能用一种方法就可以制服它。方略编辑成书，不但后人难以仿照办理，即使扪心自问，也难以自信。张鹏翮不妨编起来试试！"给事中马士芳弹劾湖北布政使任风厚年老，调他来京引见，年岁尚未衰老。圣祖因此下谕说："坐着办事，必须要老成练达的人，才能够得当，州县官员则不可以这样。"

夏四月己未，调任李林盛为甘肃提督，提升潘育龙为固原提督，改任蓝理为天津总兵官，任命曹秉醒为汉军都统。丙子，刑部尚书王士禛请长假回原籍。圣祖谕令大学士说："山东人性格多偏执，好胜寻仇，只有王士禛没有这些缺点。他的诗写得很好，居家别无所好唯有读书。如果批准他回原籍，十分可惜。给他五个月假，不必开缺。"丁丑，圣祖视察永定河。谕令李光地："隆冬河水结冰时节，可以照常开闸泄水。清水在冰下流动，被冰所逼，冲刷河底愈冲愈深。"视察大湾口，谕令说："石堤还没有动工，可以用南方运来的杉木打排桩，你们不要疏忽。"视察子牙河。乙酉，圣祖回京。

五月癸巳，黑龙江管水手官员出缺，部臣请示把遣戍道员周昌补上。圣祖说："周昌既已遣戍，又补官为乌拉，这是终身不能回来了。可由八旗官员愿意效力的补授此缺。"戊申，御史张瑗请求平毁前明太监魏忠贤的坟墓。圣祖批准了。丙辰，圣祖巡视塞外。

六月庚辰，授予宋代儒臣邵雍的后裔为五经博士。

秋七月丁亥，领侍卫内大臣公爵费扬古在扈驾出巡途中患病，圣祖为此停止前进一天，亲自去看望他。随从把他的死讯奏闻，圣祖赐赏鞍马三匹，散马四匹，银五千两，派遣大臣护送他的棺木返京，赐予祭葬，谥号襄壮。

八月乙丑，圣祖巡幸索岳尔济山。下诏说："此山形势崇隆，确实可称为名胜。嗣后此处坚决禁止行围。"甲申，圣祖停留在马尼图行围打猎，一箭射中两只黄羊，并击断拉哈里木，蒙古人都为之惊叹。

九月辛丑，简亲王雅布在随驾时死去，命令大臣把棺木送回京城，皇长子胤褆、皇三子胤祉出城迎接，派官员办理丧事，赏银四千两，皇子们联合资助银三千两，出殡时，皇子侍卫前往送殡，赐予祭葬刻石立碑，谥号为修。乙巳，圣祖回到京师。庚戌，圣祖亲临经筵。大学士王熙因为年老有病，乞请还乡，诚恳地下圣旨慰问告谕，加封少傅批准退休。噶尔丹的女儿钟齐海到京，命令与其兄一等侍卫色卜腾巴尔珠尔一同居住，配给二等侍卫蒙古沙克都尔为妻。

冬十月戊午，任命宗室特克新为满洲都统，迈图布尔塞为蒙古都统。乙未，召大学士张玉书还朝。诏令免征甘肃第二年赋税。庚申，任命授梁鼐为福建陆路提督。辛酉，免征江苏第二年定额征收的赋税。起用岳升龙为四川提督。辛未，改任普奇为满洲都统，孙渣齐为蒙古都统，任命华显为四川陕西总督。癸酉，大学士张英请求告老还乡，诚恳地下圣旨慰问批准他退休。御史靳让奏称作州县官员的，必须令百姓家富人足，才算是好官。命令改任靳让为通州知州。诏令总督郭琇、张鹏翮、桑额、华显，巡抚李光地、彭鹏、徐潮分别举荐贤能。平悼郡王讷尔福去世。他的儿子讷尔素承袭爵位。

十一月甲午，圣祖下诏说："我详细阅览秋审重案卷宗，字句出现多处错误。廷臣竟然没有觉察出一二，刑部尤其不慎重，议奏处罚。"

十二月壬申，广东连山瑶族土匪作乱，命令都统嵩祝讨伐。辛巳，在太庙举行祫祭。

这一年，因灾免征直隶、江南、陕西、广东等省四十二州县的赋税数量不等。朝鲜、琉球派使节入贡。

四十一年壬午春正月壬寅，下诏修缮国子监。丙午，诏命在押因犯经暂缓处决的罪减一等。命令雅尔江阿袭封简亲王。庚戌，圣祖巡视五台山。

二月庚申，到达射虎川。绅士百姓请求在菩萨顶建筑万寿亭为圣祖祝福。圣祖没有同意。丁卯，圣祖视察子牙河。

三月壬午，圣祖回到京城。任命瓦尔岱为满洲都统，吴达禅、马思哈、满丕为蒙古都统。丁亥，圣祖亲临经筵。

夏四月甲戌，赏给退休大学士王熙亲自书写的匾额对联，传旨说："卿是先朝旧臣，应该努力加餐，慎用医药，以慰藉朕的思念。"

五月癸巳，规定发配人犯归籍的全部遣送，流放犯人死在配所，准许他的妻儿回家乡。辛丑，显亲王丹臻去世，派遣皇子及大臣办理丧事，赏银一万两，谥号为密，他的儿子衍璜承袭爵位。壬寅，此前，廉州府连山瑶人作乱，御史参奏，命令都统嵩祝统率禁卫军会合讨伐，并命令尚书范承勋查勘实情。至此，嵩祝奏称官兵一到，瑶人就乞求归降，先后投顺的瑶人有一万九千余名。献出杀害官吏的黎贵等九人，已经在军前就地正法。降顺瑶人的安插事务，交由总督料理。范承勋奏报瑶人闹事时，副将杜芳受伤死去，总兵刘虎却先行退回，应拟斩首，提督殷化行应革职。得圣旨："殷化行立有战功，改为以原品级退休。刘虎免死。"丙午，召集廷臣到保和殿，颁赐御书。

六月壬子，贵州葛彝寨苗人作乱，官军把他们讨伐平定。戊午，圣祖撰写《训饬士子文》，颁发各省，在学宫刻石立碑。乙未，圣祖侍奉皇太后驾临热河。乙丑，四川提督岳升龙奏报大凉山倮人头目马比必率领蛮人内附，请授给他土千户，给予印信。

闰六月辛丑，木鸦番民一万九千余户内附，请求设置安抚使、副使、土百户等官职，圣祖都批准了。

八月庚辰朔，增加顺天、浙江、湖广乡试录取的名额。戊申，圣祖侍奉皇太后回宫。

九月辛亥，任命李正宗、卢崇耀、冯国相为汉军都统。壬子，制定五经中式的规格。癸丑，停止本年秋后处决犯人。辛酉，任命齐世、嵩祝为满洲都统，莽喀为汉军都统，车纳福为蒙古都统。甲子，圣祖下诏说："南巡视察黄河，所经过地方停止供应和铺张，禁止借此加税扰民。官吏不要互相馈送，百姓应当各守本业。总督巡抚应该明令布告，使百姓了解朕的心意。"己巳，任命席哈纳为大学士，敦拜为吏部尚书，席尔达为礼部尚书，温达为左都御史，管源忠为广州将军。镇算的秀才李丰等来京告御状说红苗杀人，地方官员不予受理。诏令侍郎傅继祖、甘国枢，巡抚赵申乔紧急前去查问。癸酉，圣祖启驾南巡。

冬十月壬午，圣祖停留在德州。皇太子胤礽得病，圣祖启驾返京。癸卯，圣祖回到宫内。丙午，任命郭世隆为广东广西总督，金世荣为浙江福建总督。

十一月丙辰，诏令免征陕西、安徽下一年额定征服的赋税。甲子，大学士伊桑阿请告老还乡，下令同意退休。壬申，广西巡抚萧永藻奏劾布政使教化新所负责管辖的粮食出现亏空，理应令他赔补。圣祖说："米谷必定要有收贮的地方，才可能经久保存。如果没有仓房，堆积在空地上，难免腐烂，更何况是南方低下潮湿之地呢？另外制定条例奏闻。"命令修缮大禹陵。

十二月壬辰，因为下一年是圣祖五旬万寿，廷臣请求上尊号。圣祖没有同意。户部议奏驳回奉天报灾。圣祖说："晴雨本来没有一定，开始雨水调和，此后遭灾，也是常事。可以批准他们的奏报。"乙未，改任赵申乔为偏沅巡抚，任命赵弘灿为广东提督，王世臣为浙江提督，孙征浩为汉军都统。壬寅，厄鲁特丹津阿拉布坦来朝觐，优厚地给他赏赐，册封为郡王，赏给地方游牧。

这一年，因灾免征江南、河南、浙江、湖广、甘肃等省十州县赋税数量不等。朝鲜、琉球派使节入贡。

四十二年癸未春正月壬子，大学士和其他臣下祝贺圣祖五十大寿，恭进"万寿无疆"屏风。圣祖接受屏风，只收下他们所写的册文。壬戌，圣祖南巡视察黄河。丁卯，任命俞益谟为湖广提督。庚午，圣祖停留在济南，观看珍珠泉，撰写《三渡齐河诗》。壬申，到达泰安，登上泰山。诏令免征沿途所经过和所属歉收各地去年的欠纳赋税。

二月丁丑，运漕米四万石赈济济宁、泰安。视察宿迁的河堤工程。己卯，从桃源乘船，遍阅黄河河堤。甲申，渡过长江登上金山。丙戌，圣祖停留在苏州。派遣官员祭奠大学士宋德宜的坟墓。庚寅，圣祖驻跸杭州检阅兵丁射箭。辛丑，抵达江宁。

三月戊申，圣祖视察高家堰、翟家坝堤防工程。己酉，圣祖视察黄河以南的龙窝、烟墩等堤防。庚申，圣祖回到京城。癸亥，是万寿节，圣祖到皇太后宫中朝贺，免去朝廷官员的朝贺礼仪。颁布恩诏，赏赐高年，免除额赋，察举孝义，抚恤困穷，举荐隐士，罪行不是常赦所能赦免的，都给予赦免。颁布赏赐亲王、郡王以下文武百官各有差别。庚午，命令洞鄂袭封信郡王。辛未，圣祖亲临经筵。赐内廷修书的举人汪浩、何焯、蒋廷锡为进士，一同参加殿试。

夏四月辛巳，赐王式丹等一百六十三人进士及第出身各有差别。四川威州龙溪十八寨的生番向化归顺交纳粮食。丁亥，大学士熊赐履请求告老还乡，准许他解除职务，依旧领取俸禄，留作顾问。傅继祖等查清湖广红苗抢掠一案的情由。奉圣旨："总督郭琇、提督杜本植匿实情不报，均予革职。巡抚金玺降级任用。"任命于成龙为湖广总督。癸巳，退休大学士王熙逝世，赐予祭葬，谥号文靖。丙申，任命陈廷敬为大学士兼吏部尚书。戊戌，下诏说原任侍郎任克溥年逾九十岁，实在是年高有德。给他加封尚书衔。任命李光地为吏部尚书，仍兼直隶巡抚。任命莽喀为荆州将军，诺罗布为杭州将军，宗室爱音图为汉军都统，孙潭齐、翁俄里为蒙古都统。己亥，圣祖谕令八旗旗人说："朕不惜动用几百万两国库银两为旗丁偿还欠债赎回土地，筹划生计，你们能人人心存孝悌，勤俭持家，就足以慰藉朕心了，倘若不知爱惜，仍像从前一样游荡饮酒赌博，必定严肃处理。亲书宣谕，你们诚敬地遵奉！"

五月壬子，裕亲王福全有病，圣祖连着几天前去探望。癸亥，内大臣索额图因为有罪，被拘禁在宗人府。己巳，圣祖巡视塞外。

六月辛巳，恭亲王常宁去世，每天令皇子齐集前往吊唁，赐银一万两，派官造坟立碑。壬寅，裕亲王福全去世，圣祖闻讯，兼程赶回京城。

秋七月乙巳，朔，圣祖亲临裕亲王灵前，哭泣得很悲恸，从苍震门进入住在景仁宫，王大臣请圣祖回到乾清宫，圣祖说："居住便殿才是敬遵成法啊。"在这里居住了五天，命令皇长子等穿丧服，命令御史罗占造坟建碑，谥号为宪。他的儿子保泰袭承爵位。戊申，因为山东大雨成灾，派官前往分办赈济事务。庚戌，圣祖巡视塞外。己巳，发放国库银三十万两，截留漕米五十万石赈济山东。山东地方官员救荒不力，被停止升转。

八月癸巳，停止本年秋审。

九月壬子，赐予已故侍郎高士奇、励杜纳祭葬。己巳，命令尚书席尔达督办红苗事务。

冬十月癸未，圣祖启驾西巡。命给事中满普、御史顾素随驾在后，查到仆从中有扰民生事的，即刻锁拿。庚寅，喇嘛请求扩大洮州卫庙宇，圣祖说："占取民地以扩大庙宇，有碍于民生。永远禁止这样做。"癸巳，圣祖经过井陉，停留在柏井驿。这个驿站一向缺乏泉水，至此井泉涌溢。丁酉，圣祖驻跸太原。戊戌，诏令免除山西拖欠的赋税。百姓聚集在行宫前吁请挽留车驾，圣祖为此又停留了一天。

十一月乙巳，圣祖抵达洪洞。派官祭奠女娲陵。壬子，渡过黄河，停留在潼关。派遣官员祭奠西岳华山。赏给迎驾的百岁老人白金。甲寅，圣祖停留在渭南。检阅固原标兵的射箭，赏赐提督潘育龙以下将领各加一级。丙辰，圣祖驻跸西安。丁巳，圣祖检阅驻防官兵的射箭。派官员去祭祀周文王、周武王，祭文上自己称名。派官员祭奠提督张勇、梁化凤的坟墓。己未，圣祖在西安检阅军队，赏赐将军博济御用的弓矢。赏赐官兵宴席。军民聚集在行宫前吁留圣祖，圣祖为此多停留一天。赏给蛰屋的征士李颙亲自书写的"操志清洁"匾额。免征陕西、甘肃积欠的赋税。癸亥，圣祖启驾返京。己巳，到达陕州。命令皇三子胤祉前往巡视三门峡的中流砥柱。

十二月乙亥，圣祖停留在修武。视察怀庆发现营伍不整齐，将总兵官王应统拿解京城论处死罪。庚辰，住在磁州。亲自书写"贤哲遗休"的匾额悬挂在先贤子贡的墓前。庚寅，圣祖回到京城。辛卯，规定外任官吏在本籍五百里内的一律回避。册封常宁的儿子海善为贝勒。

这一年，因灾免征直隶、江南、山东、河南、陕西、浙江、湖广等省九十一县赋税数量不等。朝鲜、琉球、安南派使节入贡。

四十三年甲申春正月辛酉，圣祖下诏说："朕询访民间的疾苦，深知劳作的艰难。耕种三十亩地的，缴纳租赋外，约余剩二十石。饮食徭役，都依靠它。有幸遇上清廉的官吏，还可以有节余。如果求索无度，百姓就难以维持生活。所以考察官吏就是为安民，关键在于大员的真心体恤。"戊辰，诏令汉军一家都在外任职的，酌情改任京员。己巳，圣祖谒陵。

二月甲戌，封淮河神为长源佑顺大淮之神，亲自书写"灵渎安澜"匾额悬挂。癸巳，圣祖回到宫内。任命李基和为江西巡抚，能泰为四川巡抚。

三月辛丑,圣祖亲临经筵。己酉,诏令停止热审。辛酉,任命吴洪为甘肃提督。出资遣送山东饥民返回原籍。丙寅,任命温达为工部尚书。

夏四月癸酉,命令侍卫拉锡视察黄河的源头。己卯,圣祖巡视髻髻山,随后视察永定河、子牙河。丙申,圣祖回到京城。

五月辛酉,任命于准为贵州巡抚。

六月乙亥,圣祖巡视塞外。

秋九月癸卯,诏令总督巡抚调动官员违例的治罪。侍郎常授招抚广东海盗阿保位等二百三十七名,就地招抚为兵。戊午,刑部尚书王士祺因为重罪轻判降职。癸亥,圣祖回到宫内,丁卯,侍卫拉锡勘察黄河源头,经由星宿海返回,绘图进呈圣祖。

冬十月戊辰朔,疏浚杨村旧河道。甲戌,诏令免征顺天、河间二府和山东、浙江二省下一年的税粮。庚辰,任命李振裕为礼部尚书,徐潮为户部尚书,屠粹忠为兵部尚书,王揆为刑部尚书,吴涵为左都御史。癸未,向户部颁行内制的铜斗铜升,诏命用铁制造颁布全国实行。戊子,任命赵弘燮为河南巡抚。己丑,命令疏浚汾河、渭河、贾鲁河诸河道。辛卯,圣祖视察永定河。

十一月丁酉朔,出现日食。圣祖回到宫内。圣祖以仪器测验它与七政历书的记载不符,钦天监官员请罪,免予治罪。郎中费仰瑕因贪婪罪斩首。辛亥,制定吏部铨选知县入京的条例,停止总督巡抚保举。戊午,湖广巡抚刘殿衡建造御书楼,圣祖斥责他糜费银两,并严禁借口修建御书楼等侵蚀国库银两增加百姓负担。四川陕西总督博霁参奏凉州总兵官魏勋年老,圣祖说:"魏勋从前立有军功,受到兵民爱戴,与师帝宾、麦良玺、潘育龙都是旧臣,十分难得,怎么可以参奏他呢?"壬戌,告诫纂修《明史》的史臣核实公论,明辨是非,使它成为信史。

十二月乙酉,天津总兵官蓝理请求在沿海地方办理屯田,圣祖批准了。甲午,赏给廷臣御制的诗集。

这一年,因灾免征直隶、江南、山东、湖广、广东等省一百零九州县的赋税数量不等。朝鲜派使节入贡。

四十四年乙酉春正月戊午,《古文渊鉴》纂成,颁赐廷臣,直至官学。癸亥,圣祖驾临温泉。

二月乙丑朔,圣祖回到宫内。癸酉,圣祖南巡视察黄河。下诏说:"朕留意黄河的堤防工程,屡经巡视,大功告成。现在黄河水流畅通,还必须察验水的形势,就循着黄河南下。所经过的地方不要修缮行宫,如果有摊派费用增加百姓负担的,以军法治罪。"壬午,停留在静海。派遣官员去祭奠已故侍郎励杜纳的坟墓,赐谥号为文恪。

三月己亥,圣祖宣谕山东巡抚说:"沿途百姓欢迎的每天都有几十万人,计算启驾回京的日期,正当麦子吐穗的季节,应各自莳弄庄稼,不要妨害农务。"乙巳,圣祖驻跸扬州。面授河道总督张鹏翮治理黄河的方略。辛亥,圣祖驻跸苏州。命令选拔江南、浙江的举人、贡生、生员、监生关于书写的入京城修书。赏给公爵福善,大学士张玉书、陈廷敬,在籍的大学士张英,都统爱音图白金。赏给大学士马齐等《皇舆表》。己未,圣祖停留在松江检阅射箭。亲自书写"圣迹遗徽"的匾额赏赐青浦的孔氏。赐已故侍郎高士奇谥号为文恪。

夏四月丙寅，圣祖驻跸杭州检阅射箭。庚午，诏令赦免山东、江苏、浙江、福建的死囚罪减一等。戊寅，亲自书写"至德无名"匾额悬挂在吴太伯祠，并书写季札、董仲舒、焦先、周敦颐、范仲淹、苏轼、欧阳修、胡安国、米芾、宗泽、陆秀夫等祠堂的匾额悬挂。乙酉，圣祖驻跸江宁。

闰四月癸卯，圣祖视察高家堰河堤工程。辛酉，圣祖回到京城。

五月戊寅，圣祖亲自审理郎中陈汝弼一案，原谅了陈汝弼的罪过。刑部尚书安布禄、左都御史舒略因为审理案件不当被免职。庚辰，任命贝和诺为云南贵州总督。丙戌，圣祖巡视塞外。

六月甲午，命令选拔入京的知县不是再任的不得考选科道。庚戌，停止广东开矿。丙辰，圣祖驻跸热河。

秋七月壬申，黄河在清水沟、韩庄决口，命令治理黄河大臣查看居民田舍的情形上报。

八月甲午，免收八旗借支的兵饷银七十万两。戊午，罢免于成龙，任命石文晟为湖广总督。庚申，圣祖由博洛河屯出发，巡视放牧畜群。

九月己巳，圣祖进抵张家口。丙子，回到京城。甲申，任命希福纳为左都御史，达佳为江宁将军。

冬十月辛卯朔，重修华阴西岳庙竣工，圣祖撰写碑文。丙午，任命富宁安为汉军都统。

十一月辛酉，命令蒙古公爵丹济拉在推河屯兵驻防，观察策旺阿拉布坦的动静。已巳，任命李光地为大学士，宋荦为吏部尚书，调任赵弘燮为直隶巡抚。癸酉，诏令免征湖广下一年额纳赋税及以前拖欠的赋税。甲戌，国子监落成，圣祖亲自书写"彝伦堂"匾额。庚辰，任命汪浩来河南巡抚。乙酉，圣祖谒陵。巡视附近的要塞。戊子，设置云南的广南、丽江二府学官，准许当地人应试。

十二月壬寅，圣祖亲临裕亲王福全的葬礼。任命阿灵阿兼理藩院尚书。己酉，圣祖回到宫内。丙辰，任命祖良譬为福州将军。

这一年，因灾免征直隶、江南、湖广、广东等省四十六州县的灾赋税数量不等。朝鲜、琉球派使节入贡。

四十五年丙戌春正月乙酉，诏命孙渣齐、徐潮督办疏浚淮扬引河水道。顺天府考官户部侍郎汪霖，赞善姚士蘁因为取士不公被革职。

二月癸巳，圣祖巡视京郊地区。丁未，到达静海，视察子牙河。壬子，返回驻跸南苑。任命诸满为江宁将军。任命王然为浙江巡抚。江南江西总督阿山弹谧江宁知府陈鹏年安放《圣训》不敬，部议认为应该斩首。在此之前，乙酉年圣祖南巡，陈鹏年遵旨不建行宫，阿山所以假借其他事情来弹劾他。圣祖诏命陈鹏年进京修书。戊午，圣祖回到宫内。

三月庚申，圣祖亲临经筵。辛巳，赐给施云锦等二百八十九人进士及第出身各有差别。诏令各省修建育婴堂。

夏四月戊子朔，出现日食。加封贵州提督李芳述为镇远将军。乙未，吴涵被罢免，任命梅钖为左都御史。

五月己未，任命金世荣为兵部尚书。甲戌，诏令免征直隶、山东拖欠的赋税。丁丑，任命梁鼐为福建浙江总督。戊寅，圣祖巡视塞外。

六月丁亥朔，诏令修撰《功臣传》。癸巳，命令梅钖、二鬲审查容美土司田舜年的案件。壬寅，诏命凡是部、寺咨取钱粮不经奏请的，户部每月汇总数额奏报。任命蓝理为福建陆路提督。辛亥，四川巡抚能泰奏报安乐铁索桥修成，让化林营千总迁驻铁索桥。

秋七月庚申，圣祖驻跸热河。甲子，诏令德昭袭封信郡王。

八月壬辰，高家堰车逻坝涧河的河堤工程修成。

九月己亥，圣祖回到京城。

冬十月乙酉朔，敦拜被免职，任命温达为吏部尚书，希福纳为工部尚书。庚寅，举行武进士殿试。圣祖宣谕说："现在天下承平日久，经历过征战的大臣已经不多，熟悉海上用兵的人更少。日后台湾的情况不是不值得忧虑的。朕甲子年南巡，由江宁乘船，到达黄天荡，江风大作，朕独立船头箭射江豚，全不在意。等到后来渡长江，渐渐感觉心跳。去年再渡长江，就心里害怕了。这都是年老的缘故。询问其他老将也是这样。现在要使年老的奋勇效命，这怎么能行呢？"壬寅，命大学士席哈纳、侍郎张廷枢、萧永藻复审土司田舜年的案件。丁未，任命迡图为满洲都统。己酉，诏免山西、陕西、江苏、安徽、江西、浙江、福建、湖北、湖南、广东十省拖欠的赋税。

十一月癸酉，诏命尚书金世荣、侍郎巴锡、范承烈督办疏浚清河。免除八旗官兵借贷公款尚未还清的银子三百九十五万六千六百余两。甲戌，任命阿山为刑部尚书。庚辰，圣祖谒陵。辛巳，任命邵穆布为江南江西总督。癸未，因为山东私铸钱多，听任百姓用小钱缴纳正赋，责令官员将小钱运送京城鼓铸。甲申，圣祖巡视塞外。西藏达赖喇嘛去世，他的属下第巴隐匿不报，又非法册立达赖喇嘛。拉藏汗杀死第巴而献出非法册立的喇嘛。西宁喇嘛商南多尔济把这一情况上奏。

二十月壬寅，圣祖回到宫内。诏令罪犯判处死刑缓期执行已有三四年的罪减一等。辛亥，郭世隆被罢官，任命赵弘灿为广东广西总督。

这一年，因灾免征直隶、江南、福建、江西、湖广等省三十二州县的赋税数量不等。朝鲜派使节入贡。

四十六年丁亥春正月丁卯，圣祖下诏说："南巡视察黄河，往返乘坐舟船，不需要居住房屋。所经过的地方不得供应物品。"丁巳，梅钖被免职，任命萧永藻为左都御史。

二月戊戌，圣祖到达台庄，百姓来进献食物。圣祖召见老人，详细询问农事生计，很久才从这里启驾南行。癸卯，圣祖视察溜淮套，由清口登陆，前往曹家庙，看到这里的地势毗连山岭，不能疏凿，而河道所经，正当百姓的房屋和坟墓，这些都将被毁坏。圣祖责问张鹏翮等，随即停止疏挖河道，道旁的居民欢呼万岁。诏命另外勘察天然坝以下作为河道。

三月己未，圣祖驻跸江宁。乙巳，圣祖驻跸苏州。

夏四月甲由，圣祖驻跸杭州。下诏说："朕近来因为视察黄河，驻跸在淮河之上。江、浙二省的官员百姓吁请临幸，朕勉力顺从大家的心意，渡过长江而南来。现在正值二麦将熟的季节，百姓沿河拥观，难免践踏麦禾。命令他们停止迎送，以表示朕重农爱民的诚意。"戊申，任命鄂克逊为江宁将军，殷泰为甘肃提督。

五月壬子朔，圣祖驻在山阳，向河道总督等面授治理黄河的方略。癸酉，圣祖回到京城。丙子，解除尚书阿山的职务，革去张鹏翮的太子少保衔。戊寅，追赠已故河道总督靳辅太子太保衔，赐予世袭官职。加封福建提督吴英为威略将军。追赠死难运司高天爵官职，赐谥号为忠烈。任命达尔占为荆州将军。

六月丁亥，圣祖巡视塞外。任命巢可托为左都御史，起用郭世隆为湖广总督。

七月壬子，圣祖驻跸热河。丁卯，车驾从喀拉河屯出发，巡视蒙古各部落。外藩来朝见，分别赏给衣服和财物。

八月甲辰，圣祖停留在洮尔毕拉，赏给迎驾的索伦总管塞音察克、杜拉图及打牲人银两财物。贵州三江的苗人作乱，被讨伐平息。

九月癸亥，圣祖驻跸和尔博图噶岔。甲子，检阅视察哈尔、巴尔虎兵丁射箭。

冬十月辛巳，因为江苏、浙江发生旱灾，发放国库银买米平价出售，截留漕粮发放赈济，免征拖欠的赋税。外藩进献骆驼骏马，圣祖退还给他们。戊戌，圣祖回到京城。己亥，户部议奏增加云南的矿税，诏命照旧定税额交纳。庚子，金世荣被免职，任命萧永藻为兵部尚书。

十一月己酉朔，圣祖下诏说："近来因为江、浙发生旱灾，随即命令减收税额、免去拖欠赋税、截留漕粮。江、浙两省明年应纳的丁钱，都予以免除。遭灾的地方，并免除正赋。使一年之内，小民在公堂绝迹，安居乐业，才符合我惠爱百姓的诚意。"己未，诏令台湾客民缺乏食物，愿意归回者听任他们搭乘公务船只返回内地。任命汪悟礼为汉军都统。己亥，诏令江、浙各郡县兴修水利防备旱涝灾害。

十二月丙戌，任命温达为大学士，马尔汉为吏部尚书，耿额为兵部尚书，巢可托为刑部尚书，富宁安、王九龄为左都御史。丙午，赏赐亲王以下内大臣、侍卫白金数量不等。

这一年，因灾免征直隶、江南、江西、福建、湖广等省三十二州县卫赋税数量不等。朝鲜、琉球派使节入贡。

四十七年戊子春正月庚午，浙江大岚山强盗张念一、朱三等在慈溪、上虞、嵊县抢劫，官兵捕获平息了他们。辛未，重修南岳庙竣工，圣祖亲自撰写碑文。任命觉罗孟俄洛为奉天将军。乙亥，诏令截留湖广、江西的漕粮四十万石，留在江南六府平价出售。

二月庚寅，圣祖亲临经筵。壬辰，派遣侍郎穆丹审理大岚山案件，学士二鬲审查红苗案件。甲午，圣祖巡视京郊地区。丙午，诏令暹罗使臣携带土产，准许他们随处贸易，免征税收。

三月丙辰，圣祖返回居住在畅春园。戊午，授希思哈、李绳宗为汉军都统。

闰三月戊寅朔，重修的北镇庙竣工，圣祖亲自撰写碑文。乙未，任命施世骠为广东提督,席柱为西安将军。

　　夏四月己酉,宋荦被罢官,任命徐潮为吏部尚书,任命齐世武为四川陕西总督。戊午,山东巡抚赵世显奏报朱三父子被捕获,解往浙江。圣祖说:"朱三父子流动教书,寄食在人家。如果因此捕拿他寄食的人家,株连太多,可传谕让有关人员知晓。"辛酉,湖广提督俞益谟密请剿除红苗。圣祖因为红苗并无大罪,没有同意。任命阿喇衲为蒙古都统,李林盛为汉军都统。内大臣明珠去世,命令皇三子胤祉祭奠茶酒,赐马四匹。

　　五月甲申,任命王鸿绪为户部尚书,富宁安为礼部尚书,穆和伦为左都御史。丙戌,圣祖巡视塞外。乙未,下诏赦免大岚山贼党太仓人王昭骏伯叔兄弟的连坐罪。

　　六月丁未,圣祖驻跸热河。丁巳,九卿议复的大岚山案件呈上,得圣旨:"诛杀首恶要犯,朱三父子不能宽免,缘坐罪可改为流徙罪。巡抚王然、提督王世臣留任,受伤的官兵均准予奖励。"丁卯,《清文鉴》纂成,圣祖亲自撰写序文。

　　秋七月丁丑,圣祖传谕刑部,免死的流放犯人在流放的地方再次犯罪的查实处死。癸未,《平定朔漠方略》纂成,圣祖亲自撰写序文。壬辰,圣祖去行围打猎。二嵩奏将红苗中犯杀人罪的廖老宰等斩首示众,将擅自派兵前往苗寨的守备王应瑞发遣戍边,圣祖批准了。

　　八月甲辰朔,出现日食。壬戌,圣祖启驾回京,驻跸永安拜昂阿。

　　九月乙亥,圣祖驻跸布尔哈苏台。丁丑,召集廷臣到行宫,宣布皇太子胤礽的罪状,命令拘留逮捕他,押送京城幽禁。己丑,圣祖回到京城。丁酉,废立皇太子胤礽,颁示全国。

　　冬十月甲辰,削去贝勒胤禩的爵位。乙卯,任命王掞为工部尚书,张鹏翮为刑部尚书。辛酉,圣祖到南苑行围打猎。任命辛泰为蒙古都统。

　　十一月癸酉朔,削去直郡王胤禔爵位,加以监禁。己卯,致仕大学张英去世,赐予祭葬,谥号文端。辛巳,副都御史劳之辨奏保废立的太子,被革职杖责。丙戌,圣祖召集廷臣商议立太子的事情。阿灵阿、鄂伦岱、揆叙、王鸿绪及各位大臣请求将皇八子胤禩立为太子。圣祖没有同意。戊子,释放废立的太子胤礽。己丑,王大臣请求再立胤礽为皇太子。丙申,任命宗室发度为黑龙江将军。庚子,恢复胤禩为贝勒。

　　十二月甲辰,表扬抚恤死难的秀才嵇永仁、王龙光、沈天成、范承谱,附祀在范承谟的祠堂,这是范承谟的儿子巡抚范时崇的请求。丁巳,任命陈诜为湖广巡抚,蒋陈锡为山东巡抚,黄秉中为浙江巡抚,刘荫枢为贵州巡抚。

　　这一年,因灾免征山东、福建、湖广等省六十州县赋税数量不等。朝鲜派使节入贡。

　　四十八年己丑春正月癸巳,圣祖召集廷臣询问举立胤禩为太子,谁是倡议者。群臣恐慌不敢对答,于是召大学士张玉书向前询问,回答说:"最先是听马齐说的。"圣祖严厉加以斥责。第二天,罗列马齐的罪状,免死拘禁。随即圣祖逐渐觉察到与事实不符,释放了马齐。丙申,圣祖驾临南苑。己亥,诏命侍郎赫寿驻守西藏,协办西藏事务。起初拉藏汗与青海争立达赖喇嘛,不能决定,特命大臣前往监督处理。王鸿绪、李振裕被免官。

　　二月己酉,圣祖巡视京郊地区。任命宗室杨福为黑龙江将军,觉罗孟俄洛为宁古塔将军,王文义为贵州提督。戊午,任命嵩祝署理奉天将军。戊辰,圣祖回到宫里。庚午,任命张鹏翮为户部尚书,张廷枢为刑部尚书。

三月辛巳,重新立胤礽为皇太子,祭告宗庙,诏示全国。甲午,赐赵熊诏等二百九十二人进士及第出身各有差别。

夏四月甲辰,任命富宁安为吏部尚书,穆和伦为礼部尚书,穆丹为左都御史。将胤禔移送公所囚禁,派遣官员领兵监守。丁卯,圣祖巡视塞外。

五月甲戌,圣祖驻跸热河。

六月戊午,康亲王椿泰去世,谥号为悼,他的儿子崇安承袭爵位。

秋七月庚寅,任命殷泰为四川陕西总督,噶礼为江南江西总督,江琦为甘肃提督,师懿德为江南提督。戊戌,圣祖行围打猎。

八月己亥朔,出现日食。加封陕西提督潘育龙为镇绥将军。

九月庚寅,圣祖回到京城。任命年羹尧为四川巡抚。

冬十月壬寅,诏命福建、广东总督巡抚保举深通水性熟知水军的人。戊午,册封皇三子胤祉为诚亲王,皇四子胤禛为雍亲王,皇五子胤祺为桓亲王,皇七子胤佑为淳亲王,皇十子胤?为敦郡王,皇九子胤禟、皇十二子胤祹、皇十四子胤禵均为贝勒。壬戌,下诏免征江苏遭灾的淮、扬、徐,山东的兖州,河南的归德下一年的地丁额赋。

十一月丙子,圣祖下诏说各省解部的款项过多,可以酌量留下,以备急需。安郡王马尔浑去世,谥号为悫,他的儿子华圮承袭爵位。己卯,加封漕运总督桑额太子太保衔。庚寅,圣祖与大学士李光地讨论水脉水源:泰、岱各山自长白山来;水伏流,黄河没有到达积石以前也是伏流,蒙古人有的书对这种情况记述很详细;长江的源头出自昆仑,到达岷山才不是伏流。派遣张鹏翮、噶敏图审理江南宜思恭亏空国库银两一案。

十二月己亥,圣祖谒陵。己未,圣祖回到宫里。命令马齐管理与鄂罗斯贸易的事务。刑部尚书巢可托被免职。

这一年,因灾免征直隶、江苏、安徽、山东、河南、湖广等省五十三州县赋税数量不等。朝鲜、琉球派使节入贡。

四十九年庚寅春正月庚寅,诏命修纂《满蒙合璧清文鉴》。

二月丁酉,圣祖巡视五台山。吏部尚书徐潮请求告老还乡,圣祖批准了。

三月己巳,圣祖回到京城。乙亥,命令编纂《字典》。诏令将已故大学士李蔚嫡孙主事李敏启升补为太常寺少卿。戊寅,敕封西藏胡必尔汗波克塔为六世达赖喇嘛。辛巳,诏令免收浙江杭州、湖州二府尚未完纳的漕米三万九千余石。

夏四月乙巳,调任萧永藻为吏部尚书,王掞为兵部尚书。

五月己酉朔,圣祖巡视塞外。癸酉,停留在花峪沟。检阅吉林、黑龙江官兵。丁丑,圣祖驻跸热河。

六月己亥,命令各位皇子恭迎皇太后到热河避暑。戊午,刑部尚书张廷枢被免职。

秋七月壬午,审查湖南案件的尚书萧永藻等奏报巡抚提督互相揭发攻击一案,查审都属实。得圣旨:"俞益谟勒令退休,赵申乔革职留任。"

闰七月甲寅,圣祖行围打猎。

八月乙亥,圣祖下诏说福建漳州、泉州二府遭受旱灾,调运江、浙漕粮三十万石前往赈济,并免征本年尚未完纳的额赋。丙戌,圣祖返回驻跸热河。庚寅,任命范时崇为福建浙江总督,额伦特为湖南提督。

九月辛丑,圣祖侍奉皇太后回到宫里。辛亥,希福纳被免职。当时户部亏空侵蚀购办草豆银两的事情暴露,在十余年间,历任尚书、侍郎共有一百二十人,亏空侵蚀银两达四十余万。圣祖对他们从宽免予逮捕审问,责令限期偿还,现任尚书希福纳受到严厉斥责。任命穆和伦为户部尚书,贝和诺为礼部尚书。

冬十月甲子,圣祖下诏说:"朕君临天下近五十年,总想着百姓是国家的根本,为政务在养民。多次免去租赋达几万万,以节俭之所余,作为解除民间疾苦的恩泽。但体察民生,还不是全部安乐富庶,这是因为人口增多,而土地却不增加。应当充分给予恩惠,借以补养民力。自康熙五十年开始,分批免除全国的钱粮,三年之内轮遍全国。直隶、奉天、浙江、福建、广东、广西、四川、云南、贵州九省的地丁钱粮,查明全免。历年拖欠的赋税,一体豁除。五十一年、五十二年应当免除的省份,届时候旨。地方负责官员以及知府知县应当休察朕维护安定的苦心,实心爱惜百姓,升平乐利的景象也许就有希望出现了。诏文一到,就刊刻颁布,使百姓都知道。"丁卯,谕令外藩在行宫朝见过的,正月里就不必来朝觐。丙子,任命郭瑮为云南贵州总督,郭世隆为刑部尚书,鄂海为湖广总督。癸未,圣祖谕令大学士:"江南亏空钱粮多到几十万两,这或许与我几次南巡,地方挪用有关。张鹏翮说俸禄可以抵补。官员没有俸禄,仍然要扰累百姓,不如把这批亏空全部宽免为好。令议上奏。"

十一月辛卯朔,诏令凡遇免去赋税之年,免收业主的七分,佃户的三分,定为法令。大学士陈廷敬因年老请求还乡,圣旨诚恳地对他慰问,让他退休回家。乙巳,圣祖谒陵。任命萧永藻为大学士,王掞为礼部尚书,徐元正为工部尚书。丁未,任命孙征灏为兵部尚书。乙卯,任命桑额为吏部尚书。

十二月癸酉,任命赫寿为漕运总督。戊寅,圣祖回到京城。辛巳,圣祖下诏说:"我因为在朝旧臣渐次衰老谢世,顺治年间进士任职在籍者,已没有多少人。王士禛、江皋、周敏政、叶矫然、徐淑嘉都因处理公务不当而屏退罢官,均官复原职。"任命赵申乔为左都御史。

这年,免征直隶、江南等省七州县灾赋有差额。朝鲜、安南来进贡。

五十年辛卯春正月癸丑,圣祖巡视京郊地区,视察通州河堤。

二月辛未,任命班迪为满洲都统,善丹为蒙古都统。丁卯,圣祖视察筐儿港,命令修建挑水坝。到河西务,圣祖登岸步行二里多,亲自驾设仪器,定方向,钉桩木,来纪录丈量的地方。谕旨说:"用这个方法可以测量天地、日月的交蚀。算法渊源于《周易》。用七九的奇数,不能尽的,用十二、二十四的偶数,就能算尽,这是取法一天十二时,一年二十四节气的形象。"庚午,圣祖回到京城。辛巳,圣祖亲临经筵。

三月庚寅,王大臣借万寿节之名请上圣祖尊号。自平定云南以来,到此时已奏请四

清代通惠河漕运图卷(局部)

次了。圣祖素来谦逊退让,终究还是没有同意。

夏四月庚申,徐元正回籍奉养双亲,任命陈诜为工部尚书。庚辰,圣祖侍奉皇太后到热河避暑。乙未,命礼部祈雨。庚子,天降大雨。丙午,留在京师的大学士张玉书去世,圣祖悲伤痛惜,赋诗一篇,遣官治丧,赐银一千两,并赐祭葬,谥号文贞。己酉,诏免江苏无著银十万两有余。丙辰,召退休大学士陈廷敬入阁办事。增加乡试、会试《五经》录取名额的人数。

六月戊辰,设置广西西隆州儒学训导。

秋七月丙辰,圣祖行围打猎。

八月庚午,高宗纯皇帝降生。任命王原祁为掌院学士。设立先贤子游后裔为五经博士。

九月戊申,圣祖侍奉皇太后返回宫内。蓝理有罪被免职,任命杨琳为福建陆路提督,马际伯为四川提督。停止本年秋后处决犯人。

冬十月丙辰,诏令免征台湾五十一年应征的稻谷。贝和诺被免职,任命嵩祝为礼部尚书。戊午,圣祖下诏说从前降旨普免天下钱粮,五十一年轮到山西、河南、陕西、甘肃、湖北、湖南六省,地丁钱粮以及过去欠下的都加以免除。庚午,任命硕鼐为满洲都统,瑚世巴、马尔赛为蒙古都统。戊寅,免去朝鲜岁每年进贡白金豹皮。庚辰,诏令荐举孝义之人。辛巳,命令张鹏翮在扬州设立公堂,审理江南科场案。壬午,鄂缮、耿额、齐世武、悟礼等因为有罪,被革职拘禁。赵申乔奏劾新科编修戴名世恃才放荡,言语多有悖逆,被严加审讯。

十一月丙戌,任命殷特布为汉军都统,隆科多为步军统领,张谷贞为云南提督。丁未,圣祖谒陵,赏赐守陵的官员杂役马匹白金。

十二癸酉,圣祖回到宫里。癸未,在太庙举行祫祭。

这一年,因灾免征直隶、安徽等省八州县赋税数量不等。朝鲜、琉球派使者入贡。全国丁户二千四百六十二万一千三百二十四,田地六百九十三万三百四十四顷三十四亩。征银二千九百九十万四千六百五十二两八钱,盐税银三百七十二万九千二百二十八两,铸钱三万七千四百九十三万三千四百有余。

五十一年壬辰春正月丙午,擢升编修张逸少为翰林院侍读学士,他是已故大学士张玉书的儿子。壬子,命令内外大臣用折子直接上奏。折奏的制度从此开始。癸丑,圣祖巡视京郊地区。下诏说右卫将军宗室费扬古办事诚实,供职年久,并且是王子,可封他为辅国公。

二月丁巳,诏将宋代儒臣朱熹配享孔庙,位列在十哲以下。江苏巡抚张伯行与总督噶礼互相揭短攻击,都被解职,饬交张鹏翮、赫寿查审。福建浙江总督范时崇奏陈沿海渔船,只准施用单桅,不许越省行走,交地方文武官员管束。圣祖说:"这件事不能办。渔户并入水师营,兵士就会欺压侵夺他们。盗贼怎么能尽除,盗窃财物何处没有?只要对百姓有益就实行,不应当把法令条文作为抓人的工具。"戊寅,诏命考评为卓异的武官照文职例引见。庚辰,圣祖回到京城。壬午,圣祖下诏说:"天下承平日久,人口增加一天比一天多。嗣后滋生户口,无须再交纳丁钱,就以本年丁数为定额,定为法令。"

三月辛卯,圣祖宣谕大学士:"翻译本章,关系很多。昨天见本章内'假官'二字,竟翻译成'伪官',舛错实在太严重。要严加整饬。"丁酉,圣祖亲临经筵。

夏四月丁巳,赐王世琛等一百七十七人进士及第出身各有差别。甲子,任命康泰为四川提督。制定会试分省取中的条例。壬申,圣祖宣谕说:"已故大学士熊赐履是凤学旧臣,身殁以后,朕时常怀念他。听说他的儿子已长大成人,可令他来京录用。"壬戌,加封已故一等侍卫海都统衔,赐予祭葬,谥号果毅。退休大学士陈廷敬死,命皇三子祭奠茶酒,亲赋挽诗,命南书房翰林励廷仪、张廷玉带去在灵前焚化,给治丧银一千两,谥号文贞。下诏说下一年逢六旬万寿,二月特行乡试,八月会试。任命嵩祝为大学士,黑硕咨为礼部尚书,满笃为工部尚书,王掞为大学士,陈诜为礼部尚书,起用张廷枢为工部尚书。丙子,圣祖侍奉皇太后启驾到热河避暑。壬午,圣祖驻跸热河。

五月壬寅,命令有关部门稽查流民徙边种地的人。任命穆丹为左都御史,鄂代为蒙古都统。

六月癸丑朔,出现日食。丁巳,命令穆和伦、张廷枢复审江南总督巡抚互相揭短攻击一案。湖广镇筸红苗吴老化率毛都塘等五十二寨归附。辛酉,任命张朝午为广西提督。

秋八月癸丑,圣祖行围打猎。戊寅,诏令朝鲜遇有中国渔船违禁抵达界汛,准许拘留上奏。镇筸苗民陆续内附的有八十三寨。

九月庚汛,圣祖侍奉皇太后回到宫里。皇太子胤礽再次因罪被废立,监禁在咸安宫。

冬十月壬戌,穆和伦等将复审江南狱案奏上,圣祖命令革去噶礼的官职,张伯行官复原任。任命揆叙为左都御史,赫寿为江南江西总督。

十一月乙酉,前任福建提督蓝理狱案奏上,应该判处死罪。圣祖念他征讨台湾有功,特别予以赦免。己亥,群臣以万寿六旬请上尊号,圣祖不同意。丁未,因为再次废立皇太子胤礽祭告太庙,宣示全国。己酉,圣祖谒陵,赏赐守陵大臣白金。

十二月甲戌,圣祖回到京城。

这一年,因灾免征直隶、江南、山东、浙江等省二十三州县赋税数量不等。朝鲜派使节入贡。

五十二年癸巳春正月戊申,诏封后藏班禅胡土克图喇嘛为班禅额尔得尼。

二月庚戌,赵申乔奏称太子是国家的根本,应当册立。圣祖认为立太子是大事,不可轻定,宣谕廷臣,将原奏疏发还给赵申乔。乙卯,圣祖巡幸京郊地区。编修戴名世因著述狂悖被斩首示众。进士方苞由于为戴名世的书作序受牵连,免死发入旗下,随即被赦免出旗。乙亥,圣祖返回住在畅春园。

三月戊寅朔,圣祖宣谕王大臣:“朕昨天回京,看见各处为朕祈求福佑的,不计其数,确实觉得惭愧。天下安定,就是朕的安定,百姓幸福,就是朕的幸福,祝福延寿者应当以此为先。朕老了,临深渊履薄冰之念,与日俱增,怎么敢自满自大呢?”又谕:“各省进京祝寿的老人极多,如果有人有病,可令太医为他们看治。朕于十七日进宫经过棚子,老人们已经从容瞻仰朝觐。十八日正阳门行礼,不必再到龙棚。各省汉官将此传谕知道。”甲午,圣祖回宫,各省臣民夹道俯伏欢迎,圣祖停辇轿慰劳他们。乙未,万寿节,圣祖朝慈宁宫,升太和殿接受祝贺。颁诏广布恩泽,赏赐高年,保举隐逸,表彰孝义,蠲免欠税,鳏寡孤独没有地方诉说的,官府养活他们,如果不是犯斩首之刑,都加赦免。壬寅,召各省官员绅士庶民年龄在六十五岁以上的,赐宴于畅春园,皇子以对待长者的礼节查看饮食,宗室子弟执爵劝酒,扶掖八十岁以上老人到前面,亲自看他们饮酒。谕告他们说:“自古以来以养老尊贤为先,使人人知孝知悌,风俗就淳厚了。你们耆老应当将此意转告乡里。昨天大雨,田野普得甘霖浸透。你们快点回去,不要耽误农时。”这天,分别赏给九十岁以上三十三人,八十岁以上五百三十八人白金。加封为万寿祝福的老臣宋荦太子少师,田种玉太子少傅。甲辰,宴赏八旗官员、兵丁、闲散人员于畅春园,查看饮食等礼仪规格,赏赐白金等和前面一次相同。这天,有九十岁以上的七人,八十岁以上的一百九十二人。

夏四月甲寅,任命鄂海为陕西四川总督,额伦特为湖广总督,高其位为湖广提督。四川提督岳升龙请求加入四川籍,圣祖同意了。丁卯,派官告祭山川、古陵、阙里。五月丙戌,圣祖侍奉皇太后到热河避暑。调任张廷枢为刑部尚书,王顼龄为工部尚书。颁赏蒙古老人白金。辛丑,诏令停止本年秋后处决犯人。

闰五月乙卯,赏赐热河老人白金。御史陈汝咸招抚的海寇陈尚义进见,圣祖向他询问海上情势及洋船的形状质地,下令把他安置在金州,隶属于水师营。

六月丁丑,修纂律算书。

秋七月壬子,诏令宗人削去属籍的,子孙分别系红带、紫带,还可以在玉牒上记载名字。丙寅,圣祖行围打猎。

八月丁丑,蒙古鄂尔多斯王松阿拉布请求在察罕托灰游牧,圣祖没有同意,命令游牧以黄河为界，这是听从总兵范时捷的请求。

九月甲子，圣祖侍奉皇太后回到宫里。辛未，把江南漕米十万石分别运到广东、福建平价出售。

冬十月丙子，任命张鹏翮为吏部尚书。乙酉，赐王敬铭等一百四十三人进士及第出身各有差别。

十一月己酉，圣祖诏令免征广东、福建、甘肃二十一州县卫来年的税粮。癸亥，圣祖谒陵。

十二月己卯，任命赫奕为工部尚书。辛卯，令文武科目愿意一起考试的，准许改试一科。壬辰，圣祖回到京城。甲午，授五商为蒙古都统。辛丑，在太庙举行袷祭。

这一年，因灾免征浙江十州县赋税数量不等。朝鲜、琉球派使节入贡。

五十三年甲午春正月己未，命修理坛庙殿廷乐器。癸亥，户部请示禁用小钱。圣祖说："凡事都希望便利百姓，如果对百姓不便，而只说执行法令，即使严厉禁止又有什么益处。"戊辰，圣祖巡视京郊地区。丁卯，任命何天培为京口将军。

二月甲戌，诏令停止今年的秋审，其情可悯和其理可疑的人犯，审理具奏，发配流放以下案犯，减轻发落。乙酉，圣祖回到京城。癸丑，命令侍郎常泰、少卿陈汝咸赴甘肃赈济安抚灾民。丁巳，前任尚书王鸿绪进献《明史列传》二百八十卷，命令交付史馆。

夏四月戊子，改任师懿德为甘肃提督。辛卯，圣祖侍奉皇太后到热河避暑。六月乙亥，圣祖下诏说："拉藏汗年近六十岁，两个儿子在外，应当防备外患，善于为自己策划。"癸未，因为酷暑免去随从大臣的晚朝。

秋七月辛卯，诏令因为江南干旱，浙江米贵，河南歉收，截留漕米三十万石，分运到三省平价出售。

八月乙亥，圣祖行围打猎。

九月丙寅，圣祖侍奉皇太后回到宫里。

冬十月己巳朔，诏命张鹏翮、阿锡鼐前往审查江南牟钦元的案件。己丑，诏命大学士、南书房翰林考定乐章。

十一月，敕令户部截留漕粮三十余万石，在江南、浙江以备赈济需用。戊申，免征甘肃靖边二十八州县卫下一年的额赋。诚亲王胤祉等将御制的《律吕正义》进呈，得到圣旨："将律吕、历法、算法三书合为一部，名为《律历渊源》。"甲寅，是冬至，在圜丘祭天，演奏新乐。丙辰，圣祖巡视塞外。贝勒胤裪的属下人雅布犯罪被诛杀。派遣何国栋测量广东、云南等省北极及日影。

十二月癸酉，圣祖驻跸特布克，赏赐随围的蒙古兵丁银两财物。己丑，圣祖回到京城。辛卯，洮、岷边外的生番喇子等十九个部族归附。

这一年，因灾免征江南、河南、甘肃、浙江、湖广等省一百二十二州县赋税数量不等。朝鲜派使节入贡。

五十四年乙未春正月甲子，停止《五经》中式条例。册封阿巴垓台吉德木楚克为辅国公。下诏说贝勒胤裪、延寿失职，停止他们食俸。

二月戊辰朔，张伯行因为犯事被解职，交张鹏翮审理。己巳，任命施世纶为漕运总督。辛未，圣祖巡视京郊地区，谕令巡抚赵弘燮说："去年腊雪丰盈，今年春雨符合节令，民田想必早已播种。但朕顾虑到苗情早期过好，或许有发生黄疸的可能。可以告知农民锄草应当疏松一点，以防风霾。"又谕："朕时常巡幸京郊地区，看到百姓的生活稍稍胜过以前。但读书的人太少，这是有关风气习俗的大事。应该在穷乡僻壤广设义学，劝导百姓民人子弟读书。你们官员要留意此事。"甲午，任命杜呈泗为江南提督，穆廷栻为福建陆路提督。

三月己亥，因为蒙古吴拉忒等部十四旗遭受雪灾，诏命尚书穆和伦运米前去赈济，教导他们捕鱼作为食物。庚子，任命赵弘燮为直隶总督，兼管巡抚事务。授睦森为宁古塔将军。

夏四月庚午，赐徐陶璋等一百九十人进士及第出身各有差别。己卯，师懿德奏称策旺阿拉布坦派兵抢劫哈密，游击潘至善打败了他们。命尚书富宁安、将军席柱率军队救援进剿，祁里德前去推河，谕令喀尔喀等备兵。庚辰，征召外藩兵丁聚集归化城，调打牲的索伦兵前往推河。己丑，谕议政大臣："朕曾经出塞亲征，深知要害。现在讨伐策旺阿拉布坦的进兵之路有三条：一是由噶斯直抵伊里河源头，趋向他的巢穴；一是越过哈密、吐鲁番，深入敌境；一是取道喀尔喀，至博克达额伦哈必尔汉，翻越山岭扼守险要。三路并进，大功必成。"壬午，漕运总督郎廷极去世，圣祖称道他抚恤运丁，历来运送漕粮顺利完成，赐予祭葬，谥号为温勤。辛卯，圣祖侍奉皇太后到热河避暑。乙未，命富宁安分兵戍守噶斯口，总兵路振声驻防哈密。

五月丙午，黑龙江将军宗室杨福去世，赏银一千两，命令侍卫尚崇义、傅森赶往赐奠，谥号为襄毅，命令他的儿子三官保暂时代理父亲的职务。戊午，内阁侍读图理琛出使鄂罗斯，命令备兵。

六月壬申，诏命都统图斯海等赴湖滩河朔运粮。甲戌，富宁安、席柱奏报进兵的方略。得到圣旨，下一年进兵准噶尔。丁亥，兵部尚书孙征浩去世，赐鞍马三匹、散马二匹、银五百两，谥号为清端。

秋七月甲午朔，命令和托辉特公爵博贝招抚乌梁海。辛酉，命令公爵傅尔丹到乌兰古等处屯田。

八月辛未，大学士李光地请求告老还乡，圣祖作诗送他。癸酉，圣祖行围打猎。壬辰，撤噶斯口戍守的士兵退到肃州。

九月己酉，博贝招抚乌梁海部落来归顺。

冬十月丙寅，圣祖宣谕大学士："我右手患病不能写字，用左手执笔批答奏折，这是希望不泄露机密。"辛巳，圣祖侍奉皇太后回到宫里。下诏说顺天、保定、河间、永平、宣化今年雨水太大，粮谷不收，所有五府应交纳的下一年的税粮，全部予以豁免。

十一月甲午，任命范时崇为左都御史，觉罗满保为浙江福建总督，宗室巴塞为蒙古都统。庚子，停止京师处决囚犯。辛丑，以宋朝大臣范仲淹从祀孔庙。己未，是冬至，在圜丘祭天，开始用圣祖亲自订定的雅乐。

十二月己巳,任命塔拜为杭州将军。命令护军统领晏布率军驻防西安。甲申,张伯行以疑赃诬参论罪应处死刑,圣祖赦免了他,起用为仓场侍郎。

这一年,因灾免征江南、湖南二省二十四州县卫赋税数量不等。朝鲜、琉球派使者入贡。

五十五年丙申春正月壬子,圣祖驾临温泉。

二月乙丑,命令副都统苏尔德料理图呼鲁克等处屯田。癸酉,圣祖返回住在畅春园。丙子,下诏免去安南每年进贡的犀角、象牙。己卯,圣祖巡视京郊地区。庚寅,制定丁随地出条例。

三月丁酉,恤赠广西右江进剿瑶人伤亡的参将王启云的后人。庚子,圣祖回到宫里。乙巳,召回席柱,让晏布代替他,路振声参与军事。癸丑,蒙古图尔胡特贝子阿拉布珠尔请求从军,命令他率蒙古兵防守噶斯口。贵州巡抚刘荫枢奏请罢兵,命令他乘坐驿车前往军队中周密察看商议奏报。

闰三月癸亥,任命额伦特署理西安将军,满丕署理湖广总督。丁丑,任命左世永为广西提督。壬午,发放京城仓米二十万石赈济顺天、永平。五城粥厂延期到秋季。命令礼部求雨。

夏四月癸卯,圣祖侍奉皇太后到热河避暑。

五月庚申,圣祖驻跸热河,斋戒求雨。起用马齐为大学士,穆和伦为户部尚书。壬戌,发放仓米平价出售。预支八旗兵丁粮饷。甲子,天降雨。圣祖说:"宋代儒臣说:'求雨得雨,天旱怎么能无因。'这句话是可以认真体会的。"己巳,京师远近都降透雨,圣祖恢复平常的膳食。乙酉,赫奕被免职,任命孙渣齐为工部尚书。

六月丙辰,圣祖驾临温泉。

秋七月辛未,命令迁移噶斯口防军分守察罕乌苏、噶顺。癸未,圣祖行围打猎。

八月乙未,前任奉天府尹董弘毅因为把承德等九州县的田赋米豆改征银两,以致仓库中存粮缺乏,被革职。

九月庚午,任命蒋陈锡为云南,贵州总督。甲申,圣祖侍奉皇太皇返回宫内。

冬十月丁亥朔,诏令刑部对判死刑缓期执行的长期囚禁的人犯,分别减罪释放。停止本年秋后处决囚犯。戊子,任命托留为黑龙江将军,赵弘灿为兵部尚书。癸巳,下诏说:"近来因策旺阿拉布坦侵入哈密,征兵防御边境,所有急速运送粮草经过各省边境,不能不借用民力。所有山西、陕西、甘肃四十八州县卫应纳的下一年银米谷草及多年的拖欠,全给予免除。"丁酉,诏令肃州与布隆吉尔毗连延伸至北面的西吉木、达里图、金塔寺等处,招百姓开垦种植。任命杨琳为广东广西总督。任命宗室巴赛为满洲都统,晏布为蒙古都统。丙午,策旺阿拉布坦拘捕青海台吉罗卜藏丹济布,进犯噶斯口,官兵击败了他。命额伦特驻军西宁,分兵防守噶斯口,布隆吉尔散秩大臣阿喇衲赴巴尔库尔参赞军事。

十一月乙丑,任命傅尔丹、额尔锦为领侍卫内大臣。戊辰,圣祖谒陵。甲申,圣祖巡行塞外。有盗贼挖掘明陵,命令依法惩治。

十二月己酉，圣祖回到京城。诏免顺天、永平三十五州县下一年地丁税粮，其多年拖欠赋税一并免除。

这一年，因灾免征直隶、江南、山东、浙江、江西、湖广等省六十三州县卫税数量不等。朝鲜、安南派使节入贡。

五十六年丁酉春正月丁卯，修成《周易折中》，颁行学宫。壬午，任命徐元梦为左都御史，朱轼为浙江巡抚。

二月丙戌朔，圣祖巡幸京郊地区。乙未，征发奉天、吉林兵丁补充祁里德军队。癸卯，圣祖返回住在畅春园。丁未，制定盗案法无可宽、情有可原的条例。顺承郡王诺罗布死，谥号为忠。他的儿子锡保袭承爵位。左都御史揆叙去世，赐予祭葬，谥号为文端。

三月丁巳，圣祖亲临经筵。戊寅，任命富宁安为靖逆将军，傅尔丹为振武将军，祁里德为协理将军，视察部队防守边境。壬午，圣祖视察河西务堤坝。

夏四月乙酉，圣祖返回住在畅春园。乙未，调拨通州仓米分贮直隶州县，以备赈济。丙申，碣石镇总兵陈昂奏称天主教堂林立各省，应当严行禁止，圣祖同意了。任命孙柱、范时崇为兵部尚书。辛丑，圣祖侍奉皇太后到热河避暑。

五月庚申，九卿议奏王贝勒差人出外，如果查出没有公家发给的"勘合"，即行追究。

六月壬子，傅尔丹袭击厄鲁特博罗布尔哈苏，斩杀俘获而返。兵部尚书赵弘灿去世，赐予祭葬，谥号为清端。

秋七月丙辰，策旺阿拉布坦派遣部将策零敦多布侵掠拉藏。癸亥，富宁安在通俄巴锡袭击厄鲁特，进攻至乌鲁木齐，毁了那里的田禾，回军时在归途毕留图遇上贼军，击败了他们。阵亡的灰特台吉扎穆毕，被追封辅国公。

八月壬午朔，圣祖行围打猎。

九月辛未，任命路振声署理四川提督。河南奸民亢珽闹事，官兵逮捕他，亢珽逃跑死去。命尚书张廷枢、学士勒布前去审讯，把了解到的前任巡抚李锡贪虐激起民变的情形奏闻。李锡被革职处死，贼党被诛杀。

冬十月乙酉，命令侍郎梁世勋、海寿前往督办巴尔库屯田。庚子，圣祖侍奉皇太后回宫。乙巳，命令内大臣公爵策旺诺尔布、将军额伦特、侍卫阿齐图等率军戍守青海。任命宗室公爵吞珠为礼部尚书，蔡升元为左都御史。

十一月壬子，命停止处决囚犯。乙丑，皇太后患病，圣祖前往慈宁宫问候病情。辛未，圣祖下诏说："帝王的治理天下，务必以敬天法祖为根本。集合天下的意志以为自己的意志，把四海的公利以为自己的利益，在没有动乱的时候加以治理，在没有危机的时候保卫邦国。早晚兢兢业业，就是为了长远之计。朕八岁登位，在位五十余年，现在近七十岁了。当即位二十年时，不敢预测至三十年。三十年时，不敢预测至四十年。仰赖宗社之灵，现在已经五十七年了，这不是薄德所能达到的。朕的年龄可以算长寿，子孙众多，天下和乐，四海平安。虽然不敢说家家富余人人丰足，改易风气，但想让百姓安乐物产丰富的心意，却始终如一。殚竭思虑，耗费精力，恐怕不是劳苦二字所能概括的。古代帝王享年不永，书生每每加以讥评，这是他们不了解治理天下的繁杂，帝王承受不了辛劳忧虑的缘故。人臣可仕则仕,可止则止,年老辞官回家,还能抱子弄孙,优游自得。帝王的责任不可委任旁人,舜殁于苍梧,禹死于会稽,无暇安逸,终年极少休息,《洪范》五福,最后一条是"考终命",因为长寿善终实在难得;《周易·遁卦》的六爻,没有提到君主,这是因为人君没有退藏之地,怎能与臣民较量安逸!朕自幼读书,寻求治国安邦的道理。年轻力壮时,拉强弓射利箭,削平三藩,安抚漠北,均由一人悉心运筹,未尝妄杀一人。府库藏金,不是出征或者救灾,不敢妄加浪费。出巡时所住的行宫,不用彩绘。年少时就知道声色当戒,应当远离佞幸之人,有幸而使国家安定。今年春天苦于头晕,身体逐渐疲乏消瘦。但在塞外围猎,由于水土比较好,身体有所恢复,每天骑射,也不觉得疲乏。因为皇太后患病,头晕旧病复发,步履艰难。倘若一时卧床不起,就不能了解朕内心的苦衷。死是人之常理,关键在于清醒的时候,把平生的心事全部吐露出来,方才觉得痛快。从前人们常说为帝王者应该抓住大纲,不必兼及细务。我认为不然,一事不谨慎,即可以带来四海之忧;一念不谨慎,即可以带来百年之患。我从来做事无论巨细,莫不慎之又慎。只因年老衰暮,惧怕五十七年忧勤惕励之心,一旦毁于人生的末路。立太子的大事,岂能不考虑。但天下大权,应该统于一人,国家无比重要,为天下得到合适的君主至为艰难,因此我垂老而孜孜不息。大小臣工能体察朕的心意,那么我寿终时的事情就算完成了。现在特召诸子诸卿详细真切地说了上面的话。将来的遗诏内容,也全在这里边了。"甲戌,免收八旗借支银三百万两。丙子,诏令免征直隶、安徽、江苏、浙江、湖广、陕西、甘肃等省多年拖欠的赋税,江苏、安徽并免征漕项银米十分之五。

　　十二月甲申,皇太后病情加重,圣祖得病七十余天,脚面浮肿,由人扶着每天前往宁寿宫探望皇太后。丙戌,皇太后驾崩,颁布遗诰,圣祖穿丧服割辫子,移居别宫。己酉,圣祖返回宫里。

　　这一年,朝鲜派使节入贡。

　　五十七年戊戌春正月乙卯,圣祖患病,驾临温泉。戊寅,赏赐防边军士衣服两万套。

　　二月庚寅,拉藏乞求援兵,命令侍卫色楞会同青海兵丁前往援救。癸卯,任命路振声为甘肃提督。检讨朱天保上疏请再立胤礽为皇太子,圣祖在行宫亲自审讯,问:"你知道什么而敢违旨上奏?"朱天保说:"我听我父亲说的,我父亲让我说的。"圣祖说:"这是不忠不孝之人。"下令诛杀。丁未,圣祖返回宫里。碣石镇陈昂奏请洋船入港,先行检查大炮,才准进口贸易。部里讨论认为不能这么办。

　　三月癸丑,减收大兴、宛平门厂房税。辛酉,上大行皇后谥号为孝惠仁宪端懿纯德顺天翊圣章皇后。丙寅,任命颜寿为右卫将军,黄秉钺为福州将军。戊辰,裁撤起居注官。甄别不称职学政丛澍等七员,都革职。丁丑,命令将浙江南北新关税事务交给同知管理。戊寅,浙江巡抚朱轼请修宁石塘,圣祖批准了。

　　夏四月乙酉,孝惠章皇后安葬在孝东陵。丁亥,赐汪应铨等一百七十一人进士及第出身各有差别。辛卯,圣祖驾临热河。穆和伦被免职,任命孙渣齐为户部尚书。

　　五月癸丑,任命徐元梦为工部尚书。丁巳,额伦特奏报拉藏汗被害身亡,二子被杀,达赖、班禅被拘禁。己未,浙江福建总督满保上疏说台湾一郡有要冲口岸九处,次要口岸十五处，派人修筑，酌移量调将士，设淡水营守备。圣祖批准。

六月壬辰，遣使册封已故琉球王的曾孙尚敬为中山王。已丑，大学士李光地去世。诏命皇五子恒亲王胤祺前往祭奠茶酒，赐银一千两，徐元梦返京料理他的丧事，谥号文贞。丁未，赏赐哈密军士衣服四百套。

秋七月己未，打箭炉外的墨里喇嘛归附。甲戌，修纂《省方盛典》。

八月壬子，索伦遭水灾，派官赈济。孟光祖伏法被杀。戊子，圣祖行围打猎。甲午，礼部尚书吞珠去世，赐予祭葬，谥号恪敏。总兵官仇机犯罪伏法处死。

闰八月戊辰，圣祖下诏说："夷虏嚣张，大兵远驻西边，一切军费开支都从当地征税，使秦地百姓十分劳苦。所有陕西、甘肃下一年地丁粮税都行免除。历年拖欠的赋税也全部免除。"

九月己卯，诏命都统阿尔纳、总兵李耀率军前往噶斯口、柴旦木驻防。丙戌，任命王顼龄为大学士，陈元龙为工部尚书。甲辰，圣祖返回京城。将军额伦特、侍卫色楞会师喀喇乌苏，屡次打败厄鲁特，由于贼兵愈集愈多，我军救援不继，他们二人箭尽力战，战死阵前。

冬十月甲寅，停止本年处决囚犯。丙辰，诏命皇十四子贝子胤禵为抚远大将军，督管青海军事。命令给殉难的总督甘文焜、知府黄庭柏建祠祭祀。甲子，下诏说四川巡抚年羹尧，从军兴以来，办事明敏，即可升为总督。命翰林、科道轮班入值。戊辰，圣祖驻跸温泉。命皇七子胤祐、皇十子胤祺、皇十二子胤祹分理正黄、正白、正蓝满、蒙、汉三旗事务。

十一月丙子，圣祖返回居住畅春园。福建巡抚陈瑸去世，追赠礼部尚书，谥号清端。授宜兆熊为汉军都统。

十二月丙辰，圣祖谒陵。己未，孝惠章皇后的灵位迁入太庙，位于孝康章皇后之左，颁诏天下。云南撒甸苗人归顺。己巳，圣祖返回宫里。

这一年，免征江南、福建、甘肃、湖广等省二十六州县卫赋税各有差别。朝鲜、琉球、安南派使节入贡。

五十八年己亥春正月甲戌朔，出现日食。圣祖下诏说："正月初一日日食，天象示警。应当办理力所能及的事情，以警惕上天的告诫。官员们应该举出政务的阙失奏闻。"乙未，圣祖驾临汤泉。庚子，圣祖返回住在畅春园。辛丑，诏令立功的大臣退职闲居，他们的世职准许子弟承袭。如果没有应该承袭的人，就照给俸禄安度晚年。壬寅，命令截留漕米四十三万石，存贮江苏、安徽备荒。

二月己巳，圣祖巡幸京郊地区。己卯，学士蒋廷锡上表进呈《皇舆全览图》，圣祖颁赐廷臣。庚申，圣祖返回住在畅春园。辛未，命令都统法喇招抚治理里塘、巴塘，护军统领噶尔弼与他一起统理军事。

三月乙未，侍郎色尔图因为运输军粮不准时而罢官，命巡抚噶什图接管他办理的事务。

夏四月乙巳，命抚远大将军胤禵率军驻守西宁。癸丑，圣祖巡视热河。

五月戊寅，因为麦子大熟，诏命民间及时收割贮藏。庚辰，任命杨都为蒙古都统。浙江正考官索泰纳贿出卖关节,正在原籍学士陈恂从中撮合,陈凤墀凭借关系被录取,都被判死刑,并惩处保荐索泰为考官的人。南阳的标兵拘捕侮辱知府沈渊,总兵高成被革职,游击王洪道判死罪,兵丁被处斩。

六月甲辰,任命贝勒满笃祜为满洲都统。丁未,年羹尧、噶尔弼、法喇先后奏报副将岳钟琪招抚裹塘、巴塘成功。命令法喇进驻巴塘,年羹尧拨兵接应他。丙寅,任命马见伯为固原提督。

秋七月癸未,任命宗查木为西安将军。

八月庚戌,圣祖行围打猎。庚申,振威将军傅尔丹奏报在鄂尔斋图二处筑城设站。命令尚书范时崇前往监督这项工程。

九月乙未,圣祖上谕说西宁现有的新胡毕勒罕,确实是达赖的转世灵童,命令大将军派遣官员带兵前往西藏使他的地位安定。戊戌,安郡王华玘去世,谥号为节。

冬十月丁未,圣祖回到京城。壬子,命令蒙养斋举人王兰生修纂《正音韵图》一书。甲寅,固原提督潘育龙去世,追赠太子太保,赐予祭葬,谥号襄勇。

十一月丙子,礼部尚书陈诜辞官退休。庚寅,增加江西省乡试录取名额。

十二月壬寅,任命蔡升元为礼部尚书,田从典为左都御史。戊申,西安将军额伦特的灵柩运到京城,圣祖命皇五子恒亲王胤祺、皇十二子贝子胤祹迎丧祭奠。庚申,命令截留湖广漕粮十万石存贮本省备荒。辛酉,圣祖下诏说:"连年兴兵西讨,远到边陲之地,驻防、运输、赏赐等,致使民力疲惫。所有沿边六十六州县卫所下一年的额征银米,全行免除。"

这一年,因灾免征江苏、安徽等省十三州县赋税数量不等。朝鲜、琉球来进贡。

五十九年庚子春正月下酉,命令抚远大将军胤禵率军移驻穆鲁斯乌苏。任命宗室延信为平逆将军,领兵进驻西藏,公爵策旺诺尔布参赞军政事务。命令西安将军宗查木驻守西宁,平郡王讷尔素驻守古木。

二月甲辰,圣祖巡幸京郊地区。癸丑,任命噶尔弼为定西将军,率领四川、云南的兵丁进驻西藏,册封新胡毕勒罕为六世达赖喇嘛。辛酉,圣祖返回住在畅春园。

三月己丑,命令云南提督张谷贞驻防两江、中甸。丙申,命令靖逆将军富宁安进军乌鲁木齐,散秩大臣阿喇衲进军吐鲁番,祁里德领七千兵从布娄尔,傅尔丹领八千兵从布拉罕,同时进击准噶尔。

夏四月戊申,圣祖巡幸热河。

五月辛巳,因为天旱寻求直言进谏。壬午,天降雨。

六月己亥,陕西发生饥荒,调运河南积贮的粮食前去赈济。丙辰,保安、怀来发生地震,派遣官员赈济。

秋七月丙寅朔,出现日食。癸酉,富宁安在阿克塔斯、伊尔布尔和韶攻击贼兵,把他们击败,擒获台吉垂木拍尔。阿喇衲率军至达齐克塔木,遇上贼兵,击败他们,俘虏全部贼兵。进攻皮禅城,迫使它投降。大军进至吐鲁番,吐鲁番酋长阿克苏尔坦率众降顺。丙戌,傅尔丹在格尔厄尔格攻击贼兵,斩获六百人。阵前擒获寨桑贝肯,焚烧了他们积储

的钱物粮食然后返回,把贝肯押送京城。祁里德在铿额尔河大败贼兵,收降寨桑色布腾

等二千余人。

　　八月戊戌,圣祖行围打猎。庚子,琉球请求让它大臣的子弟入国子监读书,圣祖同意了。癸丑,平逆将军延信连续在卜克河打败贼兵。丁巳,又打败众贼兵于绰马喇,贼将策零敦多布逃走。定西将军噶尔弼率副将岳钟琪由拉里进军。戊午,攻克西藏,捉拿依附贼兵的喇嘛一百多人,杀了为首的五人,宣谕招抚唐古特、土伯特,西藏平定。任命高其倬为广西巡抚。

　　九月壬申,平逆将军延信带兵护送达赖喇嘛进入西藏举行坐床仪式。富宁安统兵进入乌鲁木齐,哈西哈回族人前来迎接归降,大军返回到乌兰乌苏。戊寅,云贵总督蒋陈锡、巡抚甘国璧因为运输军粮误期被革职,仍命令他们运米到西藏。

　　冬十月癸卯,圣祖返回京城。诏令再将河南积蓄的粮食运往陕西放赈。下一年,河南漕粮照数补还仓谷,其余的漕粮留贮河南。甲辰,朝鲜国王李焞去世。圣祖下诏说:"李焞袭封王爵五十年,奉行藩礼恭谨,抚爱百姓。现在听说他去世,悲伤至深,即令王子李昀袭封王爵。所进贡的物品全数带回,仍旧查阅过去抚恤的规定,呈奏上来。"诏令将陕西、甘肃两省康熙六十年地丁银一百八十八万多两,全部免除。沿边地区歉收,米价昂贵,兵力拮据,预先发放本年的兵饷。赏赐进藏官兵。甲寅,户部尚书赵申乔去世,赐予

祭葬,谥号恭毅。丁巳,诏令抚远大将军胤禵讨论明年进军的日期。戊午,因为陕西、甘肃歉收,兼用银钱粮食赈济,到麦收时为止。

十一月辛未,派遣官员致祭朝鲜国王李焞,特赠谥号僖顺,册封世子李昀为朝鲜国王。戊寅,任命田从典为户部尚书,朱轼为左都御史,杨名时为云南巡抚。辛巳,圣祖下诏说:"大兵进驻西藏,土地都归入版图,山川名号土语、汉语的异同,应当考察明白,确定并流传后世。"圣祖因此而与大学士讲论黄河的源头、长江的源头,可以到达《禹贡》中的三危山。庚寅,任命隆科多为理藩院尚书,仍然兼管步军统领。

十二月甲辰,廷臣再次请求举行登基六十年庆贺典礼。圣祖没有同意。壬子,授予先贤子夏的后裔为《五经》博士。甲寅,封诚亲王胤祉的儿子弘晟、恒亲王胤祺的儿子弘升为世子。辛酉,在太庙举行祫祭。

这一年,因灾免征直隶、江苏、陕西、浙江、四川等省五十六州县卫赋税数量不等。朝鲜、琉球派使节入贡。

六十年辛丑春正月乙亥,圣祖因为登位临朝六十年,派遣皇四子胤禛、皇十二子胤祹、世子弘晟告祭永陵、福陵、昭陵。

二月乙未,圣祖拜谒孝庄山陵、孝陵、孝东陵,行告祭礼。派遣官员告祭郊庙社稷。乙卯,圣祖返回京城。山东盐贩子王美公等作乱,捕获斩杀他们。己未,圣祖命令公爵策旺诺尔布驻防西藏。讨论攻取西藏的功绩,封第巴阿尔布巴、康济鼐为贝子,第巴隆布奈为辅国公。

三月乙丑,群臣奏上万寿节尊号,圣祖没有同意,说:"上尊号这种做法,是相沿的陋习,不过把字面上下转换,用以蒙骗不学无术的君主而已。本朝治理天下代代相传的法则,只在于爱护百姓,不把景星、庆云、芝草、甘露作为祥瑞,也没有封禅改元的举动。现今西边用兵,士兵久在野外,百姓苦于转输。我正在修身反省,修身反省、致力规划还没有空闲,有什么值得庆贺的?"庚午,赐举人王兰生、留保为进士,一体参加殿试。甲戌,在此以前,大学士王掞密奏请恢复建立太子。至此御史陶彝、任坪、范长发、邹图云、陈嘉猷、王允晋、李允符、范允铸、高玢、高怡、赵成簋、孙绍曾奏请建立太子,圣祖不高兴,连同王掞一起加以斥责,命令王掞的儿子詹事王奕清及陶彝等十二人为额外章京,到军营效力。

夏四月甲午,任命李麟为固原提督。乙未,赐邓钟岳等一百六十三人进士及第出身各有差别。丙申,诏令订定历代帝王庙祭祀的规定。丁酉,命张鹏翮、陈鹏年赴山东视察黄河。任命赖都为礼部尚书,托赖为刑部尚书。丙午,圣祖巡视热河。戊午,命令定西将军噶尔弼驻守西藏。

五月壬戌,命令抚远大将军胤禵率军移驻甘州。丙寅,台湾奸民朱一贵作乱,残杀总兵官欧阳凯。癸酉,任命署参将管永宁协副将岳钟琪为四川提督。乙亥,改思明土州归广西太平府辖属。戊寅,诏令停止本年进军讨伐。任命常授为理藩院额外侍郎,在西宁办理公务。乙酉,任命年羹尧为四川陕西总督,赐给他弓箭。发放国库银五十万两赈济山西、陕西,命令朱轼、卢询主持赈济事务。

六月壬辰,改任高其位为江南提督,魏经国为湖广提督。丙申,圣祖下诏说:"平逆将军延信,是朕的侄子。统率士兵历经历从古未到的烟瘴绝域,奸灭巨房,平定西藏地方,的确堪称不辱宗族,可以封他为辅国公。"乙卯,吐鲁番回人拖克拖麻穆克等来归顺,命令散秩大臣阿喇衲率兵保护他们。福建水师提督施世骠平定台湾,擒获朱一贵解送京城。诏令嘉奖淡水营守备陈策坚固防守的功绩,越级提拔他为台湾总兵。

闰六月庚申朔,发生日食。丙寅,命令刑部宽宥罪行较轻的囚犯。戊辰,任命噶尔弼为蒙古都统。

秋七月己酉,圣祖行围打猎。

八月甲戌,命副都统庄图率兵二千进驻吐鲁番,增强阿喇衲的军力。丙戌,黄河在武陟县决口,涌入沁水。

九月辛卯,命副都统穆克登率兵二千奔赴吐鲁番。甲午,噶尔弼因病被罢免,任命公爵策旺诺尔部署理定西将军,驻守西藏,阿宝、武格参赞军事。丙申,策旺阿拉布坦

老年康熙

进犯吐鲁番,阿喇衲击退了他的进攻。丙午,赈济河南、山东、直隶遭受水灾的地区。乙卯,圣祖返回京城。丙辰,命令副都御史牛钮、侍讲齐苏勒、员外郎马泰堵塞黄河决口,疏引沁水汇入运河。丁巳,任命阿喇衲为协理将军。圣祖撰写平定西藏碑文。

冬十壬戌,设置巡察台湾御史。圣祖下诏说:"本年秋审的案卷都已详细披览,各省具题的缓期执行死刑的案件,九卿已加核定,朕不忍心再加复阅,恐怕审查后也许导致重判。"丙寅,召抚远大将军胤禵来京。辛未,圣祖下诏说:"大学士熊赐履为官清正,学问广博通达,朕很久而不能忘怀他,常令官员救济抚恤他的家属。现在他的两个儿子来京,观察他们的气质,还能够读书,应当加以造就,可传谕九卿知道。"任命钟世臣为浙江提督,姚堂为福建水师提督,冯毅署理广东提督。

十一月辛卯,任命陈鹏年署理河道总督。戊戌,任命马武、伊尔哈岱为蒙古部统。己酉,圣祖驾临南苑。圣祖下诏说将军额伦特、侍卫色楞、副都统查礼浑、提督康泰等,杀敌殉国,都赐予抚恤。

十二月壬申,四川提督岳钟琪征伐郭罗克的番人,平息了他们。丁丑,圣祖返回住在畅春园。派遣鄂海、永德前往视察吐鲁番屯田。

这一年,因灾免征江南、河南、陕西、甘肃、福建、浙江、湖广等省一百二十三州县赋税

数量不等。朝鲜、琉球、安南派使节入贡。本年有丁户二千九百一十四万八千三百五十九，又永不加赋后滋生人丁四十六万七千八百五十，征银二千八百七十九万多。盐课银三百七十七万三百六十三两，铸钱四万三千七百三十二万五千八百多。

六十一年壬寅春正月戊子，圣祖召见八旗文武大臣年岁在六十五以上的六百八十人，已经退职的也一律赐宴，宗室授爵劝酒。越三日，宴赏汉族大臣六十五以上的三百四十人，规格相同。圣祖赋诗，诸位大臣奉和，题名为《千叟宴诗》。戊申，圣祖巡幸京郊地区。

二月庚午，任命高其倬署理云南贵州总督。丙子，圣祖返回住在畅春园。

三月丙戌，任命阿鲁为荆州将军。

夏四月甲子，派遣使臣册封朝鲜国王李昀的兄弟李昑为世弟。丁卯，圣祖巡视热河。己巳，抚远大将军胤禵再次前往军中。癸未，福州驻防兵丁哗变，将军黄秉钺不能约束弹压，被革职，斩杀为首哗变兵丁。

五月戊戌，施世纶去世，任命张大有署理漕运总督。

六月，因为奉天地方连年丰收，解除海禁。暹罗大米价格较低，听任它输入内地，免征关税。辛未，命令直隶截留漕粮二十万石以备赈济。丙子，赵弘燮去世，加封他的侄子郎中赵之垣佥都御史衔，署理直隶巡抚。

秋七月丁酉，征西将军祁里德上奏乌兰古木屯田事宜，请求增兵防守。命令都统图拉率兵前往。壬寅，命令色尔图赴西藏统领四川驻防兵。戊申，任命蔡珽为四川巡抚。赐予已故直隶总督赵弘燮祭葬，谥号肃敏。

八月丙寅，停止本年处决囚犯。巴故提督蓝理的妻子儿子先前因有罪被抄没入旗，至此，圣祖怀念蓝理平定台湾有功，赦免他们返回原籍，应交纳的款项免于追赔。己卯，圣祖驻跸汗特木尔达巴汉昂阿。赏赐来朝觐的外藩银两财物鞍马和随围的军士银币。

九月甲申，圣祖驻跸热河。乙酉，谕令大学士说："有人说我塞外行围打猎，使军士劳苦。不知道承平日久，难道就可以忘记武备？屡次兴师出征，部队勇敢兵士尽力，最终成功，这都是勤于训练的结果。"甲午，年羹尧、噶什图奏请酌量加增火耗银，以补偿官员亏空的国库。圣祖说："火耗银只可议减，怎么可以加增？这次亏空，主要是由于用兵出征。官兵过境，有时不免要送礼。开始挪用公款，久而久之就会出现亏空，往年曾有宽免的恩旨。现在军需急用，就将户部库银拨送西安备用。"戊戌，圣祖起程返京。丁未，到达密云，视察河堤。庚戌，圣祖回到京城。

冬十月辛酉，命雍亲王胤禛、弘升、延信、孙渣齐、隆科多、查弼纳、吴尔占视察谷仓。壬戌，任命觉罗德尔金为蒙古都统，安飩为杭州将军。辛未，任命查弼纳为江南江西总督。癸酉，圣祖驾临南苑行围打猎。任命李树德为福州将军，黄国材为福建巡抚。

十一月戊子，圣祖患病，返回住在畅春园。任命贝子胤祹、辅国公吴尔占为满洲都统。庚寅，命皇四子胤禛恭敬地代表他祭天。甲午，圣祖的病情加重，到晚上戌时，圣祖驾崩，享年六十九。当晚就将他移入大内发表。雍正元年二月，给圣祖尊奉谥号。九月丁丑，葬在景陵。

高宗本纪

【题解】

清高宗爱新觉罗·弘历(1711～1799),是中国封建社会中年寿最长的一位皇帝,年号乾隆。在位六十年,又做了三年太上皇。他承继康熙、雍正两朝的鼎盛基础又加以发扬,清朝一代的经济、文化,到乾隆时代乃达到最高峰。在他统治的最后几年,全国人口共计三亿,国家每年赋税收入共计三千万两。乾隆注意开发西北和西南边区,打击军事分裂活动,对国家的统一和民族的团结做出了一位君主应有的努力。他注意发展文化,最著名的一件大事就是《四库全书》的纂修。这部三万六千册的大书,尽管对原本作了若干删节、篡改,但是许多重要的史料却赖以保存到今天。为学术界开创了一代风气的"乾嘉朴学",他在这六十多年间取得了极可观的成就。他本人也具有相当深厚的汉文化素养,到处题诗写字。历史上不乏文采风流的君主,但是大多见于衰世,在这一点上,乾隆帝就显得颇为突出了。不过,他本人又是一位好大喜功和奢侈无度的皇帝。他晚年自号"十全老人",即在位六十年中,曾经打过十次大仗而且都取得胜利。这些战争的是非得失,应该做具体的分析,不宜笼统地加以肯定或否定。他又学习他的祖父康熙,

乾隆

曾六次"南巡",虽然对于东南地区的稳定起过积极的作用,但是浪费的人力财力则无法数计。正是在他"以身作则"的影响下,出现了清代最大的贪官和珅,同时贪污也逐渐在官场公开蔓延。盛世由这时转而走向衰世,《红楼梦》里对贾府兴衰的描写,不妨看成天才作家曹雪芹对这一整个时代的敏感。

【原文】

高宗法天隆运至诚先觉体元立极敷文奋武钦明孝慈神圣纯皇帝,讳弘历,世宗第四子,母孝圣宪皇后,康熙五十年八月十三日生于雍亲王府邸。隆准颀身,圣祖见而钟爱,令读书宫中,受学于庶吉士福敏,过目成诵。复学射于贝勒允禧,学火器于庄亲王允禄。木兰从狝,命侍卫引射熊。甫上马,熊突起。上控辔自若。圣祖御枪殪熊。入武帐,顾语

温惠皇太妃曰："是命贵重，福将过予。"

雍正元年八月，世宗御乾清宫，密书上名，缄藏世祖所书正大光明扁额上。五年，娶孝贤皇后富察氏。十一年，封和硕宝亲王。时准噶尔役未竟，又有黔苗兵事，命上综理军机，谘决大计。

十三年八月丁亥，世宗不豫。时驻跸圆明园，上与和亲王弘昼朝夕谨侍。戊子，世宗疾大渐，召庄亲王允禄，果亲王允礼，大学士鄂尔泰、张廷玉，领侍卫内大臣丰盛额、讷亲，内大臣户部侍郎海望入受顾命。己丑，崩。王大臣请奉大行皇帝还宫。庄亲王允禄等启雍正元年立皇太子密封，宣诏即皇帝位。寻谕奉大行皇帝遗命，庄亲王允禄、果亲王允礼、鄂尔泰、张廷玉辅政，并令鄂尔泰复任，以鄂尔泰因病请假也。以遗命尊奉妃母为皇太后，复奉懿旨以上元妃为皇后。召大学士朱轼回京。命大学士嵇曾筠总理浙江海塘工，赵弘恩署江南河道总督。大行皇帝大殓，命以乾清宫南庑为倚庐。庚寅，命总理事务王大臣议行三年丧。命履郡王允裪暂管礼部事务。召张照回京，以张广泗总理苗疆事务，大学士迈柱署湖广总督。谕大将军查郎阿驻肃州，与刘于义同掌军务，北路大将军平郡王福彭坚守。饬扬威将军哈元生等剿抚苗疆。癸巳，颁大行皇帝遗诏。

九月丁酉朔，日食。高起、宪德俱罢，仍带尚书衔。以鄂尔泰总理兵部事，果亲王允礼总理刑部事，庄亲王允禄总理工部事，甘汝来为汉兵部尚书，傅鼐署满兵部尚书。己亥，上即位于太和殿，以明年为乾隆元年。庚子，定三年丧制，却群臣以日易月之请。命大学士朱轼协同总理事务王大臣办事。辛酉，召史贻直来京。壬寅，止进献方物。禁内廷行走僧人招摇。颁乾隆元年时宪书。铸乾隆通宝。遣官颁诏朝鲜。丙辰，赈甘肃兰州、平凉等处旱灾。丙午，命庆复往北路军营，代回福彭。手敕额驸策凌勿离军营。丁未，大行皇帝梓宫安奉雍和宫，戊申，上诣雍和宫行礼。自是日至乙卯以为常。己酉，赏庄亲王允禄、果亲王允礼双俸，鄂尔泰、张廷玉世袭一等轻车都尉，朱轼世袭骑都尉。庚戌，召杨名时来京。辛亥，命海望署户部尚书，傅鼐署刑部尚书。乙卯，上诣雍和宫行大祭礼。奉皇太后居永仁宫。是日，上移居养心殿。命廷臣轮班条奏，各举所知。戊午，赏李绂侍郎衔，命管户部三库事。己未，上诣雍和宫梓宫前行月祭礼。自是迄奉移，每月如之。再免民欠丁赋。并谕官吏侵蚀者亦免之。逮傅尔丹下狱。庚申，开乡会试恩科。免贵州被扰州县之额赋，未扰者停征。辛酉，上诣田村孝敬皇后梓宫前致祭。以本年乡试弊多，逮治考官顾祖镇、戴瀚。大学士马齐乞休，允之。癸亥，召署河东盐政孙嘉淦来京，以侍郎用。

冬十月丙寅朔，飨太庙，遣裕亲王广保代行。命副将军常德赴北路军营。丁卯，申禁各省贡献。以张广泗为征苗经略，扬威将军哈元生、副将军董芳以下俱听节制。庚午，命履郡王允裪管礼部，召原任尚书涂天相来京。辛未，以任兰枝为礼部尚书。壬申，免江南等省漕粮芦课及学租杂税。命治曾静、张熙罪。加左都御史福敏太子太保。以王大臣办事迟延疏纵，申谕严明振作，毋与用宽之意相左。调徐本为刑部尚书，涂天相为工部尚书。丙子，以刘勷为直隶河道总督。丁丑，起彭维新为左都御史。命徐本军机处行走。癸未，停诸王兼管部院事。甲申，授海望户部尚书。己丑，命来保署工部尚书，兼管内务府。癸巳,傅尔丹、岳钟琪、石云倬、马兰泰论斩。甲午,改讷亲、海望、徐本为协办总理事务,纳延泰行走,如班第等例。丰盛额、莽鹄立罢。庚子,张照下狱鞫治。壬寅,湖北忠峒等十五土司改土归流,分置一府五县,于恩施县建府治,名曰施南府,分设县治,名曰宣恩、来凤、咸丰、利川。乙巳,申谕荐举博学鸿词。丁未,上大行皇帝尊谥曰敬天昌运建中表正文武英明宽仁信毅大孝至诚宪皇帝,庙号世宗,次日颁诏覃恩有差。免四川巴县等旱灾额赋。戊申,召迈柱来京,以史贻直署湖广总督。庚戌,以孙嘉淦为左都御史。癸丑,命庆复为定边大将军,赴北路军营。命孙嘉淦仍兼管吏部。谕赦降苗罪。免贵州三年内耗羡。丙辰,上诣田村上孝敬宪皇后尊谥曰孝敬恭和懿顺昭惠佐天翊圣宪皇后,次日颁诏覃恩有差。改河东总督仍为河南巡抚,以傅德为之。丁巳,授钟保湖南巡抚,俞兆岳江西巡抚。命岱林布为右卫将军。己未,以平郡王福彭协办总理事务。董芳、元展成、德希寿褫职逮问,夺哈元生扬威将军,命经略张广泗兼贵州巡抚。癸亥,赏阿其那、塞思黑子孙红带,收入玉牒。甲子,以王大臣会刑部夹讯李禧、耿韬,命审讯大臣宜存大体。

十二月丙寅朔,以博第为吉林将军,吴礼布为黑龙江将军。复设川陕总督,裁四川总督。戊辰,赈安徽泗州、湖北潜江水灾。癸酉,免浙江、山东、福建、广东盐场欠课。戊寅,上皇太后徽号曰崇庆皇太后,次日颁诏覃恩有差。己卯,以准噶尔遣使请和,命喀尔喀扎萨克等详议定界事宜。庚辰,调傅鼐为刑部尚书,仍兼管兵部。甲申,磔曾静、张熙于市。都统李禧以赃,尚书高起以欺罔,俱论斩。丙戌,命嵇曾筠兼管浙江巡抚。以高斌为江南河道总督。设归化城将军及副都统。辛卯,晋封讷亲一等公,世袭。

乾隆元年春正月丙申朔,上诣堂子行礼。至观德殿更素服,诣雍和门行礼毕,率诸王大臣诣慈宁宫行礼。御太和殿受朝,不作乐,不宣表。戊戌,命北路参赞大臣萨木哈回京。辛丑,祈谷于上帝,亲诣行礼。自是每年如之。癸卯,建京师先蚕坛。准噶尔台吉噶尔丹策零遣使贡方物。丁未,准噶尔贡使吹纳木喀入觐。召大将军庆复回京。命伊勒慎、阿成阿、哈、岱为参赞大臣,协同额驸策凌办事,驻鄂尔坤。命都统王常、侍郎柏修往鄂尔坤勘屯田。丙辰,以顾琮署江苏巡抚。己未,署湖南永州镇总兵崔起潜妄劾鄂尔泰、张广泗,褫职逮治。南掌入贡。庚辰,上启跸谒陵。癸亥,上谒昭西陵、孝陵、孝东陵、景陵。赈台湾诸罗县地震灾民。赈甘肃固原、四川忠州等州县旱灾。

二月丙寅,上还京师。戊辰,祭大社、大稷,上亲诣行礼。自是每年如之。以补熙署漕运总督。甲戌,遣准噶尔来使归,诏以遵皇考谕旨,酌定疆界,赍示噶尔丹策零。乙卯,赐准噶尔台吉噶尔丹策零敕书,斥所请以哲尔格西喇呼鲁苏为界,及专令喀尔喀内徙。庚辰,命迈柱兼管工部。申饬陈奏谬妄之谢济世、李徽、陈世倌等。加杨名时礼部尚书衔,管国子监祭酒事。辛酉,朝鲜国王李昑遣使进香,赏赉如例。甲申,命改嵇曾筠为浙江总督,兼管两浙盐政。郝玉麟以闽浙总督专管福建事。戊子,定世宗山陵名曰泰陵。己丑,达赖喇嘛及贝勒颇罗鼐遣使贡方物。辛卯,以程元章为漕运总督。癸巳,尹继善奏克空稗、台雄等寨。张广泗奏克大小丹江等处。

三月庚子,释汪景琪、查嗣庭亲族回籍。乙巳,加上太祖尊谥曰太祖承天广运圣德神功肇纪立极仁孝睿武端毅钦安弘文定业高皇帝,孝慈皇后尊谥曰孝慈昭宪敬顺仁徽懿德庆显承天辅圣高皇后;太宗尊谥曰太宗应天兴国弘德彰武宽温仁圣睿孝敬敏昭定隆道显功文皇帝,孝端皇后尊谥曰孝端正敬仁懿哲顺慈僖庄敏辅天协圣文皇后,孝庄皇后尊谥曰孝庄仁宣诚宪恭懿至德纯徽翊天启圣文皇后;世祖尊谥曰世祖体天隆运定统建极英睿钦文显武大德弘功至仁纯孝章皇帝,孝惠皇后尊谥曰孝惠仁宪端懿慈淑恭安纯德顺天翼圣章皇后,孝康皇后尊谥曰孝康慈和庄懿恭惠温穆端靖崇天育圣章皇后;圣祖尊谥曰圣祖合天弘运文武睿哲恭俭宽裕孝敬诚信中和功德大成仁皇帝,孝诚皇后尊谥曰孝诚恭肃正惠安和淑懿俪天襄圣仁皇后,孝昭皇后尊谥曰孝昭静淑明惠正和安裕钦天顺圣仁皇后,孝恭皇后尊谥曰孝恭宣惠温肃定裕慈纯赞天承圣仁皇后。丁未,免四川凉山等处番民额赋。己酉,免肃州威鲁堡回民旧欠。庚戌,以固原提督樊廷为驻哈密总督。乙卯,免广东归善等四县加增渔税及通省逋赋。

夏四月丙寅,免江南阜宁等州县缓征漕粮。壬申,命王常、海澜为参赞大臣,协同额驸策凌办事。以高其倬为湖北巡抚,暂署湖南巡抚。戊寅,以王士俊为四川巡抚。辛巳,贵州提督哈元生褫职逮问。裁直隶副总河,以总督兼管河务。戊子,赐金德瑛等三百三十四名进士及第出身有差。壬辰,布鲁克巴部诺颜林沁齐垒喇布济至西藏请上安,并贡方物。

五月丁未,赈河南永城县水灾。壬子,命江南副总河移驻徐州。甲寅,免四川南溪等州县被风雹额赋。乙卯,朝鲜国王李昑表贺登极及尊崇皇太后,并进方物。乙巳,暹罗国王参立拍照广拍马呼六坤司尤提雅菩挨表谢赐扁,并贡方物。庚辰,免甘肃伏羌等州县地震伤亡缺额丁银。

六月戊辰,赈江苏萧县等州县水灾。己巳,以庆复署吏部尚书,仍兼署户部事。癸酉,授张广泗贵州总督,兼管巡抚事。以尹继善为云南总督。

秋七月癸巳朔,以贵州流民多就食沅州,免沅州额赋。甲午,召总理事务王大臣九卿等,宣谕密书建储谕旨,收藏于乾清宫正大光明扁额上。己亥,免贵州通省本年额赋。辛丑,除古州等处苗赋。甲辰,免崔起潜罪。丙午,赈江西安福水灾。辛亥,追谥明建文皇帝为恭闵惠皇帝。赈江南萧、砀等州县卫水灾。丁巳,赈甘肃陇西等州县水雹灾。戊午,调钟保为湖北巡抚,高其倬为湖南巡抚。赈湖北汉川等五州县卫水灾。癸酉,逮问王士俊,寻论斩。赈广东南海、潮阳等县水灾。

八月戊辰,祭大稷、大社,上亲诣行礼。自是每岁如之。准噶尔部人孟克来降。庚午,尚书傅鼐有罪免。乙卯,赈河南南阳等五县水灾。乙酉,赈喀喇沁饥。丁亥,兵部尚书通智免,以奉天将军那苏图代之。调博第为奉天将军。以吉尔党阿为宁古塔将军。赈陕西神木、府谷雹灾。辛卯,赈浙江兰溪等六县、江南溧水等二十四州县、湖北潜江等九州县卫水灾。

九月丙申,免张照、哈元生、董芳、元展成、德希寿贻误苗疆罪。丁酉,礼部尚书杨名时卒。戊戌,以庆复为刑部尚书,兼管吏部。命傅鼐暂署兵部尚书。庚子,停本年秋决。癸卯,赈浙江安吉等四县水灾。丙午,上临大学士朱轼第视疾。免江西安福水灾额赋。庚戌,大学士朱轼卒,上亲临赐奠。壬子,赈安徽宿州等二十州县卫水灾。致仕大学士陈元龙卒。乙卯,赈江苏萧县等三州县水灾。己未,御试博学鸿词一百七十六人于保和殿,授刘纶等官。赈江苏无锡等十三州卫水灾。准噶尔台吉车林等来降。

冬十月壬戌,以邵基为江苏巡抚。乙丑,除浙江仁和等州县水灾额赋。庚午,调岳浚为江西巡抚,以法敏为山东巡抚。辛未,上奉皇太后送世宗梓宫至泰陵。庚辰,上奉皇太后还京师。

十一月甲午,上始御乾清门听政。加稽曾筠太子太傅。命徐本为东阁大学士,仍兼管刑部。以孙嘉淦为刑部尚书,杨汝谷为左都御史。以额尔图为黑龙江将军。丙申,免云南楚雄等四府州县额赋。丁酉,赈安徽霍丘等三县卫、湖北汉川等十三县卫水灾。己酉,冬至,祀天于圜丘,上亲诣行礼。自是每年如之。己未,赈陕西定边雹灾,江南长洲等十二州县卫水灾。

十二月辛酉,赈巴林郡王等四旗旱灾。甲子,赈江苏娄、溧水等十三州县水灾。乙丑,改江南寿春协为镇,设总兵。己巳,免陕西府谷、神木本年雹灾额赋。移南河副总河驻徐州。丁丑,免安徽泗州卫屯田、长芦、广云灶地水灾额赋。丁亥,岱林布改江宁将军。以王常为建威将军,雅尔图为参赞大臣。免两淮莞渎等三场水灾额赋。

是岁,朝鲜、南掌、暹罗、安南来贡。

二年春正月庚寅朔,免朝贺。庚子,召赵弘恩来京。以庆复为两江总督。调那苏图为刑部尚书。以讷亲为兵部尚书。乙巳,以杨超曾为广西巡抚。丙午,释王士俊。戊子,李卫劾治诚亲王府护卫嘱托。上嘉之,赏四团龙褂。

二月丙寅,安南国王黎维祐卒,嗣子黎维祎遣使告哀,并贡方物。癸酉,赈江苏高邮水灾。戊寅,遣翰林院侍读嵩寿、修撰陈倓册封黎维祎为安南国王。庚辰,孝敬宪皇后发引,上奉皇太后送至泰陵。

三月庚寅,葬世宗于泰陵,孝敬宪皇后祔。壬辰,上还京师。癸巳,世宗宪皇帝、孝敬宪皇后升祔太庙,颁诏覃恩有差。辛丑,命保德等颁升祔诏于朝鲜。甲辰,涂天相罢。以赵弘恩为工部尚书。以顾琮协办吏部尚书。戊申,命翰林、科道轮进经史奏议。庚戌,移右卫将军驻归化新城,增副都统二。辛亥,调硕色为四川巡抚。壬子,调杨永斌为湖北巡抚。

四月甲子,以旱命刑部清理庶狱。乙丑,训饬建言诸臣。己巳,疏浚清口并江南运河。赈江苏江宁、常州二府旱灾。甲戌,祀天于圜丘,奉世宗配飨,次日颁诏覃恩有差。是日,雨。释傅尔丹、陈泰、岳钟琪。丙子,免顺天直隶额赋。己卯,召尹继善来京。以张允随署云南总督。甲申,免湖北汉川等五州县卫水灾额赋。南掌入贡。丁亥,免江苏萧、砀二县水灾额赋。

五月壬辰,赐于敏中等三百二十四人进士及第出身有差。癸巳,免湖北荆州、安陆二府水灾额赋。乙未,赈河南南阳等十二州县水灾。戊戌,御试翰林、詹事等官,擢陈大受等三员为一等,余各升黜有差。准本年新进士条奏地方利弊。戊申,免山东正项钱粮一百万两。辛亥,祭地于方泽,奉世宗配飨。除广东开建、恩平二县米税。乙卯,除湖南永州等处额外税。免安徽宿州水灾额赋。免浙江仁和等四州县水灾额赋。赈陕西商南、肤施等县雹灾。甲戌,以御门听政,澍雨优渥,赐执事诸臣纱疋有差。辛酉,命直隶试行区田法。戊戌,赈安徽石埭等六州县水灾。

秋七月戊子,以永定河决,遣侍卫策楞等分赴卢沟桥、良乡抚恤灾民。癸卯,命侍卫松福等往文安、霸州等处抚恤灾民。乙未,命顾琮勘永定河冲决各工。丙申,赈山东德平、阳谷等州县旱雹各灾。壬寅,赈顺直宛平、清苑等八十一州县卫旱灾。御试续到博学鸿词于体仁阁,授万松龄等官。丙辰,命各省蠲免额赋,已输者抵作次年正赋,著为令。赈安徽黟县等十四州县水灾。

八月丁巳朔,赈陕西安塞等三县雹灾。湖南城步县瑶匪平。赈抚甘肃平番等四县旱灾。命巡漕御史四员分驻淮安、济宁、天津、通州。甲戌,命鄂尔泰详勘直隶河道水利。丙子,以顾琮署直隶河道总督。丁丑,免江苏砀山水灾未完额赋十分之七。壬午,复设贵州威宁镇总兵官。筑浙江鱼鳞大石海塘。免山东历城等二十八州县卫本年旱灾额赋。甲申,赈甘肃会宁旱灾,福建霞浦等州县水灾。

九月辛卯,调北路参赞大臣哈岱回京,以玛尼代之。乙未,准噶尔回民米尔哈书尔来降。乙未,以杨永斌为江苏巡抚。己亥,赈福建闽县等沿海风灾。甲辰,训饬科道毋挟私言事。召史贻直入都。以德沛为湖广总督,元展成为甘肃巡抚。赈山西兴县等十二州县旱灾。辛亥,赈甘肃宁夏县水灾。癸丑,免云南宁州上年夏税。乙卯,以那苏图署兵部尚书。

闰九月癸亥,免河南西华等四县本年水灾额赋。丁卯,以尹继善为刑部尚书,兼办兵部事。调庆复为云南总督。以那苏图为两江总督。甲戌,赈长芦、芦台等场水灾灶户。除江西袁州、饶州二府杂税。丙子,马兰峪陵工竣。辛巳,赈福建霞浦等二县风灾。壬午,赈奉天小清河驿水灾。以云南布政使陈宏谋渎奏本省垦务,下部严议。赈江苏上元等二十五州县水灾,并加赈有差。赈贵州安顺等府厅县雹灾。

冬十月乙酉朔,赈山西永济等三县霜灾。丁亥,修盛京三陵。戊子,上诣东陵。辛卯,上谒昭西陵、孝陵、孝东陵。乙未,上还京师。丙申,安西镇总兵张嘉翰坐剥削军需论斩。以崔纪为陕西巡抚,尹会一为河南巡抚,张楷为湖北巡抚。己亥,大学士尹泰乞休,温谕留之。癸卯,赈山东齐河等二十八州卫水灾。免江南淳县本年虫灾额赋,桃源等三县未完银米。丁未,赈黑龙江水灾。戊申,修奉先殿。辛亥,免甘肃平番旱灾额赋。

十一月乙卯,赈安徽寿州、霍丘旱灾。免陕西靖边等八州县本年水灾额赋。丁巳,朝鲜国王李昑请封世子李愃,礼部言年未及岁,上特允之。癸亥,赈贵州郎岱等三厅县雹灾。乙丑,除山西河津被水额赋。丙寅,赈安徽太平等十一州县卫水灾。辛未,上诣泰陵,改总管为副都统。免江南铜山、砀山二县逋赋。壬寅,祭告泰陵,上释服。乙亥,赈甘肃环县、兰州,广东三水等十县旱灾。上还京师。戊寅,皇太后圣寿节,御慈宁宫,上率诸王大臣行庆贺礼。自是每年如之。己卯,免山西兴县等四州县旱灾丁银。庚辰,命仍设军机处,以大学士鄂尔泰、张廷玉,尚书讷亲、海望,侍郎纳延泰、班第为军机大臣。

十二月甲申朔,漕运总督补熙免,以查克丹代之。以来保为工部尚书。免江南阜宁上年水灾额赋。丁亥,上御太和殿,册立嫡妃富察氏为皇后。戊子,奉皇太后御慈宁宫,上率诸王大臣行庆贺礼毕,上御太和殿,群臣庆贺,颁诏覃恩有差。辛卯,免江苏溧水等十二州县水灾额赋。壬辰,赈陕西府谷等三县雹灾。甲午,以册立皇后礼成,加上皇太后徽号曰崇庆慈宣皇太后。奉皇太后御慈宁宫,上率诸王大臣行庆贺礼,次日颁诏覃恩有差。己亥,免直隶本年旱灾灶课。免甘肃宁夏水灾额赋。壬寅,鄂尔泰封三等伯。赈福建闽县等六县、广东海康等七县风潮灾。大学士迈柱乞病,许之。琉球贡方物。癸卯,张廷玉封三等伯。辛亥,赈涿州水灾。

三年春正月甲寅朔,上初举元正朝贺,率王以下文武大臣诣寿康宫庆贺皇太后,礼成,御太和殿受贺。自是每年元正如之。乙卯,以福敏为武英殿大学士,马尔泰为左都御史。辛酉,祈谷于上帝,奉世宗配享。癸亥,命举行经筵。甲子,上初幸圆明园,奉皇太后居畅春园。戊辰,御正大光明殿,赐朝正外藩及内大臣、大学士宴。癸酉,以朱藻为直隶河道总督,顾琮协理河道事。丁丑,准噶尔噶尔丹策零遣使奉表至京,并进貂皮。遣侍郎阿克敦充正使,御前侍卫旺扎尔、乾清门台吉额默根充副使,赍敕往准噶尔议定界。己卯,上自圆明园还宫。辛巳,以谒泰陵,命鄂尔泰在京总理事务。

二月丁亥,释奠先师孔子。戊子,幸圆明园。癸巳,准噶尔使入觐,赏银币有差。戊戌,上谒泰陵。己亥,上祭泰陵。辛丑,上幸南苑行围。壬寅,上还京师。丙午,举行经筵。自是每季仲月举行一次,岁以为常。丁未,免山东齐河等三十二州县卫水灾额赋。辛亥,上亲耤农田,加一推。自是每年如之。壬子,赵弘恩以纳贿夺职,以高其倬为工部尚书,张渠为湖南巡抚。

三月癸丑朔,赈福建闽县等八县飓风灾。申寅,上诣太学释奠,御彝伦堂,命讲《中庸》《尚书》。乙卯,调崔纪为湖北巡抚,张楷为西安巡抚。己未,免江苏六合等十二州县水灾额赋,广东三水等十州县旱灾额赋。辛酉,赈江苏上元等二十五州县卫水灾,并免额赋。丁卯,上诣黑龙潭祈雨。辛未,免甘肃兰州等处旱灾额赋。壬申,以旱命刑部清理庶狱。癸酉,免安徽太平等十一州县卫水灾额赋。丁丑,免湖北沔阳州逋赋。

夏四月甲申,以旱申命求言。停督抚贡献。理藩院尚书僧格休致,以纳延泰代之。己丑,调孙嘉淦为吏部尚书,以赵国麟为刑部尚书,孙国玺为安徽巡抚。壬辰,命顾琮往直隶会同朱藻办理河工。免长芦芦台等场、衡水等州县水灾额赋。

五月癸丑,赈陕西蒲城等十州县雹灾。己未,赈山东章丘等州县卫雹灾。庚申,赈陕西洛南等八州县雹灾。壬戌,贵州定番州苗阿沙等作乱,张广泗讨平之。辛未,调额尔图为奉天将军,博第为黑龙江将军。乙亥,免江南松江府额赋。辛巳,赈陕西靖边等八州县旱灾。

六月庚寅,赈山东东平等四州县雹灾。丙午,左都御史杨汝谷乞休,允之。

秋七月壬子,起前左都御史彭维新为原官。丁巳,免福建诏安县旱灾额赋。癸亥,免浙江温州等卫漕欠。乙丑,调史贻直为工部尚书,高其倬为户部尚书。丁卯,命查郎阿入阁办事。调鄂弥达为川陕总督。以马尔泰为两广总督,查克丹为左都御史,托时为漕运总督。大学士尹泰乞休,允之。

八月丙戌,江苏海州、山东郯城等州县蝗。赈湖南石门县、甘肃武威等三县水灾。己丑，海望丁忧，以讷亲暂署户部尚书。己亥，奉皇太后谒泰陵。癸卯，上诣泰陵行三周年祭礼。丙午，上奉皇太后驻跸南苑，上行围。戊申，赈安徽望江等四十八州卫旱灾。

九月庚戌朔，上奉皇太后还宫。免陕西长安等十五州县雹灾额赋。赈山东招远县雹灾。戊午，免福建漳浦上年旱灾额赋。辛酉，命稽曾筠入阁办事，兼理永定河务。裁浙江总督，复设巡抚，以郝玉麟仍为闽浙总督，卢焯为浙江巡抚。甲子，朱藻解任，遣讷亲、孙嘉淦往鞫之。以顾琮管总河印务。安南入贡。己巳，大学士尹泰卒。编修彭树葵进《十思箴》，上嘉赉之。赈甘肃碾伯等处旱灾。丁丑，免江苏江宁等五十二州县卫水灾额赋，并赈之。戊寅，赈台湾旱灾。

冬十月庚辰朔，赈陕西安定等六州县雹灾。辛巳，免山东邹平等八州县本年雹灾额赋。壬午，免直隶被水州县逋赋。免江苏、安徽被灾各州县逋赋。辛卯，皇次子永琏薨，辍朝五日，以御极后，亲书永琏为皇太子密旨，一切典礼如皇太子仪。赈安徽怀宁等五十州县卫旱灾。壬辰，户部尚书高其倬卒。丙申，调任兰枝为户部尚书，赵国麟为礼部尚书，史贻直为刑部尚书，以赵殿最为工部尚书。丁酉，谥皇太子永琏为端慧皇太子。直隶总督李卫以病免，命孙嘉淦署之。己亥，赈浙江吉安等州县旱灾。庚子，朝鲜国王李昑表贺上皇太后徽号并册封皇后，又表谢恩封世子，附进方物。壬寅，上幸田村，奠端慧皇太子。癸卯，免江南、江西、河南漕欠。乙巳，授孙嘉淦直隶总督，以甘汝来为吏部尚书兼兵部，杨超曾为兵部尚书。丙午，授顾琮直隶河道总督。

十一月己酉朔，复广东海南道为雷琼道，改高雷道为高廉道。庚戌，以孙嘉淦劾贝勒允祜，上嘉之，予议叙。允祜下宗人府严议。壬子，赈江苏华亭等六县卫旱灾。赈湖南石门县旱灾。癸丑，免奉天宁远等四州县虫灾额赋。赈浙江归安、乌程，陕西绥德等四州县雹灾，湖北孝感等六州县旱灾。癸丑，免河南信阳等八州县旱灾额赋。赈湖北应山、四川忠州等三州县旱灾。乙丑，免江南淮安、徐州二府湖滩额租。免山东招远县雹灾额赋。庚午，大学士稽曾筠以病乞休，允之。壬申，甘肃宁夏地震，水涌新渠，宝丰县治沉没，发兰州库银二十万两，命兵部侍郎班第往赈之。乙亥，吏部尚书性桂乞休，允之。丁丑，免直隶宣化各府州逋赋。

十二月乙卯朔，调讷亲为吏部尚书。庚辰，赈四川射洪等六县水灾。赈两淮盐场本年旱灾。丙戌，彭维新褫职，以魏廷珍为左都御史。丁亥，甘肃宁夏地震。甲午，赈甘肃平番虫灾。命大理寺卿汪漋往江南总办河工。琉球国王尚敬遣使表贺登极，入贡。戊戌，准噶尔台吉噶尔丹策零遣哈柳等从侍郎阿克敦等至京师，进表。乙巳，准噶尔使哈柳等入觐，谕曰："所奏游牧不越阿尔台，朕甚嘉之。托尔和、布延图卡伦内移，不可行。"

四年春正月己酉，上御乾清宫西暖阁，召王、大臣、翰林、科道及督、抚、学政在京者九十九人赐宴，赋柏梁体诗。丁卯，免甘肃宁夏等五县地震被灾额赋。壬申，大学士稽曾筠卒。赵国麟为大学士，调任兰枝为礼部尚书，以陈德华为户部尚书。

二月己卯，调张渠为江苏巡抚，以冯光裕为湖南巡抚。丙戌，免直隶沧州等四州县、兴国等四场水灾灶地额赋。免贵州郎岱等四厅州县雹灾额赋。乙未，免甘肃靖远风灾额赋。丙申，准噶尔部人孟克特穆尔等来降。免陕西咸宁、镇安水灾，甘肃柳沟卫虫灾额赋。戊戌，免湖南永顺、永绥新辟苗疆盐课。免浙江上虞等县逋赋。庚子，准噶尔台吉噶尔丹策零请以阿尔泰山为界，许之。免湖北钟祥等五县卫旱灾额赋。

三月丁未朔，己酉，召雅尔图来京，以阿兰泰为北路参赞大臣。免安徽宿州等四州县逋赋。吏部奏行取届期，上命尚书、都御史、侍郎保举如陆陇其、彭鹏者。免湖北应山上年旱灾额赋。甲子，设热河兵备道，驻承德州。命讷亲协办大学士。戊辰，以旱灾特免直隶、江苏、安徽三省额赋。壬申，以魏廷珍为工部尚书。赈直隶文安等六县水灾。

夏四月丁卯，免安徽寿州上年旱灾额赋。戊寅，免江苏丹阳等七县旱灾额赋。辛巳，赐庄有恭等三百二十八人进士及第出身有差。壬午，免长芦上年旱灾逋赋。丙戌，以旱申命求言。命刑部清理庶狱，减徒以下罪。甲午，免四川忠州等三州县旱灾额赋。乙未，以陈世倌为左都御史。癸卯，西藏巴勒布部库库木、颜布、叶楞三汗入贡。

五月甲子，朝鲜国王李昑谢赐本国列传，进方物。戊辰，改筑浙江海宁石塘。辛未，致仕大学士马齐卒。癸酉，加鄂尔泰、张廷玉、福敏太保，徐本、讷亲太子太保，甘汝来、海望、鄂善、尹继善、徐元梦、孙嘉淦、庆复太子少保。

六月庚辰，调硕色为山东巡抚，方显为四川巡抚。甲辰，免甘肃赤金所上年被灾额赋。山东济南等七府蝗。曹县河决，仍赈被水六州县灾民。甘肃秦安等六州县雹灾。

秋七月戊申，额驸策凌奏率兵驻鄂尔海西拉乌苏，并分兵驻鄂尔坤河、齐齐尔里克、额尔德尼招、塔密尔、乌里雅苏台附近，防范准噶尔。庚戌，以甘肃秦安等十五州县雹灾，命无论已未成灾，悉免本年额赋。辛酉，赈河南祥符等四十七州县水灾。壬戌，赈山东海丰等县场灶户。甲子，赈江苏睢宁等十三州县卫水雹各灾，湖北房县旱灾。丙寅，吏部尚书甘汝来卒。以郝玉麟为吏部尚书，宗室德沛为闽浙总督，以班第为湖广总督。己巳，赈安徽宿州雹灾。庚申，安南马郎叛人矣长等来降。赈山东利津等二县雹灾。壬申，赈直隶开州等州县、江苏海州等州县水灾。江苏淮安，安徽凤阳等府州蝗。

八月丙子，御史张湄劾诸大臣阻塞言路。上斥为渐染方苞恶习，召见满、汉奏事大臣谕之。辛巳，赈河南商丘等州县水灾。壬午，叙张广泗经理苗疆功，授三等轻车都尉，黄廷桂等加衔、加级有差。戊子，赈山东历城等六十六州县卫所水灾，停征新旧额赋。庚寅，江苏金坛县贡生蒋振生进手钞《十三经》，赐国子监学正衔。

九月乙巳朔，署广西提督谭行义以安南郑氏专柄，清化镇邵郡公及黎鷟起兵与郑氏内哄，奏闻。丙午，免江苏海州、赣榆二州被水漕粮。戊申，赈河南祥符等三十七州县水灾有差。丁巳，上奉皇太后谒陵。庚申，上谒昭西陵、孝陵、孝东陵、景陵。赈山东临邑等县水灾。癸亥，赈甘肃张掖东乐堡水灾。赈河南邓州等四州县水灾，山西榆次等三县旱灾。命停征江苏、安徽糟粮。上奉皇太后还宫。庚午，上以疾命和亲王弘昼代行孟冬时飨礼。免甘肃秦安等十五州县粮草三分之一，及灵州、碾伯等州县本年水雹各灾额赋。

冬十月丁丑，准噶尔回人伊斯拉木定来降。庚辰，以江苏海州等四州县水灾，免逋赋。甲申，端慧皇太子周年，上幸田村奠酒。乙酉，赈山东历城等六十六州县水灾，给葺屋银。丁亥，免陕西兴平等十六州县雹灾额赋。己丑，庄亲王允禄、理亲王弘皙等缘事，宗人府议削爵圈禁。上曰："庄亲王宽免。理亲王弘皙、贝勒弘昌、贝子弘普俱削爵。弘升永远圈禁。弘晈王爵，系奉皇考特旨，从宽留王号，停俸。"丙申，释马兰泰。己亥，额鲁特札萨克多罗郡王、和硕额驸阿宝之妻和硕格格进顾实汗所传玉玺，谕还之。壬寅，召定边左副将军额驸策凌来京。封弘昫郡王，袭理亲王爵。癸卯，上幸南苑行围。

十一月丙午，上行大阅礼，连发五矢皆中的，赐在事王大臣银币有差。戊申，以郝玉麟署两江总督。庚戌，召尹会一来京，以雅尔图为河南巡抚。赈江苏安东等十五州县水灾有差。壬申，免宁夏次年额赋。

十二月癸酉朔，免山东金乡等六州卫水灾额赋。丙子，免浙江安吉等州县漕粮，河南罗山旱灾额赋。戊寅，弘晳坐问安泰"准噶尔能否到京，上寿算如何"，拟立绞。谕免死，永远圈禁，安泰论绞。免陕西榆林等十一州县逋赋。癸未，免河南祥符等四十四州县水灾额赋。乙酉，晋封贝勒颇罗鼐为郡王。庚寅，免河南商丘等十州县水灾额赋。壬辰，哈柳等入觐。甲午，召车臣汗达玛林等赐茶。

五年春正月丁未，赈安徽宿州等八州县，庐江等十州县卫旱灾有差。丁卯，朝鲜入贡。辛未，命乌赫图、巴灵阿护准噶尔人赴藏熬茶。湖南绥宁苗作乱，命冯光裕等剿之。

二月，琉球入贡。乙亥，命额驸策凌等定各部落接准噶尔游牧边界。哈柳归，召入赐茶，以和议成，嘉奖之。辛巳，以伊勒慎为绥远城将军。癸未，工部尚书魏廷珍罢。申谕九卿，毋蹈模棱覆辙。免山东章丘等六十州县卫水灾额赋。戊子，免湖北襄阳县卫上年额赋。壬辰，免上年安徽宿州雹灾，山东滕县等五县水灾额赋。戊戌，以韩光基为工部尚书。辛丑，免湖北汉阳等四县上年旱灾额赋。

三月庚戌，以尹继善为川陕总督，鄂善署刑部尚书。壬子，免直隶雄县上年水灾额赋。甲子，免山东沾化等县场水灾额赋。庚午，湖南栗林、鬼冲各寨苗匪平。

夏四月丙戌，赈两淮板浦等场灾。戊子，御史褚泰坐受贿论斩。免陕西葭州、怀远旱灾额赋。己丑，以那苏图为刑部尚书。甲午，以旱召九卿面谕，直陈政事阙失。改山东河道为运河道，兖沂曹道为分巡兖、沂、曹三府，管河工。戊戌，任兰枝及太常寺卿陶正靖坐朋比，下部严议。

五月甲寅，上诣黑龙潭祈雨。丙辰，命刑部清理庶狱。甲子，以杨超曾署两江总督。丁卯，谕冯光裕及湖广提督杜恺剿捕城步、绥宁瑶匪。

六月癸酉，命阿里衮、朱必堦查勘山东沂州等处水旱灾。戊寅，命山东、江苏、安徽捕除蝻子。召张广泗来京。壬辰，赈甘肃秦州水灾。戊戌，福州将军隆升坐收馈遗，褫职鞫治。

闰六月甲辰，广西义宁苗作乱，谕马尔泰赴桂林调度兵事。辛亥，以喀尔吉善为山西巡抚。命杜恺统率湖南兵至军前。乙卯，命张广泗赴湖南会办军务。甲子，准噶尔台吉噶尔丹策零遣使进表。

秋七月癸酉，调张渠为湖北巡抚。以徐士林为江苏巡抚。调方显为广西巡抚，硕色为四川巡抚，朱定元为山东巡抚。乙亥，赐噶尔丹策零敕书，谕准噶尔使以阿尔泰山为界，山南游牧之人，仍居旧地。设甘肃安西提督，驻哈密。丁丑，以补熙为绥远城将军。辛巳，诏停今年秋决。甲申，张广泗留办湖南善后。赈安徽宣城卫饥。己丑，免安徽凤阳等十九州县卫水灾、无为等四州县旱灾额赋。甲午，赈山西徐沟饥。丁酉，赈甘肃武威等三县饥。戊戌，班第奏总兵刘策名等连克长坪各苗寨，获首倡妖言黎阿兰等。

八月己亥朔，广西宜山县蛮匪平。庚子，谕曰："朕阅江省岁额钱粮杂办款目，沿自前明，《赋役全书》亦未编定，官民交受其累，其悉予豁免。"庚戌，班第奏剿平盐井口苗匪各寨。壬戌，上奉皇太后驻南苑。赈福建永定饥。免河南中牟等十四州县水灾额赋。戊辰，谭行义奏安南人立龙彪为王，僭元景兴。癸酉，调杨超曾为吏部尚书，仍署两江总督，史贻直为兵部尚书，韩光基为刑部尚书，陈世倌为工部尚书。辛巳，协办大学士礼部尚书三泰乞休，慰留之。赈福建上杭饥。赈浙江余杭等十六州县厅卫所水灾。丙戌，江苏宿迁县朱家闸河决，命筑挑水坝。丁亥，筑江苏宝山县吴家滨海塘石坝。赈陕西葭州等州县饥。以王安国为左都御史。永定河复归故道。

冬十月戊戌朔，以常安为漕运总督。壬寅，上谒泰陵。乙巳，上还京师。赈四川绵竹等三县水灾。甲寅，免甘肃平罗本年水灾额赋，仍免宁夏、宁朔半赋。丙辰，金都御史刘藻奏请停减圆明园营造，上嘉纳之。赈福建台湾、诸罗风灾。丁卯，张广泗奏获苗匪栗贤宇等，及附瑶匪之戴名扬等，克平溪等寨。

十一月己巳，以那苏图署湖广总督。庚午，调来保为刑部尚书，哈达哈为工部尚书。丙子，杨超曾劾江西巡抚岳浚，命高斌往会鞫之。己卯，召王慕来京。命王安国以左都御史管广东巡抚事。命阿里衮同高斌勘鞫岳浚。以刘吴龙为左都御史。乙酉，命廷臣各举所知，如汤斌、陆陇其、陈瑸、彭鹏诸人。赈陕西葭州等六州县饥。

十二月壬寅，张广泗进剿湖南城步、绥宁，广西义宁苗、瑶，悉平之。免安徽宣城、宣州二县卫雹灾额赋。免托克托城等处雹灾额赋。壬子，免山东蒲台逋赋。

六年春正月申戌，裁安西总兵，设提督。丙子，免福建闽县等五县逋赋。甲申，命鄂尔泰、讷亲会同孙嘉淦、顾琮勘视永定河工。命参赞大臣阿岱驻乌里雅苏台。以庆泰为北路军营参赞大臣。戊子，免霸州、雄县额赋。甲午，命班第仍在军机处行走。

二月，御史丛洞请暂息行围，上以饬兵怀远之意训之。丙午，以完颜伟为南河副总河。免湖北钟祥等四县卫水灾额赋。甲寅，免陕西葭州等三州县雹灾额赋。庚申，增设山西归化城分巡道。

三月壬申，命侍郎杨嗣璟往山西会鞫山西学政喀尔钦贿卖生员之狱。甲申，以御史仲永檀劾鄂善受贿，命怡亲王等鞫之。鄂善褫职逮问。辛卯，擢仲永檀为金都御史。

夏四月乙未朔，大学士赵国麟乞休，不允。免江苏丰县等十州县卫水灾、虫灾、民屯芦课。甲辰，免顺天直隶霸州等十州县上年水灾额赋。以庆复署两广总督，张允随署云贵总督。己酉，赐鄂善自尽。

五月戊寅，免福建台湾逋赋。赈江西兴国等县水灾，贵州仁怀、平越水灾。

六月甲午朔，免陕西葭州等六州县上年水灾额赋。丙申，江苏巡抚徐士林给假省亲，调陈大受署之。改张楷为安徽巡抚。庚子，命王安国勘广东征粮积弊。乙巳，以御史李慎劾甘肃匿灾，命会同尹继善勘之。己酉，浙江巡抚卢焯解任，命德沛及副都统汪扎勒鞫之。赈安徽宿州等十二州县水灾，江苏山阳等州县水灾。赵国麟以荐举非人，降调。

秋七月，免江苏苏州等府属逋赋。甲子，喀尔钦处斩。丙子，萨哈谅论斩。戊寅，甘肃巡抚元展成以御史胡定劾，解任，命副都统新柱往会尹继善鞫之。癸未，诏停今年秋决。戊子，上初举秋狝。奉皇太后幸避暑山庄，免经过额赋十分之三。自是每年皆如之，减行围所过州县额赋。辛卯，赈江西武宁等二县水灾。壬辰，上至古北口阅兵。赈广东永安、归善二县饥。

八月癸巳，赈安徽宿州等十九州县卫水灾。庚子，上驻跸张三营。辛丑，上行围。赈江苏山阳等十八州县、莞渎等场水灾。己酉，召杨超曾回京。调那苏图为两江总督，孙嘉淦为湖广总督。以高斌为直隶总督，完颜伟为江南河道总督。裁直隶河道总督，命高斌兼理直隶河务。辛亥，召宁古塔将军吉党阿来京，以鄂尔达代之。

九月癸亥朔，以陈宏谋为甘肃巡抚。乙丑，上奉皇太后回驻避暑山庄。赈广东南海等二十六州县厅饥。上奉皇太后回跸。壬申，授王恕福建巡抚，杨锡绂广西巡抚。甲戌，调陈宏谋为江西巡抚，黄廷桂为甘肃巡抚。免江苏、安徽乾隆三、四年被灾漕粮。己卯，调韩光基为工部尚书。以刘吴龙为刑部尚书。辛巳，原任江苏巡抚徐士林卒。授陈大受江苏巡抚，张楷安徽巡抚。赈福建福清等八县及长福等镇营饥。丁亥，以刘统勋为左都御史。

冬十月庚子，赈广东琼山等二十四州县飓灾。丁未，赈安徽宿州等三十一州县卫水灾，并免宿州等三州县额赋漕粮。己酉，赈甘肃灵州等处饥。丙辰，赈热河四旗丁水灾。

十一月甲子，赈两淮灶户饥。乙丑，南掌国王岛孙遣使入贡。丙申，赈甘肃平番等十四州县雹水灾。己巳，御史李悢陈奏甘肃饥馑情形不实，部议革职。上曰："与其惩言官而开讳灾之端，宁从宽假以广耳目。"命革职留任。戊寅，免江苏山阳等十五州县卫水灾额赋。赈句容等三十四州县卫饥。丙戌，皇太后五旬圣寿节，御慈宁宫，上率诸王大臣等行庆贺礼。

十二月乙未，刘统勋请停张廷玉近属升转，减讷亲所管事务，上嘉之。丙申，大学士张廷玉请解部务，不许。辛丑，免甘肃武威等二县五年被水额赋。辛丑，免甘肃武威等二县五年被水额赋。赈江苏江浦等州县旱灾。免湖南湘乡等二县被水额赋。乙巳，免浙江仁和等十九州县本年额赋。丁未，免山东历城等十六州县卫旱灾额赋。庚戌，免甘肃永昌等三县旱灾额赋。琉球入贡。调常安为浙江巡抚，顾琮为漕运总督。命刘统勋往浙江会勘海塘。赈浙江嵊县等十七州县、仁和等场水旱灾。

七年春正月壬戌，调史贻直为吏部尚书，任兰枝为兵部尚书。以赵国麟为礼部尚书。庚午，定绥远城、右卫、归化城土默特、察哈尔共挑兵四千名，内札萨克首队兵四千五百名、二队兵六千五百名，援应北路军营，并于额尔德尼昭沿途置驼马备用。戊寅，以那克素三十九部番民备办准噶尔进藏官兵驼马，免本年额赋。甲申，赈安徽凤阳、颍州二府，泗州一州属饥民。庚寅，准噶尔入贡。

二月辛卯朔，上诣泰陵。乙未，上谒泰陵。是日，回跸。丙申，朝鲜入贡。戊戌，上幸南苑行围。己亥，琉球入贡。己酉，礼部尚书赵国麟乞休，不允。乙卯，以吉党阿为归化城都统。

三月庚申朔，上忧旱，申命求言，并饬九卿大臣体国尽职。丁卯，命大学士、九卿、督、抚举如马周、阳城者为言官。乙亥，以旱命刑部清理庶狱，各省如之。以晏斯盛为山东巡抚。辛巳，准噶尔台吉噶尔丹策零遣使吹纳木喀等奉表贡方物，乞勿限年贸易。壬午，以噶尔丹策零表奏狡诈，谕西北两路军营大臣加意防之。戊子，上诣黑龙潭祈雨。以两江总督那苏图办赈遗漏，切责之。

夏四月庚寅朔，准噶尔贡使吹纳木喀等入觐。裁八沟、独石口副都统各一，增天津副都统一。以古北口提督管独石口外台站。免河南永城等三县上年被水额赋。甲午，赐金甡等三百二十三人进士及第出身有差。调德沛为两江总督，那苏图为闽浙总督。乙未，拨安徽赈银三十万两有奇，并准采买湖广米备粜。辛丑，赈安徽宿州等州县卫水灾。甲辰，赐准噶尔台吉噶尔丹策零敕书，申诫以追论旧事，屡违定约，并谕将此次奏请贸易、改道噶斯等事停止，仍赏赉如例。甲寅，除河南洧川等十一县水冲地赋。免福建福清等七县飓灾额赋。丙辰，刑部尚书刘吴龙卒，以张照为刑部尚书。

五月己未朔，以顺天、保定等八府，易州等五州缺雨，命停征新旧钱粮。定移驻满兵屯垦拉林、阿勒楚喀事宜，设副都统，以巴灵阿为之。戊辰，以御史胡定劾，寝赵弘恩补刑部侍郎之命。癸酉，定雩祭典礼，御制乐章。免江苏沛县昭阳湖水沈田亩额赋。丙戌，禁奏章称蒙古为"夷人"。以琉球国王资送江南遭风难民，嘉奖之。张允随奏猛遮界外孟艮酋长召贺罕被逐，遁入缅甸。

六月甲寅，谕督抚董率州县经画地利。戊申，训饬地方官实心经理平粜。

秋七月乙未，命资送日本遭风难民归国。免广西梧州等三府属逋赋。辛酉，除山西繁峙、广西武缘荒地额赋。乙丑，礼部尚书赵国麟乞休，上责其矫饰，褫职。调任兰枝为礼部尚书，陈德华为兵部尚书，徐本兼管户部尚书。丙寅，命大学士鄂尔泰兼领侍卫内大臣。命赈江苏山阳等州县水灾。命抚恤江苏阜宁等州县水灾。癸未，命高斌、周学健往江南查办灾赈、水利。甲申，赈湖北汉川、襄阳等州县卫水雹灾，并停征额赋。丙戌，赈江苏江浦等十八州县卫、安徽临淮等州县卫。抚恤江西兴国等州县、浙江淳安等州县、湖南醴陵等八州县、山东峄县等十州县卫、甘肃狄道等四州县厅灾民。

八月戊子，江南黄、淮交涨，命疆吏拯救灾黎，毋拘常例。训饬慎重军政。拨江苏、安徽赈银二百五十万两有奇。庚寅，免江苏、安徽被水地方本年额赋。辛卯，定皇后亲蚕典礼。戊戌，免直隶、江苏、安徽、福建、甘肃、广东等省雍正十三年逋赋。并免江南、浙江未完雍正十三年漕项。庚子，谕河南等省抚恤江南流民。壬寅，上奉皇太后幸南苑，上行围。癸卯，赈江西兴国水灾。乙巳，上奉皇太后幸晾鹰台阅围。

九月丁巳朔，拨江苏运山东截留漕米十万石，备淮、徐、凤、颍各属赈粜。赈湖北潜江等十州县水灾。辛酉，免广东崖州等二州县风灾额赋。免安徽凤、颍、泗三府州本年水灾地方漕赋，不成灾者折征之。赈湖南湘阴等九县水灾。丁卯，上诣东陵。庚午，上谒昭西陵、孝陵、孝东陵、景陵。免江苏山阳等二十一州县本年被水漕赋。壬申，上幸盘山。赈恤江苏、安徽灾银二百九十万两、米谷二百二十万石各有奇。命再拨邻省银一百万两备明春接济。乙亥，上幸丫髻山。戊寅，上回跸。

冬十月丙戌，拨山东、河南明年运漕米各五万石备江南赈，仍由直隶赴古北口外如数采买补运。己丑，免山东历城等十九州县旱灾额赋。庚寅，命江南截留癸亥年漕粮二十万石，仍拨山东漕粮二十万石，河南仓米二十万石，运江南备赈。癸巳，浙江提督裴铖等以侵欺褫职鞫治。壬辰，赈江苏山阳等二十八州县卫饥。甲午，命清理滞狱。乙未，命拨山东沿河仓谷十万石运江南备赈。丁酉，赈安徽凤阳二十四州县卫水灾。甲辰，朝鲜国王李昑表谢国人金时宗等越境犯法，屡荷宽典。上曰："此朕柔远之恩。若恃有宽典，犯法滋多，非朕保全外藩之本意。王其严加约束，毋俾干纪。"以塞楞额为陕西巡抚。己酉，赈河南永城等十三州县饥。辛亥，上诣顺懿密太妃宫问疾。壬子，赈江苏山阳等七州县卫水灾。

十一月丙辰朔，大学士等奏纂辑《明史》体例。上曰："诸卿所见与朕意同。继《春秋》之翼道，昭来兹之鉴观，我君臣其共勉之。"赈湖北汉川等十二州县水灾饥。戊午，赈浙江瑞安等县厂场、湖南湘阴等九县水灾。庚申，福建漳浦县会匪戕杀知县，命严治之。壬戌，赈山东胶州十州县卫水灾。癸亥，赈甘肃狄道等州县水雹灾。乙亥，命持法宽严，务归平允。命陈世倌会同高斌查勘江南水利。戊寅，谕明春奉皇太后诣盛京谒陵。庚辰，以初定斋宫礼，是日诣斋宫。

十二月丙戌朔，赈山东济宁等七州县卫饥。丁亥，命考试荐举科道人才。周学健举三人皆同乡，谕饬之。命左副都御史仲永檀会同周学健查赈。壬辰，上奉皇太后幸瀛台。丙子，仲永檀、鄂容安以漏泄机密，逮交内务府慎刑司，命庄亲王等鞫治。免福建尤溪等四县荒田溢额银。己亥，召安徽巡抚张楷来京，调喀尔吉善代之。命宽鄂尔泰党庇仲永檀罪。免直隶蓟州等三州县水灾额赋。丁未，拨运吉林乌拉仓粮接济齐齐哈尔等处旱灾。庚戌，赈奉天承德等五州县饥。免山东胶州等十州县卫水灾额赋。辛亥，调完颜伟为河东河道总督，白钟山为江南河道总督。乙卯，谕曰："江南水灾地亩涸出，耕种刻不容缓。疆吏其劝灾民爱护田牛，或给赀饲养，毋得以细事置之。"

八年春正月丁巳，免鄂容安发军台，命仍在上书房行走。仲永檀死于狱。召孙嘉淦来京。以阿尔赛为湖广总督。甲子，陈世倌等奏修江苏淮、徐、扬、海，安徽凤、颖、泗各属河道水利，下大学士鄂尔泰等大臣议行之。己卯，命军机大臣徐本、班第、那彦泰随往盛京。辛巳，召参赞大臣阿岱、塔尔玛回京，以拉布敦、乌尔登代之。壬辰，内阁学士李绂致仕陛辞，以慎终如始对，赐诗嘉之。辛卯，以考选御史，杭世骏策言内满外汉，忤旨褫职。调刘于义为山西巡抚。命孙嘉淦署福建巡抚。丙申，命尹继善署两江总督，协同白钟山料理河务。癸卯，命侍讲邓时敏、给事中倪国琏为凤、颖、泗宣谕化导使，编修涂逢震，御史徐以升为淮、徐、扬、海宣谕化导使。乙巳，免湖北汉川等十一州县卫水灾额赋。准赵国麟回籍。癸丑，遣和亲王弘昼代祀先农坛，用《中和韶乐》，与上亲祭同，著为例。赈山东滕县等六州县饥。庚午，调喀尔吉善为山东巡抚，晏斯盛为湖北巡抚，范璨为安徽巡抚。丙子，上诣寿祺皇太妃宫问疾。

夏四月甲申朔，寿祺皇太妃薨，辍朝十日。上欲持服，庄亲王等祈免。训饬九卿勤事。申命各督抚陈奏属员贤否。乙酉，上诣寿祺皇贵太妃宫致奠。辛卯，命奉宸苑试行区田法。丁酉，赈安徽凤阳六府州属水灾饥。免湖北襄阳等三县水灾额赋。庚子，裁江苏海防道，设淮徐海道，驻徐州府。以苏松巡道兼管塘工。扬州府隶常镇道。原设淮徐、淮扬二道专管河工。

闰四月甲寅朔，琉球入贡。丁巳，御试翰林、詹事等官，擢王会汾等三员为一等，余各升黜有差。辛酉，免河南郑州等十三州县本年水灾额赋。甲戌，除江苏吴江等二县坍没田荡额赋。

五月癸未朔，谕銮舆巡幸，令扈从护军等加意约束，不得践踏田禾。乙酉，御史沈懋华以进呈经史讲义召见，已去，下部严议。丁亥，命河南停征上年被水地方钱粮。己亥，免江苏山阳等十三州县牙税。免临清商民运征米船料及铜补商补。辛丑，赈山东历城等十八州县卫饥。丙午，以硕色为河南巡抚，纪山为四川巡抚。戊申，调庆复为川陕总督。以马尔泰为两广总督。授张允随为云南总督，兼管巡抚事。辛酉，苏禄国王麻喊末阿禀膆宁表请三年一修职贡。命仍遵五年旧例。

六月壬子朔，御史陈仁请以经史考试翰詹，不宜用诗赋，上嘉之。甲寅，改南掌为十年一贡。乙卯，除江苏沛县水沈地赋。丙辰，以旱求言。戊午，命阿里衮暂署河南巡抚。丁卯，以御史胡定劾湖南巡抚许容一案，究出督抚诬陷扶同，予叙。壬申，谕督抚率属重农。

秋七月乙酉，上诣顺懿密太妃宫问疾。丙戌，以安南不靖，扰及云南开化都龟厂，命张允随等严防之。开化镇总兵赛都请讨安南，不许。戊子，上奉皇太后由热河诣盛京谒陵，免经过之直隶、奉天地方钱粮。拨通仓米四十万石赈直隶旱灾。壬辰，免山东历城等十六州县卫旱灾额赋。乙未，停今年勾决。上奉皇太后驻避暑山庄。丙申，除福建连江等二县水冲地赋。己亥，上奉皇太后诣盛京。癸卯，上行围于永安莽喀。乙巳，上行围于爱里。丙午，上行围于锡拉诺海。命严除州县征漕坐仓之弊。戊申，免直隶沧州被卤灶户额赋。上奉皇太后驻跸吗吗塔喇。己酉，上行围，至己卯皆如之。严督抚等漏泄密奏之禁。赈湖北兴国等三州县水灾，并免额赋。癸亥，万寿节，上诣皇太后行幄行礼。御行幄，扈从诸王以下大臣官员暨蒙古王以下各官庆贺。赐诸王、大臣、蒙古王等宴。甲子，上驻跸巴雅尔图塔剌。乙丑，上行围。戊辰，上行围。壬申，上驻跸伊克淖尔，上行围，至丙子如之。甲戌，赈四川西昌水灾。定直隶被旱州县赈恤事宜。赈广东始兴等十六州县水灾。己卯，上行围于巴彦，亲射殪虎。

九月庚辰朔，上行围于伍什杭阿，亲射殪虎。辛巳，上行围威准。壬午，上行围黄科。癸未，上行围阿兰。以哲布尊丹巴呼图克图未奏往额尔德尼招礼拜，土谢图汗敦丹多尔济均下理藩院议处。甲申，赈陕西商州水灾饥。乙酉，上行围舍里。丙戌，上行围善颜倭赫。丁亥，上行围巴彦。鄂弥达改荆州将军。调博第为吉林将军，富森为黑龙江将军。戊子，上行围尼雅满珠。己丑，上行围珠敦。庚寅，上行围英额边门外。是日，驻跸乌苏河。甲午，许容以劾谢济世贪纵各款皆虚，孙嘉淦以扶同定案，均褫职。署粮道仓德以通揭鞫实，予叙。上驻跸穆奇村。乙未，上奉皇太后谒永陵。丙申，行大飨礼。命停顾琮议限民田。赈河南祥符等二十一州县、山东齐东等十八州县卫旱灾，并免额赋有差。辛丑，谒福陵。壬寅,行大飨礼。谒昭陵。癸卯,行大飨礼。上奉皇太后驻跸盛京。朝鲜国王李昑遣陪臣至盛京贡方物。甲辰,上率群臣诣皇太后宫行庆贺礼。御崇政殿受贺。赐群臣及朝鲜使臣宴。御大政殿赐酺。颁诏覃恩有差。乙巳,上诣文庙释奠。幸讲武台大阅。谕五公宗室大臣等洁蠲礼典,训道兵民,毋忘淳朴旧俗。丙午,上亲奠克勤郡王岳托及武勋王扬古利墓。遣官望祭长白山、北镇医巫闾山及辽太祖陵。戊申,上亲奠弘毅公额宜都、直义公费英东墓。免河南带征乾隆七年以前民欠。

冬十月庚戌朔,上御大政殿,赐扈从王大臣宴于凤凰楼前。谕王公宗室等革除陋习,恪守旧章。免盛京、兴京等十五处旗地本年额赋及乾隆七年逋赋。御制《盛京赋》。辛亥,上奉皇太后回跸。乙丑,赈广东南海等七县水灾。是日,上登望海楼,驻文殊庵。丁卯,命直隶被灾各属减价平粜。己巳,命部院大臣京察各举贤自代。以刘于义为户部尚书,阿里衮为山西巡抚。命徐本仍兼管户部。调陈宏谋为陕西巡抚,塞楞额为江西巡抚。庚午,赈河南祥符等十四州县旱灾。甲戌,上奉皇太后还京师。丁丑,上以谒陵礼成,率群臣诣皇太后宫行庆贺礼。御太和殿,王大臣各官进表朝贺。

十一月,赈安徽无为水灾,并免额赋。壬午,赈甘肃狄道等二十四州县水虫风雹灾。庚寅,安南国王黎维祎表谢赐祭及袭封恩,进贡方物。辛丑,赈广东万州等十四州县水灾,福建台湾等三县旱灾。壬寅,贷黑龙江被旱被霜兵丁等仓粮。赈山西曲沃等十一州旱灾。癸卯,赈直隶天津等二县旱灾。丁未,赈安徽寿州等九州县卫旱灾。己酉,免谒陵经过额赋十分之三。

十二月庚戌朔,赈广东吴川县旱灾。辛亥,命史贻直协办大学士。乙卯,赈山东陵县等十二州县旱灾。葬端慧皇太子于朱华山寝园。辛酉,大学士福敏乞退。温谕慰留。甲子,准噶尔遣贡使图尔都等至京,谢进藏人由噶斯路行走,赐助牲畜恩,并贡方物。乙丑,以陈德华隐匿其弟陕西按察使陈德正申辨参案密奏,下部严议。德正褫职鞫治。丁卯,以星变示儆,诏修省。

九年春正月辛巳,以徐本病,命史贻直为大学士。以刘于义为吏部尚书、协办大学士,张楷为户部尚书。陈德华罢,以王安国为兵部尚书。壬午,幸瀛台。御大幄次,赐准噶尔使图尔都宴,命立首班大臣末,以噶尔丹策零恭顺,图尔都诚敬可嘉,召图尔都近前,赐饮三爵,锡赉有加。训饬各省州县教养兼施。丁亥,赈直隶天津等十一州县灾。庚子,王安国忧免,以彭维新为兵部尚书。以许容署湖北巡抚。授史贻直文渊阁大学士。朝鲜入贡。给讷亲钦差大臣关防。癸卯,上奉皇太后诣泰陵。丙午,上诣泰陵。是日,奉皇太后回跸。

二月,上奉皇太后幸南苑。丙辰,以给事中陈大玠等奏,寝许容署湖北巡抚之命,留晏斯盛任,仍申诫言官扶同纠论。免安徽桐城等九州县上年水灾额赋。免福建台湾等三县旱灾额赋,并赈之。甲子,陈德华降调。丁卯,赈云南沾、益二州县水灾。丁丑,户部尚书张楷卒,以阿尔赛代之,鄂弥达为湖广总督。

三月癸未,以汪由敦为工部尚书。丁亥,免江苏沛县、河南中牟等六县旱灾额赋。丁酉,调博第为西安将军。以巴灵阿为宁古塔将军。乙巳,赈山东德州等五州县卫旱灾。

以讷亲奏查阅河南、江南营伍废弛,上曰:"可见外省大吏无一不欺朕者,不可不惩一儆百。"

四月戊申朔,始建先蚕坛成。乙卯,上诣圜丘行大雩礼,特诏贬损仪节,以示虔祷。以旱命省刑宽禁。辛未,赈山东德平等八州县旱灾。己卯,谕曰:"一春以来,雨泽稀少。皇太后以天时久旱,忧形于色,今日从寝宫步行至园内龙神庙虔祷。朕惶恐战栗,即刻前往请安,谆恳谢罪,特谕内外臣工知之。"戊子,祭地于方泽,不乘辇,不设卤簿。庚寅,雨。壬寅,大学士、九卿议覆御史柴潮生请修直隶水利,命协办大学士刘于义往保定会同高斌筹画。

六月己酉,大学士徐本以病乞休,允之。癸丑,赈山东历城等三十二州县旱灾,兰山等六州县雹灾。

秋七月丙子朔,谕直隶灾重之天津等十六州县,本年停征新旧钱粮。丙戌,免江苏、安徽雍正十三年逋赋。壬辰,额尔图以不职免,以达勒党阿为奉天将军。

八月己酉,抚恤安徽歙县等二十州县水灾。戊申,免江苏淮安、安徽凤阳二府雍正十三年逋赋。癸丑,赈四川成都等州县水灾。乙丑,予告大学士徐本回籍,上赐诗宠行,赏赉有加,并谕行幸南苑之日,亲临慰问。丙寅,免直隶天津等三十一州县上年逋赋。己巳,上奉皇太后幸南苑,上行围。

九月己亥朔,以翰林院编修黄体明进呈讲章,牵及搜检太严,隐含讽刺,下部严议褫职。乙未,免山西清水河本年雹灾额赋。癸卯,赈山东博兴等县旱灾。丁未,改明年会试于三月举行。己酉,以陈世倌假满,命入阁办事。赈山西文水等县水灾。庚戌,以四川学政蒋蔚实心教士,命留任。乙卯,上奉皇太后幸汤山。江南、河南、山东蝗。癸亥,上幸盘山。丁卯,上奉皇太后还宫。庚午,重修翰林院工竣。上幸翰林院赐宴,分韵赋诗,复御制柏梁体诗首句,群臣以次赓续。赐掌院大学士鄂尔泰、张廷玉御书扁额,及翰林、詹事诸臣书币有差。是日,幸贡院,赐御书联额。复幸紫微殿、观象台。赈直隶保定等十八州县水虫雹等灾。赈江苏靖江等十二州县卫潮灾,安徽歙县二十一州县卫水灾。庚辰,起孙嘉淦为宗人府府丞。辛巳,除直隶涿州等三州县水冲地赋。丙戌,山东登州镇总兵马世龙以科派兵丁,鞫实论绞。赈甘肃河州等三十五州县卫雹水各灾。辛卯,以江西学政金德瑛取士公明,命留任。己亥,以贵州学政佟保守洁士服,命留任。丙午,鄂尔泰议覆刘于义奏勘直隶水利,命拨银五十万两兴修。丁未,免浙江仁和等三十一州县所旱灾额赋,并赈之。辛亥,赈成都等三十州县水灾。壬子,允准噶尔贡使哈柳等随带牛羊等物在肃州贸易。甲子,免山东历城等三十二州县卫本年旱雹等灾额赋。乙丑,免直隶保定等十一州县厅本年水旱虫雹灾额赋。丙寅,赏雷铉额外谕德,食俸。戊辰,张照丁忧,调汪由敦为刑部尚书,以赵弘恩为工部尚书。免安徽歙县等二十一州县卫水灾额赋。辛未,以福建闽县等县火灾,谕责疆吏不严火备。罗卜藏丹怎就获。

十年春正月丙子,召大学士、内廷翰林于重华宫联句。改会试于三月,著为令。乙未,大学士鄂尔泰以病乞解任,温谕慰留。己亥,准噶尔遣使哈柳贡方物。庚子,召高斌来京,以刘于义署直隶总督。己酉,赈浙江淳安等四县上年水灾。朝鲜入贡。辛亥,上幸内右门直庐视鄂尔泰疾。己未，上谒昭西陵、孝陵、孝东陵、景陵。庚申，免广东海阳等二县上年水灾额赋。甲子，免江苏丹徒等十州县卫上年水灾额赋。丁卯，上还京师。己巳，免山东博兴等二县乾隆九年旱灾额赋。庚午，高斌回直隶总督。

三月癸酉朔，日食。乙亥，改殿试于四月，著为令。赈云南白盐井水灾。庚辰，上幸鄂尔泰第视疾。辛巳，加鄂尔泰太傅。己丑，协办大学士、礼部尚书三泰乞休，允之。庚寅，命讷亲协办大学士，调来保为礼部尚书，以盛安为刑部尚书。癸巳，免浙江仁和等三十州县上年旱灾额赋。甲午，以安南莫康武作乱，攻陷太原、高平等处，命那苏图等严防边隘。乙未，加史贻直、陈世倌、来保、高斌太子太保，刘于义、张允随、张广泗太子少保。

夏四月癸卯朔，发江南帑银五十六万两浚河道。己巳，免山东海丰等二县被旱额征灶课。乙卯，大学士鄂尔泰卒，上临奠，辍朝二日，命遵世宗遗诏，配飨太庙。召那苏图来京，以策楞为两广总督。调准泰为广东巡抚。以魏定国为安徽巡抚。庚申，召蒋溥来京，以杨锡绂为湖南巡抚。壬戌，饬沿海各省训练水师。癸亥，以旱命刑部清理庶狱。戊辰，策试贡士，诏能深悉时政直言极谏者听。己巳，庆复、纪山奏进剿瞻对番。

五月壬申朔，赐钱维城等三百三十三人进士及第出身有差。丁亥，除江苏苏州等九府坍没芦课。颁御制《太学训饬士子文》于各省学宫，同世祖《卧碑文》、圣祖《圣谕广训》、世宗《朋党论》朔望宣讲。命讷亲为保和殿大学士。辛卯，户部尚书阿尔赛为家奴所害，磔家奴于市。以高斌为吏部尚书，那苏图为直隶总督。命高斌、刘于义仍办直隶水利河道。以梁诗正为户部尚书。己亥，命刘于义兼管户部事务。

六月丁未，普免全国钱粮。谕曰："朕临御天下，十年于兹。抚育蒸黎，躬行俭约，薄赋轻徭，孜孜保治，不敢稍有暇逸。今寰宇敉宁，左藏有余，持盈保泰，莫先足民。天下之财，只有此数，不聚于上，即散于下。我皇祖在位六十一年，蠲租赐复之诏，史不绝书，普免天下钱粮一次。我皇考无日不下减赋宽征之令，如甘肃一省，正赋全行豁免者十有余年。朕以继志述事之心，际重熙累洽之后，欲使海澨山陬，俱沾大泽，为是特颁谕旨，丙寅年直省应征钱粮，其通蠲之。"庚戌，免安徽凤阳等州府连年被灾地方耗羡。命户部侍郎傅恒在军机处行走。辛酉，御史赫泰请收回普免钱粮成命。上斥其悖谬，褫职。癸亥，上诣黑龙潭祈雨。

秋七月辛未朔，免甘肃宁夏等三县逋赋。癸酉，以顺直宛平等六十四厅州县缺雨，命停征钱粮。乙酉，命高斌仍兼直隶河道总督。戊子，赈安徽寿州等十八州县卫水灾雹灾。壬辰，上奉皇太后幸多伦诺尔，免经过州县额赋十分之四。戊戌，上奉皇太后驻避暑山庄。赈安徽宿州等州县卫水灾。

八月癸卯，赈两淮莞渎等三场水灾。停征湖北汉川等十七州县水灾、光化等二县雹灾额赋，并赈之。上奉皇太后幸木兰行围。甲辰，上驻波罗河屯。赐青海蒙古王公宴，并赍之。丁未，上行围永安莽喀。戊申，上行围毕雅喀拉。己酉，上行围温都里华。辛亥，上行围额尔衮郭。赐蒙古王、额驸、台吉等宴。癸丑，上行围布尔噶苏台。甲寅，上行围巴彦沟。乙卯，上行围乌里雅喀台。赐王、大臣、蒙古王、额驸、台吉等宴。丙辰，上行围毕图舍尔。赈直隶宣化府属旱灾。丁巳，上行围阿济格鸠和洛。戊午，上行围僧机图。

己未,上行围永安湃。庚申,上行围英图和洛。辛酉,上行围萨达克图口。壬戌,赈湖北宜城等三州县卫水灾。癸亥,上行围老图博勒齐尔。乙丑,上行围库尔奇勒。丙寅,赈甘肃安定等三县、广东电白等二县旱灾,海丰虫灾,南澳风灾。上驻多伦诺尔。丁卯,赐王、大臣、蒙古王、额驸、台吉等宴。赈山西曲沃等十二州县水灾。

九月庚午朔,上行围额尔托昂色钦。辛未,上行围多伦鄂博图。壬申,遣祭明陵。上行围古哲诺尔。癸酉,张允随以猛缅土司奉廷徵等通缅莽,请改土归流,命详议。上行围塔奔陀罗海。乙亥,赈河南永城等五县水灾。上行围札玛克图。丙子,上行围咘尔呼。丁丑,赈直隶故城等十五州县卫旱灾。癸未,上驻宣化府。甲申,上阅宣化镇兵。丁亥,赈山东济宁等六州县卫水灾,海丰旱灾。癸巳,上奉皇太后还京师。甲午,授鄂弥达湖广总督。赈两淮庙湾场水灾。丁酉,以普免钱粮,命查各省历年存余银,以抵岁需。戊戌,授尹继善两江总督。命修明愍帝陵。赈江苏淮、徐、海被灾州县。庆复奏收抚上瞻对,进剿下瞻对班滚,克加社丫等卡及南路各寨。赈陕西长安等六县水灾。

冬十月丁未,以甘肃甘山道归并肃州道。戊申,赈河南商丘等五县水灾。辛亥,裁通政使司汉右通政一。丙辰,命塞陈家浦决口。戊午,命四川严查咽匪。礼部尚书任兰枝乞休,允之。癸亥,免江苏海州等七州县漕粮。甲子,给江南灾民葺屋银。赈江苏江浦等二十一州县卫水灾。乙丑,赈湖南湘阴等三县、湖北汉川等二十一州县卫旱灾。丙寅,除湖北当阳等二县卫水冲地赋。

十一月庚午,赈顺直香河等四十八州厅县旱灾。陕西兴平等六县水灾。辛未,赈山东滕县等七州县卫水灾。壬申,以王安国为礼部尚书。甲戌,赈两淮庙湾等场水灾。乙亥,傅清奏准噶尔台吉噶尔丹策零与阿卜都尔噶里木汗构兵。丁丑,赈山西大同等十八州县旱霜雹灾。湖北巡抚晏斯盛乞养,以开泰代之。辛巳,赈广西思恩等县旱灾。壬午,准噶尔台吉噶尔丹策零卒。命西北两路筹备边防。乙酉,赈广东海矬等四场风灾。戊子,免安徽宿州等五州县水灾地方漕粮。庚寅,陈家浦决口合龙。癸巳,赈直隶宣化府属及庆云县旱灾。

十二月辛亥,大学士福敏乞休,优诏允之,加太傅。壬子,命庆复为文华殿大学士,留川陕总督任。命高斌协办大学士。赈陕西陇西等州县旱灾。赈淮北板浦等场水灾。乙卯,命协办大学士高斌、侍郎蒋溥均在军机处行走。

十一年春正月庚午,以纪年开秩,命减刑。癸未,命庆复进剿瞻对,为李质粹声援。辛卯,赈江苏铜山、安徽宿州等州县饥。甲午,朝鲜入贡。李质粹进攻灵达,班滚之母赴营乞命,仍纵归。上饬其失机。谕庆复督兵前进。

二月戊戌,赈山西大同等十二州县饥。辛丑,召北路军营参赞大臣拉布敦、乌勒来京,以塔尔玛善、努登代之。癸卯,上幸南苑行围。丁未,免广东新宁等州县、云南鹤庆府水灾额赋。辛亥,以三月朔日食,诏修省以实。定皇后不行亲蚕礼之年遣妃代行。丙辰,免河南永城等五县水灾额赋。庚申,西藏台吉冷宗萧以攻瞻对擅撤兵,论斩。谕宥其死。

三月己巳,免直隶盐山等八州县水灾额赋。甲戌,赈云南白盐井水灾。乙亥,准噶尔台吉策旺多尔济那木札勒以新立,遣使哈柳贡方物,请派人往藏熬茶。戊寅,庆复至打箭炉，劾李质粹等老师玩寇，请续调官兵进剿，允之。辛巳，遣内大臣班第等赴瞻对军营。壬午，赐哈柳等宴。召见，允其往藏熬茶，颁如意赉之。甲申，赐准噶尔台吉策旺多尔济那木札勒敕。予故台吉噶尔丹策零布施。丙申，免湖北潜江等州县上年水灾额赋。庆复奏进驻灵雀。

闰三月丁酉朔，饬陕西修列代陵墓。庚子，召白钟山来京，命顾琮署江南河道总督，高斌暂管之，以刘统勋署漕运总督。赈直隶宣化府饥。赈甘肃陇西等十二州县水旱雹霜灾。丙午，命汪由敦署左都御史。癸丑，左都御史杭奕禄休致，以阿克敦代之。

夏四月丁丑，白钟山褫职，发南河效力。戒军机处漏泄机密。以鄂昌署广西巡抚。丁亥，免湖南湘阴等五县水灾额赋。己丑，免广东新宁等四州县水灾额赋。

五月丙申朔，以盛安为左都御史，阿克敦为刑部尚书。丁酉，谕顾琮查明南河虚糜之款，令白钟山赔补。壬寅，免山西大同等十八州县上年旱霜各灾额赋。丙午，庆复奏进攻瞻对，番酋班滚计日授首。加庆复太子太保。戊申，免甘肃靖远等三县上年旱灾额赋。己酉，永除直隶庆云县每年额赋十分之三。乙卯，达赖喇嘛等请宥班滚，不许。以傅清代奏，严饬之。

六月丙寅，庆复、班第等会攻丫鲁尼日寨，克之。班滚自焚死。丁卯，以打箭炉口内外番从征效力，再免贡赋二年。丙子，京城地震。壬辰，命送还俄罗斯逃人于恰克图。

秋七月丙申，加那苏图、策楞太子少傅衔，周学健太子少保衔。丁酉，命高斌赴江苏察看黄、运工程，刘于义署直隶河道总督。壬寅，四川大乘教首刘奇以造作逆书，磔于市。庚戌，周学健奏捕天主教二千余人。上以失绥远之意，宥之。壬戌，赈湖北汉川等七县水灾。癸亥，以云南张保太传邪教，蔓延数省，谕限被诱之人自首，其仍立教堂者捕治之。丁卯，召吉林将军巴灵阿来京，命阿兰泰代之。赈直隶庆云等七县场旱灾。己巳，以四川提督李质粹进剿瞻对欺饰，罢之。免广宁等处旗地水灾赋。辛未，赈湖南益阳等四州县水灾。癸酉，加赏江苏、安徽被水灾民修葺房屋银。乙酉，赈山东金乡等十一州县卫水灾。庚寅，上御瀛台，赐宗室王公等宴。改崇雅殿为敦叙殿。辛卯，上御瀛台，赐大学士、九卿、翰林、科道等宴，宣示七言律诗四章。壬辰，福建上杭县民罗日光等纠众请均佃租滋事，捕治之。癸巳，允朝鲜国王请，停奉天设牝牛哨汛兵。

九月甲午朔，除浙江归安等三县沙积坍卸地赋。戊戌，训督抚实心行政。赈山东滕县等三州县、两淮板浦等六场水灾。己亥，命高斌往奉天疏浚河道。辛丑，停今年秋决。以周学健为江南河道总督。调陈大受为福建巡抚，以安宁署江苏巡抚。定钦差大臣巡阅各省营伍例。赈河南郑州等三州县水灾。壬寅，命讷亲兼管户部。免甘肃陇西等九州县水灾额赋。癸卯，上奉皇太后启跸诣泰陵，并巡幸五台山。丁未，上谒泰陵。己酉，阿里衮患病，以班第署山西巡抚。庚戌，赉经过直隶州县耆民。甲寅，赈江苏丰县等三州县雹灾。乙卯，上驻跸五台山射虎。以山西风俗淳朴，谕疆吏教养兼施，小民崇习礼让。丙辰，免山西五台县明年额赋十分之三。丁巳，召马尔泰来京，以喀尔吉善为闽浙总督。调塞楞额为山东巡抚，陈宏谋为江西巡抚，以徐杞为陕西巡抚。庚申，上奉皇太后回跸。壬戌，召鄂弥达来京，以塞楞额为湖广总督。调阿里衮为山东巡抚，爱必达为山西巡抚。赈河南鄢陵等二十六州县水灾。

冬十月甲子，赈山西阳曲等二十二州县水雹各灾。丁卯，上阅滹沱河堤。赈湖北汉川等九州县卫水灾。庚午，上奉皇太后驻跸保定府。壬申，上阅兵，赐银币有差。甲戌，以张广泗发摘逆犯魏王氏、刘奇等，予叙。定加山西归绥道兵备衔，稽查靖远营。戊寅，上奉皇太后还京师。调开泰为江西巡抚，陈宏谋为湖北巡抚。庚辰，免张廷玉带领引见，并谕不必向早入朝及勉强进内。壬午，命汪由敦军机处行走。癸未，御史万年茂以劾学士陈邦彦等献媚傅恒不实，褫职。戊子，免安徽寿州等二十三州县水灾额赋。辛卯，拨赈江苏淮、扬、徐、海各属灾民银粮二百二十万两石有奇。

十一月癸巳，寝甄别科道之命。御史李兆钰下部议处。乙未，以河南学政汪士锽考试瞻徇，褫职。免江苏山阳等二十四州县卫水灾额赋。并分别蠲缓漕粮有差。乙巳，除奉天锦县等二县冲压地赋。己酉，予故内阁学士张若霭治丧银，并谕张廷玉节哀自爱。辛亥，李质粹发军前效力。戊午，庆复奏大金川土司莎罗奔扰小金川，倘不遵剖断，唯有用番力以收功。上是之。

十二月癸亥，召班第来京，以陶正中护山西巡抚。甲子，赈湖北潜江等七州县卫水灾。乙丑，以傅清奏达剌喇嘛看茶之绥绷喇嘛镇压郡王颇罗鼐，赐手敕慰解之，并谕以与达赖喇嘛同心协力，保安地方。戊辰，以瑚宝为驻防哈密总兵。甲戌，免直隶静海虫灾额赋，并赈之。丁丑，以张廷玉年老，命其子庶吉士张若澄在南书房行走，俾资扶掖，戊寅，赈甘肃安定等州县旱灾。免山东金乡等八州县水灾额赋。庚辰，除广西永福水冲地赋。癸未，准噶尔台吉策旺多尔济那木札勒遣使玛木特等入觐，召见于太和斋。己丑，赈苏尼特、阿巴噶等旗灾。陈大受奏，苏禄国遣番官赍谢恩表番字、汉字二道，与例不符，却之，仍优给番官令回国。上嘉为得体。

十二年春正月壬辰，命玉保办理准噶尔使赴藏事务。甲午，免山西太原等六府八州及归化城额征本色十分之三，大同、朔平二府全蠲之。乙未，赐玛木特宴于丰泽园。戊戌，免江苏海州等三州县及板浦等六场民灶旧欠。丁未，赈山东寿光等十三州县饥。乙卯，赐准噶尔台吉策旺多尔济那木札勒敕，允所遣西藏念经人在哈集尔得卜特尔过冬及贸易。

二月辛酉朔，免吉林上年旱灾应交租谷。壬申，上谒昭西陵、孝陵、孝东陵、景陵。纪山奏大金川土司侵革布什咱土司，诱夺小金川土司泽旺印信。谕饬修守御，毋轻举动。甲戌，上幸盘山。庚辰，赈山东兰山饥。壬午，除河南孟县冲坍卫地额赋。癸未，上还京师。戊子，原任内务府大臣丁皂保年届百龄，赐御书扁额朝服采币。免湖北枣阳上年水灾额赋。

三月，免山西阳曲等二县上年水灾额赋。辛丑，召庆复入阁办事，调张广泗为川陕总督。复设云贵总督，以张允随为之。命图尔炳阿为云南巡抚，孙绍武为贵州巡抚。赈河南水灾。以大金川土司掠革布什咱、明正各土司，扰及汛地，命庆复留四川，同张广泗商进剿，并饬张广泗抚驭郭罗克、曲曲乌、瞻对、巴塘诸番。免江苏淮安等四府州属上年水灾额赋。大学士查郎阿乞体，允之。乙巳，西藏郡王颇罗鼐卒，以珠尔默特那木札勒袭封郡王。丙午,以高斌为文渊阁大学士,来保为吏部尚书。调海望为礼部尚书,傅恒为户部尚书。命索拜驻藏,协同傅清办事。免安徽寿州等二十三州县卫上年水灾额赋。丁未,命副都统罗山以原衔管阿尔泰军台,并商都达布逊诺尔马广事务。己酉,命张广泗进剿大金川土司莎罗奔。西路军营参赞大臣保德期满,以那兰泰代之。庚戌,免直隶蓟州等十四州县厅上年水灾额赋。戊辰,命高斌往江南会同周学健查勘河工,并清理钱粮积弊。己巳,以那苏图署直隶河道总督。壬午,给讷亲钦差大臣关防,命往山西会同爱必达谳安邑等二县聚众之狱。甲申,召雅尔图回京。

五月辛卯,召准泰来京,以策楞兼管广东巡抚。丙申,赈山东安丘等二县饥。甲辰,祭地于方泽,以旱屏卤簿。乙巳,命刑部清理庶狱,减徒以下罪。己酉,上诣黑龙潭祈雨。辛亥,爱必达免,调准泰为山西巡抚。壬子,以福建、山东、江南、广东、山西迭出挟制官长之狱,谕:"顽民聚众,干犯刑章,不得不引为己过。各督抚其谆切化导,使愚民知敬畏官长,服从教令。"

六月庚申朔,谕来春奉慈舆东巡,亲奠孔林,命各衙门豫备事宜。辛未,命贵州巡抚节制通省军务。霍备以不查劝州县亏空褫职,发军台效力。壬申,赈山东益都等七州县饥。丙子,小金川土司泽旺率众降,并归沃日三寨。官兵进剿大金川,攻毛牛及马桑等寨,克之。召庆复回京。

秋七月己丑朔,抚恤山东历城等二十州县卫水雹各灾。命高斌等疏浚江苏六塘等河。丙申,命纳延泰赈苏尼特等六旗旱灾。癸卯,停刘于义兼管户部,以讷亲代之。丙午,赈顺直固安等七十五厅州县水旱雹灾。戊申,上奉皇太后幸避暑山庄。癸丑,张广泗进驻小金川美诺寨,分路攻剿,受小金川降。乙卯,上奉皇太后驻避暑山庄。戊午,赈长芦永利等三场旱灾灶户。

八月辛酉,上奉皇太后幸木兰行围。丙寅,赈长芦、海丰等二县灶户。戊辰,上行围温都尔华。赐蒙古王、公、台吉等宴。辛未,采买热河八沟等处米,赈苏尼特六旗旱灾。癸酉,赈江苏苏、松等属潮灾。丙子,命赈苏尼特六旗银,均用库帑,免扣王贝勒等俸。辛巳,庆复奏进攻刮耳崖,连战克捷。谕:"小小破碉克寨,何以慰朕?"壬午,赈浙江寿昌等三县水灾。乙酉,赈顺直霸州等十五州县厅水灾。赈湖南耒阳等九县、陕西朝邑、广东顺德等三县水灾。

九月戊子朔,免经过地方额赋十分之三。赈甘肃伏羌等十县、云南安宁等三州县旱灾。上奉皇太后回驻避暑山庄。癸巳,以江苏崇明潮灾,淹毙人民一万二千余口,免明年额赋,仍赈之。乙巳,赈安徽歙县等八州县卫、河南通许等二十七州县、山东齐河等八十七州县水灾。丁酉,上奉皇太后回跸。乙巳,拨奉天粮十万石赈山东。丁未,致仕大学士查郎阿卒。戊申,谕江苏清查积欠,以陈维新与侍郎陈德华规避,均褫职。壬子,赈河南许州水灾。甲寅,以顾琮为浙江巡抚,蕴著为漕运总督。乙卯,赈两淮吕田等二十场水灾。丁巳,以陈大受为兵部尚书,调潘思榘为福建巡抚,以纳敏为安徽巡抚。

冬十月辛酉,以苏禄复遣番人至福建申理吕宋番目劫夺贡使事,谕:"岛夷互争,可听其自辨,不必有所袒护。"乙丑,上以皇太后疾,诣慈宁宫问安视药。是日,宿慈宁宫。每日视药三次,至辛未皆如之。庚午,赈江苏阜宁等二十州县卫水灾。丁丑,免吉林被水地方额赋。戊寅,赈浙江海宁等十一县水灾。己卯,以准噶尔赴藏熬茶,宰桑巴雅斯瑚郎等至得卜特尔交易,召庆复回京。壬午,赈江苏常熟等十九州县卫潮灾。上元等十五州县卫旱灾,命江苏复截明岁漕粮四十万石备赈。癸未,谕张广泗勿受莎罗奔降。

十一月丁亥朔,上诣皇太后视药,日三次,至己丑皆如之。召阿里衮来京,以赫赫护山东巡抚。癸巳,赈浙江寿昌等三县饥,补豁被灾额赋。己酉,额驸策凌陛见,以塔尔玛善暂署定边副将军。庚戌,赈江苏崇明等县灾民有差。癸丑,赈山东东平等州县卫灾民。辛酉,赈安徽歙县等州县卫水灾。己巳,召徐杞来京,调陈宏谋为陕西巡抚,以彭树葵署湖北巡抚。赈山东齐河等八十五州县水灾。辛未,予告大学士徐本卒。乙亥,以张广泗进剿大金川,命黄廷桂署陕甘总督。赈直隶天津等六州县水灾。张广泗奏莎罗奔请降,告以此次用兵,不灭不已。上以"用卿得人"勉之。己卯,以大学士庆复进剿瞻对,奏报班滚自焚不实,命褫职待罪。以班第、努三均奏班滚自焚,罢御前行走。庚辰,以来保为武英殿大学士。

阿里衮

十三年春正月壬辰,赈江苏阜宁等县、安徽宿州等五州县水灾。庚子,命傅恒兼管兵部尚书事。辛丑,命讷亲赴浙江同高斌会鞫巡抚常安。乙巳,命阿克敦协办大学士,傅恒协办巡幸内阁事务。戊申,上至曹八屯。甲寅,大学士张廷玉乞休,温谕慰留之,停兼理吏部,以来保代之。

二月戊午,上东巡,奉皇太后率皇后启銮。癸亥,上驻跸赵北口,奉皇太后阅水围。朝鲜、琉球入贡。甲子,赈直隶天津等十五州县水灾。丙寅,常安坐婪收褫职。壬申,福建瓯宁会匪作乱,总兵刘启宗捕剿之。癸酉,加经过山东被灾州县赈一月。罢奇通阿领侍卫内大臣,以阿里衮代之。乙亥,免直隶、山东经过州县额赋十分之三。戊寅,上驻跸曲阜县,免驻跸之山东曲阜、泰安、历城三县己巳年额赋。己卯,上释奠礼成,谒孔林。诣少昊陵、周公庙致祭。命留曲柄黄伞供大成殿,赐衍圣公孔昭焕及博士等宴。壬午,上驻跸泰安府。癸未,上祭岱岳庙,奉皇太后登岱。

三月乙酉,减直隶、山东监候、缓决及军流以下罪。丁亥,命班第赴金川军营协商军务。谕张广泗、班第调岳钟琪赴军营,以总兵用。戊子,上至济南府,幸趵突泉。己丑,上奉皇太后阅兵,谒帝舜庙。庚寅,上阅城,幸历下亭。免浙江余姚等五县潮灾本年漕粮。壬辰,上奉皇太后率皇后回跸。癸巳,免安徽歙县等七州县卫上年被水额赋。乙未,上至德州登舟,皇后崩,命庄亲王允禄、和亲王弘昼奉皇太后回京,上驻跸德州。召完颜伟回京,以顾琮为河东河道总督,爱必达为浙江巡抚。协办大学士、吏部尚书刘于义卒。辛丑,还京师。大行皇后梓宫至京,奉安于长春宫。上辍朝九日。壬寅,四川成都等二十三州县厅地震。甲辰,皇太后至京师,上迎还寿康宫。乙巳,上至长春宫大行皇后梓宫前致奠。丙午,上亲定大行皇后谥曰孝贤皇后。以皇长子届丧未能尽礼,罚师傅、谙达等俸有差。丁未,上至长春宫大行皇后梓宫前行殷奠礼。命高斌、刘统勋查办山东赈务。己酉,大行皇后梓宫移观德殿。颁大行皇后敕谕于各省。遣官赍敕谕于朝鲜及内札萨克、喀尔喀、哈密、青海等处。辛亥,调爱必达为贵州巡抚,以方观承为浙江巡抚。丁巳,加傅恒、那苏图、张广泗、班第太子太保,喀尔吉善太子少保。庚申,召驻藏副都统傅清来京,以拉布敦代之。正白旗领侍卫内大臣伊勒慎卒,以那苏图、旺札勒署。来保免兼领侍卫内大臣,以丰安代之。壬戌,上至观德殿祭大行皇后。甲子,命讷亲经略四川军务。协办大学士阿克敦免,以傅恒代之,并兼管吏部尚书。哈达哈署兵部尚书。免上年江苏常熟等十六州县卫潮灾、上元等十四州县卫旱灾额赋。乙丑,调梁诗正为兵部尚书,以蒋溥为户部尚书。免江苏山阳等十八州县卫上年被灾额赋。丁卯,军机大臣蒋溥免,以陈大受代之。癸酉,以陈大受协办大学士,达勒当阿为刑部尚书。乙亥,起原任川陕总督岳钟琪赴金川军营,赏提督衔。调阿兰泰为盛京将军,以索拜为宁古塔将军。丙子,起傅尔丹为内大臣,赴金川军营。加赈福建台湾等二县旱灾。戊寅,晋一等侯富文为一等公。庚辰,裁都察院佥都御史、通政司右通政、大理寺少卿、詹事府少詹事、太仆寺少卿、国子监司业汉缺各一。改通政司满参议一缺为右,满、汉左通政为通政副使。

五月甲申朔,赐梁国治等二百六十四人进士及第出身有差。乙酉,免直隶文安等三十二州县厅上年被水额赋。丙戌,命傅恒署户部三库事。庚寅,阿克敦论斩。辛卯,张广泗奏克戎布寨之捷。丁酉,免河南通许等二十八州县水灾额赋。壬寅,免安徽旌德等七州县卫上年旱灾额赋。甲辰,上至观德殿册谥大行皇后曰孝贤皇后,颁诏。丙午,释阿克敦于狱,命署工部侍郎。戊申,免山东永利等八场上年水灾额赋。壬子,免山西永济等十二州县上年水雹灾额赋。

六月丙辰,李坦以祭祀久不到班,夺伯爵。申诫旗员。庚申,御试翰林、詹事等官,擢齐召南等三员为一等,余升黜有差。御试由部院入翰林、詹事等官,擢少詹事世贵记名升用。癸亥,赈陕西耀州等二十二州县旱灾。戊辰,四川汶川县典史谢应龙驻沃日土司,阻镇将移营。上嘉之,予州同衔。己巳,命兆惠兼管户部事。庚午,裁归化城土默特左右翼副都统。甲戌,谕禁廷臣请立皇太子,并责皇长子于皇后大事无哀慕之诚。上至观德殿孝贤皇后梓宫前奠酒,行百日致祭礼。

秋七月癸未朔,皇太后懿旨:"娴贵妃那拉氏继体坤宁,先册立为皇贵妃,摄行六宫事。"丁亥,免福建长乐等二县上年旱灾额赋。戊子,谕讷亲等速奏进兵方略。壬辰,贷山东农民籽种银。免江苏宿迁上年水灾额赋。甲午,命高斌会周学健勘河、湖疏泄事宜。乙未,以山西永济等五县歉收,抚恤之。戊戌,德沛免,调达勒党阿为吏部尚书,以盛安为刑部尚书。辛丑,赈直隶青县等二十九州县旱灾。癸卯,阿里衮请减饥民掠夺罪,谕斥为宽纵养奸,不许。赈山东历城等二十九州县水雹等灾。丙午,常安论绞。

闰七月癸丑朔,以阿克敦署刑部尚书,德通为左都御史。丙辰,免直隶霸州、固安水灾额赋。赈湖南益阳等八州县水灾。戊午,以彭树葵为湖北巡抚。戊辰,周学健以违制剃发,逮下狱。命高斌管南河总督。尹继善以瞻徇,褫职留任。己巳,上幸盘山,以新柱署湖广总督。召安宁来京,以尹继善兼理江苏巡抚。宁古塔将军索拜迁古北口提督,以永兴代之。辛未,以讷亲奏金川进剿持两议,谕斥之,并申饬傅尔丹、岳钟琪、班第等。壬申,上驻跸盘山。癸酉,调准泰为山西巡抚,阿里衮为山东巡抚,鄂昌为江苏巡抚,舒辂为广西巡抚。塞楞额以违制剃发,逮下狱。丁丑,赈云南昆阳等州县水灾。戊寅,召阿里衮来京,以唐绥祖护山东巡抚。己卯,免江苏元和等十县本年雹灾额赋。庚辰,上还宫。

八月甲申,以班第署四川巡抚。乙酉,以谒泰陵,命庄亲王允禄等总理在京事务。癸巳,追议征瞻对诖奏罪,下庆复于狱,许应虎论斩。庚子,谕抚恤四川打箭炉地震灾民。命来保兼管工部尚书。辛丑,上诣泰陵。甲辰,召安宁来京,乙巳,上谒泰陵。丙午,免直隶庆云等二县九年逋赋。丁未,命户部侍郎兆惠赴四川军营督运。讷亲请调兵三万进剿,不许。戊申,命仓场侍郎张师载往江南随高斌学习河务。己酉,上还京师。

九月壬子朔,调鄂昌为四川巡抚。命策楞、高斌会鞫周学健。戊午,赐塞楞额自裁。己未,召北路参赞大臣塔尔玛善、努三来京,以穆克登额、萨布哈善代之。讷亲等奏克申扎、申达诸城。调策楞为两江总督,尹继善为两广总督。辛酉,召讷亲、张广泗来京。命傅尔丹护四川总督,与岳钟琪相机进讨。甲子,起董邦达在内廷行走。命尚书班第赴军营,同傅尔丹、岳钟琪办理军务。命军营内大臣以下听傅尔丹节制。丁卯,召黄廷桂来京,以瑚宝署甘肃巡抚,兼办陕甘总督事。己巳,上幸静宜园阅兵。壬申,简亲王神保住以凌虐虎女,夺爵。癸酉,命德沛袭简亲王。丁丑,谕责讷亲、张广泗老师糜饷,饬讷亲缴经略印。己卯,命傅恒暂管川陕总督事,赴军营。命侍郎舒赫德军机处行走。庚辰,讷亲、张广泗以贻误军机,褫职逮问。召张广泗来京,发讷亲北路军营效力。以傅恒为经略,统金川军务。辛巳,命来保暂管户部。

冬十月壬午朔,调满洲兵五千名赴金川军营。诸王大臣请治讷亲罪。谕责讷亲负国负恩,候回奏再行降旨。乙酉,召尹继善来京,以硕色为两广总督,鄂容安署河南巡抚。赈湖南新宁县水灾。丙戌,班第以不劾讷亲罪,降调。以舒赫德为兵部尚书。丁亥,命傅恒为保和殿大学士,兼管户部。戊子,移孝贤皇后梓宫于静安庄,上如静安庄奠酒。乙丑,赈山东邹平等三十州县卫水灾。以尹继善为户部尚书。辛卯,上幸丰泽园,赐经略傅恒并从征将士宴。岳钟琪奏克跟杂之捷。壬辰,调开泰为湖南巡抚,以唐绥祖为江西巡抚。甲午,赈山西阳曲等十五州县旱灾。戊戌,上幸宝谛寺,阅八旗演习云梯兵。丁未,赈安徽阜阳等州县卫灾。己酉,命尹继善协办大学士。壬子,幸重华宫,赐经略傅恒宴。癸丑,上诣堂子行祭告礼,及祭吉尔丹囊。甲寅,赈江苏铜山县、湖北汉川等八州县卫水灾。丙辰,命各省巡抚皆兼右副都御史衔。丁巳,上幸南苑行围。戊午,上阅兵。戊辰,赐周学健自裁。平郡王福彭卒,辍朝二日,己巳,命尹继善在军机处行走。赈福建晋江等十四县旱潮等灾。庚午,免直隶文安等三县水灾地租。癸酉,上幸丰泽园,赐东三省兵队宴,并赏赍有差。以策楞为川陕总督,雅尔哈善署两江总督。以傅恒日驰二百余里,嘉劳之。甲戌,给尹继善钦差大臣关防,署川陕总督。丁丑,以讷亲请命张广泗、岳钟琪分路进兵,责以前后矛盾,逮治之。己卯,以用兵金川劳费,密谕傅恒息事宁人。庚辰,分设四川、陕甘总督,以尹继善为陕甘总督,策楞为四川总督,管巡抚事,鄂昌为甘肃巡抚。调舒赫德为户部尚书,瑚宝为兵部尚书。

十二月甲申,定内阁大学士满、汉各二员,协办大学士满、汉一员或二员,改所兼四殿二阁为三殿三阁。乙酉,加傅恒太保。命阿克敦协办大学士。丁亥,以黄廷桂为两江总督,上御瀛台,亲鞫张广泗。戊子,遣舒赫德逮讷亲赴军营,会傅恒严鞫之。以海望署户部尚书,哈达哈署兵部尚书、步军统领。辛卯,庆复、李质粹论斩。大学士陈世倌罢。壬辰,张广泗处斩。丙寅,密谕傅恒,明年三月不能奏功,应受降撤兵。丁酉,命川、陕督抚皆听傅恒节制,班第专办巡抚事务,兆惠专办粮运。免高斌大学士,仍留南河总督任。癸卯,命傅恒等讯明讷亲,以其祖遏必隆刀于军前斩之。申辰,赈陕西耀州等二十五州县旱灾。

十四年春正月辛亥,谕傅恒、岳钟琪由党坝进剿,傅尔丹办理卡撒一路。癸丑,以大学士张廷玉年老,命五日一进内备顾问。谕傅恒以四月为期,纳降班师。乙卯,赈山东金乡等州县灾。丁巳,命傅尔丹、达勒党阿、舒赫德、尹继善、策楞参赞大金川军务。戊午,命瑚宝署陕甘总督,侍郎班第褫职,仍署四川巡抚。甲子,召傅恒还京。命尚书达勒党阿、舒赫德、尹继善均回任,策楞、岳钟琪办理大金川军务。丙寅,以傅尔丹请深入,严饬之。丁卯,以大金川莎罗奔、郎卡乞降,命傅恒班师,特封忠勇公。丙子,谕傅恒受莎罗奔等降。丁丑,南掌国王岛孙进牙象。

二月乙酉,唐绥祖请率属捐廉助饷。上以不知政体,严饬之。丙戌,加来保太子太傅,陈大受、舒赫德、策楞、尹继善太子太保,汪由敦、梁诗正太子太师,达勒党阿、纳延泰、阿克敦、哈达哈太子少师。壬辰,傅恒奏,于二月初五日设坛除道,宣诏受大金川土司莎罗奔、土舍郎卡降。赐傅恒四团龙补服,加赐豹尾枪二、亲军二,岳钟琪加太子少保。癸巳,以岳钟琪亲至勒乌围招莎罗奔等来降,谕特嘉之。丙申,召拉布敦、众佛保来京。庚子,命舒赫德查阅云南等省营伍,会同新柱勘金沙江工程,以瑚宝署湖广总督。乙巳,上幸丰泽园演耕。莎罗奔进番童番女各十人,诏却之。

三月癸丑,命皇长子及裕亲王等郊迎傅恒。乙卯,上奉皇太后至静安庄孝贤皇后梓宫前临奠。丁巳,上率经略、大学士、公傅恒诣皇太后宫问安。封岳钟琪为三等公,加兵部尚书衔。己未,命傅恒兼管理藩院,来保兼管兵部。命那木札勒、德保仍为总管内务府大臣。辛酉,上诣东陵。甲子,上谒昭西陵、孝陵、孝东陵、景陵。丁卯,上至南苑行围。癸酉,上谒泰陵。甲戌,赈湖北汉川等六州县水灾。乙亥,免直隶保安等十州县厅旱灾额赋。丁丑,裁直隶河道总督,兼理加入关防敕书。富森改西安将军。以傅尔丹为黑龙江将军。

四月壬午,上御太和殿,奉皇太后命,册封娴贵妃那拉氏为皇贵妃,摄六宫事。甲申,改来保兼管刑部。召蕴著来京,以顾琮署漕运总督。命纳延泰等勘察哈尔灾。乙酉,加上皇太后徽号曰崇庆慈宣康惠皇太后,次日颁诏覃恩有差。辛卯,免山东邹平等二十州县水灾、甘肃皋兰等十二厅州县雹灾额赋。召彭树葵来京,调唐绥祖为湖北巡抚,以阿思哈为江西巡抚。命仓场侍郎张师载以原衔协办江南河务。戊戌,以瑚宝为漕运总督,命唐绥祖署湖广总督。调哈达哈为兵部尚书，以三和为工部尚书。免山东王家冈等四场额赋。己亥，命江西巡抚兼提督衔。庚子，召纳敏来京，以卫哲治为安徽巡抚。乙巳，赈福建台湾等三县灾。免湖南新宁上年水灾额赋。

五月乙卯，免甘肃皋兰等十三厅州县旱灾额赋。丙辰，免安徽阜阳等十三州县卫上年旱灾额赋。辛酉，上至黑龙潭祈雨。

六月丙申，赈甘肃渭源等州县旱灾。己亥，广西学政胡中藻以裁缺怨望，命来京候补，仍下部严议。

秋七月戊申，赈福建光泽等二县水灾。庚戌，免湖北汉川等六州县上年水灾额赋。辛亥，直隶总督那苏图卒，免福建晋江等九县潮灾额赋。壬子，以方观承为直隶总督，陈大受署之，永贵署山东巡抚。命来保兼管吏户二部，阿克敦兼署步军统领。庚申，上奉皇太后驻避暑山庄。辛酉，命傅恒、陈大受译西洋等国番书。丁卯，上奉皇太后木兰行围。乙亥，补蠲山西永济等六州县被灾额赋。

八月庚辰，上行围巴颜沟，蒙古诸王等进筵宴。壬午，赈湖北罗田等二县水灾。癸卯，赈河南延津等七县水灾。甲辰，赈湖北潜江等十三州县水灾。

九月乙卯，上奉皇太后回跸。乙丑，授鄂容安河南巡抚。丙寅，瞻对番目班滚降。赐庆复自裁。

冬十月甲午，赈浙江钱塘等二十二州县厅、鲍郎等十八场水灾。赏傅清都统衔，同纪山驻藏，掌钦差大臣关防。丁酉，召八十五来京，以卓鼐为归化城都统。戊戌，饬四川严缉咽匪。以珠尔默特那木札勒纵恣，谕策楞、岳钟琪、傅清、纪山防之。喀尔喀台吉额林沁之子旺布多尔济获额鲁特逃人，上嘉赉之。免江苏阜宁等二十三州县漕粮有差。己亥，免直隶蓟州等十八州县厅水灾额赋，并赈之。甲辰，召原任左副都御史孙嘉淦来京。

十一月丁未，命梁诗正兼管吏部尚书。癸亥，命刑部尚书汪由敦署协办大学士。戊辰，大学士张廷玉乞休，允之。庚辰，以刘统勋为工部尚书。辛巳，起彭维新为左都御史。癸未，赐张廷玉诗，申配飨之命。丁亥，汪由敦以漏泄谕旨，免协办大学士，留尚书任。以梁诗正协办大学士。辛卯，削致仕大学士张廷玉宣勤伯爵，以大学士原衔休致，仍准配享太庙。调哈达哈为工部尚书，舒赫德为兵部尚书，海望为户部尚书。以木和兰为礼部尚书，新柱为吉林将军，永兴为湖广总督。乙未，召卫哲治来京，调图尔炳阿为安徽巡抚，岳浚为云南巡抚。以苏昌为广东巡抚。

十五年春正月丙午，免直隶、山西、河南、浙江未完耗羡。免江苏、安徽、山东耗羡十分之六。丁未，命张允随为东阁大学士，硕色为云贵总督，陈大受为两广总督，梁诗正为吏部尚书，李元亮为兵部尚书。甲寅，上幸瀛台紫光阁，赐准噶尔使尼玛宴。乙卯，召纪山回京，命拉布敦同傅清驻藏办事。壬戌，命工部侍郎刘纶在军机处行走。李质粹处斩，王世泰、罗于朝论斩。

二月乙亥，上奉皇太后西巡五台，免经过地方额赋三分之一。庚辰，朝鲜入贡。丙戌，上奉皇太后驻跸五台山菩萨顶。己丑，定边左副将军喀尔喀超勇亲王策凌卒，命贝勒罗布藏署定边左副将军。丁酉，再免山西蒲县等二县上年被灾额赋十分之三。戊戌，上驻赵北口行围。辛丑,采访经学遗书。癸卯,上阅永定河堤工。

三月丙午,加张允随太子太保,蒋溥、方观承、黄廷桂太子少保。再免直隶蓟州等十七州县额赋十分之三。己酉,上奉皇太后还京师。甲寅,孝贤皇后二周年,上诣静安庄致奠。乙卯,致仕大学士张廷玉回籍,优赉有加,令散秩大臣领侍卫十员护送之。戊午,免安徽贵池等三十州县十四年水灾额赋,并赈之。乙丑,免湖北潜江等四州县十四年水灾额赋。庚午,免山东邹平等二十七州县卫十四年水灾额赋。

夏四月丙子,云南省城火药局灾。壬辰,起阿桂在吏部员外郎上行走。乙未,罢致仕大学士张廷玉配享。免安徽贵池等三十州县卫十四年水灾额赋。戊戌,召拉布敦来京,命班第驻西藏,纪山驻青海。

五月庚戌,上诣黑龙潭祈雨。辛亥,命刑部清理庶狱,减徒杖以下罪,直隶亦如之。癸丑,谕九卿科道直陈阙失。甲寅,召新柱来京,以卓鼐为吉林将军,众佛保为归化城都统。庚午,上诣黑龙潭祈雨。

六月丙子,以喀尔喀亲王成衮札布为定边左副将军。丙申,赈直隶乐亭水灾。以保德为北路军营参赞大臣。

秋七月丙午,广东巡抚岳浚褫职。命图尔炳阿、卫哲治仍留云南、安徽巡抚任。己酉,命刘统勋赴广东查折米收仓积弊。庚申,汪由敦降兵部侍郎。以刘统勋为兵部尚书,孙嘉淦为工部尚书。乙丑,缅甸入贡。

八月壬申,上御太和殿,奉皇太后懿旨,册立皇贵妃那拉氏为皇后。癸酉,以册立皇后,上率王大臣奉皇太后御慈宁宫行庆贺礼,加上皇太后徽号曰崇庆慈宣康惠敦和皇太后。丁亥,上奉皇太后率皇后谒陵,并巡幸嵩、洛。戊子,命纪山赴西宁办事,班第赴藏办事,代拉布敦回京。庚寅,上奉皇太后谒昭西陵、孝陵、孝东陵、景陵。甲午,左都御史德通、彭维新,左副都御史马灵阿以瞻徇傅恒议处,降革有差。丁酉,赈山东峄县等七州县水灾。

九月庚子朔,以梅瑴成为左都御史。壬寅,上奉皇太后率皇后谒泰陵。癸卯,御史索禄等以劾蒋炳矫饰,谕斥其有心乱政,褫职。丙午,吏部奏原任大学士张廷玉党援门生,又与朱荃联姻,应革职治罪。上特免之。己酉,上驻正定府阅兵。辛亥,以拉布敦为左都御史。丙辰,免河南经过地方额赋十分之三。丁巳,上驻跸彰德府,幸精忠庙。辛酉,上驻跸百泉,奉皇太后幸白露园。准噶尔台吉策旺多尔济那木札勒为部人所弑,立其兄喇嘛达尔札。癸卯,再免河南歉收地方额赋十分之五。乙丑,赈福建闽县等九县水灾。己巳,免河南祥符等县明年额赋。云南河阳地震。

冬十月辛未,幸嵩山。丙子,上奉皇太后驻跸开封府。戊寅,上幸古吹台。加鄂容安为内大臣。赈浙江淳安水灾。甲申,调爱必达为云南巡抚、开泰为贵州巡抚,以杨锡绂为湖南巡抚。乙酉,免江苏清河等九州县水灾额赋。戊子,免山西应州等三州县水灾额赋。甲午,免顺直固安等四十六厅州县水雹各灾额赋,仍赈贷有差。戊戌,赈江苏溧阳等州县水灾。

十一月辛丑,上奉皇太后率皇后还京师。乙酉,赈甘肃平凉二十八厅州雹旱灾。壬子,免山东兰山等县旱灾额赋,并赈之。癸丑,珠尔默特那木扎勒谋作乱,驻藏都统傅清、左都御史拉布敦诱诛之。其党卓呢罗卜藏扎什等率众叛,傅清、拉布敦遇害。甲寅,命策楞、岳钟琪率兵赴藏,调尹继善赴四川经理粮饷,命侍郎那木扎勒同班第驻藏。逮纪山来京,命舒明驻青海,众佛保署之。乙卯,宣谕珠尔默特那木扎勒戕其兄车布登及悖逆诸状。追赠傅清、拉布敦为一等伯,封傅清子明仁、拉布敦子根敦为一等子,世袭。命侍郎兆惠赴藏,同策楞办善后事宜。丙辰,命舒赫德仍在军机处行走。调穆和蔺为左都御史,以伍龄安为礼部尚书。召雅尔哈善来京,以王师为江苏巡抚。丁巳,命策楞择藏番目与班第协办噶布伦事务。乙丑,以阿里衮为湖广总督,调阿思哈为山西巡抚,卫哲治为广西巡抚,以定长为安徽巡抚。戊辰,以捕获卓呢罗卜藏扎什等,乱已定,止岳钟琪进藏,命驻打箭炉。

十二月庚午朔,赈盛京高丽堡等六站水灾。壬申,始命汉大臣梁诗正等恩荫分部学习。戊寅,赈两淮莞渎等三场水灾。庚辰,命舒赫德勘浙江海塘。壬午,乌里雅苏台参赞大臣萨布哈沙褫职,以宝德代之。戊子,赈盛京辽阳等七城、承德等六州县水灾。并蠲缓额赋有差。癸巳,唐绥祖被劾免,以严瑞龙护湖北巡抚。

十六年春正月庚子,以初次南巡,免江苏、安徽元年至十三年逋赋,浙江本年额赋,减直省缓决三次以上人犯罪。以上年巡幸嵩、洛,免河南十四年以前逋赋。辛丑,赈安徽宿州等州县上年水灾。癸卯,以江苏逋赋积至二百二十余万,谕厘革催征积弊。丙午,免甘肃元年至十年逋赋。以严瑞龙署湖北巡抚。辛亥,上奉皇太后南巡。癸丑,免经过直隶、山东地方本年额赋十分之三。自是南巡皆如之。壬戌,卓呢罗卜藏札什等伏诛。癸亥,赈安徽歙县等十五州县旱灾。甲子,免山东邹平等县逋赋及仓谷。

二月辛未,赈山东兰山等七州县旱灾。癸酉,免两淮灶户逋赋。乙亥,命喀尔喀亲王德沁扎布为喀尔喀副将军,公车布登扎布为参赞大臣。丙子,上奉皇太后渡河,阅天妃闸。丁丑,阅高家堰。辛巳,免山东峄县等七州县水灾额赋有差。乙酉,上幸焦山。丙戌,调定长为广西巡抚。己丑,上驻跸苏州,谕三吴士庶,各敦本业,力屏浮华。辛卯,宣布珠尔默特那木札勒叛逆罪状,惩办如律。严瑞龙褫职,命阿里衮兼湖北巡抚。壬辰,免江苏武进等县新旧田租,免兴化县元年至八年逋赋。癸巳,准噶尔使额尔钦等觐于苏州行宫。

三月戊戌朔,上奉皇太后幸杭州府。贷黑龙江呼兰地方水灾旗民,免官庄本年额赋。免浙江淳安县水灾本年漕粮。己亥,以张师载为安徽巡抚。庚子,上幸敷文书院,幸观潮楼阅兵。甲辰,裁杭州汉军副都统。乙巳,上祭禹陵。丙午,上奉皇太后还驻杭州府。丁未,阅兵。戊申,命高斌仍以大学士衔管河道总督事。庚戌,谕浙江士庶崇实敦让,子弟力田。命班第掌驻藏钦差大臣关防。辛亥,东阁大学士张允随卒。癸丑,上奉皇太后驻跸苏州府。甲寅,赈广东海康等县水灾。乙卯,幸宋臣范仲淹祠,赐园名曰高义,赏后裔范宏兴等貂币。辛酉,上奉皇太后幸江宁府。壬戌,上祭明太祖陵。乙丑,赐纪山自裁。丁卯,起陈世倌为文渊阁大学士。免江苏江浦等十五州县被灾额赋有差。

夏四月辛未,吉林将军卓鼐改杭州将军,以永兴代之。免甘肃皋兰等九厅州县十三年被灾额赋。癸酉,上阅蒋家坝。免江南沛县九年以前逋赋。甲戌,赈浙江永嘉等十州县场卫水灾。赈广东龙川等十二州县十五年水灾。丙子,赈江苏山阳等二十四州县卫十五年水灾。己卯,免甘肃狄道等二十厅州县十四年被水旱雹霜灾额赋有差。以恒文为湖北巡抚。癸未,免河南鄢陵等十六州县十四年水灾额赋。乙酉,永兴褫职逮问,吉林将军卓鼐降调,以傅森代之。丙戌,上驻跸泰安府,祀东岳。戊子,诏以五月朔日食,行在彻悬、斋戒。己丑,遣履亲王允裪代行常雩礼。

五月丁酉朔,日食。丁未,上临奠都统傅清、左都御史拉布敦。戊申,以永兴等诬劾唐绥祖,给还籍产,召来京。辛亥,赐吴鸿等二百四十三人进士及第出身有差。丁巳,免广东海康等十一州县十五年风灾额赋。己未,严瑞龙以诬告唐绥祖,论斩。癸亥,赈山东掖县等六州县潮灾。

闰五月戊寅,调黄廷桂为陕甘总督,尹继善为两江总督。戊子,以永贵为浙江巡抚。壬辰,命保举经学之陈祖范、吴鼎、梁锡玙、顾栋高进呈著述,愿赴部引见者听。癸巳,直隶河间等州县蝗。是月,免山西太原等十九州县上年水雹等灾额赋有差。赈山东寿光等六县、官台等三场、福建宁化等二县水灾,云南剑川等七州县地震灾。

六月己亥,起唐绥祖为山西按察使。壬子,赈江苏靖江县雹灾。赈广东英德等四州县水灾。赈山西凤台、高平水灾。甲寅,免江苏沛县上年水灾额赋。丙辰,免浙江永嘉等七厅州卫上年旱灾额赋。赈福建宁化等县水灾。庚申,缅甸入贡。辛酉,免安徽寿州等二十五州县水灾额赋。甲子,准噶尔部人布图逊林特古斯来降。

秋七月庚午,赈福建归化等县水灾。壬申,上奉皇太后秋狝木兰。戊寅,上奉皇太后驻跸避暑山庄。己卯,河南阳武十三堡河决。庚辰,上奉皇太后巡幸木兰,行围。乙卯,免山西清水河厅雹灾额赋。丙戌,赈陕西朝邑县水灾。己丑,赈山东平度等州县水灾。壬辰,赈山西凤台等九县水灾。

八月乙未,赈浙江海宁等六十五州县卫所及大嵩等场旱灾。赈江西上饶等七县被旱灾。赈湖北天门旱灾。丙申,赐陈祖范、顾栋高国子监司业衔。戊戌,以硕色举发伪撰孙嘉淦奏稿,假造朱批,谕方观承等密缉之。己酉,上奉皇太后回驻避暑山庄。辛亥,命修房山县金太祖陵、世宗陵。丁巳,上奉皇太后还京师。己未,赈河南商丘等十四县水灾。庚寅,准泰以徇隐伪奏,褫职逮问。调鄂容安为山东巡抚、舒辂为河南巡抚、鄂昌为江西巡抚,以杨应琚为甘肃巡抚。命高斌赴河南办阳武河工。辛酉,以庄有恭为江苏巡抚。癸亥,免甘肃平凉等五州县雹灾额赋。乙丑,定明年二月各省举行恩科乡试。诏停本年秋决。癸酉,赈山东邹平等五十三州县水灾。丙子,上奉皇太后诣泰陵。丁丑,赈福建福安等二县水灾。庚辰,上奉皇太后谒泰陵。是日,回跸。甲申,命舒赫德赴江南查办伪撰孙嘉淦奏稿事。庚寅,命陈世倌兼管礼部。两广总督陈大受卒,调阿里衮代,以永常为湖广总督。辛卯,赈河南上蔡等州县水灾。癸巳,赈福建霞浦等四县潮灾。

冬十月戊戌,以范时绥署湖南巡抚。壬寅,赈长芦属富国等七场、山东王家冈等三场水灾。甲寅,赈安徽歙县等十八州卫旱灾。丙辰,赈江苏铜山等八州县水灾。调陈宏谋为河南巡抚,舒辂为陕西巡抚。赈山东齐东等七州县本年水灾、荣成县雹灾。戊午,赈直隶武清等二十六州县水雹灾。癸亥,赈山东官台二场灶潮灾。

十一月甲戌,赈河南祥符等五县水灾。乙亥,赈直隶东明等三州县本年水灾。庚辰,阳武决口合龙。乙酉,以皇太后六旬万寿,上徽号曰崇庆慈宣康惠敦和裕寿皇太后,颁诏覃恩有差。丙戌,命高斌、汪由敦会勘天津河工。戊子,皇太后圣寿节,上奉皇太后御慈宁宫,率王公大臣行庆贺礼。

十二月癸巳朔,以乌尔登为北路军营参赞大臣。丁酉,浚永定河引河。戊戌,赈吉林珲春地方本年水灾。庚子,赈山东邹平等五十五州县水灾。壬寅,以雅尔哈善为浙江巡抚。甲辰,浚直隶南北两运减河。命多尔济代班第驻藏办事。辛亥,赈浙江鄞县等六十州县厅卫所、大嵩等八场旱虫灾。

十七年春正月乙亥,赐准噶尔使图卜济尔哈朗等宴。庚戌,设盛京总管内务府大臣,以将军兼管。甲申,以准噶尔达瓦齐、阿睦尔撒纳内讧,增兵阿尔泰边隘。命舒赫德、玉保查阅北路军营。丙戌,以阿巴齐、达清阿为北路参赞大臣。丁亥,赈江苏铜山等六州县、安徽歙县等九州县被灾贫民。辛卯,修直隶永定河下口及凤堤。

二月乙未,以钟音为陕西巡抚。己亥,释准泰。甲寅,上诣东陵。丙辰,布鲁克巴之额尔德尼第巴贡方物。丁巳,上谒昭西陵、孝陵、孝东陵、景陵。戊午,上驻跸盘山。己未,赈山西山阴、虞乡被灾贫民。辛酉,修房山县金太祖、世宗陵。

三月戊辰,以浙东灾重,谕雅尔哈善加赈,毋令流移。庚午,上还宫。壬申,以莫尔欢为归化城都统。戊寅,福建巡抚潘思榘卒,调陈宏谋为福建巡抚,以蒋炳为河南巡抚。

夏四月甲午,免山东齐东等十二州县卫上年水灾额赋。乙巳,免直隶武清等二十三厅州县上年水灾额赋。庚戌,免浙江海宁等七十三州县卫及大嵩等十三场上年水灾额赋。丁巳,免直隶永利等四场、山西山阴等县上年水灾额赋。

五月辛未,直隶东光、武清等四十三州县蝗。庚辰,赈河南祥符等十四县水灾。己丑,赈甘肃狄道等十四州县上年水灾。山东济南等八府蝗,江南上元等十二州县生螟。

六月甲午,准噶尔部人呢雅斯来降。丁未,御试翰林、詹事等官,擢汪廷玙等三员为一等,余升黜有差。试满洲由部院改入翰林、詹事等官,擢德尔泰为一等,余降用有差。丙辰,以鄂乐舜为甘肃巡抚。

秋七月丁丑,上奉皇太后秋狝木兰。己卯,免所过州县钱粮十分之三。癸未,上奉皇太后驻避暑山庄。丁亥,赈江苏铜山等县水灾。

八月丙申,顺天乡试内帘御史蔡时田、举人曹咏祖坐交通关节,处斩。壬寅,抚赈福建晋江等厅县风灾。甲辰,上奉皇太后巡幸木兰,行围。丙午,命黄廷桂查办陕西赈恤。乙卯,赈陕西咸宁等二十一州县旱灾。

九月辛酉,西洋波尔都噶尔亚国遣使入贡。四川杂谷土司苍旺作乱,命岳钟琪率兵剿之。庚午,苏禄番目所赍入贡国书不合,饬喀尔吉善等遣回国。甲戌,四川官军克杂谷脑,降番寨一百有六。予策楞、岳钟琪优叙。戊寅,减甘肃张掖等五县偏重额赋。赈河南被灾饥民。己卯,上奉皇太后还京师。庚辰,协办大学士、吏部尚书梁诗正请终养,许之。以孙嘉淦为吏部尚书、协办大学士,汪由敦为工部尚书。辛巳,准噶尔喇嘛根敦林沁等来降。丁亥,召尹继善来京,以庄有恭署两江总督。苍旺伏诛。

冬十月戊子朔,赐秦大士等一百四十一人进士及第出身有差。召鄂昌来京,以鄂容安署江西巡抚,杨应琚署山东巡抚。壬寅,阿思哈奏平阳绅民捐赈灾银。谕不忍令灾地富民出赀,饬还之。调定长为山西巡抚,以李锡泰为广西巡抚。己酉,上诣东陵,并送孝贤皇后安地宫。壬子,上谒昭西陵、孝陵、孝东陵、景陵。丁巳,赈江苏上元等十九州县、山西临晋等十州县、湖北钟祥等二十五州县卫旱灾。四川杂谷、黑水后番上下寨来降。

十一月庚申,上还京师。甲子,命刑部尚书刘统勋在军机处行走。戊辰,赈山西闻喜等五州县旱灾。庚辰,以鄂容安为江西巡抚。

十二月戊子,赈甘肃皋兰二十一厅州县水灾雹灾。己丑,修陕西永寿等九县城,以工代赈。赈河南武陟县水灾。黑龙江将军富尔丹卒,以绰尔多代之。乙巳,御史书成请释传钞伪奏稿人犯忤旨,褫职。谕陈宏谋毋究捕天主教民。

十八年春正月戊午,赈陕西耀州等三十七州县、山西永济等十一州县旱灾。丙寅,广东东莞县匪莫信丰等、福建平和县匪蔡荣祖等作乱,捕治之。戊寅,调黄廷桂署四川总督,尹继善署陕甘总督,以鄂容安兼署两江总督,班第署两广总督。辛巳,鄂昌等褫职逮问。乙酉,免山东章丘等三十一州县卫积年逋赋。

二月丁亥朔,以岳钟琪请用兵郭罗克,谕黄廷桂议奏。丙申,上谒泰陵。丁酉,上祭金太祖、世宗陵。江南千总卢鲁生坐伪撰孙嘉淦奏稿,磔于市。己亥,皇太后自畅春园启跸至涿州,上诣行宫请安。壬寅,上奉皇太后御舟至莲花淀阅水围。丙午,免河南夏邑等五县十六年被水额赋。丁未,命兆惠赴藏办事。戊申,上阅永定河工。庚戌,上幸南苑行围。辛亥,免江苏上元等十州县十七年水灾额赋。

三月癸亥,以雅尔哈善于查办伪奏稿不加详鞫,下部严议。戊寅,赈安徽寿州等十一州县卫上年旱灾饥民。己卯,以开泰署湖广总督,定常署贵州巡抚。辛巳,赈湖北十九州县卫上年旱灾。

夏四月丁亥,钱陈群谏查办伪奏稿,上斥以沽名,并饬勿存稿,以"尔子孙将不保首领"谕之。己丑,西洋博尔都噶里雅遣使贡方物,优诏答之。以恒文署湖广总督。甲午,赐西洋博尔都噶里雅贡使宴。乙未,免云南剑川州十六、七年地震水灾额赋有差,并赈恤之。辛丑,赐西洋博尔都噶里雅国王敕,加赍文绮珍物。丙午,以旱命刑部清理庶狱,减徒以下罪,直隶亦如之。丁未,上诣黑龙潭祈雨。壬子,命永常、努三往安西,给钦差大臣关防。

五月癸亥,减秋审、朝审缓决三次以上罪。丁卯,山东济宁、汶上等州县蝻。免广东丰顺等三县上年水灾额赋。辛未,免浙江仁和等六县、仁和场上年水灾额赋,并赈恤之。辛未,准噶尔台吉喇嘛达尔札与达瓦齐相攻被执,达瓦齐自为台吉。

六月癸巳,以策楞署兵部尚书。乙未,浙江上虞人丁文彬以衍圣公孔昭焕发其造作逆书,鞫实,磔磔之。丙申,天津等州县蝗。

秋七月甲子,顺天宛平等三十二州县卫蝗。壬申,江南邵伯湖减水二闸及高邮车逻坝同时并决,命策楞、刘统勋会同高斌查办水灾。赈安徽歙、太湖等县水灾。庚辰,命庄有恭赈高邮、宝应水灾。壬午，停各省分巡道兼布政使司参政、参议，按察使司副使、佥事等衔，及升用鸿胪寺少卿。

八月戊子，命履亲王允祹代祭大社、大稷。赈两淮板浦等场水灾。戊戌，上奉皇太后秋狝木兰。庚子，高斌免，以策楞署南河河道总督，同刘统勋查办河工侵亏诸弊。辛丑，命永常、开泰各回本任。甲辰，上奉皇太后驻跸避暑山庄。乙巳，拨江西、湖北米各十万石赈江南灾。丁未，上奉皇太后巡幸木兰，行围。庚戌，高斌、张师载褫职，留河工效力，以卫哲治为安徽巡抚。辛亥，赈江苏铜山十二州县水灾、山东兰山等县水灾。

九月庚申，赈湖北潜江等三县水灾。壬戌，河南阳武十三堡河决。丁卯，以扈从行围畏葸不前，褫丰安公爵、田国恩侯爵，阿里衮罢领侍卫内大臣。以弘升为正白旗领侍卫内大臣。庚午，以皇后至盘山，命舒赫德为领侍卫内大臣管理内务府大臣随往。江苏铜山河决。壬申，命舒赫德协办江南河工，以阿里衮署领侍卫内大臣，随扈盘山。以尹继善为江南河道总督，鄂容安为两江总督，调永常为陕甘总督，开泰为湖广总督，黄廷桂为四川总督，以定常为贵州巡抚，胡宝瑔为山西巡抚，范时绥为江西巡抚，杨锡绂为湖南巡抚。召班第来京，以策楞为两广总督。癸酉，上奉皇太后驻避暑山庄。甲戌，左都御史梅瑴成休致。丙子，谕将贻误河工之同知李焞、守备张宾斩于铜山工次。命策楞等缚高斌、张师载令目睹行刑讫释放。丁丑，赈山东利津等县水灾。

冬十月庚寅，苏禄国王遣使劳独万查剌请内附，下部议。辛卯，召刘统勋来京。乙未，赈山东海丰等六县本年潮灾。命钟音署陕甘总督。辛丑，以杨锡绂为左都御史，调胡宝瑔为湖南巡抚。恒文为山西巡抚，以张若震为湖北巡抚。癸卯，免江苏阜宁等二十六州县卫新旧额赋有差。乙巳，赈安徽太湖等三十州县卫水灾。庚戌，免浙江钱塘等二十八州县厅卫所旱灾额赋有差。

十一月己未，召苏昌来京，以鹤年为广东巡抚。癸亥，江西生员刘震宇以所著《治平新策》有"更易衣服制度"等语，处斩。甲子，赈甘肃皋兰等二十九州县卫所水雹灾，并免额赋有差。甲戌，以杨应琚为山东巡抚。准噶尔杜尔伯特台吉车凌乌巴什等率所部来降。丙子，赈浙江玉环厅旱灾。庚辰，安徽池州府知府王岱因亏空褫职，潜逃拒捕，处斩。

十二月丙戌，赈两淮富安等场旱灾。命归降杜尔伯特台吉车凌等移居呼伦贝尔。丁亥，协办大学士、吏部尚书孙嘉淦卒。命玉保、努三、萨喇勒为北路参赞大臣。命舒赫德赴鄂尔坤军营。庚寅，命户部尚书蒋溥协办大学士，以黄廷桂为吏部尚书，仍管四川总督，鄂尔达署之。丙申，江南张家马路及邵伯湖二闸决口同日合龙。庚子，以准噶尔台吉达瓦齐未遣使来京，谕永常暂停贸易。

十九年春正月壬子，赈安徽宿州等十五州县卫、江苏阜宁等十五州县卫上年水灾。壬戌，命萨喇勒等讨入卡之准噶尔乌梁海。乙亥，命杨锡绂署吏部尚书，罢鄂弥达兼管。丁丑，琉球入贡。己卯，准噶尔台吉车凌等入觐。

二月丙申，赈山东兰山十八年水灾。戊戌，苏禄入贡，命广东督、抚檄国王毋以内地商人充使。赈山东昌邑等四县、永丰等五场潮灾。癸卯，召策楞来京。乙巳，准噶尔乌梁海库本来降。己酉，命策楞赴北路军营。

三月辛亥朔，以白钟山为河东河道总督，杨应琚署之。准噶尔台吉阿睦尔撒纳等与达瓦齐内哄。戊午，命舒赫德、成衮札布、萨喇勒来京。喀尔喀亲王额琳沁多尔济管理喀尔喀兵事。庚申，四川提督岳钟琪卒。赈湖北潜江等四州县卫水灾，并蠲赋有差。癸亥，免直隶大城等十厅州县十八年水雹旱灾额赋。庚午，免安徽太平等二十五州县卫十八年水灾额赋，并赈之。乙亥，赈两淮富安等十二场灶户。

夏四月庚辰朔，加刘统勋、汪由敦太子太傅，方观承、喀尔吉善、黄廷桂太子太保，鄂容安、开泰太子少傅，永常、硕色太子少保。命准噶尔台吉车凌等入觐。庚寅，成衮札布降喀尔喀副将军，以策楞为定边左副将军。辛卯，召班第回京。以杨应琚署两广总督。丙午，命都统德宁、准噶尔台吉色布腾为北路军营参赞大臣。是月，免长芦沧州等二场上年旱灾灶户、直隶沧州等二州上年水灾灶户额赋。赈甘肃皋兰等十五州县上年旱灾。赈安徽宿州等十二州县、江苏阜宁等二十三州县上年水灾。

闰四月庚戌朔，赐庄培因等二百三十三人进士及第出身有差。己未，免湖北潜江等四州县卫上年水灾额赋。辛未，色布腾入觐，命大学士傅恒至张家口传旨迎劳，封贝勒。壬申，京师雨。

五月辛巳，命清保为黑龙江将军。以准噶尔内乱，谕两路进兵取伊犁。召永常、策楞来京，面授机宜。甲申，上奉皇太后巡幸盛京。戊子，免安徽太平等二十五州县卫上年水灾额赋。庚寅，上奉皇太后驻跸避暑山庄。封准噶尔台吉车凌为亲王，车凌乌巴什为郡王，车凌孟克为贝勒，孟克特穆尔、班珠尔、根敦为贝子。癸巳，免浙江庙湾等十一场十八年被水灶户额赋，灾重者赈之。丁酉，免长芦属永阜等三场上年水灾灶户额赋。戊戌，召陈宏谋来京。命刘统勋协同永常办理陕甘总督事务。调陈宏谋为陕西巡抚，钟音为福建巡抚。己亥，召雅尔哈善来京，调鄂乐舜为浙江巡抚，以鄂昌为甘肃巡抚。

六月壬子，赈福建龙溪等州县水灾。庚申，赈甘肃皋兰等五州县旱灾。壬戌，阿睦尔撒纳等为达瓦齐所败，奔额尔齐斯夔博和硕之地。谕策楞等接应归附。壬申，命雅尔哈善署户部侍郎，在军机处行走。

秋七月辛巳，赈直隶蓟州等州县水灾。壬午，上奉皇太后诣盛京。癸未，命护军统领塔勒玛善、副都统扎勒杭阿为北路军营参赞大臣。丙戌，以乌梁海人巴郎逃，降车布登为贝子，参赞大臣安崇阿、德宁论斩。丁酉，阿睦尔撒纳率部众来降，命萨喇勒迎劳。己亥，上驻跸彰武台河东大营，奉皇太后御行幄。庚子，以喀尔喀台吉丹巴札布失机，命处斩。召策楞、舒赫德、色布腾、萨喇勒来京，以额琳沁多尔济署将军，兆惠为参赞大臣。壬寅，命阿睦尔撒纳入觐。丙午，以班第为兵部尚书，署定边左副将军。以阿里衮为步军统领。赈江苏兴化等州县水灾。

八月辛亥，授杨应琚两广总督。癸丑，命达勒党阿为黑龙江将军。甲寅，上驻跸吉林。乙卯，上诣温德亨山望祭长白山、松花江。丁巳，召鄂容安赴行在，以尹继善署两江总督。己未，赈齐齐哈尔等三城水灾。庚申，赈甘肃皋兰等五州县旱灾。丙寅，上阅辉发城。丁卯，命阿睦尔撒纳游牧移鄂尔坤、塔密尔。癸酉，以车凌孟克及车凌乌巴什、讷默库为西路参赞大臣。乙亥，北路以达勒党阿、乌勒登、努三、兆惠为参赞大臣，西路以萨喇勒、阿兰泰、玉保为参赞大臣。

九月丁丑朔，赈两淮角斜等场灶潮灾。辛巳，上奉皇太后率皇后谒永陵。萨喇勒等征乌梁海。甲申，免甘肃皋兰等十五州县被水被雹额赋。丙戌，谒昭陵、福陵。丁亥，上奉皇太后驻跸盛京。戊午，上率群臣诣皇太后行庆贺礼。御崇政殿受贺。免奉天府所属本年丁赋。自山海关外及宁古塔等处，已结、未结死罪均减等，军流以下悉免之。朝鲜国王李昑遣使诣盛京贡献。己丑，停本年秋决。辛卯，上谒文庙。癸巳，上御大政殿，盛京宗室、觉罗、将军等进御膳。甲午，上奉皇太后率皇后自盛京回跸。己亥，减直隶武清等四县额赋。辛丑，以班第为定边左副将军，鄂容安为参赞大臣。癸卯，命车凌乌巴什、讷默库、车凌孟克等赴西路，在参赞大臣上行走，喀尔喀王巴雅尔什第等在北路军营领队上行走。

冬十月癸丑，赈山东惠民等十六州县卫、永和等三场水灾。甲寅，调卫哲治为广西巡抚，鄂乐舜为安徽巡抚，以周人骥为浙江巡抚。乙卯，赈安徽寿州等十九州县卫本年水灾、山西马邑雹灾。丙辰，上奉皇太后还宫。戊午，上御太和殿，受王以下文武百官进表朝贺。己未，以工部尚书汪由敦管刑部尚书。辛酉，赈江苏阜宁等十六州县卫水灾，并蠲赋有差。辛未，移京城满洲兵三千驻阿勒楚喀等处屯垦，增副都统一、协领一。庚午，以鄂弥达署吏部尚书。

十一月戊寅，赈福建诸罗等二县风灾。上幸南苑。苏禄国王苏老丹嘛喊味麻安柔律嶙遣使贡方物。准噶尔克尔帑特台吉阿布达什来降。庚辰，赈顺天直隶武清等十五州县被水被雹饥民，并免额赋有差。乙酉，上幸避暑山庄。丁亥，辉特台吉阿睦尔撒纳、杜尔伯特台吉讷默库等率降众于广仁岭迎驾。是日，上召见阿睦尔撒纳等赐宴，赏赉有差。戊子，封阿睦尔撒纳为亲王，讷默库、班珠尔为郡王；杜尔伯特台吉刚多尔济、巴图博罗特、辉特台吉札木参、齐木库尔为贝勒；杜尔伯特台吉布图克森、额尔德尼、罗垒云端，辉特台吉德济特、普尔普、克什克为贝子，辉特台吉根敦札布等，杜尔伯特台吉布颜特古斯等为公；杜尔伯特台吉乌巴什等，辉特台吉伊什等为一等台吉。以辉特亲王阿睦尔撒纳为北路参赞大臣，郡王讷默库为西路参赞大臣。命额琳沁多尔济为西路参赞大臣，召班第来京。命阿睦尔撒纳署将军，额驸色布腾巴勒珠尔协办。命车凌同车凌乌巴什往西路军营，讷默库同阿睦尔撒纳、班珠尔往北路军营。戊戌，上还京师。

十二月戊申，以班第为定北将军，阿睦尔撒纳为定边左副将军，永常为定西将军，萨喇勒为定边右副将军。辛亥，上幸大学士来保，予告大学士福敏第视疾。以亲王固伦额驸色布腾巴勒珠尔、亲王衔琳沁、郡王讷默库、班珠尔、郡王衔青滚杂卜、尚书公达勒党阿、总督伯鄂容安、护军统领乌勒登为北路参赞大臣，亲王额琳沁多尔济、车凌、郡王车凌乌巴什、贝勒车凌孟克、色布腾、贝子扎拉丰阿、公巴图孟克、玛什巴图、将军阿兰泰为西路参赞大臣。癸亥，安南国王黎维祎进方物。赈甘肃河州等十五厅州县卫水灾。丙寅，调鄂容安为西路参赞大臣，命阿兰泰、库克新玛木特为北路参赞大臣。

二十年春正月丁丑，命定边左副将军阿睦尔撒纳率参赞大臣额驸色布腾巴勒珠尔、郡王品级青滚杂卜、内大臣玛木特、奉天将军阿兰泰由北路进征，定边右副将军萨喇勒率参赞大臣郡王班珠尔、贝勒品级札拉丰阿、内大臣鄂容安由西路进征。癸未,以阿里衮署刑部尚书。癸卯,免乌梁海、札哈沁、包沁等贡赋一年。

二月乙巳朔,日食。命兆惠留乌里雅苏台协办军务,在领队大臣上行走。丙午,朝鲜贡方物。乙卯,上谒东陵。戊午,上谒昭西陵、孝陵、孝东陵、景陵,至孝贤皇后陵奠酒。己未,召范时绥来京,调胡宝瑔为江西巡抚,以杨锡绂署湖南巡抚,蒋溥署吏部尚书。赈山东惠民等十二州县卫水灾。庚申,准噶尔噶勒杂特部人齐伦来降。丁卯,赈云南易门、石屏地震灾民。己巳,赈江苏高邮等州县卫上年灾民。

三月丙子,永常等奏额鲁特业克明安巴雅尔来降。戊寅,免江苏江浦等二十二州县卫十九年水灾额赋。己卯,上诣泰陵。召鄂昌来京,调陈宏谋为甘肃巡抚,以台柱署陕西巡抚。壬午,上谒泰陵。乙酉,上驻跸吴家庄,阅永定河堤。丙戌,上幸晾鹰台行围,殪熊一虎二。召大学士、九卿、翰詹、科道,谕胡中藻诗悖逆,张泰开刊刻,鄂昌唱和诸罪,命严鞫定拟。庚寅,上还京师。鄂昌褫职逮问。壬辰,高斌卒。释张师载回籍。乙未,扎哈沁得木齐巴哈曼集、宰桑敦多克等来降。庚子,免直隶霸州等六州县厅本年旱灾额赋。壬寅,准噶尔台吉噶勒藏多尔济等来降。

夏四月丙午,额林哈毕尔噶宰桑阿巴噶斯等来降。壬子,致仕太保、大学士张廷玉卒,命遵世宗遗诏,配飨太庙。甲寅,胡中藻处斩。乙丑,吐鲁番伯克莽噶里克来降。免长芦永利等三场、海丰一县水灾额赋。丙寅,免山东惠民等十六州县水灾额赋。丁卯,绰罗斯台吉衮布扎布等并叶尔羌等回部和卓木来降。戊辰,琉球国世子尚穆遣使入贡请封,允之。壬申,集赛宰桑齐巴汗来降。

五月甲戌朔,免安徽寿州等十九州县卫水灾额赋。喀尔喀车臣汗副将军公格勒巴木丕勒褫爵,留营效力,以扎萨克郡王得木楚克代之。戊寅,赈奉天承德等七州县水灾。庚辰,命翰林院侍讲全魁、编修周煌往琉球册封。辛巳,和通额默根宰桑鄂哲特等来降。壬午,库图齐纳尔宰桑萨赉来降。甲申,准噶尔宰桑乌鲁木来降。戊子,阿勒阒沁鄂拓克宰桑塔尔巴来降。己丑,达瓦齐遁特克斯。庚寅,史贻直原品休致。赐鄂昌自尽。辛卯,命黄廷桂为武英殿大学士,仍留四川总督任。调王安国为吏部尚书,以杨锡绂为礼部尚书,何国宗为左都御史。调陈宏谋为湖南巡抚,以吴达善为甘肃巡抚,图尔炳阿为河南巡抚。壬辰,阿睦尔撒纳奏克定伊犁,赏阿睦尔撒纳亲王双俸,封其子为世子。晋封班第、萨喇勒为一等公,玛木特为三等公。赏色布腾巴勒珠尔亲王双俸。封扎拉丰阿为郡王,车布登扎布、普尔普为贝勒。赏车凌亲王双俸。封车凌乌巴什、班珠尔、讷默库为亲王,策楞孟克为郡王。再授傅恒一等公爵。军机大臣等俱优叙有差。赈江苏清河、铜山等州县水灾。癸巳,召达勒党阿来京协办大学士,以绰勒多署黑龙江将军。大学士傅恒辞公爵,允之。封班第为诚勇公,萨喇勒为超勇公,玛木特为信勇公。

六月癸卯朔,以平定准部告祭太庙,遣官告祭天、地、社、稷、先师孔子。命四卫喇特如喀尔喀例,每部落设盟长及副将军各一人。丙午,阿睦尔撒纳奏兵至格登山,大败达瓦齐之兵。封喀喇巴图鲁阿玉锡、巴图济尔噶勒、察哈什等男爵,并授散秩大臣,余赏赉有差。己酉,加上皇太后徽号曰崇庆慈宣康惠敦和裕寿崇禧皇太后,颁诏覃恩有差。癸丑,阿克敦免，以鄂弥达为刑部尚书，仍署吏部尚书，阿里衮署兵部尚书，降永常为侍郎。命大学士黄廷桂为陕甘总督，调开泰为四川总督。召刘统勋来京，以硕色署湖广总督，爱必达署云贵总督。己未，罗卜藏丹津等解送京师，遣官告祭太庙，行献俘礼。庚申，上御午门受俘，宥罗卜藏丹津罪，巴朗、孟克特穆尔伏诛。甲子，以班第等奏阿睦尔撒纳与各头目往来诡秘，擅杀达瓦齐众宰桑，图据伊犁。温旨令即行入觐。戊辰，获达瓦齐，准部平。

秋七月戊寅，杜尔伯特台吉伯什阿噶什等来降。丁亥，乌兰泰以获达瓦齐封男爵。黑龙江将军绰勒多改荆州将军，以达色代之。

八月丙午，赈江苏海州等七州县水灾雹灾。丁未，上奉皇太后巡幸木兰。壬子，上奉皇太后驻跸避暑山庄。甲寅，赈山东金乡等二十二州县卫水灾。封准噶尔台吉伯什阿噶什为亲王。丁巳，上奉皇太后至木兰行围。庚申，召尹继善来热河。

九月壬申朔，免福建台湾等三县上年被水额赋。甲戌，上御行殿，绰罗斯噶勒臧多尔济等入觐，赐宴。阿睦尔撒纳入觐，至乌陇古，叛，掠额尔齐斯台站。丙子，准噶尔头目阿巴噶斯等叛。起永常为内大臣，仍办定西将军事，策楞、玉保、扎拉丰阿为参赞大臣。命哈达哈留乌里雅苏台，会同阿兰泰办事。丁丑，阿睦尔撒纳犯伊犁。庚辰，颁招抚阿睦尔撒纳谕。壬午，上奉皇太后回驻避暑山庄。癸未，赐噶勒臧多尔济等冠服，封噶勒臧多尔济为绰罗斯汗，车凌为杜尔伯特汗，沙克都尔曼济为和硕特汗，巴雅尔为辉特汗。晋封喀尔喀郡王桑斋多尔济为亲王。命哈达哈等讨阿睦尔撒纳。丁亥，命策楞为定西将军。以喀尔喀郡王巴雅尔什第等捕诛包沁叛贼台拉克等，晋封巴雅尔什第为亲王，沙克都尔扎布为贝勒，达尔扎诺尔布扎布为贝子。赈浙江山阴等十五州县、曹娥等五场、湖州一所，云南剑川一州本年被水灾民。赈湖北江陵等八州县卫本年被水灾民。庚寅，逮永常来京，降策楞为参赞大臣，以扎拉丰阿为定西将军。刘统勋舍巴里坤退驻哈密，切责之。丙申，逮刘统勋来京，命方观承往军营办理粮饷，以鄂弥达署直隶总督。噶勒臧多尔济之子诺尔布琳沁讨阿巴噶斯，败之，获得木齐班咱，加封郡王。封贝勒齐木库尔为郡王。以阿里衮署刑部尚书，调汪由敦为刑部尚书。戊戌，户部尚书海望卒。

冬十月辛丑朔，策楞褫职逮问，命副都统莽阿纳、喀宁阿为西路领队大臣。甲辰，以卫哲治为工部尚书，鄂宝署广西巡抚。戊申，赈浙江会稽等州县场所水灾。命富德为参赞大臣。壬子，宥刘统勋、策楞发军营，以司员效力。癸丑，赈山东邹县等十九州县卫、官台等四场水灾。丁巳，达瓦齐等解至京，遣官告祭太庙社稷，行献俘礼。戊午，上御门楼受俘，释达瓦齐等。赈安徽无为等三十二州县被水饥民。命李元亮署工部尚书。辛酉，起策楞为参赞大臣，署定西将军，命进剿阿睦尔撒纳。甲子，将军班第、尚书鄂容安败绩于乌兰库图勒，死之。副将军萨喇勒被执。丙寅，命哈达哈为定边左副将军，雅尔哈善为参赞大臣，达勒党阿为定边右副将军，阿兰泰为乌里雅苏台参赞大臣。

十一月辛未，以杜尔伯特贝勒色布腾为北路参赞大臣。癸酉，以策楞为内大臣兼定西将军，扎拉丰阿为定边右副将军，达勒党阿为参赞大臣。宥青滚杂卜罪。甲戌，以鄂勒哲依、哈萨克锡喇为参赞大臣，尼玛为内大臣兼参赞大臣。云南剑川州地震。壬午，调鄂乐舜为山东巡抚，高晋为安徽巡抚，锡特库为巴里坤都统。癸未，宥达瓦齐罪，封亲王，赐第京师。甲午,噶勒杂特得木齐丹毕来降。

十二月癸卯,起乌勒登为领队大臣。以卢焯署陕西巡抚。丙午,命侍郎刘纶往浙江查办前巡抚鄂乐舜,并查江南、浙江赈务。戊申,免伊犁本年贡赋。以吉林将军傅森为兵部尚书,额勒登代之。己未,赈索伦、达呼尔水灾霜灾。赈湖北潜江等六州县卫水灾。赈两淮徐溇等十二场、山西岢岚州本年水灾各有差。

二十一年春正月庚午,以额驸科尔沁亲王色布腾巴勒珠尔贻误军机,褫爵禁锢。喀尔喀亲王额琳沁多尔济以疏纵阿睦尔撒纳,处斩。己卯,以准噶尔故总台吉达什达瓦之妻率众来降,封为车臣默尔根哈屯。命尹继善往浙江会审鄂乐舜。丁亥,阿巴噶斯得木齐哈丹等来降。乙未,命哈达哈由阿尔泰进兵协剿。原任副将军萨喇勒由珠勒都斯来归,命与鄂勒哲依同掌副将军印。命协办大学士达勒党阿由珠勒都斯进兵协剿。丁酉,致仕协办大学士阿克敦卒。

二月癸卯,授巴里坤办事大臣和起钦差大臣关防。戊申,以杨廷璋为浙江巡抚。辛亥,上启跸谒孔林。以策楞奏报获阿睦尔撒纳,命改谒泰陵。甲寅,上谒泰陵。免直隶、山东经过州县钱粮十分之三,歉收地方免十分之五。乙卯,上幸山东,诣孔林。免山东海丰等三县潮灾额赋。壬辰,赈山东兰山等州县水灾。癸亥,赈浙江仁和等十五州县场水灾。甲子,工部尚书卫哲治病免,以赵弘恩代之。策楞以误传获阿睦尔撒纳奏闻。丁卯,命萨喇勒以副将军驻特讷格尔。戊辰,授硕色为湖广总督,郭一裕为云南巡抚。

三月己巳朔,上至曲阜,谒先师孔子庙。授清保为盛京将军。庚午,释奠礼成。谒孔林、少昊陵、元圣周公庙。免曲阜丁丑年额赋。辛未,赈山东邹县等十七州县卫水灾。丙戌,免江苏宿迁被灾河租,湖北潜江等五州县上年水灾额赋。丁亥,命哈达哈进兵乌梁海布延图,以青滚杂卜、车布登为参赞大臣。策楞等奏复伊犁。戊子,免安徽宿州等二十一州县卫、江苏阜宁等七十二州县卫上年水灾额赋。壬辰,上谒昭西陵、孝陵、景陵,诣孝贤皇后陵奠酒。丙申,赐鄂乐舜自尽。丁酉,上还京师。

夏四月壬子,免山东邹县等十九州县卫上年潮灾额赋。命达勒党阿由西路、哈达哈由北路进征哈萨克,以哈宁阿、鄂实为参赞大臣。癸丑,命大学士傅恒赴额林哈毕尔噶整饬军务。策楞、玉保逮问。以乌勒登疏纵阿睦尔撒纳处斩。甲寅,命尚书阿里衮在军机处行走。丁巳,召傅恒回京。富德奏败哈萨克于塞伯苏台。壬戌,免山西岢岚州二十年霜灾额赋。癸亥,军机大臣雅尔哈善、刘纶罢。命裘曰修在军机处行走。乙丑,召刘统勋回京。

五月戊辰朔,玉保降领队大臣,以达勒党阿为定边右副将军,巴禄为参赞大臣。乙亥,免浙江仁和等十三州县上年被灾额赋。庚辰,上诣黑龙潭祈雨。乙酉,以莽阿纳、达什车凌为参赞大臣。丁亥,免甘肃甘州等三府本年民屯额赋。赈甘肃皋兰等二十厅州县上年霜雹灾。辛丑,噶勒杂特宰桑根敦等来降。壬子,以莽阿纳为归化城都统。癸丑,何国宗降调,以赵弘恩为左都御史,调汪由敦为工部尚书,刘统勋为刑部尚书。丙辰,伯什阿噶什属宰桑赛音伯克来降。癸亥,杜尔伯特台吉伯什阿噶什遣使来降,命封亲王。乙丑,封杜尔伯特台吉乌巴什为贝子。

秋七月戊辰，免安徽无为等三十二州卫上年水灾额赋。壬申，特楞古特宰桑敦多克及古尔班和卓等于济尔玛台诈降，哈达哈等率兵殄之。授哈达哈领侍卫内大臣，车布登扎布郡王，唐喀禄、舒赫德副都统，三都布多尔济公爵，余议叙有差。庚辰，漕运总督瑚宝卒，以张师载代之。丁亥，上幸清河，至班第、鄂容安丧次赐奠。壬辰，以青滚杂卜叛迹已著，谕舒明、成衮扎布等捕剿之。癸巳，库车伯克鄂对等来降。

八月壬寅，以绰尔多为黑龙江将军。乙巳，命喀尔喀亲王成衮扎布为定边左副将军，舒明、阿兰泰、桑斋多尔济、德沁扎布、塔勒玛善为参赞大臣。辛亥，命纳木扎勒、德木楚克为参赞大臣。以保德署绥远城将军。癸丑，上奉皇太后秋狝木兰。磔阿巴噶斯等于市。戊午，赈车臣汗部落扎萨克辅国公成衮等六旗旱灾。额鲁特达玛琳来降。庚申，上奉皇太后巡幸木兰，行围。授瑚图灵阿、富昌、保德、哲库纳、阿尔宾为参赞大臣，随成衮扎布办事。以保云署绥远城将军。壬戌，台吉伯什阿噶什入觐，召见行殿，赐宴。癸亥，予成衮扎布等议叙。甲子，以喀尔喀贝勒品级车木楚克扎布接续台站，封为贝勒。乙丑，哈达哈等征哈萨克，大败之。授扎拉丰阿为贝子，明瑞为副都统。赈陕西长安等十三厅州县雹灾。

九月甲戌，达瓦齐近族台吉巴里率人户来降，命附牧扎哈沁地方。丁丑，土尔扈特台吉敦多布达什遣使臣吹扎布入贡，上召见于行幄，赐宴。戊子，免甘肃乾隆元年至十五年积年欠赋，及宁夏安西等二十二州县卫本年额赋有差。庚寅，上奉皇太后回驻避暑山庄。授杜尔伯特亲王伯什阿噶什为盟长。乙未，暹罗国王遣使贡方物。赈山东鱼台等县水灾。

闰九月癸卯，封罗卜藏车楞之子塔木楚克扎布为贝勒。戊申，上奉皇太后回跸。庚戌，授阿桂为北路参赞大臣。准借黑龙江被水人户籽种口粮。甲寅，上奉皇太后还京师。赈安徽宿州等十二州县卫水灾。辛酉，免江苏清河十二州县卫被灾漕项。

冬十月戊辰，命哈达哈以参赞大臣随同成衮扎布办事，阿里衮、富德回京。壬申，以富勒赫未能豫防河决，召来京。命爱必达为河道总督，刘统勋署之。调鹤年为山东巡抚，授尹继善两江总督，兼管河务。癸酉，以满福为巴里坤都统。丙子，兆惠以回部霍集占叛状闻，遣阿敏道等进兵。戊寅，辉特台吉巴雅尔叛掠洪霍尔拜、扎哈沁，命宁夏将军和起讨之。己卯，赈直隶延庆等八州县卫本年水灾雹灾。乙酉，致仕大学士福敏卒。

十一月丁未，赈甘肃皋兰等二十六厅州县水雹灾。辛亥，调陈宏谋为陕西巡抚，图勒炳阿为湖南巡抚。甲寅，命仍逮问策楞、玉保。降封扎拉丰阿公爵。以达勒党阿为定西将军，兆惠为定边右副将军，永贵为参赞大臣。庚申，哈萨克锡喇巴玛及回人莽噶里克率众袭将军和起于辟展。和起力战死之，命如傅清、拉布敦例恤。己未，黄廷桂奏备马三万匹，增兵驻哈密等处。上以"明决担当"嘉之。赏黄廷桂双眼花翎、骑都尉世职。壬戌，王安国病免。以汪由敦署吏部尚书，赵弘恩署工部尚书，何国宗署左都御史。

十二月甲子朔，策楞、玉保逮京，途次为额鲁特人所害。庚午，赈山西汾阳等县水灾。辛未，谕哲布尊丹巴胡图克图加号敷教安众喇嘛。壬申，以卢焯为湖北巡抚。赈山东金乡等二十一州县卫水灾。甲戌，免陕西蓥屋等四县本年水灾民屯额赋、马厂地额赋之半。

戊寅,获青滚杂卜于杭噶奖噶斯,赏成衮扎布黄带,封子一人为世子,封纳木扎勒一等伯。己卯,召瑚图灵阿等回京。以获青滚杂卜功,晋贝勒车木楚克扎布郡王品级,赏贝勒旺布多尔济等双眼花翎。丙戌,达勒党阿罢协办大学士,以鄂弥达代之。

二十二年春正月甲午,以南巡免江苏、安徽、浙江累年逋赋。以成衮扎布为定边将军,由巴里坤进剿,车布登扎布署北路定边左副将军,舒赫德、富德、鄂实为参赞大臣,色布腾巴勒珠尔、阿里衮、明瑞等为领队大臣。乙未,赈江苏清河等十九州县水灾。戊戌,命嵩椿为荆州将军。以莽古赉为参赞大臣,赴北路军营。己亥,命哈达哈为参赞大臣,驻科布多。庚子,以哈宁阿、永贵为参赞大臣。癸卯,上奉皇太后南巡。甲辰,授汪由敦吏部尚书,调何国宗为礼部尚书,秦蕙田为工部尚书,赵弘恩仍回左副都御史,白钟山为江南河道总督,张师载为河东河道总督,杨锡绂为漕运总督,授爱必达江苏巡抚。丙午,免直隶静海等三州县逋赋。丁未,免经过直隶、山东地方本年钱粮十分之三,被灾地方十分之五。壬子,赈山东济宁五州县卫水灾。癸丑,以阿思哈为北路参赞大臣。己未,以稽璜为江南副总河。命阿桂留乌里雅苏台办事。壬戌,噶勒藏多尔济、达什车凌等叛。

二月癸亥朔,免经过江南、浙江地方本年钱粮十分之三,被灾地方十分之五。甲子,赈江苏清河十四州县卫、安徽宿州等四州县卫灾民。丙寅,兆惠全师至乌鲁木齐,封一等伯,世袭。丁卯,上奉皇太后渡河至天妃闸,阅木龙。免江南乾隆十年以前漕项积欠。免两淮灶户乾隆十七年至十九年未完折价银两。乙亥,上奉皇太后渡江。癸未,幸宋臣范仲淹高义园。甲申,上奉皇太后幸苏州府。乙酉,上奉皇太后临视织造机房。调富森为吏部尚书,以纳木札勒为工部尚书。降阿里衮为侍郎,以兆惠为户部尚书、领侍卫内大臣,舒赫德为兵部尚书。命成衮扎布、兆惠分路捕剿额鲁特叛众。丙戌,上阅兵于嘉兴府后教场。丁亥,上阅兵于石门镇。己丑,上奉皇太后幸杭州府。庚寅,上阅兵。辛卯,免山东齐河等三州县民欠,及山西汾阳等二县、江苏清河等十二州县水灾额赋。

三月丁酉,噶勒藏多尔济陷伊犁,命成衮扎布讨之。庚子,上奉皇太后驻跸苏州府。己酉,上奉皇太后幸江宁府。免江南之江宁、苏州,浙江之杭州三府附郭诸县本年额赋。庚戌,上奠明太祖陵。辉特台吉车布登多尔济叛,哈达哈讨获之。命尽诛丁壮,以女口赏喀尔喀。辛亥,以哈达哈为兵部尚书。癸丑,上奉皇太后渡江。甲寅,召原任大学士史贻直入阁办事,黄廷桂仍以大学士兼管陕甘总督。丙辰,免陕西潼关等厅州县上年水雹灾额赋。召刘统勋赴行在。己未,上奉皇太后渡河。

夏四月壬戌朔,直隶总督方观承劾奏巡检张若瀛擅责内监僧人。上斥为不识大体,仍谕内监在外生事者听人责惩。乙丑,免江苏淮安等三府州地亩额赋。命刘统勋督修徐州石工,侍郎梦麟督修六塘以下河工,副总河稽璜督修昭关滚坝支河,均会同督、抚、总河筹办。召成衮扎布、兆惠、舒赫德等来京,以雅尔哈善为参赞大臣,掌定边右副将军印,命阿里衮驻巴里坤办事。丙寅,上至孙家集阅堤工。唐喀禄获车布登多尔济,以普尔普部人赏乌梁海。丁卯,上渡河,至荆山桥、韩庄闸阅河工。戊辰,免直隶延庆等州县卫二十一年雹灾水灾额赋。庚午,减山东海丰县属黎敬等五庄粮额,并免十一年至二十年逋赋。以松阿里为绥远城将军。获普尔普。辛未,上至阙里释奠先师孔子。上奉皇太后驻跸灵岩。命史贻直仍以文渊阁大学士兼吏部尚书。乙亥,改松阿里为凉州将军,以保德为绥远城将军。戊寅,免山东济宁等五州县逋赋。己卯,调蒋炳为河南巡抚,以阿思哈为湖南巡抚。庚辰,免河南夏邑等四县逋赋。辛巳,以夏邑生员段昌绪藏吴三桂伪檄,命方观承赴河南会同图勒炳阿严鞫之。乙酉,何国宗罢。丁亥,上还京师。命秦蕙田署礼部尚书。戊子,以前布政使彭家屏藏明末野史,褫职逮问。以归宣光为礼部尚书。庚寅,福建厦门火。丁酉,上诣蓝靛厂迎皇太后居畅春园。乙巳,赐蔡以台等二百四十二人进士及第出身有差。丁未,霍集占叛,副都统阿敏道死之。

六月辛酉朔,以胡宝琭为河南巡抚,阿思哈署江西巡抚。壬戌,免甘肃及河南夏邑等四县明年额赋。癸亥,以爱必达为云贵总督,调陈宏谋为江苏巡抚,明德为陕西巡抚,定长为山西巡抚。甲子,赈河南鄢陵等州县水灾。戊辰,彭家屏论斩。丁丑,赏达什达瓦部落两月口粮。癸未,喀尔喀达玛琳叛,命桑寨多尔济讨之。己丑,赈安徽宿州等十六州县卫水灾、甘肃碾伯等三十八州县厅水雹灾。

秋七月辛卯朔,赈山东馆陶等州县水灾。壬辰,以刘藻为云南巡抚。癸卯,赐彭家屏自尽。命史贻直仍兼工部。乙巳,赈安徽宿州等十州县水灾雹灾。丙午,赈山东东平州等五州县水灾。以获巴雅尔授富德内大臣,封贝勒罗布藏多尔济为郡王。丁未,以杨应琚为闽浙总督,以鹤年为两广总督,蒋洲为山东巡抚,塔永宁为山西巡抚。哈萨克汗阿布赉遣使入贡。戊申,上奉皇太后巡幸木兰。癸丑,额鲁特台吉浑齐等杀札那噶尔布,以其首来降。戊午,赈山东济宁等三十二州县卫水灾、福建龙岩等二州县水灾。

八月丙寅,哈萨克霍集伯尔根等降。丁卯,以萨喇善为吉林将军,傅森署之。戊辰,赈甘肃柳沟等三卫旱灾。乙亥,上奉皇太后巡幸木兰,行围。赈山西汾阳水灾。辛巳,巴雅尔、达什车凌伏诛。

九月癸巳,克埒特、乌噜特各部俱平。甲午,上御行殿,哈萨克阿布赉等使臣入觐,赐宴。戊戌,以富勒浑为湖南巡抚。浑齐等复叛。庚子,额鲁特沙喇斯、玛呼斯二宰桑叛,命都统满福讨之。以雅尔哈善为兵部尚书。辛丑,上奉皇太后回驻避暑山庄。壬寅,磋尼玛等于故将军和起墓前。丁未,命刘统勋赴山东、江南办理河工。辛亥,上奉皇太后还京师。

冬十月壬戌,上幸南苑,行围。癸亥,琉球入贡。乙丑,以雅尔哈善署定边右副将军。丁卯,召车布登扎布来京,以纳木扎勒署定边左副将军。阿桂赴科布多,以莽古赉为北路参赞大臣。辛未,以兆惠为定边将军,车布登扎布为定边右副将军。丙戌,以永贵为陕西巡抚。

十一月丙申,以喀尔喀亲王德沁扎布为北路参赞大臣。壬子,以吴拜为左都御史。戊午,赈甘肃皋兰等二十二厅州县霜雹等灾。

十二月癸亥,以陈宏谋为两广总督,李侍尧署之,托恩多为江苏巡抚,阿尔泰为山东巡抚。己巳,大学士陈世倌乞休,许之。乙亥,封车木楚克扎布为郡王。丁丑,赈扎噜特、阿噜、科尔沁三旗灾。庚辰,舒赫德以失机褫职。甲申,加史贻直、陈世倌太子太傅,鄂弥达、刘统勋太子太保。

是岁，朝鲜、暹罗、琉球入贡。

二十三年春正月己丑，赈河南卫辉等府属灾民一月。免甘肃乾隆十六年至二十二年逋赋。庚寅，命兆惠、车布登扎布剿沙喇伯勒，雅尔哈善、额敏和卓征回部。辛卯，赈江苏清河等十八州县、安徽宿州等十州县灾民有差。癸酉，赈直隶大名等州县灾民。丙午，以俄罗斯呈验阿睦尔撒纳尸及哈萨克称臣纳贡，宣谕中外。己酉，吏部尚书汪由敦卒，上亲临赐奠。壬子，以刘统勋为吏部尚书，调秦蕙田为刑部尚书，以嵇璜为工部尚书，调钟音为广东巡抚，周琬为福建巡抚，周人骥署贵州巡抚。癸丑，命雅尔哈善为靖逆将军，额敏和卓、哈宁阿为参赞大臣，顺德讷、爱隆阿、玉素布为领队大臣，征回部。命永贵、定长以钦差大臣关防办理屯田事务。

二月庚申，朝鲜入贡。癸亥，赈陕西葭州等八州县旱灾。乙丑，赈德州等三十七州县卫所灾民。

三月庚寅，上谒西陵。癸巳，上谒昭西陵、孝陵、孝东陵、景陵。庚子，上谒泰陵。辛丑，兆惠等进兵沙喇伯勒，获扎哈沁哈拉拜，尽歼其众。舍楞遁，命和硕齐、唐喀禄追捕之。壬寅，免江苏山阳等二十五州县卫额赋有差。乙巳，御试翰林、詹事等官，擢王鸣盛等三员为一等，余升黜有差。试由部院改入翰林等官，擢德尔泰为一等，余升黜有差。丁未，以吴士功为福建巡抚，钟音为陕西巡抚，托恩多为广东巡抚，庄有恭署江苏巡抚，冯钤为湖北巡抚。

夏四月壬戌，免甘肃兰州等六府州县乾隆三年至十年逋赋。戊辰，复封额驸色布腾巴勒珠尔为亲王。免直隶霸州等三十三州县厅乾隆十年至二十年逋赋。庚午，致仕大学士陈世倌卒。壬申，命李元亮兼署户部尚书。免直隶魏县等二十九州县厅上年水灾额赋。丙子，命陈宏谋回江苏，以总督衔管巡抚事。以冯钤为湖南巡抚，庄有恭署湖北巡抚，李侍尧署两广总督。庚辰，上诣黑龙潭祈雨。壬午，以旱命刑部清理庶狱，减徒以下罪，直隶如之。

五月戊子，免甘肃通省二十四年额赋。癸丑，赈陕西延安等三府州旱灾。

六月辛未，免陕西榆林等八州县逋赋。癸未，免陕西靖边等八州县上年额赋。直隶元城等州县蝗。

秋七月丁亥，免甘肃安西等三厅卫二十二年风灾额赋。己丑，毛城铺河决。庚寅，霍集占援库车，雅尔哈善等击败之。免福建台湾县旱灾额赋。丙申，加黄廷桂少保，杨应琚、开泰太子太保，杨锡绂太子少师，陈宏谋、高晋、胡宝瑔太子少傅，白钟山、爱必达、吴达善太子少保。戊戌，赈山西静乐等州县水雹灾。庚子，上奉皇太后秋狝木兰。壬寅，舍楞奔俄罗斯。召阿桂还。癸卯，右翼布鲁特玛木特呼里比米隆遣其弟舍尔伯克入觐。谕缚献哈萨克锡喇。乙巳，以纳木札勒为靖逆将军，三泰为参赞大臣。谕兆惠赴库车。丙午，上奉皇太后驻避暑山庄。戊申，赏车布登扎布亲王品级。壬子，赈陕西延安等十七州县旱雹灾。

八月丙寅，雨。己巳，上奉皇太后幸木兰行围。甲戌，以都赉为兵部尚书。丁丑，赈甘肃皋兰等二十四州县厅旱灾。壬午，缅甸国王莽达喇为得楞野夷所害，木梳铺土官瓮藉牙自立。

九月己丑,赐布鲁特使臣舍尔伯克宴。提督马得胜以攻库车失机,处斩。庚寅,右部哈萨克图里拜及塔什干回人图尔占等来降。丙申,奉皇太后驻避暑山庄。戊戌,调归宣光为左都御史,以嵇璜为礼部尚书,命梁诗正署工部尚书。命驻防伊犁大臣兼理回部事务。己亥,赈浙江仁和等县水灾。甲辰,哈喇哈勒巴克回部来降。庚戌,和阗城伯克霍集斯等来降。壬子,乌什城降。

冬十月癸亥,赈浙江钱塘等十六县场水灾,山西朔平府属霜灾。丁卯,赈直隶大城等九县水雹霜灾。兆惠自巴尔楚克进兵叶尔羌。甲戌,吴拜病免,以德敏为左都御史。赈直隶沧州等六州县场水灾。

十一月甲申朔,右部哈萨克遣使来朝,赐宴。乙酉,上回跸。丙戌,上幸南苑行围。戊子,上大阅。己丑,以阿里衮为参赞大臣,赴兆惠军营。辛卯,赈江苏海州等五州县水旱潮灾。丁酉,兆惠至叶尔羌城外,陷贼围中。授富德为定边右副将军,阿里衮、爱隆阿、福禄、舒赫德为参赞大臣,往叶尔羌策应。己亥,以十二月朔望日月并蚀,谕修省。辛丑,克里雅伯克阿里木沙来降。甲辰,以兆惠深入鏖战,封一等武毅谋勇公,晋额敏和卓郡王品级,霍集斯贝子加贝勒品级。丁未,纳木扎勒、三泰、奎玛岱策应兆惠,途次遇贼,死之。加赠纳木扎勒公爵、三泰子爵、奎玛岱世职。以舒赫德为工部尚书。庚戌,富德赴叶尔羌。

十二月癸丑朔,日蚀。左副都御史孙灏奏请明年停止巡幸,上斥其识见舛缪,改用三品京堂,并以“效法皇祖练武习劳”谕中外。赈福建台湾等四县风灾。加赈浙江仁和等七县所水灾。壬戌,裘曰修罢军机处行走。丁卯,除甘肃张掖等四厅县水冲田亩额赋。戊辰,晋封喀尔喀扎萨克郡王齐巴克雅喇木丕勒为亲王。壬申,免浙江钱塘等七县本年水灾额赋。

二十四年春正月甲申,免甘肃通省明年额赋及积年各项积欠。癸巳,雅尔哈善处斩。己亥,大学士伯黄廷桂卒,以吴达善为陕甘总督,明德为甘肃巡抚,暂护总督。授李侍尧两广总督。癸卯,命蒋溥为大学士,仍管户部尚书,梁诗正为兵部尚书,归宣光为工部尚书,陈德华为左都御史,李元亮兼管满兵部尚书,苏昌署满工部尚书。

二月壬戌,哈宁阿论斩。癸亥,赈车都布等三旗旱灾。甲子,富德、阿里衮与霍集占战呼尔璊,大败之。封富德为三等伯,予舒赫德、阿里衮、豆斌等世职。命舒赫德回阿克苏办事。己巳,富德兵至叶尔羌,会兆惠兵进攻。晋封富德一等伯。命车布登扎布为副将军,福禄、车木楚克扎布为参赞大臣。鄂斯满等陷克里雅。谕巴禄援和阗。庚辰,以兆惠、富德回阿克苏,严责之。

三月癸未,命舒赫德同霍集斯驻和阗,截贼窜路。己丑,以头等侍卫乌勒登、副都统齐努浑为北路参赞大臣。壬辰,召杨应琚来京,以杨廷璋署闽浙总督。甲午,彗星见。己亥,明瑞晋封承恩毅勇公。江苏淮安等三府州蝗。

夏四月辛亥,富德等援和阗。癸丑,以阿桂为富德军营参赞大臣。丁巳,常雩,祀天于圜丘。上以农田望泽,命停止卤簿,步行虔祷。以杨应琚为陕甘总督,吴达善以总督衔管巡抚事。戊午,以杨廷璋为闽浙总督,庄有恭为浙江巡抚。庚申,免浙江钱塘等十六县场上年风灾额赋。辛酉,展赈甘肃河州等处旱灾。命刑部清狱减刑,甘肃亦如之。甲子,赈甘肃狄道等二十三厅州县卫旱灾雹灾。丁卯,上临原任大学士黄廷桂丧。癸酉,免山西阳曲等五州县上年水灾雹灾额赋。丁丑,禁织造贡精巧绨绣。命舒赫德仍回驻阿克苏。

五月辛巳,免陕西潼关等六十五厅州县本年额赋有差。辛卯,上诣黑龙潭祈雨。丁酉,赈陕西咸宁等州县旱灾。己亥,诏诸臣修省,仍直言得失。辛丑,上素服诣社稷坛祈雨。丁未,上以雨泽未沛,不乘辇,不设卤簿,由景运门步行祭方泽。己酉,赈甘肃皋兰等州县被旱灾民。

六月庚戌,缓常犯奏请处决。甲寅,以恒禄为绥远城将军。戊午,赈陕西榆林等十一州县旱灾。庚申,上以久旱,步至圜丘行大雩礼。是日,大雨。命兆惠进兵喀什噶尔,富德进兵叶尔羌。甲戌,江苏海州等州县、山东兰山等县蝗,谕裘曰修、海明捕蝗。丙子,英吉利商船赴宁波贸易,庄有恭奏却之。谕李侍尧传集外商,示以禁约。

闰六月丙戌,免福建台湾等三县上年风灾额赋。丁酉,赈甘肃皋兰等州县旱灾。庚子,布拉呢敦弃喀什噶尔遁。甲辰,霍集占弃叶尔羌遁。丙午,以刘纶为左都御史。戊申,以甘肃旱,停发本年巴里坤等处遣犯。

秋七月己酉朔,兆惠等奏喀什噶尔、叶尔羌回众迎降。布拉呢敦、霍集占遁巴达克山。命阿里衮等率兵攻巴尔楚克。庚戌,谕兆惠等追捕布拉呢敦、霍集占。命车布登扎布驻伊犁,防霍集占等入俄罗斯。辛亥,以捕蝗不力,夺陈宏谋总督衔。壬子,上奉皇太后启跸,秋狝木兰。己未,上奉皇太后驻跸避暑山庄。停征山西阳曲等三十九厅州县旱灾额赋。丁丑,改西安总督为川陕总督,四川总督为四川巡抚,甘肃巡抚为甘肃总督管巡抚事。以开泰为川陕总督,杨应琚为甘肃总督。山西平定等州县蝗。

八月己卯,明瑞追剿霍集占等于霍斯库鲁克岭,大败之。壬午,赈甘肃皋兰等四十厅州县本年旱灾。丁丑,申禁英吉利商船逗遛宁波。壬辰,富德等奏追剿霍集占于阿勒楚尔,大败之。癸巳,上奉皇太后幸木兰,行围。庚子,富德奏兵至叶什勒库勒诺尔,霍集占窜巴达克山。

九月庚戌,赈浙江江山等县水灾。论剿贼功,晋封回人鄂对为贝子,阿什默特、哈岱默特为公,复敏珠尔多尔济公爵。癸丑,定西域祀典。命阿桂赴阿克苏办事。晋封玉素布为贝勒。丙寅,改甘肃安西镇为安西府。上奉皇太后还京师。以苏昌为湖广总督。除回城霍集占等苛敛。

冬十月己卯,颁给阿桂钦差大臣关防。癸未,赈山西阳曲等五十六厅州县旱灾。丁亥,赐哈宁阿自尽。戊子,禁州县捕蝗派累民间。癸巳,免山西助马口庄头本年旱灾额赋十分之七。乙未,以鄂弼为山西巡抚。赈盛京开原等城、承德等七州县旱灾,抚恤长芦沧州等六州县、严镇等五场被水灶户,均蠲额赋有差。免甘肃狄道等二十二厅州县上年水灾雹灾额赋。丙申,赈顺天直隶固安等四十七州县厅水霜雹虫灾,并蠲额赋有差。丁酉,谕:"国家承平百年,休养滋息,生齿渐繁。今幸边陲式廓万有余里,以新辟之土疆,佐中原之耕凿,又化凶顽之败类为务本之良民,一举而数善备。各督抚其通饬所属,安插巴里坤各城人犯,分别惩治,勿以纵释有罪为仁,使良法不行。"己亥,赈江苏上元等十九州县厅卫水虫风潮灾。庚子,富德奏巴达克山素勒坦沙献霍集占首级,全部投诚。命宣谕中外。将军兆惠加赏宗室公品级鞍辔。将军富德晋封侯爵,并赏戴双眼花翎。参赞大臣公明瑞、公阿里衮赏戴双眼花翎。舒赫德以下,均从优议叙。晋封额敏和卓为郡王,赏玉素布郡王品级。辛丑,以平定准、回两部用兵本末,制《开惑论》,宣示中外。赈浙江嘉兴等二十州县卫所、双穗等九场水灾虫灾。壬寅,却诸王大臣请上尊号。赈陕西定边等九县旱雹霜灾。癸卯,召喀尔喀、杜尔伯特诸部落汗、王、公等赴太平嘉宴。

十一月辛亥,以平定回部,上率诸王大臣诣皇太后寿康宫庆贺。御太和殿受朝贺。颁诏中外,覃恩有差。辛酉,杨应琚加太子太师。乙丑,除山东济宁州、鱼台县水淹地赋。癸酉,命各回城伯克等轮班入觐。哈尔塔金布鲁特来降。

十二月甲子,赈甘肃皋兰等十四厅州县及东乐县丞属本年旱灾。癸巳,免两淮丁溪等七场被灾应纳折价十分之七。甲午,赈山东海丰等十六州县卫、永阜等三场本年水灾潮灾。丁酉,免浙江江山等三县本年水灾额赋。

二十五年春正月戊申,以西师凯旋,再免来岁甘肃额赋。己酉,赈甘肃皋兰等州县旱灾。庚戌,命乌鲁木齐屯田。乙卯,霍罕额尔德尼伯克遣使陀克塔玛特等入觐。丙辰,巴达克山素勒坦沙遣使额穆尔伯克等及齐哩克、博罗尔使入觐。定边将军兆惠等以霍集占首级来上,并俘酋扣多索丕等至京。丁巳,上御午门行献俘礼。命霍集占首级悬示通衢,宥扣多索丕等罪。己未,布鲁特阿济比遣使锡喇噶斯等入觐。

二月丁丑,命侍郎裘曰修、伊禄顺清查甘肃各州县办理军需。赈扎萨克图汗等四旗部落饥。癸未,上启跸诣东陵。乙酉,赈山西阳曲等州县上年旱灾。丙戌,上谒昭西陵、孝陵、孝东陵、景陵。丁亥,以清馥迁延讳匿,命正法。辛卯,免盛京等十九驿旱灾额赋,并赈之。癸巳,上还京师。丙申,命车布登扎布以副将军统兵剿捕哈萨克巴鲁克巴图鲁,以玛瑞、车木楚克扎布为参赞大臣。上诣泰陵。己亥,上谒泰陵。以兆惠、富德为御前大臣。壬寅,兆惠等凯旋,上至良乡郊劳。癸卯,上还京师。甲辰,赐哈密扎萨克郡王品级、贝勒玉素布等冠服有差。

三月丙午朔,上御太和殿受凯旋朝贺。丁未,试办伊犁海努克等处屯田。设乌鲁木齐至罗克伦屯田村庄。免安徽怀宁等十七州县卫上年水虫灾额赋。壬子,以阿布都拉为乌什阿奇木伯克,阿什默特为和阗阿奇木伯克,噶岱默特为喀什噶尔阿奇木伯克,鄂对为叶尔羌阿奇木伯克。甲寅,颁阿桂关防,驻伊犁办事,常亮等协同办事。丁巳,免浙江仁和等十州县卫所、双穗等九场上年水灾虫灾额赋。辛酉,赈江苏上元等五十五州县卫上年水灾。甲子,上临和硕和婉公主丧次,赐奠。丙寅,上幸皇六子永瑢第。戊辰,命新柱往叶尔羌办事。己巳,晋封纯贵妃为皇贵妃。以巴图济尔噶勒为内大臣。庚午,免山东海丰等十六州县、永阜等三场上年潮水灾额赋。

夏四月戊子,以山东兰山等县螟生,命直隶豫防之。己亥,内大臣萨喇勒卒。

五月甲辰朔,日食,诏修省。丙午,谕陕甘总督辖境止乌鲁木齐,饬杨应琚仍回内地。

壬子,诏曰:"内地民人往蒙古四十八部种植,设禁之,是厉民。今乌鲁木齐各处屯政方兴,客民前往,各成聚落,污莱辟而就食多,大裨国家牧民本图。无识者又疑劳民。特为宣谕。"癸丑,赐毕沅等一百六十四人进士及第出身有差。丁巳,免安徽怀宁等十七州县卫上年水灾虫伤额赋。乙丑,裁陕西榆葭道,改延绥道为延榆绥道,移驻榆林府,以鄜州隶督粮道。己巳,哈萨克阿布勒巴木比特遣使入觐,赐敕书,却所请游牧伊犁,及居住巴尔鲁克等地。前掠乌梁海之巴鲁克巴图鲁服罪,献还所获,仍锡赉之。

六月乙亥,免甘肃征本年及来年耗羡。丁酉,召阿里衮回京。命海明赴喀什噶尔办事。

秋七月癸卯朔,谕热河捕蝗。甲辰,山西宁远等厅、直隶广昌等州县蝗。甲寅,伯什克勒木等庄回人迈喇木呢雅斯叛,阿里衮剿平之。以阿思哈为江西巡抚。乙卯,赈江苏高邮等州县水灾。戊辰,以杨宁为喀什噶尔提督。己巳,以俄罗斯驻兵和宁岭、喀屯河、额尔齐斯、阿勒坦诺尔四路,声言分界,谕阿桂、车布登扎布等来岁以兵逐之。

八月丙戌,命乌鲁木齐驻扎大臣安泰、定长、永德为总办,列名奏事。其大臣侍卫等,均如领队大臣例,专任一事,咨安泰等转奏。己丑,上奉皇太后秋狝木兰。壬辰,以阿桂总理伊犁事务,授为都统。丙申,上奉皇太后驻避暑山庄。戊戌,上奉皇太后幸木兰,行围。己亥,增设江苏江宁布政使,驻江宁府,分辖江、淮、扬、徐、通、海六府州。以苏州布政使分辖苏、松、常、镇、太五府州,安徽布政使回驻安庆。命托庸调补江宁布政使。命户部侍郎于敏中在军机处行走。

九月乙卯,喀尔喀车臣汗札萨克旺沁扎布,以不能约束属人,革札萨克,降贝子为镇国公。丙辰,恒禄引见,以舒明署绥远城将军。丁巳,三姓副都统巴岱以挖参人众滋事,不能捕治,反给牌票,上以畏懦责之,命正法。庚申,命德尔格驻辟展办事。癸亥,哈萨克汗阿布赉使都勒特克埒入觐。

冬十月壬申朔,上奉皇太后回驻避暑山庄。乙亥,以苏州布政使苏崇阿刑求书吏,妄奏侵蚀七十余万,刘统勋等鞫治皆虚,革发伊犁。戊寅,以恒禄为吉林将军,如松为绥远城将军。乙酉,赈安徽宿州等十三州县卫本年水灾。辛卯,上奉皇太后还京师。以阿里衮为领侍卫内大臣。癸巳,免直隶宣化等七州县本年水雹灾额赋。己亥,赈湖南常宁等十二州县卫旱灾。

十一月癸卯,免江苏山阳等二十五州县卫本年水灾额赋有差。丁未,除山东永利等二场并海丰县潮冲灶地额赋。庚申,赈甘肃洮州等二十七厅州县卫本年水灾。丙寅,以常钧署江西巡抚。庚午,允垦肃州邻边荒地,开渠溉田。

十二月丙戌,西安将军松阿哩以受属员馈遗,褫职论绞。命甘肃总督仍改为陕甘总督。以伊犁、叶尔羌等处均驻大臣,无须更置道员,归总督辖。停四川总督兼管陕西。调胡宝瑔为江西巡抚,吴达善为河南巡抚,以明德为甘肃巡抚。丁亥,大学士蒋溥以病乞休,温谕慰留。壬辰,上幸瀛台,赐入觐叶尔羌诸城伯克萨里等食,至重华宫赐茶果。壬辰,阿思哈论绞。丙申,德敏迁荆州将军。以永贵为左都御史,命赴喀什噶尔办事,代舒赫德回京。

是年，朝鲜、南掌入贡。

二十六年春正月壬寅，紫光阁落成，赐画像功臣并文武大臣、蒙古王公等宴。赈湖南零陵等七州县、江苏清河等六州县水灾。丙午，以爱必达、刘藻两年所出属员考语相同，下部严议。浙江提督马龙图以挪用公项，解任鞫治。甲寅，尹继善陛见，高晋护两江总督。调海明赴阿克苏办事。命舒赫德赴喀什噶尔办事，永贵赴叶尔羌办事。癸亥，以傅森署左都御史。癸酉，上临大学士蒋溥第视疾。鄂宝以回护陆川县纵贼一案，下部严议。以托庸为广西巡抚，永泰署湖南巡抚。庚辰，上奉皇太后西巡五台。壬午，免所过州县额赋十分之三。甲申，上奉皇太后谒泰陵。乙酉，安南国王黎维祎卒，封其侄黎维稀为安南国王。丁亥，免直隶宣化、万全等八州县乾隆八年至十八年逋赋。癸巳，上奉皇太后驻台麓寺。己亥，免山东济宁等三州县上年水灾额赋。贷甘肃渊泉等三县农民豌豆籽种，令试种。

三月庚子，希布察克布鲁特额穆尔比自安集延来归，遣使入觐。乙巳，上幸正定府阅兵。戊申，江南河道总督白钟山卒，以高晋代之。调托庸为安徽巡抚，以熊学鹏为广西巡抚。己酉，设喀什噶尔驻扎办事大臣，命伊勒图协同永贵办事。庚戌，赈安徽宿州等十三州县卫水灾。壬子，上幸平阳淀行围。乙卯，免直隶宣化等二县上年雹灾额赋。丁卯，授阿桂内大臣。改绥远城建威将军曰绥远城将军。己巳，南掌国王苏吗喇萨提拉准第驾公满遣使表贺皇太后圣寿、皇上万寿，并贡方物。

夏四月庚午，上临庄亲王第、大学士蒋溥第视疾。辛未，庄有恭奏劾参将安廷召，不以保举在前，姑容于后，谕嘉之。己卯，大学士蒋溥卒。命旌额理、阿思哈赴乌鲁木齐办事，达桑阿赴阿克苏办事，代安泰、定长、纳世通回京。戊子，免湖南常宁等十二州县上年旱灾额赋有差。庚寅，上阅健锐营兵。壬辰，以李侍尧为户部尚书，调苏昌为两广总督，爱必达为湖广总督。以吴达善为云贵总督，常钧为河南巡抚。癸巳，命刘藻暂署云贵总督。甲午，赐王杰等二百一十七人进士及第出身有差。

五月丁未，以刘统勋为东阁大学士，兼管礼部事，梁诗正为吏部尚书、协办大学士，刘纶为兵部尚书，金德瑛为左都御史。戊午，以定长为福建巡抚，杨廷璋兼署之。

六月癸未，赈云南新兴等二州县地震灾。壬辰，免江苏句容等十八州县卫坍地额赋。

秋七月辛丑，协办大学士鄂弥达卒，命兆惠协办大学士。调舒赫德为刑部尚书，兆惠署。以阿桂为工部尚书，阿里衮署。癸丑，上启跸，秋狝木兰。命诚亲王允秘扈皇太后驾。壬戌，上驻避暑山庄。以皇太后巡幸木兰，直隶沿途地方文武玩忽规避，饬下部严议。丙寅，河南祥符等州县河溢。

八月丁丑，赈湖北汉川等十三州县卫水灾。戊寅，以汤聘为湖北巡抚，胡宝瑔为河南巡抚，常钧为江西巡抚。庚辰，命高晋赴河南协办河工。辛卯，上奉皇太后幸木兰。壬辰，察噶尔、萨尔巴噶什两部伯克之兄子孟克及雅木古尔齐入觐。

九月丁酉，停今年勾决。辛丑，命明瑞赴伊犁办事，代阿桂回京。癸卯，山东曹县二十堡黄河及运河各漫口均合龙。丙午，赈湖南武陵等州县水灾。戊申，河南怀庆府丹、沁二河溢入城，冲没人口千三百有奇，赈被灾人民。壬子，赈湖北沔阳等十一州县卫水灾。

乙卯，以窦光鼐于会谳大典，纷呶漫詈，下部严议。己未，命素诚赴乌什办事，代永庆回京。以札拉丰阿为乌里雅苏台参赞大臣，雅郎阿赴科布多办事，代札隆阿、福禄回京。庚申，命傅景赴西藏办事，代集福回京。乙丑，赈山东齐河等四十五州县水灾，河南祥符等五十四州县本年水灾。

冬十月戊辰，除甘肃皋兰等三十二厅州县水冲田亩额赋。并免山丹等五县水冲拨运粮米。辛未，上奉皇太后还京师。壬辰，召裘曰修回京。赈江苏铜山等县水灾。周人骥奏仁怀等处试织茧绸，各属仿行，上嘉之。

十一月乙未朔，赈顺直固安等六十九州县本年水灾。丁酉，以英廉为总管内务府大臣。己亥，河南杨桥漫口合龙。辛丑，调嵩椿为察哈尔都统，以舒明为绥远城将军。癸卯，免山西阳曲等三十八州县、大同管粮等十四厅二十四年水灾随征耗银。丁未，免河南祥符等四十三州县漕粮漕项有差。辛亥，减江苏山阳等二十一州县卫水沈地亩，并除民屯、学田、湖荡、草滩额赋。癸丑，礼部尚书五龄安以读表错误，褫职。甲寅，上奉皇太后御慈宁宫，加上徽号曰崇庆慈宣康惠敦和裕寿纯禧恭懿皇太后，翌日颁诏覃恩有差。以永贵为礼部尚书，阿里衮署之。丙辰，上奉皇太后御慈宁宫，率王大臣行庆贺礼。进制圣母七旬万寿连珠，奉皇太后懿旨，停止进献。以勒尔森为左都御史。

十二月丁卯，以云南江川等二州县地震成灾，命加倍赈之，仍免本年额赋。辛未，免江苏南汇等六州县二十三年水旱灾额赋。甲戌，赈山西文水等十三州县水灾。甲申，赈湖北汉川等二县卫水灾。

二十七年春正月丙申，以奉皇太后巡省江、浙，诏免江苏、安徽、浙江逋赋。赈河南祥符等州县灾民有差。丁酉，以科尔沁敏珠尔多尔济旗灾，贷仓谷济之。丙午，上奉皇太后南巡，发京师，免直隶、山东经过地方本年钱粮十分之三，上年被灾处十分之五。戊申，左都御史金德瑛卒，以董邦达代之。赈顺直文安等二十八州县上年水灾。甲寅，赈山东曹、齐河等二县水灾有差。召多尔济回京，命容保驻西宁办事。丁巳，绥远城将军舒明卒，调蕴著代之。戊午，免山东惠民等十五州县卫历年民欠谷银。己未，以周人骥固执开南明河，荒农累民，罢之。命乔光烈为贵州巡抚。癸亥，命清查俄罗斯疆界。

二月己巳，赈江苏高邮等十一州县、安徽太和等五州县水灾。庚午，命尹继善为御前大臣。壬申，上奉皇太后渡河，阅清口东坝、惠济闸。命阿里衮为御前大臣，高晋为内大臣。丙子，朝鲜入贡。丁丑，哈萨克使策伯克等入觐行在，赐冠服有差。庚辰，上奉皇太后渡江，阅京口兵。辛巳，上幸焦山。乙酉，上奉皇太后临幸苏州府。丙戌，免河南祥符等四十三州县上年水灾额赋。戊子，上谒文庙。

三月甲午朔，上奉皇太后临幸杭州府。乙未，上幸海宁阅海塘。丁酉，赈湖北潜江等九州县卫水灾。戊戌，上阅兵。庚子，免江、浙节年未完地丁屯饷、漕项，并水乡灶课银。辛丑，赈山东齐河等五州县上年水灾。壬寅，上幸观潮楼。赐浙江召试贡生沈初等二人举人，与进士孙士毅等二人并授内阁中书。癸卯，上奉皇太后临视织造机房。丙午，回跸。丁未，加钱陈群刑部尚书衔。甲寅，上奉皇太后渡江。乙卯，命浚筑直隶各河堤，以工代赈。丙辰，移山西归绥道驻绥远城。己未，上祭明太祖陵。阅兵。幸两江总督尹继善署。庚申,免江苏江宁、苏州,杭州附郭诸县本年额赋。辛酉,赐江南召试诸生程晋芳等五人举人,与进士吴泰来等三人并授内阁中书。壬戌,上奉皇太后渡江。

夏四月庚午,上阅高家堰,谕济运坝至运口接建砖工。上奉皇太后渡河。以大理寺少卿顾汝修奉使安南,擅移书诘责国王,褫职。癸酉,命庄亲王允禄等由水程奉皇太后回跸。上登陆由徐州阅河。甲戌,免浙江仁和等十县、湖州一所、仁和等五场上年水灾额赋。庚辰,上祭孟子庙,谒先师庙。辛巳,上谒孔林。赈甘肃安定等十州县上年雹灾。壬午,免山东齐河等四十四州县卫所上年水灾额赋。戊子,皇太后登陆,驻跸德州行宫。己丑,上送皇太后登舟。庚寅,命刘统勋会勘景州疏筑事宜。辛卯,免顺直大兴等十州县厅逋赋。

五月甲午,以乾清门行走额鲁特鄂尔奇达逊奋勉勇往,赏三等伯爵。赈安徽寿州等十州县卫上年水灾。乙未,上至涿州。哈萨克陪臣阿塔海等入觐,赐冠服有差。赈长芦属沧州等七州县及严镇等七场上年水灾灶户,并免赋有差。辛丑,上诣黄新庄迎皇太后居畅春园。赈湖南武陵等四州县上年水灾,并免额赋有差。癸卯,除安徽虹县等四州县卫水占洼地额赋。戊申,调鄂弼为陕西巡抚。以扎拉丰阿为正白旗领侍卫内大臣。癸丑,以倭和为总管内务府大臣。

闰五月癸亥朔,以清保年老,召来京。调格舍图为盛京将军,朝铨署之。丁卯,免湖北潜江等九州县卫上年水灾额赋。辛巳,籍没纳延泰财产。辛卯,命西安将军如松袭封信郡王,以德昭之子修龄袭如松公爵。改察哈尔都统嵩椿为西安将军,以巴尔品代之。

六月丁酉,免直隶固安七十四州县厅上年水灾额赋。壬寅,召此次南巡接驾休致之编修沈齐礼来京,及因事降革之冯镐等十三员引见。乙巳,以库尔勒伯克等进贡,谕计直颁赏,仍通谕各城,非盛典进方物者皆止之。己酉,以原任将军班第、参赞大臣鄂容安在伊犁竭忠全节,命于伊犁关帝庙后设位致祭。

秋七月壬戌,以朝鲜三水府滋事逃人越境,命恒禄等赴边境查勘。癸亥,免安徽寿州等十六州县卫上年水灾额赋。戊辰,上奉皇太后巡幸木兰,免经过地方本年钱粮十分之五。乙亥,霍罕侵据额德格讷阿济毕布鲁特之鄂斯等处,谕永贵檄霍罕还之。

八月庚子,建伊犁之固勒札、乌哈尔里克两城,赐名绥定、安远。上奉皇太后回驻避暑山庄。甲辰,托恩多丁忧,调明山署广东巡抚,苏昌兼署,汤聘为江西巡抚,以宋邦绥为湖北巡抚,爱必达兼署。壬子,免顺直文安等十七州县厅逋赋及宁河等五县本年水灾额赋。丙辰,赐察哈尔都统敕书。黑龙江将军绰勒多卒,调国多欢代之。

九月癸亥,赏自哈萨克来投之塔尔巴哈沁额鲁特巴桑银绮。庚午,上奉皇太后回跸。辛未,巴达克山素勒坦沙遣使入觐。丁丑,命乾清门侍卫明仁带御医驰视胡宝瑔疾。赈山东齐河等三十五州县卫水灾,并免额赋。甲申,建乌鲁木齐城堡,赐城名曰宁边、辑怀,堡名曰宣仁、怀义、乐全、宝昌、惠徕、屡丰。戊子,理藩院尚书、领侍卫内大臣富德以索取蒙古王公马畜,褫职逮问。己丑,以新柱为理藩院尚书,明瑞为正白旗领侍卫内大臣。

冬十月辛卯,调陈宏谋为湖南巡抚,宋邦绥署之,庄有恭为江苏巡抚,熊学鹏为浙江巡抚,冯钤为广西巡抚,顾济美护之。癸巳,缅目宫里雁以焚杀孟连土司刀派春全家,命处斩,传首示众。癸卯,以爱乌罕汗爱哈默特沙遣使入贡,谕沿途督抚预备筵宴,并命额勒登额护送。乙巳,设总管伊犁等处将军,以明瑞为之。命筑科布多城。己酉,赈顺直霸州等六十三州县厅水雹霜灾,免江苏清河等十七州县卫本年水灾额赋。甲寅,赈浙江仁和等二十八州县卫场水灾。丁巳,奉天府府尹通福寿以徇纵治中高锦勒索商人,解任鞫治。

十一月己未朔,浚山东德州运河。庚申,设伊犁参赞大臣,以爱隆阿、伊勒图为之。辛酉,设伊犁领队大臣。命明瑞等率兵驱逐塔尔巴哈台山阴之哈喇巴哈等处越牧哈萨克。戊辰,以萨鲁布鲁特头目沙巴图交还所掠霍罕贸易人等马匹,谕永贵等酌赏之。呼什齐布鲁特为霍罕所侵来投,命移于阿拉克图呼勒等处游牧。庚午,命博斯和勒为杜尔伯特盟长,设副将军二员,以车凌乌巴什为右翼副将军,巴桑为左翼副将军。辛未,建喀什噶尔新城。壬申,改山西平鲁营参将为都司,裁原设中军守备及井坪营都司。丙子,哈萨克努尔赉、乌尔根齐城哈雅克等遣使入觐。甲申,谕方观承仿河南浚道路沟洫。赈甘肃皋兰等二十厅州县本年冰雹霜雪灾。戊子,浚山东寿张等州县河道沟渠。

十二月庚寅,大学士史贻直以老病乞休,优诏慰留,命不必兼摄工部,以示体恤。丙申,克什密尔呢雅斯伯克请入觐,允之。霍罕呈书,以布鲁特鄂斯故地为己有,谕永贵等严檄令给还。辛丑,以霍罕伯克复永贵等书谓前遣使人奉旨称为汗,欲以喀什噶尔为界,谕严檄斥驳之。丁未,工部尚书归宣光卒,以董邦达代之。壬子,命纳世通赴喀什噶尔办事,代永贵回京。癸丑,巴达克山侵围博罗尔,谕新柱等严檄责令息兵,并索献布拉尼敦妻孥。

二十八春正月庚申,赈顺直属之霸州等三十五州县、山东齐河等三十州县卫水灾有差。甲子,上御紫光阁,赐爱乌罕、巴达克山、霍罕、哈萨克各部使人宴。丁卯,上大阅畅春园之西厂,命各部使人从观。以法起为归化城都统。壬申,命阿桂在军机处行走。壬午,河南巡抚胡宝瑔卒,以叶存仁为河南巡抚。甲申,以纳世通为参赞大臣,驻喀什噶尔,总理回疆事务。壬辰,命方观承赴河南会勘漳河工程。戊戌,改西安满洲、汉军副都统为左右翼副都统。壬寅,裁西宁办事大臣。庚戌,上谒昭西陵、孝陵、孝东陵、景陵。是日,回跸。改乌鲁木齐副将为总兵。乙卯,命侍郎裘曰修督办直隶水利。

三月己未,上还京师。壬戌,免山东齐河等三十一州县卫水灾额赋。丁卯,上谒泰陵。是日,回跸。赏宁津县百有三岁寿民李友益及其子侄孙银牌缎疋有差。丁丑,设伊犁额鲁特总管三员,副总管以下员额有差。戊寅,命福德赴库伦,同桑斋多尔济办事。丙戌,免江苏清河等十四州县卫水灾额赋。

夏四月壬辰,赈浙江钱塘等十七州县场上年水灾。癸卯,上诣黑龙潭祈雨。乙巳,雨。戊申,法起以赈免。以傅良为归化城都统。壬子,赐秦大成等一百八十八人进士及第出身有差。甲寅,裁归化城都统。

五月辛酉,圆明园火。癸亥,命尚书阿桂往直隶霸州,等处会同侍郎裘曰修、总督方观承督办疏浚事。以舒赫德署工部尚书。甲子,封朝鲜国王孙李算为世孙。己巳,果亲王弘瞻以干与朝政削王爵,仍赏给贝勒。和亲王弘昼以仪节僭妄,罚俸三年。庚午,大学士史贻直卒。壬申,上试翰林、詹事等官,擢王文治等三员为一等,余各升黜有差。甲戌,上奉皇太后秋狝木兰。以李侍尧为湖广总督,辅德为湖北巡抚,陈宏谋兼署之。调刘纶为户部尚书,仍兼署兵部。以陈宏谋为兵部尚书。调乔光烈为湖南巡抚,来朝署之。乙亥,以崔应阶为贵州巡抚。己卯,调明德为江西巡抚。以和其衷为山西巡抚。丙戌,命福德往库伦办事,仍带署理藩院侍郎衔。以额尔景额为参赞大臣,往叶尔羌办事。

六月庚寅,山东历城等州县蝗。壬辰,赈甘肃狄道等三十厅州县水旱霜雹灾。戊戌,开泰以怔怯规避免。以鄂弼为四川总督,明山为陕西巡抚,阿里衮署之,阿思哈为广东巡抚,苏昌兼署,命阿思哈先署广西巡抚。壬寅,四川总督鄂弼卒。以阿尔泰为四川总督,崔应阶为山东巡抚,图勒炳阿为贵州巡抚,吴达善兼署云南巡抚。以梁诗正为东阁大学士,刘纶协办大学士。调陈宏谋为吏部尚书,彭启丰为兵部尚书,张泰开为左都御史。甲辰,上幸简亲王第视疾。壬子,简亲王奇通阿卒。

秋七月庚申,英廉丁忧,命舒赫德兼署户部尚书,刘纶留部治事。戊辰,仍设西宁办事大臣,以七十五为之。己巳,顺直大城、沧州等州县蝗。庚辰,履亲王允裪卒。

八月癸巳,赐乌鲁木齐城名曰迪化,特讷格尔城名曰阜康。辛丑,上奉皇太后幸木兰,行围。

九月乙卯朔,日食。乙丑,上奉皇太后回驻避暑山庄。庚午,上奉皇太后回跸。癸酉,改甘肃临洮道为驿传道,兼巡兰州府,洮岷道为分巡巩秦阶道。丙子,上奉皇太后还京师。

冬十月甲申,加梁诗正、高晋太子太傅,兆惠、刘纶、阿里衮、舒赫德、秦蕙田、阿桂、陈宏谋、杨锡绂、杨廷璋、李侍尧、苏昌、阿尔泰太子太保,庄有恭、刘藻太子少保。丙戌,上临奠履亲王允裪。丁未,免江苏铜山等九州县水灾额赋。

十一月甲寅朔,召成衮扎布来京,以扎拉丰阿署乌里雅苏台将军,雅郎阿留科布多。辛酉,河东河道总督张师载卒,以叶存仁代之。调阿思哈为河南巡抚,明山为广东巡抚,明德为陕西巡抚,辅德为江西巡抚,常钧为湖北巡抚。以杨应琚兼署甘肃巡抚。丁卯,大学士梁诗正卒。己卯,以杨廷璋为体仁阁大学士,仍留闽浙总督任。

十二月乙酉,免直隶延庆等十州县雹旱灾额赋。丁亥,赈甘肃皋兰等十二厅县旱灾饥民。辛卯,赈山东济宁等八州县卫水灾。乙未,召国多欢来京,调富僧阿为黑龙江将军。庚子,休致左都御史梅瑴成卒。丁未,命绰克托赴乌鲁木齐办事,代旌额里回京。

二十九年春正月癸丑朔,赈山东济宁等七州县卫、甘肃永昌等二十四厅州县灾民。甲戌,加赈云南江川等五州县地震灾民,并免额赋。己卯,朝鲜入贡。

二月丁亥,命阿敏尔图驻藏办事,代福鼐回京。甲午,上谒泰陵。乙未,命观音保赴伊犁,代爱隆阿回京。己亥,上还京师。己酉,免上年直隶蔚州雹灾、万全县旱灾额赋。辛亥,免湖北沔阳等三州县卫上年水灾额赋。

三月癸丑,太子太傅、大学士来保卒。乙卯,移陕甘总督驻兰州,兼管甘肃巡抚事,裁甘肃巡抚。移固原提督回驻西安。改河州镇总兵为固原镇总兵。免山东济宁等七州县卫上年水灾额赋。庚申,上临故大学士来保第赐奠。免江苏铜山等二十八州县卫上年水灾额赋。壬戌,命兆惠署工部尚书,阿桂赴西宁会同七十五及章嘉呼图克图选派郭罗克头目。

夏四月甲午,赈甘肃金县等县旱灾。

五月壬子朔,谕粤海关官贡毋进珍珠等物。辛酉,以托恩多署兵部尚书。

六月癸未,赈湖南武冈等州县水灾。甲申,命玉桂赴北路,代扎拉丰阿回京。丁亥,河东河道总督叶存仁卒,以李宏代之。庚寅,奉天宁远等州县蝗。丁酉,赈广东英德等县水灾。甲辰,调苏昌为闽浙总督,李侍尧为两广总督,明山署之。调吴达善为湖广总督。以刘藻为云贵总督。乙巳,调常钧为云南巡抚。以王检为湖北巡抚。丁未,命阿尔泰回四川总督。

秋七月辛亥朔,以杨应琚为大学士,留陕甘总督任,陈宏谋协办大学士。壬子,命常钧暂兼署湖广总督,刘藻兼署云南巡抚。甲子,湖北黄梅等州县江溢,命抚恤灾民。丙寅,湖南湘阴等州县湖水溢,命赈恤灾民。丁卯,上奉皇太后秋狝木兰。癸酉,上奉皇太后驻跸避暑山庄。丁丑,赈安徽当涂等州县水灾。

八月辛巳,免甘肃皋兰等三十二州县厅本年旱灾额赋。壬辰,谕阿尔泰等晓谕绰斯甲布九土司会攻金川。戊戌,上奉皇太后巡幸木兰,行围。秦蕙田以病解任,以刘纶兼署礼部尚书。庚子,增伊犁、雅尔等处领队大臣各二员。以绰克托为塔尔巴哈台参赞大臣。命伍弥泰等仍留乌鲁木齐办事。

九月己未,命刑部侍郎阿永阿会同吴达善谳湖南新宁县民传帖罢市狱。癸亥,赈江西南昌等八县水灾,并免额赋。丙寅,刑部尚书秦蕙田卒,以庄有恭代之,暂留江苏巡抚任。己巳,上奉皇太后回驻避暑山庄。

冬十月癸巳,乔光烈以新宁罢市狱褫职,调图勒炳阿为湖南巡抚。以方世俊为贵州巡抚。丙申,以托恩多为理藩院尚书。辛丑,山东进牡丹。壬寅,赈江苏上元等六州县灾民。癸卯,召钟音回京。调富明安赴叶尔羌办事。甲辰,赈安徽怀宁等十九州县卫水灾。

十一月壬子,赈甘肃皋兰等二十厅州县旱灾。癸丑,筑呼图壁城成,赐名曰景化。丙辰,免湖南武冈等二州县水灾额赋。赈甘肃皋兰等十五厅州县水雹灾。乙丑,协办大学士、户部尚书兆惠卒,上临奠。丁卯,以阿里衮为户部尚书、协办大学士。调托恩多为兵部尚书。以五吉为理藩院尚书。兆德为正黄旗领侍卫内大臣。

十二月戊寅朔,以常复为乌里雅苏台参赞大臣。戊子,赈湖北黄梅等州县水灾。甲午,礼部尚书陈德华病免,调董邦达代之。以杨廷璋为工部尚书。

三十年春正月戊申,以皇太后四巡江、浙,免江苏、安徽、浙江历年因灾未完丁漕。赈甘肃皋兰等二十九厅州县旱灾、湖北监利等四县水灾有差。癸丑,刘纶丁忧,命庄有恭以刑部尚书协办大学士。以于敏中为户部尚书。调明德为江苏巡抚,和其衷为陕西巡抚。以彰宝为山西巡抚,文绶护之。壬戌,上奉皇太后启跸南巡。癸亥,免直隶、山东经过州县额赋十分之三。

二月戊子,上奉皇太后渡河,阅清口东坝木龙、惠济闸。命阿桂赴伊犁办事。壬辰,免江苏州县乾隆二十八年以前熟田地丁杂款旧欠,并经过州县本年额赋之半。丙申,上奉皇太后渡江。己亥，朝鲜入贡。

闰二月丙午朔，上奉皇太后临幸苏州府。上谒文庙。己酉，免江宁、苏州、杭州附郭诸县本年丁银。免浙江经过州县本年额赋之半。辛亥，丑达改叶尔羌办事。命索琳赴库伦办事。以额尔景额为喀什噶尔参赞大臣。壬子，上奉皇太后临幸杭州府。乙卯，乌什回人作乱，戕办事大臣素诚。丁巳，加沈德潜、钱陈群太子太傅。命明瑞进剿乌什。庚申，命明瑞、额尔景额总理乌什军务，明瑞节制各军。命阿桂、明亮赴伊犁办事。辛酉，舒赫德留京办事。以托恩多署工部尚书。戊辰，调明山为江西巡抚，王检为广东巡抚，李侍尧兼署。以李因培为湖北巡抚。己巳，赐伊犁新筑驻防城名曰惠远，哈什回城曰怀顺。乙亥，免江苏上元等五县上年水旱灾额赋。

三月丙子朔，赈湖北汉阳等七州县上年水灾。上幸焦山。戊寅，上奉皇太后驻江宁府。壬午，上诣明太祖陵奠酒。幸尹继善署。观音保剿乌什逆回失利。甲申，以冯钤为湖南巡抚，宋邦绥为广西巡抚。丙戌，上奉皇太后渡江。丁亥，果郡王弘瞻卒。甲午，以京察予大学士傅恒等叙。乙未，上阅高家堰堤，奉皇太后渡河。召尹继善入阁办事。以高晋为两江总督。调李宏为江南河道总督，以李清时为河东河道总督。壬寅，追论素诚贪淫激变罪，籍产，戍其子于伊犁。以纳世通、卡塔海讳匿败状，籍产治罪。命永贵赴喀什噶尔办事。以托恩多署礼部尚书。癸卯，上渡河。

夏四月丙午朔，赈甘肃河州等三十六厅州县上年雹水旱霜灾。庚戌，免湖北汉阳等十二州县卫上年水灾额赋。辛亥，追予故刑部尚书王士祯谥文简。丁巳，上奉皇太后驻德州。庚申，裁江苏淮徐海道。丙寅，上还京师。庚午，上迓皇太后居畅春园。辛未，哈萨克使臣鄂托尔济等入觐。

五月乙亥，晋封喀尔喀郡王罗布藏多尔济为亲王。乙酉，上临果郡王弘瞻殡所，及简勤亲王奇通阿园寝赐奠。以和阗办事大臣和诚婪索回人，夺职逮问。命伊勒图赴塔尔巴哈台办事。辛卯，京师地震。丁酉，免安徽怀宁等十九州县卫上年水灾额赋。甲辰，纳世通、卡塔海贻误军务，正法。

六月己酉，以杨廷璋署两广总督，明山暂署，董邦达署工部尚书。乙卯，晋封令贵妃魏氏为皇贵妃。己巳，谕明瑞勿受乌什逆回降。

秋七月辛巳，上奉皇太后秋狝木兰。戊子，以官保为左都御史。乙未，前和阗办事大臣和诚以贪婪鞫实，正法。丁酉，夺喀尔喀亲王桑斋多尔济爵。

八月甲辰朔，减朝审、秋审缓决三次以上刑。己未，上幸木兰行围。庚申，赈甘肃靖远等十一厅县旱灾。甲子，甘肃宁远等州县地震，命赈恤，并免本年额赋。

九月丙子，赈山东章丘等二十一州县水灾。戊寅，命尹继善管兵部，刘统勋管刑部。乌什叛回以城降。乙酉，以高恒为总管内务府大臣。辛卯，以明瑞等未将乌什叛人殄诛，送往伊犁，下部严议。辛丑，以李侍尧署工部尚书。

冬十月己酉，明瑞、阿桂以办乌什事务错缪，褫职留任。赈长芦属沧州等三场水灾。己巳，杨应琚陛见。命和其衷署陕甘总督，汤聘署陕西巡抚。

十一月癸酉，免江苏海州等六州县本年旱灾额赋。乙酉，以吏部尚书傅森年老，授内大臣,调托恩多代之。以托庸为兵部尚书。调冯钤为安徽巡抚。庚寅,丑达以扶同桑斋多尔济私与俄罗斯贸易,正法。明瑞等以尽诛乌什附逆回众奏闻。辛卯,赈山东章丘等十八州县水灾。甘肃狄道等十二州县雹霜灾。甲午,以阿桂为塔尔巴哈台参赞大臣,代安泰回京。丁未,解阿桂工部尚书,以蕴著代之。以嵩椿为绥远城将军。戊申,赈甘肃靖远等十一厅县旱灾,并免额赋。乙卯,赈山东齐河等十五州县水灾。丁卯,命托恩多兼署兵部尚书。壬辰,封皇五子永琪为荣亲王。

十二月戊午,以陕西泾阳县贡生张璘七世同居,赐御制诗章、缎匹。

三十一年春正月壬申朔,诏以御宇三十年,函夏谧宁,寰宇式辟,自本年始,普免各省漕粮一次。甲戌,免甘肃靖远等十四厅州县、陕西延安等三府州属积年逋赋。丙戌,云南官军剿莽匪于猛住,失利。调杨应琚为云贵总督,吴达善为陕甘总督,以和其衷护之。调刘藻为湖广总督,汤聘署陕西巡抚。癸巳,刑部尚书庄有恭以谳段成功劾案不实,褫职下狱,籍产。调李侍尧为刑部尚书,以张泰开为礼部尚书,范时绶为左都御史。

二月壬寅,刘藻降湖北巡抚,仍与云南提督达启下部严议。以定长为湖广总督,调李因培为福建巡抚,常钧为湖南巡抚,汤聘为云南巡抚。庚戌,上谒东陵。辛亥,和其衷以弥补段成功亏空,褫职逮问,以舒赫德署陕甘总督。命四达赴陕西会彰宝审办段成功亏空一案。调明山为陕西巡抚,以吴绍诗为江西巡抚。庚申,上还京师。辛酉,庄有恭论斩。壬戌,上谒泰陵。癸亥,刘藻褫职,留滇效力。甲子,以鄂宁为湖北巡抚。戊辰,上还京师。

三月丁亥,刘藻畏罪自杀。己丑,杨应琚以复猛笼等土司内附奏闻。

夏四月辛丑,杨应琚奏大猛养头人内附,官军进取整欠、孟艮。壬寅,以莽匪整欠平,宣谕中外。丙午,和其衷论斩,段成功处斩。丁未,免云南普藤等十三土司本年额赋及猛笼逋赋。甲子,赐张书勋等二百一十三人进士及第出身有差。

五月甲戌,上诣黑龙潭祈雨。戊寅,命正一真人视三品秩。丙戌,上诣黑龙潭祈雨。

六月丙午,杨应琚奏猛勇头目召斋及猛龙沙头目叭护猛等内附。戊申,予故三品衔西洋人郎世宁侍郎衔。

秋七月丙子,上奉皇太后秋狝木兰。己卯,以阿里衮、于敏中扈从,命舒赫德兼署户部尚书。壬午,上奉皇太后驻跸避暑山庄。是日,皇后崩。癸未,谕以皇后上年从幸江、浙,不能恪尽孝道,丧仪照皇贵妃例。癸巳,御史李玉鸣奏皇后丧仪未能如例,忤旨,戍伊犁。丁酉,杨应琚奏补哈大头目噶第牙翁、猛撒头目喇鲊细利内附。

八月己亥,赈湖南湘阴等十三县卫水灾。癸丑,上幸木兰行围。宥庄有恭罪,起为福建巡抚。甲寅,伊犁蝗。乙卯,江苏铜山县韩家堂河决。癸亥,裁察哈尔副都统,留一员驻张家口。

九月壬申,免甘肃靖远等九县,红水、东乐二县被旱额赋。己卯,赈山东历城等五十五县、东昌等五卫所水灾,并蠲新旧额赋。乙未,杨应琚赴永昌受木邦降。

冬十月己亥,上奉皇太后还京师。戊申,杨应琚奏整卖、景泉、景海各部头人内附。辛亥,韩家堂决口合龙。兵部尚书彭启丰降补侍郎。甲寅,以陆宗楷为兵部尚书。壬戌,十一月乙亥，杨应琚奏，缅甸大山、猛育、猛答各部头人内附。戊寅，以杨应琚病，命杨廷璋赴永昌接办缅匪。癸巳，命侍卫福灵安带御医往视杨应琚病。

十二月乙巳，调鄂宁为湖南巡抚，以鄂宝为湖北巡抚。癸丑，以巴禄为绥远城将军。

是岁，朝鲜、琉球入贡。

三十二年春正月乙亥，云南官军剿缅匪于新街，失利，谕杨廷璋回广东。

二月乙未，以杨应琚病，命其子江苏按察使杨重英赴永昌襄理军务。丙午，云南官军与缅匪战于底麻江，失利，逮提督李时升下狱。戊申，调鄂宁为云南巡抚。甲寅，庄亲王允禄卒。丙辰，上临奠。己未，上巡幸天津。癸亥，赈奉天承德等五州县及兴京凤凰城灾民。

三月乙丑朔，上阅子牙河堤。召杨应琚入阁办事，以明瑞为云贵总督。丙寅，调托庸为工部尚书，以明瑞为兵部尚书。己巳，免直隶全省逋赋。庚午，上阅天津驻防满洲兵。以阿桂为伊犁将军。壬申，上阅绿营兵。庚辰，上还京师。辛巳，大学士杨应琚褫职。壬午，以缅匪入寇盏达、陇川，宣示杨应琚贻误罪状。癸未，命鄂宁赴普洱办军务。庚寅，以李侍尧为两广总督，召杨廷璋为刑部尚书。癸巳，以鄂宁署云贵总督。

夏四月己酉，上诣黑龙潭祈雨。庚戌，以云南边境瘴盛，命暂停进兵。庚申，命张泰开以礼部尚书管左都御史事，嵇璜署礼部尚书。

五月己巳，以鄂宝为贵州巡抚，定长兼署湖北巡抚。庚午，以范时绶为湖北巡抚。调张泰开为左都御史，嵇璜为礼部尚书。壬申，命陈宏谋管工部。丙子，云南官军失利于木邦，杨宁等退师龙陵。庚寅，李时升、朱仑处斩。

六月辛酉，以额尔景额为参赞大臣，遣赴云南。

秋七月，福建巡抚庄有恭卒，调崔应阶代之。以李清时为山东巡抚，裘曰修为礼部尚书。壬午，上奉皇太后秋狝木兰。戊子，上奉皇太后驻避暑山庄。己丑，盛京将军舍图肯免，以新柱代之。

闰七月甲寅，赐杨应琚自尽。丙辰，缅匪渡小猛仑江入寇云南茨通。

八月癸酉，调裘曰修为工部尚书，董邦达为礼部尚书。丁丑，上幸木兰。乙酉，以钟音为广东巡抚。己丑，谕明瑞以额勒登额代谭五格分路进兵。

九月庚子，赈湖北江夏等二十七县、武昌等七卫水灾。甲寅，命托恩多署兵部尚书。

冬十月壬戌，赐李因培自尽。己卯，谕明瑞以将军管总督。

十一月壬寅，赈甘肃平凉等三十四厅州县被雹灾民。壬子，调鄂宝为湖北巡抚。丁巳，密谕明瑞，以阿瓦不能遽下，退师木邦。

十二月甲戌，杨宁褫职戍伊犁。戊寅，明瑞奏渡大叠江进军锡箔，波龙等处土司头人罗外耀特等内附。

三十三年春正月辛卯，明瑞奏克蛮结。壬辰，封明瑞一等诚毅嘉勇公，赐黄带、红宝石顶、四团龙补服。丁酉，明瑞进军宋赛。庚子，调彰宝为山东巡抚，以苏尔德为山西巡抚。丙午，盛京将军新柱卒，调明福代之。闽浙总督苏昌卒。丁未，命阿里衮为参赞大臣,往云南军营。以崔应阶为闽浙总督,富尼汉为福建巡抚。甲寅,缅人围木邦。

二月丙寅,谕用兵缅甸,轻敌致衄,引为己过,令明瑞等班师。额勒登额、谭五格褫职逮问。命鄂宁回云南,阿里衮署云贵总督,驻永昌。缅人陷木邦,珠鲁讷死之。戊寅,上还圆明园。丙戌,明瑞等败绩于猛育,死之。召阿桂来京,以伊勒图署伊犁将军。命傅恒为经略,阿里衮、阿桂为副将军,舒赫德为参赞大臣,赴云南。以鄂宁为云贵总督,调明德为云南巡抚。以福隆安为兵部尚书,命在军机处学习行走。以永德为浙江巡抚,调彰宝为江苏巡抚,富尼汉为山东巡抚,鄂宝为福建巡抚,程焘为湖北巡抚。

三月癸巳,免山东高苑等三县三十二年被水额赋。乙巳,调鄂宝为广西巡抚,钟音为福建巡抚,良卿为广东巡抚,钱度为贵州巡抚,巴禄为察哈尔都统,傅良为绥远城将军。癸丑,免江西南昌等十三县三十二年被水额赋。

夏四月丁卯,调钱度为广东巡抚。己巳,免安徽安庆等七府州属三十二年被水额赋。壬申,御试翰林、詹事等官,擢吴省钦等三员为一等,余升黜有差。试由部院入翰林等官,擢觉罗巴彦学为一等,余升擢有差。甲申,磔额勒登额于市,谭五格处斩。乙酉,上临奠明瑞、扎拉丰阿、观音保。

五月庚申,命明德赴永昌。乙丑,色布腾巴勒珠尔病免,以伊勒图为理藩院尚书。庚午,改命官保署理藩院尚书。辛巳,以范时绥为左都御史。壬午,以阿桂为云贵总督。尹继善、高晋以两淮盐务积弊匿不以闻,均下部严议。

秋七月癸巳,上奉皇太后秋狝木兰。甲午,调托庸为兵部尚书。以官保为刑部尚书,仍兼署理藩院尚书。己亥,上奉皇太后驻避暑山庄。辛丑,以伊勒图为伊犁将军,仍兼理藩院尚书。壬子,纪昀以漏泄籍没前运使卢见曾谕旨,褫职,戍乌鲁木齐。

八月丁卯,允俄罗斯于恰克图通商。辛未,上幸木兰行围。壬申,直隶总督方观承卒,以杨廷璋代之。调裴宗锡为刑部尚书,以蔡新为工部尚书。甲戌,李侍尧奏,暹罗为缅人所破,其国王之孙诏萃奔安南河仙镇,土官莫士麟留养之,内地人甘恩敕据暹罗,乞封敕。嘉奖莫士麟,命甘恩敕求其主近支立之,不得自王乞封号。己卯,加托恩多、于敏中、崔应阶太子太保,托庸、杨廷璋太子少保。

九月戊子,以嵩椿署伊犁将军。乙未,上回驻避暑山庄。戊戌,高恒、普福论斩。丁未,上奉皇太后还京师。以鄂宝为山西巡抚。黑龙江将军富僧阿改西安将军,以傅玉代之。

冬十月己未,免甘肃平凉等十二州县三十二年被灾额赋。辛未,以宫兆麟为广西巡抚。辛巳,高恒、普福、达色处斩,改海明等缓决。

十一月戊戌,以缅人来书不逊,谕阿里衮筹进剿。

十二月己未,以富明安为山东巡抚,揆义署湖北巡抚。漕运总督杨锡绂卒,以梁翥鸿署之。乙丑,湖广总督定长卒,调吴达善代之,彰宝兼署两江总督,明山为陕甘总督。调阿思哈为陕西巡抚,以文绶为河南巡抚。丁卯,召明福来京,以额尔德蒙额署盛京将军。甲戌,赈奉天承德等四州县水灾。壬午,留阿思哈为河南巡抚,改文绶为陕西巡抚。

三十四年春正月丙戌,免云南官兵所过地方及永昌等三府州本年额赋。其非经过地方，免十分之五，并免湖北、湖南、贵州三省官兵经过地方本年额赋十分之三。庚寅，以缅人书词桀骜，命副将军阿桂与副将军阿里衮协助傅恒征剿。辛卯，命明德为云贵总督，驻永昌，喀宁阿为云南巡抚。壬辰，阿里衮等败缅人于南底坝。拨运通仓米二十万石赈霸州等十二州县灾。甲午，右部哈萨克阿勒比斯子卓勒齐等来朝。乙未，调恒禄为盛京将军，傅良为吉林将军，常在为绥远城将军。辛丑，傅恒赴云南。命官保署户部尚书。裁宁夏右翼副都统、吉林拉林副都统。命常青署绥远城将军。癸卯，赐傅恒御用盔甲。戊申，命官保协办大学士，以福隆安署刑部尚书。癸丑，以南掌国王之弟召翁遣使请兵复仇，谕阿桂等预备由南掌分路进兵。

二月甲寅朔，嵇璜缘事降调，以程景伊为工部尚书。乙丑，以富尼汉为安徽巡抚。癸未，命傅恒整饬云南马政。以诺伦为绥远城将军。

三月乙酉，命伊犁将军伊勒图往云南军营。己丑，命伊尔图为乌里雅苏台参赞大臣。辛丑，正白旗领侍卫内大臣福禄罢，以阿桂代之。丙午，命阿桂署云贵总督。丁未，右部哈萨克斡里苏勒统等入觐，命坐赐茶，赉冠服有差。戊申，赈甘肃皋兰等二十九州县厅上年灾民。蠲安徽合肥等十六州县及庐州等五卫上年额赋。

夏四月己未，以温福为福建巡抚。壬申，傅恒进兵老官屯，阿桂进兵猛密。丁丑，赐陈初哲等一百五十一人进士及第出身有差。

五月己丑，裁江宁副都统一。

六月丙辰，以阿思哈为云贵总督，喀宁阿为河南巡抚。丁巳，傅恒奏猛拱土司内附。戊寅，湖北黄梅江堤决，命湖广总督吴达善、湖北巡抚揆义勘之。

秋七月丁亥，以明德署云贵总督，移驻腾越，经理军务。辛卯，设伊犁巴彦岱城领队大臣一。傅恒奏猛密土司内附。甲午，李侍尧奏暹罗仍为甘恩敕所踞。丁酉，礼部尚书董邦达卒。己亥，调陆宗楷为礼部尚书，蔡新为兵部尚书。以吴绍诗为刑部尚书，海明为江西巡抚，梁国治为湖北巡抚。己酉，李侍尧檄莫士麟会暹罗土目讨甘恩敕。

八月乙丑，上幸木兰行围。己巳，以蔡琛自缢狱中，褫福建按察使孙孝愉职，发军台。

九月丙戌，阿桂进抵蛮暮。己丑，上回驻避暑山庄。乙未，上奉皇太后回銮。己亥，命阿桂、伊勒图自蛮暮迓傅恒会师。壬寅，命刘统勋会勘山东运河。癸卯，傅恒奏猛拱土司浑觉率众来降。上嘉之，特赏三眼孔雀翎。戊申，傅恒进抵猛养。阿桂奏克哈坎，渡江。命阿桂据新街剿贼。

冬十月乙卯，命彰宝署云贵总督，明德署云南巡抚。调永德为江苏巡抚。起熊学鹏署浙江巡抚。以增海署伊犁将军。丁巳，傅恒奏攻克猛养。癸亥，梁国治兼署湖广总督。甲子，以阿桂不能克老官屯，夺副将军，为参赞大臣。命伊勒图为副将军。调喀宁阿为贵州巡抚，富尼汉为河南巡抚。以胡文伯为安徽巡抚。乙丑，傅恒奏进抵新街。命彰宝驻老官屯。壬申，调永贵为礼部尚书，托庸为吏部尚书，伊勒图为兵部尚书，以托庸兼署。调吴绍诗为礼部尚书。以裘曰修为刑部尚书。

十一月乙酉，副将军、户部尚书阿里衮卒于军。命阿桂仍在副将军上行走，并以伊勒图为副将军，乌三泰、长青为参赞大臣。调官保为户部尚书。以素尔纳为刑部尚书，托恩多署左都御史。戊子,傅恒等进攻老官屯。癸巳,以黄登贤为漕运总督。丙申,以缅地烟瘴,官军损失大半,命班师屯野牛坝,召经略傅恒还,阿桂留办善后。己亥,起观保署左都御史。丁未,傅恒等攻老官屯不克。其土官以缅酋猛驳蒲叶书诣军营乞降。上命班师。

阿桂

十二月辛亥,免云南办理军需地方及永旨等三府州明年钱粮十分之五。其直隶、河南、湖北、湖南、贵州等省官兵经过州县并免十分之三。调宫兆麟为湖南巡抚,以德保为广东巡抚,陈辉祖为广西巡抚。乙卯,傅恒等奏缅酋猛驳称臣纳贡。谕俟来京时降旨。己巳,上以来年奉皇太后谒东陵,巡幸天津,免经过地方及天津府属乾隆三十五年钱粮十分之三。以阿桂为礼部尚书。

三十五年春正月己卯朔,以上六十寿辰,明岁皇太后八十万寿,诏普蠲各省额征地丁钱粮一次。辛卯,以增海为理藩院尚书。丁未,授喀尔喀和硕亲王成衮扎布世子拉旺多尔济为固伦额驸。

二月乙丑,上奉皇太后谒东陵。庚午,上奉皇太后回銮,驻盘山。壬申,以缅酋猛驳贡表不至,谕彰宝备之,并严禁通市。

三月己卯,上奉皇太后还京师。起吴绍诗为刑部郎中。辛巳,调宫兆麟为贵州巡抚,吴达善以湖广总督兼署湖南巡抚。壬午,上奉皇太后谒泰陵,巡幸天津。丙戌,上谒泰陵。己丑,免经过州县及天津府属乾隆三十一年至三十三年积欠地粮银及常借灾借谷石,直隶乾隆三十一年至三十三年积欠地粮银及折色银两。减直隶军流以下罪。免直隶乾隆三十一年至三十三年因灾缓征银谷。甲午,上奉皇太后驻跸天津府。丙申,上阅驻防兵。经略大学士傅恒还京师,命与福隆安俱仍为总管内务府大臣。戊戌,调永德为河南巡抚,萨载署江苏巡抚。癸卯,上奉皇太后还京师。己酉,以缅酋索木邦土司线瓮团等,谕责哈国兴粉饰迁就,召来京,以长青代为云南提督。己未,召傅良来京,命富椿为吉林将军。丙寅,天津蝗,命杨廷璋督捕。庚午,上诣黑龙潭祈雨。是月,蠲浙江仁和等八州县,杭严、嘉湖二卫,陕西定远县三十四年被水被雹额赋。

五月丁丑朔,日食。壬午,以皇八子擅自进城,褫上书房行走观保、汤先甲职,并戒谕之。乙未,以祈雨命刑部清理庶狱,减军流以下罪。

闰五月丙午朔,命裴曰修赴蓟州、宝坻一带捕蝗。戊申,京师大雨。己未,命温福为吏部侍郎,在军机处行走。甲子,裴曰修以捕蝗不力免,调程景伊为刑部尚书。以范时绶为工部尚书,张若溎为左都御史。

六月甲申,谕阿桂等调海兰察、哈国兴进兵。丙戌,河南永城、江苏砀山、安徽宿州等州县蝗。丁亥,调官保为刑部尚书,素尔纳为户部尚书。壬辰,命丰升额署兵部尚书。甲午,贵州古州苗香要等伏诛。命侍郎伍纳玺往古北口会同提督王进泰查勘水灾,发帑银两万两恤之,并开仓赈粜。

秋七月乙巳朔,李侍尧奏,河仙镇土官莫士麟请宣谕缅番恢复暹罗,不许。丙午,以增海为黑龙江将军,温福为理藩院尚书。命和尔精额、伍纳玺往古北口筹办河工。壬子,以小金川与沃克什土司构衅,命四川总督阿尔泰传集小金川土司劝谕之。癸丑,上临和亲王弘昼第视疾。丁巳,和亲王弘昼卒。太保大学士傅恒卒。戊午,赏来京祝嘏之百十二岁原任浙江遂昌县学训道王世芳国子监司业衔,并在籍食俸。辛酉,以裴宗锡为安徽巡抚。甲子,截漕粮二十万石赈武清等六县水灾。以诺穆亲为云南巡抚。

八月戊寅,以副将军阿桂办事取巧,褫领侍卫内大臣、礼部尚书、镶红旗汉军都统,以内大臣革职留任办副将军事。己卯,以永贵为礼部尚书,观保为左都御史。阿尔泰奏僧格桑伏罪,交出达木巴宗地方及所掠番民。辛巳,命刘统勋兼管吏部。丙戌,万寿节,上诣皇太后宫行礼。御太和殿,王以下文武各官进表,行庆贺礼,奉旨停止筵宴。命丰升额在军机处行走。己丑,上奉皇太后幸热河。乙未,上奉皇太后驻跸避暑山庄。己亥,上幸木兰。

九月丙午,命阿尔泰为武英殿大学士,仍留办四川总督事。戊午,上回驻避暑山庄。甲子,命高晋兼署漕运总督。

冬十月癸酉朔,上奉皇太后回銮。辛巳,召崔应阶来京,命钟音署闽浙总督。壬午,召阿尔泰来京,以德福署四川总督,吴达善兼署湖南巡抚。召萨载来京,命李湖署江苏巡抚。甲午,阿桂等奏老官屯缅目遣使致书,请停今岁进兵,允之。丁酉,大学士陈宏谋以衰病乞休,温旨慰留。

十二月甲戌,免新疆本年额粮十分之三。丙子,以崔应阶为漕运总督。丙戌,谕阿桂、彰宝密议进剿缅匪。庚寅,以李湖为贵州巡抚。

三十六年春正月甲辰,免福建台湾府属本年额征粟米。乙巳,免广东广州、韶州等府州属本年官租十分之一,广西桂林七府州属本年官租及桂林平乐等府州学租十分之三。丁未,免四川宁远等四府州属、建昌镇标各营、雷波等厅民番本年额粮。己未,调德福署云贵总督,命阿尔泰回四川总督任。

二月甲戌,上奉皇太后东巡。庚辰,命内大臣巴图济尔噶勒会同集福谳乌梁海副都统莫尼扎布等互控之案。辛巳,大学士陈宏谋以病乞休,允之,加太子太傅。免直隶沧州等十五州县民欠借谷,并武清县本年钱粮十分之五。癸未,命侍郎裴曰修会同杨廷璋、周元理筹办直隶河工。丙戌,免山东经过州县本年额赋十分之三、灾地十分之五。免山东泰安等二县本年地丁钱粮。庚寅,免山东济南各属民欠借谷及东平州、东平所逋赋。以阿桂请大举征缅,申饬之。辛卯,免山东济南等六府属民欠麦本银两。命刘纶为大学士,兼管工部,于敏中协办大学士。调程景伊为吏部尚书,范时绶为刑部尚书,以裴曰修为工部尚书。丙申,上奉皇太后谒岱岳庙,上登泰山。乙巳,上至曲阜谒先师孔子庙。丙午,上释奠先师孔子。丁未,上谒孔林。祭少昊陵、元圣周公庙。赐衍圣公孔昭焕族人银币有差。戊申,上奉皇太后回銮。乙卯,予大学士尹继善等、尚书官保等、总督杨廷璋等、巡抚钟音等议叙。内阁学士陆宗楷等原品休致。戊午，以富明安为闽浙总督，周元理为山东巡抚。庚申，以甘肃比岁偏灾，免通省民欠籽种口粮仓谷。甲子，上至捷地阅堤。乙丑，纳逊特古斯处斩。己巳，以阿桂奏辨非于本年大举征缅，下部严议。

夏四月辛未朔，以李侍尧为内大臣。甲戌，命户部侍郎桂林在军机处行走。丁丑，上奉皇太后还京师。乙酉，以旱命刑部清理庶狱，减军流以下罪，直隶亦如之。丙戌，上诣黑龙潭祈雨。壬辰，大学士尹继善卒。乙未，赐黄轩等一百六十一人进士及第出身有差。

五月辛丑朔，调吴达善为陕甘总督，文绶署之，勒尔谨护陕西巡抚。调富明安为湖广总督，永德为湖南巡抚。以何煟为河南巡抚，兼管河务，钟音为闽浙总督，余文仪为福建巡抚。癸卯，命减秋审缓决三次人犯罪。甲辰，谕立决人犯当省刑之际，暂缓行刑，著为令。乙巳，阿桂以畏葸褫职，降兵丁效力。命温福驰赴云南署副将军事。壬戌，以高晋为文华殿大学士，兼礼部尚书，仍留两江总督任。召阿尔泰入阁办事，以德福为四川总督。

六月辛未，直隶北运河决。甲戌，以努三为正黄旗领侍卫内大臣。戊寅，命巴图济尔噶勒赴伊犁办土尔扈特投诚事宜。己卯，谕土尔扈特投诚大台吉均令来避暑山庄朝觐，命额驸色布腾巴勒珠尔驰驿迎之。壬午，致仕大学士陈宏谋卒。癸巳，命土尔扈特部众暂驻博罗博拉。以金川土舍索诺木请赏给革布什咱土司人民，命阿尔泰详酌机宜，毋姑息。

秋七月壬寅，阿尔泰等奏小金川土舍围攻沃克什，命剿之。乙巳，命侍郎桂林带银一万两赴古北口会同提督王进泰赈水灾。丙午，永定河决。丁未，命舒赫德署伊犁将军。戊申，上秋狝木兰。以小金川复侵明正土司，谕阿尔泰等进剿。丁巳，上奉皇太后启銮。癸亥，上奉皇太后驻避暑山庄。丙寅，以此次巡幸木兰，沿途武职懈忽，杨廷璋、王进泰等均下部严议。

八月己丑，定边左副将军、喀尔喀扎萨克和硕亲王成衮扎布卒，以车布登扎布为定边左副将军，额驸拉旺多尔济袭扎萨克和硕亲王。罢德福军机处行走。庚寅，召大学士两江总督高晋来京，查勘永定河工。命萨载兼署两江总督。壬辰，永定河决口合龙。癸巳，上幸木兰行围。丁酉，命阿尔泰仍管四川总督事，召德福回京。

九月戊戌朔，停本年勾决。癸卯，命理藩院侍郎庆桂在军机处行走。乙巳，土尔扈特台吉渥巴锡等入觐，赏顶戴冠服有差。命副将军温福、参赞大臣伍岱赴四川军营，会商进剿。辛亥，封渥巴锡为乌纳恩素珠克图旧土尔扈特部卓哩克图汗，策伯克多尔济为乌纳恩素珠克图旧土尔扈特部布延图亲王，舍楞为青塞特奇勒图新土尔扈特部弼哩克图郡王，巴木巴尔为毕锡呼勒图郡王，余各锡爵有差。甲寅，上因驻避暑山庄。丁卯，以文绶为四川总督，勒尔谨为陕西巡抚。调永德为广西巡抚，梁国治为湖南巡抚，陈辉祖为湖北巡抚。

冬十月戊辰朔，以三宝为山西巡抚。己巳，上奉皇太后回銮。以舒赫德为总统伊犁等处将军，伊勒图为塔尔巴哈台参赞大臣，安泰为乌什参赞大臣。甲戌，宥纪昀，赏翰林院编修。乙亥，上奉皇太后还京师。己卯，高晋等奏桃源厅陈家道口河工合龙，上嘉之。命高晋、裴曰修、杨廷璋查勘南运河。丁亥，召杨廷璋为刑部尚书，以周元理为直隶总督，徐绩为山东巡抚。甲午,陕甘总督吴达善卒,调文绶代之。

十一月己酉,董天弼奏攻取小金川牛厂。丙辰,上奉皇太后御慈宁宫,恭上徽号曰崇庆慈宣康惠敦和裕寿纯禧恭懿安祺皇太后,颁诏覃恩有差。以温福为武英殿大学士,兼兵部尚书,桂林为四川总督。丁巳,调素尔纳为理藩院尚书,以舒赫德为户部尚书。辛酉,皇太后万寿圣节,上诣寿康宫,率王大臣行庆贺礼。壬戌,董天弼进攻达木巴宗,失利。甲子,小金川番复陷牛厂。

十二月庚午,温福奏进驻向阳坪,攻小金川巴朗拉山碉卡,不克。桂林奏克小金川约咱寨。褫四川提督董天弼职,以阿桂署之。乙亥,蠲甘肃陇西等三十三州县三十三年被水旱雹霜等灾额赋。丙戌,以大金川酋僧格桑遣土目赴桂林军营献物,命给赏遣归。己丑,温福奏克巴朗拉碉卡。癸巳,温福奏进驻日隆宗地方,董天弼收复沃克什土司各寨。

三十七年春正月辛丑,免奉天锦州二府额征米豆。免浙江玉环、海宁两厅县额征银谷。免山西大同等二府额征兵饷米豆谷麦,并太原等十四府州及归化城各属十分之三。壬寅,免和林格尔等处及太仆寺牧厂地亩额征银,并清水河厅额征银及太仆寺牧厂地亩额征米豆十分之三。癸卯,刑部尚书杨廷璋卒,以崔应阶为刑部尚书,嘉谟署漕运总督。乙巳,温福奏攻克小金川曾头沟、卡丫碉卡。丁未,桂林奏克郭松、甲木各碉卡。庚戌,以恒禄为内大臣。癸丑,建乌鲁木齐城,驻兵屯田。癸亥,命尚书裴曰修协同直隶总督周元理浚永定河、北运河。

二月丁卯,以阿桂为四川军营参赞大臣。甲戌,上幸盘山。丙戌,上回銮,幸圆明园。丁亥,以色布腾巴勒珠尔为四川军营参赞大臣。乙未,免陕西西安等十二府州上年额征本色租粮。

三月丙申朔,免江苏金坛等十一州县六年至十年逋赋。戊戌,以索诺木策凌为乌鲁木齐参赞大臣,德云为领队大臣,命俱受伊犁将军节制。乙巳,以丰升额为四川军营参赞大臣。己酉,河南罗山县在籍知县查世柱,以藏匿《明史辑要》,论斩。壬子,桂林奏攻克大金川所据革布什咱土司之木巴拉等处。乙卯,温福奏攻克小金川资哩碉寨。丁巳,桂林奏攻克吉地官寨。温福奏攻克小金川阿克木雅寨。桂林奏攻克革布什咱土司之党哩等寨,及小金川扎哇窠崖下碉卡。

夏四月丙寅朔,桂林奏攻克小金川阿仰东山梁等寨。蠲甘肃节年民欠仓粮三百七十六万石有奇。壬申,桂林奏尽复革布什咱土司之地,及攻克小金川格乌等处。谕温福、桂林进剿索诺木。乙亥,授李湖云南巡抚,图思德贵州巡抚。壬午,改安西道为巴里坤屯田粮务兵备道,甘肃道为安肃兵备道,凉庄道为甘凉兵备道。裁乌鲁木齐粮道。庚寅,赐金榜等一百六十二人进士及第出身有差。甲午,桂林攻小金川达乌东岸山梁,失利。

五月乙未朔,以温福劾色布腾巴勒珠尔贻误军务,褫爵职。丙申,免直隶沧州等十五州县厅积年逋赋。丁酉,以舒赫德为领侍卫内大臣。命福隆安赴四川查办阿尔泰劾桂林乖张捏饰一案。命托庸暂兼管兵部尚书,索尔讷署工部尚书。壬寅,命户部侍郎福康安在军机处行走。癸卯,命海兰察等赴四川西路军营,鄂兰等赴四川南路军营。调容保为绥远城将军。桂林以隐匿挫衄,褫职逮问。以阿尔泰署四川总督。己未,上奉皇太后幸避暑山庄。甲子，湖广总督富明安卒，以海明为湖广总督，海成为江西巡抚。免直隶大兴等十五州县额赋有差。

六月乙丑朔，上奉皇太后驻避暑山庄。温福等攻克小金川东玛寨。谕阿桂督上中下杂谷及绰斯甲布各土司进剿金川。丁丑，蠲甘肃皋兰等二十五厅县旱灾额赋。辛巳，盛京将军恒禄卒，调增海代之。以傅玉为黑龙江将军。甲申，调文绶为四川总督，海明为陕甘总督，以勒尔谨署之。命阿尔泰署湖广总督。丙戌，阿尔泰罢，调海明为湖广总督。以勒尔谨署陕甘总督，调富勒浑为陕西巡抚。命仓场侍郎刘秉恬赴四川西路军营督饷。辛卯，湖广总督海明卒，以富勒浑代之，陈辉祖署。命巴延三为陕西巡抚。

秋七月乙未，命刑部侍郎鄂宝赴四川南路军营督饷，授勒尔谨陕甘总督。

八月己巳，阿桂奏攻克小金川甲尔木山梁碉卡。以阿桂为内大臣。赏布拉克底土司安多尔“恭顺”名号，巴旺土妇伽让“恭懿”名号。壬申，温福等奏小金川贼袭玛尔迪克运路，海兰察等败之。己丑，小金川犯党坝官寨，阿桂遣董天弼援之。

九月壬寅，温福奏进至木兰坝，贼毁南北两山碉卡，聚守路顶宗山梁。谕严防后路。阿桂奏绰斯甲布土司分兵进攻勒乌围。上送皇太后回銮。戊申，上自避暑山庄回銮。甲寅，上奉皇太后还京师。

冬十月壬申，董天弼奏攻克穆阳冈等卡。壬午，阿桂奏攻克小金川甲尔木山梁。

十一月乙未，温福等奏攻克路顶宗及喀木色尔碉寨。丙申，除四川乐山等九州县三十五年坍废盐井额赋。辛丑，广州将军秦璜以纳仆妇为妾，褫职逮讯。设凉州副都统。裁西安副都统一。丙午，温福等奏克博尔根山等碉寨。戊申，阿桂奏攻克翁古尔垄等城寨。己酉，命富勒浑赴四川，以陈辉祖兼署湖广总督。癸丑，阿桂奏攻克得里等碉寨。丁巳，阿桂奏攻克邦甲、拉宗等处，拉约各塞番人降。

十二月癸亥，阿桂奏攻克僧格宗碉寨。癸酉，以温福为定边将军，阿桂、丰升额俱为副将军，舒常、海兰察、哈国兴俱为参赞大臣，福康安为领队大臣，复兴等为温福一路领队大臣，兴兆等为阿桂一路领队大臣，董天弼等为丰升额一路领队大臣。赏给绰斯甲布土司工噶诺尔布“尊追归丹”名号。丙子，温福奏攻克明郭宗等碉卡。丁丑，阿桂奏攻克美诺碉寨。庚辰，温福奏彭鲁尔等寨番人就抚。辛巳，温福等奏克布朗郭宗、底木达碉寨，泽旺降，僧格桑逃往金川。乙酉，秦璜以婪赃论斩。丙戌，授萨载江苏巡抚。丁亥，文绶以祖徇褫职，命刘秉恬为四川总督，仍督饷，以富勒浑署之。

三十八年春正月壬辰，召永德来京，调熊学鹏为广西巡抚，三宝为浙江巡抚。鄂宝仍授山西巡抚。以小金川平，缓四川官兵经过之成都等五十一厅州县三十八年额赋及分办夫粮之温江等九十厅州县三十七年蠲剩额赋。番民赋贡，一体缓之。温福等进剿金川，分由喀尔萨尔、喀拉依、绰斯甲布三路进兵。甲辰，哈萨克博罗特使臣入觐。以阿尔泰婪赃，赐自尽。戊午，调永贵署户部尚书，以阿桂为礼部尚书。

二月庚申朔，谕温福等檄索诺木擒献僧格桑。

三月庚寅朔，日食。壬辰，上诣泰陵。奉皇太后巡幸天津，免所过地方及天津府属本年钱粮十分之三。癸巳，上阅永定河堤。丁酉，上谒泰陵。戊戌，上命简亲王丰讷亨奉皇太后自畅春园启銮,免跸路所经之宛平等二十州县及天津府属各州县三十三年至三十六年逋赋。己亥,免直隶三十三年至三十五年逋赋。庚子,上阅淀河。乙巳,上奉皇太后驻跸天津。己酉,上奉皇太后回銮。免通州、宝坻等九州县三十六年逋赋。壬子,上阅永定河。丙辰,上奉皇太后还京师。

闰三月己巳,以扎拉丰阿为御前大臣。命刘统勋等充办理《四库全书》总裁。乙酉,以索尔讷署工部尚书。

夏四月戊戌,以绰克托为乌什参赞大臣。庚戌,命索琳以署礼部侍郎在军机处行走。辛亥,命庆桂以理藩院侍郎、副都统为伊犁参赞大臣。丙辰,谕高晋赈清河等州县及大河、长淮二卫被水灾民。戊午,加大学士温福、户部尚书舒赫德、工部尚书福隆安太子太保,礼部尚书王际华、工部尚书裴曰修太子少傅,礼部尚书阿桂、署兵部尚书丰升额、直隶总督周元理、闽浙总督钟音、四川总督刘秉恬太子少保。

五月辛酉,工部尚书裴曰修卒,以嵇璜代之。丙寅,上奉皇太后启銮,免经过地方本年钱粮十分之三。壬申,上奉皇太后驻跸避暑山庄。乙亥,盛京将军增海卒,调弘晌代之。丁丑,改乌鲁木齐参赞大臣为都统,以索诺木策凌为之,仍听伊犁将军节制。己卯,猛遮土目叭立斋等内附。癸未,召车布登扎布来京,命拉旺多尔济署乌里雅苏台将军。乙巳,阿桂等奏金川番贼陷喇嘛寺粮台,袭据底木达、布朗郭宗。己酉,鄂宝奏金川番贼袭据大板昭。壬子,定边将军温福、四川提督马全、署贵州提督牛天畀败绩于木果木,俱死之。癸丑,以阿桂为定边将军,赠温福一等伯。小金川酋曾格桑父泽旺伏诛。大学士刘纶卒。甲寅,以富勒浑为四川总督,起文绶为湖广总督。丙辰,阿桂奏剿洗小金川番贼,尽毁碉寨,谕嘉之。

秋七月戊午朔,召舒赫德来京,以伊勒图为伊犁将军,庆桂为塔尔巴哈台参赞大臣。己未,金川番贼陷美诺、明郭宗,海兰察退师日隆。谕阿桂由章谷退师,丰升额退驻巴拉朗等处。癸亥,命富德为参赞大臣赴军营,命阿桂撤噶尔拉之师。甲子,命舒赫德为武英殿大学士。调阿桂为户部尚书,永贵为礼部尚书。丙寅,齐齐哈尔蝗。丁卯,以温福乖方偾事,革一等伯爵,仍予恤典。褫刘秉恬职。命议恤木果木阵亡提督马全、牛天畀,副都统巴朗、阿尔素纳,总兵张大经及各文武员弁。丙戌,谕阿桂先复小金川,分三路进剿。

八月戊子,以阿桂为定西将军。命于敏中为文华殿大学士,舒赫德管刑部,刘统勋专管吏部。己丑,命程景伊协办大学士。调王际华为户部尚书。蔡新为礼部尚书,嵇璜为兵部尚书。以阎循琦为工部尚书。戊戌,以明亮为定边右副将军,富德为参赞大臣。壬寅,上幸木兰行围。

九月壬戌,降海兰察为领队大臣。甲子,上回驻避暑山庄。戊辰,上送皇太后回銮。己巳,索诺木挟僧格桑归大金川,以其兄冈达克往美诺。谕阿桂乘机收复。允户部请开金川军需捐例。壬申,上自避暑山庄回銮。甲戌,以多敏为科布多参赞大臣,车木楚克扎布为乌里雅苏台参赞大臣。戊寅,上奉皇太后还京。庚辰,吏部尚书托庸致仕,调官保为吏部尚书。以英廉为刑部尚书,仍兼管户部侍郎事。

冬十月乙巳,和硕诚亲王允祕卒。己酉,褫车布登扎布定边左副将军职,仍留亲王衔,以瑚图灵阿代之。

十一月丁卯,阿桂等奏进剿小金川,攻克资哩山梁等处,收复沃克什官寨。戊辰,命福禄往西宁办事。召伍弥泰回京。己巳,阿桂等奏克复美诺,命进剿金川。辛未,军机大臣、大学士刘统勋卒,上亲临赐奠,赠太傅。壬申,召梁国治来京,在军机处行走。调巴延三为湖南巡抚。以毕沅为陕西巡抚。癸酉,明亮等奏克复僧格宗等碉寨。

十二月癸巳,以彰宝为云贵总督。辛丑,命李侍尧为武英殿大学士,仍管两广总督事。

是岁,朝鲜、安南来贡。

三十九年春正月丙子,以姚立德为河东河道总督。丁丑,阿桂等克赞巴拉克等山梁。

二月甲申朔,命丰升额等助阿桂进攻勒乌围。丁亥,明亮等奏克木溪等山梁。戊戌,丰升额等克莫尔敏山梁。乙巳,蠲江苏山阳等十州县卫三十八年水灾额赋有差。丁未,上诣东陵,并巡幸盘山。庚戌,谒昭西陵、孝陵、孝东陵、景陵,至孝贤皇后陵奠酒。临故大学士公傅恒茔赐奠。辛亥,上驻跸盘山。

三月庚申,阿桂等克罗博瓦山梁,加阿桂太子太保,以海兰察为内大臣,额森特为散秩大臣。甲子,上幸南苑行围。辛未,阿桂等克得斯东寨。庚辰,明亮等克喀咱普等处,上嘉赉之。

夏四月乙酉,顺天大兴等州县蝗。辛亥,以京师及近畿地方旱,命刑部清理庶狱,减军流以下罪,直隶如之。戊戌,以御史李漱芳劾福隆安家人滋事,上嘉之,予叙。

五月癸丑朔,命刑部减秋审、朝审缓决一两次以上罪。丙寅,彰宝以病解任,以图思德署云贵总督。戊辰,上奉皇太后秋狝木兰。甲戌,上奉皇太后驻跸避暑山庄。

六月癸卯,阿桂等奏克穆尔浑图碉卡。

秋七月甲寅,阿桂等克色溯普山碉卡。己未,阿桂等克喇穆喇穆山等碉卡。壬戌,阿桂等克日则雅口等处寺碉。乙丑,乌鲁木齐额鲁特部蝗。庚午,明亮等克达尔图山梁碉卡。甲戌,以于敏中未奏太监高云从嘱托公事,下部严议。以阿思哈为左都御史。乙亥,命阿思哈在军机处行走。太监高云从处斩。辛巳,阿桂等克格鲁瓦觉等处碉寨。

八月壬午朔,日食。壬辰,富德等克穆当噶尔、羊圈等处碉卡。丁酉,上幸木兰行围。癸卯,金川头人绰窝斯甲降,献贼目僧格桑尸。

九月乙卯,山东寿张县奸民王伦等谋逆,命山东巡抚徐绩剿捕之。丁巳,命大学士舒赫德赴江南,同高晋塞决口。戊午,上回驻避暑山庄。命舒赫德先赴山东剿捕王伦。庚申,命额驸拉旺多尔济、左都御史阿思哈带侍卫章京及健锐、火器二营兵,往山东会剿王伦。辛酉,王伦围临清,屯闸口。壬戌,上送皇太后回銮。癸亥,以天津府七县旱,命拨通仓米十万石备赈。丙寅,上自避暑山庄回銮。丁卯,山东兖州镇总兵唯一、德州城守尉格图肯以临阵退避,处斩。庚午,以江苏山阳等四县水灾,命免明年额赋。壬申,上奉皇太后还京师。丙子,山东临清贼平,王伦自焚死。

冬十月辛巳朔,以杨景素为山东巡抚。壬辰,免临清新城本年未完额赋,并旧城未完额赋十分之五。丙午,以徐绩为河南巡抚。

十一月癸丑，明亮等克日旁等碉寨。甲寅，以舒赫德为御前大臣。阿桂等克日尔巴当噶碉寨。以阿桂为御前大臣，海兰察为御前侍卫。丙辰，以四川成都等一百四十府厅州县行军运粮，免历年额赋有差。戊辰，阿桂克格鲁古丫口等处碉寨。

是岁，朝鲜、琉球来贡。

四十年春正月甲戌，阿桂等克康尔萨山梁。

二月己卯，阿桂等克甲尔纳等处碉寨。丙戌，阿桂克斯莫思达碉寨。癸巳，以李瀚为云南巡抚。

三月辛亥，上幸盘山。甲寅，上驻跸盘山。蠲江南句容等十九州县，淮安、大河二卫三十九年水旱灾额赋。壬申，蠲长芦属沧州等六州县、严镇等六场，河南信阳等五州县三十五年旱灾额赋。

夏四月戊寅朔，蠲安徽合肥等十四州县、庐州等四卫三十九年旱灾额赋。丙戌，四川军营参赞大臣、领侍卫内大臣、和硕亲王、固伦额驸色布腾巴勒珠尔卒。己丑，命明山为乌里雅苏台参赞大臣。壬寅，赐吴锡龄等一百五十八人进士及第出身有差。癸卯，阿桂等克木思工噶克丫口等处城碉。明亮等克甲索、宜喜。乙巳，明亮等克达尔图等处碉寨。以明亮、福康安为内大臣。

五月己酉，蠲直隶霸州、保定等三十九州县三十九年旱灾额赋。甲寅，阿桂等奏克巴木通等处碉卡。丁巳，明亮奏克茹寨、甲索等处碉卡。戊辰，阿桂等奏克噶尔丹等碉寨。壬申，上幸木兰，奉皇太后驻汤山行宫。明亮等奏克巴舍什等处碉寨。乙亥，阿桂等奏克逊克尔宗等处碉寨。加封定边右副将军、果毅公丰升额为果毅继勇公。

六月丁丑朔，蠲湖北汉阳等十五州县、武昌等六卫一所三十九年旱灾额赋。戊寅，上驻避暑山庄。癸未，上诣广仁岭万寿亭迎皇太后驻跸避暑山庄。壬辰，以丰升额为兵部尚书。丙申，领队大臣额尔特褫职逮治。庚子，设管理乌鲁木齐额鲁特部落领队大臣，以全简为之。

秋七月壬戌，阿桂等奏攻克昆色尔等处山梁碉寨。丁卯，阿桂等克章噶等碉寨。额洛木寨头人革什甲木参等率众来降。庚午，蠲甘肃皋兰等七厅州县三十九年被水被旱额赋。阿桂等克直古脑一带碉寨。

八月丙子朔，日食。丁丑，阿桂等克隆斯得寨。明亮等克扎乌古山梁。己卯，以霸州等三十余州县被水，拨直隶藩库银五十万两赈之。辛卯，上幸木兰行围。己亥，阿桂等奏克勒乌围之捷，进剿噶喇依贼寨。上命优叙将军阿桂，副将军丰升额，参赞大臣海兰察、额森特等功。辛丑，召舒赫德赴热河行在。癸卯，封罗卜藏锡喇布为贝子。乙巳，命侍郎袁守侗等赴贵州、谳知府苏垿禀揭总督、藩、臬徇护同知席绲一案。

九月庚戌，蠲湖北钟祥等十二州县并武昌等七卫三十九年旱灾额赋。癸丑，上回驻避暑山庄。丁巳，上送皇太后回銮。辛酉，以图思德劾苏垿浮收勒索，命袁守侗等严鞫之。丙寅，以明亮请赴西路失机，严斥之，仍夺广州将军。丁卯，上奉皇太后还京师。阿桂等克当噶克底等处碉寨。

冬十月己卯，召驻藏办事伍弥泰，以留保住代之。己丑，以霸州等六州县被灾较重，命即于闰十月放赈。庚寅，蠲甘肃皋兰等十七州县厅水雹霜灾额赋。壬辰，上还宫。丙申，调裴宗锡为贵州巡抚，命袁守侗暂署，图思德署云南巡抚，李质颖为安徽巡抚。

闰十月壬子，苏垶以侵税诬讦，处斩。壬戌，明亮等奏克扎乌古山梁。甲子，阿桂等奏克西里山黄草坪等处碉卡，总兵曹顺死之。命袁守侗赴四川，同阿扬阿谳冀国勋一案。复封庆恒为克勤郡王。壬申，明亮等克耳得谷寨。

十一月，明亮等克甲索诸处碉卡。乙酉，福禄以立塔尔一案未能鞫实，革，戍伊犁。己丑，阿桂克西里第二山峰，并进围鸦玛朋寨落。壬辰，明亮等奏攻得克尔甲尔古等处碉卡。壬寅，阿桂等奏克舍勒固租鲁、科思果木、阿尔古等处碉寨。

十二月甲辰朔，日食。丁未，工部尚书阎循琦卒，调嵇璜为工部尚书，蔡新为兵部尚书，以曹秀先为礼部尚书。阿桂等克萨尔歪等寨落。丙辰，以阿桂为镶黄旗领侍卫内大臣。调熊学鹏为广东巡抚，以吴虎炳为广西巡抚。甲子，明亮等由达撒谷进兵，连克险要山梁及沿河格尔则寨落。丙寅，阿桂等克格隆古等处寨落。庚午，阿桂等由索隆古进据噶占山梁，直捣噶喇依。其头人色木里雍中及布笼普阿纳木来降。壬申，明亮等克甲杂等隘口，并后路巴布里、日盖古洛，进抵独松隘口，克日会捣噶喇依。其头人达固拉得尔瓦等来降。

四十一年春正月癸酉朔，富德克打噶咱普德尔窝、马尔邦等碉卡。明亮等克独松等碉卡。甲戌，定郡王绵德以交结礼部司员削爵，命绵恩承袭。阿桂克喇乌喇等碉卡及舍齐等寺。己卯，阿桂率诸军进围噶喇依，索诺木之母及其姑姊妹出降。命封阿桂一等诚谋英勇公，予四团龙补服、金黄带。加赏果毅继勇公丰升额一等子。封明亮一等襄勇伯，海兰察一等超勇侯，额森特一等男，和隆武三等果勇侯，福康安、普尔普三等男。加赏奎林一等男。丰升额、明亮、海兰察、奎林、和隆武仍各予双眼花翎，赏于敏中一等轻车都尉，均世袭。阿桂请安插降众于绰斯甲布十二土司地方，从之。壬午，赏阿桂紫缰。甲申，调明善为科布多参赞大臣。以法福里为乌里雅苏台参赞大臣。己丑，吏部尚书、协办大学士官保以病乞体，允之。以阿桂为吏部尚书、协办大学士。调丰升额为户部尚书，福隆安为兵部尚书。以绰克托为工部尚书。庚寅，嘉谟迁仓场侍郎。命阿思哈署漕运总督，永贵署吏部尚书，英廉署户部尚书。

二月己酉，授文绶四川总督，调富勒浑为湖广总督。庚戌，命嗣后社稷坛祭时，或值风雨，于殿内致祭。蠲江苏上元等三十九州县、镇江等五卫四十年旱灾额赋。辛亥，上谒东陵。以祗谒两陵，并巡幸山东，免经过州县本年额赋十分之三。甲寅，上谒昭西陵、孝陵、孝东陵、景陵，诣孝贤皇后陵奠酒。阿桂等奏索诺木等出降，槛送京师，两金川平。乙卯，命永贵回礼部尚书，仍兼署吏部事。丙辰，命图平定金川前后五十功臣像于紫光阁。命新设将军驻雅州，四川提督桂林驻金川。丁巳，上还京师。戊午，上谒泰陵。命袁守侗赴四川，会同阿桂查办参赞大臣富德。壬戌，上谒泰陵。设云南腾越镇总兵官。丁卯，上奉皇太后巡幸山东。己巳，免顺天直隶通州等二十八州县未完地粮仓谷。庚午，停湖北勘丈湖地。免直隶霸州等二十一州县未完地粮仓谷。辛未，减直隶军流以下人犯罪。

三月丁丑，免山东泰安、曲阜二县本年额赋。戊寅，免山东邹平等三十九州县卫各项民欠额赋。己卯,增设成都将军,以明亮为之。辛巳,减山东军流以下人犯罪。壬午,免山东德州等十一州县缓征漕米漕项。癸未,以萨载为江南河道总督,杨魁为江苏巡抚。甲申,勒尔谨陛见,命毕沅署陕甘总督。丙戌,上驻跸泰安,谒岱庙。命还督抚贡物,仍严饬之。设金川勒乌围总兵。丁亥,上登泰山。辛卯,户部尚书王际华卒,以袁守侗代之。免四川通省上年额赋及本年夷赋有差。蠲河南武陟县四十年水灾额赋。乙未,上至曲阜,谒孔子庙。蠲安徽怀宁等三十二州县、建阳等七卫四十年水旱额赋。丙申,释奠先师孔子,告平两金川功。丁酉,上谒孔林。调李质颖为广东巡抚,以闵鹗元为安徽巡抚。戊戌,富德褫职逮治。己亥,云南车里逃夷刀维屏等悔罪自归,谕免死,锢之。庚子,命户部侍郎和珅军机处行走。辛丑,上奉皇太后自济宁登舟。

夏四月癸卯,以平定金川,遣官祭告天地、太庙、社稷。以英廉兼署户部尚书。命刘墉会同陈辉祖查勘湖北沔阳州冲溃堤工。甲辰,予告协办大学士、吏部尚书官保卒。丁未,上阅临清州旧城。辛亥,命阿桂仍在军机处行走。癸丑,蠲直隶霸州等五十二州县四十年水灾额赋有差。乙卯,以平定金川,遣官告祭昭西陵、孝陵、孝东陵、景陵、泰陵、孝贤皇后陵。丙辰,遣官告祭孔子阙里。壬戌,遣官告祭永陵、福陵、昭陵。甲子,以阿思哈为漕运总督,素尔讷为左都御史,索琳为理藩院尚书,仍留库伦办事,命丰升额署理藩院尚书。乙丑,上送皇太后自宝稼营还京师。丙寅,献金川俘馘于庙社。丁卯,定西将军阿桂等凯旋。戊辰,上幸良乡城南行郊劳礼,赐将军及随征将士等宴,并赏阿桂等御用鞍马各一。上还京师。己巳,受俘。上御瀛台,亲鞫俘囚。索诺木等皆磔于市。上御紫光阁,行饮至礼,赐凯旋将士及王大臣等宴,赐将军阿桂以下银币有差。庚午,斩番目布笼普占巴、雅玛朋阿库鲁等于市。

五月辛未朔,上奉皇太后御慈宁宫,上徽号曰崇庆慈宣康惠敦和裕寿纯禧恭懿安祺宁豫皇太后,颁诏覃恩有差。戊寅,富德以诬讦阿桂悖逆,处斩。辛巳,蠲山西石楼等三县丁徭虚额银。癸未,上奉皇太后启銮,秋狝木兰。己丑,上驻跸避暑山庄。

六月庚子朔,定文渊阁官制。壬子,以甘肃皋兰等二十九州县厅旱灾,命多留市米以供民食。庚申,黄邦宁论斩,逮治前护广西巡抚苏尔德、署按察使广德。

秋七月庚申,索琳以不职镌级,以伍弥泰为理藩院尚书。丁亥,授巴延三山西巡抚,调鄂宝为湖南巡抚。

八月丁未,召瑚图灵阿,以巴林王巴图为定边左副将军,以额驸拉旺多尔济为伊犁参赞大臣。乙卯,上幸木兰行围。

九月丙子,上回驻避暑山庄。庚辰,上送皇太后回銮。庚寅,上奉皇太后还京师。

冬十月己亥朔,命丰升额为步军统领,福隆安仍兼管。壬寅,绥远城将军容保罢,以伍弥泰代之。甲辰,命英诚公阿克栋阿在领侍卫内大臣上行走,以奎林为理藩院尚书。戊申,左都御史张若渟病免。辛亥,调崔应阶为左都御史,以余文仪为刑部尚书。壬子,阿思哈病免,以鄂宝为漕运总督。癸丑,以敦福为湖南巡抚。丙辰,命三宝查浙江漕粮积弊。甲子,以甘肃皋兰等二十九厅州县旱灾,蠲历年积欠仓粮四百万有奇。

十一月甲申,命四库全书馆详核违禁各书,分别改毁。谕曰:"明季诸人书集词意抵触本朝者,如钱谦益等,均不能死节,妄肆狂猖,自应查明毁弃。刘宗周、黄道周立朝守正,熊廷弼材优干济,诸人所言,若当时采用,败亡未必若彼其速,惟当改易字句,无庸销毁。又直臣如杨涟等,即有一二语伤触,亦止须酌改,实不忍并从焚弃。"

十二月庚子,命戊戌年八月举行翻译乡试,次年三月举行会试。丙午,命明亮军机处行走,伍弥泰迁西安将军,博成署绥远城将军。戊申,以雅朗阿为绥远城将军。甲寅,蠲山东德州等三十州县卫所本年被灾额赋。丙辰,缅目得鲁蕴请送还内地官人,准其入贡。谕令进京乞恩。戊午,上幸瀛台。库车阿奇木伯克、哈萨克使人,及四川明正土司等瞻觐,各赐冠服有差。

四十二年春正月戊辰朔,蠲甘肃乾隆二十三年至三十五年民欠银八十四万两有奇。丙子,上御阅武楼阅兵,命诸王、大臣、外藩蒙古及回部、库车、哈萨克使臣、金川土司等从观。辛巳,以皇太后不豫,诣长春仙馆问安,奉皇太后幸同乐园,侍晚膳。自是每日诣长春仙馆请安。乙酉,以图思德奏缅番内附,命阿桂往云南筹办。调李侍尧为云贵总督,以杨景素为两广总督,郝硕为山东巡抚,图思德回贵州巡抚,裴宗锡回云南巡抚。己丑,宥熊学鹏罪,苏尔德、广德论斩。庚寅,皇太后崩,奉安于慈宁宫正殿,上以含清斋为倚庐,颁大行皇太后遗诏。谕穿孝百日,王大臣官员等二十七日除服。辛卯,尊大行皇太后谥号为孝圣宪皇后,推恩普免钱粮一次。壬辰,定二十七日内郊庙社稷遣官致祭用乐之制。乙未,尊大行皇太后陵曰泰东陵。丙申,移大行皇太后梓宫于畅春园,奉安于九经三事殿。上居圆明园。

二月丁酉朔,上诣安佑宫行告哀礼。上居无逸斋苫次。己亥,上还居圆明园。庚子,上诣九经三事殿大行皇太后梓宫前供奠。诸王大臣请间一二日行礼,不允。甲辰,谕二十七月内停止元旦朝贺。其百日后,寻常御殿视朝,届日请旨。乙巳,定百日内与二十七月内御用服色及臣下服色制。甲寅,高晋会同阿扬阿赴安徽查案,杨魁兼署两江总督。蠲安徽宿州等八州县、凤阳等三卫四十一年水灾额赋。丁巳,上诣九经三事殿大行皇太后梓宫前行月祭礼。以颜希深为湖南巡抚。

三月辛未,左都御史素尔讷、大理寺卿尹嘉铨休致。壬申,以萨载赴京,命德保兼署江南河道总督。戊寅,以迈拉逊为左都御史。壬午,上大行皇太后尊谥曰孝圣慈宣康惠敦和敬天光圣宪皇后。戊子,以恒山保为乌里雅苏台参赞大臣。

夏四月戊戌,以缅番投诚反覆,召阿桂回京,留缅目所遣孟干等。戊申,上诣九经三事殿孝圣宪皇后梓宫前行祖奠礼。己酉,孝圣宪皇后发引,上送往泰东陵,免经过州县本年额赋十分之七。癸丑,上谒泰陵。是日,孝圣宪皇后梓宫至泰东陵,奉安于隆恩殿。丙辰,上诣泰东陵孝圣宪皇后梓宫前行百日祭礼。丁巳,大学士舒赫德卒。戊午,命永贵署大学士兼吏部尚书。辛酉,蠲安徽宿州等八州县、长河等三卫四十一年水灾额赋。壬戌,命福隆安兼署吏部尚书。甲子,上还京师。

五月乙丑朔,孝圣宪皇后神牌升祔太庙。翌日,颁诏覃恩有差。戊辰,上临舒赫德丧次赐奠。壬申,蠲直隶清苑等十州县逋赋。戊寅,以普蠲全国钱粮,免福建台湾府属官庄租息十分之三。甲申,马兰镇总兵满斗于东陵掘墙通路,论斩。丁亥,命阿桂为武英殿大学士,兼管吏部事,英廉协办大学士。命尚书果毅继勇公丰升额之父阿里衮原袭果毅公爵号,亦加"继勇"二字。调永贵为吏部尚书,以富勒浑为礼部尚书,三宝为湖广总督,王亶望为浙江巡抚。蠲顺天直隶大兴等三十三厅州县被灾额赋。

六月乙卯,以吉林将军富椿调杭州将军,命福康安代之。己未,上诣黑龙潭祈雨。

秋七月,蠲甘肃皋兰等二十九厅州县四十一年被灾额赋。丙戌,命甘肃应征各属番粮草束免十分之三。暹罗头目郑昭进贡,送所获缅番,谕杨景素以请封檄谕之。

八月庚子,免乌鲁木齐各州县户民额粮十分之三。庚申,命侍郎金简赴吉林,会同福康安查办事件。

九月丙子,上谒泰陵、泰东陵。壬午,上还京师。

冬十月戊戌,户部尚书果毅继勇公丰升额卒,调英廉为户部尚书,仍兼管刑部,命德福为刑部尚书。乙巳,诏陕西民屯租粮草束届轮免钱粮之年,一体蠲免。庚申,设密云副都统一,驻防兵二千。辛酉,命袁守侗赴浙江查审归安县知县刘均被控案。命侍郎周煌、阿扬阿赴四川查审大足县知县赵宪高被控案。

十一月丙寅,广德处斩。戊辰,海成以纵庇王锡侯褫职,以郝硕为江西巡抚,国泰为山东巡抚。壬申,刑部尚书余文仪乞休,允之。甲戌,调袁守侗为刑部尚书,梁国治为户部尚书。乙酉,蠲甘肃宁夏等七厅县本年被灾额赋。

十二月丁酉,蠲甘肃皋兰等十七州县四十一年被灾额赋。癸丑,赈甘肃皋兰等三十二厅州县被旱灾民。

四十三年春正月壬戌朔,免朝贺。癸亥,以郑大进为河南巡抚。辛未,追复睿亲王封爵及豫亲王多铎、礼亲王代善、郑亲王济尔哈朗、肃亲王豪格、克勤郡王岳托原爵,并配享太庙。己卯,上谒西陵,免经过地方本年额赋十分之三。癸未,上谒泰陵、泰东陵。甲申,上谒泰东陵行期年礼。

二月丁酉,朝鲜、琉球入贡。己酉,以特成额为礼部尚书。调绰克托为吏部尚书,富勒浑为工部尚书。特成额迁成都将军,以钟音为礼部尚书。调杨景素为闽浙总督,桂林为两广总督,李质颖护之。戊午,以诚亲王弘畅为正白旗领侍卫内大臣。

三月甲子,上诣西陵。戊辰,上谒泰陵、泰东陵。己巳,上亲祭泰东陵。乙亥,上阅健锐营兵。己丑,以李湖为湖南巡抚。

夏四月辛卯,以河南旱,命减开封等五府军流以下罪。壬寅,命先免河南四十五年田赋。癸卯,肃亲王蕴著卒。乙巳,上诣黑龙潭祈雨。辛亥,命减河南军流以下罪。乙卯,赐戴衢亨等一百五十七人进士及第出身有差。

五月庚申朔,以山东荒歉,命预免四十五年钱粮。丁卯,命山西巡抚兼理河东盐政。戊辰,怡亲王弘晓卒。

六月乙未,以九江关监督全德浮收,逮治之。

闰六月癸亥,河南祥符河决。

秋七月癸巳,河南仪封考城河决。乙未,命袁守侗往河南,会同河督姚立德、巡抚郑大进查办河工。戊戌,命高晋督办堤工。丁未,上诣盛京谒陵。免经过直隶、奉天各州县本年额赋十分之三。

八月癸酉，以仪封决河下注安徽凤阳各州县，谕萨载等赈灾民。甲戌，上谒永陵。乙亥，行大飨礼。己卯，上谒福陵。免奉天所属府州县明年丁赋。庚辰，行大飨礼。上谒昭陵。辛巳，行大飨礼。命奉天、吉林、黑龙江各属已结未结死罪均减等，军流以下悉宥之。癸未，上临奠克勤郡王岳托墓。甲申，上临奠武勋王扬古利、弘毅公额亦都、直义公费英东墓。乙酉，上诣文庙行礼。

九月甲午，锦县生员金从善，以上言建储立后，纳谏施德，忤旨，论斩。戊戌，礼部尚书钟音卒。金从善以妄肆诋斥，处斩。己亥，以德保为礼部尚书。丁未，申谕立储流弊，及宣明归政之期。壬子，上还京师。甲寅，高朴以婪赃论斩。绰克托以失察高朴褫职。命永贵为吏部尚书。乙卯，命迈拉逊署吏部尚书。

冬十月己未，以庚子年七旬万寿，巡幸江、浙，命举恩科乡会试，并普蠲钱粮。甲戌，江苏布政使陶易以徇纵徐述夔，褫职论斩。丙子，免甘肃皋兰等三十二厅州县四十二年旱灾额赋。

十一月戊子，禁贡献整玉如意及大玉。壬辰，定驿务归巡道分管，裁甘肃驿传道。赈广西兴安等九州县本年旱灾。庚子，免甘肃宁夏等七厅州县四十二年被灾额赋。

十二月庚申，河南仪封堤工塌坏，高晋等下部严议。丙寅，谕国泰严治山东冠县义和拳教匪。甲戌，赈安徽当涂等三十四州县卫本年水旱灾、湖南湘阴等十五州县卫旱灾，并蠲额赋有差。

四十四年春正月丙戌朔，调陈辉祖为河南巡抚，郑大进为湖北巡抚。乙未，大学士、两江总督高晋卒。命三宝为东阁大学士，仍留湖广总督任，萨载为两江总督，李奉翰为江南河道总督。癸卯，上诣西陵，免经过地方本年丁赋十分之三。裁福州副都统。乙巳，命阿桂赴河南查勘河工。丁未，上谒泰陵、泰东陵。辛亥，上还京师。

二月癸亥，左都御史迈拉逊病免。丙子，以增福为福建巡抚，申保为左都御史。庚辰，命辑明季诸臣奏疏。谕曰："各省送到违碍应毁书籍，如徐必达《南州草》，萧近高《疏草》，宋一韩《掖垣封事》，切中彼时弊病者，俱无惭骨鲠。虽其君置若罔闻，而一时废弛督乱之迹，痛切敷陈，足资考镜。朕以为不若择其较有关系者，别加编录，名为《明季奏疏》，勒成一书，永为殷鉴。诸臣在胜国言事，于我国家间有干犯之语，不宜深责，应量为改易选录，余仍分别撤毁。"壬午，建江南龙泉庄等处行宫。

三月丙申，命英廉署直隶总督。丁酉，命德福署协办大学士。调杨景素为直隶总督，三宝为闽浙总督。以图思德为湖广总督，舒常为贵州巡抚。乙巳，以谭尚忠署山西巡抚。己酉，赈湖北江夏等三十九州县卫上年旱灾。

夏四月己未，改辟展办事大臣为吐鲁番领队大臣。戊辰，上诣西陵。壬申，上谒泰陵、泰东陵。丁丑，改甘肃驿传道为分巡兰州道。戊寅，以袁守侗为河东河道总督，胡季堂为刑部尚书。己卯，上阅健锐营兵。庚辰，上还京师。

五月乙未，上秋狝木兰，免经过地方本年丁赋十分之三。丙申，以李世杰为广西巡抚。辛丑，上驻避暑山庄。丙午，以富纲为福建巡抚。丁未，上诣文庙行释奠礼。

六月丁卯，免甘肃乾隆二十七年至三十七年逋赋银二十三万五千两、粮一百零五万石各有奇。戊辰，河南武陟、河内沁河决。庚辰，建吐鲁番满城。

秋七月乙未，以孙士毅为云南巡抚。

八月戊辰，上幸木兰行围。辛未，命和珅在御前大臣上学习行走。甲戌，以宗室永玮为黑龙江将军。乙亥，宁寿宫成。

九月庚子，上还京师。

冬十月壬戌，免陕西延安等三府州属乾隆二十年至三十七年民欠社仓谷。免西藏那克舒三十九族番子等应交马银。乙亥，免甘肃庄浪等十七厅州县被灾额赋。

十一月甲申，免安徽亳州等十一州县额赋。戊戌，杭州将军嵩椿坐耽于逸乐褫职，仍通谕申儆。癸卯，赈甘肃皋兰等十二厅州县灾民，并蠲本年额赋。丙午，以姚成烈为广西巡抚。以伍弥泰护送班禅至热河，给钦差大臣关防。

十二月癸丑，命侍郎德成至河南会办河工。甲寅，命户部侍郎董诰在军机处行走。乙卯，两广总督桂林卒，以巴延三代之，雅德为山西巡抚。戊午，大学士于敏中卒。湖广总督图思德卒，以富勒浑代之，绰克托代为工部尚书。丙寅，赈湖北沔阳等七州县卫本年水灾。己巳，命程景伊为文渊阁大学士，调嵇璜为吏部尚书、协办大学士，周煌为工部尚书。辛未，直隶总督杨景素卒，以袁守侗代之。调陈辉祖为河东河道总督，荣柱为河南巡抚。

四十五年春正月庚辰朔，以八月七旬万寿，颁诏覃恩有差。辛巳，免河南仪封等十三州县被灾额赋。辛卯，上巡幸江、浙，免直隶山东经过地方本年额赋十分之三。壬辰，免直隶顺德等四府属逋赋。己亥，免山东历城等二十八州县逋赋及仓谷。己酉，朝鲜国王李算表贺万寿，优诏答之。修浙江仁和、海宁塘工。

二月癸丑，命舒常同和珅、喀宁阿查办海宁劾李侍尧各款。甲寅，免江南、浙江经过地方本年额赋十分之三。免两江所属四十三年以前逋赋。丙辰，调李奉翰为河东河道总督，陈辉祖为江南河道总督。丁巳，免台湾府属本年额谷，免两淮灶户灾欠及川饷未缴银。己未，上渡江，阅清口东坝堤工。甲子，免江南、浙江省会附郭诸州县本年额赋。戊辰，上幸焦山。壬申，上幸苏州府。仪封决口合龙。己卯，免浙江仁和等县逋赋。

三月辛巳，上幸海宁州观潮。壬午，上幸尖山。召索诺木策凌来京，以奎林为乌鲁木齐都统。癸未，上幸杭州府。甲申，上幸秋涛宫阅水师。以博清额为理藩院尚书。壬辰，调李质颖为浙江巡抚，李湖为广东巡抚，以刘墉为湖南巡抚。以京察届期，予阿桂等议叙，左都御史崔应阶等原品休致。癸巳，以罗源汉为左都御史。丁酉，李侍尧褫职逮问。孙士毅褫职，发伊犁效力。以福康安为云贵总督，索诺木策凌为盛京将军。辛丑，命英廉为东阁大学士，和珅为户部尚书。丙午，上诣明太祖陵奠酒。

夏四月己酉朔，上渡江。壬子，山东寿光人魏塾以著书悖妄，处斩。丁巳，上至武家墩，阅高家堰堤工，渡河。免山西太原等十六府州并归化城等厅应征额赋十分之三，大同、朔平及和林格尔等属全免之。辛酉，调杨魁为陕西巡抚，刘秉恬署云南巡抚，颜希深为贵州巡抚，吴坛为江苏巡抚。丁卯，调杨魁为河南巡抚，雅德为陕西巡抚，喀宁阿为山西巡抚。

五月甲申,以大学士、九卿改和珅所拟李侍尧监候为斩决,谕各督抚各抒所见,定拟题奏。丁亥,上还京师。癸巳,赐汪如洋等一百五十五人进士及第出身有差。丁酉,宥孙士毅罪。己亥,上秋狝木兰。乙巳,上驻跸避暑山庄。甲寅,免湖北沔阳等五州县本年水灾额赋。乙卯,召大学士三宝入阁办事。调富勒浑为闽浙总督,舒常为湖广总督。丁卯,以和珅为正白旗领侍卫内大臣。庚午,江苏睢宁郭家渡河决。

秋七月丁丑,起孙士毅为编修。丁酉,班禅额尔德尼自后藏入觐,上御清旷殿,赐坐,赐茶。戊戌,顺天良乡永定河决。庚子,上御万树园,赐班禅额尔德尼及王、公、大臣,蒙古王、贝勒、贝子、公、额驸、台吉等宴,并赐冠服金币有差。辛丑,山东曹县及河南考城河决。壬寅,以李本为贵州巡抚。

八月戊申,赈河南宁陵等四县水灾。乙卯,大学士程景伊卒。丁巳,永定河决口合龙。湖北巡抚郑大进贡金器,不纳,切责之。己未,上七旬万寿节,御澹泊敬诚殿,王、公、大臣及蒙古王、贝勒、贝子、额驸、台吉等行庆贺礼。癸酉,调闵鹗元为江苏巡抚,农起为安徽巡抚。甲戌,上诣东西陵,免经过地方本年额赋十分之三。赈浙江诸暨等七县水灾。

九月,以嵇璜为文渊阁大学士,蔡新为吏部尚书、协办大学士。调周煌为兵部尚书,以周元理为工部尚书。壬午,上谒昭西陵、孝陵、孝东陵、景陵,诣孝贤皇后陵奠酒。辛卯,上谒泰陵、泰东陵。睢宁郭家渡决口合龙。乙未,上还京师。乙巳,赈吉林珲春水灾。

冬十月戊申,定李侍尧斩监候。调雅德为河南巡抚。辛酉,免河南仪封等六县本年水灾额赋。壬戌,免直隶霸州等六十三州县本年水灾额赋。免江苏清河等八州县卫本年水旱额赋。免甘肃皋兰等三十五厅州县四十四年水灾额赋。甲戌,命博清额署左都御史,和珅仍兼署理藩院尚书。

十一月庚辰,命博清额为钦差大臣,护送班禅额尔德尼往穆鲁乌苏地方。壬午,以庆桂为乌里雅苏台将军。癸未,班禅额尔德尼卒于京师。

十二月乙卯,赈甘肃皋兰等十八厅州县饥民。庚申,以会同四译馆屋坏,压毙朝鲜人,礼部尚书等下部严议。丁卯,命阿桂会同陈辉祖、富勒浑、李质颖勘视海塘。

四十六年春正月己卯,定蒙古喀尔喀,青海杜尔伯特、土尔扈特、和硕特,回部王、公、札萨克、台吉等世袭爵秩。丙申,朝鲜国王李算表谢赐缎匹,仍贡方物,温谕受之。癸卯,召富勒浑、李质颖来京。以陈辉祖为闽浙总督,兼管浙江巡抚,督办塘工。调李奉翰为江南河道总督,韩镁为河东河道总督。

二月丙辰,免浙江诸暨水灾额赋。癸亥,命阿桂勘视江南、河南河工。乙丑,上西巡五台山,免经过地方本年额赋十分之三。丙寅,免顺天保定七府州县逋赋。己巳,调雅德为山西巡抚。庚午,以富勒浑为河南巡抚。王燧论绞。

三月甲戌朔,上幸正定府阅兵。乙亥,免安徽亳州等九州县、凤阳等三卫水灾额赋有差。丙子,免江苏清河等八州县卫水灾额赋有差。戊寅,召庆桂来京,以巴图署乌里雅苏台将军。辛巳,上驻跸五台山。己丑,免甘肃皋兰等十五厅州县雹灾额赋有差。甲午,以宗室嵩椿为绥远城将军。庚子,上还京师。壬寅,甘肃循化厅撒拉尔回匪苏四十三等作乱,陷河州,命西安提督马彪同勒尔谨剿之。癸卯,回匪犯兰州,命阿桂往甘肃调度剿贼机宜。

夏四月甲申朔,命尚书和珅、额驸拉旺多尔济、领侍卫内大臣海兰察,并巴图鲁侍卫等,赴甘肃剿贼。乙巳,命安徽巡抚农起往甘肃办理军需,有李侍尧罪,赏三品顶戴赴甘肃。己酉,甘肃官军收复河州,仁和进援省城。庚申,休致大理寺卿尹嘉铨坐妄请其父从祀孔庙及著书狂悖,处绞。免直隶霸州等五十厅州县水灾额赋。戊辰,赐钱棨等一百六十九人进士及第出身有差。庚午,逮勒尔谨,以李侍尧管理陕甘总督事,未至,以阿桂兼管之。召和珅回京,辛未,免安徽寿州等十二州县卫、河南仪封等五县水灾额赋。

五月辛卯,谕阿桂等除回民新教。

闰五月癸卯朔,勒尔谨论斩。己酉,免江苏阜宁等七县卫逋赋。庚戌,上秋狝木兰。丙辰,上驻跸避暑山庄。

六月庚辰,江苏睢宁魏家庄河决。己丑,以甘肃累年冒赈,命刑部严鞫勒尔谨,逮王亶望至都。壬辰,免陕西西安等十二府州民欠仓谷。癸巳,甘肃回匪苏四十三等伏诛。

秋七月壬寅朔,江苏崇明、太仓等州县海溢。甘肃布政使王廷赞,以冒赈浮销,褫职逮治。丙午,以奎林为乌里雅苏台将军,明亮为乌鲁木齐都统。己酉,河南万锦滩及仪封曲家楼河决。庚申,暹罗国长郑昭遣使赍表贡方物。辛酉,命阿桂阅视河南、山东河工。乙丑,南掌国王弟召翁贡方物。庚午,王亶望处斩,赐勒尔谨自尽,王廷赞论绞。免江苏崇明县本年额赋。赈江苏崇明等九厅州县、河南仪封县水灾。

八月甲戌,赈甘肃陇西等四县水灾。免金县等七县额征半赋。己卯,袁守侗等坐查监粮失实,下部严议。壬午,调福康安为四川总督,以富纲为云贵总督,杨魁署福建巡抚。乙酉,赈湖北潜江等四州县水灾。丙戌,上幸木兰行围。魏家庄决口合龙。

九月戊申,王廷赞处绞。丁卯,赈山东金乡水灾。

冬十月丙子,赈江苏铜山等县水灾。丁丑,赈山东邹平等二十九州县、济宁等三卫、永阜等三场水灾。乙酉,赈直隶沧州等四州县、严镇等四场水灾。戊子,赈河南祥符十三县水灾。庚寅,赈湖北江夏等十七州县水旱灾。癸巳,赈安徽灵璧等二十四州县卫水旱灾。丁酉,上以御史刘天成奏,谕曰:"均田之法,势必致贫者未富,富者先贫。我君臣惟崇俭尚朴,知愧知惧,使四民则效而已。"罢陕西贡皮。

十一月庚子,工部尚书周元理予告,以罗源汉代之。以刘墉为左都御史,仍暂管湖南巡抚。丙午,以李世杰为湖南巡抚。戊辰,以郑大进为直隶总督。

十二月己巳朔,调姚成烈为湖北巡抚。以朱椿为广西巡抚。丁丑,以雅德为广东巡抚,谭尚忠为山西巡抚。戊子,大学士等议驳稽璜请复黄河故道,上韪之。庚寅,毕沅以御史钱沣劾,降三品顶戴留任。辛卯,调农起为山西巡抚,谭尚忠为安徽巡抚。

四十七年春正月庚子,陈辉祖、闵鹗元降三品顶戴留任。乙卯,建盛京文溯阁。丙寅,《四库全书》成。

二月己巳,上御文渊阁,赐《四库全书》总裁等官宴,赏赉有差。丁亥,命乾清门侍卫阿弥达致祭河神。

三月庚子,上幸盘山。壬寅,上驻跸盘山。癸丑,调雅德为福建巡抚,以尚安为广东巡抚。甲寅,上还京师。乙卯,免甘肃积年逋赋粮二百四十五万石、银三十万两各有奇。戊午,免江苏常熟等二十八厅州县卫水灾额赋。癸亥,免直隶天津等三十九州县厅水灾额赋。

夏四月戊辰,命和珅、刘墉同御史钱沣查办山东亏空。戊寅,免山东寿光等五县水灾额赋。己卯,山东巡抚国泰褫职逮问,以明兴代之。辛巳,上阅火器营兵。甲申,免山西永济县水灾额赋。丁亥,上阅健锐营兵。壬辰,协办大学士、吏部尚书蔡新乞假,允之。以刘墉署吏部尚书。甲午,罗源汉罢,以刘墉为工部尚书,王杰为都察院左都御史,庆桂为盛京将军。

《四库全书》书影

五月丁酉,召阿桂来京,命韩镳、富勒浑筹办河工。己亥,赈山东曹州、兖州、济宁等府州,江苏徐州、丰、沛等县水灾。辛丑,免河南祥符等六县水灾额赋。定新建巴尔噶逊城名曰嘉德。戊申,上幸木兰。庚戌,免安徽怀宁等十八州县、安庆等五卫水灾额赋。甲寅,上驻跸避暑山庄。

六月丙子,国泰、于易简论斩。以富躬为安徽巡抚。

秋七月丙申朔,命阿桂仍督办河工。戊戌,索诺木策凌论斩。癸卯,国泰、于易简赐自尽。甲辰,以李侍尧、国泰所办贡物过优,皆致罪戾,谕各督抚等惟当洁清自矢,毋专以进献为能。己未,以何裕城署河东河道总督。癸亥,免甘肃陇西等四县四十六年水灾额赋。

八月丁卯,以福康安为御前大臣。癸酉,以宗室永玮为吉林将军,宗室恒秀为黑龙江将军。甲戌,加英廉、嵇璜、和珅、李侍尧、福康安太子太保,梁国治、郑大进太子少傅,萨载太子少保。壬午,赈江苏沛县等州县,山东邹、峄二县被水灾民。癸未,上幸木兰行围。乙酉,赐索诺木策凌自尽。壬辰,赈山东兖州等府县被水灾民。

九月丙申,建浙江文澜阁。壬寅,上回驻避暑山庄。癸卯,刑部尚书德福卒,以喀宁阿代之。命英廉暂管刑部。乙巳,调宗室永玮为盛京将军,庆桂为吉林将军。辛亥,陈辉祖褫职逮问,调富勒浑为闽浙总督,福长安署之。调李世杰为河南巡抚,以查礼为湖南巡抚。己未,赈浙江玉环等处海溢灾民。辛酉,免奉天承德等五厅县水灾额赋。

冬十月癸酉,新建库尔喀喇乌苏城名曰庆绥,晶河城名曰安阜。丁卯,赈河南汝阳等十六县水灾。甲申,直隶总督郑大进卒,以袁守侗署之。以福崧为浙江巡抚。赈安徽寿州等十六州县卫水旱灾。

十二月癸亥朔,陈辉祖及国栋等论斩。甲申,常青迁杭州将军。以乌尔图纳逊为察哈尔都统。

四十八年春正月甲午,以伊星阿为湖南巡抚。戊申,以萨载为两江总督,毕沅为陕西巡抚,刘秉恬为云南巡抚。

二月甲子,赐陈辉祖自尽,王燧处斩。乙丑,以毓奇为漕运总督。丙寅,以拉旺多尔济为御前大臣。戊辰,命建辟雍于太学。辛未,上诣西陵,免经过地方额赋十分之三。乙亥,上诣泰陵、泰东陵。戊子,赐明辽东经略熊廷弼五世孙泗先为儒学训导。

三月辛丑,予大学士阿桂等议叙。礼部侍郎钱载等原品休致。予总督袁守侗等、巡抚农起等议叙。召朱椿来京,以刘峨为广西巡抚。甲寅,免江苏铜山等十九州县、淮安等三卫水旱灾额赋。

夏四月乙丑,御前大臣喀喇沁郡王札拉丰阿卒,以拉旺多尔济为御前大臣。乙亥,上阅火器营兵。辛巳,召福康安来京。

五月壬辰,以福康安为正黄旗领侍卫内大臣。予李奉翰兵部尚书、右都御史衔。甲辰,以朱椿为左都御史。丙午,协办大学士、吏部尚书永贵卒。免安徽寿州等十一州县上年水灾额赋。丁未,直隶总督袁守侗卒,以刘峨代之。以孙士毅为广西巡抚。伍弥泰为吏部尚书、协办大学士。己酉,上有疾,命永瑢代祀方泽。癸丑,上幸木兰。庚申,上驻跸避暑山庄。

六月乙丑,体仁阁火。乙酉,免山东永阜等五场上年水灾额赋。丁亥,赈湖北广济等六州县水灾。

秋七月戊戌,命海禄署伊犁将军,图思义署乌鲁木齐都统。乙卯,命蔡新为文华殿大学士,梁国治协办大学士,刘墉为吏部尚书。

八月甲午,赐达赖喇嘛玉册玉宝。甲戌,明亮、巴林泰等褫职逮问,以海禄为乌鲁木齐都统。乙亥,上自避暑山庄诣盛京谒陵,免经过地方本年额赋十分之五。庚辰,太子太保、大学士英廉卒。辛巳,上驻跸哈那达大营。喀喇沁郡王喇特纳锡第等迎驾,赏赉有差。丁亥,上驻五里屯大营,科尔沁亲王恭格喇布坦、巴林郡王巴图等迎驾,赏赉有差。戊子,予明辽东经略袁崇焕五世孙炳以八九品官选补。

九月己丑朔,上驻跸四堡子东大营阅射。命皇十一子永瑆等迎册宝至盛京,藏于太庙。癸巳,上驻老边大营阅射。朝鲜国王遣使贡方物。乙未,免奉天各属乾隆四十九年额赋。戊戌,上谒永陵。己亥,行大飨礼。阅兴京城。免盛京户部各庄头仓粮。免盛京等处旗地应纳米豆草束十分之五。减奉天等处死罪,免军流以下罪。癸卯,上谒福陵。甲辰,行大飨礼。上谒昭陵,临奠武勋王扬古利墓。乙巳,行大飨礼。丙午,上临奠克勤郡王岳托墓。丁未,上临奠弘毅公额亦都、直义公费英东墓。戊申,上御崇政殿受庆贺。御大政殿赐扈从皇子、王、公、大臣等宴,赏赉有差。己酉,上诣清宁宫祭神,赐皇子、王、公、大臣等食胙。庚戌,上回跸。戊午,申谕詹事府备词臣升转之阶,及建储之必不可行。

冬十月壬戌,赈陕西榆林八州县等旱灾。癸亥,上驻跸文殊庵行宫。壬申,上谒昭西陵、孝陵、孝东陵、景陵。乙亥,上还京师。

十一月己亥,释国栋。庚子,以福隆安病未痊,命福康安协同办理兵部尚书。辛丑,命刘峨饬玉田附近州县掘蝗蝻。壬寅,命刘峨查办南宫县义和拳邪教。己酉,以阿克栋阿为乌里雅苏台参赞大臣,那尔瑚善为塔尔巴哈台参赞大臣。

十二月丙寅,命福康安赴广东,会同永德谳盐商狱。

四十九年春正月丁未,上南巡,免直隶、山东经过地方本年钱粮十分之三。戊申,免直隶顺天等十二府州属逋赋。甲寅,调孙士毅为广东巡抚,以吴垣为广西巡抚。丙辰,免山东利津等二十一州县卫逋赋。召巴延三来京,调舒常为两广总督。以特成额为湖广总督,保宁为成都将军。

二月壬戌,上幸泰安府,诣岱庙行礼。丙寅,上谒少昊陵。至曲阜谒先师庙。丁卯,释奠先师,诣孔林酹酒。祭元圣周公庙。壬申,免江宁、苏州、安徽各属逋赋。免江南、浙江经过地方本年钱粮十分之三。以永保为贵州巡抚。赉江南、浙江耆民。戊寅,祭河神。上渡河。减江苏、安徽、浙江三省军流以下罪。壬午,免江南江宁、苏州,浙江杭州等附郭诸县额赋。甲申,免两淮灶户四十五、六两年逋赋。

三月丙戌朔,祭江神。上渡江,幸金山。丁亥,上幸焦山。调周煌为左都御史。己丑,以王杰为兵部尚书,俟服阕后供职。辛卯,上幸苏州府。壬辰,免湖北江夏等二十四州县卫三十年至四十四年逋赋。乙未,上诣文庙行礼。丁酉,再免浙江杭州、嘉兴、湖州三府属额赋十分之三。己亥,上幸海宁州祭海神。以福建钦赐进士郭钟岳年届一百四岁,来浙迎銮,赏国子监司业。庚子,上幸尖山观潮。阅视塘工。辛丑,上幸杭州府。癸卯,上诣圣因寺祭圣祖神御。戊申,上阅福建水师。庚戌,上自杭州回銮。改庆桂为福州将军。以都尔嘉为吉林将军。增西安副都统一。甲寅,上驻跸苏州府。巴延三褫职。

闰三月丙辰朔,兵部尚书福隆安卒,以福康安为兵部尚书,复兴署工部尚书。壬戌,上幸江宁府。甲子,祭明太祖陵。乙丑,上阅江宁府驻防兵。戊辰,上渡江。丙子,上祭河神,渡河。以伊龄阿为总管内务府大臣。是月,免江苏上元等八州县卫,安徽怀宁等十州县、安庆等三卫上年水旱灾额赋。

夏四月丙戌,免直隶宛平等五州县上年水灾额赋。庚寅,上祭禹庙。壬寅,以李绶为江西巡抚。甲辰,以河南卫辉等属旱,免汲县等十六县逋赋。乙巳,免直隶大名等七州县逋赋。丙午,甘肃新教回人田五等作乱,命李侍尧、刚塔剿之。丁未,上还京师。以海禄为乌什参赞大臣。庚戌,免陕西、甘肃三十八年至四十六年逋赋。辛亥,调李绶为湖南巡抚,以伊星阿为江西巡抚。甲寅,赐茹棻等一百十二人进士及第出身有差。是月,免湖北黄梅等四县、武昌等三卫上年水灾额赋。

五月丙辰,绰克托以缘事褫职逮问,以庆桂为工部尚书。调常青为福州将军,以永铎为杭州将军。己未,命庆桂在军机处行走。壬戌,上秋狝木兰。癸亥,免陕西延安等三府州逋赋。戊辰,上驻跸避暑山庄。己巳,命福康安、海兰察赴甘肃剿捕回匪。甲戌,命阿桂领火器、健锐两营兵往甘肃剿叛回。以阿桂为将军,福康安、海兰察、伍岱并为参赞大臣。乙亥,甘肃回匪陷通渭县,寻复之。以舒亮为领队大臣。庚辰,李侍尧坐玩误褫职,以福康安为陕甘总督。刚塔以失机褫职逮问。辛巳,调庆桂为兵部尚书,复兴为工部尚书。以阿扬阿为左都御史。癸未,江南巡抚郝硕坐贪婪逮问。是月,免山东兖州等三府州属上年水灾额赋。

六月庚寅，免甘肃本年额赋。甲午，赈湖南茶陵、攸县水灾。壬寅，东阁大学士三宝卒。戊申，以书麟为安徽巡抚。是月，免安徽怀宁等十三州县卫上年水旱额赋。

秋七月甲寅朔，日食。丁巳，礼部尚书曹秀先卒，以姚成烈为礼部尚书。调李绶为湖北巡抚，以陆燿为湖南巡抚。己未，赐郝硕自裁。甲子，甘肃石峰堡回匪平，俘贼首张文庆等。予阿桂轻车都尉，晋封福康安嘉勇侯，擢海兰察子安禄二等侍卫，授伍岱都统，俱给骑都尉，和珅再给轻车都尉，余各甄叙有差。丙寅，以常青为乌鲁木齐都统。癸酉，以伍弥泰为东阁大学士。调和珅为吏部尚书、协办大学士，兼管户部。以福康安为户部尚书，仍留陕甘总督任。戊寅，命颁行军纪律。癸未，李侍尧论斩。宥刚塔罪，戍伊犁。是月，免陕西榆林等八州县上年旱灾额赋。

八月己丑，河南睢州河决，命阿桂督治之。癸巳，免甘肃积年逋赋银三十五万两、粮四十七万石各有差。乙未，以河南偃师县任天笃九世同居，赐御制诗御书扁额。己亥，上幸木兰行围。辛丑，张文庆等伏诛。甲辰，暹罗国长郑华遣陪臣贡方物，乞封。

九月癸丑朔，赈安徽宿州等处水灾。乙卯，以回匪平，封和珅一等男。庚申，上驻跸避暑山庄。甲子，调乌尔图纳逊为察哈尔都统，积福为绥远城将军。甲戌，上还京师。丙子，宥绰克托罪。庚辰，命内大臣西明、翰林院侍读学士阿肃使朝鲜，册封世子。是月，赈陕西华州等三州县水灾。冬十月辛卯，命重举千叟宴。戊戌，赈江西南昌等六县水灾。己酉，减京师朝审情实勾到逾三次人犯罪。

十一月乙丑，谕秋审、朝审各犯缓决至三次者，分别减等。壬申，睢州河工合龙。庚辰，命留保住为驻藏大臣，以福禄为西宁办事大臣。

十二月甲辰，谕预千叟宴官民年九十以上者，许其子孙一人扶掖；大臣年逾七十者，如步履稍艰，亦许其子孙一人扶掖。

是岁，朝鲜、琉球、暹罗、安南来贡。

五十年春正月辛亥朔，上以五十年国庆，颁诏覃恩有差。丙辰，举千叟宴礼，宴亲王以下三千人于乾清宫，赏赉有差。丁巳，左都御史周煌致仕，以纪昀为左都御史。调吴垣为湖北巡抚，以孙永清为广西巡抚。戊辰，召奎林来京，以拉旺多尔济署乌里雅苏台将军。甲戌，喀什噶尔阿奇木伯克阿里木以潜与萨木萨克交通事觉，处斩。乙酉，赈江西萍乡等三县水灾。丁亥，上释奠先师，临辟雍讲学。戊子，免河南汲县等十四县逋赋。己丑，御试翰林院、詹事府官，擢陆伯焜、吴璥为一等，余升黜有差。试六部升用翰詹等官，擢庆龄为一等，余升黜有差。辛卯，调毕沅为河南巡抚，何裕城为陕西巡抚。甲辰，免江南江宁等六府州逋赋。是月，赈江西萍乡等三县，福建建安等二县水灾，河南汲县等十四县旱灾。

三月壬子，上幸盘山。甲寅，上诣明长陵奠酒。丁巳，上驻跸盘山。辛酉，截河南、山东漕粮三十万石，赈河南卫辉旱灾。甲子，免江苏安东、阜宁逋赋。丙寅，上还京师。丁卯，以永铎为伊犁参赞大臣，常青为西安将军，奎林为乌鲁木齐都统，复兴为乌里雅苏台将军。以舒常为工部尚书，孙士毅兼署两广总督。乙亥，免直隶霸州等四十九州县逋赋。丙子，免河南商丘等六州县上年水灾额赋。

夏四月甲申,甘肃肃州等处地震,赈恤之。壬辰,上阅健锐营兵。丁酉,刑部尚书喀宁阿、胡季堂,侍郎穆精阿、姜晟以检验失实,降四品顶戴。戊戌,大学士蔡新致仕。是月,免河南汲县等旱灾额赋。赈祥符等州县旱灾。

五月壬子,免河南祥符等十六州县、郑州等三十二州县新旧额赋积欠。甲寅,调永保为江西巡抚,陈用敷为贵州巡抚。己未,拨两淮运库银一百万两交河南备赈。丙寅,上秋狝木兰。丁卯,山西平阳等属饥,给贫民两月粮。壬申,上驻跸避暑山庄。丙子,命梁国治为东阁大学士,兼户部尚书,刘墉协办大学士。以曹文埴为户部尚书。丁丑,柘城盗匪平。是月,赈江苏铜山等十六州县、山东陵县等四十州县旱灾。

六月壬午,以漕运迟误,萨载等下部严议,分别赔偿。乙酉,理藩院尚书博清阿卒。丙戌,以留保住为理藩院尚书。辛丑,以奎林署伊犁将军。永铎署乌鲁木齐都统。乙巳,命再截留江西漕粮十万石于安徽备赈。是月,赈安徽亳州等八州县旱灾。

秋七月己酉,调富勒浑为两广总督,以雅德为闽浙总督,浦霖为福建巡抚。庚戌,调浦霖为湖南巡抚,以徐嗣曾为福建巡抚。辛酉,以李庆棻为贵州巡抚。乙丑,拨户部银一百万两交河南备赈。辛未,赈山西代州等六州县水灾。乙亥,以奎林为伊犁将军,永铎为乌鲁木齐都统。

八月乙酉,命阿桂赴河南勘灾,兼赴江南、山东查办河运。癸巳,上幸木兰行围。庚子,赈陕西朝邑县水灾。癸卯,以伊桑阿为山西巡抚。

九月己酉,命福康安赴阿克苏安辑回众。以庆桂为乌什参赞大臣,署陕甘总督。降海禄为伊犁领队大臣。命明亮以伊犁参赞大臣署乌什参赞大臣。甲寅,上驻跸避暑山庄。戊午,调永保为陕西巡抚,何裕城为江西巡抚。戊辰,上还京师。壬申,赈江苏长洲等五十六州县卫旱灾。

冬十月丁丑朔,召勒保、松筠回京,命佛住驻库伦,会同蕴端多尔济办事。庚辰,赈湖南巴陵等十州县旱灾。辛丑,赈安徽亳州五十一州县并凤阳等九卫旱灾。是月,免甘肃皋兰等十二厅州县卫本年雹水灾额赋。赈直隶平乡等十六州县水旱灾,河南永城等十二州县旱灾。

十一月乙亥,以乾隆六十年乙卯正旦推算日食,宣谕定次年归政。是月,赈山东峄县等九州县旱灾,甘肃河州等七州县水雹灾。

十二月丁丑,以御史富森阿条陈地丁钱粮请收本色,谕斥为断不可行,罢之。丙戌,以明亮为乌什参赞大臣,庆桂为塔尔巴哈台参赞大臣。壬寅,禁广东洋商及粤海关监督贡献。是月,赈陕西朝邑等三县水灾。

是岁,朝鲜来贡。

五十一年春正月丙午朔,日食,免朝贺。戊申,命户部拨银一百万两解往安徽备赈。辛酉,礼部尚书姚成烈卒,以彭元瑞代之。丙寅,以普福为驻藏大臣。庚午,江西巡抚何裕城奏粮价日昂,由江、楚贩运过多所致。上以意存遏籴,切责之。命范建中往哈密办事。

二月庚辰,上御经筵赐宴,命工歌新谱《抑戒诗》,岁为例。加福建水师提督黄仕简太子太保。乙酉,上幸南苑行围。辛卯,命尚书曹文埴,侍郎姜晟、伊龄阿往浙省盘查仓库。壬辰,上诣西陵,巡幸五台山,免经过地方额赋十分之三。丙申,上谒泰陵、泰东陵。丁酉,免直隶顺德、广平、大名三府属上年灾欠银米。己亥,以图萨布为湖北巡抚。癸卯,免山西忻州等六州县逋赋。

三月丙午,上驻跸五台山。丙辰,两江总督萨载卒,调李世杰代之。以保宁为四川总督,鄂辉为成都将军。己未,上阅滹沱河,阅正定镇兵。壬戌,上祭帝尧庙。癸亥,命李侍尧署户部尚书。甲子,赈陕西朝邑等三县灾民。庚午,上还京师。辛未,以伊龄阿为浙江巡抚。

夏四月己卯,命大学士阿桂往江南筹办河工。乙酉,浙江学政窦光鼐奏嘉兴、海盐、平阳三县亏空各逾十万,郡县采买仓储,俱折收银两,以便挪移。命曹文埴等严查覆奏。赈山西代州等六州县水灾。己丑,命窦光鼐会同曹文埴等查办浙江亏空。

五月丙午,命阿桂赴浙,会同曹文埴等查办亏空,并勘海塘。丙辰,富勒浑褫职,交阿桂等审讯。丁巳,以孙士毅为两广总督,调图萨布为广东巡抚,以李封为湖北巡抚。己未,以李侍尧署湖广总督。辛未,上秋狝木兰。赈四川打箭炉等地震灾。是月,免江苏上元等五十六州县卫上年旱灾额赋。

六月丁丑,上驻跸避暑山庄。乙酉,以福崧署山西巡抚。丁亥,湖南常德府沅江溢。辛丑,调富纲为闽浙总督,以特成额为云贵总督。以毕沅为湖广总督,江兰为河南巡抚。

秋七月戊申,免河南商丘等十二州县上年旱灾额赋。壬子,江苏清阿李家庄河溢。丁巳,命阿桂由浙江赴清口,会同李世杰等办理堵筑事宜。己巳,曹锡宝劾和珅家人刘全,不能指实,加恩革职留任。

闰七月庚辰,大学士、伯伍弥泰卒。召刘秉恬来京,以谭尚忠为云南巡抚。己丑,浙江学政、吏部右侍郎窦光鼐褫职。庚寅,富勒浑论斩。乙未,命和珅为文华殿大学士,管理户部事。福康安为吏部尚书、协办大学士,仍留陕甘总督任。福长安为户部尚书,绰克托署兵部尚书。戊戌,赈湖南武陵、龙阳水灾。

八月丙辰,上幸木兰行围。庚申,调嵩椿为绥远城将军,积福为宁夏将军。

九月戊寅,上驻跸避暑山庄。丁亥,以勒保为山西巡抚。戊子,以永保为塔尔巴哈台参赞大臣。以巴延三为陕西巡抚。壬辰,上还京师。甲午,调福长安署兵部尚书,以绰克托署户部尚书。乙未,以琅玕为浙江巡抚。己亥,皇长孙贝勒绵德卒。赈安徽五河等十七州县并凤阳等五卫水灾。

冬十月辛丑朔,调富纲为云贵总督,以常青为闽浙总督。丁未,降毕沅仍为河南巡抚,江兰仍为河南布政使,授李侍尧湖广总督。丁巳,免直隶安州等四州县被灾额赋有差。

十一月,赈安徽合肥等十七州县水灾。

十二月辛丑,福建南靖县匪徒陈荐等作乱,捕治之。壬子,大学士梁国治卒。命兵部尚书王杰在军机处行走。戊午,封郑华为暹罗国王。丙寅,福建彰化县贼匪林爽文作乱,陷县城,知县俞峻死之。命常青、徐嗣曾等剿办。

是岁,朝鲜、琉球、暹罗来贡。

五十二年春正月辛未,林爽文陷诸罗竹堑。癸酉,命鄂辉署四川总督。乙亥,宥富勒浑罪。丁丑,调李侍尧为闽浙总督,常青为湖广总督,仍留福建督办军务,命舒常署之。癸未,林爽文陷凤山,知县汤大全死之。甲申,常青以守备陈邦光督义民守鹿仔港,收复彰化奏闻。丁亥,命王杰为东阁大学士,管礼部事。调彭元瑞为兵部尚书,以纪昀为礼部尚书。庚寅,允户部尚书曹文埴终养,以董诰代之。辛卯,命松筠往库伦办事。丁酉,命常青渡台剿匪。

二月壬寅,林爽文复陷凤山,犯台湾府,柴大纪督兵民御之。癸卯,以李绶为左都御史。乙巳,以长麟为山东巡抚。壬子,免台湾府属本年额赋。丙辰,复诸罗。甲子,上诣东陵。丁卯,上谒昭西陵、孝陵、孝东陵、景陵。

三月癸酉,上回跸。丙子,以重修明陵成,上临阅,申禁樵采。辛巳,复凤山。辛卯,以姜晟为湖北巡抚。黄仕简以贻误军机褫职,令其长孙嘉谟袭公爵。乙未,逮黄仕简下狱。

夏四月辛丑,以常青为将军,恒瑞、蓝元枚为参赞。调蓝元枚为福建水师提督,柴大纪署陆路提督。戊午,上诣黑龙潭祈雨。壬戌,赐史致光等一百三十七人进士及第出身有差。甲子,上阅火器营兵。

五月丁卯朔,乌里雅苏台参赞大臣贡楚克扎布病免,以三丕勒多尔济代之。戊辰,授兰第锡河东河道总督。甲戌,上秋狝木兰。庚辰,上驻跸避暑山庄。湖南凤凰厅苗作乱,总兵尹德禧讨平之。

六月庚戌,免浙江仁和场潮冲荡地额课。壬子,授柴大纪福建陆路提督,兼管台湾总兵事。丙辰,召福康安赴行在,以勒保署陕甘总督。

秋七月壬辰,以海兰察为参赞大臣,舒亮、普尔普为领队大臣,率侍卫、章京等赴台湾剿贼。癸巳,赈安徽怀远、凤阳等州县水灾。赈山西丰镇等九厅州县旱灾。

八月,常青免,命福康安为将军,赴台湾督办军务。辛亥,上幸木兰行围。

九月壬申,上回驻避暑山庄。庚辰,上回跸。壬午,调柴大纪为福建水师提督,以蔡攀龙为福建陆路提督,并授参赞。辛卯,以诸罗仍未解围,催福康安径剿大里杙贼,并分兵进大甲溪。

冬十月丁未,命福长安署工部尚书。戊申,修福陵。丁未,睢州下汛决口合龙。丙辰,命阿桂赴江南勘高堰等处堤工。戊午,免江苏清河等二十三州县及淮安等五卫本年水灾漕项漕米有差。辛酉,以福州将军恒瑞剿贼怯懦,召来京,调鄂辉代之。赈直隶保安等七州县旱灾。壬戌,命江苏、浙江拨济福建军需钱各五万贯。

十一月甲子朔,加李侍尧、孙士毅太子太保,柴大纪太子少保。赐台湾广东庄、泉州庄义民御书扁额。壬申,以柴大纪固守嘉义,封一等义勇伯,世袭。免台湾嘉义县五十四年额赋。以巴延三奏达赖喇嘛遣使称"夷使",申饬之。乙酉,奎林以婪赃,褫职逮问,以保宁为伊犁将军。调李世杰为四川总督,以书麟为两江总督,陈用敷为安徽巡抚。

十二月丁未,福康安等败贼于仑仔顶庄等处,解嘉义围,晋封福康安、海兰察公爵,各赏红宝石顶、四团龙补褂。己酉，迁常青福州将军。以舒常为湖广总督，福长安为工部尚书。以福康安劾柴大纪、蔡攀龙战守之功多不确实，谕："柴大纪坚持定见，竭力固守。蔡攀龙奋勇杀贼，竟抵县城。或在福康安前礼节不谨，致为所憎。岂可转没其功，遽加无名之罪？"以孙士毅调兵运械，不分畛域，赏双眼花翎。戊午，以德成奏称柴大纪贪纵废弛，命福康安、李侍尧据实参奏，并以喀什噶尔办事大臣雅德在福建时徇隐，逮之。庚申，伍拉纳护福建巡抚。以永铎为盛京将军，尚安为乌鲁木齐都统。

五十三年春正月丁卯，免兵差经过之福建晋江等二十县本年额赋有差。辛未，明兴奏山西永宁等处河清。丙戌，柴大纪褫职逮问。福州将军常青以徇隐柴大纪褫职。

二月甲午朔，获林爽文，赏福康安、海兰察御用佩囊，议叙将弁有差。晋封大学士和珅三等伯爵。大学士阿桂、王杰，尚书福长安、董诰议叙。予孙士毅轻车都尉世职。乙未，释黄仕简、任承恩。壬寅，伊犁参赞大臣海禄以劾奎林失实褫职，与奎林俱罚在拜唐阿上效力。乙巳，立先贤有子后裔《五经》博士。辛亥，上巡幸天津。庚申，护台湾贼首庄大田，议叙提督许世亨等有差。辛酉，免天津府属逋赋。壬戌，上御阅武楼阅兵。

三月戊辰，命侍郎穆精阿赴湖北，会同舒常查案。壬申，林爽文伏诛。癸未，再赏福康安、海兰察紫缰、金黄辔珊瑚朝珠及福康安金黄腰带。

夏四月辛丑，以旱命刑部减徒以下罪。丙午，上阅健锐营兵。庚戌，免江苏清河等十八州县、淮安等五卫上年水灾额赋有差。己未，富勒浑、雅德以失察柴大纪论绞。

五月丁卯，蠲河南商丘等六州县上年水灾额赋有差。癸酉，蠲直隶保安等七州县上年水灾民田旗地额赋。庚辰，上秋狝木兰。癸未，宥常青罪。庚寅，赈台湾难民。

六月丙申，富纲奏缅甸孟陨差头目业渺瑞洞等赍金叶表文进贡，谕护送迅来行在。戊戌，赈湖南溆浦县水灾。免安徽凤阳等四府州卫上年水灾额赋有差。辛丑，赈湖北长阳县水灾。丁未，免陕西华州等三州县五十一年水灾额赋。戊申，安南人阮惠等叛逐其国王黎维祁，维祁来求援。命孙士毅赴广西抚谕之。免山西大同等九州县上年旱灾额赋。

秋七月辛酉朔，以安南牧马官阮辉宿奉黎维祁之母及子来奔，谕孙士毅等抚恤之。壬戌，赈山东胶州、寿光水灾。湖北荆州江溢，府城及满城均浸没，谕舒常等查勘抚恤。丁丑，赏还闽浙总督李侍尧伯爵，予现袭之李奉尧提督衔。戊寅，湖北武昌、汉阳江溢。以毕沅为湖广总督，伍拉纳为河南巡抚，明兴为乌什办事大臣。赈安徽怀宁等州县水灾。柴大纪处斩。召姜晟来京，以惠龄为湖北巡抚。戊子，廓尔喀据后藏济咙、聂拉木，命成德与穆克登阿剿之。

八月甲辰，赈湖北监利、石首水灾。丙午，上幸木兰。庚戌，以木兰大水，停行围。癸丑，廓尔喀复陷宗喀，以鄂辉为将军，成德为参赞大臣剿之。丙辰，安南阮岳等遁，命孙士毅督许世亨进剿，命富纲统兵进驻蒙自。戊午，上回驻避暑山庄。

九月壬戌，缅甸番目细哈觉控等入觐，谕暹罗、缅甸现均内附，二国应修好，不得仍前构兵。戊辰，赈湖北沔阳、黄冈水灾。癸酉，免安徽宿州等二十一州县卫上年水灾额赋。

冬十月庚寅，廓尔喀侵后藏萨喀。命孙士毅出关督剿。甲午，赈湖北潜江水灾。丙申,赈湖北江夏等三十六州县水灾。己亥,以黎维祁暗弱,谕孙士毅选择黎裔入京朝贡。庚子,命云南提督乌大经统兵出关,檄谕阮惠等来归。癸卯,调舒濂为驻藏大臣,以恒瑞为伊犁参赞大臣。调都尔嘉为盛京将军,恒秀为吉林将军。改嵩椿为西安将军,以兴兆代之。琳宁为黑龙江将军。乙卯,李侍尧病,命福康安署闽浙总督。

十一月辛酉,免安徽望江等二十六州县卫本年被水额赋有差。癸亥,李侍尧卒,以福康安代之。以勒保为陕甘总督,海宁为山西巡抚。丙子,修湖北江陵、公安各堤。免湖北江陵等三十六州县本年水灾额赋有差。

十二月己丑,释富勒浑、雅德。孙士毅奏败贼于寿昌江。癸巳,又败贼于市球江。丙申,收复黎城,复封黎维祁安南国王,封孙士毅为一等谋勇公,许世亨为一等子。戊申,命孙士毅班师。

五十四年春正月己未,以元旦受贺,朝班不肃,褫纠仪御史等职,尚书德保摘翎顶,都察院、鸿胪寺堂官均下部严议。庚申,成德以收复宗喀、济咙,克聂拉木奏闻。癸酉,礼部尚书德保卒,以常青代之。甲戌,以缅甸孟陨悔罪投诚,谕令睦邻修好,并赐暹罗国王郑华彩币,令其解仇消衅。免福建淡水等六厅县灾欠额赋。癸未,阮惠复陷黎城,广西提督许世亨等死之。召孙士毅来京,削公爵。调福康安为两广总督。以伍拉纳为闽浙总督,梁肯堂为河南巡抚。以海禄为广西提督。甲申,安南国王黎维祁复来奔,命安插广西。丙戌,褫孙士毅职,命仍以总督顶戴在镇南关办事。

二月庚寅,以京察届期,予大学士阿桂等议叙,内阁学士谢墉等下部议处,理藩院侍郎福禄原品休致,予总督福康安等议叙。丁酉,勒保陛见,以巴延三署陕甘总督。和阗领队大臣格绷额以婪索鞫实,处斩。甲寅,调兰第锡为江南河道总督,李奉翰为河东河道总督。乙卯,以安南瘴疠炎荒,不值用兵,详谕福康安。

三月甲子,免甘肃积年逋赋及未完籽种口粮。免陕西延安等三府州未完仓谷。谕福康安檄阮惠缚献戕害提镇之匪。乙丑,刘墉以上书房师傅旷职,降侍郎衔。以彭元瑞为吏部尚书,孙士毅为兵部尚书。丁卯,上幸盘山。

夏四月戊子,免奉天广宁、凤凰二城属上年水灾额赋,仍赈恤有差。丙申,晋赠许世亨伯爵,令其子承谟袭。召孙士毅回京。庚子,以恒瑞为乌里雅苏台将军,福长安署兵部尚书。谕福康安安插安南黎氏宗族旧臣。予从军出力之谅山都督潘启德以都司用。壬寅,命阿桂覆勘荆州堤工。丁未,宣谕:"安南水土恶劣,决计不复用兵。阮惠已三次乞降,果赴阙求恩,可量加封号。朕抚驭外夷,无不体上天好生之德,从未敢穷兵黩武。"辛亥,赐胡长龄等九十八人进士及第出身有差。调都尔嘉为黑龙江将军,嵩椿为盛京将军,恒秀为绥远城将军,琳宁为吉林将军。癸丑,以阮惠不亲来吁恳,遣阮光显入关进贡,谕福康安却之。丙辰,豁直隶宣化等四县上年旱灾额赋。

五月己未,免官兵经过之广西柳州等五府属本年额赋。福康安等奏安南阮惠遣其侄阮光显赍表贡乞降,并吁恳入觐。许之,却其贡。乙酉,增伊犁惠远城、惠宁城官。

闰五月庚寅,上秋狝木兰。辛卯,免奉天广宁等七城上年水灾额赋。甲午,赈云南通海等五州县地震灾民。

六月,免安徽安庆等七府州五十三年水灾额赋。甲子,以管干贞为漕运总督。戊辰,赈直隶蠡县水灾。庚午,命兵部尚书孙士毅军机处行走。壬申,以郭世勋为广东巡抚。癸酉,以陈步瀛为贵州巡抚。丙子,福康安奏,阮惠即阮光平,因赦其前罪,准令降附,具表谢恩进贡,并求于明年到京祝厘。上以其情词肫切,册封为安南国王,并赐敕谕。免湖北江夏等二十四州县上年水灾额赋。

秋七月乙酉朔,以决河下注泗州一带,谕赈恤灾民。丁酉,赈直隶安州等八州县水灾。庚子,户部尚书绰克托卒。丙午,以巴延三为户部尚书,秦承恩为陕西巡抚。戊申,安南贡使阮光显等入觐。

八月乙丑,赈河南永城、临漳等县水灾。戊辰,赈安徽宿州水灾。己巳,上幸木兰行围。甲戌,赈直隶清苑等三十四州县水灾。

九月己丑,廓尔喀贡使入觐,封拉特纳巴都尔王爵,巴都尔萨野公爵。庚寅,上回驻避暑山庄。辛卯,赈江苏铜山等十一州县水灾。丙申,赈吉林属珲春水灾,豁应交义仓粮石及上年借给仓谷。丁酉,上回跸。丙午,安南黎维祁自保乐袭牧马,为阮光平所败。谕福康安,如黎维祁来奔,收纳之。辛亥,左都御史阿扬阿卒,以舒常代之。

冬十月癸丑,察哈尔都统乌尔图纳逊罢,以保泰代之。命伍尔伍逊为科布多参赞大臣。乙卯,以佛住为乌里雅苏台参赞大臣。赈吉林打牲乌拉等处水灾。己未,睢宁决口合龙。辛酉,赈湖南华容等县水灾。

十一月乙酉,安南国王阮光平以受封进谢恩贡物,允之。丙戌,免安徽宿州等十四州县卫逋赋。庚寅,命福康安将黎维祁及其属人送京师,隶汉军旗籍,以黎维祁为世管佐领。癸巳,四川总督李世杰病,命侍卫庆成带医诊视,以孙士毅署之,彭元瑞署兵部尚书。戊戌,免盛京等五城借仓谷。

十二月庚申,追夺故大学士冯铨等谥。辛未,上以来年八旬万寿,命镌八征耄念之宝。

五十五年春正月壬午朔,以八旬万寿,颁诏覃恩有差,普免各直省钱粮。己丑,颁恩诏于朝鲜、安南、琉球、暹罗等国。壬辰,赏大学士和珅黄带、四开禊袍。赐安南国王阮光平金黄鞓带。乙巳,朝鲜国王李祘表贺万寿,贡方物。己酉,琉球国王尚穆进表谢恩,贡方物。

二月壬子朔,以河南考城城工错缪,降江兰道员,毕沅等褫职,仍留任。癸丑,免直隶永清、武清五十四年水灾额赋。己未,上诣东陵、西陵,巡幸山东,免经过直隶州县钱粮十分之三。壬戌,上谒昭西陵、孝陵、孝东陵。庚午,上谒泰陵、泰东陵。辛未,免直隶各属节年因灾缓征钱粮。壬申,命福康安带同阮光平入觐,郭世勋兼署两广总督。乙亥,免云南通海等五州县五十四年分地震灾田额赋,并除傍海震没田赋。免经过山东钱粮十分之三。降直隶总督刘峨侍郎,以梁肯堂为直隶总督,调穆和蔺为河南巡抚。戊寅,免山东各属因灾缓征银两。以福崧为安徽巡抚。

三月乙酉,上登岱。甲午,上谒少昊陵。至曲阜谒先师庙。乙未,释奠。赐衍圣公孔宪培及孔氏族人等章服银币有差。丙申,上谒孔林。庚子,免乌鲁木齐各州县额征地粮十分之一。乙巳，缅甸国长孟陨遣使表贺万寿，贡驯象，请封号。命封为缅甸国王。免直隶昌平等七州县水灾旗地租银。南掌国王召温猛表贺万寿，贡驯象。己酉，免直隶长芦等五场上年水灾灶课。

夏四月丁巳，上幸天津府。谕伍拉纳查浙江浮收漕粮情弊。己未，大学士嵇璜重与恩荣宴，御制诗章赐之。辛酉，命吉庆会同嵩椿勘明英额边至瑗阳边。乙丑，免安徽宿州、灵璧等八州县卫上年水灾额赋。上还京师。丙寅，上诣黑龙潭祈雨。闵鹗元罢，调福崧为江苏巡抚，何裕城为安徽巡抚。庚午，以书麟覆奏欺饰，下部严议，仍留任。闵鹗元褫职逮问。壬申，免河南永城五十四年水灾额赋。癸酉，以孙士毅为四川总督，李世杰为兵部尚书。乙亥，赐石韫玉等九十七人进士及第出身有差。己卯，免山西太原、辽州等十六府州并归化城等处额赋十分之三。

五月庚寅，上幸避暑山庄。庚子，赏黎维祁三品职衔。壬寅，免西藏所属三十九部落钱粮。己酉，书麟褫职逮问，福崧兼署两江总督。韩镛赴江南帮办河工。

六月壬子，调孙士毅为两江总督，保宁署四川总督，永保署伊犁将军。乙卯，以陈用敷为广西巡抚。闵鹗元论斩。丁巳，免直隶霸州等五十四厅州县并各属旗地上年水灾额赋。戊午，除湖南乾州等五厅县苗民杂粮。

秋七月己丑，安南国王阮光平入觐。庚寅，以朱珪为安徽巡抚。甲午，赈直隶朝阳、天津水灾。丙申，赈奉天锦州九关台，山东平原、禹城等县水灾。丁酉，兵部尚书李世杰以失察书吏休致。己亥，起刘峨为兵部尚书。戊申，上还京师。赈江苏砀山等县，安徽宿州，河南永城、夏邑水灾。江苏砀山王平庄河决。命福崧赴宿州办河工。丁未，赈山东临清水灾。

八月庚戌，暹罗国王郑华表贺万寿，贡方物。琅玕以失察漕粮自劾，罢之。调海宁为浙江巡抚，书麟为山西巡抚。辛酉，上八旬万寿节，御太和殿，王、贝勒、贝子、公、文武大臣，蒙古汗、王、贝勒、贝子、公、额驸、台吉、回部王、公、台吉、伯克、哈萨克、安南国王、朝鲜、缅甸、南掌贡使，各省土司，台湾生番等行庆贺礼。礼成，宁寿宫、乾清宫赐宴如仪。己巳，刑部尚书喀宁阿卒，以明亮代之，命舒常兼署。

九月戊寅，赈安徽泗州水灾。癸未，命安南国王阮光平归黎维祁亲属及旧臣之在其国者。己丑，上阅健锐营兵。甲午，赈山东平原等二十七州县水灾。庚子，长麟以谳狱不实褫职，调惠龄为山东巡抚，以福宁为湖北巡抚，毕沅兼署之。

冬十月丙辰，赈山东平原等二十七州县水灾。甲子，命保宁回伊犁将军，以鄂辉为四川总督。壬申，以福崧为浙江巡抚，起长麟署江苏巡抚。赈甘肃皋兰等三县霜灾。

十一月丁丑朔，以浦霖为福建巡抚，冯光熊为湖南巡抚。丙戌，加大学士王杰太子太保，尚书彭元瑞、董诰、胡季堂、福长安、将军保宁太子少保。乙未，释富勒浑、雅德。戊戌，命庆成同尹壮图往山西盘查仓库。壬戌，赈奉天锦县等三州县水灾。戊辰，命吏部尚书彭元瑞协办大学士。

五十六年春正月丁丑，赈江苏萧县等三县、安徽宿州等三州县上年水灾。己卯，赈直隶文安等三十州县、山东平原等二十七州县水灾。乙酉，以尹壮图覆奏欺罔，褫职治罪。

戊戌,袁凤鸣处斩。朝鲜、暹罗、缅甸均遣使谢恩,贡方物。赏赉筵宴如例。己亥,以保宁为御前大臣。甲辰,调刘墉为礼部尚书,纪昀为左都御史。

二月己酉,谕:"朕孜孜求治,兢惕为怀。尹壮图逞臆妄言,亦不妨以谤为规。加恩免尹壮图治罪,以内阁侍读用。"戊午,御试翰林詹事等官,擢阮等二员为一等,余升黜有差。

三月乙亥,赈奉天锦州等处上年水灾旗地人户,并蠲租有差。戊寅,上幸盘山。甲申,免甘肃皋兰等三县上年霜灾额赋。丁酉,以永保为内大臣。

夏四月丁卯,免山东临清等三十州县卫上年水灾额赋。辛未,彭元瑞以瞻徇降侍郎,命孙士毅为吏部尚书。以书麟为两江总督,长麟暂署。调冯光熊为山西巡抚。以姜晟为湖南巡抚。

五月庚寅,以长麟为江苏巡抚。乙未,上秋狝木兰。辛丑,上驻跸避暑山庄。

六月甲辰朔,免直隶霸州等六十九厅州县上年水灾额赋。

秋七月庚辰,免江苏江宁等五府州属因灾积逋半赋。甲申,以缅甸国王孟陨资送羁留内地人民,嘉赉之。己亥,蠲安徽宿州等十九州县卫上年水灾额赋。辛丑,蠲陕西朝邑等二县逋赋。

八月丁未,命喇特纳锡第为喀喇沁札萨克一等塔布囊。戊午,上幸木兰行围。甲子,上行围。廓尔喀以逋欠诱围喇嘛、噶布伦,扰西藏。命四川总督鄂辉、将军成德剿之。命孙士毅署四川总督。己巳,命福康安来京祝其母生辰,郭世勋署两广总督。廓尔喀陷西藏定日各寨,据济咙。

九月丙子,上回驻避暑山庄。庚辰,召嵩椿回京,以琳宁为盛京将军,调恒秀为吉林将军。丙戌,上回跸。戊子,唐古忒兵与达木蒙古兵御廓尔喀失利,唐古忒公札什纳木札勒及达木协领泽巴杰等死之。命乾清门侍卫额勒登保等赴西藏军营。壬辰,以保泰懦怯褫职,命奎林赴藏办事,赏舒濂副都统衔,协同办理。以达赖喇嘛等坚守布达拉,嘉奖之。命刘墉署吏部尚书。甲午,以廓尔喀围扎什伦布,谕鄂辉等进剿。辛丑,豁奉天广宁县逋赋。

冬十月乙巳,宥闵鹗元罪。丁未,廓尔喀入扎什伦布,寻遁去。癸丑,户部尚书巴延三以浮估城工褫职,调福长安代之。以金简、彭元瑞为满、汉工部尚书。丙辰,以安南开关通市,改广西龙州通判为同知。乙丑,谕王大臣不必兼议政虚衔。

十一月癸酉,授福康安为将军,海兰察、奎林为参赞,征廓尔喀。辛巳,鄂辉、成德褫职,以惠龄为四川总督,奎林为成都将军,吉庆为山东巡抚。癸未,以陈淮为贵州巡抚。

十二月辛亥,命海兰察等及索伦、达呼尔兵由西宁进藏。丁卯,召都尔嘉回京。以明亮为黑龙江将军,明兴为喀什噶尔参赞大臣。

五十七年春正月壬申,赏七代一堂致仕上驷院卿李质颖御书扁额。免奉天、直隶、安徽、湖南、广东逋赋。乙亥,以达赖喇嘛复遣丹津班珠尔等私与廓尔喀议和,谕止之。丙子,追论巴忠与廓尔喀议和擅许岁银罪。甲午,以苏凌阿为刑部尚书。

二月壬寅,成德奏败贼于拍甲岭。癸卯,予大学士阿桂等、尚书福长安等、侍郎德明等、总督福康安等、巡抚长麟等叙。裁河东盐政、盐运使等官。移山西河东道驻运城。丁未,命皇十五子嘉亲王祭先师孔子。免奉天锦州府属上年旱灾额赋。己巳,命侍郎和琳管理藏务。鄂辉等奏收复聂拉木,谕以迟延斥之。

三月丁丑,上诣西陵,巡幸五台山,免经过地方本年钱粮十分之三。戊寅,允济咙呼图克图"慧通禅师"法号。以帕克哩营官番众收复哲孟雄、宗木,赉之。辛巳,上谒泰陵、泰东陵。壬午,免直隶大兴等八州县积欠米谷。甲申,加福康安大将军。庚寅,免五台山本年钱粮十分之五,大同、朔平二府属未完逋赋。辛卯,上驻跸五台山。

夏四月己亥朔,以和阗办事大臣李侍政失察迈玛特尼杂尔,下部严议。甲辰,上阅溏沱河。以贡楚克扎布为乌里雅苏台参赞大臣。丁未,上祭帝尧庙。甲寅,上还京师。乙卯,上诣黑龙潭祈雨。命刑部清理庶狱,减徒以下罪。

闰四月甲申,以久旱,谕台湾及沿海各省详鞫命盗各案,毋有意从严。蠲河南汤阴等五县上年旱灾额赋。丙申,以久旱,下诏求言。丁酉,雨。以失陷札什伦布,治仲巴呼图克图及孜仲喇嘛等罪。命和琳、鄂辉宣谕达赖喇嘛等。

五月辛丑,定安南国两年一贡,六年遣使一朝。丁未,上幸避暑山庄,免经过地方钱粮十分之五。戊申,调长麟为山西巡抚,以奇丰额为江苏巡抚。辛亥,允霍罕额尔德尼伯克那尔巴图遣使入贡。癸丑,上驻跸避暑山庄。

六月甲戌,福康安奏克廓尔喀所踞擦木要隘。丁丑,赈江西南丰、广昌水灾。福康安奏珍玛噶尔辖尔甲山梁之贼。己卯,福康安等奏克济咙。辛巳,调陈淮为江西巡抚,冯光熊为贵州巡抚。丙戌,福康安等奏攻克热索桥。丁酉,福康安等奏攻克协布鲁寨。

秋七月甲辰,赈直隶河间等处旱灾,顺直宛平、玉田等州县蝗。己酉,福康安等克廓尔喀东觉山梁,并雅尔赛拉等处营卡,成德等克扎木、铁索桥等处。

八月辛未,成德克多洛卡、陇冈等处。命孙士毅驻前藏督粮运。癸酉,命福康安为武英殿大学士,孙士毅为文渊阁大学士。调金简、刘墉为吏部尚书,和琳为工部尚书,纪昀为礼部尚书,窦光鼐为左都御史。庚辰,以博兴为库伦办事大臣。丙戌,福康安等奏克噶勒拉、堆补木城卡,阿满泰、墨尔根保阵亡。成德等克利底、大山贼卡。戊子,福康安奏廓尔喀酋拉特纳巴都尔等乞降。上以其悔罪乞降,许之,命班师。丙申,赈陕西咸宁等六州县旱灾。

九月丁酉,上还京师。己亥,论征廓尔喀功,赏福康安一等轻车都尉,晋海兰察二等公为一等,议叙孙士毅等各有差。丙午,上命福康安、孙士毅等会商西藏善后事宜。命御前侍卫惠伦等赍金奔巴瓶往藏,贮呼毕勒罕名姓,由达赖喇嘛等对众拈定。壬子,复廓尔喀王公封爵,定五年一贡。

冬十月戊辰,廓尔喀贡使入觐。己巳,赈河南安阳等十六县灾民,蠲缓新旧额赋有差。己卯,免嵇璜、阿桂翰林院掌院学士,以和珅、彭元瑞代之。壬午,赈直隶河间、任丘五州县旱灾,并免顺天等十三府州属被灾旗民额赋。乙酉,郭世勋奏英吉利遣使,请由天津进贡,允之。丁亥,以鄂辉隐匿廓尔喀谢恩表贡裭职,交福康安等严鞫之。赈陕西咸阳等十四州县旱灾。癸巳,调图桑阿为绥远城将军。

十一月丙午,赈山东德州等二十州县旱灾。

十二月庚午，定唐古忒番兵训练事宜。铸银为钱，文曰"乾隆宝藏"。甲戌，免长芦兴国等五场并沧州等七州县被灾灶地额赋。丙子，以长麟为浙江巡抚，蒋兆奎为山西巡抚。以伊犁回民地亩雪灾，免本年额谷。癸未，赈河南安阳等二十五县旱灾。辛卯，命永远枷号鄂辉等于西藏。

五十八年春正月丙申，赈河南林县等五县、陕西咸宁等三州县旱灾。己亥，赈直隶保定等二十一州县旱灾。庚子，改杭州织造为盐政兼管织造事，改盐道为运司，南北两关税务归巡抚管理。以全德为两浙盐政。恒秀回吉林将军。乙巳，敕谕安南国王阮光平睦邻修好，慎守封疆，赐以彩币。丙辰，安南国王阮光平卒，以世子阮光缵嗣。乙亥，免河南安阳等二十五县上年旱灾额赋。壬午，命喀什噶尔阿奇木伯克作为喀什噶尔协办大臣。

三月丁酉，上幸盘山。庚子，上驻跸盘山。甲辰，礼部尚书常青卒，以德明代之。戊申，谕于雍和宫设金奔巴瓶，饬理藩院堂官、掌印札萨克喇嘛等，公同掣蒙古所出之呼毕勒罕。丁未，上回跸。乙卯，调冯光熊为云南巡抚，以英善为贵州巡抚。戊午，领侍卫内大臣海兰察卒。

夏四月壬申，命松筠为内务府总管大臣，在御前侍卫上行走。辛巳，通谕设金奔巴瓶于前藏大昭及雍和宫，公同掣报出呼毕勒罕，以除王公子弟私作呼毕勒罕陋习。乙酉，删除大学士兼尚书衔、翰林院掌院学士兼礼部侍郎衔、顺天府府丞兼提督学政衔。丁亥，赐潘世恩等八十一人进士及第出身有差。戊子，命于乾隆五十九年秋特开乡试恩科，六十年春为会试恩科。庚寅，廓尔喀归西藏底玛尔宗地方。以西藏卡外之拉结、撒党两处归廓尔喀。

五月乙未，命广西按察使成林赴安南升隆城，赐奠册封。丁未，上幸避暑山庄。己酉，以明兴未奏遣回人赴霍罕等处办理外藩事件，罢喀什噶尔参赞大臣，调永保代之。以伍弥伍逊为塔尔巴哈台参赞大臣，贡楚克札布为科布多参赞大臣。以特成额为乌里雅苏台参赞大臣。辛酉，加封福康安为一等忠锐嘉勇公。癸丑，上驻跸避暑山庄。

六月己卯，赈四川泰宁地震灾。乙酉，英吉利贡船至天津。戊子，于通州起陆。命在天津筵宴之。

秋七月癸巳，命和琳稽橄藏商出入。壬寅，命英吉利贡使等住宏雅园，金简、伊龄阿于圆明园分别安设贡件。己酉，以旱命刑部清理庶狱，减徒以下罪。庚午，上御万树园大幄，英吉利国正使马戛尔尼、副使斯当东等入觐。辛未，调福康安为四川总督，以惠龄暂代，长麟为两广总督，调吉庆为浙江巡抚，惠龄为山东巡抚。壬午，免长芦官台等二场潮灾灶地额赋。丙戌，上还京师。戊子，以庆桂为兵部尚书。庚寅，谕英吉利贡使由内河水路赴广东澳门附船回国。

九月丁酉，加长麟太子少保。命松筠护送英吉利使臣等至浙江定海。甲辰，调福宁为山东巡抚，惠龄为湖北巡抚。丙午，以安徽无为等三州县水灾，赏口粮有差。

冬十月癸亥，安南国王阮光缵表进谢恩，贡物二分，纳其一。戊子，以长麟奏英吉利使称再进表章贡物，呈总督转奏，谕："系援例而行，并无他意，国王可安心，再来表贡，亦不拘定年限。"

十一月甲午，命和宁赴藏帮同和琳办事。戊午，以上年各省奏报民数三万七百四十六万有奇，较康熙四十九年增十五倍，谕："生之者寡，食之者众，势必益形拮据。各省督抚及有牧民之责者，务当劝谕化导，俾皆俭朴成风，服勤稼穑，惜物力而尽地利，共享升平之福。"己未，以安南等国进象已多，谕云贵、两广督抚檄却象贡。

十二月癸未，伍拉纳陛见，命吉庆署闽浙总督。

五十九年春正月庚寅，免直隶、山东、河南逋赋十分之三。庚戌，管干贞病免，命书麟兼署漕运总督。乙卯，恒秀以侵帑褫职，调宝琳为吉林将军，松筠署之。戊午，安置安南内附人黎维治于江南。

二月庚申，以明年元旦上元值日月食，谕修省，毋举行庆典。癸亥，廓尔喀遣使进表贡。丁亥；增造广东水师战船。

三月己丑，恒秀论绞。庚子，上巡幸天津，免经过地方及天津府属额赋十分之三，免天津府属逋赋，免大兴等十三州县逋赋十分之四。壬子，上驻跸天津府。

夏四月壬戌，常雩，命皇八子仪郡王永璇代行礼。癸亥，上还京师。丁丑，上诣黑龙潭祈雨。

五月丙申，京师雨。甲辰，郭世勋病免，调朱珪为广东巡抚，陈用敷为安徽巡抚。丙午，以直隶保定等八十三州县旱，命赏给一月口粮。减奉天商贩豆麦等项经过直隶、山东关津税。辛亥，上幸避暑山庄，免经过地方钱粮有差。

六月丙辰朔，以山东历城等五十一州县旱，给贫民一月口粮，除山东临清州水冲地亩田赋。丁巳，上驻跸避暑山庄。庚午，设唐古忒西南外番布鲁克巴、哲孟雄、作木朗、洛敏汤、廓尔喀各交界鄂博。

秋七月戊子，永定河决。庚寅，河南丹、沁二河决。辛卯，赈山西平定等处水灾。己亥，赈山东临清等州县水灾。辛丑，赈直隶天津等处水灾。癸卯，河南丰北厅曲家庄河决。甲辰，书麟以徇隐盐政巴宁阿交结商人褫职，调富纲为两江总督，命苏凌阿署之。调福康安为云贵总督。以和琳为四川总督，孙士毅署之。以驻藏办事松筠为工部尚书。乙巳，命冯光熊署云贵总督。大学士嵇璜卒，召孙士毅入阁办事。癸丑，停本年及明年木兰行围。免直隶保定等府属、河南卫辉等府属、山东临清等五州县、山西代州等三州县被水额赋。

八月丁巳，以直隶天津、河间二府水灾重，免因灾缓征额赋。戊午，永定河南工决口合龙。己巳，以明岁御宇届六十年，普免各省漕粮一次。甲戌，上回跸。调福宁为河南巡抚，穆和蔺为山东巡抚，江兰护之。福康安奏四川大宁教匪谢添秀等传习邪孝，蔓延陕西、湖北、河南，谕严为捕治。丁丑，免直隶通州等二十三州县逋赋。甲申，毕沅降山东巡抚，罚缴湖广总督养廉五年。以福宁为湖广总督，穆和蔺留为河南巡抚。

九月己丑，赈湖北沔阳等州县水灾。丙申，以秀林为吉林将军。己亥，赈福建漳、泉二府水灾。减直隶遵化内务府官地租。命福宁驻襄阳，督缉邪教案犯。辛丑，以校正《石经》，加彭元瑞太子少保衔。癸卯，赈广东高要等县水灾。以湖北来凤县教匪段汉荣等纠众拒捕，谕责毕沅废弛。戊申，免齐齐哈尔等三城水灾逋赋。

冬十月丙辰，免河南汲县等九县、山东临清等十州县逋赋。壬戌，勒保奏获邪教首犯刘松。命安徽严缉其徒刘之协。癸亥，荷兰入贡。乙丑，免福建漳州府属四厅州县本年水灾额赋。戊辰，命将科布多威豁尔等七卡移驻原处北界，余地赏杜尔伯特汗玛克素尔札布等游牧。己卯，调陈用敷为湖北巡抚，惠龄为安徽巡抚。辛巳，释恒秀罪。

十一月丙戌，以河南扶沟县知县刘清虀疏防刘之协潜逃，革逮，穆和蔺下部严议。壬辰，免山东临清等州县本年漕赋。壬寅，命富纲署刑部尚书。甲辰，穆和蔺褫职，发乌鲁木齐效力。以阿精阿为河南巡抚。

十二月丙辰，普免各省积年逋赋。丙子，吏部尚书金简卒，以保宁代之。以明亮为伊犁将军。戊寅，命舒亮为黑龙江将军。改绥远城将军图桑阿为西安将军，以永琨代之。

六十年春正月甲申朔，日食，免朝贺。乙酉，赈直隶天津等二十州县、河南汲县等十四县、山东临清等十州县上年被水贫民有差。丙戌，召苏凌阿来京，调福宁为两江总督，复以毕沅为湖广总督，玉德为山东巡抚。戊子，调陈用敷为贵州巡抚，英善为湖北巡抚，毕沅兼署。乙未，以固伦额驸丰绅殷德为内务府大臣。辛丑，免山东积年逋赋。庚戌，免江苏积年逋赋。免江西应缓征银谷。

二月癸丑朔，免广东积年逋赋。陈用敷以查孥要犯刘之协办理错谬，褫职逮问。调姚棻为贵州巡抚，以成林为广西巡抚。丙辰，免陕西积年逋赋。贵州松桃厅苗匪石柳邓等、湖南永绥苗匪石三保等作乱。戊午，湖南苗匪陷乾州厅，同知宋如椿等死之。命福康安往剿，毕沅驻常德筹办粮饷。庚申，以大学士阿桂等书上谕不能称旨，停甄叙，侍郎成策等下部议处。予总督福康安等议叙。辛酉，贵州苗匪围镇远镇总兵珠隆阿于正大营。免奉天广宁、锦州旗地逋赋。免甘肃皋兰等四十五州县积年逋赋。丙寅，命四川总督和琳赴酉阳州备苗，孙士毅仍留四川办理报销。丁卯，免浙江积年民地灶地逋赋。己巳，苗匪陷永绥厅鸦酉寨，镇裪镇总兵明安图等死之。辛未，湖南永顺苗匪张廷仲等作乱，扰保靖、泸溪。丙子，免安徽积年逋赋。壬午，贵州苗匪扰思南、印江一带，窜入四川秀山。福康安赴铜仁督剿。命德楞泰领巴图鲁侍卫等赴贵州军营。

闰二月乙酉，福康安奏解正大营之围。壬辰，冯光熊留为贵州巡抚，调姚棻为云南巡抚。以苗匪乱，免贵州铜仁府属松桃、正大等处额赋。乙未，上诣东陵，免经过地方钱粮十分之三。戊戌，上谒昭西陵、孝陵、孝东陵、景陵。己亥，福康安奏解嗅脑围。乙巳，福康安奏攻克石城，剿除岩洞苗匪。丁未，上谒泰陵、泰东陵，奠孝贤皇后陵。免两淮场灶积欠。戊申，福康安奏解松桃之围。

三月乙卯，和琳奏肃清秀山后路，命往松桃与福康安会剿。以孙士毅署四川总督。己未，福康安奏殄除长冲、卡落苗匪，进兵楚境。命额勒登保迅赴福康安军营。己卯，福康安奏解湖南永绥之围。

夏四月辛卯，台湾彰化匪徒陈周全等作乱，陷县城，寻复之。癸巳，窦光鼐以会试衡文失当，降调。以朱珪为左都御史，仍留在广东巡抚任。己亥，以魁伦劾洋盗肆行，命浦霖来京候旨，调姚棻为福建巡抚，以魁伦署之，江兰为云南巡抚。庚子，赐王以衔等一百十一人进士及第出身有差。癸卯，赏会试荐卷文理较优的举人徐炘、傅淦、李端内阁中书。戊申，上诣广润祠祈雨；是夜，雨。丁未，免贵州官兵经过地方本年额赋有差。福康安等奏克黄瓜寨。己酉，以福宁、惠龄经理湖南军务未竣，命苏凌阿仍署两江总督，费淳为安徽发抚。庚戌，免福建龙溪等四县上年水灾额赋有差。匪首陈周全等伏诛。

五月丙辰，上幸避暑山庄。伍拉纳、浦霖以办理灾赈不善，褫职鞫治。命魁伦兼署闽浙总督。免经过地方本年钱粮十分之三。丁巳，调费淳为江苏巡抚，仍留惠龄为安徽巡抚。福康安等奏克构皮寨及苏皮寨等处。调福康安为闽浙总督，勒保为四川总督。以宜绵为陕甘总督。壬戌，上驻跸避暑山庄。甲子，以福建仓库亏缺查实，申饬科道无人奏及，并命嗣后陈奏地方重大事件，毋忝言责。召阿精阿来京，以景安为河南巡抚。丁卯，召惠龄来京，以汪新为安徽巡抚。戊辰，命苏凌阿驻请江浦，兼署江苏巡抚。辛未，以于敏中营私玷职，褫轻车都尉世职。

六月壬午，以湖南苗匪扰镇笮后路，谕责福宁怯懦，刘君辅株守。命惠龄仍署湖北巡抚。戊子，以旱命刑部清理庶狱，减徒以下罪，承德府如之。庚寅，福康安等奏克沙兜、多喜等处苗寨。乙未，赈广东南海等县水灾。戊申，姚棻以质讯解任，命魁伦兼署福建巡抚，长麟署闽浙总督。

秋七月庚申，德明以罣累滋阳县知县陈照自缢，论绞。乙丑，免湖北江陵等十二州县卫上年水灾额赋。丙寅，以福康安等奏连克苗寨，渡大乌草河，赉珍物。壬申，哲布尊丹巴呼图克图等入觐，召见赐茶。

八月壬午，调永琨为乌里雅苏台将军，恒瑞为绥远城将军。癸未，赐南掌国王召温猛、缅甸国王孟陨教谕，均赉文绮。丙申，允兵部尚书刘峨乞休，以朱珪代之，仍留广东巡抚任。以金士松为左都御史。丁未，免直隶通州等五十二州县积欠旗租。福康安等进驻杨柳坪。

九月辛亥，上御勤政殿，召皇子、皇孙、王、公、大臣等入内，宣示立皇十五子嘉亲王为皇太子，明年为嗣皇帝嘉庆元年。抚恤江苏海州等七州县水灾。壬子，皇太子及王、公、内外文武大臣，蒙吾公等各奏吁请俟寿跻期颐，再举行归政典礼，不允。丙辰，富勒浑、雅德以前为总督婪赃，均褫职，分别发往热河、伊犁效力。己未，上阅健锐营兵。晋封福康安忠锐嘉勇贝子，和琳等宣勇伯。庚申，上命皇太子谒东陵、西陵。乙丑，黑龙江将军舒亮以婪索，褫职鞫治，调永琨代之。命图桑阿为乌里雅苏台将军。改恒瑞为西安将军，以乌尔图纳逊代之。命博兴为察哈尔都统。调特克慎为库伦办事大臣，策巴克为西宁办事大臣。丙寅，明亮以任黑龙江将军时侵渔貂皮褫职，命保宁为伊犁将军。己巳，舒亮论绞。明亮留乌鲁木齐效力。癸酉，以奉天、山西、四川、湖南、贵州、广西赋无逋欠，免明年正赋十分之二。乙亥，免福建龙溪等六县，华封、罗溪二县上年被水灾额赋。

冬十月戊寅朔，颁嘉庆元年时宪书。庚辰，福康安等奏擒匪首吴半生。赏福康安之子德麟副都统衔，和琳黄带，余议叙赏赉有差。甲申，以伍拉纳等贪黩败检，戍其子于伊犁。长麟以徇庇伍拉纳、浦霖褫职，命来京。以魁伦署闽浙总督，姚棻署福建巡抚。乙酉，普免天下嘉庆元年地丁钱粮。丙戌，伍拉纳、浦霖处斩。壬辰，以额勒登保、德楞泰剿捕苗匪奋勇，授予大臣。乙未，命定丙辰年传位典礼。癸卯，命明年正月初吉，重举千叟宴。

十一月丁巳,福康安等奏克天星寨等处。加和琳太子少保衔,赏福康安、和琳上用黄裹玄狐端罩各一件。庚申,赈奉天金州、熊岳、锦州三城,宁海等三州县旱灾旗民,屯额赋有差。乙丑,上命皇太子居毓庆宫。

十二月戊寅朔,谕曰:"朕于明年归政后,凡有缮奏事件,俱书太上皇帝。其奏对称太上皇。"戊子,赈贵州铜仁被扰难民。福康安等奏克天星等苗寨。壬寅,允朱珪收英吉利国王表贡,赐敕嘉赉,交英商波郎赍回,并以其表言及劝廓尔喀投顺,于赐敕内以无须英国兵力告之。甲辰,赐琉球国王尚温敕书。丁未,以来岁元旦,传位皇太子为嗣皇帝,前期遣官告祭天地宗社。

是岁,缅甸、南掌、暹罗、安南、英吉利、琉球、廓尔喀来贡。

嘉庆元年正月戊申朔,举行授受大典,立皇太子为皇帝。尊上为太上皇帝,军国重务仍奏闻,秉训裁决,大事降旨敕。宫中时宪书用乾隆年号。

三年冬,上不豫。四年正月壬戌崩,寿八十有九。是年,四月乙未,上尊谥曰法天隆运至诚先觉体元立极敷文奋武孝慈神圣纯皇帝,庙号高宗。九月庚午,葬裕陵。

【译文】

高宗法天隆运至诚先觉体元立极敷文奋武钦明孝慈神圣纯皇帝,讳弘历,世宗第四子,母孝圣宪皇后,康熙五十年八月十三日高宗生于雍亲王府邸。高鼻长身,圣祖一见而钟爱,令高宗在宫中读书,受学于庶吉士福敏,过目成诵。又学射于贝勒允禧,学火器于庄亲王允禄。木兰围场秋猎,命侍卫带领高宗射熊。刚上马,熊突然而起。高宗操纵缰绳自如。圣祖亲自开枪将熊击毙。进入帷帐,圣祖回顾温惠皇太妃说:"此命贵重,福兮将超过我。"

雍正元年八月,世宗亲临乾清宫,秘密书写高宗名,密封藏在世祖所书正大光明匾额上。五年,娶孝贤皇后富察氏。十一年,封和硕宝亲王。当时准噶尔战役未终止,又有黔苗兵事,命高宗总理军机,议决大计。

十三年八月丁亥,世宗患病。当时驻跸圆明园,高宗与和亲王弘昼朝夕小心侍奉。戊子,世宗病危,召见庄亲王允禄,果亲王允礼,大学士鄂尔泰、张廷玉,领侍卫内大臣丰盛额、讷亲,内大臣户部侍郎海望入宫接受遗命。己丑,世宗去世。王大臣请恭送世宗遗体还宫。庄亲王允禄等打开雍正元年立皇太子的密封,宣布诏书即皇帝位。随即下谕奉世宗遗命,庄亲王允禄、果亲王允礼、鄂尔泰、张廷玉辅佐政务,并令鄂尔泰恢复原任,由于鄂尔泰因病请假的缘故。根据遗命尊奉妃母为皇太后,又奉太后懿旨以高宗元妃为皇后。召大学朱轼回京。命大学士嵇曾筠总理浙江海塘工程,赵弘恩署理江南河道总督。世宗入殓,命以乾清宫的南屋为高宗居丧时的住所。庚寅,命总理事务王大臣议行三年之丧。命履亲王允祹暂管礼部事务。召张照回京,任命张广泗总理苗疆事务,大学士迈柱署理湖广总督。谕令大将军查郎阿驻肃州,与刘于义一同管理军务。北路大将军平郡王福彭坚守。饬令扬威将军哈元生等剿抚苗疆。癸巳,颁布世宗遗诏。

圆明园

九月丁酉朔，日食。高起、宪德都被免职，仍保留尚书衔。任命鄂尔泰总理兵部事，果亲王允礼总理刑部事，庄亲王允禄总理工部事，甘汝来为汉兵部尚书，傅鼐署理满兵部尚书。己亥，高宗即位于太和殿，以明年为乾隆元年。庚子，定三年服丧之制，拒绝群臣以日易月的请求。命大学士朱轼协同总理事务王大臣办事。辛酉，召史贻直来京。壬寅，停止进献地方土产。严禁内廷行走僧人招摇。颁布乾隆元年时宪书。铸乾隆通宝。派官赴朝鲜颁布诏书。丙辰，赈济甘肃兰州、平凉等处旱灾。丙午，命庆复往北路军营，取代福彭。手诏告诫额驸策凌勿离军营。丁未，世宗棺木安放在雍和宫。戊申，高宗到雍和宫行礼。由本日至乙卯定为常例。己酉，赏庄亲王允禄、果亲王允礼双俸，鄂尔泰、张廷玉一等轻东都尉，朱轼世袭骑都尉。庚戌，召杨名时来京。辛亥，命海望署理户部尚书，傅鼐署理刑部尚书。乙卯，高宗到雍和宫行大祭礼。侍奉皇太后居永仁宫。本日，高宗移居养心殿。命朝廷大臣轮班条陈，各举所知的人才。戊午，赏李绂侍郎衔，命管理户部三库事。己未，高宗到雍和宫世宗棺木前行月祭礼。从此一直到棺木移至殡殿时为止，每月都如此。再免去民间所欠的丁赋，并谕令官吏所侵蚀的也免去。逮捕傅尔丹下狱。庚申，开乡会试恩科。免去贵州被扰各州县的额赋，未被扰的州县停征。辛酉，高宗到田村孝敬皇后棺木前致祭。因本年乡试弊病过多，逮捕考官顾祖镇、戴瀚问罪。大学士马齐请求归老，准其所请。癸亥，召署理河东盐政孙嘉淦来京，任命为侍郎。

冬十月丙寅朔，祭太庙，派裕亲王广保代行。命副将军常德赴北路军营。丁卯，明令禁止各省贡献。任命张广泗为征苗经略，扬威将军哈元生、副将军董芳以下俱听张广泗节制。庚午，命履亲王允祹管理礼部，召原任尚书涂天相来京。辛未，任命任兰枝为礼部尚书。壬申，免去江南等省漕粮芦课及学租杂税。命惩处曾静、张熙之罪。加左都御史福敏太子太保。因为王大臣办事迟延放纵，晓谕他们严明振作，并不与为政用宽之意相反。调徐本为刑部尚书，涂天相为工部尚书。丙子，任命刘勷为直隶河道总督。丁丑，起用彭维新为左都御史。命徐本在军机处行走。癸未，停止诸王兼管部院事。甲申，授海

望户部尚书。己丑,命来保署理工部尚书,兼管内务府。癸巳,傅尔丹、岳钟琪、石云倬、马兰泰论罪当斩。甲午,改讷亲、海望、徐本为协办总理事务,讷延泰为行走,如班第等人之例。丰盛额、莽鹄立免职。庚子,张照下狱审讯。壬寅,湖北忠峒等十五土司改土归流,分置一府五县,在恩施县建首县,名为施南府,分设县衙,名为宣恩、来凤、咸丰、利川。乙巳,晓谕荐举博学鸿词。丁未,为世宗上尊号为敬天昌运建中表正文武英明宽仁信毅大孝至诚宪皇帝,庙号世宗,第二天颁布诏书广施恩惠分别有差。免去四川巴县等旱灾额赋。戊申,召迈柱来京,任命史贻直署理湖广总督。庚戌,任命孙嘉淦为左都御史。癸丑,命庆复为定边大将军,赴北路军营。命孙嘉淦仍兼管吏部。谕令赦史降苗之罪。免去贵州三年内正额赋税的一切附加。丙辰,高宗到田村为孝敬宪皇后上尊号为孝敬恭和懿顺昭惠佑天翊圣宪皇后,第二天颁布诏书广施恩惠分别有差。改河东总督仍为河南巡抚,任命傅德充当。丁巳,授钟保为湖南巡抚,俞兆岳为江西巡抚。命岱林布为右卫将军。己未,任命平郡王福彭协办总理事务。董芳、元展成、德希寿革职拿问,革去哈元生扬威将军,命经略张广泗兼任贵州巡抚。癸亥,赏阿其那、塞思黑的子孙红带子,收入玉牒中。甲子,因王大臣会同刑部刑讯李禧、耿韬,命审讯大臣时应当顾及大体。

十二月丙寅朔,任命博第为吉林将军,吴礼布为黑龙江将军。复设川陕总督,裁撤四川总督。戊辰,赈济安徽泗州、湖北潜江水灾。癸酉,免去浙江、山东、福建、广东盐场的欠税。戊寅,为皇太后上徽号为崇庆皇太后。第二天颁布诏书广施恩惠分别有差。己卯,因准噶尔派使求和,命喀尔喀扎萨克等详细筹议定界事宜。庚辰,调傅鼐为刑部尚书,仍兼管兵部。甲申,处曾静、张熙肢体分裂之刑于闹市。都统李禧由于贪污受贿,尚书高起由于欺骗蒙蔽,都论罪当斩。丙戌,命嵇曾筠兼管浙江巡抚。任命高斌为江南河道总督。设置归化城将军及副都统。辛卯,晋封讷亲为一等公,予以世袭。

乾隆元年春正月丙申朔,高宗到堂子行礼。至观德殿换素服,到雍和门行礼毕,率领诸王大臣到慈宁宫行礼。亲临太和殿受朝贺,不奏乐,不宣读表文。戊戌,命北路参赞大臣萨木哈回京。辛丑,祭天祈谷于上帝,亲到天坛行礼。从此每年成为定例。癸卯,建立京师先蚕坛。准噶尔台吉噶尔丹策零派人进贡地方土产。丁未,准噶尔进贡的使者吹纳木喀入京觐见。召大将军庆复回京。命伊勒慎、阿成阿、哈岱为参赞大臣、协同额驸策凌办事,驻鄂尔刊。命都统王常、侍郎柏修往鄂尔坤勘查屯田。丙辰,任命顾琮署理江苏巡抚。己未,署理湖南永州镇总兵崔起潜任意参劾鄂尔泰、张广泗,崔起潜被革职问罪。南掌入贡。庚辰,高宗起程谒陵。癸亥,高宗谒昭西陵、孝陵、孝东陵、景陵。赈济台湾诸罗县地震灾民。赈济甘肃固原、四川忠州等州县旱灾。

二月丙寅,高宗回到北京。戊辰,祭大社、大稷,高宗亲到社稷坛行礼。从此每年定为常例。任命补熙署理漕运总督。甲戌,令准噶尔来使回去,颁发诏书告以按照世宗谕旨,酌定疆界,令其付与噶尔丹策零。乙卯,赐准噶尔台吉噶尔丹策零敕书,斥责他请求以哲尔格西喇呼鲁苏为界,以及专令喀尔喀内徙的事。庚辰,命迈柱兼管工部。告诫谢济世、李徽、陈世倌等人不得以荒谬之词奏陈。加杨名时礼部尚书衔,管国子监祭酒事。辛酉,朝鲜国王李昑派使臣进贡香料,按旧例予以赏赐。甲申,命改嵇曾筠为浙江总督,兼管两浙盐政。郝玉麟以闽浙总督专管福建事。戊子，定世宗坟墓名泰陵。己丑，达赖喇嘛及贝勒颇罗鼐派使进贡地方土产。辛卯，任命程元章为漕运总督。癸巳，尹继善奏报攻克空稗、台雄等寨。张广泗奏报攻克大小丹江等处。

三月庚子，释放汪景祺、查嗣庭的家族回籍。乙巳，为太祖加上尊号为太祖承天广运圣德神功肇纪立极仁孝睿武端毅钦安弘文定业高皇帝，孝慈皇后的尊号为孝慈昭宪敬顺仁徽懿德庆显承天辅圣高皇后；太宗的尊号为太宗应天兴国弘德彰武宽温仁圣睿孝敬敏昭定隆道显功文皇帝，孝端皇后的尊号为孝端正敬仁懿哲顺慈僖庄敏辅天协圣文皇后，孝庄皇后的尊号为孝庄仁宣诚宪恭懿至德纯徽翊天启圣文皇后；世祖的尊号为世祖体天隆运定统建极英睿钦文显武大德弘功至仁纯孝章皇帝，孝惠皇后的尊号为孝惠仁宪端懿慈淑恭安纯德顺天翼圣章皇后，孝康皇后的尊号为孝康慈和庄懿恭惠温穆端靖崇天育圣章皇后；圣祖的尊号为圣祖合天弘运文武睿哲恭俭宽裕孝敬诚信中和功德大成仁皇帝，孝诚皇后的尊号为孝诚恭肃正惠安和淑懿俪天襄圣仁皇后，孝昭皇后的尊号为孝昭静淑明惠正和安裕钦天顺圣仁皇后，孝恭皇后的尊号为孝恭宣惠温肃定裕慈纯赞天承圣仁皇后。丁未，免去四川凉山等处番民的额赋。己酉，免去肃州威鲁堡回民的旧欠。庚戌，任命固原提督樊廷为驻哈密总督。乙卯，免去广东归善等四县加增的渔税及通省所欠的赋税。

夏四月丙寅，免去江南阜宁等州县缓征漕粮。壬申，任命王常、海澜为参赞大臣，协同额驸策凌办事。任命高其倬为湖北巡抚，暂署理湖南巡抚。戊寅，任命王士俊为四川巡抚。辛巳，贵州提督哈元生革职拿问。裁撤直隶副总河，以总督兼管河务。戊子，赐金德瑛等三百三十四名进士及第出身各有差别。壬辰，布鲁克巴部诺颜林沁齐垒喇布济至西藏恭请安，并进贡地方土产。

五月丁未，赈济河南永城县水灾。壬子，命江南副总河移驻徐州。甲寅，免去四川南溪等州县因遭受风雹的额赋。乙卯，朝鲜国王李昑上表祝贺高宗登极及尊崇皇太后，并进贡地方土产。乙巳，暹罗国王参立拍照广拍马呼六坤司尤提雅菩挨上表致谢赐匾，并进贡地方土产。庚辰，免去甘肃伏羌等州县因地震伤亡缺额的丁银。

六月戊辰，赈济江苏萧县等州县水灾。己巳，任命庆复署理吏部尚书，仍兼署理户部事。癸酉，授张广泗为贵州总督，兼管巡抚事。任命尹继善为云南总督。

秋七月癸巳朔，由于贵州流民多乞食于沅州，免去沅州额赋。甲午，召集总理事务王大臣九卿等，宣告密书建立皇太子的谕旨，收藏在乾清宫正大光明匾额上。己亥，免去贵州通省本年额赋。辛丑，免除古州等处苗民赋税，甲辰，免崔起潜罪。丙午，赈济江西安福水灾。辛亥，追谥明建文皇帝为恭闵惠帝。赈济江南萧、砀等州县卫水灾。丁巳，赈济甘肃陇西等州县水雹灾。戊午，调钟保为湖北巡抚，高其倬为湖南巡抚。赈济湖北汉川等五州县卫水灾。癸酉，拿问王士俊，随即论斩。赈济广东南海、潮阳等县水灾。

八月戊辰，祭大稷、大社，高宗亲到社稷坛行礼。从此每年定为成例。准噶尔部人孟克来降。庚午，尚书傅鼐有罪特予赦免。乙卯，赈济河南南阳等五县水灾。乙酉，赈济喀喇沁饥荒。丁亥，兵部尚书通智免职，以奉天将军那苏图代他的职务。调博第为奉天将军。任命吉尔党阿为宁古塔将军。赈济陕西神木、府谷雹灾。辛卯,赈济浙江兰溪等六县、江南溧水等二十四州县、湖北潜江等九州县卫水灾。

九月丙申,赦免张照、哈元生、董芳、元展成、德希寿贻误苗疆之罪。丁酉,礼部尚书杨名时去世。戊戌,任命庆复为刑部尚书,兼管吏部。命傅鼐暂署理兵部尚书。庚子,停本年秋后处决。癸卯,赈济浙江安吉等四县水灾。丙午,高宗亲临大学士朱轼家慰问病情。免去江西安福水灾额赋。庚戌,大学士朱轼去世,高宗亲临致祭。壬子,赈济安徽宿州等二十州县卫水灾。已经辞官的大学士陈元龙去世。乙卯,赈济江苏萧县等三州县水灾。己未,高宗亲试博学鸿词一百七十六人于保和殿,授予刘纶等官职。赈济江苏无锡等十三州卫水灾。准噶尔台吉车林等来降。

冬十月壬戌,任命邵基为江苏巡抚。乙丑,免除浙江仁和等州县水灾额赋。庚午,调岳睿为江西巡抚,任命法敏为山东巡抚。辛未,高宗侍奉皇太后送世宗棺木至泰陵。庚辰,高宗侍奉皇太后回到北京。

十一月甲午,高宗首次亲临乾清门处理政务。加稽曾筠太子太傅。命徐本为东阁大学士,仍兼管刑部。任命孙嘉淦为刑部尚书,杨汝谷为左都御史。任命额尔图为黑龙江将军。丙申,免去云南楚雄等四府州县额赋。丁酉,赈济安徽霍丘等三县卫、湖北汉川等十三县卫水灾。己酉,冬至,在圜丘祭天,高宗亲到天坛行礼。从此每年定为常例。己未,赈济陕西定边雹灾,江南长洲等十二州县卫水灾。

十二月辛本,赈济巴林郡王等四旗旱灾。甲子,赈济江苏娄县、溧水等十三州县水灾。乙丑,改江南寿春协为镇,设总兵。己巳,免去陕西府谷、神木本年雹灾额赋。南河副总河移驻徐州。丁丑,免去安徽泗州卫屯田、长芦、广云灶地水灾额赋。丁亥,岱森布改行江宁将军。任命王常为建威将军,雅尔图为参赞大臣。免去两淮莞渎等三场水灾额赋。

本年,朝鲜、南党、暹罗、安南来北京进贡。

二年春正月庚寅朔,免朝贺。庚子,召赵弘恩来京。任命庆复为两江总督。调那苏图为刑部尚书。任命讷亲为兵部尚书。乙巳,任命杨超曾为广西巡抚。丙午,释放王士俊。戊子,李卫参办诚亲王府护卫请托徇私之罪。高宗嘉奖李卫,赏赐四团龙褂。

二月丙寅,安南国王黎维祜去世,其嗣子黎维祎派使来京讣告,并进贡地方土产。癸酉,赈济江苏高邮水灾。戊寅。派翰林院侍读嵩寿、修撰陈倓册封黎维祎为安南国王。庚辰,孝敬宪皇后出殡,高宗侍奉皇太后送至泰陵。

三月庚寅,世宗葬于泰陵,孝敬宪皇后与世宗合葬。壬辰,高宗回到北京。癸巳,世宗宪皇帝、孝敬宪皇后的神主列入太庙,颁布诏书广施恩惠分别有差。辛丑,命保德等将世宗宪皇帝、孝敬宪皇后神主列于太庙的诏书颁发给朝鲜。甲辰,涂天相免职。任命赵弘恩为工部尚书。令顾琮协办吏部尚书。戊申,命翰林、科道轮番进呈经史奏议。庚戌,将右卫将军移驻归化新城,增设副都统二人。辛亥,调硕色为四川巡抚。壬子,调杨永斌为湖北巡抚。

四月甲子,因当时干旱命刑部清理各类案件。乙丑,训诲有言事之责的诸臣。己巳,疏浚清口并江南运河。赈济江苏江宁、常州二府旱灾。甲戌,在圜丘祭天,奉世宗的神主配享圜丘,第二天颁布诏书广施恩惠分别有差。当日,降雨。释放傅尔丹、陈泰、岳钟琪。丙子,免去顺天、直隶额赋。乙卯,召尹继善来京。任命张允随署理云南总督。甲申,免去湖北汉川等五州县卫水灾额赋。南掌入贡。丁亥,免去江苏萧、砀二县水灾额赋。

五月壬辰,赐于敏中等三百二十四人进士及第出身分别有异。癸巳,免湖北荆州、安陆二府水灾额赋。乙未,赈济河南南阳等十二州县水灾。戊戌,高宗亲试翰林、詹事等官,陈大受等三人升为一等,其他分别升降不等。准许本年新进士条陈地方的利弊。戊申,免去山东正项钱粮一百万两。辛亥,在方泽祭地,奉世宗的神主配享方泽。免去广东开建、恩平二县米税。乙卯,免除湖南永州等处额外税。免除安徽宿州水灾额赋。免除浙江仁和等四州县水灾额赋。赈济陕西商南、肤施等县雹灾。甲戌,因从亲临乾清门处理政务以来,雨水充沛,赏赐办事诸臣纱匹多少不等。辛酉,命在直隶试行分区耕种田地之法。戊戌,赈济安徽石埭等六州县水灾。

秋七月戊子,因永定河决口,派侍卫策楞等分赴卢沟桥、良乡抚恤灾民。癸卯,命侍卫松福等往文安、霸州等处抚恤灾民。乙未,命顾琮勘查永定河决口各段工程。丙申,赈济山东德平、阳谷等州县旱雹各灾。壬寅,赈济顺天、直隶宛平、清苑等八十一州县卫旱灾。高宗亲试续到的博学鸿词于体仁阁,授予万松龄等人官职。丙辰,命各省免除额赋,已缴纳的抵作第二年的正赋,并定为制度。赈济安徽黟县等十四州县水灾。

八月丁巳朔,赈济陕西安塞等三县雹灾。湖南城步县平定瑶民之乱。赈济甘肃平番等四县旱灾。命巡漕御史四员分驻于淮安、济宁、天津、通州。甲戌,命鄂尔泰详细勘查直隶河道水利。丙子,任命顾琮署理直隶河道总督。丁丑,免去江苏砀山水灾未完额赋的十分之七。壬午,复设贵州威宁镇总兵官。修筑浙江鱼鳞大石海塘。免去山东历城等二十八州县卫本年旱灾额赋。甲申,赈济甘肃会宁旱灾,福建霞浦等州县水灾。

九月辛卯,调北路参赞大臣哈岱回北京,以玛尼代替他的职务。乙未,准噶尔回民米尔哈书尔来投降。乙未,任命杨永斌为江苏巡抚。己亥,赈济福建闽县等地沿海风灾。甲辰,教导科道人员不可因怀私怨任意参劾。召史贻直入京。任命德沛为湖广总督,元展成为甘肃巡抚。赈济山西兴县等十二州县旱灾。辛亥,赈济甘肃宁夏以水灾。癸丑,免去云南宁州上年夏税。乙卯,任命那苏图署理兵部尚书。

闰九月癸亥,免去河南西华等四县本年水灾额赋。丁卯,任命尹继善为刑部尚书,兼办兵部。调庆复为云南总督。任命那苏图为两江总督。甲戌,赈济长芦、芦台等地盐场水灾灶户。免除江西袁州、饶州二府杂税。丙子,马兰峪陵工程竣事。辛巳,赈济福建霞浦等二县风灾。壬午,赈济奉天小清河驿水灾。云南布政使陈宏谋因条陈本省垦务失职,发下吏部严加议处。赈济江苏上元等二十五州县水灾,并另赈济分别有差。赈济贵州安顺等府厅县雹灾。

冬十月乙酉朔,赈济山西永济等三县霜灾。丁亥,修盛京三陵。戊子,高宗亲到东陵。辛卯,高宗亲到昭西陵、孝陵、孝东陵。乙未,高宗回北京。丙申,安西镇总兵张嘉翰因剥削军需获罪论斩。任命崔纪为陕西巡抚,尹会一为河南巡抚,张楷为湖北巡抚。己亥,大学士尹泰请求归老,下诏恳切挽留。癸卯,赈济山东齐河等二十八州卫水灾。免去江南高淳县本年虫灾额赋,桃源等三县未完的银米。丁未,赈济黑龙江水灾。戊申,修奉先殿。辛亥,免去甘肃平番旱灾额赋。

十一月乙卯,赈济安徽寿州、霍丘水灾。免去陕西靖边等八州县本年水灾额赋。丁巳,朝鲜国王李昑请封其世子李愃,礼部奏报李愃未到应封世子的年龄,高宗特予准封。癸亥,赈济贵州郎岱等三厅县雹灾。乙丑,免去山西河津水灾额赋。丙寅,赈济安徽太平等十一州县卫水灾。辛未,高宗亲到泰陵,改总管为副都统。免去江南铜山、砀山二县所欠赋税。壬寅,祭告泰陵,高宗脱去孝服。乙亥,赈济甘肃环县、兰州,广东三水等十县旱灾。高宗回北京。戊寅,皇太后生日,亲临慈宁宫,高宗率领诸王大臣行庆贺礼。从此每年定为常例。己卯,免去山西兴县等四州县旱灾丁银。庚辰,命仍旧设立军机处,任命大学士鄂尔泰、张廷玉、尚书讷亲、海望,侍郎纳延泰、班第为军机大臣。

十二月甲申朔,漕运总督补熙免职,以查克丹代他的职务。任命来保为工部尚书。免去江南阜宁去年水灾额赋。丁亥,高宗亲临太和殿,册立嫡妃富察氏为皇后。戊子,侍奉皇太后亲临慈宁宫,高宗率领诸王大臣行庆贺礼毕,高宗亲临太和殿,群臣庆贺,颁布诏书广施恩惠分别有差。辛卯,免去江苏溧水等十二州县水灾额赋。壬辰,赈济陕西府谷等三县雹灾。甲午,因册立皇后礼成,为皇太后加上徽号为崇庆慈宣皇太后。侍奉皇太后亲临慈宁宫,高宗率领诸王大臣行庆贺礼,第二天颁布诏书广施恩惠分别有差。己亥,免去直隶本年旱灾灶课。免去甘肃宁夏水灾额赋。壬寅,鄂尔泰封三等伯。赈济福建闽县等六县,广东海康等七县风潮灾。大学士迈柱请病假,准假。琉球进贡地方土产。癸卯,张廷玉封三等伯。辛亥,赈济涿州水灾。

三年春正月甲寅朔,高宗首次举行元旦朝贺,率领王爵以下文武大臣到寿康宫庆贺皇太后,仪式结束,亲临太和殿受贺。从此每年元旦定为常例。乙卯,任命福敏为武英殿大学士,马尔泰为左都御史。辛酉,祈谷于上帝,奉世宗的神主共享。癸亥,命举行御前讲席研究经史。甲子,高宗首次亲临圆明园,侍奉皇太后住在畅春园。戊辰,亲临正大光明殿,赐入朝觐见的外藩及内大臣、大学士宴。癸酉,任命朱藻为直隶河道总督,顾琮协理河道事务。丁丑,准噶尔噶尔丹策零派使者上表至北京,并进献貂皮。派侍郎阿克敦任正使,御前侍卫旺扎尔、乾清门台吉额默根任副使,携带敕书前往准噶尔议定界址。己卯,高宗从圆明园回宫。辛巳,高宗因为前往泰陵,命鄂尔泰在京总理事务。

二月丁亥,致祭先师孔子。戊子,高宗亲临圆明园。癸巳,准噶尔派使入京觐见,赏赐银两物品不等。戊戌,高宗前往泰陵。己亥,高宗祭泰陵。辛丑,高宗亲临南苑行猎。壬寅,高宗回北京。丙午,举行御前讲席。从此每季席第二个月举行一次,定为常例。丁未,免去山东齐河等三十二州县卫水灾额赋。辛亥,高宗亲耕农田,加扶犁推行一周之力。从此每年定为常例。壬子,赵弘恩因纳贿革职,任命高其倬为工部尚书,张渠为湖南巡抚。

三月癸丑朔,赈济福建闽县等八县大风灾。甲寅,高宗到国子监致祭,亲临彝伦堂,命讲解《中庸》《尚书》。乙卯,调崔纪为湖北巡抚,张楷为西安巡抚。己未,免去江苏六合等十二州县水灾额赋,广东三水等十州县旱灾额赋。辛酉,赈济江苏上元等二十五州县卫水灾,并免去额赋。丁卯,高宗到黑龙潭求雨。辛未,免去甘肃兰州等处旱灾额赋。壬申,由于旱灾命刑部清理各类案件。癸酉,免去安徽太平等十一州县卫水灾额赋。丁丑,免去湖北沔阳州所欠赋税。

夏四月甲申,因天时干旱下令征求进言。停止各地督抚进献。理藩院尚书僧格归老,任命纳延泰代他的职务。己丑,调孙嘉淦为吏部尚书,任命赵国麟为刑部尚书,孙国玺为安徽巡抚。壬辰,命顾琮前往直隶会同朱藻办理河工。免去长芦、芦台等盐场和衡水等州县水灾额赋。

五月癸丑,赈济陕西蒲城等十州县雹灾。己未,赈济山东章丘等州县卫雹灾。庚申,赈济陕西洛南等八州县雹灾。壬戌,贵州定番州苗阿沙等作乱,张广泗讨伐平定。辛未,调额尔图为奉天将军,博第为黑龙江将军。乙亥,免去江南松江府额赋。辛巳,赈济陕西靖边等八州县旱灾。

六月庚寅,赈济山东东平等四州县雹灾。丙午,左都御史杨汝谷请求归老,准其所请。

秋七月壬子,起用前左都御史彭维新为原官。丁巳,免去福建诏安县旱灾额赋。癸亥,免去浙江温州等卫所欠漕粮。乙丑,调史贻直为工部尚书,高其倬为户部尚书。丁卯,命查郎阿入阁办事。调鄂弥达为川陕总督。任命马尔泰为两广总督,查克丹为左都御史,托时为漕运总督。大学士尹泰请求归老,准其所请。

八月丙戌,江苏海州、山东郯城等州县蝗虫为灾。赈济湖南石门县、甘肃武威等三县水灾。己丑,海望丧亲,任命讷亲暂署理户部尚书。己亥,侍奉皇太后到泰陵。癸卯,高宗到泰陵行三周年祭礼。丙午,高宗侍奉皇太后住在南苑,高宗行猎。戊申,赈济安徽望江等四十八州卫旱灾。

九月庚戌朔,高宗侍奉皇太后回宫。免去陕西长安等十五州县雹灾额赋。赈济山东招远县雹灾。戊午,免去福建漳浦去年旱灾额赋。辛酉,命嵇曾筠入阁办事,兼理永定河务。裁撤浙江总督,复设巡抚,任命郝玉麟仍为闽浙总督,卢焯为浙江巡抚。甲子,朱藻因事被解职,派讷亲、孙嘉淦前往审讯。任命顾琮管理总河印务。安南入京进贡。己巳,大学士尹泰去世。编修彭树葵进呈《十思箴》,高宗予以嘉奖。赈济甘肃碾伯等处旱灾。丁丑,免去江苏江宁等五十二州县卫水灾额赋,并予以赈济。戊寅,赈济台湾旱灾。

冬十月庚辰朔,赈济陕西安定等六州县雹灾。辛巳,免去山东邹平等八州县本年雹灾额赋。壬午,免去直隶受水灾各州县所欠赋税。免去江苏、安徽受各州县欠赋税。辛卯,皇次子永琏去世,罢朝五日,高宗因即位以后,曾亲书永琏为皇太子的密旨,所以一切典礼如皇太子仪式。赈济安徽怀宁等五十州县卫旱灾。壬辰,户部尚书高其倬去世。丙申,调任兰枝为户部尚书,赵国麟为礼部尚书,史贻直为刑部尚书,任命赵殿最为工部尚书。丁酉,予皇太子永琏谥号为端慧皇太子。直隶总督李卫因病免职,命孙嘉淦署理直隶总督。己亥,赈济浙江吉安等州县旱灾。庚子,朝鲜国王李昑上表庆贺为皇太后上尊号并册封皇后,又上表谢准封世子之恩,并进贡地方土产。壬寅,高宗亲临田村,致祭端慧皇太子。癸卯，免去江南、江西、河南所欠漕粮。乙巳，授孙嘉淦为直隶总督，任命甘汝来为吏部尚书兼兵部，杨超曾为兵部尚书。丙午，授顾琮为直隶河道总督。

十一月己酉朔，恢复广东海南道为雷琼道，改高雷道为高廉道。庚戌，因孙嘉淦参劾贝勒允祜，高宗嘉奖，并交吏部议叙。允祜发下宗人府从严议处。壬子，赈济江苏华亭等六县卫旱灾。赈济湖南石门县旱灾。癸丑，免去奉天宁远等四州县虫灾额赋。赈济浙江归安、乌程、陕西绥德等四州县雹灾。湖北孝感等六州县旱灾。癸丑，免去河南信阳等八州县旱灾额赋。赈济湖北应山、四川忠州等三州县旱灾。乙丑，免去江南淮安、徐州二府湖滩的额租。免去山东招远县雹灾额赋。庚午，大学士嵇曾筠因病请求归老，准其所请。壬申，甘肃宁夏地震，水涌出新渠，宝丰县衙署沉没，发兰州库银二十万两，命兵部侍郎班第前往赈济。乙亥，吏部尚书请求归老，准其所请。丁丑，免去直隶宣化各府州所欠赋税。

十二月乙卯朔，调讷亲为吏部尚书。庚辰，赈济四川射洪等六县水灾。赈济两淮盐场本年旱灾。丙戌，彭维新革职，任命魏廷珍为左都御史。丁亥，甘肃宁夏地震。甲午，赈济甘肃平番虫灾。命大理寺卿汪漋前往江南办理河工。琉球国王尚敬派使上表庆贺登极，入京进贡。戊戌，准噶尔台吉噶尔丹策零派哈柳等从侍郎阿克敦等到北京，上表。乙巳，准噶尔来使哈柳等入朝觐见，高宗下诏说："所奏游牧不越过阿尔台，朕很赞许。至于托尔和、布延图卡伦内移，则不可行。"

乾清宫

四年春正月己酉，高宗亲临乾清宫西暖阁。召集王、大臣、翰林、科道及督、抚、学政在京者九十九人赐宴，赋柏梁体诗。丁卯，免去甘肃宁夏等五县地震受灾的额赋。壬申，大学士嵇曾筠去世。任命赵国麟为大学士，调任兰枝为礼部尚书，任命陈德华为户部尚书。

二月己卯，调张渠为江苏巡抚，任命冯光裕为湖南巡抚。丙戌，免去直隶沧州等四州县、兴国等四盐场水灾灶地的额赋。免去贵州郎岱等四厅州县雹灾额赋。乙未，免去甘肃靖远风灾额赋。丙申，准噶尔部人孟克特穆尔等来降。免去陕西咸宁、镇安水灾额赋，免去甘肃柳沟卫虫灾额赋。戊戌，免去湖南永顺、永绥新辟苗疆的盐课。免去浙江上虞等县所欠的赋税。庚子，准噶尔台吉噶尔丹策零请求以阿尔泰山为界，准其所请。免去湖北钟祥等五县卫旱灾额赋。

三月丁未朔，己酉，召雅尔图来京，任命阿兰泰为北路参赞大臣。免去安徽宿州等四州县所欠赋税。吏部奏报已届地方大吏保举州县官之取，高宗命尚书、都御史、侍郎保举如陆陇其、彭鹏者。免去湖北应山去年旱灾额赋。甲子，设热河兵备道，驻承德州。任命讷亲为协办大学士。戊辰，由于旱灾特免直隶、江苏、安徽三省额赋。壬申，任命魏廷珍为工部尚书。赈济直隶文安等六县水灾。

夏四月丁卯，免去安徽寿州去年旱灾额赋。戊寅，免去江苏丹阳等七县旱灾额赋。辛巳，赐庄有恭等三百二十八人进士及第出身分别有差。壬午，免去长芦去年旱灾所欠的赋税。丙戌，因为天旱下诏广开言路。命刑部清理各类案件，徒刑以下的罪人分别酌减其刑。甲午，免去四川忠州等三州县旱灾额赋。乙未，任命陈世倌为左都御史。癸卯，西藏巴勒布部库车木、颜布、叶楞三汗入京进贡。

五月甲子，朝鲜国王李昑致谢赏赐本国列传，献地方土产。戊辰，改筑浙江海宁石塘。辛未，告老大学士马齐去世。癸酉，加鄂尔泰、张廷玉、福敏太保、徐本、讷亲太子太保，甘汝来、海望、鄂善、尹继善、徐元梦、孙嘉淦、庆复太子少保。

六月庚辰，调硕色为山东巡抚，方显为四川巡抚。甲辰，免去甘肃赤金所去年受灾的额赋。山东济南等七府蝗虫为灾。曹县黄河决口，赈济被水六州县的灾民。甘肃秦安等六州县雹灾。

秋七月戊申，额驸策凌奏请率兵驻鄂尔海西拉乌苏，并分兵驻鄂尔玲坤河、齐齐尔里克、额尔的招、塔密尔、乌里雅苏台附近，以防范准噶尔。庚戌，由于甘肃秦安等十五州县雹灾，命令不论已成灾或尚未成灾的，都免去本年额赋。辛酉，赈济河南祥符等四十七州县水灾。壬戌，赈济山东海丰等县盐场的灶户。甲子，赈济江苏睢宁等十三州县卫水雹各灾，湖北房县旱灾。丙寅，吏部尚书甘汝来去世。任命郝玉麟为吏部尚书，宗室德沛为闽浙总督，班第为湖广总督。己巳，赈济安徽宿州雹灾。庚申，安南马郎叛人矣长等来降。赈济山东利津等二县雹灾。壬申，赈济直隶开州等州县、江苏海州等州县水灾。江苏淮安、安徽凤阳等府州蝗虫成灾。

八月丙子，御史张湄参劾诸大臣阻塞言路。高宗斥责诸大臣受方苞恶习的影响，召见满、汉奏事大臣告诫他们。辛巳，赈济河南商丘等州县水灾。壬午，议叙张广泗经理苗疆有功，授三等轻车都尉，黄廷桂等加衔、加级分别有差。戊子，赈济山东历城等六十六州县卫所水灾，停征新旧额赋。庚寅，江苏金坛县贡生蒋振生呈进手抄《十三经》，赏给他国子监学正衔。

九月乙巳朔，署理广西提督谭行义因安南郑氏专权，清化镇邵郡公及黎篱起兵与郑氏发生内讧，奏报上闻。丙午，免去江苏海州、赣榆二州被水漕粮。戊申，赈济河南祥符等三十七州县水灾分别有差。丁巳，高宗侍奉皇太后谒陵。庚申，高宗亲到昭西陵、孝陵、孝东陵、景陵。赈济山东临邑等县水灾。癸亥，赈济甘肃张掖东乐堡水灾。赈济河南邓州等四州县水灾，山西榆次等三县旱灾。命停征江苏、安徽漕粮。高宗侍奉皇太后回宫。庚午，高宗因病命令和亲王弘昼代行孟冬时享之礼。免去甘肃秦安等十五州县应征粮草三分之一，及灵州、碾伯等州县本年水雹各灾的额赋。

冬十月丁丑，准噶尔回人伊斯拉木定来降。庚辰，以江苏海州等四州县水灾，免去所欠赋税。甲申，端慧皇太子周年祭日，高宗亲临田村奠酒。乙酉，赈济山东历城等六十六州县水灾，发给修房银两。丁亥，免去陕西兴平等十六州县雹灾额赋。己丑，庄亲王允禄、理亲王弘晳等出了错事，宗人府商议削去爵位监禁起来。高宗说："二庄亲王予以宽免。理亲王弘晳、贝勒弘昌、贝子弘普均削爵。弘升永远圈禁。弘蛟的王爵，系由世宗特旨所封，可从宽留其王号，停发俸禄。"丙申，释放马兰泰。己亥，额鲁特札萨克多罗郡王、和硕额驸阿宝之妻和硕格格进献顾实汗所传玉玺，下谕发还给她。壬寅，召定边左副将军额驸策凌来京。封弘昐为郡王，袭理亲王爵。癸卯，高宗亲临南苑行猎。

十一月丙午，高宗举行阅兵之礼，连射五箭均中目标，赏赐居官任事的王大臣银两财物分别有差。戊申，任命郝玉麟署理两江总督。庚戌，召尹会一来京，任命雅尔图为河南巡抚。赈济江苏安东等十五州县水灾分别有差。壬申，免去宁夏明年额赋。

十二月癸酉朔，免去山东金乡等六州卫水灾额赋。丙子，免去浙江安吉等州县漕粮，免去河南罗山旱灾额赋。戊寅，弘晳因为问安泰"准噶尔能否到京，高宗的寿数如何"获罪，拟立即处绞。谕旨免死，永远圈禁，安泰论处绞刑。免去陕西榆林等十一州县所欠的赋税。癸未，免去河南祥符等四十四州县水灾额赋。己酉，晋封贝勒颇罗鼐为郡王。庚寅，免去河南商丘等十州县水灾额赋。壬辰，哈柳等入京觐见。甲午，召车臣汗达玛林等赐茶。

五年春正月丁未，赈济安徽宿州等八州县，庐江等十州县卫旱灾分别有差。丁卯，朝鲜入京进贡。辛未，命乌赫图、巴灵阿护送准噶尔人赴西藏熬茶。湖南绥宁苗人作乱，命冯光裕等前往讨伐。

二月，琉球入京进贡。乙亥，命额驸策凌等定各部落接准噶尔游牧边界。哈柳归来，召入内廷赐茶，因和议成功，予以嘉奖。辛巳，任命伊勒慎为绥远城将军。癸未，工部尚书魏廷珍免职。申明告诫九卿，不要重蹈模棱两可的覆辙。免去山东章丘等六十州县卫水灾额赋。戊子，免去湖北襄阳县卫去年额赋。壬辰，免去上年安徽宿州雹灾、山东滕县等五县水灾额赋。戊戌，任命韩光基为工部尚书。辛丑，免去湖北汉阳等四县去年旱灾额赋。

三月庚戌，任命尹继善为川陕总督，鄂善署理刑部尚书。壬子，免去直隶雄县去年水灾额赋。甲子，免去山东沾化等县盐场水灾额赋。庚午，湖南栗林、鬼冲各寨苗乱被平定。

夏四月丙戌，赈济两淮板浦等盐场灾。戊子，御史褚泰因受贿罪论斩。免去陕西葭州、怀远旱灾额赋。己丑,任命那苏图为刑部尚书。甲午,因为天旱召集九卿当面告谕,令直陈政事的缺失。改山东河道为运河道,衮沂曹道为分巡衮、沂、曹三府,管理河工。戊戌,任兰枝及太常寺卿陶正靖因朋比勾结获罪,发下吏部从严议处。

五月甲寅,高宗到黑龙潭求雨。丙辰,命刑部清理各类案件。甲子,任命杨超曾署理两江总督。丁卯,谕令冯光裕及湖广提督杜恺剿捕城步、绥宁瑶人。

六月癸酉,命阿里衮、朱必堦查勘山东沂州等处水旱灾。戊寅,命山东、江苏、安徽捕除蝗幼虫。召张广泗来京。壬辰,赈济甘肃秦州水灾。戊戌,福州将军隆升因私收财物获罪,革职审问。

闰六月甲辰,广西义宁苗人作乱,谕令马尔泰赴桂林调度兵事。辛亥,任命喀尔吉善为山西巡抚。命杜恺统率湖南兵开往军前。乙卯,命张广泗赴湖南会办军务。甲子,准噶尔台吉噶尔丹策零派使进呈表文。

秋七月癸酉,调张渠湖北巡抚。任命徐士林为江苏巡抚。调方显为广西巡抚,硕色为四川巡抚,朱定元为山东巡抚。乙亥,赐噶尔丹策零敕书,告谕准噶尔令以阿尔泰山为界,山南游牧的人,仍居原地。设甘肃安西提督,驻哈密。丁丑,任命补熙为绥远城将军。辛巳,下诏停止今年秋决之刑。甲申,张广泗留在湖南办理善后事宜。赈济安徽宣城卫饥荒。己丑,免去安徽凤阳等十九州县卫水灾、无为等四州县旱灾额赋。甲午,赈济山西徐沟饥荒。丁酉,赈济甘肃武威等三县饥荒。戊戌,班第奏报总兵刘策名等一连攻克长坪各苗寨,擒获首倡妖言的黎阿兰等人。

八月己亥朔,广西宜山县蛮匪平定。庚子,下谕说:"朕翻阅江省每年定额钱粮杂办款项,沿袭明代,《赋役全书》中也未编定,官民各受其累,全部免除。"庚戌,班第奏报剿平盐井口苗民各寨。壬戌,高宗侍奉皇太后驻南苑。赈济福建永定饥荒。免去河南中牟等十四州县水灾额赋。戊辰,谭行义奏报安南人立龙彪为王,越兮擅定景兴年号。癸酉,调杨超曾为吏部尚书,仍署理两江总督,史贻直为兵部尚书,韩光基为刑部尚书,陈世倌为工部尚书。辛巳,协办大学士礼部尚书三泰请求归老,予以慰留。赈济福建上杭饥荒。赈济浙江余杭等十六州县厅卫所水灾。丙戌,江苏宿迁县朱家闸河水决口,命修筑挑水坝。赈济陕西葭州等州县饥荒。任命王安国为左都御史。永定河复归故道。

冬十月戊戌朔,任命常安为漕运总督。壬寅,高宗谒泰陵。乙巳,高宗回北京。赈济四川绵竹等三县水灾。甲寅,免去甘肃平罗本年水灾额赋,仍免宁夏、宁朔额赋的半数。丙辰,金都御史刘藻奏请停减圆明园的营建,高宗赞许并予采纳。赈济福建台湾、诸罗风灾。丁卯,张广泗奏报擒获苗匪栗贤宇等,及依附瑶匪的戴名扬等,攻克平溪等寨。

十一月己巳,任命那苏图署理湖广总督。庚午,调来保为刑部尚书,哈达哈为工部尚书。丙子,杨超曾参劾江西巡抚岳浚,命令高斌前往会同审讯。己卯,召王慕来京。命王安国以左都御史兼管广东巡抚事。命令阿里衮会同高斌审问岳浚。任命刘吴龙为左都御史。乙酉,命朝廷大臣荐举所知人才,如汤斌、陆陇其、陈瑸、彭鹏等人。赈济陕西葭州等六州县饥荒。

十二月壬寅,张广泗进剿湖南城步、绥宁,广西义宁苗、瑶全部平定。免去安徽宣城、宣州二县卫雹灾额赋。免去托克托城等处雹灾额赋。壬子，免去山东蒲台所歉赋税。

六年春正月甲戌，裁撤安西总兵，设提督。丙子，免去福建闽县等五县所欠赋税。甲申，命鄂尔泰、讷亲会同孙嘉淦、顾琮勘视永定河工程。命令参赞大臣阿岱驻乌里雅苏台。任命庆泰为北路军营参赞大臣。戊子，免去霸州、雄县额赋。甲午，命班第仍在军机处行走。

二月，御史丛洞奏请暂停行猎，高宗以整顿武备安抚远人之意教诲他。丙午，任命完颜伟为南河副总河。免去湖北钟祥等四县卫水灾额赋。甲寅，免去陕西葭州等三州县雹灾额赋。庚申，增设山西归化城分巡道。

三月壬申，命侍郎杨嗣璟前往山西会同审讯山西学政喀尔钦贿卖生员之案。甲申，因为御史仲永檀参劾鄂善受贿案，命怡亲王等审问。鄂善被革职拿问。辛卯，仲永檀升金都御史。

夏四月乙未朔，大学士赵国麟请求归老，不允。免去江苏丰县等十州县卫水灾、虫灾、民屯的芦课。甲辰，免去顺天、直隶霸州等十州县去年水灾额赋。任命庆复署理两广总督，张允随署理云贵总督。己酉，赐鄂善自尽。

五月戊寅，免去福建台湾所欠赋税。赈济江西兴国等县水灾。贵州仁怀、平越水灾。

六月甲午朔，免去陕西葭州等六州县去年水额赋。丙申，江苏巡抚徐士林给假省亲，调陈大受署理江苏巡抚。改任张楷为安徽巡抚。庚子，命王安国查看广东征粮的积弊。乙巳，因御史李慬参劾甘肃隐瞒灾情，命会同尹继善前往审问。己酉，浙江巡抚卢焯因事解职，命德沛及副都统汪扎勒审讯。赈济安徽宿州等十二州县水灾，江苏山阳等州县水灾。赵国麟由于荐举行为不端的人，降职调用。

秋七月，免去江苏苏州等府属所欠赋税。甲子，喀尔钦被处斩。丙子，萨哈谅论斩。戊寅，甘肃巡抚元展成因被御史胡定参劾，解职，命副都统新柱前往会同尹继善审讯。癸未，下诏停止今年秋决之刑。戊子，高宗首次举行秋猎。高宗侍奉皇太后亲临避暑山庄，免去经过地方额赋的十分之三。从此每年定为常例。减免行猎所过各州县的额赋。辛卯，赈济江西武宁等二县水灾。壬辰，高宗至古北口阅兵。赈济广东永安、归善二县饥荒。

八月癸巳，赈济安徽宿州等十九州县卫水灾。庚子，高宗暂住张三营。辛丑，高宗行猎。赈济江苏山阳等十八州县、莞渎等盐场水灾。己酉，召杨超曾回京。调那苏图为两江总督，孙嘉淦为湖广总督，完颜伟为江南河道总督。裁撤直隶河道总督，命高斌兼管直隶河务。辛亥，召宁古塔将军吉党阿来京，以鄂尔达代理他的职务。

九月癸亥朔，任命陈宏谋为甘肃巡抚。乙丑，高宗侍奉皇太后回住避暑山庄。赈济广东南海等二十六州县厅饥荒。高宗侍奉皇太后回程。壬申，任命王恕为福建巡抚，杨锡绂为广西巡抚。甲戌，调陈宏谋为江西巡抚，黄廷桂为甘肃巡抚。免去江苏、安徽乾隆三、四两年受灾的漕粮。己卯，调韩光基为工部尚书。任命刘吴龙为刑部尚书。辛巳，原任江苏巡抚徐士林去世。授陈大受为江苏巡抚，张楷为安徽巡抚。赈济福建福清等八县及长福等镇营饥荒。丁亥，任命刘统勋为左都御史。

冬十月庚子，赈济广东琼山等二十四州县大风灾。丁未，赈济安徽宿州等三十一州县卫水灾，并免去宿州等三州县额赋漕粮。己酉，赈济甘肃灵州等处饥荒。丙辰，赈济热河四旗丁水灾。

十一月甲子，赈济两淮灶户饥荒。乙丑，南掌国王岛孙派使入京进贡。丙寅，赈济甘肃平番等十四州县雹水灾。己巳，御史李慎奏报甘肃饥荒情况不实，下部议处予以革职。高宗说："与其惩办建言的官员而开讳称灾荒之端，宁可予以宽恕以广耳目见闻。"命将李慎革职留任。戊寅，免去江苏山阳等十五州县卫水灾额赋。赈济句容等三十四州县卫饥荒。丙戌，皇太后五旬生日，亲临慈宁宫，高宗率领诸王大臣等行庆贺礼。

十二月乙未，刘统勋请停止张廷玉亲属任职的升转，减去讷亲所管事务，高宗表示赞许。丙申，大学士张廷玉请求解除部务，不准。辛丑，免去甘肃武威等二县五年水灾额赋。赈济江苏江浦等州县旱灾。免去湖南湘乡等二县被水额赋。乙巳，免去浙江仁和等十九州县本年额赋。丁未，免去山东历城等十六州县卫旱灾额赋。庚戌，免去甘肃永昌等三县旱灾额赋。琉球入京是贡。调常安为浙江巡抚，顾琮为漕运总督。命刘统勋前往浙江会勘海塘。赈济浙江嵊县等十七州县，仁和等盐场水旱灾。

七年春正月壬戌，调史贻直为吏部尚书，任兰枝为兵部尚书，任命赵国麟为礼部尚书。庚午，定绥远城、右卫、归化城土默特、察哈尔共挑兵四千名，内札萨克首队兵四千五百名、二队兵六千五百名，援助北路军营，并在额尔德尼昭沿途置办驼马以备应用。戊寅，因那克素三十九部番民备办准噶尔进藏官兵的驼马，免去本年额赋。甲申，赈济安徽凤阳、颍州二府、泗州一州所属的饥民。庚寅，准噶尔入京进贡。

二月辛卯朔，高宗到泰陵。乙未，高宗谒泰陵。本日，回京。丙申，朝鲜入京进贡。戊戌，高宗亲临南苑行猎。己亥，琉球入京进贡。己酉，礼部尚书赵国麟请求归老，不准。乙卯，任命吉党阿为归化城都统。

二月庚申朔，高宗以天旱为忧，下诏求言，并告诫九卿大臣为国尽职。丁卯，命大学士、九卿、总督、巡抚荐举如古代马周、阳城这样的人任言官。乙亥，因天时干旱命令刑部清理各类案件，各省也同样清理。任命晏斯威为山东巡抚。辛巳，准噶尔台吉噶尔丹策零派使者吹纳木喀等上表进贡地方土产，请求不要限定日期贸易。壬午，因噶尔丹策零上表所奏言词狡诈，谕令西北两路军营大臣加意防范。戊子，高宗到黑龙潭求雨。因两江总督地苏图办理赈济多有遗漏，予以切责。

夏四月庚寅朔，准噶尔使者吹纳木喀等入京觐见。裁撤八沟、独石口副都统各一名，增设天津副都统一名。以古北口提督管独石口外各台站。免去河南永城等三县去年水灾额赋。甲午，赐金甡等三百二十三人进士及第出身分别有差。调德沛为两江总督，那苏图为闽浙总督。乙未，拨坟安徽赈灾银三十万两有余，并准予采买湖广米粮备用。辛丑，赈济安徽宿州等州县卫水灾。甲辰，赐准噶尔台吉噶尔丹策零敕书，追论旧事，告诫他屡次违背定约，并谕令将此次奏请贸易、改道噶斯等事停止，仍旧按规定予以赏赐。甲寅，免除河南洧川等十一县水冲地的赋税。免去福建福清等七县风灾额赋。丙辰，刑部尚书刘吴龙去世，任命张照为刑部尚书。

五月己未朔,因顺天、保定等八府,易州等五州缺雨,命停止征收新旧钱粮。规定移驻满兵屯垦喀拉林、阿勒楚喀事宜,设副都统,以巴灵阿任此职。戊辰,因御史胡定的参劾,撤销赵弘恩补刑部尚书之命。癸酉,规定求雨祭祀的典礼,高宗亲自制定乐章。免去江苏沛县昭阳湖水淹田亩的额赋。丙戌,禁止奏章称蒙古为"夷人"。因琉球国王以财物送给江南遭受风灾的难民,特予嘉奖。张允随奏报猛遮界外孟艮酋长召贺罕被逐,逃入缅甸。

六月甲寅,谕令各督抚监督州县筹划地利。戊申,告诫地方官实心办理平价售粮。

秋七月己未,命资助日本遭受风灾的难民回国。免去广西梧州等三府属所欠赋税。辛酉,免除山西繁峙、广西武缘荒地额赋。乙丑,礼部尚书赵国麟请求归老,高宗斥责他故意做作,予以革职。调任兰枝为礼部尚书,陈德华为兵部尚书,徐本兼管户部尚书。丙寅,命大学士鄂尔泰兼领侍卫内大臣。命赈济江苏山阳等州县水灾。命抚恤江苏阜宁等州县水灾。癸未,命高斌、周学健前往江南查办赈灾、水利。甲申,赈济湖北汉川、襄阳等州县卫水雹各灾,并停征额赋。丙戌,赈济江苏江浦等十八州县、浙江淳安等州县、卫、安徽临淮等痒县卫。抚恤江西兴国等州县、浙江淳安等州县、湖南醴陵等八州县、山东峰县等十州县卫、甘肃狄道等四州县厅灾民。

八月戊子,江南黄河、淮河先后水涨,命地方官吏拯救灾民,不必拘泥于常例。告诉军政应该慎重。拨付江苏、安徽赈银二百五十万两有余。庚寅,免去江苏、安徽遭受水灾地方的本年额赋。辛卯,制定皇后亲自养蚕的典礼。戊戌,免去直隶、江苏、安徽、福建、甘肃、广东等省雍正十三年拖欠的额赋。同时免去江南、浙江设有完的雍正十三年的漕赋。庚子,晓谕河南等省抚恤江南流民。壬寅,高崇侍奉皇太后驾临南苑,高宗行围找猎。癸卯,赈济江西兴国水灾。乙巳,高宗侍奉皇太后至晾鹰台观看围猎。

九月丁巳朔,拨调江苏运往山东截留的漕米十万石,准备淮、徐州、凤阳、颖州等地赈宵出售。赈济湖北潜江等十个州县的水灾。辛酉,免去广州崖州等二州县风灾额赋。免去安徽凤阳、颖州、泗州三府州本年水灾地方的漕赋,不成灾的地方按折扣征收。赈济湖南湘阴等九县水灾。丁卯,高宗到东陵。庚午,高宗谒昭西陵、孝陵、孝东陵、景陵。免去江苏山阳等二十一州县本年遭受水灾的漕赋。壬申,高宗亲临盘山。赈济抚恤江苏、安徽灾银二百九十万两、米谷二百二十万石各有余。命再拨邻省银一百万两以备明春接济之用。乙亥,高宗亲临丫髻山。戊寅,高宗回京。

冬十月丙戌,拨调山东、河南明年运漕米各五万石以备江南赈济之用,仍由直隶前往古北外如数采购补运。己丑,免去山东历城等十九州县旱灾额赋。庚寅,命江南截留下癸亥年漕粮二十万石,仍旧拨调山东漕粮二十万石,河南仓米二十万石,运到江南备赈济之用。癸巳,浙江提督裴铱等因侵蚀欺罔被革职审问。壬辰,赈济江苏山阳等二十八州县卫饥荒。甲午,命清理积案。乙未,命拨调山东沿河仓谷十万石运到江南备赈济之用。丁酉,赈济安徽凤阳二十四州县卫水灾。甲辰,朝鲜国王李昑因该国人金时宗等越境犯法,屡蒙宽宥上表谢恩。高宗说:"这是朕怀柔远人之恩。如果倚赖宽宥,犯法日多,则不是朕保全外藩的本意。国王理应严加管束,勿使触犯法纪。"任命塞楞额为陕西巡抚。己酉,赈济河南永城等十三州县饥荒。辛亥,高宗到顺懿密太妃宫中问病。壬子,赈济江苏山阳等七州县卫水灾。

十一月丙辰朔,大学士等奏纂辑《明史》体例。高宗说:"诸臣所见与朕之意相同。上继《春秋》的辅助道统,昭示后世的借鉴观摩,凡我君臣共同勉励。"赈济湖北汉川等十二州县水灾饥民。戊午,赈济浙江瑞安等县厅场、湖南湘阴等九县水灾。庚申,福建漳浦县人匪杀害知县,命令严厉惩治他们。壬戌,赈济山东胶州十州县卫水灾。癸亥,赈济甘肃狄道等州县水雹灾。乙亥,命执法宽严,务必归于平允。命陈世倌会同高斌查勘江南水利。戊寅,告谕明春侍奉皇太后亲临盛京谒陵。庚辰,因初定斋宫之礼,本日到斋宫。

十二月丙戌朔,赈济山东济宁等七州县卫饥荒。丁亥,命考试荐举科道人才。周学健所举三人都是同乡,下谕告诫。命左都御史仲永檀会同周学健查勘赈务。壬辰,高宗侍奉皇太后亲临瀛台。丙子,仲永檀、鄂容安因泄露机密,拿交内务府慎刑司,命庄亲王等审问。免去福建尤溪等四县荒田超出定额的税课。己亥,召安徽巡抚张楷来京,调喀尔吉善代理他的职务。命宽恕鄂尔泰包庇仲永檀之罪。免去直隶蓟州等三州县水灾额赋。丁未,拨运吉林乌拉仓粮接济齐齐哈尔等处旱灾。庚戌,赈济奉天承德等五洲饥荒。免去山东胶州等十州县卫水灾额赋。辛亥,调完颜伟为河东河道总督,白钟山为江南河道总督。乙卯,下谕说:"江南水灾之后地亩干涸,耕种刻不容缓。地方官吏应劝灾民爱护田牛,有的给钱饲养,不要因为小事而废弃。"

八年春正月丁巳,赦免鄂容安发往军台,命其仍在上书房行走。仲永檀死于狱中。召孙嘉淦来京。任命阿尔赛为湖广总督。甲子,陈世倌等奏请修江苏淮安、徐州、扬州、海州,安徽凤阳、颍州、泗州各属的河道水利,发下大学士鄂尔泰等大臣议决施行。己卯,命军机大臣徐本、班第、那彦泰随往盛京。辛巳,召参赞大臣阿岱、塔尔玛回京,以拉布敦、乌尔登为参赞大臣。壬辰,内阁学士李绂归老向高宗辞行,以谨慎小心始终如一对答,高宗赐诗嘉奖。辛卯,因为考试选择御史,杭世骏奏言亲满远汉,抗旨被革职。调刘于义为山西巡抚。命孙嘉淦署理福建巡抚。丙申,命尹继善署理两江总督,协同白钟山料理河工事务。癸卯,命侍讲邓时敏、给事中倪国琏为风、颍、泗宣谕化导使,编修涂逢震、御史徐以升为淮、徐、扬、海宣谕化导使。乙巳,免去湖北汉川等十一州县卫水灾额赋。准许赵国麟回籍。癸丑,派和亲王弘昼代替高宗祭祀先农坛,用《中和韶乐》,与高宗亲祭相同,定为常例。赈济山东滕县等六州县饥荒。庚午,调喀尔吉善为山东巡抚,晏斯盛为湖北巡抚,范璨为安徽巡抚。丙子,高宗到寿祺皇太妃宫中问病。

夏四月甲申朔,寿祺皇太妃去世,罢朝十日。高宗打算服丧守孝,庄亲王等请求免除。告诫九卿要勤于治事。命令各省督抚陈奏所属官员的贤否。乙酉,高宗到寿祺皇贵太妃宫中致祭。辛卯,命奉宸苑试行分区耕种之法。丁酉,赈济安徽凤阳六府州属水灾饥荒。免去湖北襄阳等三县水灾额赋。庚子,裁撤江苏海防道,设淮徐海道,驻徐州府。以苏松巡道兼管海塘工程。扬州府隶属常镇道。原设淮徐、淮扬二道专管河工。

闰四月甲寅朔,琉球入京进贡。丁巳,高宗亲试翰林、詹事等官,王会汾等三人升为一等,其余分别升降有差。辛酉,免去河南郑州等十三州县本年水灾额赋。甲戌,免去江苏吴江等二县被水淹没田荡的额赋。

五月癸未朔,谕令皇帝车驾所到之处,扈从的护军等应加以约束,不得践踏田苗。乙酉,御史沈懋华因进呈经史讲义被召见时,已经离去,发下吏部严加议处。丁亥,命河南停止征收去年受水灾地方的钱粮。己亥,免去江苏山阳等十三州县的牙税。免去临清商民运征米船料及铜补商补等费。辛丑,赈济山东历城等十八州县卫饥荒。丙午,任命硕色为河南巡抚,纪山为四川巡抚。戊申,调庆复为川陕总督。任命马尔泰为两广总督。授张允随为云南总督,兼管巡抚事。辛酉,苏禄国王麻喊末阿禀勝宁上有请求三年朝贡一次。命其仍遵五年朝贡一次的旧例。

六月壬子朔,御史陈仁请以经史考试翰林、詹事,不宜用诗赋考试,高宗予以嘉许。甲寅,改南掌为十年一次朝贡。乙卯,免除江苏沛县水淹地亩的赋税。丙辰,因为天时干旱求言。戊午,命阿里衮暂署理河南巡抚。丁卯,因御史胡定参劾湖南巡抚许容一案,究出督无互相诬陷党同伐异,胡定予以叙功。壬申,谕令督抚及其所属务必重视农田。

秋七月乙酉,高宗到顺懿密太妃宫中问病。丙戌,因安南不宁靖,扰及云南开化都龟厂,命张允随等严加防范。开化镇总兵赛都请讨安南,不许。戊子,高宗侍奉皇太后由热河到盛京谒陵,免去所经过的直隶、奉天地方的钱粮。拨通州仓米四十万石赈济直隶旱灾。壬辰,免去山东历城等十六州县卫旱灾额赋。乙未,停止今年勾决死刑。高宗侍奉皇太后驻避暑山庄。丙申,免除福建连江等二县水淹地亩的赋税。己亥,高宗侍奉皇太后到盛京。癸卯,高宗在永安莽喀行猎。乙巳,高宗在爱里行猎。丙午,高宗在锡拉诺海行猎。命严厉革除征收漕粮坐仓之弊。戊申,免去直隶沧州遭受雹灾的灶户额赋。高宗侍奉皇太后驻吗吗塔喇。己酉,高宗行猎,至己卯日每天都行猎。严禁督抚泄露秘密。赈济湖北兴国等三州县水灾,并免去额赋。癸亥,高宗生日,高宗到皇太后帷幕中行礼。高宗亲临帷幕,扈从的各王以下大臣官员及蒙古王以下各官员庆贺。赏赐诸王、大臣、蒙古王等饮宴。甲子,高宗驻巴雅尔图塔剌。乙丑,高宗行猎。戊辰,高宗行猎。壬申,高宗驻伊克淖尔,高宗行猎,至丙子日每天都行猎。甲戌,赈济四川西昌水灾。拟定直隶遭受旱灾州县的赈济抚恤事宜。赈济广东始兴等十六州县水灾。己卯,高宗在巴彦行猎,高宗发箭射死猛虎。

九月庚辰朔,高宗在伍什杭阿行猎,亲自射死虎。辛巳,高宗在威准行猎。壬午,高宗在黄科行猎。癸未,高宗在阿兰行猎。因为哲布尊丹巴呼图克图未奏往额尔德尼招礼拜,与土谢图汗敦丹多尔济均发下理藩院从严议处。甲申,赈济陕西商州水灾饥荒。乙酉,高宗在舍里行猎。丙戌,高宗在善颜倭赫行猎。丁亥,高宗在巴彦行猎。鄂弥达改任荆州将军。调博第为吉林将军,富森为黑龙江将军。戊子,高宗在尼雅满珠行猎。己丑,高宗在珠敦行猎。庚寅,高宗在英额边门外行猎。本日,驻乌苏河。甲午,许容因参劾谢济世贪污放纵各款皆不实,孙嘉淦因支持定案,均被革职。署理粮道仓德因举以核实,予以叙功。高宗驻穆奇村。乙未,高宗侍奉皇太后谒永陵。丙申,行合祭之礼。命停止顾琮所议限制民田。赈济河南样符二十一州县、山东齐东等十八州县卫旱灾,并免去额赋分别有差。辛丑,高宗谒福陵。壬寅,行合祭之礼。谒昭陵。癸卯,行合祭之礼。高宗侍奉皇太后驻盛京。朝鲜国王李昑派遣陪臣到盛京进贡地方土产。甲辰,高宗率领各臣到皇太后宫中行庆贺礼。亲临崇政殿受贺。赏赐群臣及朝鲜使臣饮宴。亲临大政殿赏赐肉脯。颁布诏书广施恩惠分别有差。乙巳,高宗到文庙致祭。亲临讲武台阅兵。告诫王公宗室大臣等一切祭典必须整洁干净,教导兵民,勿忘淳朴旧俗。丙午,高宗亲临克勤郡王岳托及武勋王扬古利墓致祭。派官遥望长白山、北镇医巫闾山及辽太祖陵致祭。戊申,高宗亲临弘毅公额宜都、地义公费英东墓致祭。免去河南带征乾隆七年以前所欠赋税。

冬十月庚戌朔,高宗亲临大政殿,赏赐扈从王大臣宴于凤凰楼前。告诫王公宗室等革除陋习,恪守旧章。免去盛京、兴京等十五处旗地本年额赋及乾隆七年所欠赋税。御制《盛京赋》。辛亥,高宗侍奉皇太后起程。乙丑,赈济广东南海等七县水灾。本日,高宗登望海楼,驻文殊庵。丁卯,命直隶受灾各地减价出售存粮。己巳,命在京部院大臣考绩各荐举贤良自代。任命刘于义为户部尚书,阿里衮为山西巡抚。命徐本仍兼管户部。调陈宏谋为陕西巡抚,塞楞额为江西巡抚。庚午,赈济河南祥符等十四州县旱灾。甲戌,高宗侍奉皇太后回北京。丁丑,高宗因谒陵典礼告成,率领各臣到皇太宫中行庆贺礼。亲临太和殿,王大臣各官上表朝贺。

十一月,赈济安徽无为水灾,并免去额赋。壬午,赈济甘肃狄道等二十四州县水虫风雹各灾。庚寅,安南国王黎维祎上表致谢赐祭及袭封之恩,进贡地方土产。辛丑,赈济广东万州等十四州县水灾,福建台湾等三县旱灾。壬寅,借给黑龙江遭受旱霜各灾兵丁等仓粮。赈济山西曲沃等十一州县旱灾。癸卯,赈济直隶天津等二县旱灾。丁未,赈济安徽寿州等九州县卫旱灾。己酉,免去谒陵时所经过地方额赋的十分之三。

十二月庚戌朔,赈济广东吴川县旱灾。辛亥,命史贻直为协办大学士。乙卯,赈济山东陵县等十二州县卫旱灾。将端慧皇太子葬于朱华山寝园。辛酉,大学士福敏请求归老。恳切降旨予以慰留。甲子,准噶尔派遣贡使图尔都等到北京,致谢进藏人由噶斯路行走,及赐助牲畜之恩,并进贡地方土产。乙丑,因陈德华隐匿其弟陕西按察使陈德正申辩参案密奏,发下吏部严加议处。德正被革职审问。丁卯,因星象变异以示警诫,下诏修身分省。

九年春正月辛巳,因徐本患病,命史贻直为大学士。任命刘于义为吏部尚书、协办大学士,张楷为户部尚书。陈德华免职,任命王安国为兵部尚书。壬午,高宗亲临瀛台。在帷幕中,赐准噶尔来使图尔都饮宴,命图尔都立于首班大臣之末。因噶尔丹策零恭顺,图尔都诚敬可嘉,召图尔都近前,赐饮三爵,赏赐优厚。告诫各省州县治民应该教养兼施。丁亥,赈济直隶天津等十一州县灾。庚子,王安国丁忧免官,任命彭维新为兵部尚书。任命许容署理湖北巡抚。授史贻直为文渊阁大学士。朝鲜入京进贡。给讷亲钦差大臣印信。癸卯,高宗侍奉皇太后到泰陵。丙午,高宗谒泰陵。本日,侍奉皇太后回北京。

二月,高宗侍奉皇太后亲临南苑。丙辰,因给事中陈大玠等奏请,停止许容署理湖北巡抚的命令,留晏斯盛之任,仍告诫言官不得徇私举发。免去安徽桐城等九州县去年水灾额赋。免去福建台湾等三县旱灾额赋,并予以赈济。甲子,陈德华降职调用。丁卯,赈济云南沾、益二州县水灾。丁丑,户部尚书张楷去世,以阿尔赛代理他的职务,任命鄂弥达为湖广总督。

三月癸未,任命汪由敦为工部尚书。丁亥,免去江苏沛县、河南中牟等六县旱灾额赋。丁酉,调博第为西安将军。任命巴灵阿为宁古塔将军。乙巳,赈济山东德州等五州县卫旱灾。因讷亲所奏查阅河南、江南军营风纪败坏,高宗说:"可见外省地方大吏无一不是欺骗朕的,不可不惩一而儆百。"

少繁文缛节,以示虔诚祷告。因天旱命令省刑罚宽禁令。辛未,赈济山东德平等八州县旱灾。已卯,下谕说:"一春以来,雨水稀少。皇太后因天时久旱,忧形于色,今日从寝宫步行来到园内龙神庙虔诚祷告。朕惶恐战栗,立刻前往请安,恳切谢罪,特此告谕内外臣工一体知患。"戊子,高宗到方泽祭地,不乘辇,不设仪仗。庚寅,降雨。壬寅,大学士、九卿审议御史柴潮生请修直隶水利事,命协办大学士刘于义前往保定会同高斌筹划。

六月己酉,大学士徐本因病请归老,准其所请。癸丑,赈济山东历城等三十二州县旱灾,兰山等六州县雹灾。

秋七月丙子朔,谕令直隶重灾的天津等十六州县,本年停征新旧钱粮。丙戌,免去江苏、安徽雍正十三年所欠赋税。壬辰,额尔图因不称职免官,任命达勒党阿为奉天将军。

八月己酉,抚恤安徽歙县等二十州县水灾。戊申,免去江苏淮安、安徽凤阳二府雍正十三年所欠赋税。癸丑,赈济四川成都等州县水灾。乙丑,告老大学士徐本回籍,高宗赐诗以宠其行色,赏赐优厚,并告谕他南苑行猎之日,亲临慰问。丙寅,免去直隶天津三十一州县去年所欠赋税。己巳,高宗侍奉皇太后到南苑,高宗行猎。

九月己亥朔,因翰林院编修黄体时进呈讲章,牵涉到考试时搜检太严,隐含讽刺,发下吏部严加议处予以革职。乙未,免去山西清水河本年雹灾额赋。癸卯,赈济山东博兴等县旱灾。丁未,改明年会试于三月举行。己酉,因陈世倌假满,命入阁办事。赈济山西文水等县水灾。庚戌,因四川学政蒋蔚实心教士,命其留任。乙卯,高宗侍奉皇太后到汤山。江南、河南、山东蝗虫成灾。癸亥,高宗亲临盘山。丁卯,高宗侍奉皇太后回宫。庚午,重修翰林院工程竣工。高宗亲临翰林院赐宴,分韵赋诗,又亲拟后梁体诗的首句,群臣依次续咏。赏赐掌院大学士鄂尔泰、张廷玉书匾额,及翰林、詹中诸臣书法财币分别有差。本日,高宗亲临贡院,赐御书楹联及额。又亲临紫向殿、观象台。赈济直隶保定等十八州县水虫雹等灾。赈济江苏靖江等十二州县卫潮灾,安徽歙县二十一州县卫水灾。庚辰,起用孙嘉淦为宗人府府丞。辛巳,免除直隶涿州等三州县水淹地亩的赋税。丙戌,山东登州镇总兵马世龙因摊派兵丁,审问属实论绞。赈济甘肃河州等三十五州县卫雹水各灾。辛卯,因江西学政金德瑛取士公明,命其留任。己亥,因贵州学政佟保操守廉洁为士所服,命其留任。丙午,鄂尔泰核议刘于义奏勘直隶水利,命拨银五十万两兴修。丁未,免去浙江仁和等三十一州县所旱灾额赋,并予以赈济。辛亥,赈济成都等三十州县水灾。壬子,准许准噶尔贡使哈柳等随带牛羊等物在肃州贸易。甲子,免去山东历城等三十二州县卫本年旱雹等灾额赋。乙丑,免去直隶保定等十一州县厅本年水旱虫雹灾额赋。丙辰,赏给雷铉额外谕德,并给俸禄。戊辰,张照丁忧,调汪由敦为刑部尚书,任命赵弘恩为工部尚书。免去安徽歙县等二十一州县卫水灾额赋。辛未,因福建闽县等县火灾,下谕斥责地方官疏于防火。罗卜藏丹怎就擒。

十年春正月丙子,召集大学士、内廷翰林在重华宫联句。改会试于三月举行,定为法令。乙未,大学士鄂尔泰因病请求解任,下谕恳切慰留。己亥,准噶尔派使哈柳进贡地方土产。庚子,召高斌来京,任命刘于义署理直隶总督。己酉,赈济浙江淳安等四县去年水灾。朝鲜入京进贡。辛亥,高宗亲临内右门直庐慰问鄂尔泰病体。己未,高宗谒昭西陵、孝陵、孝东陵、景陵。庚申,免去广东海阳等二县去年水灾额赋。甲子,免去江苏丹徒等十州县卫去年水灾额赋。丁卯,高宗回北京。己巳,免去山东博兴等二县乾隆九年旱灾额赋。庚午,高斌回直隶总督任。

三月癸酉朔,日食。乙亥,改殿试于四月举行,定为法令。赈济云南白盐井水灾。庚辰,高宗亲临鄂尔泰家慰问。辛巳,加鄂尔泰太傅。己丑,协办大学士、礼部尚书三泰请求归老,准其所请。庚寅,任命讷亲为协办大学士,调来保为礼部尚书,任命盛安为刑部尚书。癸巳,免去浙江仁和等三十州县去年旱灾额赋。甲午,因安南莫康武作乱,攻陷太原、高平等处,命令那苏图等严加防守边隘。乙未,加史贻直、陈世倌、来保、高斌太子太保,刘于义、张允随、张广泗太子少保。

夏四月癸卯朔,发江南库银五十六万两疏浚河道。己巳,免去山东海丰等二县遭受旱灾的额征灶课。乙卯,大学士鄂尔泰去世,高宗亲临致祭,罢朝二日,命遵照世宗遗诏,鄂尔泰配享太庙。召那苏图来京,任命策楞为两广总督。调准泰为广东巡抚。任命魏定国为安徽巡抚。庚申,召蒋溥来京,任命杨锡绂为湖南巡抚。壬戌,命令沿海各省训练水师。癸亥,因天时大旱命刑部清理各类案件。戊辰,以策题考试贡士,诏令能深悉时政直言极谏者听任其畅所欲言。己巳,庆复、纪山奏请前往讨伐瞻对番。

五月壬申朔,赐钱维城等三百三十三人进士及第出身分别有差。丁亥,免除江苏苏州等九府被水淹没地方的芦课。将高宗所做的《太学训饬士子文》颁发给各省学宫,与世祖的《卧碑文》、圣祖的《圣谕广训》、世宗的《朋党论》每月初一、十五两日宣讲。任命讷亲为保和殿大学士。辛卯,户部尚书阿尔赛为家奴所害,处家奴以磔刑。任命高斌为吏部尚书,那苏图为直隶总督。命令高斌、刘于义仍旧办理直隶水利河道。任命梁诗正为户部尚书。己亥,命刘于义兼管户部事务。

六月丁未,普免全国钱粮。高宗下谕说:"朕君临天下,至今十年。抚育黎民,力行俭约,减轻赋役,孜孜求治,不敢稍有闲暇安逸。目前四方安定,国库充足,保守成业,必先富民。天下之财,止有此数,不聚于上,则散于下。圣祖在位六十一年,免除赋税劳役的诏谕,史不绝书,普免天下钱粮一次。世宗无日不下减赋宽征之令,如甘肃一省,所有正赋全部免征者达十余年。朕以承志继业之心,值累世昌明之后,欲使海角天涯之民,均沾雨露,为此特颁谕旨,丙寅年各省应征钱粮,普遍免除。"庚戌,免去安徽凤阳等府州连年受灾地方的附加赋税。命户部侍郎傅恒在军机处行走。辛酉,御史赫泰奏请收回普免钱粮的成命。高宗斥责他的荒谬,予以革职。癸亥,高宗到黑龙潭求雨。

秋七月辛未朔,免去甘肃宁夏等三县所欠赋税。癸酉,因顺直宛平等六十四厅州县缺雨,命停征钱粮。乙酉,命高斌仍兼直隶河道总督。戊子,赈济安徽寿州等十八州县卫水灾雹灾。壬辰,高宗侍奉皇太后亲临多伦诺尔,免去经过州县额赋的十分之四。戊戌,高宗侍奉皇太后驻避暑山庄。赈济安徽宿州等州县卫水灾。

八月癸卯,赈济两淮莞渎等三盐场水灾。停止征收湖北汉川等十七州县水灾、光化等二县雹灾额赋,并予以赈济。高宗侍奉皇太后亲临木兰行猎。甲辰,高宗驻波罗河屯。赐青海蒙古王公宴,并予以赏赐。丁未,高宗在永安莽喀行猎。戊申,高宗在毕雅喀拉行猎。己酉,高宗在温都里华行猎。辛亥,高宗在额尔衮郭行猎。赐蒙古王、额驸、台吉等宴。癸丑,高宗在布尔噶苏台行猎。甲寅,高宗在巴彦沟行猎。乙卯,高宗在乌里雅苏台行猎。赐王、大臣、蒙古王、额驸、台吉等宴。丙辰,高宗在毕图舍尔行猎。赈济直隶宣化府所属旱灾。丁巳,高宗在阿济格鸠和洛行猎。戊午,高宗在僧机图行猎。己未,高宗在永安湃行猎。庚申,高宗在英图和洛行猎。辛酉,高宗在萨达克图门行猎。壬戌,赈济湖北宜城等三州县卫水灾。癸亥,高宗在老图博勒齐尔行猎。乙丑,高宗在库尔奇勒行猎。丙寅,赈济甘肃安定等三县、广东电白等二县旱灾,海丰虫灾,南澳风灾。高宗驻多伦诺尔。丁卯,赐王、大臣、蒙古王、额驸、台吉等宴。赈济山西曲沃等十二州县水灾。

九月庚午朔,高宗在额尔托昂色钦行猎。辛未,高宗在多伦鄂博图行猎。壬申,派员致祭明陵。高宗在古哲诺尔行猎。癸酉,张允随因猛缅土司奉廷征等通缅莽,奏请改土归流,命详加核议。高宗在塔奔陀罗海行猎。乙亥,赈济河南永城等五县水灾。高宗在札玛克图行猎。丙子,高宗在咘尔呼行猎。丁丑,赈济直隶故城等十五州县卫旱灾。癸未,高宗驻宣化府。甲申,高宗在宣化镇阅兵。丁亥,赈济山东济宁等六州县卫水灾,海丰旱灾。癸巳,高宗侍奉皇太后回北京。甲午,授鄂弥达为湖广总督。赈济两淮庙湾场水灾。丁酉,因普遍免除各省钱粮,命请查各省历年存余之银,以抵岁需之用。戊戌,授尹继善为两江总督。命修明愍帝陵。赈济江苏淮、徐、海受灾的州县。庆复奏报收抚上瞻对,进剿下瞻对班液,攻克加社丫等卡以及南路各寨。赈济陕西长安等六县水灾。

冬十月丁未,以甘肃甘山道归并肃州道。戊申,赈济河南商丘等五县水灾。辛亥,裁撤通政使司汉右通政一人。丙辰,命堵塞陈家浦决口。戊午,命四川严查啯匪。礼部尚书任兰枝请求归老,准其所请。癸亥,免去江苏海州等七州县漕粮。甲子,发给江南灾民修房银。赈济江苏江浦等二十一州县卫水灾。乙丑,赈济湖南湘阴等三县、湖北汉川等二十一州县卫旱灾。丙寅,免除湖北当阳等二县卫被水淹没田亩的赋税。

十一月庚午,赈济顺直香河等四十八州厅县旱灾,陕西兴平等县水灾。辛未,赈济山东滕县等七州县卫水灾。壬申,任命王安国为礼部尚书。甲戌,赈济两淮庙湾等盐场水灾。乙亥,傅清奏报准噶尔台吉噶尔丹策零与阿卜都尔噶里木汗交战。丁丑,赈济山西大同等十八州县旱霜雹等灾。湖北巡抚晏斯盛请养老,以开泰代理他的职务。辛巳,赈济广西思恩等县旱灾。壬午,准噶尔台吉噶尔丹策零去世。命西北两路筹备边防。乙酉,赈济广东海烆等四盐场风灾。戊子,免去安徽宿州等五州县水灾地方的漕粮。庚寅,陈家浦决口合龙。癸巳,赈济直隶宣化府所属及庆云县旱灾。

十二月辛亥,大学士福敏请求归老,特下情词恳切的诏书准其所请,加太傅。壬子,任命庆复为文华殿大学士,留在川陕总督任上。命高斌为协办大学士。赈济陕西陇西等州县旱灾。赈济淮北板浦等盐场水灾。乙卯,命协办大学士高斌、侍郎蒋溥均在军机处行走。

十一年春正月庚午,因逢登极十年之期,下令减刑。癸未,命庆复进剿瞻对,为李质粹声援。辛卯,赈济江苏铜山、安徽宿州等州县饥荒。甲午,朝鲜入京进贡。李质粹进攻灵达,班滚之母来大营请求宽宥生命,仍释放归家。高宗告诫他失机。谕令庆复率兵前进。

二月戊戌,赈济山西大同等十二州县饥荒。辛丑,召北路军营参赞大臣拉布敦、乌勒来京,以塔尔玛善、努登代理他们的职务。癸卯,高宗亲临南苑行猎。丁未,免去广东新宁等州县、云南鹤庆府水灾的额赋。辛亥,由于三月初一日日食,下诏修身自省以务实。规定皇后不行亲蚕礼的年份由妃代行。丙辰,免去河南永城等五县水灾额赋。庚申,西藏台吉冷宗鼐因攻打瞻对擅自撤兵,论斩。下谕免其死罪。

三月己巳,免去直隶盐山等八州县水灾额赋。甲戌,赈济云南白盐井水灾。乙亥,准噶尔台吉策旺多尔济那木札勒由于新立,派使者哈柳进贡地方土产,请派人往西藏熬茶。戊寅,庆复至打箭炉,参劾李质粹等暮气轻敌,请续调官兵前往攻剿,准其所请。辛巳,派内大臣班第等赴瞻对军营。壬午,赐哈柳等宴。召见哈柳,准其所请往西藏熬茶一事,并赏给他如意。甲申,赐准噶尔台吉策旺多尔济那木札勒敕书。赏给已故台吉噶尔丹策零财物。丙申,免去湖北潜江等州县去年水灾额赋。庆复奏报进驻灵雀。

闰三月丁酉朔,饬令陕西修历代的陵墓。庚子,召白钟山来京,任命顾琮署理江南河道总督,高斌暂时代管,任命刘统勋署理漕运总督。赈济直隶宣化府饥荒。赈济甘肃陇西等十二州县水旱雹霜等灾。丙午,命汪由敦署理左都御史。癸丑,左都御史杭奕禄年老去职,以阿克敦代理他的职务。

夏四月丁丑,白钟山革职,发往南河效力。严戒军机处泄露机密。任命鄂昌署理广西巡抚。丁亥,免去湖南湘阴等五县水灾额赋。己丑,免去广东新宁等四州县水灾额赋。

五月丙申朔,任命盛安为左都御史,阿克敦为刑部尚书。丁酉,谕公顾琮查明南河虚糜浪费的款项,令白钟山赔补。壬寅,免去山西大同等十八州县去年旱霜各灾的额赋。丙行,庆复奏报进攻瞻对,番酋班滚指日可以消灭。加庆复太子太保。戊申,免去甘肃靖远等三县去年旱灾额赋。己酉,永远免除直隶庆云县每年额赋的十分之三。乙卯,达赖喇嘛等请求宽宥班滚,不准所请。因傅清代奏,予以严加告诫。

六月丙寅,庆复、班第等合兵会攻丫鲁尼日寨,攻克。班滚自焚而死。丁卯,因打箭炉口内外番人从征效力,再免其赋税二年。丙子,北京发生地震。壬辰,命将俄罗斯逃亡的人送往恰克图。

秋七月丙申,加那苏图、策楞太子少傅衔,周学健太子少保衔。丁酉,命高斌赴江苏察看黄河、运河工程,刘于义署理直隶河道总督。壬寅,四川大乘教首刘奇因造作逆书,处以磔刑。庚戌,周学健奏报逮捕天主教二千余人。高宗恐失安抚远方之意,特予宽宥。壬戌,赈济湖北汉川等七县水灾。癸亥,因云南张保太传布邪教,蔓延数省,谕令被诱加入的人限期自首,其仍立教堂者逮捕问罪。丁卯,召吉林将军巴灵阿来京,命阿兰泰代理他的职务。赈济直隶庆云等七县盐场旱灾。己巳,因四川提督李质粹进剿瞻对隐瞒过失,予以免职。免去广宁等处旗地水灾额赋。辛未,赈济湖南益阳等四州县水灾。癸酉,加赏江苏、安徽遭受水灾民户修葺房屋银。乙酉,赈济山东金乡等十一州县卫水灾。庚寅,高宗至瀛台,赏赐宗室王公等宴。改崇雅殿为敦叙殿。辛卯,高宗至瀛台,赏赐大学士、九卿、翰林、科道等宴,宣示所作七言律诗四章。壬辰,福建上杭县民罗日光等聚集民众请平均佃租致生事端,逮捕问罪。癸巳,批准朝鲜国王所请,停止在奉天牤牛哨设汛兵。

九月甲午朔,免除浙江归安等三县沙积坍陷地方的赋税。戊戌,教海督抚实心从政。赈济山东滕县等三州县、两淮板浦等六盐场水灾。己亥,命高斌前往奉天疏浚河道。辛丑,停止今年秋决之刑。任命周学健为江南河道总督。调陈大受为福建巡抚,任命安宁署理江苏巡抚。规定钦差大臣巡阅各省营伍之例。赈济河南郑州等三州县水灾。壬寅,命讷亲兼管户部。免去甘肃陇西等九州县水灾额赋。癸卯,高宗侍奉皇太后起程赴泰陵,并巡视五台山。丁未,高宗谒泰陵。己酉,阿里衮患病,任命班第署理山西巡抚。庚戌,赏赐所经过直隶各州县地方的长寿老人。甲寅,赈济江苏丰县等三州县雹灾。乙卯,高宗在五台山射虎。因山西风俗淳朴,告谕地方官吏务要教养兼施,百姓崇尚礼让。丙辰,免去山西五台县明年额赋的十分之三。丁巳,召马尔泰来京,任命喀尔吉善为闽浙总督。调塞楞额为山东巡抚,陈宏谋为江西巡抚,任命徐杞为陕西巡抚。庚申,高宗侍奉皇太后回程。壬戌,召鄂弥达来京,任命塞楞额为湖广总督。调阿里衮为山东巡抚,爱必达为山西巡抚。赈济河南鄢陵等二十六州县水灾。

冬十月甲子,赈济山西阳曲等二十二州县水雹各灾。丁卯,高宗视察滹沱河堤。赈济湖北汉川等九州县卫水灾。庚午,高宗侍奉皇太后驻保定府。壬申,高宗阅兵,赏赐银两财物分别有差。甲戌,因张广泗揭发逆犯魏王氏、刘奇等,予以叙功。规定将山西归绥道加兵备衔,稽查靖远营。戊寅,高宗侍奉后太后回北京。调开泰为江西巡抚,陈宏谋为湖北巡抚。庚辰,特免张廷玉带领引见,并谕令廷玉不必每早入朝及勉强进宫。壬午,命汪由敦在军机处行走。癸未,御史万年茂因参劾学士陈邦彦等献媚傅恒情况不实,万年茂被革职。戊子,免去安徽寿州等二十三州县水灾额赋。辛卯,拨付赈济江苏淮、扬、徐、海各属灾民银粮二百二十万两石有余。

十一月癸巳,停止甄别科道之命。御史李兆钰发下吏部议处。乙未,因河南学政汪士锽考试徇私,被革职。免去江苏山阳等二十四州县卫水灾额赋,并将漕粮或免或缓分别有差。己巳,免除奉天锦县等二县冲压地的赋税。己酉,给予已故内阁学士张若霭治丧银,并告谕张廷玉节哀自爱。辛亥,李质粹发往军前效力。戊午,庆复奏报大金川土司莎罗奔侵犯小金川,倘若不遵判处,唯有利用番人内部解决,高宗以为然。

十二月癸亥,召班第来京,任命陶正中护理山西巡抚。甲子,赈济湖北潜江等七州县卫水灾。乙丑,因傅清奏报达赖喇嘛看茶的绥绷喇嘛压制郡王颇罗鼐,特赐诏书予以慰问,并告谕他与达赖喇嘛同心协力,保卫地方。戊辰,任命瑚宝为驻防哈密总兵。甲戌,免去直隶静海虫灾额赋，并予以赈济。丁丑，因张廷玉年老，命其子庶吉士张若澄在南书房行走，以便随时搀扶。戊寅，赈济甘肃安定等州县旱灾。免去山东金乡等八州县水灾额赋。庚辰，免除广西永福水淹田亩的赋税。癸未，准噶尔台吉策旺多尔济那木札勒派使者玛木特等入京觐见，在太和殿召见。己丑，赈济苏尼特、阿巴噶等旗灾荒。陈大受所奏，苏禄国派遣番官携带谢恩表番字、汉字二道，与例不符，退还给他，仍旧厚赠番官令其回国。高宗嘉许陈大受办事得体。

十二年春正月壬辰，命玉保办理准噶尔使者前往西藏的事务。甲午，免去山西太原等六府八州及归化城应征实物的十分之三，大同、朔平二府完全免征。乙未，在丰泽园赏赐玛木特宴。戊戌，免去江苏海州等三州到及板浦等六盐场民灶从前所欠的赋税。丁未，赈济山东寿光等十三州县饥荒。乙卯，赐准噶尔台吉策旺多尔济那木札勒敕书，准许他所派遣的西藏念经人在哈集尔得卜特尔过冬及贸易。

二月辛酉朔，免去吉林去年旱灾应交的租谷。壬申，高宗谒昭西陵、孝陵、孝东陵、景陵。纪山奏报大金川土司侵略革布什咱土司，诱夺小金川土司泽旺印信。谕令整顿防务，勿轻举妄动。甲戌，高宗至盘山。庚辰，赈济山东兰山饥荒。壬午，免除河南孟县冲坍卫地的额赋。癸未，高宗回北京。戊子，原任内务府大臣丁皂保岁高龄，赐御书匾额朝服钱帛等物。免去湖北枣阳去年水灾额赋。

三月，免去山西阳曲等二县去年水灾额赋，辛丑，召庆复入阁办事，调张广泗为川陕总督。复设云贵总督，任命张允随充当。命图尔炳阿为云南巡抚，孙绍武为贵州巡抚。赈济河南水灾。因大金川土司抢掠革布什咱、明正各土司，骚扰汛地，命庆复留在四川，与张广泗共商进剿，并令张广泗安抚控制郭罗克、曲曲乌、瞻对、巴塘各番。免去江苏淮安等四府州所属去年水灾额赋。大学士查郎阿请求归老，准其所请。乙巳，西藏郡王颇罗鼐去世，珠尔默特那木札勒袭封郡王。丙午，任命高斌为文渊阁大学士，来保为吏部尚书。调海望为礼部尚书，傅恒为户部尚书。命索拜驻西藏，协同傅清办事。免去安徽寿州等二十三州县卫去年水灾额赋。丁未，命副都统罗山以原衔管理阿尔泰军台，以及商都达布逊诺尔马广事务。己酉，命张广泗进攻大金川土司莎罗奔。西路军营参赞大臣任期已满，任命那兰泰代理他的职务。庚戌，免去直隶蓟州等十四州县厅去年水灾额赋。戊辰，命高斌前往江南会同周学健查勘河工，并清理钱粮积弊。己巳，任命那苏图署理直隶河道总督。壬午，给讷亲钦差大臣印信，命其前往山西会同爱必达审讯安邑等二县聚众之案。甲申，召雅尔图回京。

五月辛卯，召准泰来京，任命策楞兼管广东巡抚。丙申，赈济山东安丘等二县饥荒。甲辰，高宗到方泽祭地，由于天时干旱不用仪仗。乙巳，命刑部清理各类案件，对判处徒刑以下的罪犯予以减刑。乙酉，高宗到黑龙潭求雨。辛亥，爱必达免职，调准泰为山西巡抚。壬子，因福建、山东、江南、广东、山西多次发生挟制官长的案件，下谕说："不法之徒聚众生事，触犯法律，不得不引为自己的过错。各督抚应切实开化教导，使百姓知道敬畏官长，服从政令。"

六月庚申朔，下谕宣告明年春季将侍奉皇太后东巡，致祭孔林，命各衙门预备应办事宜。辛未,命贵州巡抚管理全省军务。霍备因不查办州县亏空予以革职,发往军台效力。壬申,赈济山东益都等七州县饥荒。丙子,小金川土司泽旺率众来降,并归还沃日三寨。官兵进攻大金川,攻克毛牛及马桑等寨。召庆复回京。

秋七月己丑朔,抚恤山东历城等二十州县卫水雹各灾。命高斌等疏浚江苏六塘等河。丙申,命纳延泰赈济苏尼特等六旗旱灾。癸卯,停止刘于义兼管户部,以讷亲代理他的职务。丙午,赈济顺直固安等七十五厅州县水旱雹各灾。戊申,高宗侍奉皇太后到避暑山庄。癸丑,张广泗进驻小金川美诺寨,分路进攻,接受小金川来降。乙卯,高宗侍奉皇太后住避暑山庄。戊午,赈济长芦永利等三盐场旱灾灶户。

八月辛酉,高宗侍奉皇太后到木兰行猎。丙寅,赈济长芦、海丰等二县灶户。戊辰,高宗在温都尔华行猎。赐蒙古王、公、台吉等饮宴。辛未,采购热河八沟等处米,赈济苏尼特六旗旱灾。癸酉,赈济江苏苏州、松江等属潮灾。丙子,命赈济苏尼特六旗银两,均用国库所藏,免扣王贝勒等人的俸禄。辛巳,庆复奏报进攻刮耳崖,连战皆胜。下谕说:“区区破碉克寨,何以慰朕。”壬午,赈济浙江寿昌等三县水灾。乙酉,赈济顺直霸州等十五州县厅水灾。赈济湖南耒阳等九县、陕西朝邑、广东顺德等三县水灾。

九月戊子朔,免去所经过地方额赋的十分之三。赈济甘肃伏羌等十县、云南安宁等三州县旱灾。高宗侍奉皇太后回驻避暑山庄。癸巳,由于江苏崇明潮灾,淹死一万二千余人,免去明年的额赋,仍予以赈济。乙巳,赈济安徽歙县等八州县卫、河南通许等二十七州县、山东齐河等八十七州县水灾。丁酉,高宗侍奉皇太后回程。乙巳,拨奉天粮十万石赈济山东。丁未,告老大学士查郎阿去世。戊申,谕令江苏清查历年积欠款项,因陈维新与侍郎陈德华逃避责任,均予以革职。壬子,赈济河南许州水灾。甲寅,任命顾琮为浙江巡抚,蕴著为漕运总督。乙卯,赈济两淮吕田等二十盐场水灾。丁巳,任命陈大受为兵部尚书,调潘思榘为福建巡抚,任命纳敏为安徽巡抚。

冬十月辛酉,因苏禄国又派遣番人到福建申诉吕宋番目劫夺贡使一事,下谕说:“岛夷互争,可听凭其自己解决,不必有所袒护。”乙丑,高宗因皇太后生病,亲临慈宁宫请安问药。本日,高宗住慈宁宫。每日高宗亲自侍奉服药三次,一直到辛未日都如此。庚午,赈济江苏阜宁等二十州县卫水灾。丁丑,免去吉林遭受水灾地方额赋。戊寅,赈济浙江海宁等十一县水灾。己卯,因准噶尔赴西藏熬茶,宰桑巴雅斯瑚郎等至得卜特尔交易,召庆复回京。壬午,赈济江苏常熟等十九州县卫潮灾,上元等十五州县卫旱灾,命江苏再截留明年漕粮四十万石以备赈济之用。癸未,谕令张广泗不得接受莎罗奔投降。

十一月丁亥朔,高宗到皇太后处侍奉服药,每日三次,一直到己丑日都如此。召阿里衮来京,任命赫赫护理山东巡抚。癸巳,赈济浙江寿昌等三县饥荒,补免受灾的额赋。己酉,额驸策凌觐见高宗,任命塔尔玛善暂时署理定边副将军。庚戌,赈济江苏崇明等县灾民分别有差。癸丑,赈济山东东平等州县卫灾民。辛酉,赈济安徽歙县等州县卫水灾。己巳,召徐杞来京,调陈宏谋为陕西巡抚,任命彭树葵署理湖北巡抚。赈济山东齐河等八十五州县水灾。辛未,告老大学士徐本去世。乙亥,因张广泗前往进攻大金川,命黄廷桂署理陕甘总督。赈济直隶天津等六州县水灾。张广泗奏报莎罗奔请求投降,告以此次用兵,不消灭莎罗奔决不罢休。高宗以"用卿得人"的话鼓励张广泗。己卯,因大学士庆复再次进攻瞻对,奏报班滚自焚与事实不符,命将庆复革职等候问罪。因班第、努三均奏报班滚自焚失实,免除他们的御前行走。庚辰,任命来保为武英殿大学士。

十三年春正月壬辰,赈济江苏阜宁等县、安徽宿州等五州县水灾。庚子,命傅恒兼管兵部尚书事。辛丑,命讷亲前往浙江会同高斌审讯巡抚常安。乙巳,任命阿克敦为协办大学士,傅恒协办巡幸内阁事务。戊申,高宗到曹八屯。甲寅,大学士张廷玉请求归老,下诏恳切慰留,停其兼理吏部事,以来保代理。

二月戊午,高宗东巡,侍奉皇太后率领皇后起程。癸亥,高宗驻赵北口,侍奉皇太后观看水围。朝鲜、琉球进贡。甲子,赈济直隶天津等十五州县水灾。丙寅,常安因贪污被收审革职。壬申,福建瓯宁会党作乱,命总兵刘启宗前往捕剿。癸酉,所经过山东受灾州县的地方另外赈济一个月。罢免领侍卫内大臣奇通阿,以阿里衮代理他的职务。乙亥,免去直隶、山东所经过州县额赋的十分之三。戊寅,高宗驻曲阜县,免去所驻的山东曲阜、泰安、历城三县己巳年额赋。己卯,高宗致祭孔子行礼毕,谒孔林。高宗到少昊陵、周公庙致祭。高宗命将曲把黄伞供在大成殿,赏赐衍地公孔昭焕及博士等饮宴。壬午,高宗驻泰安府。癸未,高宗祭岱岳庙,侍奉皇太后登泰山。

三月乙酉,减直隶、山东监候、缓决及军流以下的罪犯。丁亥,命班第前往金川军营协商军务。谕令张广泗、班第调岳钟琪赴军营,任命为总兵。戊子,高宗至济南府,亲临趵突泉。己丑,高宗侍奉皇太后阅兵,谒帝舜庙。庚寅,高宗巡视府城,至历下亭。免去浙江余姚等五县潮灾本年漕粮。壬辰,高宗侍奉皇太后率领皇后回程。癸巳,免去安徽歙县等七州县卫去年遭受水灾的额赋。乙未,高宗至德州上船,皇后去世,命庄亲王允禄、和亲王弘昼侍奉皇太后回京,高宗驻德州。召完颜伟回京,任命顾琮为河东河道总督,爱必达为浙江巡抚。协办大学士、吏部尚书刘于义去世。辛丑,回北京。大行皇后棺木到京,侍奉安放于长春宫,高宗罢朝九天。壬寅,四川成都等二十三州县厅地震。甲辰,皇太后到京师,高宗迎归寿康宫。乙巳,高宗至长春宫皇后灵前致祭。丙午,高宗亲定皇后的谥号为孝贤皇后。因皇长子居丧期间未能尽礼,罚师傅、谙达等俸禄分别有差。丁未,高宗至长春宫皇后灵前行殷奠礼。命高斌、刘统勋查办山东赈务。己酉,皇后棺木移于观德殿。颁发孝贤皇后敕谕于各省。派员携带敕谕到朝鲜及内札萨克、喀尔喀、哈密、青海等处。辛亥,调爱必达为贵州巡抚,任命方观承为浙江巡抚。丁巳,加傅恒、那苏图、张广泗、班第太子太保,加喀尔吉善太子少保。庚申,召驻藏副都统傅清来京,以拉布敦代理他的职务。正白旗领侍卫内大臣伊勒慎去世,以那苏图、旺札勒署理正白旗领侍卫内大臣。来保免去兼领侍卫内大臣,以丰安代理。壬戌,高宗至观德殿致祭皇后。甲子,命讷亲经略四川军务。协办大学士阿克敦免官,以傅恒代之,并兼管吏部尚书。哈达哈署理兵部尚书。免去去年江苏常熟等十六州县卫潮灾、上元等十四州县卫旱灾的额赋。乙丑,调梁诗正为兵部尚书,任命蒋溥为户部尚书。免去江苏山阳等十八州县卫去年受灾的额赋。丁卯,军机大臣蒋溥免职,以陈大受代理他的职务。癸酉,任命陈大受为协办大学士,达勒当阿为刑部尚书。乙亥,起用原任川陕总督岳钟琪前往金川军营,赏提督衔。调阿兰泰为盛京将军，任命索拜为宁古塔将军。丙子，起用傅尔丹为内大臣，前往金川军营。加赈福建台湾等二县旱灾。戊寅，一等侯富文晋升为一等公。庚辰，裁撤都察院佥都御史、通政司右通政、大理寺少卿、詹事府少詹事、太仆寺少卿、国子监司业汉缺各一人。改通政司满参议一缺为右，满、汉左通政为通政副使。

五月甲申朔，赐梁国治等二百六十四人进士及第出身分别有差。乙酉，免去直隶文安等三十二州县厅去年水灾额赋。丙戌，命傅恒署理户部三库事。庚寅，阿克敦论斩。辛卯，张广泗奏报攻克戎布寨。丁酉，免去河南通许等二十八州县水灾额赋。壬寅，免去安徽旌德等七州县卫去年旱灾额赋。甲辰，高宗至观德殿册谥皇后为孝贤皇后，颁布诏书。丙午，释放阿克敦，命其署理工部侍郎。戊申，免去山东永利等八盐场去年水灾额赋。壬子，免去山西永济等十二州县去年水雹各灾额赋。

六月丙辰，李坦因祭祀久不到班，革去所袭的伯爵。告诫八旗官员。庚申，高宗亲自考试翰林、詹事等官，升齐召南等三人为一等，其余升降分别有差。高宗亲自考试由部院选入翰林、詹事等官，升少詹事世贵记名升用。癸亥，赈济陕西耀州等二十二州县旱灾。戊辰，四川汶川县典史谢应龙驻沃日土司，阻止镇将移营。高宗嘉奖谢应龙，予以州同衔。己巳，命兆惠兼管户部事。庚午，裁撤归化城土默特左右翼副都统。甲戌，下谕禁止朝臣请立皇太子，并斥责皇长子于皇后丧事毫无哀慕之情。高宗至观德殿孝贤皇后灵前奠酒，行百日致祭之礼。

秋七月癸未朔，皇太后下旨："娴贵妃那拉氏继位坤宁宫，先册立为皇贵妃，代行六宫事。"丁亥，免去福建长乐等二县去年旱灾额赋。戊子，谕令讷亲等速奏进兵方略。壬辰，借给山东农民籽种银。免去江苏宿迁去年水灾额赋。甲午，命高斌会同周学健查勘河、湖疏浚宣泄事宜。乙未，因山西永济等五县歉收，予以抚恤。戊戌，德沛免职，调达勒党阿为吏部尚书，任命盛安为刑部尚书。辛丑，赈济直隶青县等二十九州县旱灾。癸卯，阿里衮请减饥民掠夺罪，下谕斥责为姑息养奸，不许。赈济山东历城等二十九州县水雹各灾。丙午，常安论绞。

闰七月癸丑朔，任命阿克敦署理刑部尚书，德通为左都御史。丙辰，免去直隶霸州、固安水灾额赋。赈济湖南益阳等八州县水灾。戊午，任命彭树葵为湖北巡抚。戊辰，周学健因违制剃发，逮捕下狱。命高斌管理南河总督。尹继善由于徇私，革职留任。己巳，高宗至盘山，任命新柱署理湖广总督。召安宁来京，任命尹继善兼理江苏巡抚。宁古塔将军索拜调古北口提督，以永兴代理他的职务。辛未，因讷亲奏报金川军事意主两端，下谕斥责，并告诫傅尔丹、岳钟琪、班第等。壬申，高宗驻盘山。癸酉，调准泰为山西巡抚，阿里衮为山东巡抚，鄂昌为江苏巡抚，舒辂为广西巡抚。塞楞额因违制递发，逮捕下狱。丁丑，赈济云南昆阳等州县水灾。戊寅，召阿里衮来京，任命唐绥祖护理山东巡抚。己卯，免去江苏元和等十县本年雹灾额赋。庚辰，高宗回宫。

八月甲申，任命班第署理四川巡抚。乙酉，由于谒泰陵，命庄亲王允禄等总理在京事务。癸巳，追议征瞻对时奏报不实之罪，庆复下狱，许应虎论斩。庚子，谕令抚恤四川打箭炉地震灾民。命来保兼管工部尚书。辛丑，高宗至泰陵。甲辰，召安宁来京。乙巳，高宗谒泰陵。丙午，免去直隶庆云、云南等二县九年所欠的赋税。丁未，命户部侍郎兆惠前往四川军营督运。讷亲请调兵三万进剿，不许。戊申，命仓场侍郎张师载前往江南随高斌学习河务。己酉，高宗回京。

九月壬子朔，调鄂昌为四川巡抚。命策楞、高斌会同审讯周学健。戊午，赐塞楞额自尽。己未，召北路参赞大臣塔尔玛善、努三来京，以穆克登额、萨布哈善代理他们的职务。讷亲等奏报攻克申杞、申达诸城。调策楞为两江总督，尹继善为两广总督。辛酉，召讷亲、张广泗来京。命傅尔丹护理四川总督，与岳钟琪相机进讨。甲子，起用董邦达在内廷行走。命尚书班第前往军营，同傅尔丹、岳钟琪办理军务。命军营中自内大臣以下听从傅尔丹节制。丁卯，召黄廷桂来京，任命瑚宝署理甘肃巡抚，兼办陕甘总督事。己巳，高宗亲临静宜园阅兵。壬申，简亲王神保住因虐待侄女，革去王爵。癸酉，命德沛袭简亲王。丁丑，下谕斥责讷亲、张广泗老师浪费，饬令讷亲缴回经略印信。己卯，命傅恒暂管川陕总督事，前往军营。命侍郎舒赫德在军机处行走。庚辰，讷亲、张广泗因贻误军机，革职拿问。召张广泗来京，讷亲发往北路军营效力。任命傅恒为经略，统领金川军务。辛巳，命来保暂管户部。

冬十月壬午朔，调满洲兵五千名前往金川军荣。诸王大臣请治讷亲之罪。下谕斥责讷亲负国负恩，等候回奏再行降旨。乙酉，召尹继善来京，任命硕色为两广总督，鄂容安署理河南巡抚。赈济湖南新宁县水灾。丙戌，班第因不弹劾讷亲的罪过，降职调用。任命舒赫德为兵部尚书。丁亥，命傅恒为保和殿大学士，兼管户部。戊子，将孝贤皇后棺木移至静安庄，高宗至静安庄奠酒。乙丑，赈济山东邹平等三十州县卫水灾。任命尹继善为户部尚书。辛卯，高宗至丰泽园，赐经略傅恒及从征将士饮宴。岳钟琪奏报攻克跟杂。壬辰，调开泰为湖南巡抚，任命唐绥祖为江西巡抚。甲午，赈济山西阳曲等十五州县旱灾。戊戌，高宗至宝谛寺，阅八旗演习云梯兵。丁未，赈济安徽阜阳等州县卫灾。己酉，命尹继善为协办大学士。壬子，高宗至重华宫，赐经略傅恒宴。癸丑，高宗亲临堂子行祭告礼，并祭吉尔丹蠹。甲寅，赈济江苏铜山县、湖北汉川等八州县卫水灾。丙辰，命各省巡抚均兼右副都御史衔。丁巳，高宗至南苑行猎。戊午，高宗阅兵。戊辰，赐周学健自尽。平郡王福彭去世，罢朝二日。己巳，命尹继善在军机处行走。赈济福建晋江等十四县旱潮各灾。庚午，免去直隶文安等三县水灾地租。癸酉，高宗至丰泽园，赐东三省兵队宴，并赏赐分别有差。任命策楞为川陕总督，雅尔哈善署理两江总督。因傅恒每日驰行二百余里，予以慰劳。甲戌，给尹继善钦善大臣印信，署理川陕总督。丁丑，因讷亲奏请命张广泗、岳钟琪分路进兵，斥责他前后矛盾，逮捕问罪。己卯，因用兵金川疲劳糜费，密谕傅恒务必息事宁人。庚辰，分设四川、陕甘总督，任命尹继善为陕甘总督，策楞为四川总督，管理巡抚事，鄂昌为甘肃巡抚。调舒赫德为户部尚书，瑚宝为兵部尚书。

十二月甲申，规定内阁大学士满、汉各二员，协办大学士满、汉一员或二员，改所兼四殿二阁为三殿三阁。乙酉，加傅恒太保。命阿克敦协办大学士。丁亥，任命黄廷桂为两江总督。高宗至瀛台，亲自审讯张广泗。戊子，派舒赫德逮捕讷亲赴军营，会同傅恒严加审讯。任命海望署理户部尚书，哈达哈署理兵部尚书、步军统领。辛卯，庆复、李质粹论斩。大学士陈世倌免职。壬辰,张广泗处斩。丙寅,密谕傅恒,明年三月战事如不能奏恺,应受降撤兵。丁酉,命川、陕督抚皆听从傅恒的节制,班第专办巡抚事务,兆惠专办粮运。免去高斌大学士,仍留南河总督任。癸卯,命傅恒等审明讷亲,用其祖父遏必隆的刀将他斩于军前。甲辰,赈济陕西耀州等二十五州县旱灾。

十四年春正月辛亥,谕令傅恒、岳钟琪由党坝进攻,傅尔丹办理卡撒一路。癸丑,因大学士张廷玉年老,命五日进宫一次以备顾问。谕令傅恒以四月为期,受降班师。乙卯,赈济山东金乡等州县灾。丁巳,命傅尔丹、达勒党阿、舒赫德、尹继善、策楞参赞大金川军务。戊午,命瑚宝署理陕甘总督,侍郎班第革职,仍署理四川巡抚。甲子,召傅恒回京。命尚书达勒党阿、舒赫德、尹继善均回任,策楞、岳钟琪办理大金川军务。丙寅,因傅尔丹请深入进攻,予以严斥。丁卯,因大金川莎罗奔、郎卡乞降,命傅恒班师,特封忠勇公。丙子,谕令傅恒接受莎罗奔等投降。丁丑,南掌国王岛孙进贡象牙。

二月乙酉,唐绥祖奏请率所属捐廉俸以助饷。高宗认为他不知政体,严加申斥。丙戌,加来保太子太傅,陈大受、舒赫德、策楞、尹继善太子太保,汪由敦、梁诗正太子太师,达勒党阿、纳延泰、阿克敦、哈达哈太子少师。壬辰,傅恒奏,于二月初五日设坛清道,宣布诏书受大金川土司莎罗奔、土舍郎卡降。赐傅恒四团龙补服,加赐豹尾枪二、亲军二、岳钟琪加太子少保。癸巳,因岳钟琪亲至勒乌围招莎罗奔等来降,下谕特予嘉奖。丙申,召拉布敦、众佛保来京。庚子,命舒赫德查阅云南等省营伍,并会同新柱勘查金沙江工程,任命瑚宝署理湖广总督。乙巳,高宗至丰泽园演习耕种。莎罗奔进献番童番女各十人,下诏拒收。

三月癸丑,命皇长子及裕亲王等到郊外迎接傅恒。乙卯,高宗侍奉皇太后到静安庄孝贤皇后灵前奠祭。丁巳,高宗率领经略、大学士、忠勇公傅恒到皇太后宫中问安。封岳钟琪为三等公,加兵部尚书衔。己未,命傅恒兼管理藩院,来保兼管兵部。命那木札勒、德保仍为总管内务府大臣。辛酉,高宗至东陵。甲子,高宗谒昭西陵、孝陵、孝东陵、景陵。丁卯,高宗至南苑行猎。癸酉,高宗谒泰陵。甲戌,赈济湖北汉川等六州县水灾。乙亥,免去直隶保安等十州县厅旱灾额赋。丁丑,裁撤直隶河道总督,兼理加入印信敕书。富森改西安将军。任命傅尔丹为黑龙江将军。

四月壬午,高宗亲临太和殿,奉皇太后命,册封娴贵妃那拉氏为皇贵妃,代行六宫事。甲申,改来保兼管刑部。召蕴著来京,任命顾琮署理漕运总督。命纳延泰等勘查察哈尔灾情。乙酉,加封皇太后尊号为崇庆慈宣康惠皇太后,第二天颁布诏书广施恩惠分别有差。辛卯,免去山东邹平等二十州县水灾、甘肃皋兰等十二厅州县雹灾额赋。召彭树葵来京,调唐绥祖为湖北巡抚,任命阿思哈为江西巡抚。命仓场侍郎张师载以原衔协办江南河务。戊戌,任命瑚宝为漕运总督,命唐绥祖署理湖广总督。调哈达哈为兵部尚书,任命三和为工部尚书。免去山东王家冈等四盐场额赋。己亥,命江西巡抚兼提督衔。庚子,召纳敏来京,任命卫哲治为安徽巡抚。乙巳,赈济福建台湾等三县灾。免去湖南新宁去年水灾额赋。

五月乙卯,免去甘肃皋兰第十三厅州县旱灾额赋。丙辰,免去安徽阜阳等十三州县卫去年旱灾额赋。辛酉,高宗至黑龙潭求雨。

六月丙申,赈济甘肃渭源等州县旱灾。己亥,广西学政胡中藻因裁缺心怀不满,命来京候补,仍发下吏部严加议处。

秋七月戊申,赈济福建光泽等二县水灾。庚戌,免去湖北汉川等六州县去年水灾额赋。辛亥,直隶总督那苏图去世。免去福建晋江等九县潮灾额赋。壬子,任命方观承为直隶总督,陈大受署理直隶总督,永贵署理山东巡抚。命来保兼管吏户二部,阿克敦兼署理步军统领。庚申,高宗侍奉皇太后驻避暑山庄。辛酉,命傅恒、陈大受翻译西洋等国书籍。丁卯,高宗侍奉皇太后在木兰行猎。乙亥,补免山西永济等六州县受灾地方额赋。

八月庚辰,高宗在巴颜沟行猎,蒙古诸王等进献筵席。壬午,赈济湖北罗田等二县水灾。癸卯,赈济河南延津等七县水灾。甲辰,赈济湖北潜江等十三州县水灾。

九月乙卯,高宗侍奉皇太后回程。乙丑,授鄂容安河南巡抚。丙寅,瞻对番目班滚投降。赐庆复自尽。

冬十月甲午,赈济浙江钱塘等二十二州县厅、鲍郎等十八盐场水灾。赏傅清都统衔,与纪山驻藏,掌管钦差大臣印信。丁酉,召八十五来京,任命卓鼐为归化城都统。戊戌,令四川严拿咽匪。因珠尔默特那木札勒放肆,谕令策楞、岳钟琪、傅山、纪山严防。喀尔喀台吉额林沁之子旺布多尔济擒获额鲁特逃人,高宗特予嘉奖。免去江苏阜宁等二十三州县漕粮分别有差。己亥,免去直隶苏州等十八州县厅水灾额赋,并予赈济。甲辰,召原任左副都御史孙嘉淦来京。

十一月丁未,命梁诗正兼管吏部尚书。癸亥,命刑部尚书汪由敦署理协办大学士。戊辰,大学士张廷玉请求归老,准其所请。庚辰,任命刘统勋为工部尚书。辛巳,起用彭维新为左都御史。癸亥,赐张廷玉诗,申明配享太庙之命。丁亥,汪由敦因泄漏谕旨,免去协办大学士,留尚书任。任命梁诗正为协办大学士。辛卯,革去告老大学士张廷玉宣勤伯爵,命以大学士原衔去职,仍准配享太庙。调哈达哈为工部尚书,舒赫德为兵部尚书,海望为户部尚书。任命木和兰为礼部尚书,新柱为吉林将军,永兴为湖广总督。乙未,召卫哲治来京,调图炳阿为安徽巡抚,岳浚为云南巡抚。任命苏昌为广东巡抚。

十五年春正月丙午,免去直隶、山西、河南、浙江未交完成的附加赋税。免去江苏、安徽、山东附加赋税的十分之六。丁未,命张允随为东阁大学士,硕色为云贵总督,陈大受为两广总督,梁诗正为吏部尚书,李元亮为兵部尚书。甲寅,高宗亲临瀛台紫光阁,赏赐准噶尔来使尼玛宴。乙卯,召纪山回京,命拉布敦同傅清驻西藏办事。壬戌,命工部侍郎刘纶在军机处行走。李质粹处斩,王世泰、罗于朝论斩。

二月乙亥,高宗侍奉皇太后西巡五台,免去所经过地方额赋三分之一。庚辰,朝鲜进贡。丙戌,高宗侍奉皇太后驻五台山菩萨顶。己丑,定边左副将军喀尔喀超勇亲王策凌去世,命贝勒罗布藏署理定边左副将军。丁酉,再免去山西蒲县等二县去年受灾地方额赋十分之三。戊戌,高宗驻赵北口行猎。辛丑,采访经学遗书。癸卯,高宗巡视永定河堤工。

三月丙午,加张允随太子太保,加蒋溥、方观承、黄廷桂太子少保。再免直隶蓟州等十七州县额赋十分之三。己酉,高宗侍奉皇太后回北京。甲寅,孝贤皇后逝世二周年,高宗到静安庄致祭。乙卯,告老大学士张廷玉回原籍,赏赐优厚,命令散秩大臣领侍卫十人护送回籍。戊午,免去安徽贵池等三十州县去年水灾额赋,并予赈济。乙丑,免去湖北潜江等四州县去年水灾额赋。庚午,免去山东邹平等二十七州县卫去年水灾额赋。

夏四月丙子,云南省城火药局灾。壬辰,起用阿桂在吏部员外郎上行走。乙未,撤销告老大学士张廷玉配享太庙之命。免去安徽贵池等三十州县卫去年水灾额赋。戊戌,召拉布敦来京,命班第驻西藏,纪山驻青海。

五月庚戌,高宗至黑龙潭求雨。辛亥,命刑部清理各类案件,减免徒、杖刑以下的罪犯,直隶也同样清理案件。癸丑,谕令九卿科道直言朝政缺失。甲寅,召新柱来京,任命卓鼐为吉林将军,众佛保为归化城都统。庚午,高宗至黑龙潭求雨。

六月丙子,任命喀尔喀亲王成衮札布为定边左副将军。丙申,赈济直隶乐亭水灾。任命保德为北路军营参赞大臣。

秋七月丙午,广东巡抚岳浚革职。命图尔炳阿、卫哲治仍留云南、安徽巡抚任。己酉,命刘统勋赴广东查明折米收仓积弊。庚申,汪由敦降兵部侍郎。任命刘统勋为兵部尚书,孙嘉淦为工部尚书。乙丑,缅甸进贡。

太和殿图

八月壬申,高宗亲临太和殿,奉皇太后旨,册立皇贵妃那拉氏为皇后。癸酉,因册立皇后,高宗率领王大臣侍奉皇太后亲临慈宁宫行庆贺礼,加封皇太后尊号为崇庆慈宣康惠敦和皇太后。丁亥,高宗侍奉皇太后率领皇后谒陵,并巡视嵩、洛一带。戊子,命纪山前往西宁办事,班第前往西藏办事,代替拉布敦回京。庚寅,高宗侍奉皇太后谒昭西陵、孝陵、孝东陵、景陵。甲午,左都御史德通、彭维新,左副都御史马灵阿因对傅恒徇私严加议处,分别降级革职。丁酉,赈济山东峄县等七州县水灾。

九月庚子朔,任命梅瑴成为左都御史。壬寅,高宗侍奉皇太后率领皇后谒泰陵。癸卯,御史索禄等因参劾蒋炳故意做作,下谕斥责他有心乱政,予以革职。丙午,吏部奏原任大学士张廷玉与门生结为朋党,又与朱荃联姻,应革职问罪。高宗特予宽免。己酉,高宗驻正定府阅兵。辛亥，任命拉布敦为左都御史。丙辰，免去河南所经过地方的额赋十分之三。丁巳，高宗驻彰德府，亲临精忠庙。辛酉，高宗驻百泉，侍奉皇太后到白露园。准噶尔台吉策旺多尔济那木札勒为部下所杀，立其兄喇嘛达尔札。癸卯，再免河南歉收地方额赋的十分之五。乙丑，赈济福建闽县等九县水灾。己巳，免去河南祥符等县明年额赋。云南河阳地震。

冬十月辛未，高宗至嵩山。丙子，高宗侍奉皇太后驻开封府。戊寅，高宗至古吹台。加鄂容安为内大臣。赈济浙江淳安水灾。甲申，调爱必达为云南巡抚、开泰为贵州巡抚，任命杨锡绂为湖南巡抚。乙酉，免去江苏清河等九州县水灾额赋。戊子，免去山西应州等三州县水灾额赋。甲午，免去顺直固安等四十六厅州县水雹各灾额赋，仍予以赈济借贷分别有差。戊戌，赈济江苏溧阳等州县水灾。

十一月辛丑，高宗侍奉皇太后率皇后回北京。己酉，赈济甘肃平凉二十八厅州雹旱各灾。壬子，免去山东兰山等县旱灾额赋，并予以赈济。癸丑，珠尔默特那木札勒图谋作乱，驻藏都统傅清、左都御史拉布敦引诱他出来将他杀死。其党卓呢罗卜藏扎什等率众叛乱，傅清、拉布敦遇害。甲寅，命策楞、岳钟琪率兵前往西藏，调尹继善至四川办理粮饷，命侍郎那木扎勒同班第驻藏。逮捕纪山来京，命舒明驻青海，众佛保署理他的职务。乙卯，宣布珠尔默特那木扎勒杀其兄车布登以及叛逆各情况。追赠傅清、拉布敦一等伯，封傅清子明仁、拉布敦子根敦为一等子，世袭。命侍郎兆惠前往西藏，同策楞办理善后事宜。丙辰，命舒赫德仍在军机处行走。调穆和蔺为左都御史，任命伍龄安为礼部尚书。召雅尔哈善来京，任命王师为江苏巡抚。丁巳，命策楞挑选藏番头目与班第协办噶布伦事务。乙丑，任命阿里衮为湖广总督，调阿思哈为山西巡抚，卫哲治为广西巡抚，任命定长为安徽巡抚。戊辰，因已擒获卓呢罗布藏扎什等，乱已平定，命岳钟琪停止进西藏，驻打箭炉。

十二月庚午朔，赈济盛京高丽堡等六站水灾。壬申，始命汉大臣梁诗正等子孙予以恩荫分部学习。戊寅，赈济两淮莞读等三盐场水灾。庚辰，命舒赫德查勘浙江海塘。壬午，乌里雅苏台参赞大臣萨布哈沙革职，以宝德代理他的职务。戊子，赈济盛京辽阳等七城、承德等六州县水灾，并免收缓收额赋分别有差。癸巳，唐绥祖被参劾免官，以严瑞龙护理湖北巡抚。

十六年春五月庚子，高宗因初次南巡，免去江苏、安徽乾隆元年至十三年所欠的赋税，免去浙江本年额赋，各省缓决三次以上的罪犯酌予减刑。高宗因去年亲临嵩、洛，免去河南乾隆十四年以前所欠的赋税。辛丑，赈济安徽宿州等州县去年水灾。癸卯，因江苏所欠赋税累积至二百二十余万，谕令改革催征积弊。丙午，免去甘肃乾隆元年至十年所欠的赋税。任命严瑞龙署理湖北巡抚。辛亥，高宗侍奉皇太后南巡。癸丑，免去经过直隶、山东地方本年额赋的十分之三。从此以后南巡皆如此例。壬戌，卓呢罗布藏札什等被处决。癸亥，赈济安徽歙县等十五州县旱灾。甲子，免去山东邹平等县所欠赋税及仓谷。

二月辛未，赈济山东兰山等七州县旱灾。癸酉，免去两淮灶户所欠的赋税。乙亥，命喀尔喀亲王德沁扎布为喀尔喀副将军,公爵车布登扎布为参赞大臣。丙子,高宗侍奉皇太后渡黄河,巡视天妃闸。丁丑,巡视高家堰。辛巳,免去山东峄县等七州县水灾额赋分别有差。乙酉,高宗至焦山。丙戌,调定长为广西巡抚。己丑,高宗驻苏州,告谕苏州百姓,各守本业,力除浮华。辛卯,宣布珠尔默特那木扎勒叛逆罪状,依法惩办。严瑞龙革职,命阿里衮兼任湖北巡抚。壬辰,免去江苏武进等县新旧田租,免去兴化县乾隆元年至八年所欠的赋税。癸巳,准噶尔使者额尔钦等在苏州行宫觐见高宗。

三月戊戌朔,高宗侍奉皇太后至杭州府。借给黑龙江呼兰地方遭受水灾旗民钱粮,免去官庄本年额赋。免去浙江淳安县水灾本年漕粮。己亥,任命张师载为安徽巡抚。庚子,高宗至敷文书院,至观潮楼阅兵。甲辰,裁撤杭州汉军副都统。乙巳,高宗致祭禹陵。丙午,高宗侍奉皇太后回杭州府。丁未,高宗阅兵。戊申,命高斌仍以大学士衔管河道总督事务。庚戌,告谕浙江百姓崇实重让,子弟努力耕耘。命班第掌管驻藏钦差大臣印信。辛亥,东阁大学士张允随去世。癸丑,高宗侍奉皇太后驻苏州府。甲寅,赈济广东海康等县水灾。乙卯,高宗至宋臣范仲淹祠,赐园名为高义,赏赐范仲淹的后裔范宏兴等貂皮财物。辛酉,高宗侍奉皇太后至江宁府。壬戌,高宗祭明太祖陵。乙丑,赐纪山自尽。丁卯,起用陈世倌为文渊阁大学士。免去江苏江浦等十五州县受灾额赋分别有差。

夏四月水,吉林将军卓鼐改任杭州将军,永兴代理吉林将军。免去甘肃皋兰等九厅州县乾隆十三年受灾的额赋。癸酉,高宗巡视蒋家坝。免去江南沛县乾隆九年以前所欠的赋税。甲戌,赈济浙江永嘉等十州县盐场卫水灾。赈济广东龙川等十二州县乾隆十五年水灾。丙子,赈济江苏山阳等二十四州县卫十五年水灾。己卯,免去甘肃狄道等二十厅州县乾隆十四年水旱雹霜各灾额赋分别有差。任命恒文为湖北巡抚。癸未,免去河南鄢陵等十六州县乾隆十四年水灾额赋。乙酉,永兴革职拿问,吉林将军卓鼐降级调用,以傅森代理他的职务。丙戌,高宗驻泰安府,祭东岳。戊子,下诏因五月朔日日食,高宗住处撤去悬挂的乐器、斋戒。己丑,派履亲王允裪代行求雨之礼。

五月丁酉朔,日食。丁未,高宗致祭都统傅清、左都御史拉布敦。戊申,因永兴等诬陷参劾唐绥祖,发还唐绥祖家产,召唐绥祖来京。辛亥,赐吴鸿等二百四十三人进士及第出身分别有差。丁巳,免去广东海康等十一州县乾隆十五年风灾额赋。己未,严瑞龙因诬告唐绥祖,论斩。癸亥,赈济山东掖县等六州县潮灾。

闰五月戊寅,调黄廷桂为陕甘总督,尹继善为两江总督。戊子,任命永贵为浙江巡抚。壬辰,命保举经学的陈祖范、吴鼎、梁锡玙、顾栋高进呈著作,愿意赴部引见的听便。癸巳,直隶河间等州县蝗虫为灾。本月,免去山西太原等十九州县去年水雹各灾额赋分别有差。赈济山东寿光等六县、官台等三盐场,福建宁化等二县水灾,云南剑川等七州县地震灾。

六月己亥,起用唐绥祖为山西按察使。壬子,赈济江苏靖江县雹灾。赈济广东英德等四州县水灾。赈济山西凤台、高平水灾。甲寅,免去江苏沛县去年水灾额赋。丙辰,免去浙江永嘉等七厅州卫去年旱灾额赋。赈济福建宁化等县水灾。庚申,缅甸进贡。辛酉,免去安徽寿州等二十五州县水灾额赋。甲子,准噶尔部人布图逊林特古斯来降。

秋七月庚午,赈济福建归化等县水灾。壬申,高宗侍奉皇太后亲临木兰秋猎。戊寅,高宗侍奉皇太后驻避暑山庄。己卯,河南阳武十三堡黄河决口。庚辰,高宗侍奉皇太后至木兰,行猎。乙卯,免去山西清水河厅雹灾额赋。丙戌,赈济陕西朝邑县水灾。己丑,赈济山东平度等州县水灾。壬辰,赈济山西凤台等九县水灾。

八月乙未,赈济浙江海宁等六十五州县卫所及大嵩等盐场旱灾。赈济江西上饶等七县旱灾。赈济湖北天门旱灾。丙申,赐陈祖范、顾栋高国子监司业衔。戊戌,因硕色揭发伪撰孙嘉淦奏稿,假造朱批,谕令方风承等秘密访查。己酉,高宗侍奉皇太后回驻避暑山庄。辛亥,命修房山县金太祖陵、金世宗陵。丁巳,高宗侍奉皇太后回北京。己未,赈济河南商丘等十四县水灾。庚寅,准泰因徇私伪奏,革职拿问。调鄂容安为山东巡抚、舒辂为河南巡抚、鄂昌为江西巡抚,任命杨应琚为甘肃巡抚。命高斌前往河南办理阳武河工。辛酉,任命庄有恭为江苏巡抚。癸亥,免去甘肃平凉等五州县雹灾额赋。乙丑,定于明年二月各省举行恩科乡试。下诏停止本年秋决之刑。癸酉,赈济山东邹平等五十三州县水灾。丙子,高宗侍奉皇太后至泰陵。丁丑,赈济福建福安等二县水灾。庚辰,高宗侍奉皇太后谒泰陵。本日,回程。甲申,命舒赫德前往江南查办伪撰孙嘉淦奏稿事。庚寅,命陈世倌兼管礼部。两广总督陈大受去世,调阿里衮代理两广总督,任命永常为湖广总督。辛卯,赈济河南上蔡等州县水灾。癸巳,赈济福建霞浦等四县潮灾。

冬十月戊戌,任命范时绶署理湖南巡抚。壬寅,赈济长芦所属富国等七盐场、山东王家冈等三盐场水灾。甲寅,赈济安徽歙县等十八州卫旱灾。丙辰,赈济江苏铜山等八州县水灾。调陈宏谋为河南巡抚,舒辂为陕西巡抚。赈济山东齐东等七州县本年水灾、荣成县雹灾。戊午,赈济直隶武清等二十六州县水雹灾。癸亥,赈济山东官台二盐场灶户潮灾。

十一月甲戌,赈济河南祥符等五县水灾。乙亥,赈济直隶东明等三州县本年水灾。庚辰,阳武黄河决口合龙。乙酉,因皇太后六十生日,上尊号为崇庆慈宣康惠敦和裕寿皇太后,颁发诏书广施恩惠分别有差。丙戌,命高斌、汪由敦会同勘查天津河工。戊子,皇太后圣寿节,高宗侍奉皇太后亲临慈宁宫,率领王公大臣行庆贺礼。

十二月癸巳朔,任命乌尔登为北路军营参赞大臣。丁酉,疏浚永定河引进河水。戊戌,赈济吉林珲春地方本年水灾。庚子,赈济山东邹平等五十五州县水灾。壬寅,任命雅尔哈善为浙江巡抚。甲辰,疏浚直隶南北两运河以减弱水势。命多尔济代班第驻西藏办事。辛亥,赈济浙江鄞县等六十州县厅卫所、大嵩等八盐场旱虫各灾。

十七年春正月乙亥,赐准噶尔使乾图卜济尔哈郎等饮宴。庚戌,设盛京总管内务府大臣,由盛京将军兼管。甲申,由于准噶尔达瓦齐、阿睦尔撒纳内讧,增兵防守阿尔泰边隘。命舒赫德、玉保查阅北路军营。丙戌,任命阿巴齐、达清阿为北路参赞大臣。丁亥,赈济江苏铜山等六州县、安徽歙县等九州县受灾贫民。辛卯,修直隶永定河下口及凤堤。

二月乙未,任命钟音为陕西巡抚。己亥,释放准泰。甲寅,高宗至东陵。丙辰,布鲁克巴的额尔德尼第巴进贡地方土产。丁巳,高宗谒昭西陵、孝陵、孝东陵、景陵。戊午,高宗驻盘山。己未,赈济山西山阴、虞乡受灾贫民。辛酉,修房山县金太祖、金世宗陵。

三月戊辰，因浙东灾情严重，谕令雅尔哈善酌加赈济，勿令流离失所。庚午，高宗回宫。壬申，任命莫尔欢为归化城都统。戊寅，福建巡抚潘思榘去世，调陈宏谋为福建巡抚，任命蒋炳为河南巡抚。

夏四月甲午，免去山东齐东等十二州县卫去年水灾额赋。乙巳，免去直隶武清等二十三厅州县去年水灾额赋。庚戌，免去浙江海宁等七十三州县卫及大嵩等十三盐场去年水灾额赋。丁巳，免去直隶永利等四盐场、山西山阴等县去年水灾额赋。

五月辛未，直隶东光、武清等四十三州县蝗灾。庚辰，赈济河南祥符等十四县水灾。己丑，赈济甘肃狄道等十四州县去年水灾。山东济南等八府蝗灾，江南上元等十二州县幼蝗为灾。

六月甲午，准噶尔部人尼雅斯来降。丁未，高宗亲试翰林、詹事等官，将汪廷玙等三人升为一等，其余分别升降有差。考试满洲由部院改入翰林、詹事等官，将德尔泰升为一等，其余升降分别有差。丙辰，任命鄂乐舜为甘肃巡抚。

秋七月丁丑，高宗侍奉皇太后在木兰秋猎。己卯，免去所经过州县钱粮的十分之三。癸未，高宗侍奉地太后驻避暑山庄。丁亥，赈济江苏铜山等县水灾。

八月丙申，顺天乡试内帘御史蔡时田、举人曹咏祖因勾结请托获罪，处斩。壬寅，抚恤赈济福建晋江等厅县风灾。甲辰，高宗侍奉皇太后至木兰，行猎。丙午，命黄廷桂查办陕西赈济抚恤事宜。乙卯，赈济陕西咸宁等二十一州县旱灾。

九月辛酉，西洋波尔都噶尔亚国派使进贡。四川杂谷土司苍旺作乱，命岳钟琪率兵攻讨。庚午，苏禄番目所携带的入贡国书不合规格，饬令喀尔吉善等遣送回国。甲戌，四川官军攻克杂谷脑，降服番寨一百零六座。策楞、岳钟琪予以从优叙功。戊寅，减去甘肃张掖等五县偏重的额赋。赈济河南受灾饥民。己卯，高宗侍奉皇太后回北京。庚辰，协办大学士、吏部尚书梁诗正奏请辞官养亲，准其所请。任命孙嘉淦为吏部尚书、协办大学士，汪由敦为工部尚书。辛巳，准噶尔喇嘛根敦林沁等来降。丁亥，召尹继善来京，任命庄有恭署理两江总督。苍旺伏诛。

冬十月戊子朔，赐秦大士等一百四十一人进士及第出身分别有差。召鄂昌来京，任命鄂容安署理江西巡抚，杨应琚署理山东巡抚。壬寅，阿思哈奏平阳绅民捐赈灾银。下谕说不忍令受灾地区富民出资，饬令予以发还。调定长为山西巡抚，任命李锡泰为广西巡抚。己酉，高宗至东陵，并送孝贤皇后灵安葬地宫。壬子，高宗谒昭西陵、孝陵、孝东陵、景陵。丁巳，赈济江苏上元等十九州县、山西临晋等十州县、湖北钟祥等二十五州县卫旱灾。四川杂谷、黑水后番上下寨来降。

十一月庚申，高宗回北京。申子，命刑部尚书刘统勋在军机处行走。戊辰，赈济山西闻喜等五州县旱灾。庚辰，任命鄂容安为江西巡抚。

十二月戊子，赈济甘肃皋兰等二十一厅州县水灾雹灾。己丑，修陕西永寿等九县县城，以工代赈。赈济河南武陟县水灾。黑龙江将军富尔丹去世，以绰尔多代理他的职务。乙巳，御史书成请释放传抄伪奏稿之人抵触旨意，被革职。谕令陈宏谋不必穷究追捕天主教民。

十八年春正月戊午，赈济陕西耀州等三十七州县、山西永济等十一州县旱灾。丙寅，广东东莞县匪莫信丰等、福建平和县匪蔡荣祖等作乱，捕捉问罪。戊寅，调黄廷桂署理四川总督，尹继善署理陕甘总督，任命鄂容安兼署两江总督，班第署理两广总督。辛巳，鄂昌等革职拿问。己酉，免去山东章丘等三十一州县卫历年所欠的赋税。

二月丁亥朔，因岳钟琪奏请向郭罗克用兵，谕令黄廷桂核议覆奏。丙申，高宗谒泰陵。丁酉，高宗致祭金太祖、金世宗陵。江南千总卢鲁生因伪撰孙嘉淦奏稿获罪，处于磔刑。己亥，皇太后由畅春园起程至涿州，高宗到行宫请安。壬寅，高宗侍奉皇太后乘舟至莲花淀看水上行围。丙午，免去河南夏邑等五县乾隆十六年水灾额赋。丁未，命兆惠赴西藏办事。戊申，高宗巡视永定河工程。庚戌，高宗在南苑行猎。辛亥，免去江苏上元等十州县乾隆十七年水灾额赋。

三月癸亥，因雅尔哈于查办伪奏稿时不加详审，下部严加议处。戊寅，赈济安徽寿州等十一州县卫去年旱灾饥民。己卯，以开泰署理湖广总督，定常署理贵州巡抚。辛巳，赈济湖北十九州县卫去年旱灾。

夏四月丁亥，钱陈群进谏查办伪奏稿，高宗申斥他沽名，并告诫他不必存稿，用"你子孙将不保性命"的话晓谕他。己丑，西洋博尔都噶里雅派使者进贡地方土产，特下诏书予以奖励。任命恒文署理湖广总督。甲午，赐西洋博尔都噶里雅使者宴。乙未，免去云南剑川州乾隆十六、十七两年地震水灾额赋分别有差，并予赈济抚恤。辛丑，赐西洋博尔都噶里雅国王敕书，加赏绮罗珍玩等物。丙午，因天时干旱命刑部清理各类案件，徒刑以下的罪犯酌予减轻。直隶也同此例。丁未，高宗至黑龙潭求雨。壬子，命永常、努三前往安西，给钦差大臣印信。

五月癸亥，秋审、朝审缓决三次以上的罪犯酌予减刑。丁卯，山东济宁、汶上等州县幼蝗为灾。免去广东丰顺等三县去年水灾额赋。辛未，免去浙江仁和等六县、仁和场去年水灾额赋。并予赈济抚恤。辛未，准噶尔台吉喇嘛达尔札与达瓦齐交战被擒，达瓦齐自为台吉。

六月癸巳，任命策楞署理兵部尚书。乙未，浙江上虞人丁文彬被衍圣公孔昭焕揭发他制作逆书，审讯得实，处以磔刑。丙申，天津等州县蝗虫为灾。

秋七月甲子，顺天宛平等三十二州县卫蝗虫为灾。壬申，江南邵伯湖减水二闸及高邮车逻坝同时崩溃，命策楞、刘统勋会同高斌查办水灾。赈济安徽歙、太湖等县水灾。庚辰，命庄有恭赈济高邮、宝应水灾。壬午，停止各省分巡道兼布政使司参政、参议，按察使司副使、佥事等衔，及升用鸿胪寺少卿。

八月戊子，高宗命履亲王允裪代祭大社、大稷。赈济两淮板浦等盐场水灾。戊戌，高宗侍奉皇太后至木兰秋猎。庚子，高斌免职，任命策楞署理南河河道总督，同刘统勋查办河工侵吞亏空诸弊。辛丑，命永常、开泰各回本任。甲辰，高宗侍奉皇太后驻避暑山庄。乙巳，拨江西、湖北米各十万石赈济江南灾民。丁未，高宗侍奉皇太后到木兰，行猎。庚戌，高斌、张师载革职，留在河工效力，任命卫哲治为安徽巡抚。辛亥，赈济江苏铜山等十二州县水灾、山东兰山等县水灾。

九月庚申,赈济湖北潜江等三县水灾。壬戌,河南阳武十三堡黄河决口。丁卯,因扈从行猎畏惧不前,革去丰安的公爵、田国恩的侯爵,阿里衮免去领侍卫内大臣。任命弘升为正白旗领侍卫内大臣。庚午,因皇后至盘山,命舒赫德为领侍卫内大臣管理内务府大臣随同前往。江苏铜山黄河决口。壬申,命舒赫德协办江南河工,任命阿里衮署理领侍卫内大臣,随从前往盘山。任命尹继善为江南河道总督,鄂容安为两江总督,调永常为陕甘总督,开泰为湖广总督,黄廷桂为四川总督,任命定长为贵州巡抚,胡宝珠为山西巡抚,范时绥为江西巡抚,杨锡绂为湖南巡抚。召班第来京,任命策楞为两广总督。癸酉,高宗侍奉皇太后驻避暑山庄。甲戌,左都御史梅瑴成告老。丙子,谕令将贻误河工的同知李焞、守备张宾斩于铜山工地。命策楞等捆绑高斌、张师载令其目睹行刑后予以释放。丁丑,赈济山东利津等县水灾。

冬十月良寅,苏禄国王派遣使者劳独万查刺请求归附,下部核议。辛卯,召刘统勋来京。乙未,赈济山东海丰等六县本年潮灾。命钟音署理陕甘总督。辛丑,任命杨锡绂为左都御史,调胡宝珠为湖南巡抚,恒文为山西巡抚,任命张若震为湖北巡抚。癸卯,免去江苏阜宁第二十六州县卫新旧额赋分别有差。乙巳,赈济安徽太湖等三十州到卫水灾。庚戌,免去浙江钱塘等二十八州县厅卫所旱灾额赋分别有差。

十一月己未,召苏昌来京,任命鹤年为广东巡抚。癸亥,江西生员刘震宇因所著治平新策有"更易衣服制度"等语,处斩。甲子,赈济甘肃皋兰第二十九州县卫所水雹各灾。并免去额赋分别有差。甲戌,任命杨应琚为山东巡抚。准噶尔杜尔伯特台吉车凌乌巴什等率所部来降。丙子,赈济浙江玉环厅旱灾。庚辰,安徽池州府知府王岱因亏空被革职,潜逃拒捕,处斩。

十二月丙戌,赈济两淮富安等盐场旱灾。命归降的杜尔伯特台吉车凌等移居呼伦贝尔。丁亥,协办大学士、吏部尚书孙嘉淦去世。命玉保、努三、萨喇勒为北路参赞大臣。命舒赫德前往鄂尔刊军营。庚寅,任命户部尚书蒋溥为协办大学士,任命黄廷桂为吏部尚书,仍兼管四川总督,鄂广达署理。丙申,江南张家马路及邵伯湖二闸的决口同一天合龙。庚子,因准噶尔台吉达瓦齐未派遣使者来京,谕令永常暂停贸易。

十九年春正月壬子,赈济安徽宿州等十五州县卫、江苏阜宁等十五州县卫去年水灾。壬戌,命萨喇勒征讨进入卡伦的准噶尔乌梁海。乙亥,任命杨锡绂署理吏部尚书,免去鄂弥达的兼管。丁丑,琉球进贡。己卯,准噶尔台吉车凌等入京觐见。

二月丙申,赈济山东兰山乾隆十八年水灾。戊戌,苏禄国进贡,命广东督、抚行文国王不要以内地商人充当使者。赈济山东昌邑等四县、永丰等五盐场潮灾。癸卯,召策楞来京。乙巳,准噶尔乌梁海库本来降。己酉,命策楞前往北路军营。

三月辛亥朔,任命白钟山为河东河道总督,杨应琚署理。准噶尔台吉阿睦尔撒纳等一达瓦齐内讧。戊午,命舒赫德、成衮札布、萨喇勒来京。喀尔喀亲王额琳沁多尔济管理喀尔喀兵事。庚申,四川提督岳钟琪去世。赈济湖北潜江等四州县卫水灾,并免去赋税分别有差。癸亥,免去直隶大城等十厅州到水雹旱各灾的额赋。庚午,免去安徽太平等二十五州县卫乾隆十八年水灾额赋,并予以赈济。乙亥,赈济两淮富安等十二盐场灶户。

夏四月庚辰朔,加刘统勋、汪由敦主子太傅,方观承、喀尔吉善、黄廷桂太子太保,鄂容安、开泰太子少傅,永常、硕色太子少保。命准噶尔台吉车凌等入京觐见。庚寅,成衮札布降为喀尔喀副将军,任命策楞为定边左副将军卿,召班第回京。任命杨应琚署理两广总督。丙午,命都统德宁、准噶尔中吉色布腾为北路军营参赞大臣。本月,免去长芦沧州等二盐场去年旱灾灶户、直隶沧州等二州去年水灾灶户的额赋。赈济甘肃皋兰等十五州县去年旱灾。赈济安徽宿州等十二州县、江苏阜宁等二十三州县去年水灾。

闰四月庚戌朔,赐庄培因等二百三十三人进士及第出身分别有差。己未,免去湖北潜江等四州县卫去年水灾额赋。水,色布腾入京觐见,命大学士傅恒至张家口传旨迎接慰劳,封色布腾为贝勒。壬申,北京降雨。

五月辛巳,任命清保为黑龙江将军。因准噶尔内乱,谕令分两路进兵攻取伊犁。召永常、策楞来京,面授军事机宜。甲申,高宗侍奉皇太后至盛京。戊子,免去安徽太平等二十五州县卫去年水灾额赋。庚寅,高宗侍奉皇太后驻避暑山庄。封准噶尔台吉车凌为亲王,车凌乌巴什为郡王,车凌孟克为贝勒,孟克特穆尔、班珠尔、根敦为贝子。癸巳,免去浙江庙湾等十一盐场乾隆十八年遭受水灾灶户的额赋,受灾重的另予赈济。丁酉,免去长芦所属永阜等三盐场去年水灾灶户的额赋。戊戌,召陈宏谋来京。命刘统勋协同永常办理陕甘总督事务。调陈宏谋为陕西巡抚,钟音为福建巡抚。己亥,召雅尔哈善来京,调鄂乐舜为浙江巡抚,任命鄂昌为甘肃巡抚。

六月壬子,赈济福建龙溪等州县水灾。庚申,赈济甘肃皋兰等五州县旱灾。壬戌,阿睦尔撒纳等为达瓦齐所败,逃奔额尔齐斯夔博和硕地方。谕令策楞等接应归附。壬申,命雅尔哈善署理户部侍郎,在军机处行走。

秋七月辛巳,赈济直隶苏州等州县水灾。壬午,高宗侍奉皇太后至盛京。癸未,命护军统领塔勒玛善、副都统扎勒杭阿为北路军营参赞大臣。丙戌,因乌梁海人巴朗逃走,将车布登为贝子,参赞大臣安崇阿、德宁论斩。丁酉,阿睦尔撒纳率所部来降,命萨喇勒迎接慰劳。己亥,高宗驻彰武台河东大营,侍奉皇太后于军中帷幕。庚子,因喀尔喀台吉丹巴札布失机,命处斩。召策楞、舒赫德、色布腾、萨喇勒来京,任命额琳沁多尔济署理将军,兆惠为参赞大臣。壬寅,命阿睦尔撒纳入京觐见。丙午,任命班第为兵部尚书,署理定边左副将军。任命阿里衮为步军统领。赈济江苏兴化等州县水灾。

八月辛亥,授杨应琚为两广总督。癸丑,任命达勒党阿为黑龙江将军。甲寅,高宗驻吉林。乙卯,高宗到温德亨山遥望致祭长白山、松花江。丁巳,召鄂容安来到高宗所住的地方,任命尹继善署理两江总督。己未,赈济齐齐哈尔等三城水灾。庚申,赈济甘肃皋兰等五州县旱灾。丙寅,高宗视察辉发城。丁卯,命阿睦尔撒纳游牧移到鄂尔坤、塔密尔。癸酉,任命车凌孟克及车凌乌巴什、讷默库为西路参赞大臣。乙亥,北路任命达勒党阿、乌勒登、努三、净惠为参赞大臣,西路以萨喇勒、阿兰泰、玉保为参赞大臣。

九月丁丑朔,赈济两淮角斜等盐场灶户潮灾。辛巳,高宗侍奉皇太后谒永陵。萨喇勒等征讨乌梁海。甲申,免去甘肃皋兰等十五州县水雹各灾的额赋。丙戌,高宗谒昭陵、福陵。丁亥,高宗侍奉皇太后驻盛京。戊午,高宗率领群臣到皇太后处行庆贺礼。亲临崇政殿受贺。免去奉天府所属本年的人丁赋税。自山海关外及宁古塔等处,对于已结、未结的死刑罪犯均予以减刑,军流以下的罪犯予以免刑。朝鲜国王李昑派遣使者到盛京进贡。己丑,停止本年秋决之刑。辛卯,高宗至文庙。癸巳,高宗亲临大政殿,盛京的宗室、觉罗、将军等恭进御膳。甲午,高宗侍奉皇太后率领皇后由盛京回程。己亥,减轻直隶武清等四县额赋。辛丑,任命班第为定边左副将军,鄂容安为参赞大臣。癸卯,命车凌乌巴什、讷默库、车凌孟克等赴西路,在参赞大臣上行走,喀尔喀王巴雅尔什第等在北路军营领队上行走。

冬十月癸丑,赈济山东惠民等十六州县卫、永和等三盐场水灾。甲寅,调卫哲治为广西巡抚,鄂尔舜为安徽巡抚,任命周人骥为浙江巡抚。乙卯,赈济安徽寿州等十九州县卫本年水灾、山西马邑本年雹灾。丙辰,高宗侍奉皇太后还宫。戊午高宗亲临太和殿,接受王以下文武百官进表朝贺。己未,任命工部尚书江由敦管理刑部尚书。辛酉,赈济江苏阜宁等十六州县卫水灾,并免除赋税分别有差。辛未,将北京的满洲兵三千人移驻到阿勒楚喀等处屯垦,增设副都统一人、协领一人。庚午,任命鄂弥达署理吏部尚书。

十一月戊寅,赈济福建诸罗等二县风灾。高宗至南苑。苏禄国王苏老丹嘛喊味麻安柔律嶙派遣使者进贡地方土产。准噶尔克尔弼特台吉阿布达什来降。庚辰。赈济顺天直隶武清等十五州县水雹各灾的饥民,并免去额赋分别有差。乙酉,高宗至避暑山庄。丁亥,辉特台吉阿睦尔撒纳、杜尔伯特台吉讷默库等率降众于广仁岭迎接高宗。本日,高宗召见阿睦尔撒纳等赏赐饮宴,并赏赐他物分别有差。戊子,封阿睦尔撒纳为亲王,讷默库、班珠尔为郡王;杜尔伯特台吉刚多尔济、巴图博罗特,辉特台吉札木参、齐木库尔为贝勒;杜尔伯特台吉布图克森、额尔德尼、罗垒云端,辉特台吉德济特、普尔普、克什克为贝子;辉特台吉根敦札布等,杜尔伯特台吉布颜特古斯等为公;杜尔伯特台吉乌巴什等,辉特台吉伊什等为一等台吉。任命辉特亲王阿睦尔撒纳为北路参赞大臣,郡王讷默库为西路参赞大臣。任命额琳沁多尔济为西路参赞大臣,召班第来京。任命阿睦尔撒纳署理将军,额驸色布腾巴勒珠尔协办。命车凌同车凌乌巴什前往西路军营,讷默库同阿睦尔撒纳前往北路军营。戊戌,高宗回北京。

十二月戊申,任命班第为定北将军,阿睦尔撒纳为定边左副将军,永常为定西将军,萨喇勒为定边右副将军。辛亥,高宗亲临大学士来保,告老大学士福敏家慰问病情。任命亲王固伦额驸色布腾巴勒珠尔、亲王衔琳沁、郡王讷默库、班珠尔、郡王衔青滚杂卜、尚书公达勒党阿、总督伯鄂容安、护军统领乌勒登为北路参赞大臣,亲王额琳沁多尔济、车凌、郡王车凌乌巴什、贝勒车凌孟克、色布腾、贝子扎拉丰阿、公巴图孟克、玛什巴图、将军阿兰泰为西路参赞大臣。癸亥,安南国王黎维祎进贡地方土产。赈济甘肃河州等十五厅州县卫水灾。丙寅,调鄂容安为西路参赞大臣,命阿兰泰、库克新玛木特为北路参赞大臣。

二十年春正月丁丑,命定边左副将军阿睦尔撒纳率领参赞大臣额驸色布腾巴勒珠尔、郡王品级青滚杂卜、内大臣玛木特、奉天将军阿兰泰由北路进兵,定边右副将军萨喇勒率领参赞大臣郡王班珠尔、贝勒品级扎拉丰阿、内大臣鄂容安由西路进兵。癸未,任命

中华传世藏书

二十五史

二十五史

清史稿

四六九五

阿里衮署理刑部尚书。癸卯，免去乌梁海、札哈沁、包沁等一年的赋税。

二月乙巳朔，日食。命兆惠留在乌里雅苏台协办军务，在领队大臣上行走。丙午，朝鲜进贡地方土产。乙卯，高宗谒东陵。戊午，高宗谒昭西陵、孝陵、孝东陵、景陵，至孝贤皇后陵奠酒。己未，召范时绶来京，调胡宝珠为江西巡抚，任命杨锡绂署理湖南巡抚，蒋溥署理吏部尚书。赈济山东惠民等十二州县卫水灾。庚申，准噶尔噶勒杂特部人齐伦来降。丁卯，赈济云南易门、石屏地震灾民。己巳，赈济江苏高邮等州县去年灾民。

三月丙子，永常等奏报额鲁特业克明安巴雅尔来降。戊寅，免去江苏江浦等二十二州县卫乾隆十九年水灾额赋。己卯，高宗至泰陵。召鄂昌来京，调陈宏谋为甘肃巡抚，任命台柱署理陕西巡抚。壬午，高宗谒泰陵。乙酉，高宗驻吴家庄，巡视永定河堤。丙戌，高宗景鹰台行猎，射死一熊二虎。召大学士、九卿、翰詹、科道，下谕宣告胡中藻诗句有悖逆之处，张泰开刻板、鄂昌唱和诸罪，命严加审讯定案拟罪。庚寅，高宗回北京。鄂昌革职拿问。壬辰，高斌去世。释放张师载回籍。乙未，扎哈沁得木齐巴哈曼集、宰桑敦多克等来降。庚子，免去直隶霸州等六州县厅本年旱灾额赋。壬寅，准噶尔台吉噶勒藏多尔济等来降。

夏四月丙午，额林哈毕尔噶宰桑阿巴噶斯等来降。壬子，告老的太保、大学士张廷玉去世，命遵世宗遗诏，配享太庙。甲寅，胡中藻处斩。乙丑，吐鲁番伯克莽噶里克来降。免去长芦永利等三盐场、海丰一县水灾额赋。丙寅，免去山东惠民等十六州县不灾额赋。丁卯，绰罗斯台吉衮布扎布等并叶尔羌等回部和卓木来降。戊辰，琉球国世子派遣使者入京进贡请求册封，准其所请。壬申，集赛宰桑齐巴汗来归降。

五月甲戌朔，免去安徽寿州等十九州县卫水灾额赋。喀尔喀车臣汗副将军公格勒巴丕勒革爵，留在营中效力，以扎萨克郡王得木楚克代理他的职务。戊寅，赈济奉天承德等七州县水灾。庚辰，命翰林侍讲全魁、编修周煌前往琉球册封。辛巳，和通额默根宰桑鄂哲特等来降。壬午，库图齐纳尔宰桑萨赍来降。甲申，准噶尔宰桑乌鲁木来降。戊子，阿勒闼沁鄂拓克宰桑塔尔巴来降。己丑，达瓦齐逃到特克斯。庚寅，史贻直以原来的吕级告老。鄂昌赐自尽。辛卯，任命黄廷桂为武英殿大学士，仍留在四川任总督。调王安国为吏部尚书，任命杨锡绂为礼部尚书，何国宗为左都御史。调陈宏谋为湖南巡抚，任命吴达善为甘肃巡抚，图尔炳阿为河南巡抚。壬辰，阿睦尔撒纳奏报克定伊犁，赏给阿睦尔撒纳亲王双俸，封其子为世子。晋封班第、萨喇勒为一等公，玛木特为三等公。赏给色布腾巴勒珠尔亲王双俸。封扎拉丰阿为郡王，车布登扎布、普尔普为贝勒，赏给车凌亲王双俸。封车乌巴什、班珠尔、讷默库为亲王，策楞孟克为郡王。再授傅恒一等公爵。军机大臣等均从优叙功分别有差。赈济江苏清河、铜山等州县水灾。癸巳，召达勒党阿来京任协办大学士，任命绰勒多署理黑龙江将军。大学士傅恒自请辞去公爵，准其所请。封班第为诚勇公，萨喇勒为超勇公，玛木特为信勇公。

六月癸卯朔，因平定准噶尔部告祭太庙，派官告祭天、地、社、稷、先师孔子。命四个卫喇特如喀尔喀之例，每部落设盟长及副将军各一人。丙午，阿睦尔撒纳奏报兵至格登山，大败达瓦齐之兵。封喀喇巴图鲁阿玉锡、巴图济尔噶勒、察哈什等为男爵，并授散秩大臣,其余各有赏赐分别有差。己酉,为皇太后加尊号为崇庆慈宣康惠敦和裕寿崇禧皇太后,发布诏书广施恩惠分别有差。癸丑,阿克敦免官,任命鄂弥达为刑部尚书,仍署理吏部尚书,阿里衮署理兵部尚书,永常降为侍郎。任命大学士黄廷桂为陕甘总督,调开泰为四川总督。召刘统勋来京,任命硕色署理湖广总督,爱必达署理云贵总督。己未,罗卜藏丹津等解送到北京,派官告祭太庙,举行献俘仪式。庚申,高宗亲临午门爱俘,宽宥罗卜藏丹津之罪,巴朗、孟克特穆尔处死。甲子,因班第等奏报阿睦尔撒纳与各头目往来情形可疑,擅自杀死达瓦齐众宰桑,意图占据伊犁。特下情词恳切的诏谕令他立即入宫觐见。戊辰,擒获达瓦齐,准噶尔部平定。

秋七月戊寅,杜尔伯特台吉伯什阿噶什等来降。丁亥,乌兰泰因为擒获达瓦齐被封为男爵。黑龙江将军绰勒多改任荆州将军,以达色代理他的职务。

八月丙午,赈济江苏海州等七州县水雹各灾。丁未,高宗侍奉皇太后至木兰。壬子,高宗侍奉皇太后驻避暑山庄。甲寅,赈济山东金乡等二十二州县卫水灾。封准噶尔台吉伯伯阿噶什为亲王。丁巳,高宗侍奉皇太后至木兰行猎。庚申,召尹继善来热河。

九月壬申朔,免去福建台湾等三县去遭受水灾的额赋。甲戌,高宗亲临行宫,绰罗斯噶勒臧多尔济等觐见,赏赐饮宴。阿睦尔撒纳觐见途中,行至乌陇古,叛变,抢掠额尔齐斯台站。丙子,准噶尔头目阿巴噶斯等叛变。起用记常为内大臣,仍办定西将军事,策楞、玉保、扎拉丰阿为参赞大臣。命哈达哈留在乌里雅苏台,会同阿兰泰办事。丁丑,阿睦尔撒纳侵犯伊犁。庚辰,颁布招抚阿睦尔撒纳的谕旨。壬午,高宗侍奉皇太后回驻避暑山庄。癸未,赐噶勒臧多尔济等衣帽,封噶勒臧多尔济为绰罗斯汗,车凌为杜尔伯特汗,沙克都尔曼济为和硕特汗,巴雅尔为辉特汗。晋封喀尔喀郡王桑斋多尔济为亲王。命哈达哈等府伐阿睦尔撒纳。丁亥,命策楞为定西将军。任命喀尔喀郡王巴雅尔什等捕样包沁叛贼台拉克等,晋封巴雅尔直第为亲王,沙克都尔扎布为贝勒,达尔扎诺尔布扎布为贝子。赈济浙江山阴等十五州县、曹娥等五盐场、湖州一所,云南剑川县卫本年遭受水灾的灾民。庚寅,逮捕永常到京,策楞降为在赞大臣,任命扎拉丰阿为定西将军。刘统勋放弃巴里刊退驻哈密,予以切责。丙申,逮捕刘统勋到京,命方观承前往军营办理粮饷,任命鄂弥达署理直隶总督。噶勒臧多尔济之子诺尔布琳沁攻讨阿巴噶斯,将其打败,获得木齐班咱,加封郡王。封贝勒齐木库尔为郡王。任命阿里衮署理刑部尚书,调汪由敦为刑部尚书。戊戌,户部尚书海望去世。

冬十月辛丑朔,策楞革职拿问,任命副都统莽阿纳喀宁阿为西路领队大臣。甲辰,任命卫哲治为工部尚书,鄂宝署理广西巡抚。戊申,赈济浙江会稽等州县场所水灾。任命富德为参赞大臣。壬子,从宽将刘统勋、策楞发往军营,作为司员效力。癸丑,赈济山东邹县等十九州县卫、官台等四盐场水灾。丁巳,达瓦齐等解送以京,派遣官员告祭太庙社稷,举行献俘仪式。戊午,高宗亲临午门受俘,释放达瓦齐等。赈济安徽无为等三十二州县遭受水灾的饥民。任命李元亮署理工部尚书。辛酉,起用策楞为参赞大臣,署理定西将军,命其进剿阿睦尔撒纳。甲子,将军班第、尚书鄂容安在乌兰库图勒被打败,阵亡。副将军萨喇勒被擒。丙寅,任命哈达哈为定边左副将军,雅尔哈善为参赞大臣,达勒党阿为定边右副将军,阿兰泰为乌里雅苏台参赞大臣。

十一月未,任命杜尔伯特贝勒色布腾为北路参赞大臣。癸酉,任命策楞为内大臣兼定西将军,扎拉丰阿为定边右副将军,达勒党阿为参赞大臣。宽宥青滚杂卜之罪。甲戌,任命鄂勒哲依、哈萨克锡喇为参赞大臣,尼玛为内大臣兼参赞大臣。云南剑川州地震。壬午,调鄂乐舜为山东巡抚,高晋为安徽巡抚,锡特库为巴里刊都统。癸未,宽宥达瓦齐之罪,封亲王,在北京赏赐他府邸。甲午,噶勒杂特得木齐丹毕来降。

十二月癸卯,起用乌勒登为领队大臣。任命卢焞署理陕西巡抚。丙午,命侍郎刘纶前往浙江查办前任巡抚鄂乐舜,并查江南、浙江两省赈务。戊申,免去伊犁本年的赋税。任命吉林将军傅森为兵部尚书,额勒登代理吉林将军。己未,赈济索伦、达呼尔水霜各灾。赈济湖北潜度等六州县卫水灾。赈济两淮徐溪等十二盐场、山西岢岚州本年水灾各分别有差。

二十一年春正月庚午,因额驸科尔沁亲王色布腾巴勒珠尔贻误军机,革爵禁锢。喀尔喀亲王额琳沁多尔济因放走阿睦尔撒纳,处斩。己卯,因准噶尔已故总台吉达什达瓦之妻率众来降,封为车臣默尔根哈屯。命尹继善前往浙江会审鄂乐舜。丁亥,阿巴噶斯得木齐哈丹等来降。乙未,命哈达哈由阿尔泰进兵协助攻剿。原任副将军萨喇勒由珠勒都斯来归降,命与鄂勒哲依同掌副将军印。命协办大学士达勒党阿由珠勒都斯进兵协县攻剿。丁酉,告老协办大学士阿克敦去世。

二月癸卯,授予巴里刊办事大臣和起钦差大臣印信。戊申,任命杨廷璋为浙江巡抚。辛亥,高宗起程至孔林。因策楞奏报擒获阿睦尔撒纳,命令改赴泰陵。甲寅,高宗谒泰陵。免去直隶、山东所经过地方州县钱粮的十分之三,歉收地方免去十分之五。乙卯,高宗至山东,谒孔林。免去山东海丰等三县潮灾额赋。壬辰,赈济山东兰山等州县水灾。癸亥,赈济浙江仁和等十五州县盐场水灾。甲子,工部尚书卫哲治因病免官,以赵弘恩代理他的职务。策楞以误传擒获阿睦尔撒纳奏闻。丁卯,命萨喇勒以副将军驻特讷格尔。戊辰,授硕色为湖广总督,郭一裕为云南巡抚。

三月己巳朔,高宗至曲阜,谒先师孔子庙。授清保为盛京将军。庚午,致祭孔子礼成。谒孔林、少昊陵、元圣周公调。免去曲阜明年即丁丑年额赋。辛未,赈济山东邹县等十七州县卫水灾。丙戌,免去江苏宿迁受灾地方河租,湖北潜江等五州县去年水灾额赋。丁亥,命哈达哈进兵乌梁海布延图,任命青滚杂卜、车布登为参赞大臣。策楞等奏报收复伊犁。戊子,免去安徽宿州等二十一州县卫、江苏阜宁等七十二州县卫去年水灾额赋。壬辰,高宗谒昭西陵、孝陵、景陵,至孝贤皇后陵奠酒。丙申,赐鄂乐舜自尽。丁酉,高宗回北京。

夏四月壬子,免去山东邹县等十九州到卫去年潮灾额赋。命达勒党阿由西路、哈达哈由北路进讨哈萨克,任命哈宁阿、鄂实为参赞大臣。癸丑,命大学士傅恒前往额林哈毕尔噶整顿军务。策楞、玉保逮捕拿问。乌勒登因放走阿睦尔撒纳被处斩。甲寅,命尚书阿里衮在军机处行走。丁巳,召傅恒回京。富德奏报在塞伯苏台打败哈萨克。壬戌,免去山西岢岚州乾隆二十年霜灾额赋。癸亥,军机大臣雅尔哈善、刘纶罢免。命裴曰修在军机处行走。乙丑,召刘统勋回京。

五月戊辰朔,玉保降为领队大臣,任命达勒党阿为定边右副将军,巴禄为参赞大臣。乙亥,免去浙江仁和等十三州县去年受灾的额赋。庚辰,高宗至黑龙潭求雨。乙酉,任命莽阿纳、达什车凌为参赞大臣。丁亥,免去甘肃甘州等三府民屯额赋。赈济甘肃皋兰等二十厅州县去年霜雹各灾。辛丑,噶勒杂特宰桑根敦等来投降。壬子,任命莽阿纳为归化城都统。癸丑,何国宗降职调用,任命赵驻恩为左都御史,调汪由敦为工部尚书,刘统勋为刑部尚书。丙辰,伯什阿噶什所属宰桑赛音伯克来降。癸亥,杜乐伯特台吉伯什阿噶什派遣使者来降,命封为亲王。乙丑,封杆尔伯特台吉乌巴什为贝子。

秋七月戊辰,免去安徽无为等三十二州卫去年水灾额赋。壬申,特楞古特宰桑敦多克及古尔班和卓等在济尔玛台诈降,哈达哈等率兵将其歼灭。授哈达哈为领侍卫内大臣,车布登扎布为郡王,唐喀禄、舒赫德为副都统,三都布多尔济为公爵,其余分别议叙有差。庚辰,漕运总督瑚宝去世,以张师载代理他的职务。丁亥,高宗到清河,至班第、鄂容安灵前致祭。壬辰,因青滚杂卜叛乱的形迹日益显著,谕令舒明、成衮扎布等前往捕剿。癸巳,库车伯克鄂对等来降。

八月壬寅,任命绰尔多为黑龙江将军。乙巳,任命喀尔喀亲王成衮扎布为定边左副将军,舒明、阿兰泰、桑斋多尔济、德沁扎布、塔勒玛善为参赞大臣。辛亥,命纳木扎勒、德木楚克为参赞大臣。任命保德署理绥远城将军。癸丑,高宗侍奉皇太后至木兰秋猎。阿巴噶斯等被处以磔刑。戊午,赈济车臣汗部落扎萨克辅国公成衮等六旗旱灾。额鲁特达玛琳来降。庚申,高宗侍奉皇太后至木兰,行猎。授瑚图灵阿、富昌、保德、哲库纳、阿尔宾为参赞大臣,随从成衮扎布办事。任命保云署理绥远城将军。壬戌,台吉伯什阿噶仁觐见,在行宫召见,赏赐饮宴。癸亥,予成衮扎布等叙功。甲子,命喀尔喀贝勒品级车木楚克扎布接续台站,封为贝勒。乙丑,哈达哈等征讨哈萨克,哈萨克大败。授扎拉丰阿为贝子,明瑞为副都统。赈济陕西长安等十三厅州县雹灾。

九月甲戌,达瓦齐近族台吉巴里率人户来降,命他在扎哈沁地方放牧。丁丑,土尔扈特台吉敦多布达什派遣使臣吹扎布入贡,高宗在行宫召见他,赏赐饮宴。戊子,免去甘肃乾隆元年至十五年历年所欠的赋税,及宁夏安西等二十二州县卫本年额赋分别有差。庚寅,高宗侍奉皇太后回驻避暑山庄。授杜尔伯特亲王伯什阿噶什为盟长。乙未,暹罗国派来使进贡地方土产。赈济山东鱼台等县水灾。

闰九月癸卯,封罗卜藏车楞之子塔木楚克扎布为贝勒。戊申,高宗侍奉皇太后回程。庚戌,授阿桂为北路参赞大臣。准予借给黑龙江遭受水灾人户的籽种口粮。甲寅,高宗侍奉皇太后回北京。赈济安徽宿州等十二州县卫水灾。辛酉,免去江苏清河等十二州县卫受灾地方的漕粮。

冬十月戊辰,命哈达哈以参赞大臣随同成衮扎布办事,阿里衮、富德回京。壬申,因富勒赫未能预防黄河决口,召其来京。任命爱必达为河道总督,刘统勋署理。调鹤年为山东巡抚,授尹继善为两江总督,兼管河务。癸酉,任命满福为巴里刊都统。丙子,兆惠以回部霍集占叛乱情况上报朝廷,派阿敏道等进兵攻讨。戊寅,辉特台吉巴雅尔叛乱抢掠洪霍尔拜、扎哈沁，命宁夏将军和起讨伐。己卯，赈济直隶延庆等八州县卫本年水雹各灾。乙酉，告老大学士福敏反世。

十一月丁未，赈济甘肃皋兰等二十六厅州县水雹各灾。辛亥，调陈宏谋为陕西巡抚，图勒炳阿为湖南巡抚。甲寅，命仍将策楞、玉保拿问。扎拉丰阿降为公爵。任命达勒党阿为定西将军，兆惠为定边右副将军，永贵为参赞大臣。庚申，哈萨克锡喇巴玛及回人莽噶里克率众在辟展袭击将军和起。和起力战阵亡，命按照傅清、拉布敦之例给以抚恤。己未，黄廷桂报备马三万匹，增加兵力驻于哈密等处。高宗嘉奖他"明决担当"。赏赐黄廷桂双眼花翎，骑都尉世职。壬戌，王安国因病免官。任命汪由敦署理吏部尚书，赵弘恩署理工部尚书，何因宗署理左都御史。

十二月甲子朔，策楞、玉保逮捕至京，在途中被额鲁特人所害。庚午，赈济山西汾阳等县水灾。辛未，下谕将哲布尊丹巴胡图克图加号敷教安众喇嘛。壬申，任命卢焯为湖北巡抚。赈济山东金乡等二十一州县卫水灾。甲戌，免去陕西周至等四县本年水灾民屯额赋、马厂地额赋的半数。戊寅，在杭噶奖噶斯擒获青滚杂卜，赏赐成衮扎布黄带，封其子一人为世子，封纳木扎勒一等伯。已卯，召瑚图灵阿等回京。因擒获青滚杂卜之功，将贝勒车木楚克扎布晋封为郡王品级，赏赐贝勒旺布多尔济等双眼花翎。丙戌，达勒党阿免去协办大学士，以鄂弥达代理他的职务。

二十二年春正月甲午，因高宗南巡免去江苏、安徽、浙江累年所欠的赋税。任命成衮扎布为定边将军，由巴里坤进剿，车布登扎布署理北路定边左副将军，舒赫德、富德、鄂实为参赞大臣，色布腾巴勒珠尔、阿时碳、彰瑞等为领队大臣。乙未，赈济江苏清河等十九州县水灾。戊戌，任命嵩椿为荆州将军。任命莽古赍为参赞大臣，赴北路军营。己亥，任命哈达哈为参赞大臣，驻科布多。庚子，任命哈宁阿、永贵为参赞大臣。癸卯，高宗侍奉皇太后南巡。甲辰，授汪由敦为吏部尚书，调何国宗为礼部尚书，秦蕙田为工部尚书，赵弘恩仍回左副都御史任，白钟山为江南河道总督，张师载为河东河道总督，杨锡绂为漕运总督，授爱必达为江苏巡抚。丙午，免去直隶静海等三州县所欠的赋税。丁未，免去所经过直隶、山东地方本年钱粮的十分之三，受灾地方免去十分之五。壬子，赈济山东济宁等五州县卫水灾。癸丑，任命阿思哈为北路参赞大臣。己未，任命嵇璜为江南副总河。命阿桂留在乌里雅苏台办事。壬戌，噶勒藏多尔济、达什车凌等叛乱。

二月癸亥朔，免去所经过江南、浙江地方本年钱粮的十分之三，受灾地方免去十分之五。甲子，赈济江苏清河等十四州县卫、安徽宿州等四州县卫灾民。丙寅，兆惠全军至乌鲁木齐，封一等伯，予以世袭。丁卯，高宗侍奉皇太后渡黄河至天妃闸，视察护堤的木栏。免去江南乾隆十年以前所欠的漕粮。免去两淮灶户乾隆十七年至十九年未缴完的折价银两。乙亥，高宗侍奉皇太后渡长江。癸未，高宗亲临宋臣范仲淹的高义园。甲申，高宗侍奉皇太后至苏州府。乙酉，高宗侍奉皇太后视察苏州织造的机房。调富森为吏部尚书，任命纳木扎勒为工部尚书。阿里衮降为侍郎，任命兆惠为户部尚书、领侍卫内大臣，舒赫德为兵部尚书。命成衮扎布、兆惠分路剿捕额鲁特叛众。丙戌，高宗在嘉兴府后孝场阅兵。己丑，高宗侍奉皇太后至杭州府。庚寅，高宗阅兵。辛卯，免去山东齐河等三州县灾民所欠赋税,及山西汾阳等二县、江苏清河等十二州县水灾额赋。

三月丁酉,噶勒藏多尔济攻陷伊犁,命成衮扎布讨伐。庚子,高宗侍奉皇太后驻苏州府。己酉,高宗侍奉皇太后至江宁府,免去江南的江宁、苏州、浙江的杭州三府附郭各县本年的额赋。庚戌,高宗致祭明太祖陵。辉特台吉车布登多尔济叛乱,哈达哈前往讨攻并将其擒获。命将其壮丁杀尽,其妇女赏给喀尔喀。辛亥,任命哈达哈为兵部尚书。癸丑,高宗侍奉皇太后渡长江。甲寅,召原任大学士贻直入阁办事,黄廷桂仍以大学士兼管陕甘总督。丙辰,免去陕西潼关等厅州县去年水雹之灾的额赋。召让统勋前赴高宗所住之处。己未,高宗侍奉皇太后渡黄河。

夏四月壬戌朔,直隶总督方风承参谥巡检张若瀛擅自处罚太监僧人。高宗斥责方观承不识大体,仍告谕如有太监在外生事可任凭责罚。乙丑,免去江苏淮安等三府州地亩额赋。命刘统勋督修徐州石工,侍郎梦麟督修六塘以下河工,副总河稽璜督修昭关滚坝支河,均会同总督、巡抚、总河筹办。召成衮扎布、兆惠、舒赫德等来京,任命雅尔哈善为参赞大臣,掌定边右副将军印,命阿里衮驻巴里坤办事。丙寅,高宗至孙家集视察堤工。唐喀禄拎获车布登多尔济,以普尔普部人赏给乌梁海。丁卯,高宗渡黄河,至荆山桥、韩庄闸巡视河工。戊辰,免去直隶延庆等州县卫乾隆二十一年水雹之灾额赋。庚午,减山东海丰县所属黎敬等五庄粮额,并免去乾隆十一年至二十年所欠的赋税。任命松阿里为绥远城将军。擒获普尔普。辛未,高宗至阙里致祭先师孔子。高宗侍奉皇太后驻灵岩。任命史贻直仍以文渊阁大学士兼吏部尚书。乙亥,改任松阿里为凉州将军,任命保德为绥远城将军。戊寅,免去山东济宁等五州县所欠赋税。乙卯,调蒋炳为河南巡抚,任命阿思哈为湖南巡抚。庚辰,免去河南夏邑等四县所欠赋税。辛巳,因夏邑生员段昌绪收藏吴三桂的檄文,命方观承前往河南会同图勒炳阿严加审讯。乙酉,何国宗免官。丁亥,高宗回北京。任命秦蕙田署一礼部尚书。戊子,因前布政使彭家屏收藏明末野史,革职拿问。任命归宣光为礼部尚书。庚寅,福建厦门火灾。丁酉,高宗至蓝靛厂迎皇太后住在畅春园。乙巳,赐蔡以台等二百四十二人进士及第出身分别有差。丁未,霍集占叛乱,副都统阿敏道阵亡。

六月辛酉朔,任命胡宝瑔为河南巡抚,阿思哈署理江西巡抚。壬戌,免去甘肃及河南夏邑等四县明年额赋。癸亥,任命爱必达为云贵总督,调陈宏谋为江苏巡抚,明德为陕西巡抚,定长为山西巡抚。甲子,赈济河南鄢陵等州县水灾。戊辰,彭家屏论斩。丁丑,赏达什达瓦部落两个月口粮。癸未,喀尔喀达玛琳叛乱,命桑寨多尔济讨伐。己丑,赈济安徽宿州等十六州到卫水灾、甘肃碾伯等三十八州县厅水雹之灾。

秋七月辛卯朔,赈济山东馆陶等州县水灾。壬辰,任命刘藻为云南巡抚。癸卯,赐彭家屏自尽。命史贻直仍兼工部。乙巳,赈济安徽宿州等十州县水雹各灾。丙午,赈济山东东平州等五州县水灾。因擒获巴雅尔授富德为内大臣,贝勒罗面藏多尔济亚封为郡王。丁未,任命杨应琚为闽浙总督。任命鹤年为两广总督,蒋洲为山东巡抚,塔永宁为山西巡抚。哈萨克汗阿布贲派遣使者入贡。戊申,高宗侍奉皇太后至木兰。癸丑,额鲁特台吉浑齐等杀札那噶尔布,携带其首级来降。戊午,赈济山东济宁等三十二州县卫水灾、福建龙溪等二州县水灾。

八月丙寅,哈萨克霍集伯尔根等来降。丁卯,任命萨喇善为吉林将军,傅森署理。戊辰,赈济甘肃柳沟等三卫旱灾。乙亥,高宗侍奉皇主一至木兰,行猎。赈济山西汾阳水灾。辛巳,巴雅尔、达什车凌被处死。

九月癸巳,克埒特、乌噜特各部都已平定。甲午,高宗至行宫,哈萨克阿布赉等使臣觐见,赏赐饮宴。戊戌,任命富勒浑为湖南巡抚。辉齐等再次叛乱。庚子,额鲁特沙喇斯、玛呼斯二宰桑叛乱,命都统满福征讨。任命雅尔哈善为兵部尚书。辛丑,高宗侍奉皇太后驻避暑山庄。壬寅,于已故将军和起墓前处尼玛以磔刑。丁未,命刘统勋前往山东、江南办理河工。辛亥,高宗侍奉皇太后回北京。

冬十月壬戌,高宗至南苑,行猎。癸亥,琉球入贡。乙丑,任命雅尔哈善署理定边右副将军。丁卯,召车布合扎布来京,任命纳木扎勒署理定边左副将军。阿桂至科布多,任命莽古赉为北路参赞大臣。辛未,任命兆惠为定边将军,车布登扎布为定边右副将军。丙戌,任命永贵为陕西巡抚。

十一月丙申,命喀尔喀亲王德沁扎布为北路参赞大臣。壬子,任命吴拜为左都御史。戊午,赈济甘肃皋兰等二十厅州县霜雹灾。

十二月癸亥,任命陈宏谋为两广总督,李侍尧署理两广总督,托恩多为江苏巡抚,阿尔泰为山东巡抚。己巳,大学士陈世倌请求归老,准其所请。乙亥,封车木楚克扎布为郡王。丁丑,赈济扎噜特、阿噜、科尔沁三旗灾民。庚辰,舒赫德由于失机予以革职。甲申,加史贻直、陈世倌太子太傅,鄂弥达、刘统勋太子太保。

本年,朝鲜、暹罗、琉救入贡。

二十三年春正月己丑,赈济河南卫辉等府民属灾民一个月。免去甘肃省乾隆十六年至二十二年所欠的赋税。庚寅,命兆惠、车布登扎布征讨沙喇伯勒,雅尔哈善、额敏和卓征讨回部。辛卯,赈济江苏清河等十八州县、安徽宿州等十州县灾民分别有差。癸酉,赈济直隶大名等州县灾民。丙午,因俄罗斯呈验阿睦尔撒纳尸体及哈萨克称臣纳贡,特晓谕中外。己酉,吏部尚书汪由敦去世,高宗亲临致祭。壬子,任命刘统勋为吏部尚书,调秦蕙田为刑部尚书,任命嵇璜为工部尚书,调钟音为广东巡抚,周琬为福建巡抚,周人骥署理贵州巡抚。癸丑,命雅尔哈善为靖逆将军,额敏和卓、哈宁阿为参赞大臣,顺德讷、爱隆阿、玉素布为领队大臣,讨伐回部。命永贵、定长以钦差大臣印信办理屯田事务。

二月庚申,朝鲜入贡。癸亥,赈济陕西葭州等八州县旱灾。乙丑,赈济德州等三十七州县卫所灾民。

三月庚寅,高宗至西陵。癸巳,高守谒昭西陵、孝陵、孝东陵、景陵。庚子,高宗谒昭泰陵。辛丑,兆惠等进兵沙喇伯勒,擒获扎哈沁哈拉拜,尽杀其部下。舍楞逃走,命和硕齐、唐喀禄前往追捕。壬寅,免去江苏山阳等二十五州县卫额赋分别有差。乙巳,高宗亲自考试翰林、詹事等官,王鸣盛等三人升为一等,其余分别升降有差。考试由部院改入翰林等官员,德尔泰升为一等,其余分别升降在差。丁未,任命吴士功为福建巡抚,钟音为陕西巡抚,托恩多为广东巡抚,庄有恭署理江苏巡抚,冯钤为湖北巡抚。

夏四月壬戌,免去甘肃兰州等六府州县乾隆三年至十年所欠的赋税,戊辰,复封额驸色布腾巴勒珠尔为亲王。免去直隶霸州等三十三州县厅乾隆十年至二十年所欠的赋税。庚午,告老大学士陈世倌去世。壬申,命李元亮兼署理户部尚书。免去直隶魏县等二十九州县厅去年水灾额赋。丙子,命陈宏谋回江苏,以总督衔管巡抚事。任命冯钤为湖南巡抚,庄有恭署理湖北巡抚,李侍尧署理两广总督。庚辰,高宗至黑龙潭求雨。壬午,因天时干旱命刑部清理各类案件,徒以下的罪犯予以减轻,直隶也如此例。

五月戊子,免去甘肃全省乾隆二十四年额赋。癸丑,赈济陕西延安等三府州旱灾。

六月辛未,免去陕西榆林等八州县所欠赋税。癸未,免去陕西靖边等八州县去年额赋。直隶元城等州县蝗虫为灾。

秋七月丁亥,免去甘肃安西等三厅卫乾隆二十二年风灾额赋。己丑,毛城铺黄河决口。庚寅,霍集占支援库车,被雅尔哈善打败。免去福建台湾县旱灾额赋。丙申,加黄廷桂少咻、杨应琚、开泰太子太保,杨锡绂太子少师,陈宏谋、高晋、胡宝珠太子少傅,白钟山、爱必达、吴达善太子少保。戊戌,赈济山西静乐等州县水雹灾。庚子,高宗侍奉皇太后在木兰秋猎。壬寅,舍楞逃奔俄罗斯。召回阿桂。癸卯,右翼布鲁特玛木特呼里比米隆派遣其北舍尔伯克觐见。谕令将哈萨克锡喇捆缚献上。乙巳,任命纳木扎勒为靖逆将军,三泰为参赞大臣。谕令兆惠前往库车。丙午,高宗侍奉皇太后驻避暑山庄。戊申,赏车布登扎布亲王品级。壬子,赈济陕西延安等十七州县旱雹灾。

八月丙寅,降雨。己巳,高宗侍奉皇太后至木兰行猎。甲戌,任命都赉为兵部尚书。丁丑,赈济甘肃皋兰等二十四州县厅旱灾。壬午,缅甸国王莽达喇为得楞夷人所害,木梳铺土官瓮借牙自立。

九月己丑,赐布鲁特使臣舍尔伯克宴。提督马得胜因攻打库车失机,处斩。庚寅,右部哈萨克图里拜及塔什干回人图尔占等来降。丙申,高宗侍奉皇太后驻避暑山庄。戊戌,调归宣光为左都御史,任命嵇璜为礼部尚书,任命梁诗正署理工部尚书。命驻防伊犁大臣兼理回部事务。己亥,赈济浙江仁和等县水灾。甲辰,哈喇哈勒巴克回部来降。庚戌,和阗城伯克霍集斯等来降。壬子,乌什城降。

冬十月癸亥,赈济浙江钱塘等十六县场水灾,山西朔平府所属霜灾。丁卯,赈济直隶大城等九县水雹霜各灾。兆惠由巴尔楚克进兵叶尔羌。甲戌,吴拜因病免官,任命德敏为左都御史。赈济直隶沧州等六州县场水灾。

十一月甲申朔,右部哈萨克派使者来朝,赐宴。乙酉,高宗回程。丙戌,高宗至南苑行猎。戊子,高宗检阅军队。己酉,任命阿里衮为参赞大臣,前往兆惠军营。辛卯,赈济江苏海州等五州县水旱潮各灾。丁酉,兆惠至叶尔羌城外,陷入敌方包围之中。授富德为定边右副将军,阿里衮、爱隆阿、福禄、舒赫德为参赞大臣,前往叶尔羌策应。己亥,因十二月初一、十五两日日月食,谕令修身反省。辛丑,克里雅伯克阿里木沙来降。甲辰,因兆惠深入敌中苦战,封一等武颜谋勇公,额敏和卓晋封郡王品级,霍集斯贝子加贝勒品级。丁未,纳木扎勒、三泰、奎玛岱策应兆惠,在途中遇敌,阵亡。加赠纳木扎勒公爵、三泰子爵、奎玛岱世职。任命舒赫德为工部尚书。庚戌,富德前往叶尔羌。

十二月癸丑朔,日食。左副都御史孙灏奏请明年停止到外地巡视,高宗斥责他识见荒谬,改用三品京堂,并以"效法祖父练武习劳"晓谕内外。赈济福建台湾等四县风灾。加赈浙江仁和等七县所水灾。壬戌,裘曰修免去军机处行走。丁卯,免除甘肃张掖等四厅县被水淹没田亩的额赋。戊辰,晋封喀尔喀扎萨克郡王齐巴克雅喇木丕勒为亲王。壬申,免去浙江钱塘等七县本年水灾额赋。

二十四年春正月甲申,免去甘肃全省明年额赋及历年各项所欠的赋税。癸巳,雅尔哈善处斩。己亥,大学士伯黄廷桂去世,任命吴达善为陕甘总督,明德为甘肃巡抚,暂时护理总督。授李侍尧为两广总督。癸卯,任命蒋溥为大学士,仍管户部尚书,梁诗正为兵部尚书,归宣光为工部尚书,陈德华为左都御史,李元亮兼管兵部满尚书,苏昌署理满工部尚书。

二月壬戌,哈宁阿论斩。癸亥,赈济车都布等三旗旱灾。甲子,富德、阿里衮与霍集占战于呼尔璊,霍集占大败。封富德为三等伯,予舒赫德、阿里衮、豆斌等世职。命舒赫德回阿克苏办事。己巳,富德兵至叶尔羌,会同兆惠军进攻。晋封富德为一等伯。命车布登扎布为副将军,福禄、车木楚克扎布为参赞大臣。鄂斯满等攻陷克里雅。谕令巴禄援助和阗。庚辰,因兆惠、富德回阿克苏,严加斥责。

三月癸未,命舒赫德同霍集斯驻和阗,截断敌方的逃路。己丑,任命头等侍卫乌勒登、副都统齐努浑为北路参赞大臣。壬辰,召杨应琚来京,任命杨廷璋署理闽浙总督。甲午,彗星出现。己亥,明瑞晋封承恩毅勇公。江苏淮安等三府州蝗虫为灾。

夏四月辛亥,富德等援救和阗。癸丑,任命阿桂为富德军营参赞大臣。丁巳,求雨致祭,在圜互祭天。高宗因农田盼望霖雨,命停止从仗,步行虔诚祷告。任命杨应琚为陕甘总督,吴达善以总督衔管巡抚事。戊子,任命杨廷璋为闽浙总督,庄有恭为浙江巡抚。庚申,免去浙江钱塘等十六县场去年风灾额赋。辛酉,放宽赈济甘肃河州等处旱灾。命刑部清理案件减轻刑律,甘肃也按此例办理。甲子,赈济甘肃狄道等二十三厅州县卫旱雹各灾。丁卯,高宗亲临原任大学士黄廷桂家致祭。癸酉,免去山西阳曲等五州县去年水雹各灾的额赋。丁丑,禁止各省织造进贡彩绣细葛精巧之物。命舒赫德仍回驻阿克苏。

五月辛巳,免去陕西潼关等六十五厅州县本年额赋分别有差。辛卯,高宗到黑龙潭求雨。丁酉,赈济陕西咸宁等州县旱灾。己亥,下诏令诸臣修身反省,仍许直言朝政得失。辛丑,高宗穿素服亲临社稷坛求雨。丁未,高宗因雨水不足,不乘辇,不设仪仗,由景运门步行去祭方泽。己酉,赈济甘肃皋兰等州县旱灾的灾民。

六月庚戌,暂缓一般犯人奏请处决。甲寅,任命恒禄为绥远城将军。戊午,赈济陕西榆林等十一州县旱灾。庚申,高宗因天时久旱,步行至圜丘行求雨之祭。本日,蛎雨。命兆惠进兵喀什噶尔,富德进兵叶尔羌。甲戌,江协海州等州县、山东兰山等县蝗虫为灾,下谕令裘曰修、海望捕蝗。丙子,英吉利商船前往宁波贸易,庄有恭奏请拒绝通商。谕令李侍尧召集外商,宣布禁令。

闰六月丙戌,免去福建台湾等三县去年风灾额赋。丁酉,赈济甘肃皋兰等州县旱灾。庚子,布拉尼敦放弃喀什噶尔而逃。甲辰,霍集占放弃叶尔羌而逃。丙午,任命刘纶为左都御史。戊申，因甘肃旱灾。停发本年巴里坤等处的遣刑犯人。

秋七月巳酉朔，兆惠等奏报喀什噶尔、叶尔羌回众迎降。布拉尼敦、霍集占逃至巴达克山。命阿里衮等率兵攻巴尔楚克。庚戌，谕令兆惠等追捕布拉尼敦、霍集占。命车布登扎布驻伊犁，防备霍集占等逃入俄罗斯。辛亥，因捕蝗不力，革去陈宏谋的总督衔。壬子，高宗侍奉皇太后起程，至木兰秋猎。己未，高宗侍奉皇太后驻避暑山庄。停征山西阳曲等三十九厅州县旱灾额赋。丁丑，改西安总督为川陕总督，四川总督为四川巡抚，甘肃巡抚为甘肃总督管理巡抚事。任命开泰为川陕总督，杨应琚为甘肃总督。山西平定等州县蝗虫为灾。

八月己卯，明瑞追剿霍集占等于霍斯库鲁克岭，霍集占等大败。壬午，赈济甘肃皋兰等四十厅州县本年旱灾。己丑，禁止英吉利商船在宁波逗留。壬辰，富德等奏报在阿勒楚尔追剿霍集占，霍集占大败。癸巳，高宗侍奉皇太后至木兰行猎。庚子，富德奏报兵至叶什勒库勒诺尔，霍集占窜对巴达克山。

九月庚戌，赈济浙江江山等县水灾。评定剿贼的功绩，回人鄂对晋封为贝子，阿什默特、哈岱默特为公，恢复敏珠尔多尔济的公爵。癸丑，规定西域祀典。命阿桂前往阿克苏办事。玉素布晋封为贝勒。丙寅，改安肃安西镇为安西府。高宗侍奉皇太后回京。任命苏昌为湖广总督。废除回城霍集占等苛征暴敛。

冬十月己卯，颁发给阿桂钦差大臣印信。癸未赈济山西阳曲等五十六厅州县旱灾。丁亥，赐哈宁阿自尽。戊子，禁止州县因捕蝗临时摊派拖累民间。癸巳，免去山西助马口庄头本年旱灾额赋的十分之七。乙未，任命鄂弼为山西巡抚。赈济盛京开原等城、承德等七州县旱灾，抚恤长芦沧州等六州县、严镇等五盐场遭受水灾的灶户，均免去额赋分别有差。免去甘肃狄道等二十二厅州县去年水雹各灾的额赋。丙申，赈济顺天直隶固安等四十七州县厅水霜雹虫各灾，并免去额赋分别有差。丁本，下谕说："国家太平已经百年，休养生息，人口日繁。现在幸逢开拓土地一万余里，以新辟的农田，辅以中原的耕作，又将凶暴的败类教育成守法的良民，一举而数得。令各督抚通告所属，安插巴里坤各城人犯，分别惩办，不要以姑息罪犯为妇人之仁，致使良法无以施行。"己亥，赈济江苏上元等十九州县厅好水虫风潮各灾。庚子，富德奏报巴达克山素勒坦沙来献霍集占的首级，全部投降。命令宣谕中外。将军兆惠加赏宗室公品级的鞍辔。将军富德晋封为侯爵，并赏戴双眼花翎。参赞大臣公爵明瑞、公爵阿里衮赏戴双眼花瓴。自舒赫德以下，均从优议叙。晋封额敏和卓为郡王，赏玉素布郡王品级。辛丑，根据平定准噶尔、回部用兵的始末，撰写开惑论，宣示中外。赈济浙江嘉兴等二十州县卫所、双穗等九盐场水虫各灾。壬寅，高宗拒绝诸王大臣请上尊号。赈济陕西定边等九县旱雹霜各灾。癸卯，召喀尔喀、杜尔伯特诸部落汗、王、公等赴太平威宴。

十一月辛亥，因平定回部，高宗率领诸王大臣亲临皇太后寿康宫庆贺。高宗在太和殿受朝贺。颁发诏书于中外，广施恩惠分别有差。辛酉，杨应琚加太子太师。乙丑，免除山东济宁州、鱼台县水淹地的赋税。癸酉，命各回城伯克等轮流分班入京觐见。哈尔塔金布特来降。

十二月甲子,赈济甘肃皋兰等十四厅州县及东乐县丞所属本年旱灾。癸巳,免去两淮丁溪等七盐场受灾应纳折价的十分之七。甲午,赈济山东海丰等十六州县卫、永阜等三盐场本年水潮各灾。丁酉,免去浙江江山等三县本年水灾额赋。

二十五年春正月戊申,因而隃战事凯旋,再免去明年甘肃的额赋。乙酉,赈济甘肃皋兰等州县旱灾。庚戌,命乌鲁木齐实行屯田。乙卯,霍罕额尔德尼伯克派遣使者陀克塔玛特等入京觐见。丙辰,巴达克山素勒坦沙派遣使者额穆尔伯克等及齐哩克、博罗尔使者入京觐见。定边将军兆惠等以霍集占的首级献上,连同被俘的首领扣多索丕等到北京。丁巳,高宗亲临午门举行献俘仪式。命将霍集占的首级悬示于通衢,宽宥扣多索丕等之罪。己未,布鲁特阿济比派遣使者锡喇噶斯等入京觐。

二月丁丑,命侍郎裘曰修、伊禄顺清查甘肃各州县办理军需。赈济扎萨克图汗等四旗部落饥民。癸未,高宗起程至东陵。乙酉,赈济山西阳曲等州县上年旱灾。丙戌,高宗谒昭西陵、孝陵、孝东陵、景陵。丁亥,因清馥拖延回避,被处死。辛卯,免去盛京等十九驿旱灾额赋,并予以赈济。癸巳,高宗回北京。丙申,命车布登扎布为副将军统兵剿捕哈萨克巴鲁克巴图鲁,任命玛常、车木楚克扎布为参赞大臣。高宗至泰陵。己亥,高宗谒泰陵。任命兆惠、富德为御前大臣。壬寅,兆惠等凯旋,高宗到良乡郊外迎接。癸卯,高宗回北京。甲辰赏赐哈密扎萨克郡王品级、贝苗玉素布等衣帽分别有差。

三月丙午朔,高宗亲临太和殿受凯旋朝贺。丁未,试办伊犁海努克等处屯田。设乌鲁木齐至罗克伦屯田村庄。免去安徽怀宁等十七州县卫去年水虫各灾的额赋。壬子,任命阿布都拉为乌什阿奇木伯克,阿什默特为和阗阿奇木伯克,噶岱默特为喀什噶尔阿奇木伯克,鄂对为叶尔羌阿奇木伯克。甲寅,颁发阿桂印信,驻伊犁办事,常亮等协同办事。丁巳,免去浙江仁和等十州县卫所、双穗等九盐场去年水虫各灾的额赋。辛酉,赈济江苏上元等五十五州县卫去年水灾。甲子,高宗亲临和硕和婉公主之丧,致祭。丙寅,高宗亲临皇六子永瑢府邸。戊辰,命新柱往叶尔羌办事。己巳,晋封纯贵妃为皇贵妃。任命巴图济尔噶勒为内大臣,庚午,免去山东海丰等十六州县、永阜等三盐场去年潮水各灾额赋。

夏四戊子,因山东兰山等县发现幼蝗,命直隶预防。己亥,内大臣萨喇勒去世。

五月甲辰朔,日食,下诏修身反省。丙午,告谕陕甘总督辖境止于乌鲁木齐,令杨应琚仍回内地。壬子,下诏说:"内地民人前往蒙古四十八部耕耘,下令禁止,实为害民。现在乌鲁木齐各处兴办屯田,内地民人前往,各成聚落,开辟荒地赖以谋生的人日多,对国家民政大有裨益。无知之人又恐怕劳民。特为宣谕。"癸丑,赐毕沅等一百六十四人进士及第出身分别有差。丁巳,免去安徽怀宁等十七州县卫去年水虫各灾的额赋。乙丑,裁撤陕西榆葭道,改延绥道为延榆绥道,移驻榆林府,以麟州隶属于督粮道。己巳,哈萨克阿布勒巴木比特派遣使者入京觐见,赐给敕书,拒绝其请求在伊犁游牧,以及居住巴尔鲁克等地。从前抢掠乌梁海的巴鲁克巴图鲁认罪,归还其掠获之物,仍予以赏赐。

六月乙亥,免征甘肃本年及明年一切附加赋税。丁酉,召阿里衮回京。命海明前往喀什噶尔办事。

秋七月癸卯朔，谕令热河捕捉蝗虫。甲辰，山西宁远等厅、直隶广昌等州县蝗灾。甲寅，伯什克勒木等庄回人迈喇木呢雅斯叛乱，被阿里衮剿平。任命阿思哈为江西巡抚。乙卯，赈济江苏高邮等州县水灾。戊辰，任命杨宁为喀什噶尔提督。己巳，因俄罗斯在和宁岭、喀屯河、额尔齐斯、阿勒坦诺尔四路驻兵，声称分定疆界，谕令阿桂、车布登扎布等于明年领兵将其驱逐。

八月丙戌，命乌鲁木齐驻扎大臣安泰、定长、永德为总办，列名奏事。其大臣侍卫等，均如领队大臣之例，每人专任一事，行文安泰等转奏。己丑，高宗侍奉皇太后在木兰秋猎。壬辰，任命阿桂总理伊犁事务，授为都统。丙申，高宗侍奉皇太后驻避暑山庄。戊戌，高宗侍奉皇太后至木兰，行猎。己亥，增设江苏江宁布政使，驻江宁府，分辖江宁、淮安、扬州、徐州、通州、海州六府州。以苏卅布政使分辖苏州、松江、常州、镇江、太仓五府州，安徽布政使回驻安庆。命托庸调补江宁布政使，命户部侍郎于敏中在军机处行走。

九月乙卯，喀尔喀车臣汗札萨克旺沁扎布，因不能约束下属，革去札萨克，降贝子为镇国公。丙辰，恒禄入宫引见，任命舒明署理绥远城将军。丁巳，三姓副都统巴岱因挖参人聚众生事，不能加以捕拿问罪，反而付给牌票，高宗斥责他畏懦，将其正法。庚申，命德尔格驻辟展办事。癸亥，哈萨克汗阿布赍派遣使者都勒特克坾入京觐见。

冬十月壬申朔，高宗侍奉皇太后驻避暑山庄。乙亥，因苏州布政使苏崇阿施刑于书吏以逼供，妄奏侵吞七十余万，刘统勋等审问知其虚假，将苏崇阿革职发往伊犁。戊寅，任命恒禄为吉林将军，如松为绥远城将军。乙酉，赈济安徽宿州等十三州县卫本年水灾。辛卯，高宗侍奉皇太后回北京。任命阿里衮为领侍卫内大臣。癸巳，免去直隶宣化等七州县本年水雹各灾的额赋。己亥，赈济湖南常宁等十二州县卫旱灾。

十一月癸卯，免去江苏山阳等二十五州县卫本年水灾额赋分别有差。丁未，免除山东永利等二盐场并海丰潮冲灶地的额赋。庚申，赈济甘肃洮州等二十七厅州县卫本年水灾。丙寅，任命常钧署理江西巡抚。庚午，准许开垦肃州近边的荒地，开渠灌溉农田。

十二月丙戌，西安将军松阿哩因受属员赠送财物，予以革职论绞。命甘肃总督仍旧改为陕甘总督。因为伊犁、叶尔羌等处均驻有大臣，不必另外再设置道员，归于总督管辖。停止四川总督兼管陕西。调胡宝珠为江西巡抚，吴达善为河南巡抚，任命明德为甘肃巡抚。丁亥，大学士蒋溥因病请求归老，特下情词恳切的谕旨安慰挽留。壬辰，高宗亲临瀛台，赏赐入京觐见的叶尔羌诸城伯无萨里等饮食，又至重华宫赏赐茶果。壬辰，阿思哈论绞。丙申，德敏升荆州将军。任命永贵为左都御史，前往喀什噶尔办事，取代舒赫德回京。

本年，朝鲜、南掌入贡。

二十六年春正月壬寅，紫光阁完工，赐画像功臣并文武大臣、蒙古王公等饮宴。赈济湖南零陵等七州县、江苏清河等六州县水灾。丙午，因爱必达、刘藻两年间所出具的属员考语相同，下部严加议处。浙江提督马龙图因挪用公款，解职拿问。甲寅，尹继善觐见高宗，高晋护理两江总督。调海明赴阿克苏办事。命舒赫德赴喀什噶尔办事，永贵赴叶尔羌办事。癸亥，任命傅森署理署左都特点我。癸酉，高宗亲临大学士蒋溥家慰问病体。

鄂宝因回护陆川县擅自放走盗贼一案。下部严加议处。任命托庸为广西巡抚,永泰署理湖南巡抚。庚辰,高宗侍奉皇太后西巡五台。壬午,免去所经过地方州县额赋的十分之三。甲申,高宗侍奉皇太后谒泰陵。乙酉,安南国王黎维祎去世,封其侄黎维稀为安南国王。丁亥,免去直隶宣化、万全等八州县乾隆八年至十八年所欠的赋税。癸巳,高宗侍奉皇太后驻台麓寺。己亥,免去山东济宁等三州县去年水灾额赋。借给甘肃渊泉等三县农民豌豆籽种,令其试种。

三月庚子,希布察克布鲁特额穆尔比自安集延来归,派遣使者入京觐见。乙巳,高宗至正定府阅兵。戊申,江南河道总督白钟山去世,由高晋代替他的职务。调托庸为安徽巡抚,任命熊学鹏为广西巡抚。己酉,设喀什噶尔驻扎办事大臣,命伊勒图协同永贵办事。庚戌,赈济安徽宿州等十三州县卫水灾。壬子,高宗至平阳淀行猎。乙卯,免去直隶宣化等二县去年雹灾额赋。丁卯,授阿桂为内大臣。改绥远城建威将军为绥远城将军。己巳,南掌国王苏玛喇萨提拉准第驾公满派遣使者上表庆贺皇太后圣寿、高宗万寿,并进贡地方土产。

夏四月庚午,高宗亲临庄亲王府邸、大学士蒋溥家慰问病体。辛未,庄有恭奏劾参将安廷召,不因为安廷召以前曾经他保举,而纵容于后,谕旨予以嘉奖。己卯,大学士蒋溥去世。命旌额理、阿思哈赴乌鲁木齐办事,达桑阿赴阿克苏办事,代替安泰、定长、纳世通回京。戊子,免去湖南常宁等十二州县去年旱灾额赋分别有差。庚寅,高宗至健锐营阅兵。壬辰,任命李侍尧为户部尚书,调苏昌为两广总督,爱必达为湖广总督。任命吴达善为云贵总督,常钧为河南巡抚。癸巳,任命刘藻暂时署理云贵总督。甲午,赐王杰等二百一十七人进士及第出身分别有差。

五月丁未,任命刘统勋为东阁大学士,兼管礼部事,梁诗正为吏部尚书、协办大学士,刘纶为兵部尚书,金德瑛为左都御史。戊午,任命定长为福建巡抚,杨廷璋同时兼署理福建巡抚。

六月癸未,赈济云南新兴等二州县地震灾民。壬辰,免去江苏句容等十八州县卫坍塌地亩的额赋。

秋七月辛丑,协办大学士鄂弥达去世,任命兆惠为协办大学士。调舒赫德为刑部尚书,兆惠署理。任命阿桂为工部尚书,阿里衮署理。癸丑,高宗起程,至木兰秋猎。命诚亲王允秘随从皇太后的车驾。壬戌,高宗驻避暑山庄。因皇太后巡视木兰,直隶沿途地方文武官员玩忽职守有意规避,饬令下部严加议处。丙寅,河南祥符等县黄河水涨。

八月丁丑,赈济湖北汉川等十三州县卫水灾。戊寅,任命汤聘为湖北巡抚,胡宝琭为河南巡抚,常钧为江西巡抚。庚辰,命高晋赴河南协办河工。辛卯,高宗侍奉皇太后至木兰。壬辰,察噶尔、萨尔巴噶什两部伯克之侄孟克及雅木克尔齐觐见。

九月丁酉,停止今年勾决死刑犯人。辛丑,命明瑞前往伊犁办事,代替阿桂回京。癸卯,山东曹县二十堡黄河及运河各决口均合龙。丙午,赈济湖南武陵等州县水灾。戊申,河南怀庆府丹、沁二河水流入城中,冲没一千三百余人,赈济受灾的人民。壬子,赈济湖北沔阳等十一州县卫水灾。乙卯,因窦光鼐在会审大典上,喧扰谩骂,下部严加议处。己未,命素诚前往乌什办事,代替永庆回京。任命扎拉丰阿为乌里雅苏台参赞大臣,雅郎阿前往科布多办事,代替札隆阿、福禄回京。庚申,命傅景前往西藏办事,代替集福回京。乙丑,赈济山东齐河等四十五州县水灾,河南祥符等五十四州县本年水灾。

冬十月戊辰,免除甘肃皋兰等三十二厅州县水冲田亩的额赋,并免去山丹等五县水冲拨运粮米。辛未,高宗侍奉皇太后回京。壬辰,召裴曰修回京。赈济江苏铜山等县水灾。周人骥奏报仁怀等处试织茧绸,所属各处仿照而行,高宗予以嘉奖。

十一月乙未朔,赈济顺直固安等六十九州县本年水灾。丁酉,任命英廉为总管内务府大臣。己亥,河南杨桥决口合龙。辛丑,调嵩椿为察哈尔都统,任命舒明为绥远城将军。癸卯,免去山西阳曲等三十八州县、大同管粮等十四厅乾隆二十四年水灾随征附加的税银。丁未,免去河南祥符等四十三州县漕粮漕项分别有差。辛亥,减江苏山阳等二十一州县卫被水淹没的田亩,并免除民屯、学田、湖荡、草滩额赋。癸丑,礼部尚书五龄安因读表错误,被革职。甲寅,高宗侍奉皇太后亲临慈宁宫,为太后加尊号为崇庆慈宣康惠敦和裕寿纯禧恭欧洲懿皇太后,第二天颁发诏书广施恩惠分别有差。任命永贵为礼部尚书,阿里衮署理。丙辰,高宗侍奉皇太后亲临慈宁宫,率领王大臣行庆贺礼。进呈所撰圣母万寿连珠,奉皇太后旨,停止进呈。任命勒尔森为左都御史。

十二月丁卯,因云南江川等二州县地震成灾,命加倍赈济,仍旧免去本年额赋。辛未,免去江苏南江等六州县乾隆二十三年水旱各灾的额赋。甲戌,赈济山西文水等十三州县水灾。甲申,赈济湖北汉川等二县卫水灾。

二十七年春正月丙申,因高宗侍奉皇太后巡视江、浙,下诏免去江苏、安徽、浙江所欠的赋税。赈济河南祥符等州县灾民分别有差。丁酉,因科尔沁敏珠尔多尔济旗灾荒,借给仓谷赈济。丙午,高宗侍奉皇太后南巡,自北京出发,免去直隶、山东所经过地方一年钱粮的十分之三,去年受灾地方免去十分之五。戊申,左都御史金德瑛去世,以董邦达代替他的职务。赈济顺直文安等二十八州县去年水灾。甲寅,赈济山东曹县、齐河等二县水灾分别有差。召多尔济回京,命容保驻西宁办事。丁巳,绥远城将军舒明去世,调蕴著代替他的职务。戊午,免去山东惠民等十五州县卫历年民欠的谷银。乙未,因周人骥固执开南明河,荒废农时连累百姓,被免职。命乔光烈为贵州巡抚。癸亥,命清查俄罗斯疆界。

二月己巳,赈济江苏高邮等十一州县、安徽太和等五州县水灾。庚午,命尹继善为御前大臣。壬申,高宗侍奉皇太后渡黄河,视察清口东坝、惠济闸。命阿里衮为御前大臣,高晋为内大臣。丙子,朝鲜入贡。下丑,哈萨克使者策伯克等到高宗临时住处觐见,赏赐衣帽分别有差。庚辰,高宗侍奉皇太后渡长江,在京口阅兵。辛巳,高宗至焦山。乙酉,高宗侍奉皇太后至苏州府。丙戌,免去河南祥符等四十三州县去年水灾额赋。戊子,高宗谒文庙。

三月甲午朔,高宗侍奉皇太后至杭州府。乙未,高宗至海宁巡视海塘。丁酉,赈济湖北潜江等九州县卫水灾。戊戌,高宗阅兵。庚子,免去江苏、浙江节年未缴完的地丁屯饷、漕项,并水乡灶户课银。辛丑,赈济山东齐河等五州县去年水灾。壬寅,高宗至观潮楼。赏赐浙江召试的贡生沈初等二人为举人,与进士孙士毅等二人并授为内阁中书。癸卯,高宗侍奉皇太后亲临视察杭州织造机房。丙午,回程。丁未,加钱陈群刑部尚书衔。甲寅,高宗侍奉皇太后渡江。乙卯,命疏浚修筑直隶各河堤,以工代赈。丙辰,山西归绥道移驻绥远城。己未,高宗致祭明太祖陵。高宗阅兵。高宗亲临两江总督尹继善衙署。庚申,免去江苏江宁、苏州、浙江、杭州附郭诸县本年的额赋。辛酉,赏赐江南召试的诸生程晋芳等五人为举人,与进士吴泰来等三人并授为内阁中书。壬戌,高宗侍奉皇太后渡长江。

夏四月庚午,高宗视察高家堰,谕令在济运坝至运口接建砖工。高宗侍奉皇太后渡黄河。因大理少卿顾汝修出使安南,擅自行文诘责安南国王,予以革职。癸酉,命庄亲王允禄等由水路侍奉皇太后回程。高宗由陆路在徐州视察黄河。甲戌,免去浙江仁和等十县、湖州一所、仁和等五盐场去年水灾的额赋。庚辰,高宗致祭孟子庙,谒先师庙。辛巳,高宗至孔林。赈济甘肃安定等十州县去年雹灾。壬午,免去山东齐河等四十四州县卫所去年水灾的额赋。戊子,皇太后弃舟登陆,驻于德州行宫。己丑,高宗亲送皇主后上船。庚寅,命刘统勋会同查勘景州疏浚修筑事宜。辛卯,免去顺直大兴等十州县厅所欠的赋税。

五月甲午,因乾清门行走额鲁特鄂尔奇达逊奋勉勇往,赏三等伯爵。赈济安徽寿州等十州县卫去年水灾。乙未,高宗至涿州。哈萨克陪臣阿塔海等觐见高宗,赏赐衣帽分别有差。赈济长芦所属沧州等七州县及严镇等七盐场去年遭受水灾的灶户,并免去额赋分别有差。辛丑,高宗至黄新庄迎接皇太后住畅春园。赈济湖南武陵等四州县去年水灾,并免去额赋分别有差。癸卯,免除安徽虹县等四州县卫水占洼地的额赋。戊申,调鄂弼为陕西巡抚。任命扎拉丰阿为正白旗领侍卫内大臣。癸丑,任命倭和为总管内务府大臣。

闰五月癸亥朔,因请保年老,召来北京。调格舍图为盛京将军,朝铨署理盛京将军。丁卯,免去湖北潜江等九州到卫去年水灾额赋。辛巳,籍设纳延泰财产。辛卯,命西安将军如松袭封信郡王,以德昭之子修龄承袭如松的公爵。改察哈尔都统嵩棒为西安将军,以巴尔品代替他的职务。

六月丁酉,免去直隶固安等七十四州县厅去年水灾额赋。壬寅,召此次南巡接驾的告退编修沈齐礼来京,及因事降职革职的冯镐等十三人觐见高宗。乙巳,因库尔勒伯克进贡,谕令估计所值予以赏赐,仍旧晓谕各省,不是盛典而进贡地方土地的都予禁止。己酉,因原任将军班第、参赞大臣鄂容安在伊犁尽忠全节,命在伊犁关帝庙后设御位致祭。

秋七月壬戌,因朝鲜三水府滋生事端的逃入越境,命恒禄等前往边境查勘。癸亥,免去安徽寿州等十六州县卫去年水灾的额赋。戊辰,高宗侍奉皇太后至木兰,免去经过地方本年钱粮的十分之五。乙亥,霍罕侵占额德格讷阿济毕布鲁特的鄂斯等地方,谕令永贵行文霍罕命其归还所占之地。

八月庚子,建伊犁的固勒札、乌哈尔里克两城,赐名绥定、安远。高宗侍奉皇太后回驻避暑山庄甲辰,托恩多丁忧,调明山暑理广东巡抚,苏昌兼署,汤聘为江西巡抚,任命宋邦绥为湖巡抚,爱必达兼署。壬子,免去顺直文安等十七州县厅所欠的赋税及宁河等五州县本年水灾的额赋。丙辰,赐察哈尔都统敕书。黑龙江将军绰勒多去世,调国多欢代理他的职务。

九月癸亥。赏赐从哈萨克来投的塔尔巴哈沁额鲁特巴桑银两绮罗。庚午,高宗侍奉皇太后回程。辛未,巴达克山素勒坦沙派遣使者觐见。丁丑,命乾清门侍卫明仁带御医往视胡宝瑑病体。赈济山东齐河等三十五州县卫水灾,并免去额赋。甲申,建乌鲁木齐城堡,赐城名为宁边、辑怀,赐堡名为宣仁、怀义、乐全、宝昌、惠徕、屡丰。戊子,理藩院尚书、领侍卫内大臣富德因索取蒙古五公马畜,革职拿问。己丑,任命新柱为理藩院尚书,明瑞为正白旗领侍卫内大臣。

冬十月辛卯,调陈宏谋为湖南巡抚,宋邦绥署理,庄有恭为江苏巡抚,熊学鹏为浙江巡抚,冯钤为广西巡抚,顾济美护理。癸巳,缅甸头目宫里雁因焚杀孟连土司刀派春全家,命将宫里雁处斩,传令首级示众。癸卯,因爱乌罕汗爱哈默特沙派遣使者入贡,谕令沿途的督抚预备筵宴,并命额勒登额护送。乙巳,设总管伊犁等处将军,任命明瑞为此职。命筑科布多城。己酉,赈济顺直霸州等六十三州县厅不雹霜各灾。免去江苏清河等十七州县卫本年水灾的额赋。甲寅,赈济浙江仁和等二十八州县卫场水灾。丁巳,奉天府府尹通福寿因徇私纵使治中高锦勒索商人,被革职拿问。

十一月己未朔,疏浚山东德州运河。庚申,设伊犁参赞大臣,任命爱隆阿、伊勒图为此职。辛酉,设伊犁领队大臣。命明瑞等率兵驱逐塔尔巴哈台山北的哈喇巴哈等处越境放牧的哈萨克。戊辰,因萨鲁布鲁特头目沙巴图交还所掠去霍罕贸易人等的马苑,谕令永贵等酌阳奖赏。呼什齐布鲁特因被霍罕侵犯来投,命将其移往阿拉克图呼勒等处游牧。庚午,任命博斯和勒为杜尔伯特盟长,设副将军二人,任命车凌乌巴什为右翼副将军,巴桑为左翼副将军。辛未,建喀什噶尔新城。壬申,改山西平鲁营参将为都司,裁撤原来所设的中军守备及井坪营都司。丙子,哈萨克努尔赉、乌尔根齐城哈雅克等派遣使者入京觐见。甲申,谕令方观承效法河南疏浚道路沟渠。赈济甘肃皋兰等二十厅州县本年冰雹霜雪各灾。戊子,疏浚山东寿张等州县河道沟渠。

十二月庚寅,大学士史贻直因年老多病告退,特下情切恳切的诏旨慰留,命其不必兼管工部,以示体恤。丙申,克什密尔呢雅斯伯克请求入京觐见,准其所请。堆罕呈文,以布鲁特鄂斯旧地原属自己所有,谕令永贵等行文布鲁特鄂斯令其归还。辛丑,咽霍罕伯克答复永贵等书称前所派遣使者奉旨称为罕,欲以喀什噶尔为界,谕令行文严词驳斥。丁未,工部尚书归宣光去世,任命董邦达代替他的职务。壬子,命纳世通前往喀什噶尔办事,代替永贵回京。癸丑,巴达克山围困博罗尔,谕令新柱等行文严词责令其停止进兵,并向其索还布拉尼敦的妻子儿女。

二十八年春正月庚申,赈济顺直所属的霸州等三十五州县、山东齐河等三十州县卫水灾分别有差。甲子,高宗亲临紫光阁,赏赐爱乌罕、巴达克山、霍罕、哈萨克各部使者饮宴。丁卯,高宗在畅春园的西厂阅兵,命各部使者随从观看。任命法起为归化城都统。壬申,命阿桂在军机处行走。壬午,河南巡抚胡宝瑑去世,任命叶存仁为河南巡抚。甲申,任命纳世通为参赞大臣,驻喀什噶尔,总理回疆事务。壬辰,命方观承前往河南会同查勘漳河工程。戊戌,改西安满洲、汉军副都统为左右翼副都统。壬寅,裁撤西宁办事大臣。庚戌,高宗谒昭西陵、孝陵、孝东陵、景陵。本日,回程。改乌鲁木齐副将为总兵。乙卯,命侍郎裘曰修督办直隶水利。

三月己未,高宗回北京。壬戌,免去山东齐河等三十一州县卫水灾的额赋。丁卯,高宗谒泰陵。本日,回程。赏赐宁津县一百零三岁长寿老人李友益及其子侄孙等银牌缎匹分别有差。丁丑,设伊犁额鲁特总管三人,副总管以下人员分别有差。戊寅,命福德前往库伦,同桑斋多尔济办事。丙戌,免去江苏清河等十四州县卫水灾额赋。

夏四月壬辰,赈济浙江钱塘等十七州县场去年水灾。癸卯,高宗至黑龙潭求雨。乙巳,降雨。戊申,法起因贪污革职。任命傅良为归化城都统。壬子,赐秦大成等一百八十八人进士及经出身分别有差。甲寅,裁撤归化城都统。

五月辛酉,圆明园火灾。癸亥,命尚书阿桂前往直隶霸州等处,会同侍郎裘曰修、总督方观承督办疏浚事宜。任命舒赫德署理工部尚书。甲子,封朝鲜国王孙李算为世孙。己巳,螺亲王弘蟾因干预朝政被削去王爵,仍赏给贝勒。和亲王弘昼因礼节仪式超越身份,罚俸三年。庚午,大学士史贻直去世。壬申,高宗亲试翰林、詹事等官,王文治等三人升为一等,其余升降分别有差。甲戌,高宗侍奉皇太后至木兰秋猎。任命李侍尧为湖广总督,辅德为湖北巡抚,陈宏谋兼署。调刘纶为户部尚书,仍兼署兵部。任命陈宏谋为兵部尚书。调乔光烈为湖南巡抚,来朝署理。乙亥,任命崔应阶为贵州巡抚。己卯,调明德为江西巡抚。任命和其衷为山西巡抚。丙戌,命福德前往库伦办事,仍带署理理藩院侍郎衔。任命额尔景额为参赞大臣,前往叶尔羌办事。

六月庚寅,山东历城等州县蝗虫为灾。壬辰,赈济甘肃狄道等三十厅州县水旱霜雹各灾。戊戌,开泰因懦弱逃避责任被免官。任命鄂弼为四川总督,明山为陕西巡抚,阿里衮署理,阿思哈为广东巡抚,苏昌兼署,命阿思哈先署广西巡抚。壬寅,四川总督鄂弼去世。任命阿尔泰为四川总督,崔应阶为山东巡抚,图勒炳阿为贵州巡抚,吴达善兼署云南巡抚。任命染诗正为东阁大学士,刘纶为协办大学士。调陈宏谋为吏部尚书,彭启丰为兵部尚书,张泰开为左都御史。甲辰,高宗亲临简亲王府邸慰问病体。壬子,简亲王奇通阿去世。

秋七月庚申,英廉丁忧,任命舒赫德兼署户部尚书,刘纶留在部中办事。戊辰,仍设西宁办事大臣,任命七十五为西宁办事大臣。己巳,顺直大城、沧州等州县蝗虫为灾。庚辰,履亲王允裪去世。

八月癸巳,赐乌鲁木齐城名为迪化,特讷格尔城名为阜康。辛丑,高宗侍奉皇太后至木兰,行猎。

九月乙卯朔,日食。乙丑,高宗侍奉皇太后回驻避暑山庄。庚午,高宗侍奉皇太后回程。癸酉,改甘肃临洮道为驿传道,兼发兰州府,洮岷道为分巡巩秦阶道。丙子,高宗侍奉皇太后回京。

冬十月甲申,加梁诗正、高晋太子太傅,兆惠、刘纶、阿里衮、舒赫德、秦蕙田、阿桂、陈宏谋、杨锡绂、杨廷璋、李侍尧、苏昌、阿尔泰太子太保、庄有恭、刘藻太子少保。丙戌,高宗致祭履亲王允祹。丁未,免去江苏铜山等九州县水灾额赋。

十一月甲寅朔,召成衮扎布来京,任命扎拉丰阿署理乌里雅苏里将军,雅郎阿留在科布多。辛酉,河东河道总督张师载去世,任命叶存仁代理他的职务。调阿思哈为河南巡抚,明山为广东巡抚,明德为陕西巡抚,辅德为江西巡抚,常钧为湖北巡抚。任命杨应琚兼署理甘肃巡抚。丁卯,大学士梁诗正去世。己卯,任命杨廷璋为体仁阁大学士,仍留任闽浙总督。

十二月乙酉,免去直隶延庆等十州县旱雹各灾的额赋。丁亥,赈济甘肃皋兰等十二厅县旱灾饥民。辛卯,赈济山东济宁等八州县卫水灾。乙未,召国多欢来京。调富僧阿为黑龙江将军。庚子,已告老的左都御史梅瑴成去世。丁未,命绰克托前往乌鲁木齐办事,取代旌额里回京。

二十九年春正月癸丑朔,赈济山东济宁等七州县卫、甘肃永昌等二十四厅州县灾民。甲戌,加赈云南江川等五州县地震灾民,并免去额赋。己卯,朝鲜入贡。

二月丁亥,命阿敏尔图驻西藏办事,取代福㻞回京。甲午,高宗谒泰陵。乙未,命观音前往伊犁,取代爱隆阿回京。己亥,高宗回北京。己酉,免去去年直隶蔚州雹灾、万全县旱灾额赋。辛亥,免去湖北沔阳等三州县卫去年水灾额赋。

三月癸丑,太子太傅、大学士来保去世。乙卯,陕甘总督移驻兰州,兼管甘肃巡抚事,裁撤甘肃巡抚。固原提督移回驻于西安。改河州镇总兵为固原镇总兵。免去山东济宁等七州县卫去年水灾额赋。庚申,高宗亲临已故大学士来保家致祭。免去江苏铜山等二十八州县卫去年水灾额赋。壬戌,命兆惠署理工部尚书,阿桂前往西宁会同七十五及章嘉呼图克图选派郭罗克头目。

夏四月甲午,赈济甘肃金县等县旱灾。

五月壬子朔,谕令粤海关不必进献珍珠等物。辛酉,任命托恩多署理兵部尚书。

六月癸未,赈济湖南武冈等州县水灾。甲申,命玉桂前往北路,取代扎拉丰阿回京。丁亥,河东河道总督叶存仁去世,任命李宏代理他的职务。庚寅,奉天宁远等州县蝗虫为灾。丁酉,赈济广东英德等县水灾。甲辰,调苏昌为闽浙总督,李侍尧为两广总督,明山署理两广总督。调吴达善为湖广总督。任命刘藻为云贵总督。乙巳,调常钧为云南巡抚。任命王检为湖北巡抚。丁未,命阿尔泰回四川总督任。

秋七月辛亥朔,任命杨应琚为大学士,留在陕甘总督任,陈宏谋为协办大学士。壬子,命常钧暂时兼署理湖广总督,刘藻兼署理云南巡抚。甲子,湖北黄梅等州县江水溢出,命抚恤灾民。丙寅,湖南湘阴等州县湖水溢出,命抚恤灾民。丁卯,高宗侍奉皇太后至木兰秋猎。癸酉,高宗侍奉皇太后驻避暑山庄。丁丑,赈济安徽当举等州县水灾。

八月辛巳,免去甘肃皋兰等三十二州县厅本年旱灾的额赋。壬辰,谕令阿尔泰等晓谕绰斯甲布九土司一同攻打金川。戊戌,高宗侍奉皇太后至木兰,行猎。秦蕙田因病去任,任命刘纶兼署理礼部尚书。庚子,增设伊犁、雅尔等处领队大臣各二人。任命绰克托为塔尔巴哈台参赞大臣。命伍弥泰等仍留在乌鲁木齐办事。

九月己未，命刑部侍郎阿永阿会同吴达善审讯湖南新宁县民互传揭帖罢市一案。癸亥，赈济江南昌等八县水灾，并免去额赋。丙寅，刑部尚书秦蕙田去世，任命庄有恭代理他的职务，暂时留在江苏巡抚任内。己巳，高宗侍奉皇太后回驻避暑山庄。

冬十月癸巳，乔光烈因新宁罢市一案被革职，调图勒炳阿为湖南巡抚。任命方世俊为贵州巡抚。丙申，任命托恩多为理藩院尚书。辛丑，山东进献牡丹。壬寅，赈济江苏上元等六州县灾民。癸卯，召钟音回北京。调富明安前往叶尔羌办事。甲辰，赈济安徽怀宁等十九州县卫水灾。

十一月壬子，赈济甘肃皋兰等二十厅州县旱灾。癸丑，呼图壁城建成，赐名为景化。丙辰，免去湖南武冈等二州县水灾额赋。赈济甘肃皋兰等十五厅州县水雹各灾。乙丑，协办大学士、户部尚书兆惠去世，高宗亲临其家致祭。丁卯，任命阿里衮为户部尚书、协办大学士。调托恩多为兵部尚书。任命五吉为理藩院尚书，兆德为正黄旗领侍卫内大臣。

十二月戊寅朔，任命常复为乌里雅苏台参赞大臣。戊子，赈济湖北黄梅等州县水灾。甲午，礼部尚书陈德华因病免官，调董邦达代理他的职务。任命杨廷璋为工部尚书。

三十年春正月戊申，因皇太后第四次南巡江苏、浙江。免去江苏、安徽、浙江历年因受灾未缴完的丁漕。赈济甘肃皋兰等二十九厅州县旱灾、湖北监利等四县水灾分别有差。癸丑，刘纶丁忧，命庄有恭以刑部尚书协办大学士。任命于敏中为户部尚书。调明德为江苏巡抚，和其衷为陕西巡抚。任命彰宝为山西巡抚，文绶护理山西巡抚。壬戌，高宗侍奉皇太后起程南巡。癸亥，免去直隶、山东所经过川县额赋的十分之三。

二月戊子，高宗侍奉皇太后渡黄河。高宗视察清口东坝木龙、惠济闸。命阿桂前往伊犁办事。壬辰，免去江苏各州县乾隆二十八以前所欠的熟田地丁杂款，并免去所经过州县本年额赋的半数。丙申，高宗侍奉皇太后渡长江。己亥，朝鲜入贡。

闰二月丙午朔，高宗侍奉皇太后至苏州府。高宗至文庙。己酉，免去江宁、苏州、杭州附郭各县本年的人口税银。免去浙江所经过州县本年额赋的半数。辛亥，丑达改叶尔羌办事。命索琳前往库伦办事。任命额尔景额为喀什噶尔参赞大臣。壬子，高宗侍奉皇太后至杭州府。乙卯，乌什回人作乱，杀死办事大臣素诚。丁巳，加沈德潜、钱陈群太子太傅。命明瑞进剿乌什。庚申，命明瑞、额尔景额总理乌什军务，明瑞调度管束各军。命阿桂、明亮前往伊犁办事。辛酉，舒赫德留在北京办事。任命托恩多署理工部尚书。戊辰，调明山为江西巡抚，王检为广东巡抚，李侍尧兼署理广东巡抚。任命李因培为湖北巡抚。己巳，赐伊犁新筑成的驻防城名为惠远，赐哈什回城名为怀顺。乙亥，免去江苏上元等五县去年水旱灾的额赋。

三月丙子朔，赈济湖北汉阳等七州县去年水灾。高宗至焦山。戊寅，高宗侍奉皇太后驻江宁府。壬午，高宗至明太祖陵致祭。高宗亲临尹继善官署。观音保进剿乌什回人战事失利。甲申，任命冯钤为湖南巡抚，宋邦绥为广西巡抚。丙戌，高宗侍奉皇太后渡长江。丁亥，果郡王弘瞻去世。甲午，因对在京文武官员三年一次考绩予大学士傅恒等叙功。乙未，高宗视察高家堰堤工，侍奉皇太后渡河。召尹继善入阁办事。任命高晋为两江总督。调李宏为江南河道总督,任命李清时为河东河道总督。壬寅,追究素诚因贪淫激起变乱之罪,没收其家产,将其子发往伊犁。因纳世通、卡塔海隐匿战事失利不报,没收他们的家产治以应得之罪。命永贵前往喀什噶尔办事。任命托恩多署理礼部尚书,高宗渡河。

夏四月丙午朔,赈济甘肃河州等三十六厅州县去年雹水旱霜各灾。庚戌,免去湖北汉阳等十二州县卫去年水灾的额赋。辛亥,追谥已故刑部尚书王士祯为文简。丁巳,高宗侍奉皇太后驻德州。庚申,裁撤江苏淮徐海道。丙寅,高宗回北京。庚午,高宗迎接皇太后住畅春园。辛未,哈萨克使臣鄂托尔济等入京觐见。

五月乙亥,晋封喀尔喀郡王罗布藏多尔济为亲王。乙酉,高宗亲临果郡王弘瞻停柩之所,及简勤亲王奇通阿的墓地致祭。因和阗办事大臣和诚贪婪勒索回人,被革职拿问。命伊勒图前往塔尔巴哈台办事。辛卯,北京发生地震。丁酉,免安徽怀宁等十九州县卫去年水灾的额赋。甲辰,纳世通、卡塔海因贻误军务,均被处决。

六月乙酉,任命杨廷璋署理两广总督,明山暂时署理两广总督,董邦达署理工部尚书。乙卯,晋封令贵妃魏氏为皇贵妃。己巳,告谕明瑞不要接受乌什回人投降。

秋七月辛巳,高宗侍奉皇太后至木兰秋猎。戊子,任命官保为左都御史,乙未,前任和阗办事大臣和诚因贪赃枉法审讯属实,被处决。丁酉,革去喀尔喀亲王桑斋多尔济的王爵。

八月甲辰朔,对朝审、秋审暂缓处决三次以上的罪犯予以减刑。己未,高宗至木兰行猎。庚申,赈济甘肃靖远等十一厅县旱灾。甲子,甘肃宁远等州县发生地震,命予赈济抚恤,并免去本年额赋。

九月丙子,赈济山东章丘等二十二州县水灾。戊寅,命尹继善管兵部,刘统勋管刑部。乌什叛乱的回人举城来降。乙酉,任命高恒为总管内务府大臣。辛卯,因明瑞等未能将乌什叛乱的人消灭,送往伊犁,下部严加议处。辛丑,任命李侍尧署理工部尚书。

冬十月乙酉,明瑞、阿桂因办理乌什事务失误,革职留任。赈济长芦所署沧州等三盐场水灾。己巳,杨应琚觐见高宗。命和其衷署理陕甘总督,汤聘署理陕西巡抚。

十一月癸酉,免去江苏海州等六州县本年旱灾额赋。乙酉,因吏部尚书傅森年老,授内大臣,调托恩多代理吏部尚书。任命托庸为兵部尚书。调冯钤为安徽巡抚。庚寅,丑达因支持桑斋多尔济私自与俄罗斯贸易,被处决。明瑞奏报乌什附逆的回人已被全部歼灭。辛卯,赈济山东章丘等十八州县水灾,甘肃狄道等十二州县雹霜各灾。甲午,任命阿桂为塔尔巴哈台参赞大臣,取代安泰回京。丁未,解去阿桂的工部尚书,以蕴著代替他的职务。任命嵩椿为绥远城将军。戊申,赈济甘肃靖远等十一厅县旱水灾,并免去额赋。乙卯,赈济山东齐河等十五州县水灾。丁卯,命托恩多兼署兵部尚书。壬辰,封皇五子永琪为荣亲王。

十二月戊午,因陕西泾阳县贡生张璘七世同居,赏赐御制诗章、缎匹。

三十一年春正月壬申朔,下诏宣告登极三十年来,全国安定,开辟疆土,从本年起,普免各省漕粮一次。甲戌,免去甘肃靖远等十四厅州县、陕西延安等三府州所属历年所欠的赋税。丙戌，云南官军进巢莽匪于猛住，失利。调杨应琚为云贵总督，吴达善为陕－甘总督，和其衷护一陕甘总督。调刘藻为湖广总督，汤聘署理陕西巡抚。癸巳，刑部尚书庄有恭因参劾段成功案不实，革职下狱，没收其家产。调李侍尧为刑部尚书，任命张泰开为礼部尚书，范时绶为左都御史。

二月壬寅，刘藻降为湖北巡抚，仍与云南提督达启下部严加议处。任命定长为湖广总督，调李因培为福建巡抚，常钧为湖南巡抚，汤聘为云南巡抚。庚戌，高宗谒东陵。辛亥，和其衷因弥补段成功亏空，被革职拿问。任命舒赫德署理陕甘总督。命四达前往陕西会同彰宝审办段成功亏空一案。调明山为陕西巡抚。任命吴绍诗为江西巡抚。庚申，高宗回北京。辛酉，庄有恭论斩。壬戌，高宗谒泰陵。癸亥，刘藻革职，留在云南效力。甲子，任命鄂宁为湖北巡抚。戊辰，高宗回北京。

三月丁亥，刘藻畏罪自杀。己丑，杨应琚奏报猛笼等土司归附。

夏四月辛丑，杨应琚奏报大猛养头人归附，官军进取整欠、孟艮。壬寅，因平定莽匪整欠，宣告中外。丙午，和其衷论斩，段成功被处决。丁未，免去云南普藤等十三土司本年额赋及猛笼所欠的赋税。甲子，赐张书勋等二百一十三人进士及第出身分别有差。

五月甲戌，高宗至黑龙潭求雨。戊寅，命道教正一真人的职位比照三品官员。丙戌，高宗至黑龙潭求雨。

六月丙午，杨应琚奏报猛勇头目召斋及猛龙沙头目叭护猛等归附。戊申，赐予已故三品衔西洋人郎世宁侍郎衔。

秋七月丙子，高宗侍奉皇太后至木兰秋猎。己卯，命阿里衮、于敏中侍从出行，命舒赫德兼署理户部尚书。壬午，高宗侍奉皇太后驻避暑山庄。本日，皇后去世。癸未，下谕说皇后去年随从南巡江、浙，不能恪守孝道，丧仪按照皇贵妃之例。癸巳，御史李玉鸣奏陈皇后丧未能如例，抵触高宗，发往伊犁。丁酉，杨应琚奏报补哈大头目噶第牙翁、猛撒头目喇鲊细利归附。

八月己亥，赈济湖南湘阴等十三州县卫水灾。癸丑，高宗至木兰行猎。特予宽宥庄有恭之罪。起用为福建巡抚。甲寅，伊犁蝗虫为灾。乙卯，江苏铜山县韩家堂河决口。癸亥，裁撤察哈尔副都统，留一人驻张家口。

九月壬申，免去甘肃靖远等九县，红水、东乐二县旱灾的额赋。己卯，赈济山东历城等五十五县、东昌等五卫所水灾，并免除新旧额赋。乙未，杨应琚前往永昌接受木邦投降。

冬十月己亥，高宗侍奉皇太后回北京。戊申，杨应琚奏报整卖、景线、景海各部的头人归附。辛亥，韩家堂决口合龙。兵部尚书彭启丰降补侍郎。甲寅，任命陆宗楷为兵部尚书。壬戌，增设云南迤南道。

十一月乙亥，杨应琚奏，缅甸大山、猛育、猛答各部的头人归附。戊寅，因杨应琚患病，命杨廷璋前往永昌接办缅甸事宜。癸巳，命侍卫福灵安带御医前往慰问杨应琚病体。

十二月乙巳，调鄂宁为湖南巡抚，任命鄂宝为湖北巡抚。癸丑，任命巴禄为绥远城将军。

本年，朝鲜、琉球入贡。

三十二年春正月乙亥，云南官军进剿缅甸于新街，失利，谕令杨廷璋回广东。

二月乙未，因杨应琚患病，命其子江苏按察使杨重英前往永昌帮办军务。丙午，云南官军与缅甸战于底麻江，失利，逮捕提督李时升入狱。戊申，调鄂宁为云南巡抚。甲寅，庄亲王允禄去世。丙辰。高宗亲临庄亲王府致祭。己未，高宗至天津。癸亥，赈济奉天承德等五州县及兴京凤凰城灾民。

三月乙丑朔，高宗视察子牙河堤。召杨应琚入阁办事，任命明瑞为云贵总督。丙寅，调托庸为工部尚书，任命明瑞为兵部尚书。己巳，免去直隶全省所欠的赋税。庚午，高宗视察天津驻防满洲兵。任命阿桂为伊犁将军。壬申，高宗视察绿营兵。庚辰，高宗回北京。辛巳，大学士杨应琚革职。壬午，因缅甸入侵盏达、陇川，宣布杨应琚贻误军事的罪状。癸未，命鄂宁前往普洱办理军务。庚寅，任命李侍尧为两广总督，召杨廷璋为刑部尚书。癸巳，任命鄂宁署理云贵总督。

夏四月己酉，高宗至黑龙潭求雨。庚戌，因云南边境瘴气盛行，命令暂停进兵。庚申，命张泰开以礼部尚书管理左都御史事，嵇璜署理礼部尚书。

五月己巳，任命鄂宝为贵州巡抚，命长兼署理湖北巡抚。庚午，任命范时绥为湖北巡抚。调张泰开为左都御史，嵇璜为礼部尚书。壬申，命陈宏谋管工部。丙子，云南官军在木邦失利，杨宁等军败退到龙陵。庚寅，李时升、朱仑被处决。

六月辛酉，任命额尔景额为参赞大臣，派往云南。

秋七月，福建巡抚庄在恭去世，调崔应阶代理他的职务。任命李清时为山东巡抚，裘曰修为礼部尚书。壬午，高宗侍奉皇太后至木兰秋猎。戊子，高宗侍奉皇太后驻避暑山庄。己丑，盛京将军舍图肯免官，任命新柱代理他的职务。

闰七月甲寅，赐杨应琚自尽。丙辰，缅甸渡小猛仑江入侵云南茨通。

八月癸酉，调裘曰修为工部尚书，董邦达为礼部尚书。丁丑，高宗至木兰。乙酉，任命钟音为广东巡抚。己丑，谕令明瑞以额勒登额代谭五格分路进兵。

九月庚子，赈济湖北江夏等二十七县、武昌等七卫的水灾。甲寅，任命托恩多署理兵部尚书。

冬十月壬戌，赐李因培自尽。己卯，谕令明瑞以将军管理总督事务。

十一月壬寅，赈济甘肃平凉等厅州县受雹的灾民。壬子，调鄂宝为湖北巡抚。丁巳，秘密谕令明瑞，因阿瓦不能急速攻下，大军退至木邦。

十二月甲戌，杨宁被革职发往伊犁。戊寅，明瑞奏报渡大垒江进军晚箔，波头等处土司头人罗外耀特等归附。

三十三年春正月辛卯，明瑞奏报攻克蛮结。壬辰，封明瑞一等诚毅嘉勇公，赏赐黄带、红宝顶、四团龙补服。丁酉，明瑞进军宋赛。庚子，调彰宝为山东巡抚，任命苏尔德为山西巡抚。丙午，盛京将军新柱去世，调明福代理他的职务。闽浙总督苏昌去世。丁未，任命阿里衮为参赞大臣，前往云南军营。任命崔应阶为闽浙总督，富尼汉为福建巡抚。甲寅，缅甸人包围木邦。

二月丙寅，高宗下谕宣示用兵缅甸，由于轻敌以致受挫，引以为自己之过，命令明瑞等班师。额勒登额、谭五格被革职拿问，命鄂宁回云南，阿里衮署理云贵总督，驻永昌。缅甸攻陷木邦，珠鲁讷阵亡。戊寅，高宗回圆明园。丙戌，明瑞等在猛育被打败，明瑞阵亡。召阿桂来京，任命伊勒图署理伊犁将军。命傅恒为经略，阿里衮、阿桂为副将军，舒赫德为参赞大臣，前往云南。任命鄂宁为云贵总督，调明德为云南巡抚。任命永德为浙江巡抚，调彰宝为江苏巡抚，富尼汉为山东巡抚，鄂宝为福建巡抚，程焘为湖北巡抚。

三月癸巳，免去山东高苑等三县乾隆三十二年遭受水灾的额赋。乙巳，调鄂宝为广西巡抚，促音为福建巡抚，良卿为广东巡抚，钱度为贵州巡抚，巴禄为察哈尔都统，傅良为绥远城将军。癸丑，免去江西南昌等十三县乾隆三十二年遭受水灾的额赋。

夏四月丁卯，调钱度为广东巡抚。己巳，免去安徽安庆等七府州所属乾隆三十二年遭受水灾的额赋。壬申，高宗亲试翰林、詹事等官，吴有钦等三人升为一等，其余升降分别有差。考试由各部院选入翰林等官，觉罗巴彦学或为一等，其余升转分别有差。甲申，额勒登额处以磔刑，谭五格处斩。乙酉，高宗亲临致祭明瑞、扎拉丰阿、观音保。

五月庚申，命明德前往永昌。乙丑，色布腾巴勒珠尔因病免官，任命伊勒图为理藩院尚书。庚午，改命官保署理理藩院尚书。辛巳，任命范时绥为左都御史。壬午，任命阿桂为云贵总督。尹继善、高晋因隐瞒两淮盐务积弊不报，均发下吏部严加议处。

秋七月癸巳，高宗侍奉皇太后至木兰秋猎。甲午，调托庸为兵部尚书。任命官保为刑部尚书，仍兼署理理藩院尚书。己亥，高宗侍奉皇太后驻避暑山庄。辛丑，任命伊勒图为伊犁将军，仍兼任理藩院尚书。壬子，纪昀因泄漏没收前任运使卢见曾家产的谕旨，被革职，发往乌鲁木齐。

八月丁卯，准许俄罗斯在恰克图通商。辛未，高宗至木兰行猎。壬申，直隶总督方观承去世，命杨廷璋代理他的职务。调裴曰修为刑部尚书，任命蔡新为工部尚书。甲戌，李侍尧奏，暹罗为缅甸人所破，其国王之孙诏萃逃奔安南河仙镇，土官莫士麟收养他，内地人甘恩敕占据暹罗，请求颁发敕书。高宗嘉奖莫士麟，命甘恩敕物色国王的近支立为国王，不得自立为王请求封号。己卯，加托恩多、于敏中、崔应阶太子太保，旗庸、杨廷璋太子少保。

九月戊子，任命嵩椿署理伊犁将军。乙未，高宗回驻避暑山庄。戊戌，高恒、普福论斩。丁未，高宗侍奉皇太后回北京。任命鄂宝为山西巡抚。黑龙江将军富僧阿改任西安将军，命傅玉代理他的职务。

冬十月己未，免去甘肃平凉等十二州县乾隆三十二年受灾的额赋。辛未，任命宫兆麟为广西巡抚。辛巳，高恒、普福、达色被处决，改海明等暂缓处决。

十一月戊戌，因缅甸人来书语言不逊，谕令阿里衮筹划进剿。

十二月己未，任命富明安为山东巡抚，撙义署理湖北巡抚。漕运总督杨锡绂去世，任命梁翥鸿署理漕运总督。乙丑，湖广总督定长去世，调吴达善代理他的职务。彰宝兼署理两江总督，明山为陕甘总督。调阿思哈为陕西巡抚，任命文绶为河南巡抚。丁卯，召明福来京，任命额尔德蒙额署理盛京将军。甲戌，赈济奉天承德等四州县水灾。壬午，留阿思哈为河南巡抚,改文绶为陕西巡抚。

三十四年春正月丙戌,免去云南官兵所过地方及永昌等三府州本年的额赋。其非官兵所经过的地方,免去本年额赋的十分之五,并免去湖北、湖南、贵州三省官兵经过地方本年额赋的十分之三。庚寅,因缅甸琰书言词狂傲不恭,命副将军阿桂与副将军阿里衮协助傅恒前往讨伐。辛卯,命明德为云贵总督,驻永昌,喀宁阿为云南巡抚。壬辰,阿里衮等在南底坝打败缅甸人。拨运通州仓米二十万石赈济霸州等十二州县灾民。甲午,右部哈萨克阿勒比斯之子卓勒齐等来朝。乙未,调恒禄为盛京将军,傅良为吉林将军,常在为绥远城将军。辛丑,傅恒前往云南。命官保署理户部尚书。裁撤宁夏右翼副都统、吉林拉林副都统。命常青署理绥远城将军。癸卯,赏赐傅恒御用的盔甲。戊申,任命官保为协办大学士,任命福隆安署理刑部尚书。癸丑,因南掌国王之弟召翁派遣使者请求发兵复仇,谕令阿桂等预备由南掌分路进兵。

二月甲寅朔,嵇璜因事降职调用,任命程景伊为工部尚书。乙丑,任命富尼汉为安徽巡抚。癸未,命傅恒整顿云南马政。任命诺伦为绥远城将军。

三月乙酉,命伊犁将军伊勒图前往云南军营。己丑,任命伊尔图为乌里雅苏台参赞大臣。辛丑,正白旗领侍卫内大臣福禄免官,以阿桂代理他的职务。丙午,命阿桂署理云贵总督。丁未,右部哈萨克翰里苏勒统等入京觐见,命坐赐茶,并赏赐衣帽分别有差。戊申,赈济甘肃皋兰县二十九州县厅去年灾民。免除安徽合肥等十六州县及庐州等五卫去年的额赋。

夏四月己未,任命温福为福建巡抚。壬申,傅恒进兵老官屯,阿桂进兵猛密。丁丑,赐陈初哲等一百五十一人进士及第出身分别有差。

五月己丑,裁撤江宁副都统一人。

六月丙辰,任命阿思哈为云贵总督,喀宁阿为河南巡抚。丁巳,傅恒奏报猛拱土司归附。戊寅,湖北黄梅长江决堤,命湖广总督吴达善、湖北巡抚揆义查勘。

秋七月丁亥,任命明德署理云贵总督,移驻腾越,经理军务。辛卯,高伊犁巴彦岱城领队大臣一人。傅恒奏报猛密土司归附。甲午,李侍尧奏报暹罗仍为甘恩敕所占据。丁酉,礼部尚书董邦达去世。己亥,调陆宗楷为礼部尚书,蔡新为兵部尚书。任命吴绍诗为刑部尚书,海明为江西巡抚,梁国治为湖北巡抚。己酉,李侍尧行文莫士麟饬令其会同暹罗土目讨伐甘恩敕。

八月乙丑,高宗至木兰行猎。己巳,因蔡琛在狱中自缢身亡,福建按察使孙孝愉革职,发往军台效力。

九月丙戌,阿桂抵达蛮暮。己丑,高宗回驻避暑山庄。乙未,高宗侍奉皇太后回程。己亥,命阿桂、伊勒图自蛮暮迎接傅恒会师。壬寅,命刘统勋会同查勘山东运河。癸卯,傅恒奏报猛拱土司浑觉率众归归降。高宗予以嘉奖。特赏赐三眼孔雀翎。戊申,傅恒率军已抵达猛养。阿桂奏报攻克哈坎,渡江。命阿桂据守新街攻剿。

冬十月乙卯,任命彰宝署理云贵总督,明德署理云南巡抚。调永德为江苏巡抚。起用熊学鹏署理浙江巡抚。任命增海署理伊犁将军。丁巳,傅恒奏报攻克猛养。癸亥,梁国治兼署理湖广总督。甲子,因阿桂不能攻下老官屯,革去副将军,为参赞大臣。任命伊勒图为副将军。调喀宁阿为贵州巡抚,富尼汉为河南巡抚。任命胡文伯为安徽巡抚。乙丑,傅恒奏报已抵达新街。命彰宝驻老官屯。壬申,调永贵为礼部尚书,托庸为吏部尚书,伊勒图为兵部尚书,以托庸兼署兵部尚书。调吴绍诗为礼部尚书。任命裴日修为刑部尚书。

十一月乙酉,副将军、户部尚书阿里衮在军中去世。命阿桂仍在副将军上行走,并任命伊勒图为副将军,乌三泰、长青为参赞大臣。调官保为户部尚书。任命素尔纳为刑部尚书,托恩多署理左都御史。戊子,傅恒等进攻老官屯。癸巳,任命黄登贤为漕运总督。丙申,因缅甸地方烟瘴严重,官军损失大半,命班师驻守在野牛坝,召回经略傅恒,阿桂留办善后事宜。己亥,起用观保署理左都御史。丁未,傅恒等攻打老官屯不下。其土官携带缅甸首领猛驳的蒲叶书来到军营中请求归降。高宗下令班师。

十二月辛亥,免去云南办理军需地方及永晶等三府州明年钱粮的十分之五。其直隶、河南、湖北、贵州等省官兵经过地方的州县并免去明年钱粮的十分之三。调宫兆麟为湖南巡抚,任命德保为广东巡抚,陈辉祖为广西巡抚。乙卯,傅恒等奏报缅甸首领猛驳称臣纳贡。晓谕待其来京时再降旨。己巳,高宗因明年侍奉皇太后谒东陵,巡视天津,免去所经过地方及天津府所属乾隆三十五年钱粮的十分之三。任命阿桂为礼部尚书。

三十五年春正月己卯朔,因本年高宗六十寿辰,明年皇太后八十寿辰,下诏普遍免除各省所征地丁钱粮一次。辛卯,任命增海为理藩院尚书。丁未,授喀尔喀和硕亲王成衮扎布世子拉旺多尔济为固伦额驸。

二月乙丑,高宗侍奉于太后谒东陵。庚午,高宗侍奉皇太后回程,驻盘山。壬申,因缅甸首领猛驳进贡表文长期不至,谕令彰宝戒备,并严禁与之贸易。

三月己卯,高宗侍奉皇太后回京。起用吴绍诗为刑部郎中。辛巳,调宫兆麟为贵州巡抚,吴达善以湖广总督兼署理湖南巡抚。壬午,高宗侍奉皇太后谒泰陵,巡视天津。丙戌,高宗谒泰陵。己丑,免去所经过地方州到及天津府所属乾隆三十一年至三十三年历年所欠地粮银及折价银两。直隶军流以下的罪犯酌阳减刑。免去直隶乾隆三十一年至三十三年因受灾缓征的银谷。甲午,高宗侍奉皇太后驻天津府。丙申,高宗视察驻防兵。经略大学士傅恒回北京,命与福隆安俱仍为总管内务府大臣。戊戌,调永德为河南巡抚,萨载署理江苏巡抚。癸卯,高宗侍奉皇太后回北京。己酉,因缅甸首领索取木邦土司线瓮团等,下谕斥责哈国兴粉饰迁就,召哈国兴来京,以长青代替他为云南提督。己未,召傅良来京。命富椿为吉林将军。丙寅,天津蝗虫灾,命杨廷璋捕灭。庚午,高宗至黑龙潭求雨。本月,免去浙江仁和等八州县,杭严、嘉湖二卫,陕西定远县乾隆三十四年水雹各灾的额赋。

五月丁丑朔,日食。壬午,因皇八子擅自进城,将上书房行走观保、汤先甲革职,并予以告诫。乙未,因求雨命刑部清理各类案件,军流以下的罪犯酌予减刑。

闰五月丙午朔,命裴日修前往苏州、宝坻一带捕灭蝗虫。戊申,北京大雨。己未,命温福为吏部侍郎,在军机处行走。甲子,裴日修因捕灭蝗虫不力被免官,调程景伊为刑部尚书。任命范时绶为工部尚书,任命张若桂为左都御史。

六月甲申,谕令阿桂等调海兰察、哈国兴进兵。丙戌,河南永城、江苏砀山、安徽宿州等州县蝗虫为灾。丁亥,调官保为刑部尚书,素尔纳为户部尚书。壬辰,命丰升额署理兵部尚书。甲午,贵州古州苗香要等处以死刑。命侍郎伍纳玺前往古北口会同提督王进泰查勘水灾情况,拨发国库银两万两予以抚恤,并开仓卖出粮谷。

秋七月乙巳朔,李侍尧奏,河仙镇土官莫士麟请宣谕缅甸番人恢复暹罗,不准所请。丙午,任命增海为黑龙江将军,温福为理藩院尚书。命和尔精额、伍纳玺前往古北口筹办河工。壬子,因小金川与沃克什土司发生矛盾,命四川总督阿尔泰传集小金川土司劝告晓谕。癸丑,高宗亲临和亲王弘昼府邸慰问病体。丁巳,和亲王弘昼去世。太保大学士傅恒去世。戊午,赏赐来京祝嘏的一百一十二岁原任浙江遂昌县学训导王世芳国子监司业衔,并在原籍享受俸禄。辛酉,任命裴宗锡为安徽巡抚。甲子,截收漕粮二十万石赈济武清等六县水灾。任命诺穆亲为云南巡抚。

八月戊寅,因副将军阿桂办事取巧,革去他的领侍卫内大臣、礼部尚书、镶红旗汉军都统,以内大臣革职留任办理副将军事务。己卯,任命永贵为礼部尚书,观保为左都御史。阿尔泰奏报僧格桑服罪,交出达木巴宗地方及所掠的番民。辛巳,命刘统勋兼管吏部。丙戌,高宗生日,高宗亲临皇太后宫行礼。亲临太和殿,自王以下文武各官进表,行庆贺礼,奉旨停止筵宴。命丰升额在军机处行走。己丑,高宗侍奉皇太后至热河。乙未,高宗侍奉皇太后驻避暑山庄。己亥,高宗至木兰。

九月丙午,命阿尔泰为武英殿大学士,仍留办四川总督事务。戊午,高宗回驻避暑山庄。甲子,命高晋兼署理漕运总督。

冬十月癸酉朔,高宗侍奉皇太后回程。辛巳,召崔应阶来京,命钟音署理闽浙总督。壬午,召阿尔泰来京,任命德福署理四川总督,吴达善兼暑理湖南巡抚。召萨载来京,命李湖署理江苏巡抚。甲午,阿桂等奏报老官屯缅甸头目派遣使者致书,请求停止今年进兵,准其所请。丁酉,大学士陈宏谋因衰老多病请求告老,特下情词恳切的诏旨慰留。

十二月甲戌,免去新疆本年额粮的十分之三。丙子,任命崔应阶为漕运总督。丙戌,谕令阿桂、彰宝秘密商议进剿缅甸。庚寅,任命李湖为贵州巡抚。

三十六年春正月甲辰,免去福建台湾府属本年定额征收的粟米。乙巳,免去广东广州、韶州等府州民属本年官租的十分之一,广西桂林七府州所属本年官租及桂林平乐等府州学租的十分之三。丁未,免去四川宁远等四府州所属、建昌镇总兵各营、雷波等厅民番本年的额粮。己未,调德福署理云贵总督,命阿尔泰回四川总督任。

二月甲戌,高宗侍奉皇太后东巡。庚辰,命内大臣巴图济尔噶勒会同集福审讯乌梁海副都统莫尼扎布等互控之案。辛巳,大学士陈宏谋因病请求归老,准其所请,加太子太傅。免去直隶沧州等十五州县民欠的借谷,并免去武清县本年钱粮的十分之一。癸未,命侍郎裴曰修会同杨廷璋、周元理筹办直隶河工。丙戌,免去山东所经过地方州县本年额赋的十分之三、受灾地方免去本年额赋的十分之五。免去山东泰安等二县本年地丁钱粮。庚寅,免去山东济南各属民欠的借谷及东平州、东平所欠的赋税。因阿桂奏请大举征讨缅甸，予以申斥。辛卯，免去山东济南等六府所属民欠的麦本银两。命刘纶为大学士，兼管工部，于敏中为协办大学士。调程景伊为吏部尚书，范时绥为刑部尚书，任命裘曰修为工部尚书。丙申，高宗侍奉皇太后至岱岳庙，高宗登泰山。乙巳，高宗至曲阜谒先师孔子庙。丙午，高宗致祭先师孔子。丁未，高宗至孔林。高宗致祭少昊陵、元圣周公庙。赏赐衍圣公孔昭焕族人银两财物分别有差。戊申，高宗侍奉皇太后回程。乙卯，予大学士尹继善等、尚书官保等、总督杨廷璋等、巡抚钟音等分别发交吏部核议论功。内阁学士陆宗楷等以原品告老。戊午，任命富明安为闽浙总督，周元理为山东巡抚。庚申，因甘肃连年灾情偏重，特免去通省民欠的籽种口粮仓谷。甲子，高宗至捷地视察堤工。乙丑，纳逊特古斯被处决。己巳，因阿桂上奏分辨并非于本年大举征伐缅甸，下部严加议处。

夏四月辛未朔，任命李侍尧为内大臣。甲戌，命户部侍郎桂林在军机处行走。丁丑，高宗侍奉皇太后回北京。乙酉，因天时干旱命刑部清理各类案件，军汉以下的罪犯酌予减刑，直隶也按照此例办理。丙戌，高宗至黑龙潭求雨。壬辰，大学士尹继善去世。乙未，赐黄轩等一百六十一人进士及第出身分别有差。

五月辛丑朔，调吴达善为陕甘总督，文绶署理，勒尔谨护理陕西巡抚。调富明安为湖广总督，永德为湖南巡抚。任命何煟为河南巡抚，兼管河务，钟音为闽浙总督，余文仪为福建巡抚。癸卯，命对秋审暂缓处决三次以上的罪犯酌予减刑。甲辰，晓谕现值省刑之际对立决的罪犯，暂缓行刑，定为法令。乙巳，阿桂因胆小畏惧被革职，降为兵丁效力。命温福急赴云南署理副将军事务。壬戌，任命高晋为文华殿大学士，兼礼部尚书，仍留在两江总督任。召阿尔泰入阁办事，任命德福为四川总督。

六月辛未，直隶北运河决口。甲戌，任命努三为正黄旗领侍卫内大臣。戊寅，命巴图济尔噶勒前往伊犁办理土尔扈特归降事宜。己卯，晓谕土尔扈特归降的大台吉均令其来避暑山庄觐见高宗，命额驸色布腾巴勒珠尔兼程前往迎接。壬午，已告老的大学士陈宏谋去世。癸巳，命土尔扈特部落人众暂驻博罗博拉。因金川土舍索诺木请求赏给革布什咱土司人民，命阿尔泰详细斟酌决策，不要姑息纵容。

秋七月壬寅，阿尔泰等奏报小金川土舍围攻沃克什，命前往攻剿。乙巳，命侍郎桂林带银一万两前往古北口会同提督王进泰赈济水灾。丙午，永定河决口。丁未，命舒赫德署理伊犁将军。戊申，高宗至木兰秋猎。因小金川又侵犯明正土司，谕令阿尔泰等进剿。丁巳，高宗侍奉皇太后起程。癸亥，高宗侍奉皇太后驻避暑山庄。丙寅，因此次巡视木兰，沿途武备松懈疏忽，杨廷璋、王进泰均被发下吏部严加议处。

八月己丑，定边左副将军、喀尔喀扎萨克和硕亲王成衮扎布去世，任命车布登扎布为定边左副将军，额驸拉旺多尔济布登扎布为定边左副将军，额驸拉旺多尔济承袭扎萨克和硕亲王。免去德福军机处行走。庚寅，召大学士两江总督高晋来京，查勘永定河工程。任命萨载兼署理两江总督。壬辰，永定河决口合龙。癸巳，高宗至木兰行猎。丁酉，命阿尔泰仍管四川总督事，召德福回京。

九月戊戌朔，停止本年勾决死刑。癸卯，命理藩院侍郎庆桂在军机处行走。乙巳，土尔扈特台吉渥巴锡等觐见高宗,赏赐顶戴衣帽分别有差。命副将军温福、参赞大臣伍岱前往四川军营,会商进剿之策。辛亥,封渥巴锡为乌纳恩素珠克图旧土尔扈特部卓哩克图汗,策伯克多尔济为乌纳恩素珠克图旧土尔扈特部布延图亲王,舍楞为青塞特奇勒图新土扈特部弼哩克图郡王,巴木巴尔为毕锡哷勒图郡王,其余各封爵分别有差。甲寅,高宗回驻避暑山庄。丁卯,任命文绶为四川总督,勒尔谨为陕西巡抚。调永德为广西巡抚,梁国治为湖南巡抚,陈辉祖为湖北巡抚。

冬十月戊辰朔,任命三宝为山西巡抚。己巳,高宗侍奉皇太后回程。任命舒赫德为总统伊犁等处将军,伊勒图为塔尔巴哈台参赞大臣,安泰为乌什参赞大臣。甲戌,宽宥纪昀之罪,赏给翰林院编修。乙亥,高宗侍奉皇太后回北京。己卯,高晋等奏报桃源厅陈家道口河工合龙,高宗予以嘉奖。命高晋、裘曰修、杨廷璋查勘南运河工程。丁亥,召杨廷璋为刑部尚书,任命周元理为直隶总督,徐绩为山东巡抚。甲午,陕甘总督吴达善去世,调文绶代理他的职务。

十一月己酉,董天弼奏报攻取小金川牛厂。丙辰,高宗侍奉皇太后亲临慈宁宫,为皇太后上尊号为崇庆慈宣康惠敦和裕寿纯禧恭懿安祺皇太后,颁发诏书广施恩惠分别有差。任命温福为武英殿大学士,兼兵部尚书,任命桂林为四川总督。丁巳,调素尔纳为理藩院尚书,任命舒赫德为户部尚书。辛酉,皇太后生日,高宗亲临寿康宫,率领王大臣行庆贺礼。壬戌,董天弼进攻达木巴宗,失利。甲子,小金川番又攻陷牛厂。

十二月庚午,温福奏报进驻向阳坪,攻小金川巴郎拉山碉卡,未攻克。桂林奏报攻克小金川约咱寨。四川提督董天弼革职,以阿桂署理四川提督。乙亥,免除甘肃陇西等三十三州县乾隆三十三年遭受水旱雹霜各灾的额赋。丙戌,因大金川首领僧格桑派遣土目前往桂林军营进献物品,命给予赏赐送其归去。己丑,温福奏报已攻克巴朗拉碉卡。癸巳,温福奏报大军进驻日隆宗地方,董天弼收复沃克什土司各寨。

三十七年春正月辛丑,免去奉天锦州二府定额征收的米豆。免去浙江玉环、海宁两厅县定额征收的银谷。免去山西大同等二府定额征收的兵饷米豆谷麦,并太原等十四府州及归化城各属定额征收的十分之三。壬寅,免去和林格尔等处及太仆地牧和地亩定额征收的银两,并清水河厅定额征收的银两及太仆寺牧厂地亩定额征收米豆的十分之三。癸卯,刑部尚书杨廷璋去世,任命崔应阶为刑部尚书,嘉谟署理漕运总督。乙巳,温福奏报攻克小金川曾头沟、卡丫碉卡。丁未,桂林奏报攻克郭松、甲木各碉卡。庚戌,任命恒禄为内大臣。癸丑,新建乌鲁木齐城,驻兵屯田。癸亥,命令尚书裘曰修协同直隶总督周元理疏浚永定河、北运河。

二月丁卯,任命阿桂为四川军营参赞大臣。甲戌,高宗至盘山。丙戌,高宗回程,至圆明园。丁亥,任命色布腾巴勒珠尔为四川军营参赞大臣。乙未,免去陕西西安等十二府州去年定额征收的实物租粮。

三月丙申朔,免去江苏金坛等十一州县乾隆六年至十年所欠的赋税。戊戌,任命索诺木策凌为乌鲁木齐参赞大臣,德云为领队大臣,命他们都受伊犁将军的调度管束。乙巳,任命丰升额为四川军营参赞大臣。己酉,河南罗山县在籍知县查世柱,因藏匿《明史辑要》，论斩。壬子，桂林奏报攻克大金川所据革布什咱土司的木巴拉等处。乙卯，温福奏报攻克小金川资啤碉寨。丁巳，桂林奏报攻克吉地官寨。温福奏报攻克小金川阿克木雅寨。桂林奏报攻克革布什咱土司的党啤等寨，及小金川扎哇窠崖下碉卡。

夏四月丙寅朔，桂林奏报攻克小金川阿仰东山梁等寨。免去甘肃历年民欠的仓粮三百七十六万石有余。壬申，桂林奏报完全收复革布什咱土司之地，及攻克小金川格乌等处。谕令温福、定长进剿索诺木。乙亥，任命李湖为云南巡抚，图思德为贵州巡抚。壬午，改安西道为巴里坤屯田粮务兵备道，甘肃道为安肃兵备道，凉庄道为甘凉兵备道。裁撤乌鲁木齐粮道。庚寅，赐金榜等一百六十二人进士及第出身分别有差。甲午，桂林进攻小金川达乌东岸山间石桥，失利。

五月乙未朔，因温福参劾色布腾巴勒珠尔贻误军务，色布腾巴勒珠尔革爵革职。丙申，免去直隶沧州等十五州县厅历年所欠的赋税。丁酉，任命舒赫德为领侍卫内大臣。命福隆安前往四川查办阿尔泰参劾桂林怪僻执拗作伪掩饰一案。命托庸暂时兼管兵部尚书，索尔讷署理工部尚书。壬寅，命户部侍郎福康安在军机处行走。癸卯，命海兰察等前往四川西路军营，鄂兰等前往四川南路军营。调容保为绥远城将军。桂林因隐匿军事失利，被革职拿问。任命阿尔泰署理四川总督。己未，高宗侍奉皇太后至避暑山庄。甲子，湖广总督富明安去世，任命海明为湖广总督，海成为江西巡抚。免去直隶大兴等十五州县额赋分别有差。

六月乙丑朔，高宗侍奉皇太后驻避暑山庄。温福等攻克小金川东玛寨。谕令阿桂督率上中下杂谷及绰斯甲布各土司进剿金川。丁丑，免去甘肃皋兰等二十五厅县旱灾的额赋。辛巳，盛京将军恒禄去世，调增海代理他的职务。任命傅玉为黑龙江将军。甲申，调文绶为四川总督，海明为陕甘总督，以勒尔谨署理陕甘总督。命阿尔泰署理湖广总督。丙戌，阿尔泰免官，调海明为湖广总督。任命勒尔谨署理陕甘总督，调富勒浑为陕西巡抚。命仓场侍郎刘秉恬前往四川西路军营督饷。辛卯，湖广总督海明去世，以富勒浑代理他的职务，陈辉祖署理。命巴延三为陕西巡抚。

秋七月乙未，命刑部侍郎鄂宝前往四川南路军营督饷，授勒尔谨为陕甘总督。

八月己巳，阿桂奏报攻克小金川甲尔木山间石桥的碉卡。任命阿桂为内大臣。赏布拉克底土司安多尔"恭顺"名号，赏巴旺土妇伽让"恭懿"名号。壬申，温福等奏报小金川袭击玛尔迪克运输之路，被海兰察等击败。己丑，小金川进犯党坝官寨，阿桂派董天弼救援。

九月壬寅，温福奏报进至木兰坝，敌军烧坏南北两山的碉卡，聚众把守在路顶宗山间石桥。谕令严防后路。阿桂奏报绰斯甲布土司分兵进攻勒乌围。高宗送皇太后回程。戊申，高宗由避暑山庄回程。甲寅，高宗侍奉皇太后回北京。

冬十月壬申，董天弼奏报攻克穆阳冈等卡。壬午，阿桂奏报攻克小金川甲尔木山间石桥。

十一月乙未，温福等奏报攻克路顶宗及喀木色尔碉寨。丙申，免去四川乐山等九州县乾隆三十五年坍废盐井的额赋。辛丑，广州将军秦璜因纳仆妇为妾，被革职拿问。设凉州副都统。裁撤西安副都统一人。丙午，温福等奏报攻克博尔根山等碉寨。戊申，阿桂奏报攻克翁古尔垄等城寨。己酉，命富勒浑至四川，任命陈辉祖兼署理湖广总督。癸丑，阿桂奏报攻克得里等碉寨。丁巳，阿桂奏报攻克邦甲、拉宗等处，拉约各寨的番人归降。

十二月癸亥，阿桂奏报攻克僧格宗碉寨。癸酉，任命温福为定边将军，阿桂、丰升额俱为副将军，舒常、海兰察、哈国兴俱为参赞大臣，福康安为领队大臣，复兴等为温福一路领队大臣，兴兆等为阿桂一路领队大臣，董天弼等为丰升额一路领队大臣。赏给绰斯甲布土司工噶诺尔布"尊追归丹"名号。丙子，温福奏报攻克明郭宗等碉卡。丁丑，阿桂奏报攻克美诺碉寨。庚辰，温福奏报彭鲁尔等寨番人前来受抚。辛巳，温福等奏报攻克布朗郭宗、底木达碉寨，泽旺来降，僧格桑逃往金川。乙酉，秦璜因贪赃枉法论斩。丙戌，授萨载为江苏巡抚。丁亥，文绶因祖护徇私被革职，命刘秉恬为四川总督，仍督办军饷，以富勒浑署理四川总督。

三十八年春正月壬辰，召永德来京，调熊学鹏广西巡抚，三宝为浙江巡抚。鄂宝有任山西巡抚。因小金川平定，特予缓征四川官兵所经过的成都等五十一厅州县本年额赋及分办夫粮的温江等九十厅州县去年免除剩余的额赋。番民所有赋税，一体缓征。温福等进剿金川，分别由喀尔萨尔、喀拉依、绰斯甲布三路进兵。甲辰，哈萨克博罗特来使臣觐见。因阿尔泰贪赃枉法，赐自尽。戊午，调永贵署理户部尚书，任命阿桂为礼部尚书。

二月庚申朔，谕令温福等行文索诺木将僧格桑擒获献上。

三月庚寅朔，日食。壬辰，高宗至泰陵。高宗侍奉皇太后至天津，免去所经过地方及天津府所属本年钱粮的十分之三。癸巳，高宗视察永定河堤工。丁酉，高宗谒泰陵。戊戌，高宗命简亲王丰讷亨侍奉皇太后自畅春园起程，多去所经过地方的宛平等二十州县及天津府所属各州县乾隆三十三年至三十六年所欠的赋税。己亥，免去直隶乾隆三十三年至三十五年所欠的赋税。庚子，高宗视察淀河。乙巳，高宗侍奉皇太后驻天津。己酉，高宗侍奉皇太后回城。免去通州、宝坻等九州县乾隆三十六年所欠的赋税。壬子，高宗视察永定河。丙辰，高宗侍奉皇太后回北京。

闰三月己巳，任命扎拉丰阿为御前大臣。命刘统勋等充任办理《四库全书》总裁。乙酉，任命素尔讷署理工部尚书。

夏四月戊戌，任命绰克托为乌什参赞大臣。庚戌，命索琳以署理礼部侍郎在军机处行走。辛亥，命庆桂以理藩院侍郎、副都统为伊犁参赞大臣。丙辰，谕令高晋赈济清河等州县及大河、长淮二卫遭受水灾的灾民。戊午，加大学士温福、户部尚书舒赫德、工部尚书福隆安太子太保、礼部尚书王际华、工部尚书裘曰修太子少傅、礼部尚书阿桂、署理兵部尚书丰升额、直隶部督周元理、闽浙总督钟音、四川总督刘秉恬太子少保。

五月辛酉，工部尚书裘曰修去世，以嵇璜代理他的职务。丙寅，高宗侍奉皇太后起程，免去所经过地方本年钱粮的十分之三。壬申，高宗侍奉皇太后驻避暑山庄。乙亥，盛京将军增海去世，调弘晌代理他的职务。丁丑，改乌鲁木齐参赞大臣为都统，任命索诺木策凌任此职，仍听从伊犁将军雕工管束。己卯，猛遮土目叭立斋等归附。癸未，召车布登扎布来京,命拉旺多尔济署理乌里雅苏台将军。乙巳,阿桂等奏报金川番人攻陷喇嘛寺粮台,占据底木达、布朗郭宗。己酉,鄂宝奏报金川番人占据大板昭。壬子,定边将军温福、四川提督马全、署理提督牛天畀在木果木被打败,俱阵亡。癸丑,任命阿桂为定边将军,赠温福为一等伯。小金川首领僧格桑之父泽旺被处决。大学士刘纶去世。甲寅,任命富勒浑为四川总督,起用文绶为湖广总督。丙辰,阿桂奏报歼灭小金川番人,尽烧其碉寨,下谕予以嘉奖。

秋七月戊午朔,召舒赫德来京,任命伊勒图为伊犁将军,庆桂为塔尔巴哈台参赞大臣。己未,金川番人攻陷美诺、明郭宗,海兰察退到日隆。谕令阿桂由章谷退兵,丰升额退驻巴拉朗等处。癸亥,命富德为参赞大臣前往军营,命阿桂撤退噶尔拉大军。甲子,命舒赫德为武英殿大学士。调阿桂为户部尚书,永贵为礼部尚书。丙寅,齐齐哈尔蝗虫为灾。丁卯,因温福执拗坏事,革去一等伯爵,仍予以抚恤。刘秉恬被革职。命核议抚恤木果木之战阵亡的提督马全、牛天畀,副都统巴朗、阿尔素纳,总兵张大经及各文开官员。丙戌,谕令阿桂先收复小金川,分三路进攻。

八月戊子,任命阿桂为定西将军。命于敏中为文华殿大学士,舒赫德管刑部,刘统勋专管吏部。己丑,命程景伊为协办大学士。调王际华为户部尚书,蔡新为礼部尚书,嵇璜为兵部尚书。任命阎循琦为工部尚书。戊戌,任命明亮为定边右副将军,富德为参赞大臣。壬寅,高宗至木兰行猎。

九月壬戌,海兰察降为领队大臣。甲子,高宗回驻避暑山庄。戊辰,高宗送皇太后回程。己巳,索诺木挟持僧格桑投奔大金川,令其兄冈达克前往美诺。谕令阿桂乘机收复。允准户部奏请开办金川军需捐例。壬申,高宗由避暑山庄回程。甲戌,任命多敏为科布多参赞大臣,车木楚克扎布为乌里雅苏台参赞大臣。戊寅,高宗侍奉皇太后回京。庚辰,吏部尚书托庸归老,调官保为吏部尚书。任命英廉为刑部尚书,仍兼管户部侍郎事务。

冬十月己巳,和硕诚亲王允祕去世。己酉,定边左副将军车布登扎布被革职,仍留其亲王衔,以瑚图灵阿代理他的职务。

十一月丁卯,阿桂等奏报进剿小金川,攻克资哩山间石桥等处,收复沃克什官寨。戊辰,命令福禄前往西宁办事。召伍弥泰回京。己巳,阿桂等奏报克复美诺,命其进剿金川。辛未,军机大臣、大学士刘统勋去世,高宗亲临其家致祭,赠太傅。壬申,召梁国治来京,在军机处行走。调巴延三为湖南巡抚。任命毕沅为陕西巡抚。癸酉,明亮等奏报克复僧格宗等处碉寨。

十二月癸巳,任命彰宝为云贵总督。辛丑,命李侍尧为武英殿大学士,仍管理两广总督事务。

本年,朝鲜、安南来贡。

三十九年春正月丙子,任命姚立德为河东河道总督。丁丑,阿桂等攻克赞巴拉克等山间石桥。

二月甲申朔,命丰升额等协助阿桂进攻勒乌围。丁亥,明亮等奏报攻克木溪等山间石桥。戊戌,高宗至东陵。并至盘山。庚戌,高宗至昭西陵、孝陵、孝东陵、景陵,至孝贤皇后陵致祭。高宗亲临已故大学士傅恒墓地致祭。辛亥,高宗驻盘山。

三月庚申,阿桂等攻克罗博瓦山间石桥,加阿桂太子太保,任命海兰察为内大臣,额森特为散秩大臣。甲子,高宗至南苑行猎。辛未,阿桂等攻克得斯东寨。庚辰,明亮等攻克喀咱普等处,高宗予以嘉奖。

夏四月乙酉,顺天大兴等州县蝗虫为灾。辛亥,因北京及近京地方天时干旱,命刑部清理各类案件,对军流以下的罪犯酌予减刑,直隶也按此例办理。戊戌,因特点李漱芳参劾福隆安家人滋事,高宗嘉奖李漱芳的直言,特予叙功。

五月癸丑朔,命刑部对秋审、朝审暂缓处决一两次以上的罪犯酌予减刑。丙寅,彰宝因病解任,任命图恩德署理云贵总督。戊辰,高宗侍奉皇太后至木兰秋猎。甲戌,高宗侍奉皇太后驻避暑山庄。

六月癸卯,阿桂等奏报攻克穆尔浑图碉卡。

秋七月甲寅,阿桂等攻克色溷普山碉卡。己未,阿桂等攻克喇穆喇穆山等碉卡。壬戌,阿桂等攻克日则雅口等处寺碉。乙丑,乌鲁木齐额鲁特部蝗虫为灾。庚午,明亮等攻克达尔图山间石桥及碉卡。甲戌,因于敏于未奏太监高云从嘱托公事,下部严加议处。任命阿思哈为左都御史。乙亥,命阿思哈在军机处行走。太监高云从被处决。辛巳,阿桂等攻克格鲁瓦觉等处碉寨。

八月壬午朔,日食。壬辰,富德等攻克穆当噶尔、羊圈等处碉卡。丁酉,高宗至木兰行猎。癸卯,金川头人绰窝斯甲投降,献出头目僧格桑的尸体。

九月乙卯,山东寿张县民王伦等作乱,命山东巡抚徐绩予以剿捕。丁巳,命大学士舒赫德前往江南会同高晋堵塞决口。戊午,高宗回驻避暑山庄。命舒赫德先赴山东剿捕王伦。庚申,命额驸拉旺多尔济、左都御史阿思哈带领侍卫章京及健锐、火器二营兵,前往山东会同剿捕王伦。辛酉,王伦包围临清,屯兵闸口。壬戌,高宗送皇太后回程。癸亥,因天津府七县旱灾,命拨出通州仓米十万石以备赈济。丙寅,高宗由避暑山庄起程。丁卯,山东兖州镇总兵唯一、德城州守尉格图肯因临阵退避,被处决。庚午,因江苏山阳等四县水灾,命免去明年的额赋。壬申,高宗侍奉皇太后回北京。丙子,山东临清平定,王伦自焚而死。

冬十月辛巳朔,任命杨景素为山东巡抚。壬辰,免去临清新城本年未缴完的额赋,并免去旧城未缴完的额赋十分之五。丙午,任命徐绩为河南巡抚。

十一月癸丑,明亮等攻克日旁等碉寨。甲寅,任命舒赫德为御前大臣。阿桂等攻克日尔巴当噶碉寨。任命阿桂为御前大臣,海兰察为御前侍卫。丙辰,因四川成都等一百四十府厅州县行军运粮,特免去历年额赋分别有差。戊辰,阿桂攻克格鲁古丫口等处碉寨。

本年,朝鲜、琉球来贡。

四十年春正月申戌,阿桂等攻克康尔萨山间石桥。

二月己卯,阿桂等攻克甲尔纳等处碉寨。丙戌,阿桂攻克斯莫思达碉寨。癸巳,任命李瀚为云南巡抚。

三月辛亥,高宗至盘山。甲寅,高宗驻盘山。免去江南句容等十九州县,淮安、大河二卫乾隆三十九年水旱各灾的额赋。壬申,免去长芦所属沧州等六州县、严镇等六盐场,河南信阳等五州县乾隆三十五年旱灾额赋。

夏四月戊寅朔,免去安徽合肥等十四州县、庐州等四卫乾隆三十九年旱灾额赋。丙戌,四川军营参赞大臣、领侍卫内大臣、和硕亲王、固伦额驸色布腾巴勒珠尔去世。己丑,命明山为乌里雅苏台参赞大臣。壬寅,赐吴锡龄等一百五十八人进士及第出身分别有差。癸卯,阿桂等攻克木思工噶克丫口等处城碉。明亮等攻克甲索、宜喜。乙巳,明亮等攻克达尔图等处碉寨。任命明亮、福康安为内大臣。

五月己酉,免去直隶霸州、保定等三十九州县乾隆三十九年旱灾的额赋。甲寅,阿桂等奏报攻克巴木通等处碉卡。丁巳,明亮奏报攻克茹寨、甲索等处碉卡。戊辰,阿桂等奏报攻克噶尔丹等碉寨。壬申,高宗至木兰,高宗侍奉皇太后驻汤山行宫。明亮等奏报攻克巴舍什等处碉寨。乙亥,阿桂等奏报攻克逊克尔宗等处碉寨。加封定边右副将军、果毅公丰升额为果毅继勇公。

六月丁丑朔,免去湖北汉阳等十五州县、武昌等六卫一所乾隆三十九年旱灾的额赋。戊寅,高宗驻避暑山庄。癸未,高宗至广仁岭万寿亭迎接皇太后驻避暑山庄。壬辰,任命丰升额为兵部尚书。丙申,领队大臣额尔特被革职拿问。庚子,设管理乌鲁木齐鲁特部落领队大臣,以全简任此职。

秋七月壬戌,阿桂等奏报攻克昆色尔等处山间石桥及碉寨。丁卯,阿桂等攻克章噶等碉寨。额洛木寨头人革什甲木参等率众来降。庚午,免去甘肃皋兰等七厅州县乾隆三十九年水旱各灾的额赋。阿桂等攻克直古脑一带碉寨。

八月丙子朔,日食。丁丑,阿桂等攻克隆斯得寨。明亮等攻克扎乌古山间石桥。己卯,因霸州等三十余州县水灾。拨发直隶布政司库银五十万两予以赈济。辛卯,高宗至木兰行猎。己亥,阿桂等奏报攻克勒乌围大胜,进剿噶喇依敌寨。高宗命令对将军阿桂,副将军丰升额,参赞大臣海兰察、额森特等人从优叙功。辛丑,召舒赫德赴热河行宫。癸卯,封罗卜藏锡喇布为贝子。乙巳,命侍郎袁守侗等前往贵州,审讯知府苏垿揭发总督、布政使、按察使袒护同知席缵一案。

九月庚戌,免去湖北钟祥等十二州县并武昌等七卫乾隆三十九年旱灾的额赋。癸丑,高宗回驻避暑山庄。丁巳,高宗送皇太后回程。辛酉,因图思德参劾苏垿超收勒索,命袁守侗等严行审讯。丙寅,因明亮请赴西路失机,予以严斥,仍革去明亮的广州将军,丁卯,高宗侍奉皇太后回北京。阿桂等攻克当噶克底等处碉寨。

冬十月己卯,召回驻藏办事伍弥泰,以留保住代理他的职务。己丑,因霸州等六州县受灾较重,命即于闰十月放赈。庚寅,免去甘肃皋兰等十七州县厅水雹霜各灾的额赋。壬辰,高宗回北京。丙申,调裴宗锡为贵州巡抚,命袁守侗暂时署理贵州巡抚,图思德署理云南巡抚,李质颖为安徽巡抚。

闰十月壬子,苏垿因侵吞税款诬陷攻讦,被处决。壬戌,明亮等奏报攻克扎乌古山间石桥。甲子,阿桂等奏报攻克西里山黄草坪等处碉卡,总兵曹顺阵亡。命袁守侗前往四川，会同阿扬阿审讯冀国勋一案。复封庆恒为克勤郡王。壬申，明亮攻克耳得谷寨。

十一月，明亮等攻克甲索各处碉卡。乙酉，福禄因立塔尔一案审讯未能得实，福禄被革职，发往伊犁。己丑，阿桂攻克西里第二山峰，并进军包围鸦玛朋寨藩。壬辰，明亮等奏报攻克得克尔甲尔古等处碉卡。壬寅，阿桂等奏报攻克舍勒固租鲁、科思果木、阿尔古等处碉卡。

十二月甲辰朔，日食。丁未，工部尚书阎循琦去世，调嵇璜为工部尚书，蔡新为兵部尚书，任命曹秀先为礼部尚书。阿桂等攻克萨尔歪等寨落。丙辰，任命阿桂为镶黄旗领侍卫内大臣。调熊学鹏为广东巡抚，任命吴虎炳为广西巡抚。甲子，明亮等由达撒谷进兵，一连攻克险要的山间石桥及沿河一带格尔则寨落。丙寅，阿桂等攻克格隆古等处寨落。庚午，阿桂等由索隆古进兵占据噶占的山间石桥，直捣噶喇依。其头人色木里雍中及布笼普阿纳木前来归降。壬申，明亮等攻克甲杂等要隘路口，并后路巴布里、日盖古洛，进而抵达独松要隘路口，限定日期会捣噶喇依。其头人达固拉得尔瓦等来归降。

四十一年春正月癸酉朔，富德攻克打噶咱普德尔窝、马尔邦等碉卡。明亮等攻克独松等碉卡。甲戌，定郡王绵德因交结礼部司员被削去王爵，命绵恩承袭定郡王。阿桂攻克喇乌喇等碉卡及舍齐等寺庙。己卯，阿桂率领各军进围噶喇依，索诺木之母及其姑姊妹均出降。命封阿桂一等诚谋英勇公，赏四团龙补服、金黄带。加赏果毅继勇公丰升额一等子。封明亮一等襄勇伯，海兰察一等超勇侯，额森特一等男，和隆武三等要勇侯，福康安、普尔普三等男。加赏奎林一等男。丰升额、明亮、海兰察、奎林、和隆武仍各赏双眼花翎，赏于敏中一等轻车都尉，均为世袭。阿桂请安插众降人于绰斯甲布十二土司地方，准其所请。壬午，赏阿桂紫缰。甲申，调明善为科布多参赞大臣。任命法福里为乌里雅苏台参赞大臣。己丑，吏部尚书、协办大学士官保因病请求归老，准其所请。任命阿桂为吏部尚书、协办大学士。调丰升额为户部尚书，福隆安为兵部尚书。任命绰克托为工部尚书。庚寅，嘉谟升仓场侍郎。命阿思哈署理漕运总督，永贵署理吏部尚书，英廉署理户部尚书。

二月己酉，授文绶为四川总督，调富勒浑为湖广总督。庚戌，命以后祭祀社稷坛时，如遇到风雨，则在殿内致祭。免去江苏上元等三十九州县、镇江等五卫乾隆四十年旱灾额赋。辛亥，高宗至东陵。由于恭谒东陵，并巡视山东，特色去所经过州县本年额赋的十分之三。甲寅，高宗谒昭西陵、孝陵、孝东陵、景陵，至孝贤皇后陵致祭。阿桂等奏报索诺木等出降，用囚车送往北京，大小金川平定。乙卯，命永贵回礼部任尚书，仍兼署理吏部事。丙辰，命将平定金川前后五十功臣画像列于紫光阁。命新设将军驻雅州，四川提督桂林驻金川。丁巳，高宗回北京。戊午，高宗谒泰陵。命袁守侗前往四川，会同阿桂查办参赞大臣富德。壬戌，高宗谒泰陵。设云南腾越镇总兵官。丁卯，高宗侍奉皇太后巡视山东。己巳，免去顺天直隶通州等二十八州县未缴完的地粮仓谷。庚午，停止湖北核定丈量湖地。免去直隶霸州等二十一州县未缴完的地粮仓谷。辛未，对直隶军流以下的罪犯酌予减刑。

三月丁丑，免去山东泰安、曲阜二县本年的额赋。戊寅，免去山东邹平等三十九州县卫各项民欠的额赋。己卯,增设成都将军,任命明亮为此职。辛巳,对山东军汉以下的罪犯酌予减刑。壬午,免去山东德州等十一州县暂缓征收的漕米漕项。癸未,任命萨载为江南河道总督,杨魁为江苏巡抚。甲申,勒尔谨觐见高宗,命毕沅署理陕甘总督。丙戌,高宗驻泰安,至岱庙。命次督抚进贡的物品发还,仍告诫以后不许进贡。设金川勒乌围总兵。丁亥,高宗登泰山。辛卯,户部尚书王际华去世,以袁守侗代理他的职务。免去四川全省去年的额赋以及各少数民族一年的赋税分别有差。免去河南武陟县乾隆四十年水旱各灾的额赋。乙未,高宗至曲阜,谒孔子庙。免去安徽怀宁等三十二州县、建阳等七卫乾隆四十年水旱各灾的额赋。丙申,致祭先师孔子,宣告平定大小金川之功。丁酉,高宗至孔林。调李质颖为广东巡抚,任命闵鹗元为安徽巡抚。戊戌,富德被革职拿问。己亥,云南车里在逃的夷人刀维屏等悔罪自行归来,谕令免其死罪,予以禁锢。庚子,命户部侍郎和珅在军机处行走。辛丑,高宗侍奉皇太后由济宁登舟。

夏四月癸卯,因平定金川,派遣官员祭告天地、太庙、社稷。任命英廉兼署理户部尚书。命刘墉会同陈辉祖查勘湖北沔阳州被冲溃的河堤工程。甲辰,已告老的协办大学士、吏部尚书官保去世。丁未,高宗视察临清州旧城。辛亥,命阿桂仍在军机处行走。癸丑,免去直隶霸州等五十二州县乾隆四十年水灾额赋分别有差。乙卯,因平定金川,派遣官员告祭昭西陵、孝陵、孝东陵、景陵、孝贤皇后陵。丙辰,派遣官员告祭孔子阙里。壬戌,派遣官员告祭永陵、福陵、昭陵。甲子,任命阿思哈为漕运总督,素尔纳为左都御史,索琳为理藩院尚书,仍留在库伦办事,命丰升额署理理藩院尚书。乙丑,高宗送皇太后自宝稼营回北京。丙寅,献金川俘虏于太庙宗社。丁卯,定西将军阿桂等凯旋。戊辰,高宗至良乡城南行郊外迎接慰劳仪式,赏赐将军及入征将士等宴,交赏阿桂等高宗自用的鞍马各一。高宗回北京。己巳,举行受俘仪式。高宗亲临瀛台,亲自审问俘虏。索诺木等均被处以磔刑。高宗亲临紫光阁,行合饮之礼,赏赐凯旋将士及王大臣等饮宴,赐将军阿桂以下银两财物分别有差。庚午,番目布笼普占巴、雅玛朋阿库鲁被处决。

五月辛未朔,高宗侍奉皇太后至慈宁宫,为皇太后加尊号为崇庆慈宣康惠敦和裕寿纯禧恭懿安祺宁豫皇太后,颁发诏书广施恩惠分别有差。戊寅,富德因诬陷攻讦阿桂悖逆,被处决。辛巳,免去山西石楼等三县壮丁劳役虚额银。癸未,高宗侍奉皇太后起程,至木兰秋猎。己丑,高宗驻避暑山庄。

六月庚子朔,拟定文渊阁官制。壬子,因甘肃皋兰等二十九州县厅旱灾,命多留市米以供民食。庚申,黄邦宁论斩,前护理广西巡抚苏尔德、署理按察使广德被逮捕问罪。

秋七月庚申,索琳因不称职被降级,任命伍弥泰为理藩院尚书。丁亥,任命巴延三为山西巡抚,调鄂宝为湖南巡抚。

八月丁未,召回瑚图灵阿,任命巴林王巴图为定边左副将军,任命额驸拉旺多尔济为伊犁参赞大臣。乙卯,高宗至木兰行猎。

九月丙子,高宗回驻避暑山庄。庚辰,高宗送皇太后回程。庚寅,高宗侍奉皇太后回北京。

冬十月己亥朔,命丰升额为步军统领,福隆安仍兼管督军统领。壬寅绥远城将军容保免官,以伍弥泰代理他的职务。甲辰,命英诚公阿克栋阿在领侍卫内大臣上行走,任命奎林为理藩院尚书。戊申，左都御史张若渟因病免官。辛亥，调崔应阶为左都御史，任命余文仪为刑部尚书。壬子，阿思哈因病免官，任命鄂宝为漕运总督。癸丑，任命敦福为湖南巡抚。丙辰，命三宝查办浙江漕粮积弊。甲子，因甘肃皋兰等二十九厅州县旱灾，免去历年所欠仓粮四百万石有余。

十一月甲申，命四库全书馆详细审核违禁书籍，分别予以修改或焚烧。下谕说："明末诸人著作中词意和本朝相抵触的，如钱谦益等，均不能死得其所，妄肆狂吠，自应查明予以焚毁。刘宗周、黄道周立朝持正，熊廷弼材干优长，诸人所言，当时如被采纳，明朝灭亡未必如此之速，此类书籍可以修改个别字句，不必焚毁。又直言之臣如杨涟等人的著作，即使其中只言片语有所抵触，也只需酌情修改，实在不忍一律烧毁。"

十二月庚子，命于戊戌年即乾隆四十三年八月举行翻译乡试，乾隆四十四年三月举行会试。丙午，命明亮在军机处行走，伍弥泰为西安将军，博成署理绥远城将军。戊申，任命雅朗阿为绥远城将军。甲寅，免去山东德州等三十州县卫所本年受灾地方的额赋。丙辰，缅甸头目得鲁蕴请求送还内地官人，准其入贡。谕令进京乞求恩典。戊午，高宗至瀛台。库车阿奇木伯克、哈萨克派遣使者，及四川明正土司等在京觐见高宗，各赏赐衣帽分别有差。

四十二年春正月戊辰朔，免去甘肃省乾隆二十三年至三十五年民欠银八十四万两有余。丙子，高宗至阅武楼阅兵，命诸王、大臣、外藩蒙古及回部、库车、哈萨克使臣、金川土司等随同往观。辛巳，因皇太后患病，高宗至长春仙馆问安，侍奉皇太后至同乐园，随侍皇太后晚餐。从此每日至长春仙馆请安。乙酉，因图思德奏报缅甸番人归附，命阿桂前往云南筹办。调李侍尧为云贵总督，任命杨景素为两广总督，郝硕为山东巡抚，图思德回贵州巡抚任，裴宗锡回云南巡抚任。己丑，宽宥熊学鹏之罪，苏尔德、广德论斩。庚寅，皇太后去世，灵柩设在慈宁宫正殿，高宗以含清斋为居丧之所，颁发皇太后遗诏。谕令穿孝一百日，王大臣官员等二十七日除服。辛卯，为皇太后加谥号为孝圣宪皇后，广施恩惠普遍免去钱粮一次。壬辰，定二十七日内郊庙社稷派遣官员致祭用乐之制。乙未，尊皇太后陵为泰东陵。丙申，将皇太后的灵柩移于畅春园，安置在九经三事殿。高宗居圆明园。

二月丁酉朔，高宗至安佑宫行告哀礼。高宗以无逸斋为居丧之所。己亥，高宗回住圆明园。庚子，高宗至九经三事殿皇太后灵柩前致祭。诸王大臣请高宗隔一、二日行礼，高宗不允。甲辰，谕令在二十七个月内停止元旦朝贺。百日以后，一般亲临太和殿听政，届期请示。乙巳，规定百日以内与二十七个月内高宗及臣下所用服色。甲寅，高晋会同阿扬阿前往安徽查办案件，杨魁兼署理两江总督。免除安徽宿州等八州县、凤阳等三卫乾隆四十一年水灾的额赋。丁巳，高宗至九经三事殿皇太后灵前行月祭礼。任命颜希深为湖南巡抚。

三月辛未，左都御史素尔讷、大理寺卿尹嘉铨归老。壬申，因萨载赴京，命德保兼署理江南河道总督。戊寅，任命迈拉逊为左都御史。壬午，为皇太后加谥号为孝圣慈宣康惠敦和敬天光圣宪皇后。戊子，任命恒山保为乌里雅苏台参赞大臣。

夏四月戊戌，因缅甸番人归降后反复无常，召阿桂回北京，留下缅甸头目所派遣的孟干等。戊申，高宗至九经三事殿孝圣宪皇后灵前行安葬前告祭之礼。己酉，孝圣宪皇后出殡。高宗送往泰东陵，免去所经过地方州县本年额赋的十分之七。癸丑，高宗至泰陵。

本日,孝圣宪皇后灵柩至泰东陵,安葬于隆恩殿。丙辰,高宗至泰东陵孝圣宪皇后灵前行一百日祭礼。丁巳,大学士舒赫德去世。戊午,命永贵署理大学士兼吏部尚书。辛酉,免去安徽宿州等八州县、长河等三卫乾隆四十一年水灾的额赋。壬戌,命福隆安兼署理吏部尚书。甲子,高宗回北京。

五月乙丑朔,奉孝圣宪皇后神主祭于太庙。第二天,颁发诏书广施恩惠分别有差。戊辰,高宗亲临舒赫德家致祭。壬申,免去直隶清苑等十州县所欠的赋税。戊寅,因普遍免去全国的钱粮,特免福建台湾府所属官庄租的十分之二。甲申,马兰镇总兵满斗在东陵控墙通路,论斩。丁亥,命阿桂为武英殿大学士,兼管吏部事,英廉为协办大学士。命尚书果毅继勇公丰升额之父阿里衮原袭果毅公的爵号,也加"继勇"二字。调永贵为吏部尚书,任命富勒浑为礼部尚书,三宝为湖广总督,王亶望为浙江巡抚。免去顺天直隶大兴等三十三厅州县受灾的额赋。

六月乙卯,以吉林将军富椿调杭州将军,命福康安代理他的职务。己未,高宗至黑龙潭求雨。

秋七月,免去甘肃皋兰等二十九厅州县乾隆四十一年受灾的额赋。丙戌,命甘肃将应征各属番民粮谷草束的十分之三。暹罗头目郑昭进贡,送来所获的缅番,谕令杨景素以请封的事行文向其晓谕。

八月庚子,免去乌鲁木齐各州县户民额粮的十分之三。庚申,命侍郎金简前往吉林,会同福康安查办事件。

九月丙子,高宗谒泰陵、泰东陵。壬午,高宗回北京。

冬十月戊戌,户部尚书果毅继勇公丰升额去世,调英廉为户部尚书,仍兼管刑部事,命德福为刑部尚书。乙巳,下诏陕西民屯租粮草束轮到普免钱粮的年份,一律免去。庚申,设密云副都统一人,驻防兵两千人。辛酉,命袁守侗前往浙江查办归安县知县刘均被控一案。命侍郎周煌、阿扬阿前往四川查办大足县知县赵宪高被控一案。

十一月丙寅,广德被处决。戊辰,海成因纵容包庇王锡侯被革职,任命郝硕为江西巡抚,国泰为山东巡抚。壬申,刑部尚书余文仪请求归老,准其所请。甲戌,调袁守侗为刑部尚书,梁国治为户部尚书。乙酉,免去甘肃宁夏等七厅县本年受灾的额赋。

十二月丁酉,免去甘肃皋兰等十七州县乾隆四十一年受灾的额赋。癸丑,赈济甘肃皋兰等三十二厅州县旱灾灾民。

四十三年春正月壬戌朔,免去朝贺。癸亥,任命郑大进为河南巡抚。辛未,追复睿亲王封爵及豫亲王多铎、礼亲王代善、郑亲王济尔哈朗、肃亲王豪格、克勤郡王岳托原有的封爵,并配享太庙。己卯,高宗谒西陵,免去所经过地方本年额赋的十分之三。癸未,高宗谒泰陵、泰东陵。甲申,高宗谒泰东陵行周年之礼。

二月丁酉,朝鲜、琉球入贡。己酉,任命特成额为礼部尚书。调绰克托为吏部尚书,富勒浑为工部尚书。特成额为成都将军,钟音为礼部尚书。调杨景素为闽浙总督,桂林为两广总督,李质颖护理两广总督。戊午,任命诚亲王弘畅为正白旗领侍卫内大臣。

三月甲子,高宗至西陵。戊辰,高宗谒泰陵、泰东陵。己巳,高宗亲祭泰东陵。乙亥,高宗至健锐营阅兵。己丑,任命李湖为湖南巡抚。

夏四月辛卯,因河南旱灾,命将开封等五府军流以下的罪犯酌予减刑。壬寅,命先免去河南省乾隆四十五年的田赋。癸卯,肃亲王蕴著去世。乙巳,高宗至黑龙潭求雨。辛亥,命将河南省军流以下罪犯酌予减刑。乙卯,赐戴衢亨等一百五十七人进士及第出身分别有差。

五月庚申朔,因山东农田荒歉,命先免去乾隆四十五年全省的钱粮。丁卯,命山西巡抚兼理河东盐政。戊辰,怡亲王弘晓去世。

六月乙未,因九江关监督全德浮收不实,逮捕问罪。

闰六月癸亥,河南祥符黄河决口。

秋七月癸巳,河南仪封考城黄河决口。乙未,命袁守侗前往河南,会同河道总督姚立德、巡抚郑大进查办河工。戊戌,命高晋督办堤工。丁未,高宗至盛京谒陵,免去所经过直隶、奉天各州县本年额赋的十分之三。

八月癸酉,因仪封黄河决口之水下注于安徽凤阳各州县,谕令萨载等赈济灾民。甲戌,高宗谒永陵。乙亥,行合祭之礼。高宗谒昭陵。辛巳,行合祭之礼。命奉天、吉林、黑龙江备属已结或未结的死刑罪犯均予以减刑,军流以下的罪犯一律宽宥。癸未,高宗亲临克勤郡王岳托墓地致祭。甲申,高宗亲临武勋王扬古利、弘毅公额亦都、直义公费英东墓地致祭。乙酉,高宗至文庙行礼。

九月甲午,锦县生员金从善,因奏请建太子立皇后,纳谏言施德下,邭初级旨意,论斩。戊戌,礼部尚书钟音去世。金从善因肆意诋毁,被处决。己亥,任命德保为礼部尚书。丁未,下谕明申建立太子的流弊,及宣明归政之期。壬子,高宗回北京。甲寅,高朴因贪赃枉法论斩。绰克托由于对高朴失窥被革职。任命永贵为吏部尚书。乙卯,命迈拉逊署理吏部尚书。

冬十月乙未,因庚子年即乾隆四十五年高宗七十岁生日,南巡江、浙,命举行恩科乡试会试,并普遍免除钱粮。甲戌,江苏布政使陶易因徇私纵容徐述夔一案,予以革职论斩。丙子,免去甘肃皋兰等三十二厅州县乾隆四十二年旱灾的额赋。

十一月戊子,禁止贡献整玉如意及大玉。壬辰,规定驿站事务归巡道分管,裁撤甘肃驿传道,赈济广西兴安等九州县本年旱灾。庚子,免去甘肃宁夏等七厅州县乾隆四十二年受灾的额赋。

十二月庚申,河南仪封堤工塌坏,高晋等发下吏部严加议处。丙寅,谕令国泰严办山东冠县义和拳教民。甲戌,赈济安徽当涂等三十四州县本年水旱各灾、湖南湘阴等十五州县卫旱灾,并免去额赋分别有差。

四十四年春正月丙戌朔,调陈辉祖为河南巡抚,郑大进为湖北巡抚。乙未,大学士、两江总督高晋去世。命三宝为东阁大学士,仍留在湖广总督行,萨载为两江总督,李奉翰为江南河道总督。癸卯,高宗至西陵,免去所经过地方本年人丁赋税的十分之三。裁撤福州副都统。乙巳,命阿桂前往河南查勘河道工程。丁未,高宗谒泰陵、泰东陵。辛亥,高宗回到北京。

二月癸亥,左都御史迈拉逊因病免官。丙子,任命增福为福建巡抚,申保为左都御史。庚辰,命编辑明季诸臣的奏疏。下谕说:"各省送到违碍应毁的书籍,如徐必达的《南州草》,萧近高的《疏草》,宋一韩的《掖垣封事》,切中当时的弊病,都不愧为骨鲠之臣。虽然他的皇帝置若罔闻,但一时政治废弛朝廷错乱的情况,都能痛切直陈,足为今天借

乾隆皇帝南巡图

鉴。朕以为不如选择其中较有关系的奏疏,另加编录,名为《明季奏疏》,辑成一书,永远作为前车之鉴。以上诸人在前明所有言论,对于我朝偶然触犯的地方,不应予以深责,应酌情修改选录,其余仍应分别撤毁。"壬午,建江南龙泉庄等处行宫。

三月丙申,命英廉署理直隶总督。丁酉,命德福署理协办大学士。调杨景素为直隶总督,三宝为闽浙总督。任命图思德为湖广总督,舒常为贵州巡抚。乙巳,任命谭尚忠署理山西巡抚。己酉,赈济湖北江夏等三十九州县卫去年的旱灾。

夏四月己未,改辟展办事大臣为吐鲁番领队大臣。戊辰,高宗至西陵。壬申,高宗谒泰陵、泰东陵。丁丑,改甘肃驿传道为分巡兰州道。戊寅,任命袁守侗为河东河道总督,胡季堂为刑部尚书。己卯,高宗至健锐营阅兵。庚辰,高宗回到北京。

五月乙未,高宗至木兰秋猎,免去所经过地方本年人丁赋税的十分之三。丙申,任命李世杰为广西巡抚。辛丑,高宗驻避暑山庄。丙午,任命富纲为福建巡抚。丁未,高宗至文庙致祭先师。

六月丁卯,免去甘肃乾隆二十七年至三十七年所欠赋税银二十三万五千两、粮一百零五万石各有余。戊辰,河南武陟、河内沁河决口。庚辰,建吐鲁番满城。

秋七月乙未,任命孙士毅为云南巡抚。

八月戊辰,高宗至木兰行猎。辛未,命和珅在御前大臣上学习行走。甲戌,任命宗室永玮为黑龙江将军。乙亥,宁寿宫修成。

九月庚子,高宗回北京。

冬十月壬戌,免去陕西延安等三府州所属乾隆二十年至三十七年民欠社仓谷。免去西藏那克舒三十九族番子等应交的马银。乙亥,免去甘肃庄浪等十七厅州县受灾的额赋。

十一月甲申,免去安徽亳州等十一州县的额赋。戊戌,杭州将军嵩椿因沉溺于享乐被革职,仍通告申诫。癸卯,赈济甘肃皋兰等十二厅州县的灾民,并免去本年的额赋。丙午,任命姚成烈为广西巡抚。因伍弥泰护送班禅至热河,发给钦差大臣印信。

十二月癸丑,命侍郎德成前往河南会同办理河道工程。甲寅,命户部侍郎董诰在军机处行走。乙卯,两广总督桂林去世,以巴延三代理他的职务,任命雅德为山西巡抚。戊午,大学士于敏中去世。湖广总督图思德去世,以富勒浑代理他的职务,绰克托代为工部尚书。丙寅,赈济湖北沔阳等七州县卫本年水灾。己巳,任命程景伊为文渊阁大学士,调嵇璜为吏部尚书、协办大学士,周煌为工部尚书。辛未,直隶总督杨景素去世,以袁守侗代理他的职务。调陈辉祖来河东河道总督,任命荣柱为河南巡抚。

四十五年春正月庚辰朔,因本年八月高宗七旬生日,颁发诏书广施恩惠分别有差。辛巳,免去河南仪封等十三州县受灾的额赋。辛卯,高宗南巡江苏、浙江,免去直隶山东所经过地方本年额赋的十分之三。壬辰,免去直隶顺德等四府所属所欠的赋税。己亥,免去山东历城等二十八州县所欠的赋税及仓谷。己酉,朝鲜国王李算上表祝贺高宗七十岁生日,特下情词恳切的诏书以示答谢。修浙江仁和、海宁堤岸工程。

二月癸丑,命舒常同和珅、喀宁阿查办海宁参劾李侍尧各款。甲寅,免去江南、浙江所经过地方本年额赋的十分之三。免去两江所属乾隆四十三年以前所欠的赋税。丙辰,调李奉翰为河东河道总督,陈辉祖为江南河道总督。丁巳,免去台湾府所属本年的额谷,免去两淮灶户因灾所欠及川饷未缴的银两。己未,高宗渡长江,视察清口东坝的堤工。甲子,免去江南、浙江省会附郭各州县本年的额赋。戊辰,高宗至焦山。壬申,高宗至苏州府。仪封地方河水决口合龙。己卯,免去浙江仁和等县所欠的赋税。

三月辛巳,高宗至海宁州观潮。壬午,高宗至尖山。召索诺木策凌来京,任命奎林为乌鲁木齐都统。癸未,高宗至杭州府。甲申,高宗至秋涛宫巡阅水师。任命博清额为理藩院尚书。壬辰,调李质颖为浙江巡抚,李湖为广东巡抚,任命刘墉为湖南巡抚。因在京官员三年一次考绩的时期已到,予阿桂等叙功,左都御史崔应阶等以原品告老。癸巳,任命罗源汉为左都御史。丁酉,李侍尧被革职拿问。孙士毅革职,发往伊犁效力。任命福康安为云贵总督,索诺木策凌为盛京将军。辛丑,命英廉为东阁大学士,和珅为户部尚书。丙午,高宗至明太祖陵致祭。

夏四月己酉朔,高宗渡长江。壬子,山东寿光人魏塾因著书悖逆,被处决。丁巳,高宗至武家墩,巡视高家堰堤工,渡黄河。免去山西太原等十六府州并归化城等厅应征额银的十分之三,大同、朔平及和林格尔等所属全部免征。辛酉,调杨魁为陕西巡抚,刘秉恬署理云南巡抚。颜希深为贵州巡抚,吴坛为江苏巡抚。丁卯,调杨魁为河南巡抚,雅德为陕西巡抚,喀宁阿为山西巡抚。

五月甲申,因大学士、九卿改和珅所拟判处李侍尧由斩监候为斩立决,谕令各总督巡抚各抒己见,定拟后再奏。丁亥,高宗回北京。癸巳,赐汪如洋等一百五十五人进士及第出身分别有差。丁酉,宽宥孙士毅之罪。己亥,高宗至木兰秋猎。乙巳,高宗驻避暑山庄。甲寅,免去湖北沔阳等五州县本年水灾的额赋。乙卯,召大学士三宝入阁办事。调富勒浑为闽浙总督,舒常为湖广总督。丁卯,任命和珅为正白旗领侍卫内大臣。庚午,江苏睢宁郭家渡河水决口。

秋七月丁丑,起用孙士毅为翰林院编修。丁酉,班禅额尔德尼由后藏来京觐见,高宗在清旷殿召见,赐坐,赐茶。戊戌,顺天良乡永定河决口。庚子,高宗亲临万树园,赏赐班禅额尔德尼及王、公、大臣,蒙古王、贝勒、贝子、公、额驸、台吉等饮宴,并赏赐衣帽银两财物分别有差。辛丑,山东曹县及河南考城黄河决口。壬寅,任命李本为贵州巡抚。

八月戊申,赈济河南宁陵等四县水灾。乙卯,大学士程景伊去世。丁巳,永定河决口合龙。湖北巡抚郑大进进贡金器,不收,并予切责。己未,高宗七十岁生日,亲临淡泊敬诚殿,王、公、大臣及蒙古王、贝勒、贝子、额驸、台吉等行庆贺礼。癸酉,调闵鹗元为江苏巡抚,农起为安徽巡抚。甲戌,高宗至东西陵,免去所经过地方本年额赋的十分之三。赈济浙江诸暨等七县水灾。

九月,任命嵇璜为文渊阁大学士,蔡新为吏部尚书、协办大学士。调周煌为兵部尚书。任命周元理为工部尚书。壬午,高宗谒昭西陵、孝陵、孝东陵、景陵,高宗至孝贤皇后陵致祭。辛卯,高宗谒泰陵、泰东陵。睢宁郭家渡决口合龙。乙未,高宗回北京。乙巳,赈济吉林珲春水军。

冬十月戊申,定李侍尧为斩监候。调雅德为河南巡抚。辛酉,免去河南仪封等六到本年水灾的额赋。壬戌,免去直隶霸州等六十三州县本年水灾的额赋。免去江苏清河等八州县卫本年水旱各灾的额赋。免去甘肃皋兰等三十五厅州县乾隆四十四年水灾的额赋。甲戌,命博清额署理左都御史,和珅仍兼署理理藩院尚书。

十一月庚辰,命博请额为钦差大臣,护送班禅额尔德尼前往穆鲁乌苏地方。壬午,任命庆桂为乌里雅苏台将军。癸未,班禅额尔德尼在北京去世。

十二月乙卯,赈济甘肃皋兰等十八要州县的饥民。庚申,因会同四译馆房屋塌坏,压死朝鲜人,礼部尚书等发下吏部严加议处。丁卯,命阿桂会同陈辉祖、富勒浑、李质颖视察海塘工程。

四十六年春正月己卯,定蒙古喀尔喀,青海杜尔伯特、土尔扈特、和硕特,回部王、公、札萨克、台吉等世袭爵秩。丙申,朝鲜国王李算上表致谢赏赐缎匹,仍进贡地方土产,特下情词恳切的诏书并接受了贡物。癸卯,召富勒浑、李质颖来京。任命陈辉祖为闽浙总督,兼管浙江巡抚,督办海塘工程。调李奉翰为江南河道总督,韩镖为河东河道总督。

二月丙辰,免去浙江诸暨水灾的额赋。癸亥,命阿桂查勘江南、河南河道工程。乙丑,高宗西巡五台山,免去所经过地方本年额赋的十分之三。己巳,调雅德为山西巡抚。庚午,任命富勒浑为河南巡抚。王燧论绞。

三月甲戌朔,高宗至正定府阅兵。乙亥,免去安徽亳州等九州县、凤阳等三卫水灾额赋分别有差。丙子,免去江苏清河等八州县卫水灾额赋分别有差。戊寅,召庆桂来京。任命巴图署理乌里雅苏台将军。辛巳,高宗驻五台山。己丑,免去甘肃皋兰等十五厅州县雹灾额赋分别有差。甲午,任命宗室嵩椿为绥远城将军。庚子,高宗回北京。壬寅,甘肃循化厅撒拉尔回人苏四十三等作乱,攻陷争河州,命西安提督马彪会同勒尔谨讨伐。癸卯,回人进犯兰州,命阿桂前往甘肃调度剿贼一切事宜。

夏四月甲申朔,命尚书和珅、额驸拉旺多尔济、领侍卫内大臣海兰察,并巴图鲁侍卫等,前往甘肃剿贼。乙巳,命安徽巡抚农起前往甘肃办理军需,宽宥李侍尧之罪,赏三品顶戴前往甘肃。己酉，甘肃官军收复河州，仁和进兵支援省城。庚申，告老大理寺卿尹嘉铨因妄自奏请将其父从祀孔庙以及著书狂悖等罪，处以绞刑。免去直水霸州等五十厅州县水灾额赋。戊辰，赐钱棨等一百六十九人进士及第出身分别有差。庚午，逮捕勒尔谨，以李侍尧管理陕甘总督事，李侍尧未到来之前，暂由阿桂兼管。召和珅回北京。辛未，免去安徽寿州等十二州县卫、河南仪封等五县水灾的额赋。

五月辛卯，谕令阿桂废除回民新教。

闰五月癸卯朔，勒尔谨论斩。己酉，免去江苏阜宁等七县卫所欠的赋税。庚戌，高宗至木兰秋猎。丙辰，高宗驻避暑山庄。

六月庚辰，江苏睢宁魏家庄河水决口。己丑，因甘肃累年出现冒赈情况，命刑部从严审讯勒尔谨，逮捕王亶望至京。壬辰，免去陕西西安等十二府州民所欠的仓谷。癸巳，甘肃回匪苏四十三等伏法。

秋七月壬寅朔，江苏崇明、太仓等州县海水溢出。甘肃布政使王廷赞，因冒赈超支，被革职拿问。丙午，任命奎林为乌里雅苏台将军，明亮为乌鲁木齐都统。己酉，河南万锦滩及仪封曲家楼黄河决口。庚申，暹罗国长郑昭派遣使者携带表文并进贡地方土产。辛酉，命阿桂视察河南、山东河道工程。乙丑，南掌国王之弟召翁进贡地方土产。庚午，王亶望被处决，勒尔谨被赐自尽，王廷赞论绞。免去江苏崇明县本年的额赋。赈济江苏崇明等九厅州县、河南仪封县水灾。

八月甲戌，赈济甘肃陇西等四县水灾。免去金县等七县定额征收的半数。己卯，袁守侗等因查监粮失实，发下吏部严加议处。壬午，调福康安为四川总督，任命富纲为云贵总督，杨魁署理福建巡抚。乙酉，赈济湖北潜江等四州县水灾。丙戌，高宗至木兰行猎。魏家庄决口合龙。

九月戊申，王廷赞被处以绞刑。丁卯，赈济山东金乡水灾。

冬十月丙子，赈济江苏铜山等县水灾。丁丑，赈济山东邹平等二十九州县、济宁等三卫、永阜等三盐场水灾。乙酉，赈济直隶沧州等四州县、严镇等四盐场水灾。戊子，赈济河南祥符十三县水灾。庚寅，赈济湖北江夏等十七州县水旱各灾。癸巳，赈济安徽灵璧等二十四州县卫水旱各灾。丁酉，高宗因御史刘天成所奏，下谕说："均田之法，势必导致贫者未富，而富者已先贫。我君臣唯有崇尚节俭朴素，知所愧惧，使士农工商有所遵循而已。"停止陕西进贡皮货。

十一月庚子，工部尚书周元理归老，以罗源汉代理他的职务。任命刘墉为左都御史，仍暂管湖南巡抚事务。丙午，任命李世杰为湖南巡抚。戊辰，任命郑大进为直隶总督。

十二月己巳朔，调姚成烈为湖北巡抚。任命朱椿为广西巡抚。丁丑，任命雅德为广东巡抚，谭尚忠为山西巡抚。戊子，大学士等核议驳回嵇璜请复黄河故道一事，高宗表示同意。庚寅，毕沅因被御史钱沣参劾，降三品顶戴仍留本任。辛卯，调农起为山西巡抚，谭尚忠为安徽巡抚。

四十七年春正月庚子，陈辉祖、闵鹗元降三品顶戴仍留本任。乙卯，建盛京文溯阁。丙寅，《四库全书》告成。

二月己巳，高宗亲临文渊阁，赐《四库全书》总裁等官宴，并予赏赐分别有差。丁亥，命乾清门侍卫阿弥达致祭河神。

三月庚子,高宗至盘山。壬寅,高宗驻盘山。癸丑,调雅德为福建巡抚,任命尚安为广东巡抚。甲寅,高宗回北京。乙卯,免去甘肃历年所欠赋税粮二百四十五万石、银三十万两各有余。戊午,免去江苏常熟等二十八厅州县卫水灾的额赋。癸亥,免去直隶天津等三十九州县厅水灾的额赋。

夏四月戊辰,命和珅、刘墉会同御史钱沣查办山东亏空一案。戊寅,免去山东寿光等五县水灾的额赋。己卯,山东巡抚国泰被革职拿问,以明兴代理他的职务。辛巳,高宗至火器营阅兵。甲申,免去山西永济县水灾的额赋。丁亥,高宗至健锐营阅兵。壬辰,协办大学士、吏部尚书蔡新请假,准其所请。任命刘墉署理吏部尚书。甲午,罗源汉免官,任命刘墉为工部尚书,王杰为都察院左都御史,庆桂为盛京将军。

五月丁酉,召阿桂来京,命韩镈、富勒浑筹办河道工程。己亥,赈济山东曹州、兖州、济宁等府州,江苏徐州、丰、沛等府县水灾。辛丑,免去河南祥符等六县水灾的额赋。新建成的巴尔噶逊城定名为嘉德。戊申,高宗至木兰。庚戌,免去安徽怀宁等十八州县、安庆等五卫水灾的额赋。甲寅,高宗驻避暑山庄。

六月丙子,国泰、于易简论斩。任命富躬为安徽巡抚。

秋七月丙申朔,命阿桂仍督办河道工程。戊戌,索诺木策凌论斩。癸卯,国泰、于易简赐自尽。甲辰,因李侍尧、国泰所办的贡品过于丰厚,皆由此获罪,告诫各督抚只有清洁自守,不要专以进献取宠。己未,任命何裕城署理河东河道总督。癸亥,免去甘肃陇西等四县乾隆四十六年水灾的额赋。

八月丁卯,任命福康安为御前大臣。癸酉,任命宗室永玮为吉林将军,宗室恒秀为黑龙江将军。甲戌,加英廉、嵇璜、和镈、李侍尧、福康安太子太保,梁国治、郑大进太子少傅,萨载太子少保。壬午,赈济江苏沛县等州县,山东邹、峄二县遭受水灾的灾民。癸未,高宗至木兰行猎。乙酉,赐索诺木策凌自尽。壬辰,赈济山东兖州等府县遭受水灾的灾民。

九月丙申,建浙江文澜阁。壬寅,高宗回驻避暑山庄。癸卯,刑部尚书德福去世,任命喀宁阿代理他的职务。命英廉暂时管理刑部。乙巳,调宗室永玮为盛京将军。庆桂为吉林将军。辛亥,陈辉祖被革职拿问,调富勒浑为闽浙总督,福长安署理闽浙总督。调李世杰为河南巡抚,任命查礼为湖南巡抚。己未,赈济浙江玉环等处海水涨溢的灾民。辛酉,免去奉天承德等五厅县水灾的额赋。

冬十月癸酉,新建库尔喀喇乌苏城定名为庆绥,晶河城定名为安阜。丁卯,赈济河南汝阳等十六县的水灾。甲申,直隶总督郑大进去世,任命袁守侗署理直隶总督。任命福崧为浙江巡抚。赈济安徽寿州等十六州县卫的水旱各灾。

十二月癸亥朔,陈辉祖及国栋等论斩。甲申,常青任杭州将军。任命乌尔图纳逊为察哈尔都统。

四十八年春正月甲午,任命伊星阿为湖南巡抚。戊申,任命萨载为两江总督,毕沅为陕西巡抚,刘秉恬为云南巡抚。

二月甲子,赐陈辉祖自尽,王燧被处决。己丑,任命毓奇为漕运总督。丙寅,任命拉旺多尔济为御前大臣。戊辰,命建辟雍于太学。辛未,高宗至西陵,免去所经过地方额赋的十分之三。乙亥,高宗至泰陵、泰东陵。戊子,赐前明辽东经略熊廷弼的五世孙熊泗先为儒学训导。

三月辛丑,对大学士阿桂等予以叙功。礼部侍郎钱载等以原有的品级归老。对总督袁守侗等、巡抚农起等予以叙功。召朱椿来京,任命刘峨为广西巡抚。甲寅,免去江苏铜山等十九州县、淮安等三卫水旱各灾的额赋。

夏四月乙丑,御前大臣喀喇沁郡王拉拉丰阿去世,任命拉旺多尔济为御前大臣。乙亥,高宗至火器营阅兵。辛巳,召福康安来京。

五月壬辰,任命福康安为正黄旗领侍卫内大臣。予李奉翰兵部尚书、右都御史衔。甲辰,任命朱椿为左都御史。丙午,协办大学士、吏部尚书永贵去世。免去安徽寿州等十一州县去年水灾的额赋。丁未,直隶总督袁守侗去世,以刘峨代理他的职务。任命孙士毅为广西巡抚,伍弥泰为吏部尚书、协办大学士。己酉,高宗生病,命永瑢代替高宗至地坛方泽祭地。癸丑,高宗至木兰。庚申,高宗驻避暑山庄。

六月乙丑,体仁阁火灾。乙酉,免去山东永阜等五盐场去年水灾的额赋。丁亥,赈济湖北广济等六州县水灾。

秋七月戊戌,命海禄署理伊犁将军,图思义署理乌鲁木齐都统。乙卯,任命蔡新为文华殿大学士,梁国治为协办大学士,刘墉为吏部尚书。

八月甲午,赐达赖喇嘛玉册玉宝。甲戌,明亮、巴林泰等革职拿问,任命海禄为乌鲁木齐都统。乙亥,高宗由避暑山庄至盛京谒陵,免去所经过地方本年额赋的十分之一。庚辰,太子太保、大学士英廉去世。辛巳,高宗驻哈那达大营。喀喇沁郡王喇特纳锡第等迎接高宗,各予赏赐分别有差。丁亥,高宗驻五里屯大营,科尔沁亲王恭格喇布坦、巴林郡王巴图等迎接高宗,各予赏赐分别有差。戊子,特予前明辽东经略袁崇焕的五世孙袁炳以八、九品官选补。

九月己丑朔,高宗驻四堡子东大营检阅骑射。命皇十一子永琨等迎册宝至盛京,藏于太庙。癸巳,高宗驻老边大营检阅骑射。朝鲜国在派遣使者进贡地方土产。乙未,免去奉在各属乾隆四十九年的额赋。戊戌,高宗谒永陵。己亥,行合祭之礼。高宗巡视兴京城。免去盛京户部各庄头仓粮。免去盛京等处旗地应纳米豆草束的十分之五。奉天等处死罪犯人予以减刑,军流以下的罪犯予以免刑。癸卯,高宗谒福陵。甲辰,行合祭之礼。高宗谒昭陵,高宗亲临武勋王扬古利墓致祭。乙巳,行合祭之礼。丙午,高宗亲临克勤郡王岳托墓致祭。丁未,高宗亲临弘毅公额亦都、直义公费英东墓致祭。戊申,高宗亲临崇政殿受庆贺。亲临大政殿赐随从的皇子、王、公、大臣等饮宴,并予赏赐分别有差。己酉,高宗至清宁宫祭神,赏赐皇子、王、公、大臣等食祭肉。庚戌,高宗回程。戊午,晓谕詹事府可作为翰林官员升转的阶梯,及建立太子一事必不可行。

冬十月壬戌,赈济陕西榆林等八州县旱灾。癸亥,高宗驻文殊庵行宫。壬申,高宗谒昭西陵、孝陵、孝东陵、景陵。乙亥,高宗回到北京。

十一月己亥,国栋予以释放。庚子,因福隆安病未痊愈,命福康安协同办理兵部尚书。辛丑,命刘峨饬令玉男附近的州县挖掘幼蝗。壬寅,命刘峨查办南宫县义和拳教门。己酉,任命阿克栋阿为乌里雅苏台参赞大臣,那尔瑚善为塔尔巴哈台参赞大臣。

十二月丙寅,命福康安前往广东,会同永德审讯盐商一案。

四十九年春正月丁未,高宗南巡,免去直隶、山东所经过地方本年钱粮的十分之三。

戊申，免去直隶顺天等十二府州各属所欠的赋税。甲寅，调孙士毅为广东巡抚，任命吴垣为广西巡抚。丙辰，免去山东利津等二十一州县卫所欠的赋税。召巴延三来京，调舒常为两广总督。任命特成额为湖广总督，保宁为成都将军。

二月壬戌，高宗至泰安府，至岱庙行礼。丙寅，高宗谒少昊陵。至曲阜谒先师庙。丁卯，致祭先师孔子，高宗至孔林以酒洒地而祭。祭元圣周公庙。壬申，免去江宁、苏州、安徽各属所欠的赋税。免去江南、浙江所经过地方本年钱米的十分之三。任命永保为贵州巡抚。赏赐江南、浙江的长寿老人。戊寅，高宗致祭河神。高宗渡黄河。对江苏、安徽、浙江三省军流以下的罪犯予以减刑。壬午，免去江南江宁、苏州，浙江杭州等附郭各县的额赋。甲申，免去两淮灶户乾隆四十五、四十六两年所欠的赋税。

三月丙戌朔，高宗祭江神。高宗渡长江，至金山。丁亥，高宗至焦山。调周煌为左都御史。己丑，任命王杰为兵部尚书，待他孝服期满后再就职。辛卯，高宗至苏州府。壬辰，免去湖北江夏等二十四州县卫乾隆三十年至四十四年所欠的赋税。乙未，高宗至海宁州祭海神。因福建钦赐进士郭钟岳年满一百零四岁，来到浙江迎接高宗，特赏国子监司业。庚子，高宗至尖山观潮。高宗观察海塘工程。辛丑，高宗至杭州府。癸卯，高宗至圣因寺祭圣祖遗像。戊申，高宗检阅福建水师。庚戌，高宗自杭州回程。改庆桂为福州将军。任命都尔嘉为吉林将军。增设西安副都统一人。甲寅，高宗驻苏州府。巴延三被革职。

闰三月丙辰朔，兵部尚书福隆安去世，任命福康安为兵部尚书，复兴署理工部尚书。壬戌，高宗至江宁府。甲子，祭明太祖陵。乙丑，高宗检阅江宁府驻防兵。戊辰，高宗渡长江。丙子，高宗祭河神，渡黄河。任命伊龄阿为总管内务府大臣。本月，免去江苏上元等八州县卫，安徽怀守等十州县、安庆等三卫去年水旱各灾的额赋。

夏四月丙戌，免去直隶宛平等五州县去年水灾的额赋。庚寅，高宗祭禹庙。壬寅，任命李绶为江西巡抚。甲辰，因河南卫辉等属旱灾，免去汲县等十六县所欠的赋税。乙巳，免去直隶大名等七州县所欠的赋税。丙午，甘肃新教回人田五等作乱，命李侍尧、刚塔讨伐。丁未，高宗回北京。任命海禄为乌什参赞大臣。庚戌，免去陕西、甘肃乾隆三十八年至四十六年所欠的赋税。辛亥，调李绶为湖南巡抚，任命伊星阿为江西巡抚。甲寅，赐茹棻等一百一十二人进士及第出身分别有差。本月，免去湖北黄梅等四县、武昌等三卫去年水灾的额赋。

五月丙辰，绰克托因事被革职拿问，任命庆桂为工部尚书。调常青为福州将军，任命永铎为杭州将军。己未，命庆桂在军机处行走。壬戌，高宗至木兰秋猎。癸亥，免去陕西延安等三府州所欠的额赋。戊辰，高宗驻避暑山庄。己巳，命福康安、海兰察前往甘肃剿捕回人。甲戌，命阿桂率领火器、健锐两营兵前往甘肃进剿叛回。任命阿桂为将军，福康安、海兰察、伍岱并为参赞大臣。乙亥，甘肃回匪攻陷通渭县，随即收复通渭。任命舒亮为领队大臣。庚辰，李侍尧因玩忽误事被革职，任命福康安为陕甘总督。刚塔因战事失机被革职拿问。辛巳，调庆桂为兵部尚书，复兴为工部尚书。任命阿扬阿为左都御史。癸未，江南巡抚郝硕因贪赃枉法被革职拿问。本月，免去山东兖州等三府州所属去年水灾的额赋。

六月庚寅，免去甘肃省本年的额赋。甲午，赈济湖南茶陵、攸县水灾。壬寅，东阁大学士三宝去世。戊申，以书麟为安徽巡抚。本月，免去安徽怀宁等十三州县卫去年水旱各灾的额赋。

秋七月甲寅朔，日食。丁巳，礼部尚书曹秀先去世，任命姚成烈为礼部尚书。调李绥为湖北巡抚，任命陆耀为湖南巡抚。己未，赐郝硕自尽。甲子，甘肃石峰堡回匪平定，俘获首领张文庆等。予阿桂轻车都尉，晋封福康安为嘉勇侯，海兰察之子安禄升为二等侍卫，授伍岱为都统，俱给骑都尉，和珅再给轻车都尉，其余分别予以叙功。丙寅，任命常青为乌鲁木齐都统。癸酉，任命伍弥泰为东阁大学士。调和珅为吏部尚书、协办大学士，兼管户部。任命福康安为户部尚书，仍留在陕甘总督任内。戊寅，命颁布行军纪律。癸未，李侍尧论斩。宽宥刚塔之罪，发往伊犁。本月免去陕西榆林等八州县去年旱灾的额赋。

八月己丑，河南睢州黄河决口命阿桂督工治理。癸巳，免去甘肃省历年所欠赋税银三十五万两、粮四十七万石各有差别。乙未，因河南偃师县任天笃九世同居，赏赐高宗所作的诗及所写的匾额。己亥，高宗至木兰行猎。辛丑，张文庆等被处决。甲辰，暹罗国长郑华派遣陪臣进贡地方土产，请求封典。

九月癸丑朔，赈济安徽宿州等处水灾。乙卯，因回人平定，封和珅一等男。庚申，高宗驻避暑山庄。甲子，调乌尔图纳逊为察哈尔都统，积福为绥远城将军。甲戌，高宗回北京。丙子，宽宥绰克托之罪。庚辰，命内大臣西明、翰林院侍读学士阿肃出使朝鲜，册封其世子。本月，赈济陕西华州等三州县水灾。冬十月辛卯，命再重行千叟宴。戊戌，赈济江西南昌等六县水灾。己酉，对北京朝审情实勾到超过三次的罪犯酌予减刑。

十一月乙丑，谕令将秋审、朝审各犯缓决至三次的，分别予以减刑。壬申，睢州河工合龙。庚辰，命留保住为驻藏大臣，任命福禄为西宁办事大臣。

十二月甲辰，谕令凡参加千叟宴的官民年在九十岁以上的，可令其子孙一人搀扶；大臣年过七十岁的，如果行走不便，也可令其子孙一人搀扶。

本年，朝鲜、琉球、暹罗、安南来贡。

五十年春正月辛亥朔，高宗因本年是即位五十年国庆，颁发诏书广施恩惠分别有差。丙辰，举行千叟宴仪式，宴亲王以下三千人于乾清宫，各予赏赐分别有差。丁巳，左都御史周煌归老，任命纪昀为左都御史。调吴垣为湖北巡抚，任命孙永清为广西巡抚。戊辰，召奎林来京，任命拉旺多尔济署理乌里雅苏台将军。甲戌，喀什噶尔阿奇木伯克阿里木，因秘密与萨木萨克互相勾结被发觉，处斩。乙酉，赈济江西萍乡等三县水灾。丁亥，高宗致祭先师孔子，至国子监辟雍讲学。戊子，免去河南汲县等十四县所欠的赋税。己丑，高宗亲自考试翰林院、詹事府官，将陆伯焜、吴璦升为一等，其余升降分别有差。考试由部升用翰林詹事等官，将庆龄升为一等，其余或降分别有差。辛卯，调毕沅为河南巡抚，何裕城为陕西巡抚。甲辰，免去江南江宁等六府州所欠的赋税。本月，赈济江西萍乡等三县，福建建安等二县水灾，河南汲县等十四县旱灾。

三月壬子，高宗至盘山。甲寅，高宗至明长陵致祭。丁巳，高宗驻盘山。辛酉，截取河南、山东漕粮三十万石，赈济河南卫辉水灾。甲子，免去江苏安东、阜宁所欠的赋税。丙寅，高宗回北京。丁卯，任命永铎为伊犁参赞大臣，常青为西安将军，奎林为乌鲁木齐都统，复兴为乌里雅苏台将军。任命舒常为工部尚书，孙士毅兼署理两广总督。乙亥，免去直隶霸州等四十九州县所欠的赋税。丙子，免去河南商丘等六州县去年水灾的额赋。

夏四月甲申，甘肃肃州等处地震，予以赈济抚恤。壬辰，高宗在健锐营阅兵。丁酉，刑部尚书喀宁阿、胡季堂，侍郎穆精阿、姜晟因检验失实，降为四品顶戴。戊戌，大学士蔡新归老。本月，免去河南汲县等旱灾额赋，赈济河南祥符等州县旱灾。

五月壬子，免去河南祥符军十六州县、郑州等三十二州县历年所欠的新旧额赋。甲寅，调永保为江西巡抚，陈用敷为贵州巡抚。己未，拨发两淮运库银一百万两交河南备赈荒之用。丙寅，高宗至木兰秋猎。丁卯，山西平阳等属饥荒，发给贫民两个月口粮。壬申，高宗驻避暑山庄。丙子，命梁国治为东阁大学士，兼户部尚书，刘墉为协办大学士。任命曹文埴为户部尚书。丁丑，河南柘城盗匪平定。本月，赈济江苏铜山等十六州县、山东陵县等四十州县的旱灾。

六月壬午，因漕运迟误，将萨载等发下吏部严加议处，分别予以赔偿。乙酉，理藩院尚书博清阿去世。丙戌，任命留保住为理藩院尚书。辛丑，任命奎林署理伊犁将军，永铎署理乌鲁木齐都统。乙巳，命再截留江西漕粮十万石发往安徽备赈荒之用。本月，赈济安徽亳州等八州县旱灾。

秋七月己酉，调富勒浑为两广总督，任命雅德为闽浙总督，浦霖为福建巡抚。庚戌，调浦霖为湖南巡抚，任命徐嗣曾为福建巡抚。辛酉，任命李庆棻为贵州巡抚。乙丑，拨发户部银一百万两交河南备赈荒之用。辛未，赈济山西代州等六州县水灾。乙亥，任命奎林为伊犁将军，永铎为乌鲁木齐都统。

八月乙酉，命阿桂前往河南查勘灾情，兼赴江南、山东查办河运。癸巳，高宗至木兰行猎。庚子，赈济陕西朝邑县水灾。癸卯，任命伊桑阿为山西巡抚。

九月己酉，命福康安前往阿克苏安抚回人。任命庆桂为乌什参赞大臣。命明亮以伊犁参赞大臣署理乌什参赞大臣。甲寅，高宗驻避暑山庄。戊午，调永保为陕西巡抚，何裕城为江西巡抚。戊辰，高宗回北京。壬申，赈济江苏长洲等五十六州县卫旱灾。

冬十月丁丑朔，召勒保、松筠回北京，命佛住驻库伦，会同蕴端多尔济办事。庚辰，赈济湖南巴陵等十州县旱灾。辛丑，赈济安徽亳州五十一州县并凤阳等九卫旱灾。本月，免去甘肃皋兰等十二厅州县卫本年水雹各灾的额赋。赈济直隶平乡等十六州县水旱各灾，河南永城等十二州县旱灾。

十一月乙亥，因推算在乾隆六十年乙卯正月日食，下谕宣告定于第二年归政。本月，赈济山东峄县等九州县旱灾，甘肃河州等七州县水雹各灾。

十二月丁丑，因御史富森阿条陈地丁钱粮请征收实物，下谕申斥为断不可行，将其免职。丙戌，任命明亮为乌什办事大臣，庆桂为塔尔巴哈台参赞大臣。壬寅，禁止广东洋商及粤海关监督贡献物品。本月，赈济陕西朝邑等三县水灾。

本年，朝鲜来贡。

五十一年春正月丙午朔，日食，免朝贺。戊申，命户部拨银一百万两解往安徽备赈荒之用。辛酉，礼部尚书姚成烈去世，以彭元瑞代理他的职务。丙寅，任命普福为驻藏大臣。庚午，江西巡抚何裕城奏报粮价日贵，由于江、楚贩运过多所致。高宗以为意在阻止买入谷物，予以切责。命范建中前往哈密办事。

二月庚辰，高宗亲临讲席赐宴，命乐工为《抑戒诗》谱曲，每年以为常例。加福建水师提督黄仕简太子太保。乙酉，高宗至南苑行猎。辛卯，命尚书曹文埴，侍郎姜晟、伊龄阿前往浙江省盘查仓库。壬辰，高宗至西陵，巡视五台山，免去所经过地方额赋的十分之三。丙申，高宗谒泰陵、泰东陵。丁酉，免去直隶顺德、广平、大名三府所属去年受灾所欠的银米。己亥，任命图萨布为湖北巡抚。癸卯，免去山西忻州等六州县所欠的赋税。

三月丙午，高宗驻五台山。丙辰，两江总督萨载去世，调李世杰代理他的职务。任命保宁为四川总督，鄂辉为成都将军。己未，高宗巡视滹沱河，至正定镇阅兵。壬戌，高宗致祭帝尧庙。癸亥，命李侍尧署理户部尚书。甲子，赈济陕西朝邑等三县灾民。庚午，高宗回北京。辛未，任命伊龄阿为浙江巡抚。

夏四月己卯，命大学士阿桂前往江南筹办河道工程。乙酉，浙江学政窦光鼐奏报嘉兴、海盐、平阳三县亏空都超过十万，郡县采买粮米，俱折收银两，以使挪移之用。命曹文埴等从严查明复奏。赈济山西代州等六州县水灾。己丑，命窦光鼐会同曹文埴等查办浙江亏空一案。

五月丙午，命阿桂前往浙江，会同曹文埴等查办亏空一案，并查勘海塘。丙辰，富勒浑被革职，交阿桂等审讯。丁巳，任命孙士毅为两广总督，调图萨布为广东巡抚，任命李封为湖北巡抚。己未，任命李侍尧署理湖广总督。辛未，高宗至木兰秋猎。赈济四川打箭炉等地地震灾。本月，免去江苏上元等五十六州县卫去年旱灾的额赋。

六月丁丑，高宗驻避暑山庄。乙酉，任命福崧署理山西巡抚。丁亥，湖南常德府沅江水溢出。辛丑，调富纲为闽浙总督，任命特成额为云贵总督。任命毕沅为湖广总督，江兰为河南巡抚。

秋七月戊申，免去河南商丘等十二州县去年旱灾的额赋。壬子，江苏清河李家庄河水溢出。丁巳，命阿桂由浙江前往清口，会同李世杰等办理河水堵筑事宜。己巳，曹锡宝参劾和珅家人刘全，不能指实，对曹锡宝加恩予以革职留任。

闰七月庚辰，大学士、伯爵伍弥泰去世。召刘秉恬来京，任命谭尚忠为云南巡抚。己丑，浙江学政、吏部右侍郎窦光鼐被革职。庚寅，富勒浑论斩。乙未，命和珅为文华殿大学士，管理户部事。福康安为吏部尚书、协办大学士，仍留在陕甘总督任内。任命福长安为户部尚书，绰克托署理兵部尚书。戊戌，赈济湖南武陵、龙阳水灾。

八月丙辰，高宗至木兰行猎。庚申，调嵩椿为绥远城将军，积福为宁夏将军。

九月戊寅，高宗驻避暑山庄。丁亥，任命勒保为山西巡抚。戊子，任命永保为塔尔巴哈台参赞大臣。任命巴延三为陕西巡抚。壬辰，高宗回北京。甲午，调福长安署理兵部尚书，任命绰克托署理户部尚书。乙未，任命琅玕为浙江巡抚。己亥，皇长孙贝勒绵德去世。赈济安徽五河等十七州县并凤阳等五卫水灾。

冬十月辛丑朔，调富纲为云贵总督，任命常青为闽浙总督。丁未，将毕沅仍降为河南巡抚，江兰仍为河南布政使，授李侍尧为湖广总督。丁巳，免去直隶安州等四州县受灾的额赋分别有差。

十一月，赈济安徽合肥等十七州县水灾的灾民。

十一月辛丑，福建南靖县匪徒陈荐等作乱，将其捕获治罪。壬子，大学士梁国治去世。命兵部尚书王杰在军机处行走。戊午，封郑华为暹罗国王。丙寅，福建彰化县贼匪林爽文作乱，攻陷彰化县城，知县俞峻被杀。命常青、徐嗣曾等剿办。

本年，朝鲜、琉球、暹罗来贡。

五十二年春正月辛未，林爽文入陷诸罗竹堑。癸酉，命鄂辉署理四川总督。乙亥，宽宥富勒浑之罪。丁丑，调李侍尧为闽浙总督，常青为湖广总督，仍留在福建督办军务，命舒常署理湖广总督。癸未，林爽文攻陷凤山，知县汤大全被杀。甲申，常青以守备陈邦光督率义民守鹿仔港，收复彰化奏闻朝廷。丁亥，命王杰为东阁大学士，管理礼部事。调彭元瑞为兵部尚书，任命纪昀为礼部尚书。庚寅，准许户部尚书曹文埴请求辞官事亲，以董诰代理他的职务。辛卯，命松筠前往库伦办事。丁酉，命常青渡海至台湾剿匪。

二月壬寅，林爽文再次攻陷凤山，进犯台湾府，柴大纪督率兵民来抵御。癸卯，任命李绶为左都御史。己巳，任命长麟为山东巡抚。壬子，免去台湾府属本年的额赋。丙辰，收复诸罗。甲子，高宗至东陵。丁卯，高宗谒昭西陵、孝陵、孝东陵、景陵。

三月癸酉，高宗回程。丙子，因重修明陵竣工，高宗亲临巡视，禁止在陵砍柴。辛巳，收复凤山。辛卯，任命姜晟为湖北巡抚。黄仕简因贻误军机被革职，令其长孙黄嘉谟承袭公爵。乙未，逮捕黄仕简下狱。

夏四月辛丑，任命常青为将军，恒瑞、蓝元枚为参赞。调蓝元枚为福建水师提督，柴大纪署理陆路提督。戊午，高宗至黑龙潭求雨。壬戌，赐史致光等一百三十七人进士及第出身分别有差。甲子，高宗至火器营阅兵。

五月丁卯朔，乌里雅苏台参赞大臣贡楚克扎布因病免官，以三丕勒多乐济代理他的职务。戊辰，授兰第锡为河东河道总督。甲戌，高宗至木兰秋猎。庚辰，高宗驻避暑山庄，湖南凤凰厅苗人作乱，总兵尹德禧讨平。

六有庚戌，免去浙江仁和场潮冲荡地的额赋。壬子，授柴大纪为福建陆路提督，兼管台湾总兵事。丙辰，召福康安至高宗住所，任命勒保署理陕甘总督。

秋七月壬辰，任命海兰察为参赞大臣，舒亮、普尔普为领队大臣，率领侍卫、章京等前往台湾剿贼。癸巳，赈济安徽怀远、凤阳等州县水灾。赈济山西丰镇等九厅州县旱灾。

八月，常青免官，命福康安为将军，前往台湾督办军务。辛亥，高宗至木兰行猎。

九月壬申，高宗回驻避暑山庄。庚辰，高宗回程。壬午，调柴大纪为福建水师提督，任命蔡攀龙为福建陆路提督，并授参赞。辛卯，因诸罗仍未解围，催促福康安径直进剿大里杙贼兵。并分兵进攻大甲溪。

冬十月丁未，命福长安署理工部尚书。戊申，修福陵。丁未，睢州下汛决口合龙。丙辰，命阿桂前往江南查谥高堰等处河堤工程。戊午，免去江苏清河等二十三州县及淮安等五卫本年水灾漕项漕米分别有差。辛酉，因福州将军恒瑞剿贼过于怯懦，召其来京，调鄂辉代理他的职务。赈济直隶保安等七州县的旱灾。壬戌，命江苏、浙江拨赈济福建军需钱各五万贯。

十一月甲子朔，加李侍尧、孙士毅太子太保，柴大纪太子少保。赏赐台湾广东庄、泉州庄义民高宗书写的匾额。壬申，因柴大纪固守嘉义，封一等义勇伯，并予世袭。免去台湾嘉义县乾隆五十四年的额赋。因巴延三奏报达赖喇嘛派遣使者称为"夷使"予以斥责。乙酉，奎林因贪赃枉法，被革职拿问，任命保宁为伊犁将军。调李世杰为四川总督，任命书麟为两江总督，陈用敷为安徽巡抚。

十二月丁未，福康安等在仑仔顶庄打败贼兵，解除嘉义县之围，晋封福康安、海兰察为公爵，各赏赐红宝石顶、四团龙补褂。己酉，授常青为福州将军。任命舒常为湖广总督,福长安为工部尚书。因福康安参劾柴大纪、蔡攀龙战守之功多不确实,高宗下谕说:"柴大纪能够坚持定见,竭力固守,蔡攀龙作战奋勇杀贼,直抵县城。可能在福康安面前礼节不周,致为福康安所憎恶,岂能因此反而淹没其功,突然加以无名之罪?"因孙士毅在战事中调兵运械,不分界限,赏赐双眼花翎。戊午,因德成奏称柴大纪贪纵废也,命福康安、李侍尧据实参奏,并因喀什噶尔办事大臣雅德在福建时徇私隐匿,予以逮捕。庚申,伍拉纳护理福建巡抚。任命永铎为盛京将军,尚安为乌鲁木齐都统。

五十三年春正月丁卯,免去因行军所经过的福建晋江等二十县本年额赋分别有差。辛未,明兴奏报山西永宁等处黄河清。丙戌,柴大纪被革职拿问。福州将军常青因对柴大纪徇私隐匿被革职。

二月甲午朔,擒获林爽文,赏赐福康安、海兰察御用的佩囊,所有武职官员予以叙功分别有差。大学士和珅晋封为三等伯爵。大学士阿桂、王杰,尚书福长安、董诰予以叙功。孙士毅予以轻车都尉世职。乙未,释放黄仕简、任承恩。壬寅,伊犁参赞人臣海禄因参劾奎林失实被革职,海禄与奎林俱罚在拜唐阿上效力。乙巳,立先贤有子的后裔为《五经》博士。辛亥,高宗至天津。庚申,擒获台湾贼首庄大田,予提督许世亨等叙功分别有差。辛酉,免去天津府属所欠的额赋。壬戌,高宗至阅武楼阅兵。

三月戊辰,命侍郎穆精阿前往湖北,会同舒常查办案件。壬申,林爽文被处决。癸未,再赏福康安、海兰察紫缰、金黄辫珊瑚朝珠及福康安金黄腰带。

夏四月辛丑,因天时干旱命刑部对徒刑以下的罪犯予以减刑。丙午,高宗至健锐营阅兵。庚戌,免去江苏清河等十八州县、淮安等五卫去年水灾额赋分别有差。己未,富勒浑、雅协因对柴大纪疏于检察论绞。

五月丁卯,免去河南商丘等六州县去年水灾额赋分别有差。癸酉,免去直隶保安等七州县去年水灾民田旗地的额赋。庚辰,高宗至木兰秋猎。癸未,宽常青之罪。庚寅,赈济台湾难民。

六月丙申,富纲奏报缅甸孟陨差头目业渺瑞洞等四携带金叶表文进贡,谕令护送速来高宗所住之处。戊戌,赈济湖南溆浦县水灾。免去安徽凤阳等四府州卫去年水灾额分别有差。辛丑,赈济湖北长阳县水灾。丁未,免去陕西华州等三州县乾隆五十一年水灾额赋。戊申,安南人阮惠等叛乱驱逐其国王黎维祁,维祁来求援。命孙士毅前往广西安抚晓谕。免去山西大同等九州县去年旱灾的额赋。

秋七月辛酉朔,因安南牧马官阮辉宿随其国王黎维祁之母及子来投奔,谕令孙士毅等予以抚恤。丁丑,赏还闽浙总督李侍尧伯爵,予现袭伯爵的李侍尧提督衔。戊寅,湖北武昌、汉阳长江水溢。任命毕沅为湖广总督,伍拉纳为河南巡抚,明兴为乌什办事大臣。赈济安徽怀宁等州县水灾。柴大纪被处决。召姜晟来北京,任命惠龄为湖北巡抚。戊子,廓尔喀占据后藏济咙、聂拉木,鸽成德协同穆克登阿前往攻剿。

八月甲辰,赈济湖北监利、石首水灾。丙午,高宗至木兰。庚戌,因木兰发生大水,停止行猎。癸丑,廓尔喀再次攻陷宗喀,任命鄂辉为将军、成德为参赞大臣前往讨伐。丙辰,安南阮岳等逃走,命孙士毅督率许世亨进剿。命富纲统兵进驻蒙自。戊午,高宗回驻避暑山庄。

九月壬戌,缅甸番目细哈觉控等觐见高宗,晓谕暹罗、缅甸现均归附,两国理应和好,不得仍旧互相交战。戊辰,赈济湖北沔阳、黄冈水灾。癸酉,免去安徽宿州等二十一州县卫去年水灾额赋。

冬十月庚寅,廓尔喀侵犯后藏萨喀。命孙士毅出关率兵进剿。甲午,赈济湖北潜江水灾。丙申,赈济湖北江夏等三十六州县水灾。己亥,因黎维祁愚昧懦弱,谕令孙士毅选择黎氏后裔入京朝贡。庚子,命云南提督乌大经率兵出关,行文晓谕阮惠等来归附。癸卯,调舒濂为驻藏大臣,任命恒瑞为伊犁参赞大臣。调都尔嘉为盛京将军,恒秀为吉林将军。改嵩椿为西安将军,以光兆代理他的职务。任命琳宁为黑龙江将军。乙卯,李侍尧病,命福康安署理闽浙总督。

十一月辛酉,免去安徽望江等二十六州县卫本年水灾额赋分别有差。癸亥,李侍尧去世,以福康安代理他的职务。任命勒保为陕甘总督,海宁为山西巡抚。丙子,修湖北江陵、公安各堤。免去湖北江陵等三十六州县本年水灾额赋分别有差。

十二月己丑,释放富勒浑、雅德。孙士毅奏报击败敌兵于寿昌江。癸巳,又击败敌兵于市球江。丙申,收复黎城,复封黎维祁为安南国王,封孙士毅为一等谋勇公,封许世亨为一等子。戊申,命孙士毅班师。

五十四年春正月己未,因元旦受贺时,朝臣排列不严肃,将专管礼仪的御史等人革职,尚书德保被摘掉翎顶,都察院、鸿胪寺堂官均发下吏部严加议处。庚申,成德奏报收复宗喀、济咙,攻克聂拉木。癸酉,礼部尚书德保去世,以常青代理他的职务。甲戌,因缅甸孟陨表示悔罪归附,晓谕他睦邻修好,并赏赐暹罗国王郑华钱帛财物,令其解除仇怨。免去福建淡水等六厅县因灾所欠的额赋。癸未,阮惠再次攻陷黎城,广西提督许世亨等阵亡。召孙士毅来京,削去公爵。调福康安为两广总督。任命伍拉纳为闽浙总督,梁肯堂为河南巡抚。任命海禄为广西提督。甲申,安南国王黎维祁再次来投,命安插在广西。丙戌,将孙士毅革职,命仍以总督顶戴在镇南关办事。

二月庚寅,因在京官员三年一次考绩之期已到,对大学士阿桂等予以叙功,内阁学士谢墉发下吏部严加议处,理藩院侍郎福禄以原品归老,总督福康安等予以叙功。丁酉,勒保觐见高宗,任命巴延三署理陕甘总督。和阗领队大臣格绷额因贪赃枉法审讯得实,被处决。甲寅,调兰第锡为江南河道总督,李奉翰为河东河道总督。乙卯,因安南为瘴疫流行的边远地区,不宜用兵,详细晓谕福康安。

三月甲子,免去甘肃历年所欠的赋税及未缴完的籽种口粮。免去陕西延安等三府州未缴完的仓谷。谕令福康安行文阮惠命其将杀害提督总兵的匪徒捆绑献出。乙丑,刘墉因任上书房师傅旷职,降去侍郎衔。任命彭元瑞为吏部尚书,孙士毅为兵部尚书。丁卯,高宗巡视盘山。

夏四月戊子,免去奉天广宁、凤凰二城所属去年水灾的额赋,仍予赈济抚恤分别有差。

丙辰,晋赠许世亨为伯爵,令其子承谟袭爵。召孙士毅回京。庚子,任命恒瑞为乌里雅苏台将军,福长安署理兵部尚书。谕令福康安安插安南黎氏宗族旧臣。从军出力的谅山都督潘启德予以都司任用。壬寅,命阿桂覆勘荆州河堤工程。丁未,宣布诏谕说:"安南地方水土恶劣,决定不再用兵。阮惠已经三次请求归附,如果来宫阙乞求恩典,可以酌量加给封号。朕对外邦安抚控御,无不体察上天好生之德,从来不敢穷兵黩武。"辛亥,赐胡长龄等九十八人进士及第出身分别有差。调都尔嘉为黑龙江将军,嵩椿为盛京将军,恒秀为绥远城将军,琳宁为吉林将军。癸丑,因阮惠不亲来恳请,仅派遣阮光显入关进贡,谕令福康安拒收。丙辰,免去直隶宣化等四县去年旱灾的额赋。

五月己未,免去官兵所经过的广西柳州等五府所属本年的额赋。福康安奏报安南国阮惠派遣其侄阮光显携带表文及贡品请降,并恳切请求入京觐见。准其觐见。不收贡品。乙酉,增设伊犁惠远城、惠宁城官员。

闰五月庚寅,高宗至木兰秋猎。辛卯,免去奉天广宁等七城去年水灾的额赋。甲午,赈济云南通海等五州县地震灾民。

六月,免去安徽安庆等七府州乾隆五十三年水灾的额赋。甲子,任命管干贞为漕运总督。戊辰,赈济直隶蠡县水灾。庚午,命兵部尚书孙士毅在灾机处行走。壬申,任命郭世勋为广东巡抚。癸酉,任命陈步瀛为贵州巡抚。丙子,福康安奏,阮惠即阮光平,因宽赦春其前之罪,准其归附,阮光平备妥表文方向恩进贡物品,并请求于明年到北京祝福。高宗因为他情词恳切,册封为安南国王,并赐给敕书。免去湖北江夏等二十四州县去年水灾的额赋。

秋七月乙酉朔,因黄河决口下注于泗州一带,谕令赈济抚恤灾民。丁酉,赈济直隶安州等八州县水灾。庚子,户部尚书绰克托去世。丙午,任命巴延三为户部尚书,秦承恩为陕西巡抚。戊申,安南贡使阮光显等入京觐见。

八月乙丑,赈济河南永城、临漳等县水灾。戊辰,赈济安徽宿州水灾。已巳,高宗至木兰行猎。甲戌,赈济直隶清苑等三十四州县水灾。

九月己丑,廓尔喀贡使入京觐见,封拉特纳巴都尔王爵,巴都尔萨野公爵。庚寅,高宗回驻避暑山庄。辛卯,赈济江苏铜山等十一州县水灾。丙申,赈济吉林所属珲春水灾,免去应交义仓粮石及去年借给的仓谷。丁酉,高宗回程。丙午,安南黎维祁自保乐袭击牧马,为既光平所败。晓谕福康安,如黎维祁来投奔,可以收纳。辛亥,左都御史阿扬阿去世,以舒常代理他的职务。

冬十月癸丑,察哈尔都统乌尔图纳逊免官,以保泰代理他的职务。任命伍尔伍逊为科布多参赞大臣。乙卯,任命佛住为乌里雅苏台参赞大臣。赈济吉林打牲乌拉等处的水灾。已未,睢宁河水决口合龙。辛酉,赈济湖南华容等县的水灾。

十一月乙酉,安南国王阮光平因受封上表谢恩进贡物品,准其进贡。丙戌,免去安徽宿州等十四州县卫所欠的赋税。庚寅,命福康安将黎维祁及其所属人等送往北京,隶于汉军旗籍,任命黎维祁为世管佐领。癸巳,四川总督李世杰患病,命侍卫庆成带医诊视,以孙士毅署理四川总督,彭元瑞署理兵部尚书。戊戌,免去盛京等五城所借仓谷。

十二月庚申,追夺已故大学士冯铨等人的谥号。辛未,高宗因明年八十岁生日,命镌刻八征耄念之宝。

五十五年春正月壬午朔,高宗因本年八十岁生日,颁发诏书广施恩惠分别有差,普遍免去各省的钱粮。己丑,对朝鲜、安南、琉球、暹罗等国颁发降恩的诏书。壬辰,赏大学士和珅黄带、四开襟袍。赐安南国王阮光平金黄皮带。乙巳,朝鲜国五李算上表祝贺高宗生日,进贡地方土产。己酉,琉球国王尚穆上表谢恩。进贡地方土产。

二月壬子朔,因河南考城工程差错,将江兰降为道员,毕沅等革职,仍予留任。癸丑,免去直隶永清、武清乾隆五十四年水灾的额赋。己未,高宗至东陵、西陵,巡视山东,免去所经过直隶各州县钱粮的十分之三。壬戌,高宗谒昭西陵、孝陵、孝东陵。庚午,高宗谒泰陵、泰东陵。辛未,免去直隶各属节年因受灾缓征的钱粮。壬申,命福康安带同阮光平到高宗所住之处观见,命郭世勋兼署理两广总督。乙亥,免去云南能海等五州县乾隆五十四年因地震受灾田亩的额赋,并免去傍海一带被震没的田赋。免去所经过山东地方钱粮的十分之三。将直隶总督刘峨降为侍郎,任命梁肯堂为直隶总督,调穆和蔺为河南巡抚。戊寅,免去山东各属因受灾缓征的银两。任命福崧为安徽巡抚。

三月乙酉,高宗登泰山。甲午,高宗谒少昊陵。至曲阜谒先师孔子庙。乙未,致祭孔子。赏赐衍地公孔宪培及孔氏族人等礼服银两财物分别有差。丙申,高宗至孔林。庚子,免去乌鲁木齐各州县定额征收的地粮十分之一。乙巳,缅甸国长孟陨派遣使者上表祝贺高宗生日,进贡驯养的象,请予封号。命封为缅甸国王。免去直隶昌平等七州县遭受水灾旗地的租银。南掌国王召温猛上表祝贺高宗生日,进贡驯养的象。己酉,免去直隶长芦等五盐场去年水灾的灶课。

夏四月丁巳,高宗至天津府。谕令伍拉纳查办浙江浮收漕粮作弊的情况。己未,大学士嵇璜因距殿试时已满六十年重新参与恩荣宴,高宗作诗赏赐他。辛酉,命吉庆会同嵩椿查勘明代的英额边至瑷阳边。乙丑,免去安徽宿州、灵璧等八州县卫去年水灾的额赋。高宗回北京。丙寅,高宗至黑龙潭求雨。闵鹗元免官,高福崧为江苏巡抚,何裕城为安徽巡抚。庚午,因书麟复奏多欺骗粉饰之词,发下吏部严加议处,仍予留任。闵鹗元被革职拿问。壬申,免去河南永城乾隆五十四年水灾的额赋。癸酉,任命孙士毅为四川总督,李世杰为兵部尚书。乙亥,赐石韫玉等九十七人进士及第出身分别有差。己卯,免去山西太原、辽州等十六府州并归化城等处额赋的十分之三。

五月庚寅,高宗至避暑山庄。庚子,赏徐维祁三品职衔。壬寅,免去西藏所属三十九部落的钱粮。己酉,书麟被革职拿问,任命福崧兼署理两江总督。命韩镳前往江南帮办河道工程。

六月壬子,调孙士毅为两江总督,保宁署理四川总督,永保署理伊犁将军。乙卯,任命陈用敷为广西巡抚。闵鹗元论斩。丁巳,免去直隶霸州等五十四厅州县并各属旗地去年水灾的额赋。戊午,免去湖南乾州等五厅县苗民应缴的杂粮。

秋七月己丑,安南国王阮光平入京观见。庚寅,任命朱珪为安徽巡抚。甲午,赈济直隶朝阳、天津水灾。丙申,赈济奉天锦州九关台,山东平原、禹城等县水灾。丁酉,兵部尚书李世杰因对书吏失察去职。己亥,起用刘峨为兵部尚书。戊申,高宗回北京。赈济江苏砀山等县,安徽宿州,河南永、夏邑的水灾。江苏砀山王平庄河水决口。命福崧前往宿州办理河工。丁未,赈济山东临清水灾。

八月庚戌,暹罗国王郑华上表祝贺高宗生日,进贡地方土产。琅玕因对漕粮失察自劾,被免职。调海宁为浙江巡抚,书麟为山西巡抚。辛酉,高宗八十岁生日,亲临太和殿,王、贝勒、贝子、公、文武大臣,蒙古汗、王、贝勒、贝子、公、额驸、台吉、回部王、公、台吉、伯克、哈萨克、安南国王、朝鲜、缅甸、南掌的贡使,各省土司,台湾生番等行庆贺之礼。礼成,在宁寿宫、乾清宫赏赐饮宴俱如一定的礼节仪式。己巳,刑部尚书喀宁阿去世,以明亮代理他的职务,命舒常兼署理刑部尚书。

九月戊寅，赈济安徽泗州水灾。癸未，命安南国王阮光平归还徐维祁亲属及旧臣之在其国者。己丑，高宗至健锐营阅兵。甲午，赈济山东平原等二十七州县水灾。庚子，长麟因审讯不实被革职，调惠龄为山东巡抚，任命福宁为湖北巡抚，毕沅兼署理湖北巡抚。

冬十月丙辰，赈济山东平原等二十七州县水灾。甲子，命保宁回伊犁将军任，任命鄂辉为四川总督。壬申，任命福崧为浙江巡抚，起用长麟署理江苏巡抚。赈济甘肃皋兰等三县的霜灾。

十一月丁丑朔，任命浦霖为福建巡抚，冯光熊为湖南巡抚。丙戌，加大学士王杰太子太保，尚书彭元瑞、董诰、胡季堂、福长安、将军保宁太子少保。乙未，释放富勒浑、雅德。戊戌，命庆成同尹壮图前往山西盘查仓库。壬戌，赈济奉天锦县等三州县水灾。戊辰，命吏部尚书彭元瑞为协办大学士。

五十六年春正月丁丑，赈济江苏萧县等三县、安徽宿州等三州县去年水灾。己卯，赈济直隶文安等三十州县、山东平原等二十七州县水灾。乙酉，因尹庄图覆奏欺骗蒙蔽，被革职治罪。戊戌，袁凤鸣被处决。朝鲜、暹罗、缅甸均派遣使者谢恩，进贡地方土产。赏赐饮宴按照一定的礼节仪式。己亥，任命保宁为御前大臣。甲辰，调刘墉为礼部尚书，纪昀为左都御史。

二月己酉，高宗下谕说："朕孜孜不息以求治，小心谨慎为怀。尹壮图但凭主观臆测任意妄言，也不妨以诽谤变规劝。特予开恩免治尹壮图之罪，以内阁侍读任用。"戊午，高宗亲自考试翰林詹事等官，将阮元等二人升为一等，其余升降分别有差。

三月乙亥，赈济奉天锦州等处去年水灾旗地人户，并免去赋税分别有差。戊寅，高宗至盘山。甲申，免去甘肃皋兰等三县去年霜灾的额赋。丁酉，任命永保为内大臣。

夏四月丁卯，免去山东临清等三十州县卫去年水灾的额赋。辛未，彭元瑞因营私降为侍郎，命孙士毅为吏部尚书。任命书麟为两江总督，长麟暂署理两江总督。调冯光熊为山西巡抚。任命姜晟为湖南巡抚。

五月庚寅，任命长麟为江苏巡抚。乙未，高宗至木兰秋猎。辛丑，高宗驻避暑山庄。

六月辰朔，免去直隶霸州等六十九厅州县去年水灾的额赋。

秋七月庚辰，免去江苏江宁等五府州民属由于受灾历年所欠赋税的一年。甲申，因缅甸国王孟陨以财物相送停留在内地的人，特予以嘉奖。己亥，免去安徽宿州等十九州县卫去年水灾的额赋。辛丑，免去陕西朝邑等二县所欠的赋税。

八月丁未，任命喇特纳穆第为喀喇沁札萨克一等塔布囊。戊午，高宗至木兰行猎。甲子，高宗行猎。廓尔喀借口拖欠围困喇嘛、噶布伦，骚扰西藏。命四川总督鄂辉、将军成德前往讨伐。命孙士毅署理四川总督。己巳，命福康安来北京祝贺其母的生日，郭世勋署理两广总督。廓尔喀攻陷西藏定日各寨，占据济咙。

九月丙子，高宗回驻避暑山庄。庚辰，召嵩椿回北京，任命琳宁为盛京将军，调恒秀为吉林将军。丙戌，高宗回程。戊子，唐古忒兵与达木蒙古兵抵挡廓尔喀失利，唐古忒公扎什纳木札勒及达木协领泽巴杰等阵亡。命乾清门侍卫额勒登保等前往西藏军营。壬辰，保泰因懦弱被革职，命奎林前往西藏办事，赏舒濂副都统衔，协同办理。因达赖喇嘛等坚守布达拉宫，特予以嘉奖。命刘墉署理吏部尚书。甲午，因廓尔喀包围扎什伦布，谕令鄂辉等前往讨伐。辛丑，免去奉天广宁县所欠的赋税。

冬十月乙己,宽宥闵鹗元之罪。丁未,郭尔喀进入扎什伦布,随即逃去。癸丑,户部尚书巴延三因浮估工程价值被革职,调福长安代理他的职务。任命金简、彭元瑞为满、江工部尚书。丙辰,因安南开辟关口互通贸易,改广西龙州通判为同知。乙丑,告谕王大臣不必兼议政虚衔。

十一月癸酉,授福康安为将军,海兰察、奎林为参赞,征讨廓尔喀。辛巳,鄂辉、成德被革职,任命惠龄为四川总督,奎林为成都将军,吉庆为山东巡抚。癸未,任命陈淮为贵州巡抚。

二十月辛亥,命海兰察等及索伦、达呼尔兵由西宁进入西藏。丁卯,召都尔嘉回北京。任命明亮为黑龙江将军,明兴为喀什噶尔参赞大臣。

五十七年春正月壬申,赏赐七代一堂已告老的上驷院卿李质颖高宗所写的匾额。免去奉天、直隶、安徽、湖南、广东所欠的赋税。乙亥,因达赖喇嘛再次派遣丹津班珠尔等擅自与廓尔喀议和,下谕制止。丙子,追论巴忠与廓尔喀议和擅自应允岁银之罪。甲午,任命苏凌阿为刑部尚书。

二月壬寅,成德奏报在拍甲岭击败贼兵。癸卯,对大学士阿桂等、尚书福长安等、侍郎德明等、总督福康安等、巡抚长麟等予以叙功。裁撤河东盐政、盐运使等官。山西河东道移驻运城。丁未,命皇十五子嘉亲王致祭先师孔子。免去奉天锦州府所属去年旱灾的额赋。己巳,命侍郎和琳管理西藏事务。鄂辉等奏报收复聂拉木,下谕斥责其迟延。

三月丁丑,高宗至西陵,巡视五台山,免去所经过地方本年钱粮的十分之三。戊寅,同意济咙呼图克图"慧通禅师"的法号。因帕克哩营官番众收复哲孟雄、宗木,特予以赏赐。辛巳,高宗谒泰陵、泰东陵。壬午,免去直隶大兴等八州县历年所欠的米谷。甲申,加福康安大将军。康寅,免去五台本年钱粮的十分之五,大同、朔平二府所属未缴完的赋税。辛卯,高宗驻五台山。

夏四月己亥朔,因和阗办事大臣李侍政对迈玛特尼杂尔疏于检查,发下吏部严加议处。甲辰,高宗视察滹沱河。任命贡楚克扎布为乌里雅苏台参赞大臣。丁未,高宗致祭帝尧庙。甲寅,高宗回到北京。乙卯,高宗至黑龙潭求雨。命刑部清理各类案件,对徒刑以下的罪犯酌予减刑。

闰四月甲申,因天时久旱,谕令台湾及沿海各省详细审理命盗各案,不必有意从严。免去河南汤阴等五县去年旱灾的额赋。丙申,因旱情日久,下诏征求言论。丁酉,降雨。因札什伦布失陷,将仲巴呼图克图及孜仲喇嘛等治以应得之罪。命和琳、鄂辉向达赖喇嘛等宣布诏谕。

五月辛丑,规定安南国每两年进贡一次,每六年派遣使者朝见一次。丁未,高宗至避暑山庄,免去所经过地方钱粮的十分之五。戊申,调长麟为山西巡抚,任命奇丰额为江苏巡抚。辛亥,允许霍罕额乐德尼伯克那尔巴图派遣使者入贡。癸丑,高宗驻避暑山庄。

六月甲戌,福康安奏报攻克廓尔喀所盘踞的擦木要隘。丁丑,赈济江西南丰、广昌的水灾。福康安奏报歼灭玛噶匀辖尔甲山间石桥的敌军。己卯,福康安等奏报攻克济咙。辛巳,调陈淮为江西巡抚,冯光熊为贵州巡抚。丙戌,福康安等奏报攻克热索桥。丁酉,福康安等奏报攻克协布鲁寨。

秋七月甲戌,赈济直隶河间等处的旱灾,顺直宛平、玉田等州县蝗虫为灾。己酉,福康安攻克廓尔喀东觉的山间石桥，以及雅尔赛拉等处的营卡，成德等攻克扎木、铁索桥等处。

八月辛未，成德攻克多洛卡、陇冈等处。命孙士毅驻前藏督办粮运。癸酉，命福康安为武英殿大学士，孙士毅为文渊阁大学士。调金简、刘墉为吏部尚书，和琳为工部尚书，纪昀为礼部尚书，窦光鼐为左都御史。庚辰，任命博兴为库伦办事大臣。丙戌，福康安等奏报攻克噶勒拉、堆补木城卡，阿满泰、墨尔根保阵亡。成德等攻克利底、大山的敌卡。戊子，福康安奏报廓尔喀首领拉特纳巴都尔等请求归附。高宗因其悔罪求降，准其归附，命班师回朝。丙申，赈济陕西咸宁等六州县的旱灾。

九月丁酉，高宗回北京。己亥，评定征讨廓尔喀的功绩，赏福康安一等轻车都尉，海兰察由二等公晋封为一等公，对孙士毅等叙功分别有差。丙午，高宗命福康安、孙士毅等会商西藏的善后事宜。命御前侍卫携带金奔巴瓶前往西藏，瓶内贮有呼毕勒罕的名字，由达赖喇嘛等当众拈出。壬子，恢复廓尔喀王公的封爵，规定五年朝贡一次。

冬十月戊辰，廓尔喀的贡使入京觐见。己巳，赈济河南安阳等十六州县的灾民，对该地的新旧额赋免除缓征分别有差。己卯，免去嵇璜、阿桂的翰林院掌院学士，以和珅、彭元瑞代理他们的职务。壬午，赈济直隶河间、任丘五州县的旱灾，并免去顺天等十三府州县所属受灾旗民的额赋。乙酉，郭世勋奏报英吉利国派遣使者，请由天津进贡，准其所请。丁亥，因鄂辉隐匿廓尔喀谢恩上表进贡等事不报被革职，交福康安严加审讯。赈济陕西咸阳等十四州县的旱灾。癸巳，调图桑阿为绥远城将军。

十一月丙午，赈济山东德州等二十州县的旱灾。

十二月庚午，规定唐古忒番兵有关训练事宜。铸银为钱币，钱文为"乾隆宝藏"。甲戌，免去长芦兴国等五盐场以及沧州等七州县受灾灶地的额赋。丙子，任命长麟为浙江巡抚，蒋兆奎为山西巡抚。因伊犁回民的地亩受到雪灾，免去本年定额的粮保。癸未，赈济河南安阳等二十五县的旱灾。辛卯，命将鄂辉等在西藏永远披枷写明罪状示众。

五十八年春正月丙申，赈济河南林县等五县、陕西咸宁等三州县的旱灾。己亥，赈济直隶保定等二十一州县旱灾。庚子，改杭州织造为盐政兼管织造事，改盐道为运司，南北两关的税务均归巡抚管理。任命全德为两浙盐政。恒秀回吉林将军任。己巳，晓谕安南国王阮光平应该睦邻友好，小心守护疆界，并赏赐钱帛财物。丙辰，安南国王阮光平去世，其太子阮光缵继承为国王。乙亥，免去河南安阳等二十五县去年旱灾的额赋。壬午，命喀什噶尔阿奇木伯克作为喀什噶尔协办大臣。

三月丁酉，高宗至盘山。庚子，高宗驻盘山。甲辰，礼部尚书常青去世，以德明代理他的职务。戊申，谕令在雍和宫设置金奔巴瓶，命令理藩院堂官、掌印札萨克喇嘛等，共同抽取蒙古所产生的呼毕勒罕名单。丁未，高宗回程。乙卯，调冯光熊为云南巡抚，任命英善为贵州巡抚。戊午，领侍卫内大臣海兰察去世。

夏四月壬申，命松筠为内务府总管大臣，在御前侍卫上行走。辛巳，谕令设金奔巴瓶于前藏大昭及雍和宫，共同抽取呼毕勒罕名单然后公布，以破除王公子弟私作呼毕勒罕的陋习。乙酉，删除大学士兼尚书衔、翰林院掌院学士兼礼部侍郎衔、顺天府府丞兼提督学政衔。丁亥，赐潘世恩等八十一人进士及第出身分别有差。戊子，命于乾隆五十九年秋特开乡试恩科，六十年春为会试恩科。庚寅，廓尔喀归西藏底玛尔宗地方，以西藏卡外的拉结、撒党两处归廓尔喀。

五月乙未,命广西按察使成林前往安南升隆城,致祭国王阮光平江册封其子阮光缵为王。丁未,高宗至避暑山庄。己酉,因明兴未奏报派遣回人至霍罕等处办理外藩的事件,免去明兴的喀什噶尔大臣,调永保代理他的职务。任命伍弥伍逊为塔尔巴哈台参赞大臣,贡楚克札布为科布多参赞大臣。任命特成额为乌里雅苏台参赞大臣。辛酉,加封福康安为一等忠锐嘉勇。癸丑,高宗驻避暑山庄。

六月己卯,赈济四川泰宁地震灾民。乙酉,英吉利国进贡的船只到达天津。戊子,由通州起程。命在天津赐英吉利贡使宴。

秋七月癸巳,命和琳稽查西藏商人的出入。壬寅,命英吉利国贡使等住在宏雅园,令全简、伊龄阿于圆明园分别安置进贡物品。己酉,因天时干旱命刑部清理各类案件,对徒刑以下的罪犯酌予减刑。庚午,高宗亲临万树园中用帷幕搭成的行宫,英吉利国正使马戛尔尼、副使斯当东等觐见高宗。辛未,调福康安为四川总督,以惠龄暂时代理四川总督,长麟为两广总督,调吉庆为浙江巡抚,惠龄为山西巡抚。壬午,免去长芦官台等二盐场潮灾灶地的额赋。丙戌,高宗回到北京。戊子,任命庆桂为兵部尚书。庚寅,谕令英吉利国贡使由内河水路前往广东澳门乘船回国。

九月丁酉,加长麟太子少保。命松筠护送英吉利国使臣等到达浙江定海。甲辰,调福宁为山东巡抚,惠龄为湖北巡抚。丙午,因安徽无为等三州县水灾,赏给口粮分别有差。

冬十月癸亥,安南国王阮光缵上表谢恩并进贡物品,所进贡物两份,接受其中的一份。戊子,因长麟奏报英吉利国使臣称再上表文进贡物品,呈请总督代为转奏,下谕告英吉利使臣说:"此系援例而行,并无他意,国王可以安心,再来上表进贡,也不必拘定年限。"

十一月甲午,命和宁前往西藏协同和琳办理事务。戊午,因去年各省奏报全国人口数字,三万七百四十六万有余,较康熙四十九年的人口增加十五倍,下谕说:"从事生产的人少,嗷嗷待食的人多,形势愈来愈拮据。各省督抚及地方官吏,务必劝谕教导百姓,使之俭朴成风,勤于耕作,爱惜物力充分发挥地利,以期共享太平之福。"己未,因安南等国进贡大象已多,谕令云贵、两广督抚行文安南等国告以不再接受贡象。

十二月癸未,伍拉纳觐见高宗,命吉庆署理闽浙总督。

五十九年春正月庚寅,免去直隶、山东、河南所欠赋税的十分之三。庚戌,管干贞因病免官,命书麟兼署理漕运总督。乙卯,恒秀因侵吞库银被革职,调宝琳为吉林将军,松筠署理吉林将军。戊午,将安南国归附的黎维祗安置在江南。

二月庚申,因明年元旦、上元遇到日月食,谕令修身反省,不举行庆典。癸亥,廓尔喀派遣使者上表并进贡物品。丁亥,增造广东水师战船。

三月己丑,恒秀论绞。庚子,高宗巡视天津,免去所经过地方及天津所属额赋的十分之三,免去天津府所属欠下的赋税,免去大兴等十三州县所欠赋税的十分之四。壬子,高宗驻天津府。

夏四月壬戌,祭祀求雨,命皇八子仪郡王永璇代高宗行礼。癸亥,高宗回北京。丁丑,高宗至黑龙潭求雨。

五月丙申，北京降雨。甲辰，郭世勋因病免官。调朱珪为广东巡抚，陈用敷为安徽巡抚。丙午，因直隶保定等八十三州县旱灾，命赏给一个月口粮。减去奉天商贩运送豆麦等项经过直隶、山东各关津的赋税。辛亥，高宗至避暑山庄，免去所经过地方的钱粮分别有差。

六月丙辰朔，因山东历城等五十一州县旱灾，命赏给贫民一个月口粮，免去山东临清州水冲地亩的田赋。丁巳，高宗驻避暑山庄。庚午，设立唐古忒西南外番布鲁克巴、哲孟雄、作木朗、洛敏汤、廓尔喀各交界的鄂博。

秋七月戊子，永定河决口。庚寅，河南丹、沁二河决口。辛卯，赈济山西平定等处水灾。己亥，赈济山东临清等州县水灾。辛丑，赈济直隶天津等处水灾。癸卯，河南丰北厅曲家庄河水决口。甲辰，书麟因徇私隐匿盐政巴宁阿交结商人之事被革职，调富纲为两江总督，命苏凌阿署理两江总督。调福康安为云贵总督。任命和琳为四川总督，孙士毅署理四川总督。任命驻藏办事的松筠为工部尚书。乙巳，任命冯光熊署理云贵总督。大学士嵇璜去世，召孙士毅入阁办事。癸丑，停止本年及明年的木兰行猎。免去直隶保定等府所属、河南卫辉等府所属、山东临清等五州县、山西代州等三州县遭受水灾的额赋。

八月丁巳，因直隶天津、河间二府水灾严重，免去因受灾缓征的额赋。戊午，永定河南段工程的决口已合龙。己巳，因明年高宗登极已满六十年，普遍免去各省漕粮一次。甲戌，高宗回銮。调福宁为河南巡抚，穆和蔺为山东巡抚，江兰护理山东巡抚。福康安奏报四川大宁教匪谢添秀等传习邪教，蔓延到陕西、湖北、河南一带，谕令严加捕办。丁丑，免去直隶通州等二十三州县所欠的赋税。甲申，毕沅被降为山东巡抚，并处罚他缴出在湖广总督任内的五年养廉银。任命福宁为湖广总督，穆和蔺留任河南巡抚。

九月己丑，赈济湖北沔阳等州县的水灾。任命秀林为吉林将军。己亥，赈济福建漳、泉二府的水灾。减直隶遵化内务府官地的地租。命福宁驻襄阳，督率缉捕邪教的案犯。辛丑，因校正《石经》，加彭元瑞太子少保衔。癸卯，赈济广东高要等县的水灾。因湖北来凤县教匪段汉荣等聚众抗拒官军，下谕斥责毕沅政务废弛。戊申，免去齐齐哈尔等三城因水灾所欠的赋税。

冬十月丙辰，免去河南汲县等九县、山东临清等十州县所欠的赋税。壬戌，勒保奏报擒获邪教首犯刘松。命安徽严拿其徒刘之协。癸亥，荷兰进贡。乙丑，免去福建漳州府所属四厅州县本年水灾的额赋。戊辰，命将科布多威豁尔等七卡移驻到原处北界，所余之地赏给杜尔伯特汗玛克素尔札由等游牧。己卯，调陈用敷为湖北巡抚，惠龄为安徽巡抚。辛巳，赦史恒秀之罪。

十一月丙戌，因河南扶沟县刘清鼐疏于防备导致刘之协逃走，将刘清鼐革职拿问，穆和蔺发下吏部严加议处。壬辰，免去山东临清等州县本年的漕赋。壬寅，命富纲署理刑部尚书。甲辰，将穆和蔺革职，发往乌鲁木齐效力。任命阿精阿为河南巡抚。

十二月丙辰，普遍免去各省历年所欠的赋税。丙子，吏部尚书金简去世，以保宁代理他的职务。任命明亮为伊犁将军。戊寅，命舒亮为黑龙江将军。改绥远城将军图桑阿为西安将军，以永琨代理他的职务。

六十年春正月甲申朔、日食，免去朝贺。乙酉，赈济直隶天津等二十州县、河南汲县等十四县、山东临清等十州县去年遭受水灾的贫民分别有差。丙戌，召苏凌阿来京，调福宁为两江总督,再次以毕沅为湖广总督,玉德为山东巡抚。戊子,调陈用敷为贵州巡抚,英善为湖北巡抚,毕沅兼署理湖北巡抚。乙未,任命固伦额驸丰绅殷德为内务府大臣。辛丑,免去山东历年所尔的赋税。庚戌,免去江苏历年所欠的赋税。免去江西应缓征的银谷。

二月癸丑朔,免去广东历年所欠的赋税。陈用敷因缉拿要犯刘之协办理错廖,被革职拿问。调姚棻为贵州巡抚,任命成林为广西巡抚。丙辰,免去陕西历年所欠的赋税。贵州松桃厅苗民石柳邓等、湖南永绥苗民石三保等作乱。戊午,湖南苗民攻陷乾州厅,同知宋如椿等被杀。命福康安前往剿伐。毕沅驻守常德筹办粮饷。庚申,因大学士阿桂等拟订上谕不合高宗之意,停止对阿桂的选拔叙功,侍郎成策等发下吏部严加议处。予总督福康安等核议叙功,侍郎成策等发下吏部严加议处。予总督福康安等核议叙功。辛酉,贵州苗人在正大营包围镇远镇总兵珠隆阿。免去奉天广宁、锦州旗地所欠的赋税。免去甘肃皋兰等四十五州县历年所欠的赋税。丙寅,命四川总督和琳前往酉阳防备苗人,孙士毅仍留在四川办理报销。丁卯,免去浙江历年所欠民地灶地的赋税。己巳,苗人攻陷永绥厅鸦酉寨,镇裄镇总兵明安图等阵亡。辛未,湖南永顺苗人张廷仲等作乱,进扰保靖、泸溪。丙子,免去安徽历年所欠的赋税。壬午,贵州苗人进扰思南、印江一带,窜入四川秀山。福康安前往铜仁督后人剿伐。命德楞泰率领巴图鲁侍卫前往贵州军营。

闰二月乙酉,福康安奏报已解正大营之围。壬辰,冯光熊留任贵州巡抚,调姚棻为云南巡抚。因苗人作乱,免去贵州铜仁府所属松桃、正大等处的额赋。乙未,高宗至东陵,免去所经过地方一粮的十分之三。戊戌,高宗谒昭西陵、孝陵、孝东陵、景陵。己亥,福康安奏报已解嗅脑之围。乙巳,福康安奏报攻克石城,剿除岩洞的苗人。丁未,高宗谒泰陵、泰东陵,致祭孝贤皇后陵。免去两淮盐场灶户历年所欠的赋税。戊申,福康安奏报已解松桃之围。

三月乙卯,和琳奏报秀山后路已肃清,命前往松桃与福康安会同进剿。任命孙士毅署理四川总督。己未,福康安奏报已歼灭长冲、卡落的苗人,进兵湖广地界。命额勒登保急速前往福康安军营。己卯,福康安奏报已解湖南永绥之围。

夏四月辛卯,台湾彰化匪徒陈周全等作乱,攻陷县城,随即将县城收复。癸巳,窦光鼐因会试评定文章不当,予以降职调用。任命朱珪为左都御史,仍留在广东巡抚任内。己亥,因魁伦参劾洋盗横行放肆,命浦霖来京候旨,调姚棻为福建巡抚,以魁伦署理福建巡抚,江兰为云南巡抚。庚子,赐王以衔等一百十一人进士及第出身分别有差。癸卯,赏会试荐卷中文理较优的举人徐炘、傅淦、李端为内阁中书。戊申,高宗至广润祠求雨。本日夜间,降雨。丁未,免去贵州官兵所经过地方本年额赋分别有差。福康安等奏报攻克黄瓜寨。己酉,因福宁、惠龄经办湖南军务尚未竣事,己酉,因福宁、惠龄经办湖南军务尚未竣事,命苏凌阿仍署理两江总督,费淳为安徽发抚。庚戌,免去福建龙溪等四县去年水灾额赋分别有差。彰化匪首陈周全等被处决。

五月丙辰,高宗至避暑山庄。伍拉纳、浦霖因赈灾办理不善,被革职拿问。命魁伦兼署理闽浙总督。免去所经过地方本年钱粮的十分之三。丁巳,调费淳为江苏巡抚,仍留惠龄为安徽巡抚。福康安等奏报攻克构皮寨及苏皮寨等处。调福康安为闽浙总督,勒保为四川总督。任命宜绵为陕甘总督。壬戌,高宗驻避暑山庄。甲子,因福建仓库亏缺一

承德避暑山庄（局部）

事查明属实,告诫督察院官员此事竟无人奏报,并命以后陈奏地方重大事件,不要有愧于言官之责。召阿精阿来北京,任命景安为河南巡抚。丁卯,召惠龄来北京,任命汪新为安徽巡抚。戊辰,命苏凌阿驻请江浦,兼署理江苏巡抚。辛未,因于敏中营私渎职,革去轻车都尉世职。

六月壬午,因湖南苗人侵扰镇筸后路,下谕斥责福宁懦弱畏缩,刘君辅不知变通。命惠龄仍署理湖北巡抚。戊子,因天时干旱命刑部清理各类案件,对徒刑以下的罪犯酌予减刑,承德府也按此例办理。庚寅,福康安等奏报攻克沙兜、多喜等处苗寨。乙未,赈济广东南海等县水灾。戊申,姚棻因审讯对质被解任,命魁伦兼署理福建巡抚,长麟署理闽浙总督。

秋七月庚申,德明因滋阳县知县陈照自缢一事受牵连,论绞。乙丑,免去湖北江陵等十二州县卫去年水灾的额赋。丙寅,因福康安等奏报一连攻克苗寨,渡过大乌草河,赏赐珍奇之物。壬申,哲布尊丹巴呼图克图等入京觐见,高宗召见赐茶。

八月壬午,调永琨为乌里雅苏台将军,恒瑞为绥远城将军。癸未,赐南掌国王召温猛、缅甸国孟陨敕书,均赏赐精美的丝织品。丙申,准许兵部尚书刘峨告老,以朱珪代理他的职务,仍留于广东巡抚任。任命金士松为左都御史。丁未,免去直隶通州等五十二州县历年所欠旗地地租。福康安等进驻杨柳坪。

九月辛亥,高宗亲临勤政殿,召集皇子、皇孙、王、公、大臣等入内觐见,宣示立皇十五子嘉亲王为皇太子,明年为继位的皇帝嘉庆元年。抚恤江苏海州等七州县水灾的灾民。壬子,皇太子及王、公、内外文武大臣,蒙古王、公等各上奏请求等到高宗百岁大寿时,再举行归政典礼,高宗不允。丙辰,富勒浑、雅德因以前在总督任内贪赃枉法,均被革职,分别发往热河、伊犁效力。己未,高宗至健锐营阅兵。晋封福康安为忠锐嘉勇贝子,晋封和琳为一等宣勇伯。庚申,高宗命皇太子谒东陵、西陵。乙丑,黑龙江将军舒亮因贪赃枉法,被革职拿问,调永焜代理他的职务。任命图桑阿为乌里雅苏台将军。改恒瑞为西安将军,以乌尔图纳逊代理他的职务。任命博兴为察哈尔都统。调特克慎为库伦办事大臣,策巴克为西宁办事大臣。丙寅,明亮因任黑龙江将军时侵夺吞没貂布被革职,任命保宁为伊犁将军。己巳,舒亮论绞。明亮留在乌鲁木齐效力。癸酉,因奉天、山西、四川、湖南、贵州、广西各省赋税均无拖欠,特免去明年正赋的十分之二。乙亥,免去福建龙溪等六县,华封、罗溪二县去年遭受水灾的额赋。

冬十月戊寅朔,颁布嘉庆元年时宪书。庚辰,福康安等奏报擒获匪首吴半生。赏福康安之子德麟副都统衔,赏和琳黄带,其余核议叙功各予赏赐分别有差。甲申,因伍挟纳等贪污败坏,将其子发往伊犁效力。长麟因包庇伍拉纳、浦霖被革职,命其来京。任命魁伦署理闽浙总督,姚棻署理福建巡抚。乙酉,普遍免去各省嘉庆元年的地丁钱粮。丙戌,伍拉纳、浦霖处决。壬辰,因额勒登保、德楞泰剿捕苗匪奋勇出力,授予内大臣。乙未,命制定丙辰年传位皇太子典。癸卯,命明年正月朔日,再次举行千叟宴。

十一月丁巳,福康安等奏报攻克天星寨等处。加和琳太子少保衔,赏赐福康安、和琳高宗所用的黄里玄狐端罩各一件。庚申,赈济奉天金州、熊岳、锦州三城,宁海等三州县遭受旱灾的旗民,免去额赋分别有差。乙丑,高宗命皇太子居毓庆宫。

十二月戊寅朔,下谕说:"朕于明年归政皇太子后,凡有缮写陈奏事件,均书太上皇帝。奏对时称太上皇。"戊子,赈济贵州铜仁被骚扰的难民。福康安等奏报攻克天星等苗寨。壬寅,允许朱珪接收英吉利国的表文及贡品,赐给敕书予以嘉奖,交付英吉利商人波郎带回,并因其表文内言及劝廓尔喀归附,在给他的敕书中告以无须英国兵力相助。甲辰,赐琉球国王尚温敕书。丁未,因明年元旦,传位皇太子为继位的皇帝,事先派遣官员告祭天地宗庙社稷。

本年,缅甸、南掌、暹罗、安南、英吉利、琉球、廓尔喀来贡。

嘉庆元年正月戊申朔,举行皇位交接大典,立皇太子为皇帝。尊称高宗为太上皇帝,凡属军政重大事务仍须向太上皇帝奏报,秉承太上皇帝的旨意予以裁决,遇有大事颁布诏书。宫中的历书仍用乾隆年号。

三年冬,太上皇帝有病。四年正月壬戌太上皇帝去世,终年八十九岁。本年,四月乙未,为太上皇帝加谥号为法天隆运至诚先觉体元立极敷文奋武孝慈神圣纯皇帝,庙号高宗。九月庚午,安葬于裕陵。

宣统皇帝本纪

【题解】

宣统皇帝(1906~1967),名爱新觉罗·溥仪,清朝末代皇帝,满族。光绪三十四年(1908)十一月即位,其父摄政王载沣监国,定年号为"宣统"。此时溥仪年仅三岁。溥仪的时代是整个中国发生重大变革的时代。1911年辛亥革命后他被迫退位,根据对清室的优待条件,不废帝号,暂居皇宫。1917年7月张勋率兵进京,赶走黎元洪,妄图复辟清室,不久失败。1924 年 11 月溥仪被废除皇帝称号后出宫逃往日本使馆。1925 年 2 月进入天津日本租界。1931 年底在侵华日军策划下潜往东北,在长春做了伪满洲国傀儡政权的"执政",年号"大同"。1934 年 3 月改称"满洲帝国皇帝",改年号为"康德"。1945 年日本投降后,他在逃往日本的途中被苏军俘获,1950 年 8 月移交给我国政府。1959 年 12 月 4 日被大赦释放。1964 年溥仪在政协第四届全国委员会上担任委员。1967 年在北京病逝。著有《我的前半生》等。

溥仪的一生,大起大落,曲折坎坷,历尽了人间的荣辱哀乐。他从皇帝到战犯,又由战犯被改造为公民,最终受到人民信任和尊敬的特殊经历,被世界各界人士瞩目。从溥仪的身上,也可以看到中国历史变迁和社会进步的轨迹。

溥仪

【原文】

宣统皇帝名溥仪,宣宗之曾孙,醇贤亲王奕譞之孙,监国摄政王载沣之子也,于德宗为本生弟子。母摄政王嫡福晋苏完瓜尔佳氏。光绪三十二年春正月十四日,诞于醇邸。

三十四年冬十月壬申,德宗疾大渐,太皇太后命教养官内。癸酉,德宗崩,奉太皇太后懿旨,入承大统,为嗣皇帝,嗣穆宗,兼承大行皇帝之祧,时年三岁。

摄政王载沣奉太皇太后懿旨监国。军国机务,中外章奏,悉取摄政王处分,称诏行之,大事并请皇太后懿旨。诏行三年丧。

甲戌,尊圣祖母慈禧端佑康颐昭豫庄诚寿恭钦献崇熙皇太后为太皇太后,兼祧母后皇后为皇太后。先是,太皇太后并亦违豫。是日,崩。

乙亥,申严门禁。丁丑,尊封文宗祺贵妃为祺皇贵太妃,穆宗瑜贵妃为瑜皇贵妃,珣贵妃为珣皇贵妃,瑨妃为瑨贵妃,大行皇帝瑾妃为瑾贵妃。戊寅,停各省进方物。己卯,诰诫群臣,诏曰:"军国政事,由监国摄政王裁定,为大行太皇太后懿旨。自朕以下,一体服从。嗣后王公百官,傥有观望玩违,或越礼犯分,变更典章,淆乱国是,定即治以国法,庶无负大行太皇太后委寄之重,而慰天下臣民之望。"庚辰,颁大行皇帝遗诏。安庆兵变,剿定之。

十一月乙酉,颁大行太皇太后遗诰。诏四时祭缮祝版,醇贤亲王称曰"本生祖考醇贤亲王",嫡福晋称曰"本生祖妣醇贤亲王嫡福晋"。赈湖南澧州等属水灾。戊子,皇太后懿旨,皇帝万寿节,俟释服后,改于每年正月十三日举行庆贺礼。庚寅,以即位前期告祭天地、宗庙、社稷、先师孔子,告祭大行太皇太后、大行皇帝几筵。辛卯,帝即位于太和殿,以明年为宣统元年。颁诏天下,罪非常所不原者咸赦除之。诏遵大行太皇太后懿旨,仍定于第九年内,宣统八年颁布宪法,召集议员。铸宣统钱。己亥,颁"中和位育"扁额于文庙。壬寅,内阁等衙门会奏监国摄政王礼节总目,诏宣布之。定守卫门禁章程,命贝勒载涛、毓朗、尚书铁良总司稽察。以副都统昆源管理察哈尔牧群。定军机处领班章京为从三品官，帮领班章京为从四品官。福建龙溪、南靖等县水灾，发帑银四万两赈之。乙巳，诏各省督抚督率司道考察属吏，秉公甄别。不肖守令罔恤民瘼者，重治之。立变通旗制处，命贝子溥伦、镇国公载泽、那桐、宝熙、熙彦、达寿总其事。谕内外臣工尚节俭，戒浮华。丙午，遣官告祭孔子阙里、历代帝王陵寝、五岳、四渎。戊申，皇太后懿旨，罢颐和园临幸。加恩庆亲王奕劻以亲王世袭罔替，贝勒载洵、载涛加郡王衔，皇太后父公桂祥食双俸，大学士以次，锡赉有差。辛亥，冬至，祀天于圜丘，庄亲王载功代行礼，自是坛庙大祀皆摄。

十二月壬子朔，加上穆宗毅皇帝、孝静成皇后、孝德显皇后、孝贞显皇后、孝哲毅皇后尊谥。颁宣统元年时宪书。甲寅，立禁卫军，命贝勒载涛、毓朗、尚书铁良专司训练。裁湖南镇溪营游击、乾州协守备，减留乾州协各营兵。旌殉节故直隶提督马玉昆妾于氏。赈黑龙江、墨尔根、布特哈、黑水、大赉等城厅水灾。免直隶河间等八州县被灾地亩粮租。丁巳，祈雪。命张之洞兼督办川汉铁路大臣。庚申，致仕大学士王文韶卒，赠太保。追予故云贵总督张亮基谥。民政部上调查户口章程表式。壬戌，袁世凯罢，命大学士那桐为军机大臣。癸亥，以梁敦彦为外务部尚书兼会办大臣。那桐免步军统领，以毓朗代之。乙丑，诏定西陵金龙峪为德宗景皇帝山陵，称曰崇陵。丁卯，复祈雪。己巳，度支部上清理财政章程。壬申，命张勋所部淮军仍驻东三省，办理剿抚事宜。癸酉，义大利地震灾，出帑银五万两助赈。宪政编查馆奏，京旗初选、复选事宜，应归顺天府办理。乙亥，谕各省清蠲缓钱粮积弊。丁丑，复祈雪。是日，雪。免陕西各州县光绪三十二年逋赋。戊寅，又雪。宪政编查馆上核覆城乡地方自治，并另拟选举章程，诏颁行之。始制宝星，赐外务部总理、会办大臣及出使各国大臣。庚辰，设奉天各级审判厅、检察厅。辛巳，裁江西督粮道，设巡警、劝业两道。

宣统元年己酉春正月壬午朔，以大行在殡，不受朝贺。癸未，免江苏长洲等二十八厅州县荒废田地，暨昭文、金坛、丹徒、昆山、新阳、靖江、溧阳等七县漕屯银米。戊子，置呼伦贝尔沿边卡伦。庚寅，钦差大臣东三省总督徐世昌以病请免，不许。辛卯，皇太后圣寿节，停筵宴，不受贺。甲午，免云南阿迷州被灾逋赋。乙未，度支部奏改定币制，请仍饬会议。下政务处覆议。开广西富川县锡矿。丁酉，禁置买奴婢。戊戌，以近年新设衙门，新建省分，调用人员，请加经费，不能综核名实，命中外切实考核裁汰，毋漫无限制。美利坚国开万国禁烟会议于江苏上海，端方莅会。乙亥，陈璧被劾罢，以徐世昌为邮传部尚书。调锡良为钦差大臣、东三省总督，兼管三省将军事。以李经羲为云贵总督。壬寅，命云南交涉使高而谦赴澳门勘界。民政部上整顿京师内外警政酌改厅区章程。癸卯，上大行太皇太后尊谥，翌日颁诏天下。戊申，诏筹备立宪事宜，本年各省应行各节，依限成立，不得延误。谕核定新刑律，来年颁行。复已革广西提督苏元春原官。罢福建厦门贡燕。己酉，上大行皇帝尊谥庙号，翌日颁诏天下。庚戌，重整海军，命肃亲王善耆、镇国公载泽、尚书铁良、提督萨镇冰筹画，庆亲王奕劻总司稽查。罢铁良专司训练禁卫军大臣。

二月壬子，修《德宗实录》。癸丑，谕京、外问刑衙门清讼狱，厘剔弊端。戊午，农工商部奏，和兰将订新律，收华侨入籍，请定国籍法。下修订法律大臣会外务部议。庚申，免浙江仁和等场灶课钱粮。乙丑，宣示实行预备立宪宗旨，诏曰："国是已定，期在必成。内外大小臣工,皆当共体此意,翊赞新猷。言责诸臣,亦应于一切新政得失利病,剀切敷陈。"丁卯,命熙彦、乔树枏、刘廷琛、吴士鑑、周自齐、劳乃宣、赵炳麟、谭学衡与荣庆、陆润庠、张英麟、唐景崇、宝熙、朱益藩分日进讲。讲义令孙家鼐、张之洞核定。庚午,宪政编查馆上统计表式。甲戌,申鸦片烟禁。丙子,免云南宣威州被灾村庄银米。

闰二月甲申,诏严预备立宪责成,戒部臣、疆臣因循敷衍,放弃责任。以服制伦纪攸关,诏自今内外遭父母丧者,满、汉皆离任听终制。命前内阁学士陈宝琛总理礼学馆。免浙江仁和等三十二州县并杭、严二卫,杭、衢、严三所荒废田地山塘丁漕银米。丙戌,军机大臣、大学士那桐丁母忧,诏夺情,百日孝满改署任,仍入直。戊子,置库伦理刑司员。免广东新矿井口税。予死事安徽炮营管带官陈昌镛优恤。辛卯,监国摄政王班见王公百官于文华殿,增设海参崴总领事,颁行度支部印花票税,置直省财政监理官。丙申,裁湖北黄州、荆门、郧阳、宜昌、施南、德安副将、参将、游击、都司、中军守备各官。出使大臣伍廷芳与美国订立《公断专约》成。丁酉,修崇陵。戊戌,立法政贵胄学堂,命贝勒毓朗总理。乙巳,旌赏年逾百岁甘肃固原州回民李生潮,赐御书匾额。己酉,以大行在殡,止年班内外札萨克蒙古汗、王、贝勒、贝子、公、台吉、塔布囊等,及呼图克图喇嘛,西藏堪布,察木多帕克巴拉,回子伯克,土司、土舍,廓尔喀等毋来京。

三月辛亥,增设浙江巡警道、劝业道。甲寅,复前河南巡抚李鹤年原官。庚申,皇太后懿旨,度支部每岁交进年节另款银二十八万两,自今停进。辛酉,奉移德宗景皇帝梓宫于西陵梁格庄行宫。甲子,以轮船招商局归邮传部管辖。乙丑,复裁奉天巡警道。增设洮昌等处兵备道,临长海等处分巡兵备道。改奉锦山海关道为锦新等处兵备道兼山海关监督,东边道为兴凤等处兵备道。升兴京厅为兴京府。丙寅,免梓宫经过宛平、良乡、涿州、房山、涞水五州县本年额赋十分之五,易州十分之七,并赏民间平毁麦田银每亩一钱。己巳,诏复前户部尚书立山、兵部尚书徐用仪、吏部左侍郎许景澄、内阁学士联元、太常寺卿袁昶原官,并赐谥。命陆军协都统吴禄贞督办吉林边务。裁山西雁平道。辛未,以前外务部左参议杨枢充出使比国大臣。亚东、江孜、噶大克开埠设关。丙子,增置奉天辉南直隶厅。戊寅,四川总督赵尔巽、驻藏大臣赵尔丰助款兴学,下部优叙。赵尔巽捐廉赡族,赏御书"谊笃宗亲"匾额。

夏四月庚辰,以各国遣使来吊,命贝子衔镇国将军载振使日本,法部尚书戴鸿慈使俄罗斯报谢,他国币驻使将事。甲申,度支部立币制调查局,铸通行银币。乙酉,普免光绪十四年讫光绪三十三年直省逋赋。癸巳,裁吉林珲春、三姓、宁古塔、伯都讷、阿勒楚喀各城副都统。置珲春兵备道,三姓兵备道。升改增置绥芬、延吉、五常、双城、宾州、临江诸府,伊通直隶州,榆树直隶厅,宝清、绥远二州,珲春、滨江、东宁三厅,富锦、穆棱、和龙、桦川、临湖、汪清、额穆诸县。寻复设舒兰、阿城、勃利、饶河四县。甲午,命内阁、部院、翰林、科道会议德宗升祔大礼。乙未,祈雨。丙申,甘肃兰州、凉州、巩昌、碾伯、会宁各属灾,发帑银六万两赈之。壬寅,裁奉天左右参赞,承宣、咨议两厅。甲辰,复祈雨。戊申,谕禁烟大臣切实考验,毋许瞻徇敷衍。外省文武职官学堂,责成督、抚、将军、都统等严查禁。

五月己酉朔,日有食之。辛亥,廷试游学毕业生进士黄德章等一百二十人,授官有差。壬子,于式枚言,各省谘议局章程与普鲁士国地方议会制度不符。下宪政编查馆妥议。癸丑,陈启泰卒,以瑞澂为江苏巡抚。允浙江绅士为故兵部尚书徐用仪、吏部右侍郎许景澄、太常寺卿袁昶于浙江西湖立祠。甲寅,复祈雨。陕甘总督升允以疏陈立宪利弊罢,以长庚代之。乙卯,命广福署伊犁将军。丁巳,联豫、温宗尧奏陈西藏筹办练兵兴学事宜。己未,命世续署外务部会办大臣。杨士骧卒,以端方为直隶总督兼办理通商事务大臣,张人骏为两江总督兼办理通商事务大臣,孙宝琦署山东巡抚。辛酉,以乍丫地方曩属四川,命画归边务大臣管辖。甲子,谕农工商部趣各省兴举农林工艺各政。乙丑,复祈雨。是日雨。戊辰,复前协办大学士、户部尚书翁同龢原官。己巳,唐绍仪免奉天巡抚,以侍郎候补。辛未,立游美学务处。癸酉,河南省改编营制。甲戌,赈云南南宁州地震灾。丙子,诏立军咨处,以贝勒毓朗领之。摄政王代为统率陆海军大元帅,贝勒载洵、提督萨镇冰俱充筹办海军大臣。赈湖南澧州水灾。丁丑,命贝勒载涛管理军咨处事务。

六月甲申,庆亲王奕劻免管理陆军部事,赈湖北汉阳等府水灾。乙酉,伊犁始编练陆军。丙戌,授程德全奉天巡抚,陈昭常吉林巡抚,周树模黑龙江巡抚。丁亥,开甘肃皋兰县、新城、西固城渠,以工代赈。己丑,赈云南弥勒县嶍峨等处地震灾,免云南太和县属上年被灾田粮。庚寅,复已故降调两广总督毛鸿宾原官。追予御贼殉难已故江苏常州府通判岳昌于常州府建祠。赈奉天安东水灾。甲午,吕海寰罢,以徐世昌充督办津浦铁路大臣,沈云沛副之。更奉天锦新道名锦新营口等处分巡兵备道。乙未,吉林大水,发帑银六万两赈之。赈湖南澧州、安乡、常德、岳州等厅州县水灾。丁酉,湖北荆州、汉阳两府潦,发帑银六万两,并命筹银二十万两急赈之。辛丑,除热河新军营房占用圈地额租。壬寅,赈浙江钱塘等十一县水灾。癸卯,罢张勋东三省行营翼长,命赴甘肃提督任。甲辰,命伍廷芳、钱恂俱来京,以署外务部右丞张荫棠为出使美、墨、秘、古四国大臣,署外务部右参议吴宗濂为出使义国大臣。赵尔巽奏平四川宁远浅水猓夷。乙巳,赏京师贫民棉衣银,后以为常。丙午,命李准为广东水师提督。

秋七月戊申朔,裁湖南常德、宝庆、永顺、岳州、澧州、临武、桂阳、宣奉、永州、武冈、沅州、绥靖、辰州、岭东各协、营,暨抚标、提标副将、参将、游击、都司、守备等官。癸丑,浚辽河。丙辰,筹办海军大臣上《拟订海军长官旗式章服图说》,管理军咨处上《酌拟军咨处暂行章程》。赈江西萍乡等县水灾。丁巳,停秋决。法部上《补订高等各级审判厅试办章程》及《拟定外省审判厅编制大纲》。开四川重庆江北厅龙王洞煤铁矿。戊午,免云南鲁甸、镇雄二厅被灾田亩银米。甲申,南洋筹设劝业会,命南洋大臣、两江总督张人骏为会长,各省筹办协会,出品免税厘。辛酉,德宗景皇帝梓宫奉移山陵,免所过各州县旗租,并赏籽种银。甲子,裁河南粮盐道,增置巡警、劝业二道。戊辰,谕直省整饬积谷。恤以死建言颐和园八品苑副永麟。庚午,增设南洋各岛领事。壬申,学部立图书馆于京师。洪江会匪姚芒山伏诛。丙子,湖北平枭。

八月丁丑朔,考察宪政大臣李家驹进《日本司法制度考》等书。辛巳,开黑龙江墨尔根嫩江甘河煤矿。甲申,改吉林滨江道为西北路道,西路道为西南路道,并前设之东北路道、东南路道俱各分巡兵备道。乙酉,赈福建福州风灾,热河开鲁、平泉两州县水灾。丙戌,藏番不靖,赵尔丰剿定之。命候补内阁学士李家驹协理资政院事。戊子,京张铁路工成。除浙江镇海县开浚河道挖废民灶田地银米。己丑,开湖南平江金矿,新化锑矿,常宁铅矿。庚寅,子救父捐躯湖北黄陂县举人陈鸿伟孝行,宣付史馆。丁酉,大学士孙家鼐、张之洞并以病乞休。诏慰留之。戊戌,农工商部奏试行劝业富签公债票。己亥,大学士张之洞卒,赠太保,入祀贤良祠。命戴鸿慈在军机大臣上学习行走。以廷杰为法部尚书,葛宝华为礼部尚书。庚子,调诚勋为热河都统,以溥良为察哈尔都统。癸卯,京师开厂煮粥济贫民,发粟二千五百石有奇,已改设教养局、习艺所者仍给之,岁以为常。乙巳,修订法律大臣进编订现行刑律,下宪政编查馆核议。丙午,诏以九月初一日为各省召集议员开议之期,特申诰诫。谕曰:"咨议局议员于地方利弊当切实指陈,妥善计画。勿挟私心以妨公益,勿逞意气以紊成规,勿见事太易而议论稍涉嚣张,勿权限不明而定法或滋侵越,各督抚亦当虚心采纳,裁度施行,以期上下一心,渐臻上理。至开局以后,各督抚尤应遵照定章,实行监督,务使议决事件不稍逾越权限,违背法律。共摅忠爱,以图富强,朕实有厚望焉。"是月,载洵、萨镇冰出洋考查海军。

九月丁未朔,始制爵章颁赐。辛亥,和兰《保合会条约》成,分别批准画押。癸丑,命赵尔巽兼署成都将军。乙卯,内阁会奏德宗升祔大礼。诏穆宗毅皇帝、德宗景皇帝同为百世不祧之庙,宜以昭穆分左右,不以昭穆分尊卑。定德宗升太庙中殿,供奉西又次楹又五室穆位。前殿于文宗显皇帝之次,恭设坐西东向穆位。奉先殿准此。永为定制。丁巳,赏陆军贵胄学堂毕业生子爵成全等侍卫,及进叙有差。己未,资政院上《选举章程》。壬戌,德人游历云南,为怒夷所害,捕诛之。甲子,豫河安澜。赈广东省城及南海各县水灾。乙丑,锡林郭勒盟阿巴嘎、阿巴哈那尔、浩齐特、乌珠穆沁灾,发帑银三万两赈之。赈云南镇雄等州县水灾。丙寅,黄河安澜。授鹿传霖体仁阁大学士,吏部尚书陆润庠协办大学士。赏游学毕业生项骧等举人。辛未,升翰林院侍讲学士为正四品,侍读、侍讲从四品,撰文秘书郎、修撰正五品,编修、检讨从五品。颁爪哇侨民捐立学堂扁额。癸酉,南河安澜。是月,韩人安重根戕日本前朝鲜统监伊藤博文于哈尔滨。

冬十月丁丑朔,四川西昌、会理交界二板房夷匪为乱,官军剿平之。成都将军马亮卒。庚辰,葬孝钦显皇后于菩陀峪定东陵,免梓宫经过州县地方额赋,并赏平毁麦田籽种银。乙酉,孝钦显皇后神牌祔太庙,翼日颁诏天下。丙戌,定成都将军勿庸统辖松潘、建昌。以玉昆为成都将军。丁亥,直隶总督端方坐违制夺职。调陈夔龙为直隶总督,兼办理通商事务大臣,瑞澂署湖广总督。宝棻为江苏巡抚。以孙宝琦为山东巡抚,丁宝铨为山西巡抚。己丑,诏第一、二届筹办宪政事宜,内外诸臣应竭诚负责,并命宪政编查馆稽核所奏成绩,有因循敷衍、措置迟逾者,甄劾以闻。庚寅,宪政编查馆上《厘定各省提法使官制章程》。开库伦哈拉格囊围金矿。延祉以疾免,命三多署库伦办事大臣。辛卯,江苏溧阳、金坛、荆溪、宜兴、丹徒、丹阳、震泽等县灾,发帑银三万两赈之。癸巳,民政部奏,援案请赏米石,核定各厂院实需数目,收养贫民,诏行之。赈云南大姚、文山等县水灾。甲午,大学士孙家鼐卒,赠太傅,入祀贤良祠,赏银治丧。诏以已故五品卿衔山西即用知县汪宗沂经学卓越,宣付史馆。赏食饷闲散宗室、觉罗人等一月钱粮,暨孤寡半月钱粮,八旗、绿、步各营官兵半月钱粮,岁以为常。丁酉,免云南元江州属被水田亩银米。庚子,东明黄河安澜。癸卯,除广东缉匪花红,自今文武官有再收花红者以赃论。复前礼部尚书李端棻原官。甲辰,停今年吉林珠贡。乙巳,顺天绅士请为已故户部尚书立山、内阁学士联元立词,许之。

十一月戊申,免直隶武清等十一厅县额赋旗租,开州、东明、长垣等三州县额赋。己酉，上兼祧母后皇太后徽号曰隆裕皇太后，翼日颁诏天下。癸丑，民政部上《府厅州县自治选举章程》。癸亥，复前福建巡抚张兆栋原官。设黑龙江瑷珲沿边卡伦二十，自额尔古讷河讫于逊河口。乙丑，置督办盐政大臣，以载泽为之，产盐省分督抚为会办盐政大臣，行盐省分督抚俱兼衔。丙寅，授陆润庠体仁阁大学士，戴鸿慈以尚书协办大学士。辛未，以贝勒毓朗为步军统领。癸酉，都察院上《互选规则》。乙亥，学部上《女学服色章程》。予绝学专家已故候选同知直隶州知州华衡芳，与其弟故直隶州州判世芳，及已故二品封职徐寿俱宣付史馆。

十二月己卯，诏求直言。辛巳，增置奉天安图、抚松二县。壬午，赏游学专门詹天佑等工科、文科、法科进士，工科、格致科举人。癸未，免山东青城等八十九州县及卫所盐场本年钱粮。乙酉，德宗景皇帝神牌升祔奉先殿。赏一产三男河南柘城县民妇张刘氏、通许县民妇田厉氏米布。赈广东佛山等十三厅县灾。丙戌，定太医院院使为四品。戊子，录咸丰、同治年间戡定发、捻、回诸匪功臣后，叙官有差。除珲春军队营房占用旗户地亩租。庚寅，赵尔丰奏四川德格土司多格生吉纳土，改设流官，赏土舍都司世袭。壬辰，庆亲王奕劻免管理陆军贵胄学堂，以贝勒载润代之。癸巳，增置热河隆化县。乙未，宪政编查馆上《禁烟条例》，颁行之。复故前湖南巡抚陈宝箴原官。丙申，宪政编查馆上《禁买卖人口条款》。戊戌，法部上《法官惩戒章程》。己亥，宪政编查馆上《京师地方自治选举章程》。庚子，升太医院左右院判为五品。壬寅，宪政编查馆上《府厅州县地方自治章程》，并《府厅州县议事会议员选举章程》。癸卯，宪政编查馆上《法院编制法》，并法官考试任用、司法区域分划及初级暨地方审判厅管辖案件各暂行章程。

二年庚戌春正月丙午朔，不受朝贺。己酉，广州新军作乱，练军讨平之。辛亥，诏以人心浮动，党会繁多，混入军营，勾引煽惑，命军咨处、陆军部、南北洋大臣新旧诸军严密稽查，军人尤重服从长官命令，如有聚众开会演说，并严查禁。移吉林大通县驻松花江南岸，更名方正县。乙卯，广东革命党王占魁等伏诛。丁巳，达赖喇嘛患川兵至，出奔。谕联豫等仍遣员迎护回藏。辛酉，诏夺阿旺罗布藏吐布丹甲错济寨汪曲却勒朗结达赖喇嘛名号。盐政处上《督办盐政试行章程》。癸亥，协办大学士戴鸿慈卒，赠太子少保衔，赏银治丧。吕海寰等上《中国红十字会章程》，命盛宣怀充会长。监察御史江春霖以论庆亲王奕劻误国，斥回原衙门。命邮传部尚书徐世昌协办大学士，内阁学士吴郁生在军机大臣上学习行走。甲子，管理军咨处贝勒载涛请赴日本、美、英、法、德、义、奥、俄八国考察陆军。辛未，英国举行万国刑律改良会，法部奏遣检察厅长徐谦往与会。甲戌，诏："预备立宪，宜化除成见，悉泯异同。自今满、汉文武诸臣陈奏事件，一律称臣，以昭画一而示大同。"

二月乙亥朔，联豫请以新噶勒丹池巴罗布藏丹巴代理前藏事务。丙子，禁洋商湖南购运米石。辛巳，铁良以疾免，以荫昌为陆军部尚书，梁敦彦为税务处会办大臣。免浙江仁和、海沙、鲍郎、芦沥四场暨江苏横浦、浦东二场荒芜灶荡宣统元年通课。壬午，免陕西榆林等四州县旧欠，榆林府仓粮米草束。乙酉，以内阁侍读学士梁诚为出使德国大臣。丁亥，民政部上《修正报律》，下宪政编查馆核奏。己丑，复发帑银三万两赈安徽灾。壬辰，免吉林五常厅、桦甸县宣统元年通赋。甲午，联豫奏拉里僧俗暨工布番兵投诚归化。丙申，葛宝华卒，调荣庆为礼部尚书，以唐景崇为学部尚书。己亥，予故湖北提督夏毓秀优恤。癸卯，宪政编查馆上《行政纲目》，筹办海军大臣奏各司名目职掌。

三月乙巳朔，王士珍以疾免，命雷震春署江北提督。己酉，云南威宁邪匪袭昭城，官军剿灭之，匪首李老么伏诛。辛亥，湖南民饥倡变，谕擒首要，散胁从。壬子，湖南巡抚岑春蓂罢，命杨文鼎暂代之。遣杨士琦赴南洋充劝业会审查总长。丁巳，祈雨。庚申，雨。追复故海军提督丁汝昌原官，废秋审覆审旧制，谕沿江各省督抚平粜。河南巡抚吴重熹免，以宝棻代之。调程德全为江苏巡抚。壬戌，予遗爱在民故太常寺卿袁昶安徽芜湖县建祠。癸亥，裁奉天巡抚。授广福伊犁将军。甲子，革命党人汪兆铭、黄复生、罗世勋谋以药弹轰击摄政王，事觉，捕下法部狱。庚午，旌殉夫烈妇山东曲阜孔令保妻潘氏，宣付史馆。

夏四月甲戌朔，诏资政院于本年九月一日开院，钦选宗室王、公世爵、宗室、觉罗各部院官暨硕学通儒议员八十八人，前期召集。丙子，裁福建督粮道，增设巡警道、劝业道。丁丑，命载涛充专使大臣，往英国吊祭。戊寅，赏游学毕业生吴匡时等七人工科进士、法政科举人有差。庚辰，宪政编查馆修订法律大臣进《现行刑律》，命颁行之。诏曰："此项刑律，为改用新律之预备。内外问刑衙门，当悉心讲求，依法听断。毋任意出入，致枉纵。"癸未，诏："各省增设巡警、劝业两道，原期保卫治安，振兴实业。督抚于已补人员悉心考核，如不能胜任，或于缺不宜，即奏明另补，毋回护瞻徇。"乙酉，联豫请西藏曲水、哈拉乌苏、江达、山南、硕般多及三十九族地方各设委员一人，并停藏番造枪、造币两厂。前出使义大利大臣钱恂进《和会条约译诠》。丁亥，以江北盐枭、会匪出没靡常，谕雷震春剿抚之。己丑，度支部上《币制兑换则例》。诏："国币单位，定名曰元。暂就银为本位，以一元为主币，重库平七钱二分。另以五角、二角五分、一角三种银币，及五分镍币，二分、一分、五厘、一厘四种铜币为辅币。元、角、分、厘，各以十进，著为定制。"以联芳为荆州将军。庚寅，定续选纳税多额十人为议员。辛卯，命邮传部侍郎汪大燮充出使日本大臣。癸巳，梁敦彦以疾免，以邹嘉来署外务部尚书兼会办大臣。除湖北石首县文义洲地方租课、芦课。丙申，湖南巡抚岑春蓂褫职。

五月丙辰，升四川宁远阿拉所巡检为盐边厅抚夷通判。戊午，湖南常德府水潦灾，发帑银两万两赈之。李经羲奏云南永昌府属镇康土州改流官，增置永康州。免云南陆凉州被旱银粮。辛酉，赈江北海州等处水灾。癸亥，都察院代递咨议局议员孙洪伊等并直省旗籍代表等呈请速开国会。诏仍俟九年筹备完全，再行降旨定期召集议员，宣谕之。甲子，免湖南苗疆佃民欠租，湖南凤凰、乾州、永绥、保靖、泸溪、麻阳、古丈坪七厅县积欠屯租谷石。己巳，赈湖北灾。辛未，裁奉天同江厅河防同知。

六月壬午，黑龙江灾，发帑银两万两赈之。乙酉，汪大燮进考查英国宪政编辑各书。己丑，命筹办海军事务大臣贝勒载洵充参预政务大臣。壬辰，命外务部侍郎胡惟德充税务处帮办大臣。丙申，诏："各省督抚劳于行政，亟干筹款，而恒疏于察吏。不知吏治不修，则劳民伤财，乱端且从此起，新政何由而行？其各慎选牧令，为地择人，斯为绥靖地方至计。"戊戌，诏各部院、各督抚严劾贪官污吏，并谕贵戚及中外大臣敦品励行，整躬率属。己亥，命载泽、寿勋会阿穆尔灵圭、载润查办前锋营暨内务府三旗护军营，厘定章程以闻。是月，山东莱阳绅民相仇，匪首曲思文聚众万余，围攻城邑，劫杀官兵，海阳亦因征收钱粮激变，旋并平定之。

秋七月甲辰，裁福建督粮道，置劝业道。瑞兴免，以志锐为杭州将军。乙巳，瑞龢、杨文鼎奏湘省匪势蔓延，拟行清乡法，从之。戊申，诏农工商部会同各督抚等调查矿产，熟筹开办。庚戌，诏趣各督抚查造官民荒田及气候土宜图册，并兴举工艺实业，报农工商部奏闻。壬子，农工商部立度量权衡用器制造厂。癸丑，贝勒载涛奏考察各国军政，军人犯罪，统归军法会议处审断，非普通裁判所得与闻。谕照行之。甲寅，世续、吴郁生免军机大臣，以毓朗、徐世昌为军机大臣。命唐绍仪署邮传部尚书。毓朗免步军统领并专司训练禁卫军大臣。命乌珍兼署步军统领。设各省交涉使。新疆陆军营官田熙年以擅杀酿变伏诛。丙辰，安徽皖南、南陵、宿州、灵璧等属潦灾，发帑银四万两赈之。丁巳，法部上《秋审条款》。庚申，前江西提学使浙路总理汤寿潜，以劾盛宣怀为苏浙路罪魁祸首，夺职。辛酉，赈皖北饥民。以忠瑞为科布多办事大臣。联魁免新疆巡抚，以何彦升代之。改各省按察使为提法使。甲子，大学士鹿传霖卒，赠太保，入祀贤良祠，赏银治丧。乙丑，命外务部参议上行走沈瑞麟充出使奥国大臣，外务部右丞刘玉麟充和兰万国禁烟大会全权委员。戊辰，奉天开葫芦岛港。己巳，置黑龙江讷河直隶厅同知。是月，载洵、萨镇冰复往美利坚、日本两国考察海军。

八月甲戌，置奉天镇东县。乙亥，清锐免，以铁良为江宁将军。癸未，命沈家本充资政院副总裁。甲申，以外务部右丞刘玉麟充出使英国大臣。丁亥，理藩部奏变通禁止出边开垦地亩、民人聘娶蒙古妇女、内外蒙古不准延用内地书吏教读、公牍不得擅用汉文、蒙古人不得用汉字命名等旧例，许之。增置四川昭觉县。乙丑，联芳免，以凤山为荆州将军。命荫昌兼训练近畿各镇大臣。甲子，命近畿陆军各镇俱归陆军部管辖。裁近畿督练公所。增置奉天盐运使。改四川盐茶道为盐运使，茶务归劝业道管理。乙未，以奏报禁种烟苗粉饰，下吉林、黑龙江、河南、山西、福建、广西、云南、新疆诸省督抚部议，申谕各省严切查禁。丙午，授徐世昌为体仁阁大学士，以吏部尚书李殿林协办大学士。丁酉，以廓尔喀额尔德尼王毕热提毕毕噶尔玛生写热曾噶扒噶都热萨哈拒西藏求援兵，诏嘉奖之。庚子，赈陕西华、渭南两州县潦灾。

九月辛丑朔，资政院举行开院礼，监国摄政王莅会颁训辞。壬寅，赏游学毕业生吴乃琛等四百五十九人文、医、格致、农、工、商、法政进士、举人有差。癸卯，免甘肃河、金、渭源、伏羌、安定、会宁、宁灵、循化、秦九厅州县上年被灾地亩钱粮草束。丙午，江北徐州等属雨潦灾，命度支部发帑赈之。乙巳，署绥远城将军、督办垦务大臣信勤以疾免，调堃岫代之。以奎芳为乌里雅苏台将军。戊申，命度支部再发帑银两万两赈皖北灾。壬子，张人骏以上海市情危急，请借洋款酌剂，并输运库帑银五十万两，许之。癸丑，永定河安澜。赈四川绵竹等厅县水灾。甲寅，裁海龙围场总管。丙辰，诏直省举贤良方正，从严甄取。己未，予积赀兴学山东堂邑义丐武训事实宣付史馆。裁湖南常德府同知、宝庆府长安营同知。癸亥，谕绥远城垦务紧要，沿边道厅以下官，凡关垦务者，均听垦务大臣节制。丙寅，杨枢以疾免，命农工商部右丞李国杰充出使比国大臣。赈黑龙江水灾。丁卯，袁树勋以疾免，命张鸣岐署两广总督。以沈秉堃为云南巡抚。戊辰，裁贵州副将、游击、都司、守备等官。免新疆迪化等十一厅县民欠钱粮、籽种。

十月癸酉，诏改于宣统五年开国会，以直省督抚多以为言，复据顺天直隶各省咨议局人民代表请愿速开国会，故有是命。甲戌，命溥伦、载泽充纂拟宪法大臣。乙亥，黄河安澜。丁丑,广西岑溪匪乱,官军剿定之,匪首陈荣安伏诛。程文炳卒,以程允和为长江水师提督,命甘肃提督张勋接统江南浦口各营。免甘肃灵州水灾银米。庚辰,增韫奏浙江裁绿营改编水师。辛巳,诏以缩改宣统五年开设议院,责成各主管衙门切实筹备,民政、度支、法、学诸部俱有应负责任,提前通盘筹画,分别最要、次要,详细以闻。并诚勉直省督抚淬厉精神,切实遵行,毋再因循推诿,致误限期。壬午,何彦升卒,以袁大化为新疆巡抚。戊戌,予故大学士、前署两广总督张之洞于江宁省城建祠。

十一月癸卯,罢陆军尚书、侍郎及左右丞、参议,改设陆军大臣、副大臣各一人。置海军部,设海军大臣、副大臣各一人。以荫昌为陆军大臣,寿勋副之。贝勒载洵为海军大臣,谭学衡副之。乙巳,命海军提督萨镇冰统巡洋长江舰队。丙午,云南大姚县民乱,入城劫狱杀人,官军剿定之,匪首陈文培、邓良臣俱伏诛。己酉,命前安徽巡抚冯煦为江、皖筹赈大臣。壬子,农工商部进编辑《棉花图说》。丁巳,资政院言军机大臣责任不明,难资辅弼,请设立责任内阁。诏以朝廷自有权衡,非院臣所得擅预,斥之。雷震春罢,命段祺瑞署江北提督。庚申,陈夔龙奏顺直谘议局呈请明年即开国会,谕提前豫备事宜已虑不及,岂能再议更张。命剀切宣示,不准再行要求渎奏。加赏普济教养局仓米六十石,月以为常。辛酉,置各省高等审判、检察厅,设丞、长,湖南缓设。癸亥,东三省国会请愿代表来京,呈请明年即开国会。军机大臣以闻。诏民政部、步军统领衙门勒归籍,勿逗留,再有来京及各省聚众者察治之。甲子,诏趣宪政编查馆拟订筹备清单,内阁官制并纂拟具奏。予故大学士张之洞于湖北省城建祠。乙丑,庆亲王奕劻请免军机大臣及总理外务部,优诏慰留之。己巳,资政院请明谕剪发易服。

十二月壬申,谕各省晓谕学堂,禁学生干豫政治,聚众要求,违者重治。丙子,唐绍仪以疾免,以盛宣怀为邮传部尚书。丁丑,察哈尔右翼四旗蒙古灾,发帑银一万两赈之。己卯,志锐请变通销除旗档旧制。辛巳,召增祺入觐,命孚琦署广州将军。壬午,召赵尔巽入觐。癸未,重申烟禁,地方官仍前粉饰者罪之,并命民政、度支二部考核。命各省总督会同宪政编查馆王大臣参订外省官制。乙酉,裁并江苏州县,设审判厅。江宁以江宁并入上元,苏州以长洲、元和并入吴,江都并入甘泉,昭文并入常熟,新阳并入昆山,震泽并入吴江,娄并入华亭,阳湖并入武进,金匮并入无锡,荆溪并入宜兴。丁亥,宪政编查馆上遵拟修正逐年筹备事宜清单。裁吉林水师营官丁。戊子,四川匪踞黔江县为乱,官军击却之,复其城。己丑,考察宪政大臣李家驹进《日本租税制度考》《会计制度考》。癸巳,四川匪首温朝钟窜入湖北咸丰县境,擒斩之。乙未,命贝子衔镇国将军载振充头等专使大臣,贺英君加冕。资政院议决《新刑律总则》《分则》,诏颁布之。丙申,免陕西咸宁等六十四府厅州县光绪三十三年逋赋,并广有仓钱粮草束。丁酉,资政院上议决《统一国库章程》。戊戌,资政院奏议决《宣统三年岁出岁入总豫算》。廷杰卒,以绍昌为法部尚书。己亥,裁甘肃兰州道,置劝业道。是月,江、淮饥,人相食。东三省疫。

三年辛亥春正月庚子朔,以山海关外防疫,天寒道阻,谕陈夔龙、锡良安置各省工作人。丙午,冯煦奏察勘徐、淮灾状。己酉,免江苏长洲等四十厅州县田地银粮。庚戌,赈江苏高邮、宝应、清河、安东、山阳、阜宁等县水灾。甲寅,度支部上《全国豫算章程》。丙辰,释服。御史胡思敬劾宪政编查馆,言新官不可滥设,旧官不可尽裁;起草应用正人,颁行当采众议。下其章于政务处。庚申,调志锐为伊犁将军,广福为杭州将军。乙丑,除非刑。凡遣、流以下罪,毋用刑讯。法部奏上已革绥远城将军贻谷罪论死。诏改戍新疆效力赎罪。乙巳,命周树模会勘中俄边界。是月,直隶、山东民疫。

二月庚午朔,予故大学士、前湖南巡抚王文韶于湖南省城建祠。冯煦请浚睢河。民政部上《编订户籍法》。壬申,谕所司防疫,毋藉端骚扰,并命民政部、步军统领衙门、顺天府以保卫民生之意谕人民。乙亥,四川德格、春科、高日三土司改设流官,置边北道,登科府,德化、白玉二州,石渠、同普二县。定应遣新疆军台人犯改发巴、藏。丙子,免云南昆明等三州县被灾田地条粮银米。丁丑,免浙江仁和等三十州县,杭、严二卫,衢、严二所荒地钱粮漕米。戊寅,改陆军部、海军部大臣、副大臣为正都统、副都统,仍以荫昌、寿勋、载洵、谭学衡为之,英人占片马。癸未,命李家驹撰拟讲义轮班进呈。丙戌,裁驻藏帮办大臣,设左右参赞。丁亥,颁浙江惠兴女学堂"贞心毅力"扁额。乙丑,外务部上《勋章赠赏章程》。命度支部右侍郎陈邦瑞、学部右侍郎李家驹、民政部左参议汪荣宝协纂宪法。以诚勋为广州将军,溥颐为热河都统。以贝子溥伦为农工商部尚书,世续为资政院总裁,李家驹副之,刘若曾为修订法律大臣。壬辰,禁洋商运盐入口。改设英属槟榔屿正领事官。

三月庚子,以刘锐恒为云南提督。裁稽察守卫处,置管理前锋、护军等营事务处,三旗护军仍隶内务府。陆军部奏,东三省测量局员焦滇贿卖秘密地图,诛之。辛丑,裁奉天承德、锦二县。壬寅,裁四川川北、重庆二镇总兵官。癸卯,颁尽忠节、守礼节、尚武勇、崇信义、敦朴素、重廉耻六条训谕军人。丁未,赏陆军各镇、协统制、统领等官何宗莲、李奎元等陆军副都统衔、协都统有差。戊申,吉林浚图们江航路通于海。己酉,命出使义国大臣吴宗濂充专使,贺义大利国庆典。庚戌,革命党人以药弹击杀署广州将军孚琦。壬子,以萨镇冰为海军副都统。赵尔丰奏平三岩野番,改孔撒、麻书两土司,设流官。甲寅,授张鸣岐两广总督。乙卯,度支部尚书载泽与英、美、德、法四国银行缔结借款契约。丙辰,赏伊犁将军志锐尚书衔,伊犁地方文武各官受节制。免浙江仁和等三十七州县并卫所田塘宣统二年银粮。戊午,以江、皖、豫灾,命冯煦会三省督抚筹春赈。己未,和兰开禁烟会于海牙,命出使德国大臣梁诚往与会。赈科布多札哈沁蒙古游牧灾。庚申,锡良以疾免,调赵尔巽为东三省总督,授钦差大臣,兼管三省将军事,加直隶热河道提法使衔。辛酉,命赵尔丰署四川总督,王人文为川滇边务大臣。予哀毁殉亲前浙江巡抚聂缉椝孝行宣付史馆。癸亥,汉儒赵岐、元儒刘因俱从祀文庙。华商创立大同学校于日本横滨,颁"育才广学"扁额。丁卯,革命党人黄兴率其党于广州焚总督衙署,击走之。

夏四月辛未,杨文鼎请缓裁湖南绿营及防军。甲戌,赏游学毕业生钟世铭、汪燨芝等法政科进士、举人,工科举人有差。丙子,赵尔巽奏请用人行政便宜行事,从之。丁丑,裁山东抚、镇标营官。戊寅,诏改立责任内阁。颁内阁官制。授庆亲王奕劻为内阁总理大臣,大学士那桐、徐世昌俱为协理大臣。以梁敦彦为外务大臣,善耆为民政大臣,载泽为度支大臣,唐景崇为学务大臣,荫昌为陆军大臣,载洵为海军大臣,绍昌为司法大臣,溥伦为农工商大臣,盛宣怀为邮传大臣,寿耆为理藩大臣。复命内阁总、协理大臣俱为国务大臣,内阁总理大臣、协理大臣均充宪政编查馆大臣,庆亲王奕劻仍管理外务部。置弼德院,以陆润庠为院长,荣庆副之。罢旧内阁、办理军机处及会议政务处。大学士、协办大学士仍序次于翰林院。裁内阁学士以下官。置军咨府,以贝勒载涛、毓朗俱为军咨大臣,命订府官制。赵尔巽会陈夔龙、张人骏、瑞澂、李经羲与宪政编查馆大臣商订外省官制。

己卯，庆亲王奕劻、大学士那桐、徐世昌俱辞内阁总理、协理，不许，趣即任事。重申鸦片烟禁，谕民政、度支二部，各省督抚克期禁绝。诏定铁路国有。先是，给事中石长信疏论各省商民集股造路公司弊害，宜敕部臣将全国干路定为国有，自余支路准各省绅商集股自修，上韪之，下邮传部议。至是，奏言："中国幅员广袤，边疆辽远，必有纵横四境诸大干路，方足以利行政而握中枢。从前规画未善，致路政错乱纷歧，不分枝干，不量民力，一纸呈请，辄准商办。乃数载以来，粤则收股及半，造路无多。川则倒账甚钜，参追无着。湘、鄂则开局多年，徒供坐耗。循是不已，恐旷日弥久，民累愈深，上下交受其害。应请定干路均归国有，枝路任民自为。晓谕人民，宣统三年以前各省分设公司集股商办之干路，应即由国家收回。亟图修筑，悉废以前批准之案。"故有是诏。辛未，吉林火灾，发帑银四万两赈之。癸未，赠恤署广州将军副都统孚琦。丁亥，资政院请预算借款两事归院会议，不许。戊子，起端方以侍郎候补，充督办粤汉、川汉铁路大臣。谕裁缺候补人员毋得奏事。谕本年秋季调集禁卫军及近畿各镇陆军于直隶永平府大操。己丑，恭亲王溥伟以疾免禁烟大臣，以顺承郡王讷勒赫代之。庚寅，邮传大臣盛宣怀与英、德、法、美四国银行缔结借款契约成。辛卯，庞鸿书罢，以沈瑜庆为贵州巡抚。壬辰，命督抚晓谕人民，铁路现归官办，起降旨之日，川、湘两省租股，并停罢。宣统三年四月以前所收者，应由邮传部、督办铁路大臣会督抚查奏。地方官敢有隐匿不报者诘治。杨文鼎奏湘省自闻铁路干路归国有谕旨，群情汹惧，哗噪异常，遍发传单，恐滋煽动。谕严行禁止，倘有匪徒从中煽惑，意在作乱者，照惩治乱党例，格杀勿论。朱家宝奏江、淮交会为匪党出没之区，比岁荐饥，盗风尤炽。请援鄂、蜀惩办会匪、土匪章程，犯者以军法从事。丙申，移税务司附属之邮政归邮传部管理。除云南昆明县官用田地额赋。丁酉，赈山东滕、峄二县灾。

五月庚子，用湖南京官大理寺少卿王世祺等言，停湖南因路抽收房捐及米盐捐。辛酉，杨文鼎奏湖南咨议局呈湘路力能自办，不甘借债，据情代奏，严饬之。恤墨西哥被害华侨银。壬寅，裁广西绿营都司、守备以下官及马步兵。癸卯，山东衮、沂、曹三府，济宁州灾，发帑银三万两赈之。四川咨议局以绅民闻铁路国有之旨，函电纷驰，请缓接收，并请停刊誊黄，呈王人文代奏。人文以闻，诏切责之，仍命迅速刊刻誊黄，遍行晓谕，并剀切开导。乙巳，免珲春贫苦旗丁承领荒地价银。戊申，廷试游学毕业生进士江古怀等，叙官有差。乙卯，孙宝琦奏宗支不宜豫政，饬之。壬子，起复那桐，仍授文渊阁大学士。丙辰，广东因收回路事，倡议不用官发纸币，持票取银。谕张鸣岐防范。丁巳，资政院上修改《速记学堂章程》。戊午，度支、邮传二部会奏川、粤、汉干路收回办法。请收回粤、川、湘、鄂四省公司股票，由部特出国家铁路股票换给。粤路发六成。湘、鄂路照本发还。川路宜昌实用工料之款四百余万，给国家保利股票，其现存七百余万两，或仍入股，或兴实业，悉听其便。诏端方迅往三省会各督抚照行之。丁宝铨以疾免，以陈宝琛为山西巡抚。庚申，命于式枚总理礼学馆。甲子，内阁上内阁属官官制、法制院官制，诏颁布之。置内阁承宣厅，制诰、叙官、统计、印铸四局。设阁丞、厅长、局长各官。并置内阁法制院院使。罢宪政编查馆、吏部、中书科、稽察钦奉上谕事件处、批本处，俱归其事于内阁。以翻书房改隶翰林院。陆军部奏，简各省督练公所军事参议官。乙丑，翰林院进检讨章梫所纂《康熙政要》。

六月丁卯，命资政院会内阁改订院章。赈湖南武陵、龙阳、益阳三县水灾。保定陆军军械局火药库、陆军第二镇演武厅火药库俱火。庚辰，安徽水，无为州五里碑、九连等处圩坏。辛巳，以荣庆为弼德院院长，邹嘉来副之。陆润庠免禁烟大臣，陈宝琛免山西巡抚，以侍郎候补。伊克坦免都察院副都御史，以副都统记名。裁兼管顺天府府尹。壬午，以陆钟琦为山西巡抚。癸未，赵尔丰奏收巴塘得荣地方，户民请纳粮税，浪庄寺喇嘛千余人许还俗。又奏巴塘临卡石户民投诚，拨隶三坝厅管理。乙酉，伊克昭盟扎萨克固山贝子三济密都布旗灾，发帑银一万两赈之。丙戌，丹噶尔厅及西宁县匪党纠众为乱，官军击散之，首犯李旺、李统春、李官博俭等伏诛。辛卯，置典礼院，设掌院大学士、副掌院学士、学士、直学士各官。以李殿林为典礼院掌院学士，郭曾炘为副。壬辰，四川绅民罗纶等二千四百余人，以收路国有，盛宣怀、端方会度支部奏定办法，对待川民纯用威力，未为持平，不敢从命，呈请裁察。王人文以闻，诏以一再渎奏，切责之。增设和属爪哇岛总领事，洒水、苏门答腊正领事。甲午，湖南常德府大雨河溢，浸属县，坏田庐，发帑银六万两赈之。丙申，以禁烟与英使续订条件，重申厉禁，谕中外切实奉行。

闰六月己亥，命宝熙充禁烟大臣。庚子，恩寿以疾免，以余诚格为陕西巡抚。癸卯，安徽大雨，江潮暴发，滨江沿河各州县涝灾，以帑银五万两赈之。庚戌，调余诚格为湖南巡抚，杨文鼎为陕西巡抚。壬子，诏本年调集禁卫军及近畿各镇军于永平府大操，命军咨大臣贝勒载涛恭代亲临监军。癸丑，命贝子溥伦、镇国公载泽会宗人府纂拟皇室大典。乙卯，革命党人以药弹道击广东水师提督李准，伤而免。前吉林将军铭安卒。丙辰，命载振、陆润庠、增祺、陈宝琛、丁振铎、姚锡光、沈云沛、诚勋、清锐、朱祖谋俱充弼德院顾问大臣，国务大臣奕劻、那桐、徐世昌、梁敦彦、善耆、载泽、唐景崇、荫昌、载洵、绍昌、溥伦、盛宣怀、寿耆及宗人府宗令世铎、总管内务府大臣奎俊、继禄俱兼任弼德院顾问大臣。丁巳，调善耆为理藩大臣，以桂春署民政大臣。调凤山为广州将军，以寿耆为荆州将军。川路股东会会长颜楷等呈劾邮传部，赵尔丰以闻，不报。辛酉，裁各省府治首县，改置地方审判厅。乙丑，内阁请修订法规。

七月壬申，赵尔丰奏铁路收归国有，川民仍多误会，相率要求。谕邮传部、督办铁路大臣清理路股，明示办法，以释群疑。甲戌，命瑞龢、张鸣岐、赵尔丰、余诚格各于辖境会办铁路事宜。命端方赴四川按查路事。丁丑，以四川人心浮动，宜防蛊惑，谕提督田振邦严束营伍弹压之，趣端方速赴四川，许带兵队。赵尔丰、玉昆率提督、司、道奏，川民争路激烈，请交资政院议决仍归商办，不许，仍责赵尔丰弹压解散。己卯，江苏各属大雨，圩堤溃决，田禾淹没，发帑银四万两赈之。永定河决。端方入川，水陆新旧诸军听调遣。调陆徵祥为出使俄国大臣，刘镜人为出使和国大臣。辛巳，忠瑞免，以桂芳为科布多办事大臣。溥铜免，以萨荫图为科布多参赞大臣。壬午，四川乱作，赵尔丰执咨议局议长蒲殿俊、副议长罗纶、保路同志会长邓孝可、股东会长颜楷、张澜及胡嵘、江三乘、叶秉诚、王铭新九人。寻同志会聚众围总督署，击之始散。赈浙江杭、嘉、湖、绍四府灾。癸未，帝入学。大学士陆润庠、侍郎陈宝琛授读，副都统伊克坦教习国语清文。赈湖北水灾。甲申，广东澄海县堤决，发帑银四万两赈之。四川旅京人民以争路开会，具呈资政院乞代奏。命捕代表刘声元解归籍。谕学部约束学生勿预外事，并敕所司禁聚众开会。丁亥，山东济南及东西路各州县水灾，黄河上游民埝复决，发帑银五万两赈之。赈福建水灾。戊子，命前两广总督岑春煊往四川，会赵尔丰办理剿抚事宜。己丑，监国摄政王阅禁卫军。癸巳，以四川民乱，谕赵尔丰督饬诸军迅速击散，仍分别良莠剿抚，被胁者宥之。甲午，波密野番投诚。

八月丙申，总税务司赫德卒，晋太子太保衔。予故成都将军、前伊犁将军马亮于伊犁建祠。壬寅，庆亲王奕劻复请免内阁总理大臣及管理外务部，不许。甲辰，裁直隶督标、提标、通永、天津、正定、大名、宣化各镇标官弁马步守兵，提督依旧。丙午，江南提督刘光才以疾免，调张勋代之，以张怀芝为甘肃提督。丁未，定国乐。庚戌，置盐政院，设大臣以下官，废盐务处。命载泽兼任盐政大臣。癸丑，端方、瑞澂奏，湖北境内粤汉、川汉铁路改归国有，取消商办公司，议定接收路股办法，诏嘉之，并以深明大义奖士绅。甲寅，革命党谋乱于武昌，事觉，捕三十二人，诛刘汝夔等三人。瑞澂以闻，诏嘉其弭患初萌，定乱俄顷，命就擒获诸人严鞫，并缉逃亡。乙卯，武昌新军变附于革命党，总督瑞澂弃城走，遂陷武昌。诏夺瑞澂职，仍命权总督事，戴罪图功。命陆军大臣荫昌督师往讨，湖北军及援军悉听节制，萨镇冰率兵舰、程允和率水师并援之。丙辰，张彪以兵匪构变，弃营潜逃，夺湖北提督，仍责剿匪。停永平大操。弛山西、河南运粮禁。武昌军民拥陆军第二十一混成协统领官黎元洪称都督，置军政府。嗣是行省各拥兵据地号独立，举为魁者皆称都督。革命军取汉阳，袭兵工厂、铁厂，据汉口。丁巳，起袁世凯为湖广总督，岑春煊为四川总督，俱督办剿抚事宜。命贝勒载涛督禁卫各军守近畿。戊午，王人文罢，复以赵尔丰为川滇边务大臣。停奉天今年贡。己未，岑春煊辞四川总督，诏不许。趣梁敦彦来京供职。京师开粜济民食。壬戌，诏长江水陆诸军俱听袁世凯节制。谕川、楚用兵，原胁从，自拔来归，不咎既往，愿随军自效，能擒献匪党者，优赏之。获逆党名册应销毁，毋株连。两省被扰地方抚恤之。免裁各省绿营、巡防队。寿耆免，授连魁荆州将军。癸亥，皇太后懿旨，发帑银二十万两赈湖北遭兵难民。福建龙溪、南靖两县河溢堤决，发帑银二万两赈之。以湖北用兵，谕山东、山西两省购运米麦济军。甲子，命副都统王士珍襄办湖北军务。

九月乙丑朔，日有食之。资政院第二次开会，诏勖议员。湖南新军变，巡抚余诚格奔于兵舰，巡防营统领前广西右江镇总兵黄忠浩死之。丙寅，陕西新军变，护巡抚布政使钱能训自杀不克，遂走潼关，西安将军文瑞、副都铳承燕、克蒙额俱死之。丁卯，皇太后懿旨，发内帑二十四万两赈直隶、吉林、江苏、安徽、山东、浙江、湖南、广东诸省饥，立慈善救济会。戊辰，张荫棠免，以施肇基充出使义墨秘鲁三国大臣。革命党人以药弹击杀广州将军凤山。己巳，皇太后助帑于慈善救济会。资政院言邮传大臣盛宣怀侵权违法，罔上欺君，涂附政策，酿成祸乱，实为误国首恶，诏夺职。端方奏，访查川乱缘起，实由官民交哄而成，请释咨议局议长蒲殿俊及邓孝可等九人，湖北拘留法部主事萧湘并免议，从之。以唐绍仪为邮传大臣。命陈邦瑞为江、皖赈务大臣。庚午，皇太后出内帑一百万两济湖北军。召荫昌还，授袁世凯钦差大臣，督办湖北剿抚事宜，节制诸军。命军咨使冯国璋总统第一军，江北提督段祺瑞总统第二军，俱受袁世凯节制。以春禄为广州将军。赠恤遇害广州将军凤山。冯国璋与革命军战于滠口，水陆夹击汉口，复之。壬申，以瑞澂失守武昌，避登兵舰，潜逃出省，偷生丧胆，诏逮京，下法部治罪。癸酉，下诏罪己。命溥伦、载泽纂宪法条文，迅速以闻。资政院总裁大学士世续以疾免，以李家驹代之，达寿为副。桂春回仓场侍郎任，赵秉钧署民政大臣。夺湖南巡抚余诚格职，仍权管湖南巡抚事。山西新军变,巡抚陆钟琦死之。云南新军变,总督李经羲遁,布政使世增及统制官钟麟同、兵备处候补道王振畿、辎重营管带范钟岳俱死之。命汤寿潜总办浙江团练。开党禁。戊戌政变获咎,及先后犯政治革命嫌疑,与此次被胁自归者,悉原之。资政院言内阁应负责任,请废现行章程,实行内阁完全制度,不以亲贵充任。诏韪之。顺天府平粜。甲戌,江西新军变,巡抚冯汝骙走九江,仰药死。安徽新军犯省垣,击散之。乙亥,授袁世凯内阁总理大臣,命组织完全内阁。庆亲王奕劻罢内阁总理大臣,命为弼德院院长。那桐、徐世昌罢内阁协理大臣,及荣庆并为弼德院顾问大臣。罢善耆、邹嘉来、载泽、唐景崇、荫昌、载洵、绍昌、薄伦、唐绍仪、寿耆国务大臣,俱解部务。载涛罢军咨大臣,以荫昌为之。起魏光焘为湖广总督,命速往湖北。陆海各军及长江水师仍听袁世凯节制调遣。丙子,召袁世凯来京。命王士珍权署湖广总督。用张绍曾言,改命资政院制定宪法。丁丑,资政院奏采用君主立宪主义,上重大信条十九事。发内帑十万两赈四川遭兵难民。戊寅,诏统兵大员以朝廷与民更始,不忍再用兵力之意谕人民。谕统兵大员申明纪律,禁扰民。命第六镇统制吴禄贞署山西巡抚。袁世凯辞内阁总理大臣,温诏勉之。赠恤殉难山西巡抚陆钟琦。贵州独立,举都督,巡抚沈瑜庆遁。革命军陷上海。袁世凯命前敌诸军停进兵。寻遣知府刘承恩、正参领蔡廷干诣黎元洪劝解兵,不得要领而还。己卯,诏许革命党人以法律组政党。资政院言汉口之役,官军惨杀人民,请敕停战。谕袁世凯按治军官罪,商民损失由国家偿之。吴禄贞奏,遣员入敌军劝告,下令停攻击,亲赴娘子关抚慰革命军,诏嘉之,裁广东交涉使司。江苏巡抚程德全以苏州附革命军,自称都督。浙江新军变,巡抚增韫被执,寻纵之。庚辰,予第二十镇统制张绍曾侍郎衔,宣抚长江。绍曾称疾不赴。命张勋充会办南洋军务大臣。赵尔丰免,命端方署四川总督。趣袁世凯入京。释政治嫌疑犯汪兆铭、黄复生、罗世勋于狱。辛巳,广西巡抚沈秉坤自称都督。内阁铨叙局火。壬午,江宁新军统制徐绍桢以其军变,将军铁良、总督张人骏、提督张勋拒守。镇江陷,京口副都统载穆死之。安徽新军变,推巡抚朱家宝为都督。癸未,诏特命袁世凯为内阁总理大臣。从资政院奏,依宪法信条公举,故有是命。吕海寰请依红十字会法,推广慈善救济会,从之。广东独立,举都督,总督张鸣岐遁。福建新军变,将军朴寿、总督松寿死之。甲申,皇太后懿旨罢继禄,起世续复为总管内务府大臣。召锡良入觐。以朝廷于满、汉军民初无歧视,命统兵大员晓谕之。乙酉,山东巡抚孙宝琦宣告独立。顺天府奏立临时慈善普济赤十字总会于京师。罢贝勒毓朗军咨大臣,以徐世昌代之。丙戌,赏恤江宁战守将士。命吕海寰充中国红十字会会长,兼慈善救济会事。东三省咨议局及新军要求独立,总督赵尔巽不从,寝其议,仍令解劝之。丁亥,命近畿各镇及各路军队并姜桂题所部俱听袁世凯节制。戊子,分遣被兵各省宣慰使,征国民意见。命各省督抚举足为代表者来京与会议。赵尔巽以川事引咎请罢,诏不许。吴禄贞以兵至石家庄,为其下所杀。御史温肃劾禄贞包藏祸心,反形显著。诏陈夔龙按查。王士珍以疾免,命段芝贵护湖广总督。永定河合龙。袁世凯来京。己丑,以张锡銮为山西巡抚。溥颋免,以锡良为热河都统。庚寅,袁世凯举国务大臣。诏命梁敦彦为外务大臣,赵秉钧为民政大臣,严修为度支大臣,唐景崇为学务大臣,王士珍为陆军大臣,萨镇冰为海军大臣,沈家本为司法大臣,张謇为农工商大臣,杨士琦为邮传大臣,达寿为理藩大臣,俱置副大臣佐之。于式枚、宝熙充修律大臣。绍昌、林绍年、陈邦瑞、王垿、吴郁生、恩顺俱充弼德院顾问大臣。辛卯,命段祺瑞署湖广总督。起升允署陕西巡抚,督办军务。壬辰,浙江巡抚增韫坐擅离职守夺职。癸巳,以督攻秣陵关余党,将士奋勇,赏张勋二等轻车都尉世职。甲午,资政院上改订院章,颁布之。

冬十月丙申,内阁奏立宪抵触事项,停召对奏事。弼德院、军咨府并限制之。废各衙门直日旧章。更命世续复为文渊阁大学士。戊戌,伍廷芳、张謇、唐文治、温宗尧劝告摄政王,请赞共和政体。庚子,以宪法信条十九事誓告太庙,摄政王代行祀事。以劳乃宣为大学堂总监督。溥良免,命直隶宣化镇总兵黄懋澄兼署察哈尔都统。辛丑,命甘肃提督张怀芝帮办直隶防务。四川成都独立,举都督。壬寅,督办铁路大臣、候补侍郎、署四川总督端方率兵入川,次资州,为其下所杀。其弟端锦从,并遇害。叙复汉阳功,封冯国璋二等男爵。命科尔沁亲王阿穆尔灵圭往奉天,会赵尔巽筹画蒙古事宜。变军犯金陵,副将王有宏战死。甲辰,孙宝琦罢独立,自劾待罪。诏原之,褒奖山东官商不附和者。发帑犒张勋军。赏梁鼎芬三品京堂,会李准规复广东。丙午,革命军陷江宁,将军铁良、总督张人骏走上海,张勋以其余众退保徐州。袁世凯与民军订暂时息战条款,停战三日。自是展期再三,至决定国体日乃已。命徐世昌充专司训练禁卫军大臣。丁未,宝棻免,以齐耀琳为河南巡抚。命寿勋会袁世凯、徐世昌筹办军务。戊申,哲布尊丹巴胡图克图自立,逐库伦办事大臣三多。诏夺三多职。己酉,赠恤殉难江西巡抚冯汝骙。庚戌,监国摄政王载沣奏皇太后,缴监国摄政王章,退归藩邸。皇太后懿旨,晋世续、徐世昌俱为太保,卫护皇帝。谕段祺瑞剿当阳、天门诸路土匪。辛亥,诏授袁世凯全权大臣,委代表人赴南方讨论大局。以冯国璋为察哈尔都统。资政院请改用阳历,并臣民自由剪发,诏俱行之。壬子,改训练禁卫军大臣为总统官,以冯国璋为之。以良弼为军咨府军咨使。赠恤殉难闽浙总督松寿。丙辰,开黑龙江省太平山察汉敖拉煤矿。丁巳,革命军至荆州,署左翼副都统恒龄死之。戊午,内阁奏行爱国公债票。辛酉,孙宝琦免,以胡建枢为山东巡抚。

十一月甲子朔,袁世凯请废臣工封奏旧制。乙丑,命前署湖北提法使施纪云、前光禄寺少卿陈钟信四川团练。丙寅,成都尹吕衡、罗纶以同志军入总督衙,劫前署四川总督、川滇边务大臣赵尔丰执之,不屈,死。戊辰,赠恤死事广东潮州镇总兵赵国贤。壬申,皇太后命召集临时国会,以共和立宪国体付公决。初,袁世凯遣唐绍仪南下,与民军代表伍廷芳讨论大局,以上海为议和地,一再会议,廷芳力持废帝制建共和国,绍仪不能折,以当先奏闻取上裁,遂以入告。世凯奏请召集王公大臣开御前会议,终从其言。至是,乃定期开国民会议于上海,解决国体。甲戌,各省代表十七人开选举临时大总统选举会于上海,举临时大总统,立政府于南京,定号曰中华民国。戊寅,劝亲贵王公等输财赡军。大理院正卿定成免,以刘若曾代之。己卯,杨士琦免,命梁士诒署邮传大臣。辛巳,赠恤署四川总督、督办粤汉川汉铁路大臣、候补侍郎端方及其弟知府端锦。罢盐政院。滦州兵变,抚定之。伊犁新军协统领官扬缵绪军变,将军志锐死之。丁亥,告谕哲布尊丹巴胡图克图,并赍先朝珍物。庚寅,赠恤殉难署荆州左翼副都统恒龄。辛卯,袁世凯道遇炸弹,不中。壬辰,命张怀芝兼帮办山东防务大臣。癸巳,命所司保护外人生命财产。命舒清阿帮办湖北防务。以乌珍为步军统领,京师戒严。

十二月甲午朔,赏张怀芝巡抚衔。己未,再予前山西巡抚陆钟琦二等轻车都尉世职,追赠同时遇害其子翰林院侍讲陆光熙三品京堂,优恤赐谥,并旌恤钟琦妻唐氏。丁酉,张人骏罢，命张勋护两江总督。胡建枢罢，命张广建署山东巡抚，吴鼎元会办山东防务。己亥，赠恤殉难伊犁将军志锐。辛丑，皇太后懿旨，以袁世凯公忠体国，封一等侯爵。命额勒浑署伊犁将军，文琦办塔尔巴哈台参赞大臣事。李家驹免，以许鼎霖为资政院总裁。革命党以药弹击良弼，伤股，越二日死。壬寅，袁世凯辞侯爵，固让再三乃受。癸卯，以复潼关，赏银一万两犒军。甲辰，以叙汉阳功，复张彪提督。乙巳，以张怀芝为安徽巡抚。赠恤死事福州将军朴寿。丁未，命张锡銮往奉天会办防务，李盛铎署山西巡抚，卢永祥会办山西军务。赠恤遇害军咨府军咨使良弼。戊申，以王赓为军咨府军咨使。己酉，皇太后懿旨，授袁世凯全权，与民军商酌条件奏闻。时岑春煊、袁树勋、陆征祥、段祺瑞等请速定共和国体，以免生灵涂炭，故不俟国会召集，决定自让政权，遂有是命。庚戌，命昆源会办热河防务。辛亥，命宋小濂署黑龙江巡抚。壬子，徐世昌免军咨大臣，赠恤云南殉难甘肃布政使世增。乙卯，锡良免，命昆源署热河都统。丁巳，免江南徐州府未完丁漕银粮。戊午，袁世凯奏与南方代表伍廷芳议，赞成共和，并进皇室优待条件八，皇族待遇条件四，满、蒙、回、藏待遇条件七，凡十九条。皇太后命袁世凯以全权立临时共和政府，与民军商统一办法。袁世凯遂承皇太后懿旨，宣示中外曰："前因民军起义，各省响应，九夏沸腾，生灵涂炭。特命袁世凯遣员与民军代表讨论大局，议开国会、公决政体。两月以来，尚无确当办法。南北暌隔，彼此相持。商辍于涂，士露于野。国体一日不决，民生一日不安。今全国人民心理，多倾向共和。南中各省，既倡义于前，北方将领，亦主张于后。人心所向，天命可知。予亦何忍因一姓之尊荣，拂兆民之好恶。是用外观大势，内审舆情，特率皇帝将统治权公诸全国，定为立宪共和国体。近慰海内厌乱望治之心，远协古圣天下为公之义。袁世凯前经资政院选为总理大臣，当兹新旧代谢之际，宜为南北统一之方。即由袁世凯以全权组织临时共和政府，与民军协商统一办法。总期人民安堵，海宇义安，仍合满、蒙、汉、回、藏五族完全领土为一大中华民国。予与皇帝得以退处安闲，优游岁月，受国民之优礼，亲见郅治之告成，岂不懿欤！"又曰："古之君天下者，重在保全民命，不忍以养人者害人。现将新定国体，无非欲先弭大乱，期保乂安。若拂逆多数之民心，重启无穷之战祸，则大局决裂，残杀相寻，必演成种族之惨痛。将至九庙震惊，兆民荼毒，后祸何忍复言。两害相形，取其轻者。此正朝廷审时观变，痌瘝吾民之苦衷。凡尔京、外臣民，务当善体此意，为全局熟权利害，勿得挟虚矫之意气，逞偏激之空言，致国与民两受其害。著民政部、步军统领、姜桂题、冯国璋等严密防范，剀切开导。俾皆晓然于朝廷应天顺人，大公无私之意。至国家设官分职，以为民极。内列阁、府、部、院，外建督、抚、司、道，所以康保群黎，非为一人一家而设。尔京、外大小各官，均宜慨念时艰，慎供职守。应即责成各长官敦切诚劝，勿旷厥官，用副予夙昔爱抚庶民之至意。"又曰："前以大局阽危，兆民困苦，特饬内阁与民军商酌优待皇室各条件，以期和平解决。兹据覆奏，民军所开优礼条件，于宗庙陵寝永远奉祀，先皇陵制如旧妥修各节，均已一律担承。皇帝但卸政权，不废尊号。并议定优待皇室八条，待遇皇族四条，待遇满、蒙、回、藏七条。览奏尚为周至。特行宣示皇族暨满、蒙、回、藏人等，此后务当化除畛域，共保治安，重见世界之升平，胥享共和之幸福，予有厚望焉。"遂逊位。

宣统皇帝名溥仪,是宣宗道光皇帝旻宁的曾孙,醇贤亲王奕譞的长孙,监国摄政王载沣的长子也即德宗光绪皇帝五弟的儿子。母亲是摄政王载沣的嫡妻苏完瓜尔佳氏。光绪三十二年春正月十四日,在醇亲王府邸诞生。

光绪三十四年冬十月壬申日,德宗病危,太皇太后命令将溥仪送进皇宫教养。癸酉日,德宗去世,遵奉太皇太后的懿旨,溥仪继承清朝皇位,作为嗣皇帝,承继穆宗同治皇帝,兼为德宗光绪皇帝的后嗣,此时溥仪年仅三岁。

摄政王载沣奉太皇太后的懿旨负责监理国事,一切军国机要事务、中外奏章,一律要经过摄政王来处置,摄政王的指示称诏书执行,如有重大难决之事则须请皇太后下旨裁夺。下诏为光绪皇帝服丧三年。

甲戌日,尊奉圣祖母慈禧端佑康颐昭豫庄诚寿恭钦献崇熙皇太后为太皇太后,尊奉光绪皇后为母后皇太后。在此之前,太皇太后慈禧亦身体欠佳,就在这一天,去世。

乙亥日,申明要严守宫门,稽察出入。丁丑日,尊封文宗的祺贵妃为祺皇贵妃,穆宗的瑜贵妃为瑜皇贵妃,珣贵妃为珣皇贵妃,瑨妃为瑨贵妃,光绪皇帝的瑾妃为瑾贵妃。戊寅日,诏命各省停止向朝廷进献特产。己卯日,下诏告诫群臣,诏文说:"今后一切军国政事,由监国摄政王来裁定,这是慈禧太皇太后的懿旨。自我以下所有人,必须绝对地服从。以后王公大臣、文武百官,倘若发现有观望坐视,玩忽职守,或者越礼非分,擅自改变典章,淆乱是非等行为的人,一定要立即以国法惩治,只有这样,才能不辜负大行太皇太后的重托,安抚天下臣民。"庚辰日,在全国颁布光绪皇帝的遗诏。安庆发生兵变,派遣军队剿灭平定了它。

十一月乙酉日,在全国颁布慈禧太皇太后的遗诏。诏令规定春夏秋冬四时祭飨用的祝文中称醇贤亲王为"本生祖考醇贤亲王",称亲王嫡妻为"本生祖妣醇贤亲王嫡福晋"。赈济湖南澧州等地的水灾。戊子日,皇太后下懿旨,等除去丧服以后,将皇帝万岁节庆贺典礼的时间,改在每年正月的十三日举行。庚寅日,在即位前设坛祝告并祭奠天地、宗庙、社稷、先师孔子,祝告并祭奠慈禧太皇太后和光绪皇帝。辛卯日,宣统皇帝在太和殿正式即位,把第二年定为宣统元年。在全国颁布皇帝诏书,凡不是按常规不准宽恕的罪行一律赦免。命令遵奉慈禧太皇太后懿旨,仍旧规定在第九年内,即宣统八年召集议员,召开议会,颁布宪法。命有关部门铸造宣统钱币。己亥日,颁发"中和位育"匾额,悬挂在文庙。壬寅日,内阁等衙门会同奏呈监国摄政王礼节总目,命令在全国宣布。制定守卫宫门的章程,并命令贝勒载涛、毓朗、尚书铁良总管宫门出入的稽查工作。任命副都统昆源管理察哈尔的牧群。规定军机处的领班章京为从三品官,帮领班章京为从四品官。福建龙溪、南靖等县发生水灾,发放库银四万两赈济。乙巳日,诏令各省的督抚率领司道对下属官吏的政绩进行考察,考察要如实,不徇私情,秉公甄别。行为不端的守令、对百姓的疾苦置若罔闻的官员,要严厉地给以惩罚。成立变通旗制处,命令贝子溥伦、镇国公载泽、那桐、宝熙、熙彦、达寿总理其事。告知官员们要崇尚节俭,戒除浮华虚躁的工作作风。丙午日,派遣官员前往祭祀孔子的故乡阙里、历代帝王的陵寝以及五岳、四渎等处。戊申日,皇太后下懿旨,不再亲临颐和园。庆亲王奕劻受到加恩,世袭亲王爵位,同时加给贝勒载洵、载涛郡王头衔,皇太后的父亲桂祥领取双份俸禄,大学士以上的官员,都有不同的赏赐。辛亥日,冬至,在圜丘祭祀天,庄亲王载功代替皇帝行礼,自此以后凡筑坛或在太庙举行重大的祭祀,都由载功代替行礼。

十二月壬子初一日,追加穆宗毅皇帝、孝静成皇后、孝德显皇后、孝贞显皇后、孝哲毅皇后谥号。颁布宣统元年时宪书。甲寅日,设立禁卫军,命令贝勒载涛、毓朗、尚书铁良专门负责训练。裁去湖南镇溪营游击、乾州协守备,减少乾州协各营的部分兵力。表彰已故直隶提督马玉昆之妾于氏为夫殉节。赈济黑龙江、墨尔根、布特哈、黑水、大赉等城厅发生的水灾。免征直隶、河间等八个受灾州县的田租。丁巳日,祈祷降雪。命张之洞兼任督办川汉铁路大臣。庚申日,退休的大学士王文韶去世,追赠他为太保。追授已故云贵总督张亮基谥号。民政部呈上调查全国户口的章程表式。壬戌日,袁世凯被罢免,任命大学士那桐为军机大臣。癸亥日,任命梁敦彦为外务部尚书兼会办大臣。免去那桐原来的步军统领职,由毓朗代替。乙丑日,下诏将西陵的金龙峪定为埋葬德宗景皇帝的山陵,称作崇陵。丁卯日,又祈祷降雪。己巳日,度支部呈上清理财政的章程。壬申日,命令张勋所辖淮军仍旧驻扎在东北三省,办理剿抚事宜。癸酉日,意大利发生地震,拿出库银五万两帮助赈济灾民。宪政编查馆上奏说,有关京旗的初选和复选事宜,应该归顺天府来办理。乙亥日,命令各省清理免交、缓交钱粮的积弊。丁丑日,又祈祷降雪。这一天,降雪。免收陕西各州县光绪三十二年欠缴的赋税。戊寅日,天又降雪。宪政编查馆上奏核查复审城乡地方自治的情况,并另外拟定选举的章程,皇帝命令颁布实行。开始制作镶嵌有珍宝的勋章,赏赐给外务部总理、会办大臣以及出使各国的大臣。庚辰日,在奉天府设各级审判厅、检察厅。辛巳日,裁去江西督粮道,设置巡警、劝业两道。

宣统元年己酉春正月壬午初一日,因太皇太后、光绪皇帝尚未下葬,不接受廷臣的朝贺。癸未日,免收江苏长洲等二十八厅州县因受灾荒废的田地,以及昭文、金坛、丹徒、昆山、新阳、靖江、溧阳等七个县应交纳的漕运和屯集的钱粮。戊子日,在呼伦贝尔沿边要隘设置官兵守望并营税收的卡伦。庚寅日,钦差大臣、东三省总督徐世昌因病请求免职,未被允许。辛卯日,是皇太后的圣寿节,下令停摆酒席宴会,不接受群臣的拜贺。甲午日,拜贺。甲午日,免收云南阿迷州因受灾拖欠的赋税。乙未日,度支部上奏请求仍然召集会讨论改定币制的事。下发政务处复议。开采广西富川县锡矿。丁酉日,禁止购置贩卖奴婢。戊戌日,由于近年来新设衙门、新建省分,用人很多,经费开支增加,有许多地方存有名实不符的情况,命令各部门要切实地加以考核,裁减冗员,开支不要漫无限制。美利坚国在江苏上海召开国际禁烟会议,端方出席会议。乙亥日,陈璧受到弹劾被免去官职,任命徐世昌为邮传部尚书。调派锡良为钦差大臣、东三省总督,兼管三省军事。任命李经羲为云贵总督。壬寅日,命令云南交涉使高而谦赴澳门勘查疆界。民政部上"整顿京师内外警政酌改厅区章程"。癸卯日,给慈禧太皇太后追加谥号,次日在全国颁布。戊申日,命令筹备立宪的各项事宜,在本年内各省应该执行,要按期完成,不得拖延迟误。命令核定新刑律,在第二年颁发施行。恢复已被革职的广西提督苏元春的原官。免去福建厦门的进贡。己酉日,给光绪皇帝加上谥号和庙号,次日在全国颁布。庚戌日,重新整顿海军,命令肃亲王善耆、镇国公载泽、尚书铁良、提督萨镇冰进行筹划,庆亲王奕劻全面负责稽察。免去铁良训练禁卫军大臣的职务。

二月壬子日,编修《德宗实录》。癸丑日,命令京师、外省问刑衙门清查诉讼中的冤假错案,剔除弊端。戊午日,农工商部上奏说,荷兰将制定新法律,要接收华侨入他们的国籍,请求制定国籍法。将此奏下发给负责修订法律的大臣会同外务部进行商议。庚申日,免收浙江仁和等盐场应缴的钱粮。乙丑日,宣布实行预备立宪的宗旨,下诏说:"国家的方针大计已经确定,希望它一定成功。内外大小臣工,都应当共同体会这个意思,辅佐赞助新的计划。各负责建议的官员,也应当对新政的得失利弊进行研究和考虑,畅所欲言。"丁卯日,命令熙彦、乔树枬、刘廷琛、吴士鉴、周自齐、劳乃宣、赵炳麟、谭学衡以及荣庆、陆润庠、张英麟、唐景崇、宝熙、朱益藩分日轮流进讲。讲义让孙家鼐、张之洞进行核定。庚午日,宪政编查馆上呈统计表式。甲戌日,严申禁止吸食、贩卖鸦片的禁令。丙子日,免征云南宣威州受灾村庄的钱粮。

闰二月甲申日,严格命令完成预备立宪,防止部臣、疆臣因循守旧、敷衍塞责、放弃责任。由于丧服制度危系到伦常纲纪,下诏自今日起,内外官员有遭到父母死表的,无论满、汉都要离任服表。命令前内阁学士陈宝琛总理礼学馆。免收浙江仁和等三十二个州县及杭、严二卫,杭、衢、严三所遭灾荒废田地和山泽池塘的钱粮。丙戌日,军机大臣、大学士那桐因母亲去世在家服表,丧期未满,命令他出来工作,百日孝满以后改为署理,仍旧到军机处办公。戊子日,设置库伦理刑司员。免收广东新矿的井口税。安徽炮营管带官陈昌铺为效忠国事而死,给予优厚的抚恤。辛卯日,监国摄政王载沣在文华殿让王公百官列班进见。增设海参威总领事。颁布实行度支部的印花票税。设置直省的财政监理官。丙申日,裁减湖北黄州、荆门、郧阳、宜昌、施南、德安的副将、参将、游击、都司、中军守备等官。出使大臣伍廷芳与美国签订了《公断专约》。丁酉日,修建崇陵。戊戌日,成立法政贵胄学堂,任命贝勒毓朗为学堂总理。乙巳日,表彰奖赏年逾百岁的甘肃固原州回民李生潮,赐给他一块上有皇帝御书的匾额。己酉日,因慈禧太皇太后、德宗光绪皇帝尚未下葬,命令内外札萨克蒙古汗、王、贝勒、贝子、公、台吉、塔布囊等,以及呼图克图喇嘛,西藏堪布,察木多帕克巴拉,回子伯克,土司、土舍,廓尔喀等今年停止到京师朝贺。

三月辛亥日,增设浙江巡警道、劝业道。甲寅日,恢复前河南巡抚李鹤年原官。庚申日,皇太后下懿旨,度支部每年须交的进年节另款银二十八万两,自今日起停止进奉。辛酉日,奉旨将德宗景皇帝的灵柩移到西陵梁格庄行宫。甲子日,将轮船招商局转归邮传部管辖。乙丑日,再次裁去奉天巡警道。增设洮昌等处兵备道,临长海等处分巡兵备道。将奉锦山海关道改为锦新等处兵备道兼山海关监督,将东边道改为兴凤等处兵备道。升兴京厅为兴京府。丙寅日,免收德宗皇帝灵柩运行途中所经过的宛平、良乡、涿州、房山、涞水五个州县当年应交赋税的十分之五,易州的十分之七,并赏赐民间被平毁的麦田每亩一钱银。己巳日,下诏恢复前户部尚书立山、兵部尚书徐用仪、吏部左侍郎许景澄、内阁学士联元、太常寺卿袁昶的原官,并加赐谥号。命令陆军协都统吴禄贞督查办理吉林的边防事务。裁去山西雁平道。辛未日,派遣前外务部左参议杨枢充任出使比利时国的大臣。在西藏的亚东、江孜、噶大克开设商埠设立关卡。丙子日,增置奉天辉南直隶厅。戊寅日,四川总督赵尔巽及驻西藏大臣赵尔丰捐款兴办学校,下发有关部门从优论功。赵尔巽捐献养廉银赡养同族,赏赐他皇帝亲笔手书"谊笃宗亲"匾额一块。

夏四月庚辰日,为答谢各国遣派使者前来吊唁,命令贝子衔镇国将军载振出使日本,法部尚书戴鸿慈出使俄罗斯，其他国家由清驻当地的使臣代表政府前往致谢。甲申日，度支部成立币制调查局，铸造通行银币。乙酉日，全部免除直省在光绪十四年至光绪三十三年拖欠的赋税。癸巳日，裁去吉林珲春、三姓、宁古塔、伯都讷、阿勒楚喀各城的副都统。设置珲春兵备道、三姓兵备遭。升改或增置绥芬、延吉、五常、双城、宾州、临江诸府，伊通直隶州，榆树直隶厅，宾清、绥远二州，珲春、滨江、东宁三厅，富锦、穆棱、和龙、桦川、临湖、汪清、额穆诸县。不久又恢复设置舒兰、阿城、勃利、饶河四县。甲午日，命令内阁、部院、翰林、科道共同商议德宗附祭祖庙大礼的事宜。乙未日，祈祷降雨。丙申日，甘肃兰州、凉州、巩昌、碾伯、会宁各地受灾，发放库银六万两赈济。壬寅日，裁去奉天左右参赞，承宣、咨议两厅。甲辰日，再次祈祷降雨。戊申日，命令禁烟大臣要切实进行考查检验，不可徇顾私情、敷衍塞责。责成督、抚、将军、都统等对外省的文武职官学堂进行严厉地查禁。

五月己酉初一日，出现日食。辛亥日，游学毕业生进士黄德章等一百二十人接受了朝廷面试，分别授予不同的官职。壬子日，于式枚上书说，各省咨议局章程与普鲁士国地方议会的制度不相符。下发宪政编查馆妥善商议。癸丑日，陈启泰去世，瑞龢接任江苏巡抚。允许浙江的绅士在西湖为已故兵部尚书徐用仪、吏部右侍郎许景澄、太常寺卿袁昶建立祠堂。甲寅日，再次祈祷降雨。陕甘总督升允上奏章竭力陈述立宪的利弊，被革除官职，由长庚代替他。乙卯日，命令广福代理伊犁将军。丁巳日，联豫、温宗尧上奏陈述在西藏筹办练兵及办学事宜。己未日，命令世续代理外务部会办大臣。杨士骧去世，任命端方为直隶总督兼办理通商事务大臣，张人骏为两江总督兼办理通商事务大臣，孙宝琦代理山东巡抚。辛酉日，由于乍丫地方原属四川，命令将其地划归边务大臣管辖。甲子日，命令农工商部催促各省兴办农林工艺各项事业。乙丑日，再次祈祷降雨。当日，天降雨。戊辰日，恢复前协办大学士、户部尚书翁同龢原官。己巳日，免去唐绍仪奉天巡抚，以侍郎身份等候补缺。辛未日，成立留美学务处。癸酉日，河南省改编军营编制。甲戌日，赈济云南南宁州受到的地震灾害。丙子日，下诏成立军咨处，由贝勒毓朗统领。摄政王载沣代为统率陆海军的大元帅，贝勒载洵、提督萨镇冰都充任筹办海军的大臣。赈济湖南澧州遭受的水灾。丁丑日，命令贝勒载涛管理军咨处事务。

六月甲申日，庆亲王奕劻免去管理陆军部的职务。赈济湖北汉阳等府遭受的水灾。乙酉日，伊犁开始编制操练陆军部队。丙戌日，授予程德全奉天巡抚职，授予陈昭常吉林巡抚职，授予周树模黑龙江巡抚职。丁亥日，在甘肃皋兰县、新城、西固城开凿河渠，用劳工工钱代替赈济。己丑日，赈济云南弥勒县嶍峨等处发生地震所受的灾害。免征云南太和县上一年受灾田粮。庚寅日，恢复已故降职调任两广总督的毛鸿宾的原官。为抗御贼寇而殉难的已故江苏常州府通判岳昌在常州府追建祠堂。赈济奉天安东的水灾。甲午日，吕海寰被革去官职，任命徐世昌为督办津浦铁路的大臣，沈云沛任副职。将奉天锦新道改名为锦新营口等处分巡兵备道。乙未日，吉林发大水，发放库银六万两赈济灾民。赈济湖南澧州、安乡、常德、岳州等厅州县遭受水灾的地方。丁酉日，湖北荆州、汉阳两府被水淹，发放库银六万两，并命令立即筹措二十万两银急速赈济灾民。辛丑日，免除被热河新军营房所占用圈地的应交租税。壬寅日，赈济浙江钱塘等十一个县的水灾。癸卯日，罢免张勋东三省行营翼长的职务，命令他赴甘肃充任提督。甲辰□，召伍廷芳、钱恂赵京受命,分别代理外务部右丞张荫棠为出使美、墨、秘、古四国的大臣,代理外务部右参议吴宗濂为出使意大利大臣。赵尔巽上奏说四川宁远浅水猓已被平服。乙巳日,赏给京师的贫苦百姓过冬制棉衣的银两,这种赏赐以后成为定例。丙午日,命令李准为广东水师提督。

秋七月戊申初一日,分别裁去了湖南常德、宝庆、永顺、岳州、澧州、临武、桂阳、宣奉、永州、武冈、沅州、绥靖、辰州、岭东原设各协、营,以及抚标、提标副将、参将、游击、都司、守备等官。癸丑日,疏通辽河。丙辰日,筹办海军大臣呈上《拟订海军长官旗式章服图说》,管理军咨处呈上《酌拟军咨处暂行章程》。赈济江西萍乡等县受水害灾民。丁巳日,停止本年秋季对犯人行刑处决。法部呈上《补订高等各级审判厅试办章程》及《拟定外省审判厅编制大纲》。开采四川重庆江北厅龙王洞的煤矿和铁矿。戊午日,免收云南鲁甸、镇雄二厅受灾田亩的钱粮。甲申日,在南洋筹备设立劝业会,任命南洋大臣、两江总督张人骏担任该会会长,在各省筹办协会,制造出来的物品免交税厘。辛酉日,德宗景皇帝的灵柩迁移至山陵,免收运送灵柩所经过的各州县的旗租,并赏给购买种子的银两。甲子日,裁去河南粮盐道,增设巡警和劝业二道。戊辰日,命令直省清理整顿仓廪积谷。抚恤以死来陈述关于颐和园意见的八品苑副永麟。庚午日,增设驻南洋各岛的领事。壬申日,学部在京师建立图书馆。洪江会匪姚芒山伏罪被杀。丙子日,湖北官府售粮压低粮价。

八月丁丑初一日,考察宪政大臣李家驹呈进《日本司法制度考》等书。辛巳日,开采黑龙江墨尔根嫩江甘河煤矿。甲申日,将吉林滨江道改为西北路道,西路道改为西南路道,并将过去设立的东北路道、东南路道都改名为分巡兵备道。乙酉日,赈济福建福州因大风引起的灾害,以及热河开鲁、平泉两州县发生的水灾。丙戌日,西藏少数民族发生动乱,赵尔丰剿抚平定。命令候补内阁学士李家驹协助办理资政院的事务。戊子日,京师至张家口铁路竣工。免除浙江镇海县因开辟疏通河道而被破坏的百姓盐灶田地的钱粮。己丑日,开采湖南平江的金矿、新化的锑矿、常宁的铅矿。庚寅日,授予救父丧生的湖北黄陂县举人陈鸿伟孝行称号,将其事迹交付国史馆载入史册。丁酉日,大学士孙家鼐、张之洞因有病申请离任退休,下诏抚慰并挽留。戊戌日,农工商部上奏试验发行劝业富签公债券。己亥日,大学士张之洞去世,追赠他为太保,并入贤良祠受祭祀。命令戴鸿慈作为见习军机大臣任职办事。任命廷杰为法部尚书,葛宝华为礼部尚书。庚子日,调派诚勋为热河都统,溥良为察哈尔都统。癸卯日,京师开厂煮粥赈济贫民,发放粟米二千五百多石,已改设为教养局、习艺所的仍然发给,此后每年发放成为常例。乙巳日,修订法律大臣呈进《编订现行刑律》,下发宪政编查馆对此刑律进行核议。丙午日,下诏将九月初一定为各省召集议员开议会的日期,并特别申有告诫,说:"咨议局议员应当对地方政府治政的得失利弊,切实地指出和陈述,妥善地进行计划安排。不要挟带私念,以妨害公共利益,不要逞强好胜,以紊乱既定成规,不要见事太易,而议论嚣张,不要权限不明随便规定法规以至滋生侵越现象。各督抚也应当虚心地采纳意见,对合理的建议做出裁度付诸施行,以期望上下一心,渐趋达完美。打开局面以后,各督抚更应当遵照一定的规章,进行监督,务必使所议决的事情不逾越权限,不违背法律。大家共表忠爱,以实现国家的富强,我对此抱有很大的希望。"这个月,筹办海军大臣载洵、萨镇冰往欧洲各国考察海军事务。

九月丁未初一日，开始制造爵章颁赐臣下。辛亥日，荷兰《保和会条约》制成，按条约内容分别批准画押。癸丑日，命令赵尔巽兼职代理成都将军。乙卯日，内阁会奏德宗附祭祖庙大礼的事宜。规定祭祀穆宗毅皇帝和德宗景皇帝的庙同为百世不迁的庙，昭穆只分左右，不分尊卑。规定德宗神主附祭太庙中殿，在西又次楹又五室穆位进行供奉。前殿在文宗显皇帝之后，恭设坐西东向穆位。奉先殿也依此办理。定为永世不变的制度。丁巳日，赏赐陆军贵胄学堂毕业学生子爵成全等人侍卫，分别录用不同的官职。己未日，资政院呈上《选举章程》。壬戌日，怒族人杀死游历云南的德国人，下令捕杀。甲子日，豫河水不再泛滥。赈济广东省城及南海各县遭受水害的灾民。乙丑日，锡林郭勒盟阿巴嘎、阿巴哈那尔、浩齐特、乌球穆沁受灾，发放库银三万两赈济灾民。赈济云南镇雄等州县的水灾。丙寅日，黄河水平稳不泛滥。授予鹿传霖体仁阁大学士，吏部尚书陆润庠协办大学士。赏赐游学毕业生项骧等为举人。辛未日，提升翰林院侍讲学士为正四品官，侍读、侍讲为从四品官，撰文秘书郎、修撰为正五品官，编修、检讨从五品官。为爪哇侨民捐款建立的学堂颁发匾额。癸酉日，南河水平稳不再泛滥。这个月，韩国人安重根在哈尔滨将日本前朝鲜统监伊藤博文刺死。

冬十月丁丑初一日，夷匪在四川西昌和会理的交界处二板房作乱，派官军前往剿抚平定。成都将军马亮去世。庚辰日，在菩陀峪定东陵安葬孝钦显皇后，免收皇后灵柩运送途中所经过的州县的应交赋税，并赏赐被平毁麦田的种子钱。乙酉日，将孝钦显皇后的神牌附祭于太庙，次日颁告天下。丙戌日，规定成都将军不再统辖松潘和建昌两县。任命玉昆为成都将军。丁亥日，直隶总督端方因违犯祖制而被革去官职。调陈夔龙为直隶总督，还兼任通商事务大臣，瑞澂代理湖广总督，宝棻为江苏巡抚。任命孙宝琦为山东巡抚，丁宝铨为山西巡抚。己丑日，命令第一、二届筹办宪政事宜的所有官员要竭诚尽力地负责好各自的工作，并命宪政编查馆对报上来的成绩进行考查稽核，若发现有因循守旧、敷衍塞责、措置不当或拖延迟误的人，检举奏报朝廷。庚寅日，宪政编查馆呈上《厘定各省提法使官制章程》。开采库伦哈拉格囊围地区的金矿。延祉因病被免职，命令三多代理库伦办事大臣。辛卯日，江苏溧阳、金坛、荆溪、宜兴、丹徒、丹阳、震泽等县受灾，发放库银三万两赈济灾民。癸巳日，民政部上奏，请根据原规定赏赐米粮，核定各厂院实际所需的数目，收养贫民，下诏可以执行。赈济云南大姚、文山等县水灾。甲午日，大学士孙家鼐去世，追赠他为太傅，并入贤良祠，接受祭祀，赏赐其家属银两以便发棻。已故五品卿衔山西知县汪宗沂经学优异，下诏将他的事迹交付国史馆立传。赏赐食俸未供职的闲散宗室、觉罗人等一个月的钱粮，孤寡人半个月的钱粮，八旗、绿、步各营官兵半个月的钱粮，定下今后每年赏赐一次，成为定例。丁酉日，免收云南元江州被水淹没田亩的钱粮。庚子日，东明黄河平稳不泛滥。癸卯日，免除广东为剿匪向地方摊派的花红，规定自今日起，文武官员有再滥收花红的，一律以收赃罪论处。恢复前礼部尚书李端棻原官。甲辰日，停收今年吉林入贡的珍珠。乙巳日，顺天府的绅士请求为已故户部尚书立山、内阁学士联元建立祠堂，下诏允许。

十一月戊申日，免征直隶武清等十一个厅县按照定额缴纳的赋税和旗租，以及开州、东明、长垣等三个州县按定额缴纳的赋税。己酉日，为母后皇太后加上隆裕皇太后的徽号，次日向全国颁布。癸丑日，民政部呈上《府厅州县自治选举章程》。癸亥日，恢复前福建巡抚张兆栋原官。在黑龙江瑗珲沿边自额尔古讷河到逊河口设立二十个卡伦。乙丑日，设置督办盐政大臣，由载泽担任其职，产盐省份的督抚直接充任会办盐政大臣，销盐省份的督抚皆为兼职会办盐政大臣。丙寅日，授予陆润庠体仁阁大学士，戴鸿慈为尚书协办大学士。辛未日，任命贝勒毓朗为步军统领。癸酉日，都察院呈上《互选规则》。乙亥日，学部呈上《女学服色章程》，将绝学专家、已故候选同知直隶州知州华蘅芳与其弟故直隶州州判华世芳，以及已故二品封职徐寿的事迹都交付国史馆立传。

十二月己卯，下诏征求意见。辛巳日，增置奉天安图、抚松二县。壬午日，赏赐游学专门人才詹天佑等工科、文科、法科进士，工科、格致科举人。癸未日，免收山东青城等八十九个州县以及卫所盐场本年应上缴的钱粮。乙酉日，将德宗景皇帝的神牌附祭奉先殿。奖赏一胎生产三个男孩的河南柘城县民妇张刘氏及通许县民妇田厉氏米粮和布匹。赈济广东佛山等十三个厅县的灾民。丙戌日，规定太医院的院使为四品官。戊子日，登录在咸丰、同治年间戡定太平军、捻军、回军的功臣后代，授给他们不同的官职。免除被珲春军队营房占用的旗户地亩的租税。庚寅日，赵尔巽上奏说四川德格的土司多格生吉献出土地，改由朝廷任命流官统治，赏赐其土舍都司世袭职位。壬辰日，庆亲王奕劻被免去管理陆军贵胄学堂的权力，任命贝勒载润代替他的职位。癸巳日，热河增置隆化县。乙未日，宪政编查馆呈上《禁烟条例》，命在全国颁布执行。恢复已故前湖南巡抚陈宝箴的原官。丙申日，宪政编查馆呈上《禁买卖人口条款》。戊戌日，法部呈上《法官惩戒章程》。己亥日，宪政编查馆呈上《京师地方自治选举章程》。庚子日，提升太医院左右院判为五品官。壬寅日，宪政编查馆呈上《府厅州县地方自治章程》及《府厅州县议事会议员选举章程》。癸卯日，宪政编查馆呈上《法院编制法》，同时呈上关于法官考试任用、司法区域分划、初级及地方审判厅管辖案件等各项暂行章程。

宣统二年庚戌春正月丙午初一日，不接受群官的朝贺。己酉日，广州新军发生兵乱，派练军前往征讨平服。辛亥日，因人心浮动，众多的党派帮会混入军营，制造混乱，煽惑军心，命令军咨处、陆军部、南北洋大臣对新旧诸军进行严密稽查，强调军人最为重要的是服从长官命令，如果有聚众开会发表演说的，要严加查禁。将吉林大通县移驻松花江南岸，改名为方正县。乙卯日，广东革命党人王占魁等被诛杀。丁巳日，达赖喇嘛因担忧川兵入藏而出奔。告知联豫等派遣官员迎接其返回西藏。辛酉日，下诏削夺阿旺罗布藏吐布丹甲错济寨汪曲却勒朗结达赖喇嘛名号。盐政处呈上《督办盐政试行章程》。癸亥日，协办大学士载鸿慈去世，追赠太子少保衔，赏赐银两办理丧事。吕海寰等呈上《中国红十字会章程》，任命盛宣怀为红十字会会长。监察御史江春霖因为议论庆亲王奕劻误国而降回原衙门。任命邮传部尚书徐世昌为协办大学士，内阁学士吴郁生为见习军机大臣。甲子日，管理军咨处的贝勒载涛上疏请求赴日、美、英、法、德、意、奥、俄八个国家考察陆军。辛未日，在英国举行世界刑律改良会，法部上奏遣检察厅长徐谦前往参加会议。甲戌日，下诏说："预备实行立宪，应当扫除成见，全部消除分歧。自今之后，凡满汉文武诸臣上奏事件，一律称臣，以显示朝廷整齐划一而表明天下大同。"

二月乙亥初一日，联豫请求以新噶勒丹池巴罗布藏丹巴代理前藏的事务。丙子日，禁止外国商人在湖南购买贩运米石。辛巳日，铁良因有病被免去官职，以荫昌充任陆军部尚书，梁敦彦充任税务处会办大臣。免除浙江仁和、海沙、鲍郎、芦沥四盐场以及江苏横浦、浦东二盐场荒芜了的灶荡宣统元年所欠的赋税。壬午日，免除陕西榆林等四个州县旧时欠下的赋税及榆林府仓的粮米草束。乙酉日，派内阁侍读学士梁诚为出使德国大臣。丁亥日，民政部呈上《修正报律》，下发宪政编查馆核查上奏。己丑日，又发放三万两库银赈济安徽的灾害。壬辰日，免除吉林五常厅、桦甸县在宣统元年拖欠的赋税。甲午日，联豫上奏说拉里的僧俗百姓及工布番兵愿意投诚归化。丙申日，葛宝华去世，调荣庆充任礼部尚书，唐景崇充任学部尚书。己亥日，授给已故湖北提督夏毓秀优厚的抚恤。癸卯日，宪政编查馆呈上《行政纲目》。筹办海军大臣上奏各司的名称及其职责。

三月乙巳初一日，王士珍因有病被免官，任命雷震春代理江北提督。己酉日，云南威宁的土匪袭击昭城，派官军将其剿灭，土匪头目李老么伏罪被杀。辛亥日，湖南穷苦百姓饥饿无粮，有人借机倡导变乱，命令擒拿首要分子，驱散胁从者。壬子日，湖南巡抚岑春蓂被革职，任命杨文鼎暂时代理其职务。派遣杨士琦赴南洋充任劝业会审查总长。丁巳日，举行仪式祈求降雨。庚申日，降雨。追复已经去世的海军提督丁汝昌原官。废除秋审复审的旧制。告知沿江各省督抚以平价卖出粮食，稳定粮价。河南巡抚吴重熹被免职，由宝棻代替。调程德全为江苏巡抚。壬戌日，因已故太常寺卿袁昶在世时恪守职责，深受人民爱戴，下诏在安徽芜湖县为其修建祠庙。癸亥日，裁去奉天巡抚，任命广福为伊犁将军。甲子日，革命党人汪兆铭、黄复生、罗世勋策划用炸弹炸摄政王，事情被发觉，汪兆铭等人被逮捕关进了法部的监狱。庚午日，表彰为丈夫殉节的烈妇山东曲阜孔令保之妻潘氏，并将其事迹交付国史馆立传。

夏四月甲戌初一日，命令资政院于本年的九月一日开院，由朝廷亲自选出宗室王、公世爵、宗室、觉罗各部院官及硕学通儒议员八十八人，在开院前进行召集。丙子日，裁减福建督粮道，增设巡警道、劝业道。丁丑日，命令载涛为专使大臣，代表清政府前往英国吊唁。戊寅日，赐给游学毕业生吴匡时等七人工科进士、法政科举人等不同的职衔。庚辰日，宪政编查馆对法律大臣所报的《现行刑律》作了修订，下令颁发执行。诏令说："这项刑律是为改用新律作准备的。内外所有问刑衙门，都应当尽心讲求，依据此法听讼断案。切勿任意出入，以致冤枉好人或放纵坏人。"癸未日，下诏说："上所增设的巡警、劝业两道，原来期望以此保卫治安，振兴实业。督抚应对已经录用的人员进行认真的考察，如果认为确实不能胜任，或者不宜缺职的，要立即向上奏明予以补充，切勿徇私袒护。"乙酉日，联豫奏请在西藏曲水、哈拉乌苏、江达、山南、硕般多以及三十九个少数民族地区各设一名委员，并命藏人造枪和造币两厂停止生产。前出使意大利大臣钱恂上报《和会条约译诠》。丁亥日，由于江北盐贩子、邦会土匪出没无常，命令雷震春讨伐他们。己丑日，度支部上呈《币制兑换则例》。下诏说："定国币单位为元。暂时以银为本位，以一元为主币，其重量相当于库平的七钱二分。另外以五角、二角五分、一角三种银币，五分镍币，二分、一分、五厘、一厘四种铜币为辅币。元、角、分、厘各以十进位，以此作为定制。"任命联芳为荆州将军。庚寅日，交纳税额高的十人被续选为议员。辛卯日，命令邮传部侍郎汪大燮充任出使日本的大臣。癸巳日，梁敦彦因有病被免去官职，任命邹嘉来代理外务部尚书兼会办大臣。免除湖北石首县文义洲地方应缴的租税和芦税。丙申日，湖南巡抚岑春蓂被革去官职。

五月丙辰日，提升四川宁远阿拉所巡检为盐边厅抚夷通判。戊午日，湖南常德府发水成灾,发放库银两万两赈济灾民。李经羲上奏请将云南永昌府所属镇康土州改由朝廷派设流官管理,并增置永康州。免收云南陆凉州遭受旱灾田亩的银粮。辛酉日,赈济江北海州等地方遭受水灾的灾民。癸亥日,咨议局议员孙洪伊等人以及直省的旗籍代表一起上奏,呈请急速召开国会,请都察院代为转递。下诏说仍须等九年一切筹备事项完全后再下圣旨定期召集议员开会,并布告全国。甲子日,免收湖南苗族地区佃民所欠的租税,以及湖南凤凰、乾州·永绥、保靖、泸溪、麻阳、古丈坪七个厅县积欠的租谷。己巳日,赈济湖北灾民。辛未日,裁去奉天同江厅河防同知。

六月壬午日,黑龙江受灾,发放库银两万两赈济。乙酉日,汪大燮进上考查英国宪政所编辑的各书。己丑日,命令筹办海军事务大臣贝勒载洵任参预政务大臣。壬辰日,外务部侍郎胡惟德奉命任税务处帮办大臣。丙申日,下诏说:"各省的督抚都忙于行政事务,积极地筹划募款,但往往疏忽了对属下的官吏进行检查。殊不知吏治若不修整,就会劳民伤财,变乱将会由此而起,新政怎能得以实行? 各地要审慎地选择长官,为地方选择,这才是安抚地方的最佳良策。"戊戌日,命令各部院、各督抚要严厉弹劾贪官污吏,并告知贵戚及中外大臣要磨砺品行,以身作则。己亥日,命令载泽、寿勋会同阿穆尔灵圭、载润对前锋营及内务府三旗护军营进行检查,制定章程奏报朝廷。这个月,在山东莱阳,由于士绅、百姓之间互相仇视,匪首曲思文聚集起万余人,包围攻打城邑,劫杀官兵;在海阳,亦因征收钱粮激起民变,不久,两地的民变均被官兵镇压平服。

秋七月甲辰日,裁去福建督粮道,设置劝业道。瑞兴被免去官职,任命志锐为杭州将军。乙巳日,瑞龢、杨文鼎上奏说湘省匪势不断蔓延,想推行清乡法,皇帝表示同意。戊申日,命令农工商部会同各督抚对矿产的情况进行调查,经过深思熟虑筹备开办。庚戌日,下诏敦促各督抚清查并制作官民荒田及气候风土的图册,并兴办工艺实业,报农工商部转奏朝廷。壬子日,农工商部建立了度量衡用器制造厂。癸丑日,贝勒载涛奏报对各国军政的考察情况,奏说在国外,军人犯罪一律归军法会议处审断,普通裁判所无权干涉或过问,命令照此办法实行。甲寅日,世续、吴郁生被免去军机大臣的职务,由毓朗、徐世昌任军机大臣。唐绍仪奉命代理邮传部尚书。毓朗被免去步军统领并专司训练禁卫军大臣的职务。命令乌珍兼职代理步军统领。在各省设交涉使。新疆陆军营官田熙军因擅杀无辜,激起民变,将其逮捕诛杀。丙辰日,安徽皖南、南陵、宿州、灵璧等地遭到水淹,发放库银四万两赈济灾民。丁巳日,法部呈上《秋审条款》。庚申日,前江西提学使浙路总理汤寿潜,因为上书揭露盛宣怀是苏浙路的罪魁祸首,被夺去官职。辛酉日,赈济皖北的饥民。任命忠瑞为科布多办事大臣。联魁被免去新疆巡抚的官职,由何彦升代替他。下令将各省按察使改为提法使。甲子日,大学士鹿传霖去世,追赠为太保,灵牌入贤良祠祭祀,赏赐银两给其家属治理丧事。乙丑日,在外务部参议任职的沈瑞麟奉命充任出使奥国的大臣,外务部右丞刘玉麟奉命出任荷兰世界禁烟大会的全权委员。戊辰日,奉天开放葫芦岛港。己巳日,设置黑龙江讷河直隶厅同知。这个月,载洵、萨镇冰再次前往美利坚、日本两国考察海军。

八月甲戌日,设置奉天镇东县。乙亥日,清锐被免去官职,任命铁良为江宁将军。癸未日,命令沈家本充任资政院副总裁。甲申日,外务部右丞刘玉麟奉命充任出使英国大臣。丁亥日,理藩部奏请改变旧制,比如:禁止到边关以外的地方开垦地亩、禁止聘娶蒙古妇女为妻、禁止内、外蒙古延用内地的书吏教读、内外蒙古的公文牍案不得擅自使用汉文、蒙古人不得用汉字取名字等，下诏准许改变。增置四川昭觉县。乙丑日，联芳被免职，任命凤山为荆州将军。命令荫昌兼任训练近畿各镇军队的大臣。甲子日，诏命近畿各镇陆军全部归陆军部管辖。裁去近畿督练公所。增置奉天盐运使。四川盐茶道改为盐运使，有关茶的事务均归劝业道管理。乙未日，因奏报禁止种植大烟苗情况有虚，把吉林、黑龙江、河南、山西、福建、广西、云南、新疆诸省督抚奏报的情况交有关部审议，申告各省要严格地、切实地加以查禁。丙午日，任命徐世昌为体仁阁大学士，任命吏部尚书李殿林为协办大学士。丁酉日，因为廓尔喀德尼王毕热提毕毕噶尔玛生写热曾噶扒噶都热萨哈拒绝西藏增派援兵的要求，下诏给予他特别嘉奖。庚子日，赈济陕西华、渭南两州县受到的水灾。

九月辛丑初一日，资政院举行开院典礼，监国摄政王载沣到会并发表讲话。壬寅日，分别赏赐吴乃琛等四百五十九名游学毕业生文、医、格致、农、工、商、法政进士、举人等职衔。癸卯日，免征甘肃洮州、金县、渭源、伏羌、安定、会宁、宁灵、循化、秦州九个厅州县上一年受灾土地的钱粮草束。丙午日，江北徐州等地因连降大雨发生水灾，房屋、田地被水淹没，命令度支部发放库银赈济灾民。丁巳日，代理绥远城将军、督办垦务大臣信勤因患疾病被免职，调坤岫代替他。任命奎芳为乌里雅苏台将军。戊申日，命令度支部再次发放库银两万两赈济皖北的灾民。壬子日，由于上海市情危急，张人骏奏请向外国借贷钱款暂作调剂，并提出输运内库银五十万两，皇帝同意。癸丑日，永定河水平稳，不再泛滥。赈济四川绵竹等厅县的水灾。甲寅日，裁去海龙围场总管。丙辰日，命令直省举荐有德行、品性正直的人才，要从严加以甄别，选拔录用。己未日，将山东堂邑义丐武训积资兴学的事迹交国史馆载入史册。裁去湖南常德府同知及宝庆府长安营同知。癸亥日，命令绥远城垦荒事务要加紧办理，规定沿边道厅以下的官员，凡关系到垦荒的事务，一律听从垦务大臣的调度安排。丙寅日，杨枢因有病被免职，命令农工商部右丞李国杰充任出使比利时国的大臣。赈济黑龙江受水灾的灾民。丁卯日，袁树勋因有病被免职，任命张鸣岐代理两广总督。任命沈秉坤为云南巡抚。戊辰日，裁去贵州副将、游击、都司、守备等官。免收新疆迪化等十一个厅县农民拖欠的钱粮和种子。

十月癸酉日，下诏将召开国会的时间改为宣统五年，因为直省督抚多次上言，加上顺天、直隶各省咨议局的人民代表请求速开国会，所以朝廷才下发了这项命令。甲戌日，命令溥伦、载泽充任草拟宪法的大臣。乙亥日，黄河河水平稳，不再泛滥。丁丑日，广西岑溪一带土匪骚扰，派遣官军前往剿灭平定了，匪首陈荣安伏罪被杀。程文炳去世，任命程允和为长江水师提督，命令甘肃提督张勋接管统领江南浦口各营。甘肃灵州遭受水灾，免收其应缴银米。庚辰日，增韫上疏奏请浙江裁减绿营，改编水师。辛巳日，因为开设议院的时间已缩短改为宣统五年，下诏责成各主管衙门要切实地抓好筹备工作，民政、度支、法、学诸部应当担负起各自的责任，提前做出通盘的筹划，分为主要的和次要的，详细向朝廷报告。并告诫、勉励直省督抚要激励精神，切实地遵照诏令执行，不要再因循守旧、互相推诿，以致延误了期限。壬午日，何彦升去世，任命袁大化为新疆巡抚。戊戌日，准予为已故大学士、前代理两广总督张之洞在江宁省城建立祠堂。

十一月癸卯日，罢免陆军尚书、侍郎及左右丞、参议，改设陆军大臣、副大臣各一人。

设置海军部,内设海军大臣、副大臣各一人。任命荫昌担任陆军大臣,寿勋为副大臣。贝勒载洵担任海军大臣,谭学衡为副大臣。乙巳日,诏命海军提督萨镇冰统帅巡洋长江舰队。丙午日,云南大姚县民众暴乱,闯入城中劫狱杀人,派遣官军平定了这场骚乱,匪首陈文培、邓良臣都伏罪被杀。己酉日,诏命前安徽巡抚冯煦为江、皖筹集赈款的大臣。壬子日,农工商部呈进他们编辑的《棉花图说》一书。丁巳日,资政院说,军机大臣的职责不明确,难以起到辅佐的作用,请求设立责任内阁。下诏说朝廷自会权衡利弊,院臣不必擅自干预,驳斥了资政院的建议。雷震春被罢官,任命段祺瑞代理江北提督。庚申日,陈夔龙上奏说顺天、直隶咨议局呈书请求明年就召开国会,命令说如果提前召开国会,一系列的预备事项已来不及,不可能再改变主张了。命令明白地告诉大家,不准再呈奏一些不符合实际的要求。增赐给普济教养局六十石仓米,规定以后每月赏赐成为定制。辛酉日,在各省设置高等审判厅和检察厅,内设丞、长,湖南省暂时不设。癸亥日,东三省的国会请愿代表赶赴京师,请求明年就召开国会。军机大臣报知朝廷。命令民政部、步军统领衙门勒令请愿代表返回原籍,不准在京师逗留,如再发生来京请愿或在各省聚众议论的,一定要严加察治。甲子日,下诏敦促宪政编查馆拟订出筹备国会的清单,同时草拟内阁官制一并上奏。为已故大学士张之洞在湖北省城建造祠堂。乙丑日,庆亲王奕劻请求免去军机大臣及总理外务部的官职,下圣旨安慰并请其继续留任。己巳,资政院上书请求朝廷明示男子剪去长发、改变服饰。

十二月壬申日,命令各省告诉所有学堂,禁止学生干涉政治、聚众请愿、违抗命令的要重治。丙子日,唐绍义因病被免去官职,任命盛宣怀为邮传部尚书。丁丑日,察哈尔右翼四旗蒙古受灾,发放库银一万两赈济灾民。己卯日,志锐请求变通、消除设立旗人户籍的旧制。辛巳日,召增祺入京师觐见,命令字琦代理广州将军。壬午日,召赵尔巽入京师觐见。癸未日,重申禁烟令,地方官中仍有像以前那样敷衍粉饰的一律定罪,并命令民政部和度支部对禁烟事宜进行考核。命令各省的总督会同宪政编查馆的王公大臣斟酌制订外省官制。乙酉日,裁减或合并江苏的州县,设立审判厅。将江宁府的江宁县并入上元县,苏州府的长洲县、元和县并入吴县,江都县并入甘泉县,昭文县并入常熟县,新阳县并入昆山县,震泽县并入吴江县,娄县并入华亭县,阳湖县并入武进县,金匮县并入无锡县,荆溪县并入宜兴县。丁亥日,宪政编查馆呈上遵旨拟订的修正逐年筹备事宜的清单。裁减吉林水师营官丁。戊子日,四川土匪盘踞黔江县作乱,派遣官军击退他们,并收复了城池。己丑日,考察宪政的大臣李家驹进上《日本租税制度考》《会计制度考》两书。癸巳日,四川土匪的首领温朝钟在湖北咸丰县境内被官军擒获斩杀。乙未日,诏命有贝子衔的镇国将军载振任头等专使大臣,前往英国祝贺英王加冕。资政院对《新刑律总则》《分则》进行讨论并做出决定,下诏在全国颁布施行。丙申日,免除陕西咸宁等六十四个府厅州县光绪三十三年拖欠的赋税,广有仓的钱粮草束也一并免去。丁酉日,资政院呈上议决的《统一国库章程》。戊戌日,资政院上奏议决的《宣统三年岁出岁入总预算》。廷杰去世,任命绍昌为法部尚书。己亥日,裁去甘肃兰州道,设置劝业道。这个月,江、淮地区饥荒严重,出现人吃人的惨景。东三省瘟疫流行。

宣统三年辛亥春正月庚子初一日,在山海关外实行防疫,因为天寒地冻道路受阻,命令陈夔龙、锡良安置各省的工作人员。丙午日,冯煦上奏请勘查徐、淮地区受灾情况。己酉日,免收江苏长洲等四十个厅州县的田地银粮。庚戌日,赈济江苏高邮、宝应、清河、安东、山阳、阜宁等县遭受水灾的灾民。甲寅日,度支部呈上《全国预算章程》。丙辰日,解除丧服。御史胡思敬弹劾宪政编查馆,说新官不可滥设,旧官不可尽裁;起草宪法应当选用品行正直的人,颁行章程应当广泛采纳众人的意见。下发其奏章到政务处。庚申日,调志锐为伊犁将军,广福为杭州将军。乙丑日,废除酷刑。凡是判处遣戍、流放以下的罪犯,不准用刑具审讯。法部奏上已被革职的原绥远城将军贻谷罪当论死,下诏改判遣戍新疆效力争取赎罪。乙巳日,命令周树模会同俄方勘定中俄边界。这个月,在直隶、山东的百姓中流行瘟疫。二月庚午初一日,为已故大学士前湖南巡抚王文韶在湖南省城建立祠堂。冯煦奏请疏通潍河。民政部呈上《编订户籍法》。壬申日,命令主管部门积极采取防疫措施,不准借机骚扰百姓,并命令民政部、步军统领衙门,顺天府将保卫民生的宗旨晓谕人民。乙亥日,将四川德格、春科、高日三土司改由中央派遣流官管理,设置边北道、登科府、德化、白玉二州,石渠、同普二县。将原定应当发配到新疆军台的人犯改发到巴蜀、西藏。丙子日,免收云南昆明等三州县受灾田地的钱粮。丁丑日,免收浙江仁和等三十州县,杭、严二卫,衢、严二所因受灾而荒芜的田亩应缴纳的钱粮漕米。戊寅日,将陆军部、海军部大臣和副大臣改为正都统和副都统,仍然由荫昌和寿勋、载洵和谭学衡分别担任陆军部正都统和副都统,海军部正都统和副都统职务。英国人占领云南的片马。癸未日,命令李家驹撰写讲义分批进呈。丙戌日,裁去驻西藏的帮办大臣,另设左右参赞。丁亥日,为浙江惠兴女学堂颁发"贞心毅力"匾额。己丑日,外务部呈上《勋章赠赏章程》。诏命度支部右侍郎陈邦瑞、学部右侍郎李家驹、民政部左参议汪荣宝协力纂写宪法。任命诚勋为广州将军,溥颋为热河都统。任命贝子溥伦为农工商部尚书,世续为资政院总裁,李家驹为副总裁,刘若曾为修订法律大臣。壬辰日,禁止外国商人贩运食盐入口。改设英国属地槟榔屿正领事官。

　　三月庚子日,任命刘锐恒为云南提督。裁去稽查守卫处,另置管理前锋、护军等营事务处,三旗护军仍旧隶属内务府统管。陆军部上奏说,查明东三省测量局的官员焦滇收受贿赂出卖秘密地图,将他斩杀。辛丑日,裁去奉天的承德、锦二县。壬寅旧,裁去四川川北、重庆二镇的总兵官。癸卯日,向军人颁发"尽忠节、守礼节、尚武勇、崇信义、敦朴素、重廉耻"六条作为训诫。丁未日,分别赏赐陆军各镇、协统制、统领等官何宗莲、李奎元等人陆军副都统、协都统等官衔。戊申日,吉林疏通图们江的航路与海贯通。己酉日,命令出使意大利国的大臣吴宗濂作为专使,前往祝贺并参加意大利国庆典礼。庚戌日,革命党人用枪弹击杀了代理广州将军孚琦。壬子日,任命萨镇冰为海军副都统。赵尔丰上奏平服三岩野番,将孔撒、麻书两土司改为中央派遣的流官。甲寅日,授张鸣岐为两广总督。乙卯日,度支部尚书载泽与英、美、德、法四国的银行缔结了借款的契约。丙辰日,赏赐伊犁将军志锐尚书职衔,伊犁地方的文武官员皆须受他的节制。免去浙江仁和等三十七个州县及卫所田塘宣统二年应缴的银粮。戊午日,因为江、皖、豫遭受灾害,命令冯煦会同三省的督抚筹备春季赈济的银两。己未日,荷兰在海牙召开禁烟大会,命令出使德国的大臣梁诚前往参加会议。赈济科布多札哈沁蒙古游牧地区的灾民。庚申日,锡良因有病被免职,赵尔巽被调为东三省总督,并授予其钦差大臣,兼管三省的军事事务。加直隶热河道提法使职衔。辛酉日,命令赵尔丰代理四川总督,王人文为川滇边务大臣。

将因丧亲悲哀而死的前浙江巡抚聂缉椝的孝顺行为交国史馆立传。癸亥日,将汉代儒臣赵岐、元代儒臣刘因都安排进文庙陪同祭祀。华裔商人在日本横滨创立大同学校,颁赐给"育才广学"的匾额。丁卯日,革命党人黄兴率领同党在广州焚烧总督衙门,被击退。

夏四月辛未日,杨文鼎请求暂时不要裁减湖南绿营军及防军。甲戌日,分别赏赐游学毕业生钟世铭、汪燨芝等人法政科进士、举人,工科举人。内子日,赵尔巽上奏请求在用人和行政方面能有自主权,下诏表示赞同。丁丑日,裁减山东抚、镇标营官。戊寅日,下诏改立责任内阁,颁布内阁官制。授庆亲王奕劻为内阁总理大臣,大学士那桐、徐世昌都被任命为协理大臣。任命梁敦彦为外务大臣,善耆为民政大臣,载泽为度支大臣,唐景崇为学务大臣,荫昌为陆军大臣,载洵为海军大臣,绍昌为司法大臣,溥伦为农工商大臣,盛宣怀为邮传大臣,寿耆为理藩大臣。又规定内阁总理大臣、协理大臣都是国务大臣,内阁总理大臣、协理大臣都充任宪政编查馆大臣,庆亲王奕劻仍旧管理外务部。设置弼德院,任命陆润庠为院长,荣庆为副院长。罢去旧内阁、办理军机处及会议政务处。大学士、协办大学士仍旧按照次序在翰林院供职。裁减内阁学士以下的官员。设置军咨府,贝勒载涛、毓朗都被任命为军咨大臣,命令他们制订军咨府的职官制度。赵尔巽会同陈夔龙、张人骏、瑞澂、李经义以及宪政编查馆的大臣们在一起商量制订外省的职官制度。己卯日,庆亲王奕劻和大学士那桐、徐世昌都要求辞去内阁总理、协理职,没有获准,敦促他们立即受职任事。再次重申鸦片烟禁,诰谕民政、度支二部,各省督抚要在限定期限内杜绝。下诏规定铁路为国有。在此之前,给事中石长信曾上疏论说各省商民集股造路公司的弊害,认为应命令部臣将全国的主要干线定为国家所有,其余的支线可以准许各省绅商集股自修,朝廷同意此建议,下发到邮传部进行商议。至此,邮传部上奏说:"中国幅员辽阔,边疆遥远,必须有纵横全国、四通八达的许多主干线路,才足以便利行政从而把握住国家的中枢。过去由于规划不健全,致使路政错乱分歧,不分主干支线,不度量民力,呈上一张申请书,即批准商办。结果经过数年,广东收用了一半的股资,修筑铁路不多。四川倒欠账款巨大,无法追回。湖南、湖北开局已经多年,却白白耗费钱财。长此以往,恐怕时间愈长,人民的负担愈重,全国上下都将深受其害。应定下将主要干路都收归国有,次要支路任凭商民自修。告知人民,宣统三年以前各省分设公司集股商办的干路,应立即收归国有。马上计划修筑,全部废除过去的批文。"所以朝廷有此诏令。辛未日,吉林发生火灾,发放库银四万两赈济。癸未日,赏赐抚恤代理广州将军副都统孚琦。丁亥日,资政院呈请将预算和借款两事交院集会讨论,皇上不同意。戊子日,起用端方以侍郎后补身份充任督办粤汉、川汉的铁路大臣。规定裁减、候补的官员不能奏事。命令依据秋季调集禁卫军及近畿各镇陆军在直隶永平府举行大规模的操演。己丑日,恭亲王溥伟因有病被免去禁烟大臣职,由顺承郡王讷勒赫代任禁烟大臣。庚寅日,邮传大臣盛宣怀与英、德、法、美四国银行缔结的借款契约签订。辛卯日,庞鸿书被革职,任命沈瑜庆为贵州巡抚。壬辰日,诏令督抚告知人民:铁路现在已经归官办,自圣旨下达之日起,四川、湖南两省的租股全部停止作废。宣统三年四月以前所收的租股,应由邮传部、督办铁路大臣会同督抚一起清查后上奏。地方官敢有隐匿不报的要问罪惩治。杨文鼎上奏说湖南省自从听说朝廷下旨将铁路干线收归国有后,群情汹惧,哗噪异常,到处散发传单,在这种煽动下,恐怕不满情绪很快会滋长蔓延。命令严加禁止,倘有匪徒从中煽动,意在扰世作乱的，要依照惩治乱党的条例，格杀勿论。朱家宝上奏说在江、淮交会地区为匪学出没之地，近年来连年灾荒，盗风更加兴盛。请求按鄂、蜀惩办会匪、土匪的章程，对犯者以军法论处。丙申日，将原来附属于税务司管辖的邮政移归邮传部管理。免除云南昆明县官用田地的应纳赋税。丁酉日，赈济山东滕、峄二县的灾民。

五月庚子日，采纳湖南京官大理寺少卿王世祺等人的意见，停止征收湖南因修路所抽收的房捐和米盐捐。辛酉日，杨文鼎上奏，湖南咨议局呈文说有能力自办湘路，不愿意借债，这是根据情况代人上奏，命令严加斥责。抚恤在墨西哥被害的华侨银两。壬寅日，裁减广西绿营都司、守备以下官员及马步兵。癸卯日，山东的兖州、沂州、曹州三府及济宁州受灾，发放库银三万两赈济灾民。四川咨议局呈文请王人文代奏说，当地的绅士自听说朝廷下旨将铁路收归国有后，函电纷至沓来，要求暂缓接收此令，并停止刊登朝廷颁发的诏书。王人文转奏朝廷，下诏斥责这种违抗行为，仍命令立即刊刻诏书，遍发全国让人民知道，并恳切地说服开导。乙巳日，免收珲春贫苦旗丁承领荒地的地价银。戊申日，对游学毕业生进士江古怀等人进行朝廷面试，分别授予不同的官职。乙卯日，孙宝琦上奏说皇室的宗支不应干预政事，下诏斥责他。壬子日，重新起用那桐，仍旧授予他文渊阁大学士。丙辰日，广东绅民因对铁路收归国有不满，倡议不用官发的纸币，将股票兑换银两。命令张鸣岐严加防范。丁巳日，资政院上呈修改《速记学堂章程》。戊午日，度支、邮传二部联合上奏川、粤、汉干路收回国有的办法。请求收回粤、川、湘、鄂四省公司的股票，兑换成由工部特制发行的国家铁路股票。粤路发给原股票数额的六成。湘、鄂路照原数额发送。川路宜昌段实际所用工料款是四百余万，发给国家保利股票，其现存的七百余万两，或仍旧入股，或兴办实业，听由自行处理。命令端方迅速前往三省会同各督抚照此办法行事。丁宝铨因有病被免职，任命陈宝琛为山西巡抚。庚申日，命令于式枚总理礼学馆。甲子日，内阁呈上内阁属官制度、法制院职官制度，下诏命令颁布执行。设置内阁承宣厅及制诰、叙官、统计、印铸四局，内设阁丞、厅长、局长各官。同时还设置了内阁法制院院使。废除宪政编查馆、吏部、中书科、稽查钦奉上谕事件处、批本处，其所有事务全部归内阁负责处理。翻书房改属翰林院。陆军部上奏，精简各省督练公所的军事参议官。乙丑日，翰林院呈进检讨章梫编纂的《康熙政要》。

六月丁卯日，命令资政院会同内阁修改制订院章。赈济湖南武陵、龙阳、益阳三县遭受水灾的灾民。保定陆军军械局的火药库、陆军第二镇演武厅的火药库都发生了火灾。庚辰日，安徽发大水，无为州五里碑、九连等处的寨圩被水冲坏。辛巳日，任命荣庆为弼德院院长，邹嘉来任副院长。陆润庠被免去禁烟大臣职务，陈宝琛被免去山西巡抚职务，以侍郎身份候补。伊克坦被免去都察院副都御史职，以副都统身份记名。裁去兼管顺天府的府尹。壬午日，任命陆钟琦为山西巡抚。癸未日，赵尔丰上奏收回巴塘得荣地方，当地户民请求缴纳粮税，浪庄寺千余名喇嘛被准许还俗。又上奏说巴塘临卡石的户民愿意投诚，将他们拨给三坝厅管理。乙酉日，伊克昭盟扎萨克固山贝子三济密都布旗受灾，发放库银一万两赈济灾民。丙戌日，丹噶尔厅及西宁县匪党纠集众人闹事，派官军将其击散，首犯李旺、李统春、李官博俭等人伏罪被杀。辛卯日，设置典礼院，内设掌院大学士、副掌院学士、学士、直学士各官职。任命李殿林为典礼院掌院学士，郭曾炘为副掌院学士。壬辰日，四川绅民罗纶等二千四百余人，联合上诉说，收铁路为国有后，盛怀宣、端方会同度支部奏定办法,对待四川的民众纯粹是强制压服不能公平待人,所以不敢从命,呈请朝廷裁夺审查。王人文转报朝廷,下诏说这是一再冒犯圣上,应该痛加斥责。增设荷兰属地爪哇岛的总领事及泗水、苏门答腊的正领事。甲午日,湖南常德府因连降大雨河水泛滥,浸漫所属州县,冲坏田地庐舍,发放库银六万两赈济灾民。丙申日,与英国大使馆续订禁烟条约,再次重申要严厉禁止吸食鸦片,诏告知朝廷内外要切实奉行。

闰六月己亥日,命令宝熙充任禁烟大臣。庚子日,恩寿因有病被免职,任命余诚格为陕西巡抚。癸卯日,安徽连降大雨,长江潮水暴发,濒临长江河道的州县都遭受涝灾,发放库银五万两赈济灾民。庚戌日,调任余诚格为湖南巡抚,杨文鼎为陕西巡抚。壬子日,命令本年度调集禁卫军及近畿各镇军队在永平府举行大规模的操演,命令军咨大臣贝勒载涛恭敬地代替皇帝亲临监军。癸丑日,命令贝子溥伦、镇国公载泽会同宗人府纂写拟订皇室大典。乙卯日,革命党人在路上用弹药袭击广东水师提督李准,李准受伤但幸免于死,前吉林将军铭安去世。丙辰日,下诏载振、陆润庠、增祺、陈宝琛、丁振铎、姚锡光、沈云沛、诚勋、清锐、朱祖谋均被任命为弼德院顾问大臣,国务大臣奕劻、那桐、徐世昌、梁敦彦、善耆、载泽、唐景崇、荫昌、载洵、绍昌、溥伦、盛宣怀、寿耆以及宗人府宗令世铎、总管内务府大臣奎俊、继禄均兼任弼德院顾问大臣。丁巳日,调派善耆为理藩大臣,任命桂春代理民政大臣。调派凤山为广州将军,任命寿耆为荆州将军。四川铁路股东会的会长颜楷等人呈奏批评邮传部,赵尔丰转报朝廷,没有结果。辛酉日,裁去各省府治首县,改设地方审判厅。乙丑日,内阁上奏请求修订法规。

七月壬申日,赵尔丰上奏说四川绅民对铁路收归国有,仍然存有许多误会,不断的请愿要求。诏令邮传部及督办铁路大臣对路股进行清理,向大家讲清楚所采取的办法,以消除疑惑。甲戌日,命令瑞澂、张鸣岐、赵尔丰、余诚格在各自管辖的地区会同办理铁路事宜。命令端方到四川调查铁路事情。丁丑日,由于四川人心浮动,为防止有人煽动蛊惑,命令提督田振邦严格约束军队予以镇压,敦促端方立刻赶赴四川,并准许带军队去。赵尔丰、玉昆率领提督、司、道一起上奏,四川的民众为争路闹得很厉害,请求资政院议决将铁路仍归商办,不准,责令赵尔丰仍应采取镇压手段驱散民众。己卯日,江苏所属州县连降大雨,圩堤溃决,田地被淹没,发放库银四万两赈济灾民。永定河决口。端方到达四川,水陆新旧诸军都听从他的调遣。调陆征祥为出使俄国的大臣,刘镜人为出使荷兰国的大臣。辛巳日,忠瑞被免职,任命桂芳为科布多办事大臣。溥铜被免职,任命萨荫图为科布多参赞大臣。壬午日,四川发生动乱,赵尔丰拘捕了咨议局议长薄殿俊、副议长罗纶、保路同志会长邓孝可、股东会长颜楷、张澜以及胡嵘、江三乘、叶秉诚、王铭新九人。不久,同志会聚集许多人包围了总督署,军队冲击后众人才散去。赈济浙江省杭州、嘉兴、湖州、绍兴四府的灾民。癸未日,皇帝溥仪入学,大学士陆润庠、侍郎陈宝琛教授学业,副都统伊克坦教授国语满文。赈济湖北省的水灾。甲申日,广东澄海县决堤,发放库银四万两赈济。旅居在京的四川绅民为争回铁路召开集会,呈文给资政院要求转奏他们的意见。命令将代表刘声元逮捕解送回原籍。命令学部约束学生,不准随意干预外事,并命令民政部、步军统领严禁聚众开会。丁亥日,山东济南以及东西路各州县发生水灾,黄河上游挡水的土埂又被水冲垮,发放库银五万两赈济受灾州县。赈济福建水灾。戊子日,命令前两广总督岑春煊前往四川,会同赵尔丰一起办理剿平安抚的事宜。已丑日,监国摄政王载沣检阅禁卫军。癸巳日,因为四川民乱,告知赵尔丰命令诸军迅速击散,要区别良莠好坏或加剿灭或加安抚,胁从者要宽大处理。甲午日,波密的野番投城。

八月丙申日,总税务司赫德去世,加赐太子太保头衔。准许为已故成都将军、前伊犁将军马亮在伊犁建立祠堂。壬寅日,庆亲王奕劻再次请求免去内阁总理大臣和管理外务部的职务,朝廷不同意。甲辰日,裁去直隶的督标、提标,以及通永、天津、正定、大名、宣化各镇的标官弁马步守兵,提督职依旧不变。丙午日,江南提督刘光才因为有病被免职,调张勋代替他,任命张怀芝为甘肃提督。丁未日,制定国乐。庚戌日,设置盐政院,内设大臣以下官员,废除盐务处。命令载泽兼任盐政大臣。癸丑日,端方、瑞澂上奏,湖北境内的粤汉、川汉铁路收归国有,原商办公司已取消,议定了接收路股的办法,下诏表示赞许,并嘉奖湖北的士绅深明大义。甲寅日,革命党人谋划在武昌举事,事情被发觉,有三十二人被捕,刘汝夔等三人被杀。瑞澂转报朝廷后,下诏对在祸患刚萌生时即消除,迅速戡定暴乱表示赞许,命令对擒获的三十二人严加审讯,并缉拿逃犯人。乙卯日,武昌新军起义,投向革命党,总督瑞澂弃城逃走,武昌随即被攻陷。下诏革去瑞澂官职,仍命其暂代总督职务,戴罪立功。命令陆军大臣荫昌指挥军队前往武昌讨伐革命党,湖北军及援军全部听从他的调度,萨镇冰率领兵舰、程允和率领水师从水上加以援助。丙辰日,由于兵匪勾结作乱,张彪弃营偷跑,下诏革除其湖北提督官职,并仍责令他剿平匪徒。停止原定在永平府举行的阅兵操演。开放山西,河南运粮的禁令。武昌军民拥戴陆军第二十一混成协统领官黎元洪为都督,设置了军政府。以后各行省相继拥兵据地宣布独立,推举出来的为首者都称为都督。革命军攻取了汉阳,袭击兵工厂和铁厂,占据了汉口。丁巳日,起用袁世凯为湖广总督,岑春煊为四川总督,都受命办理剿抚事宜。命令贝勒载涛指挥禁卫军把守京师附近。戊午日,王人文被革职,重新任命赵尔丰为川滇边务大臣。停收奉天府今年的贡赋。己未日,岑春煊要求辞去四川总督官职,下诏不准。催促梁敦彦京师担任职务。京师开粮仓粜米赈济饥民。壬戌日,命令长江水陆诸军,均听从袁世凯的调遣。命令川、楚用兵,对原来是受胁迫,后来觉悟自行投归的人,要既往不咎;愿意随军效力,能擒获匪党的人,要从优嘉赏。缴获的逆党名册应当立即销毁,不要搞株连。对两省被骚扰的地方要加以抚恤。免裁各省的绿营、巡防队。寿耆被免职,任命连魁为荆州将军。癸亥日,皇太后下懿旨,发放库银二十万两赈济湖北遭受战乱的难民。福建龙溪、南靖两县河水溢涨冲决河堤,房屋田地被水淹没,发放库银两万两赈济灾民。因为湖北需要用兵,命令山东、山西两省筹购米麦运送到湖北接济军粮。甲子日,命令副都统王士珍帮助办理湖北的军务。

九月乙丑初一日,出现日食。资政院召开等二次会议,下诏勉励议员。湖南新军发生兵变,巡抚余诚格逃到兵舰上避难,巡防营统领前广西右江镇总兵黄忠浩被害。丙寅日,陕西新军发生兵变,护巡抚布政使钱能训自杀未成,逃到潼关,西安将军文瑞、副都统承燕、克蒙额全都被害。丁卯日,皇太后下懿旨,发放内府库银二十四万两赈济直隶、吉林、江苏、安徽、山东、浙江、湖南、广东诸省的饥民,并成立慈善救济会。戊辰日,张荫棠被免职,任命施肇基为出使意大利、墨西哥、秘鲁三国大臣。革命党人用药弹将广州将军凤山杀死。己巳日,皇太后向慈善救济会资助银两。资政院上言说邮传大臣盛宣怀侵权犯法,欺君罔上,涂改附会政策,以致酿成祸乱,实为误国的首恶,下诏革去他的官职。端方上奏，经过对四川民乱的访查，事故的原因实际是由于官和民交相起哄而造成的，请求释放被拘的咨议局议长蒲殿俊及邓孝可等九人，湖北拘留法部主事潇湘一并免于议处，下诏同意。任命唐绍仪为邮传大臣。任命陈邦瑞为江苏、安徽赈务大臣。庚午日，皇太后拿出内府库银一百万两接济湖北军队。召荫昌返回京师，授命袁世凯为钦差大臣，监督办理湖北的剿匪事宜，指挥各个部队。命令军咨使冯国璋统领第一军，江北提督段祺瑞统领第二军，皆受袁世凯调度。任命春禄为广州将军。抚恤遇害的广州将军凤山。冯国璋在滠口与革命军交战，从水陆两面夹攻，收复了汉口。壬申日，由于瑞澂失守武昌，逃登兵舰避难，继而又潜逃出湖北省，贪生怕死，下诏将他逮捕押送京师，交法部治罪。癸酉日，皇帝下诏责备自己。命令溥伦、载泽纂军宪法的各项条文，并立即奏报朝廷。资政院总裁大学士世续因病被免职，李家驹奉命代替他，达寿为副职。桂春恢复仓场侍郎的官职，赵秉钧代理民政大臣。湖南巡抚余诚格被革职，但仍暂时管理湖南巡抚的事务。山西新军发生兵变，巡抚陆钟琦被害。云南新军发生兵变，总督李经羲逃跑，布政使世增和统制官钟麟同、兵备处候补道王振畿、辎重营管带范钟岳都遭到杀害。汤寿潜奉命总办浙江团练。解除对革命党的禁令。对在戊戌政变中犯下过失和先后犯有政治革命嫌疑的罪犯，以及这次被革命党胁从又自归的人，一律宽恕。资政院说内阁对当前形势应负主要责任，请求废除现行章程，实行内阁完全制度，不让皇亲贵族充任内阁大臣。下诏表示同意。顺天府压低粮价将仓库里的粮食卖给百姓。甲戌日，江西新军发生兵变，巡抚冯汝骙跑到九江，服毒自杀。安徽新军进攻省城，被击散。乙亥日，任命袁世凯为内阁总理大臣，让他组织完全内阁。罢免庆亲王奕劻内阁总理大臣职，任命他为弼德院院长。罢免那桐、徐世昌内阁协理大臣职，和荣庆一起并为弼德院的顾问大臣。善耆、邹嘉来、载泽、唐景崇、荫昌、载洵、绍昌、溥伦、唐绍仪、寿耆都罢去国务大臣职，解除职务。载涛被罢免军咨大臣，任命荫昌任其职。起用魏光焘为湖广总督，命令他迅速赶赴湖北任职。陆海军各部队及长江水师仍旧听从袁世凯的指挥调遣。丙子日，召袁世凯来京师。王士珍暂时代理湖广总督。采纳张绍曾的意见，改命资政院来制定宪法。丁丑日，资政院上奏要采用君主立宪主义，呈进关于君主立宪的重大信条十九条。发放内府库银十万两赈济四川遭受战乱的难民。戊寅日，命令统领军队的大员要将朝廷愿与人民重新开始，不忍再动用兵力的意旨告诉给人民。命令统领军队的大员申明纪律，禁止骚扰民众。任命第六镇统制吴禄贞代理山西巡抚。袁世凯要求辞去内阁总理大臣。朝廷下诏劝勉。赏赐抚恤殉难的山西巡抚陆钟琦。贵州宣布独立，推举都督，巡抚沈瑜庆逃跑。革命军攻陷上海。袁世凯命令前线的各部队停止进军。不久又派遣知府刘承恩、正参领蔡廷干到武昌会见黎元洪，劝其停战，结果未能达成协议。乙卯日，下诏允许革命党人根据法律组织政党。资政院说在汉口的战役中，官军惨杀人民，请求命令停战，命令袁世凯惩治军官的罪行，商民遭到的损失由国家赔偿。吴禄贞上奏，派遣人员到敌军中进行劝告，下令停止攻击，并亲自到娘子关慰问革命军，下诏对其作法表示赞许。裁除广东交涉使司。江苏巡抚程德全献出苏州投靠革命军，自称为都督。浙江新军发生兵变，巡抚增韫被捕，不久放了他。庚辰日，授予第二十镇统制张绍曾侍郎的头衔，派遣到长江一带传达朝廷命令并安抚军民。绍曾自称有病不肯赴任。命令张勋充任会办南洋军务大臣。赵尔丰被免职，任命端方代理四川总督。催促袁世凯进京。政治嫌疑犯伍兆铭、黄复生、罗世勋被

释放出狱。辛巳日，广西巡抚沈秉坤自称都督。内阁铨叙局发生火灾。壬午日，江宁新军统制徐绍桢率领军队发动兵变，将军铁良、总督张人骏、提督张勋坚守抵抗。镇江被攻陷，京口副都统载穆被害。安徽新军发生兵变，推举巡抚朱家宝为都督。癸未日，下诏特命袁世凯为内阁总理大臣。这是所从资政院上奏，依据宪法信条公开推举，所以才有这个命令。吕海寰请求依据红十字会的方法，推广慈善救济会，同意他的意见。广东独立，推举都督，总督张鸣岐逃跑。福建新军发生兵变，将军朴寿、总督松寿被害。甲申日，皇太后下懿旨罢免继禄，重新起用世续为总管内务府大臣。锡良应召入朝觐见。命令统领军队的大员告知军民，朝廷对满族或汉族的军民本来就没有什么区别或歧视。乙酉日，山东巡抚孙宝琦宣告山东独立。顺天府上奏在京师成立临时慈善普济赤十字总会。贝勒毓朗被罢免军咨大臣职，由徐世昌代替他的职务。丙戌日，赏赐抚恤守卫江宁的将士。吕海寰奉命充任中国红十字会的会长，兼管慈善救济会的事务。东三省咨议局及新军要求独立，总督赵尔巽不同意，压住了他们的意见，朝廷诏令对他们仍应进行劝解。丁亥日，命令近畿各镇及各路军队并姜桂题部属都必须听从袁世凯指挥。戊子日，遣派宣慰使分别前往遭受战祸的各省，征求国民的意见。命令各省督抚推举够代表资格的人到京师参加会议。赵尔巽以四川事情处治不当为由，引咎自责，请求免职，下诏表示不同意。吴禄贞率兵到石家庄，被其部下杀掉。御史温肃弹劾吴禄贞包藏祸心，有反叛朝廷的企图。下诏命令陈夔龙检查惩处。王士珍因有病被免职，命令段芝贵护理湖广总督。永定河堤坝合龙。袁世凯来到京师。己丑日，任命张锡銮为山西巡抚。溥颋被免职，任命锡良为热河都统。庚寅日，袁世凯推举国务大臣。下诏任命梁敦彦为外务大臣，赵秉钧为民政大臣，严修为度支大臣，唐景崇为学务大臣，王士珍为陆军大臣，萨镇冰为海军大臣，沈家本为司法大臣，张謇为农工商大臣，杨士琦为邮传大臣，达寿为理藩大臣，都另外设置副大臣辅佐他们。于式枚、宝熙充任修律大臣。绍昌、林绍年、陈邦瑞、王墀、吴郁生、恩顺都充任弼德院的顾问大臣。辛卯日，命令段祺瑞代理湖广总督。起用升允代理陕西巡抚，督查办理军务。壬辰日，浙江巡抚增韫因为擅离职守被革职。癸巳日，因为张勋指挥攻打秣陵关余党，将士勇敢，赏赐他二等轻车都尉的世袭职位。甲午日，资政院呈上改订的院章，下诏颁布。

冬十月丙申日，内阁上奏与立宪相抵触的事项，停止对内阁大臣的召见及内阁的奏事，弼德院、军咨府一并加以限制。废除各衙门值班的旧章程。重新任命世续为文渊阁大学士。戊戌日，伍廷芳、张謇、唐文治、温宗尧劝告摄政王，请他赞同共和政体。庚子日，将实行宪法信条十九条在太庙宣誓，由摄政王代为举行祭祀。任命劳乃宣为大学堂总监督。免去溥良职务，任命直隶宣化镇总兵黄懋澄兼代理察哈尔都统。辛丑日，命令甘肃提督张怀芝协助办理直隶的防务。四川成都宣布独立，推举都督。壬寅日，督办铁路大臣、候补侍郎、代理四川总督端方率领军队进入四川，到资州时，被其部下杀害。其弟端锦随从入川，同时被害。论定收复汉阳的功绩，封冯国璋为二等男爵。命令科尔沁亲王阿穆尔灵圭前往奉天，会同赵尔巽筹划有关蒙古的事宜。乱军侵犯金陵，副将王有宏在战斗中阵亡。甲辰日，山东巡抚孙宝琦取消独立，自行弹劾等待治罪。下诏宽恕他，褒奖山东不附和独立的官商。发放库银犒劳张勋军队。赏赐梁鼎芬三品京堂官阶，命令会同李准收复广东。丙午日，革命军攻陷江宁，将军铁良、总督张人骏逃到上海，张勋率领余部退守徐州。袁世凯与民军签订了暂时停战条款，停战三天。此后一再延长停战期限，直至决定国家政体的日子。任命徐世昌为专管训练禁卫军大臣。丁未日，免去宝棻官职，任命齐耀琳为河南巡抚。命令寿勋会同袁世凯、徐世昌筹办军务。戊申日，哲布尊丹巴胡图克图自立，库伦办事大臣三多被驱逐。下诏罢免三多的官职。己酉日，赏赐抚恤为国殉难的江西巡抚冯汝骙。庚戌日，监国摄政王载沣上奏皇太后，交出监国摄政王的印章，退回藩王府邸。皇太后下懿旨，晋升世续、徐世昌为太保，卫护皇帝。命令段祺瑞剿平当阳、天门诸路土匪。辛亥日，下诏授命袁世凯为全权大臣，委派代表赴南方讨论国家大局。任命冯国璋为察哈尔都统。资政院请求改用阳历，臣民可以自由剪发，下诏都准予实行。

袁世凯

壬子日，将训练禁卫军大臣改为总统官，任命冯国璋担任此职。任命良弼为军咨府军咨使。赏赐抚恤为国殉难的闽浙总督松寿。丙辰日，开采黑龙江省太平山察汉敖拉地区的煤矿。丁巳日，革命军到荆州，代理左翼副都统恒龄被害。戊午日，内阁上奏发行爱国公债券。辛酉日，孙宝琦被免职，任命胡建枢为山东巡抚。

十一月甲子初一日，袁世凯请求废除臣工封奏的旧制。乙丑日，命令原代理湖北提法使施纪云、原光禄寺少卿陈钟信任四川团练。丙寅日，成都尹昌衡、罗纶带领同志军攻入总督衙门，劫获前代理四川总督、川滇边务大臣赵尔丰，赵不肯屈服，被杀害。戊辰日，抚恤效忠国事而死的广东潮州镇总兵赵国贤。壬申日，皇太后下令召集临时国会，将是否实行共和立宪国体交付公众议决。前些时候，袁世凯派遣唐绍仪前往南方，会同民军代表伍廷芳共商大局，将上海作为议和之地，会议举行了多次，伍廷芳坚决主张废除帝制建立共和国，唐绍仪不能说服他，认为应当先向朝廷上奏听取裁夺，于是入朝奏报。袁世凯上奏请召集王公大臣开御前会议，最终还是听从了他的意见。到这时，才定下在上海召开国民会议的时间，解决国体的问题。甲戌日，各省代表十七人在上海召开临时大总统选举会，推举临时大总统，在南京成立政府，定国号为中华民国。戊寅日，奉劝亲贵王公等捐献财物资助军队。定成被免去大理院正卿，任命刘若曾代替他。己卯日，杨士琦被免职，命令梁士诏代理邮传大臣。辛巳日，赏赐抚恤代理四川总督、督办粤汉、川汉铁路大臣、候补侍郎端方及其弟知府端锦。罢去盐政院。滦州发生兵变，安抚平定了。伊犁新军协统领官杨缵绪的军队发生兵变，将军志锐被害。丁亥日，告谕哲布尊丹巴胡图克图，并赏赐其先朝珍宝。庚寅日，赏赐抚恤为国难而死的代理荆州左翼副都统恒龄。辛卯日，袁世凯在路上险遇炸弹，没被击中。壬辰日，任命张怀芝兼帮办山东防务大臣。癸巳日，命令有关部门保护外国人的生命财产。任命舒清阿帮办湖北防务。任命乌珍为步军统领。京师戒严。

十二月甲午初一日，赏赐张怀芝巡抚职衔。己未日，再次授予前山西巡抚陆钟琦二等轻车都尉世袭职位，追赠同时遇害的陆钟琦儿子翰林院侍讲陆光熙三品京堂官阶，给予优厚的抚恤并加赐谥号,同时表彰抚恤陆钟琦的妻子唐氏。丁酉日,张人骏被革职,命令张勋护理两江总督。胡建枢被革职,任命张广建代理山东巡抚,吴鼎元会同办理山东的防务事宜。己亥日,赏赐抚恤为国难而死的伊犁将军志锐。辛丑日,皇太后下懿旨,由于袁世凯公正忠诚体恤国难,加封一等侯爵。命令额勒浑代理伊犁将军,文琦办理塔尔巴哈台参赞大臣事宜。李家驹被免职,任命许鼎霖为资政院总裁。革命党用药弹击中良弼,伤其大腿,两天后死去。壬寅日,袁世凯要求辞去侯爵,再三推让后还是接受了。癸卯日,因为收复了潼关,奖赏一万两银子犒劳军队。甲辰日,因论定收复汉阳的功绩,重新恢复张彪为提督。乙巳日,任命张怀芝为安徽巡抚。赏赐抚恤给为效忠国事而死的福州将军朴寿。丁未日,命令张锡銮前往奉天府会办防务事宜,李盛铎代理山西巡抚,卢永祥会同办理山西的军务。赏赐抚恤给遇害的军咨府军咨使良弼。戊申日,任命王赓为军咨府军咨使。己酉日,皇太后下懿旨,授予袁世凯全权代表资格,与民军商酌条件奏报朝廷。当时岑春煊、袁树勋、陆征祥、段祺瑞等人请求朝廷尽快定下共和国体,以免生灵继续遭受涂炭,所以未等国会召集,就决定自己让出政权,所以才有上述命令。庚戌日,命令昆源会办热河的防务事宜。辛亥日,命令宋小濂代理黑龙江巡抚。壬子日,徐世昌免去军咨大臣职务,抚恤在云南为国殉难的甘肃布政使世增。乙卯日,锡良被免去官职,任命昆源代理热河都统。丁巳日,免征江南徐州府未缴完的丁漕钱粮。戊午日,袁世凯上奏与南方代表伍廷芳议定,赞成共和国体,并进呈对皇室的八条优待条件,对皇族的四条待遇条件,对满、蒙、回、藏人的七条待遇条件,一共十九条。皇太后命袁世凯以全权代表身份成立临时共和政府,与民军商定统一的办法。袁世凯于是秉承皇太后的懿旨,向中外发布告示说:"前此因为民军起义,各省纷纷响应,致使九州沸腾,生灵涂炭。朝廷特命袁世凯派遣官员与民军代表一起讨论国家的大局,商议召开国会,由公众决定政体。两个月以来,尚无妥当的办法。南北分离,彼此相持。商旅中止于道途,兵士露尸于野外。国体一天不决定,民生一天得不到安宁。如今全国人民的心理,多数倾向于共和。对此,南方各省,已倡议于前;北方将领,也积极主张于后。人心所向,天命可知。我怎能忍心因为一姓的尊荣,违背亿万民众的心意。外观世界的大趋势,内审国民的意见,特率领皇帝将统治权公诸全国,定为立宪共和国体。这样做能近慰海内厌乱望治之心,远协古圣天下为公之义。袁世凯在此前已经资政院选为总理大臣,在这个新旧更替的时候,是实现南北方统一的重要力量。立即由袁世凯全权组织临时共和政府,与民军一起协商统一的办法。总的期望是人民安居,海宇太平,仍然合并满、蒙、汉、回、藏五族的全部领土为一个完整的大中华民国。我与皇帝得以退居安闲地方,优游度岁月,受到国民的优厚礼遇,亲眼看到大治的告成,难道不是非常美好吗!"又说:"古来统治天下的人,重要的是保全人民的生命,不忍心以养人者害人。现在将要新定国体,无非是想首先消灭大乱,务期确保太平无事。如果违背大多数的民心,重新开启无穷的战祸,则会使整个国家分裂,人们互相残杀,必然会演化成种族仇恨的惨局。这将导致九庙震惊,万民荼毒,后患不忍再说。两种危害相比较,应该选择轻的。这正是朝廷审时度势、关怀吾民的苦衷。凡京师及外省的臣民,务必很好地体会此意,从全局出发权衡利弊,不得挟持虚矫的意气,放任偏激的空言,致使国家与民众两受其害。令民政部、步军统领、姜桂题、冯国璋等严密地加以防范,切实地进行开导,使人民都晓知朝廷应天顺人、大公无私的本意。至于国家设官分职，以此作为万民的法则。内列阁、府、部、院，外建督、抚、司、道，所设官府旨在保护黎民百姓的安康，不是为了一人一家而设。你们京、外大小各官，都应当考虑时事艰难，谨慎地恪尽职守。应立即责成各长官，恳切劝诫，不要虚在其位，用以辅佐我实现素有的爱抚庶民的心意。"又说："前此因为大局危急，万民陷于困苦，特命令内阁与民军商酌优待皇室的各项条件，希望和平解决。现在根据复奏，民军所开列的优礼条件，对宗庙皇陵永远进行祭祀，先皇陵制依旧妥修各节，都已经一一同意。皇帝只交出政权，却不废除尊号。并且议定优待皇室的条件八条，有关皇族的待遇四条，有关满、蒙、回、藏的待遇七条。览阅复奏感到还周全完备。特宣告皇族以及满、蒙、回、藏人等，从今以后务必要化除彼此的隔阂，共同保护治安，重新看到世界的升平，一齐享受共和的幸福，我对此存有厚望。"于是让出帝位。

太宗孝端文皇后传

【题解】

孝端文皇后，姓博尔济吉特氏，生于明万历二十七年（1599），死于清顺治六年（1649），终年 51 岁，是有清一代第一个拥有皇后称号的人。

【原文】

太宗孝端文皇后，博尔济吉特氏，科尔沁贝勒莽古思女。岁甲寅四月，来归。太祖命太宗亲迎，至辉发扈尔奇山城，大宴成礼。天聪间，后母科尔沁大妃屡来朝，上迎劳，锡赉有加礼。崇德元年，上建尊号，后亦正位中宫。二年，大妃复来朝，上迎宴。越二日，大妃设宴，上率后及贵妃、庄妃，幸其行幄。寻命追封后父莽古思和硕福亲王，立碑于墓；封大妃为和硕福妃，使大学士范文程等册封。

世祖即位，尊为皇太后。顺治六年四月乙巳崩，年五十一。七年上谥，雍正、乾隆累加谥，曰孝端正敬仁懿哲顺慈禧庄敏辅天协圣文皇后。女三，下嫁额哲、奇塔特、巴雅思祜朗。

【译文】

太宗孝端受皇后，姓博尔济吉特氏，是科尔沁贝勒莽古思的女儿。甲寅年四月，她来到后金国，嫁给太宗。当时，太祖命太宗亲自迎接，两人至辉发扈尔奇山城，举行大宴成婚。天聪年间，皇后的母亲科尔沁大妃多次前来朝见，均受到太宗的款待，并获得大量赏赐。崇德元年，太宗称帝改元，皇后也正式统领中宫。二年，大妃又来朝见，太宗亲自迎接，并宴请了她。两日后，大妃设宴答谢，太宗亲率皇后及贵妃、庄妃至其住所。不久，太宗又下令追封皇后父莽古思为和硕福亲王，并在其墓前立碑；又封大妃为和硕福妃，派大学士范文程等人行册封礼。

世祖即位，尊皇后为皇太后。顺治六年四月乙巳，孝端文皇后死，终年五十一岁。七

孝庄文皇后传

【题解】

孝庄文皇后，姓博尔济吉特氏，生于明万历四十一年（1613），死于清康熙二十六年（1687），终年 75 岁。她聪颖能干，富有韬略，一生经历了太宗、世祖、圣祖三朝政局的变化，精心扶立儿（世祖顺治）孙（圣祖康熙）为帝主政，先是挫败了多尔衮觊觎帝位的野心，后又协助清廷平定三藩叛乱，对清朝的一统大业和清政权的巩固都起了积极的作用，成为清初统治集团中德高望重、一言九鼎的人物。康熙曾满怀激情地颂扬她说："设无祖母太皇太后，断不能有今日成立（按指清廷所获的成就）。"

【原文】

孝庄文皇后，博尔济吉特氏，科尔沁贝勒寨桑女，孝端皇后姪也。天命十年二月来归。崇德元年，封永福宫庄妃；三年正月甲午，世祖生。世祖即位，尊为皇太后。顺治十一年，赠太后父寨桑和硕忠亲王，母贤妃。十三年二月，太后万寿，上制诗三十首以献。上承太后训，撰《内则衍义》，并为序以进。圣祖即位，尊为太皇太后。

康熙九年，上奉太后谒孝陵。十年，谒福陵、昭陵。十一年，幸赤城汤泉，经长安岭，上下马扶辇，至坦道始上马以从。还度岭，正大雨，仍下马扶辇。太后命骑从，上不可，下岭乃乘马傍辇行。吴三桂乱作，频年用兵，太后念从征将士劳苦，发宫中金帛加犒；闻各省有偏灾，辄发帑赈恤。布尔尼叛，师北征，太后以慈宁宫庶妃有母年九十余居察哈尔，告上诫师行毋掳掠。

国初故事：后妃，王、贝勒福晋，贝子、公夫人，皆令命妇更番入侍。至太后，始命罢之。宫中守祖宗制，不蓄汉女，上命儒臣译《大学衍义》进太后。太后称善，赐赉有加。太后不预政，朝廷有黜陟，上多告而后行。尝勉上曰："祖宗骑射开基，武备不可弛；用人行政，务敬以承天，虚公裁决。"又作书以诫，曰："古称为君难，苍生至众，天子以一身临其上，生养抚育，莫不引领。必深思得众得国之道，使四海咸登康阜，绵历数于无疆，惟休。汝尚宽裕慈仁，温良恭敬，慎乃威仪，谨尔出话，夙夜恪勤，以祗承祖考遗绪，俾予亦无疚于厥心！"十九年四月，上撰《大德景福颂》，进太后。

二十年，上复奉太后幸汤泉。云南平，上诣太后宫，奏捷。二十一年，上诣奉天谒陵，途次屡奏书问安，使献方物。奏曰："臣到盛京，亲网得鲢、鲫，浸以羊脂，山中野烧，自落榛实及山核桃，朝鲜所进柿饼、松、栗、银杏，附使进上，伏乞俯赐一笑，不胜欣幸！"二十二年夏，奉太后出古北口避暑。秋，幸五台山，至龙泉关。上以长城岭峻绝，试辇不能陟，奏太后。次日，太后辇登岭，路数折不可上，太后乃还龙泉关，命上代礼诸寺。二十四年夏，上出塞避暑，次博洛和屯，闻太后不豫，即驰还京师。太后疾良已。

二十六年九月，太后疾复作，上昼夜在视。十二月，步祷天坛，请减算以益太后。读祝，上泣，陪祀诸王大臣皆泣。太后疾大渐，命上曰："太宗奉安久，不可为我轻动。况我心恋汝父子，当于孝陵近地安厝，我心始无憾。"己巳崩，年七十五。上哀恸，欲于宫中持服二十七月，王大臣屡疏请遵遗诰，以日易月，始从之。命撤太后所居宫，移建昌瑞山孝陵近地，号"暂安奉殿"。二十七年四月，奉太后梓宫诣昌瑞山。自是，岁必诣谒。雍正三年十二月，世宗即其地起陵，曰昭西陵。

世祖亲政，上太后徽号；国有庆，必加上。至圣祖以云南平，奏捷，定徽号，曰昭圣慈寿恭简安懿章庆敦惠温庄康和仁宣弘靖太皇太后。初，奉安上谥，雍正、乾隆累加谥，曰孝庄仁宣诚宪恭懿至德纯徽翊天启圣文皇后。子一，世祖；女三，下嫁弼尔塔哈尔、色布腾、铿吉尔格。

孝庄文皇后

【译文】

孝庄文皇后，姓博尔济吉特氏，是科尔沁贝勒寨桑的女儿、孝端皇后的侄女。天命十年二月，与太宗成婚。崇德元年，她被封为永福宫庄妃，三年正月甲午生下世祖。世祖即位，又被尊为皇太后。顺治十一年，清廷追封太后父寨桑为和硕忠亲王，母为贤妃。十三年，太后生辰时，世祖亲自作诗三十首以示祝贺。世祖还秉承太后旨意，撰著《内则衍义》，并为书作序，呈交太后。圣祖即位，太后又被尊为太皇太后。

康熙九年，圣祖亲陪太后谒见孝陵，十年又先后谒见福陵、昭陵。十一年，太后巡游赤城汤泉，行经长安岭时，圣祖下马扶辇车而行，待至平坦大道方上马相随。返回时，行至岭上，天下起大雨，圣祖仍下马扶辇车。太后命其骑马相从，圣祖不答应。直至下岭后，圣祖才乘马依傍辇车而行。吴三桂叛乱发生之后，清廷连年派兵征战，太后深念从征将士劳苦，拿出宫中金帛加以犒赏；又听说各省发生自然灾害，就又发帑金予以赈恤。布尔尼发动叛乱，清军北征，太后又以慈宁宫庶妃有九十余岁的老母正居住在察哈尔为由，要圣祖告诫军队所至之处不得掳掠。

清初规定，后妃及王、贝勒福晋，贝子、公夫人，均派命妇轮流入宫侍奉，至太后开始废除了这一规定。宫中遵守祖宗定制，不蓄养汉族女子。圣祖命儒臣翻译《大学衍义》，书成进呈太后，受到太后的称赞和奖赏。太后向来不干预政务，朝廷凡有官吏升降之事，圣祖都在禀告太后以后才执行。太后曾经勉励圣祖说："祖宗以骑射开创基业，武备不可荒废。用人行政，务必敬承天命，秉公裁决。"又作书劝诫说："自古以国君为难作，老百姓众多，天子以一人对他们实行统治，生养抚育，均为关注之事。你一定要深思得国得众的道理，要使四海之内达到安康，统治大业万世不衰，只有休养生息。你要注重宽裕慈仁，

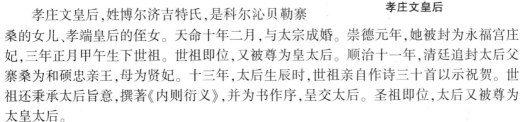

温良恭敬,慎用威仪,出语谨慎,夙夜勤于政事,以便继承祖宗遗训,这样我心也不感到有愧于祖宗了。"十九年四月,圣祖将撰著的《大德景福颂》进呈太后。

康熙二十年,圣祖又陪太后巡游汤泉。云南收复后,圣祖亲到太后宫内报捷。二十一年,圣祖到奉天拜谒祖陵,途中屡次上书向太后问安,并派人贡献土特产品,书中说:"臣到盛京,亲手网得鲢、鲫鱼,涂以羊脂,在山中野火炊熟,又将落榛的果实及山核桃,还有朝鲜进贡的柿饼、松、栗、银杏,均交使者呈上,愿一笑收纳,不胜欣幸。"二十二年夏,圣祖陪太后出古北口避暑。秋天,巡游五台山,至龙泉关。圣祖将长城岭险峻陡峭,自己亲扶辇车而不能攀登事上奏太后。次日,太后辇车登岭,几经周折而不能登岭,于是返回龙泉关,命圣祖代她到各寺庙礼拜。二十四年夏,圣祖出塞避暑,驻博洛和屯,听说太后身体不适,即刻驰还京师,此时太后已康复。

二十六年九月,太后病又发作,圣祖昼夜在病床边侍奉。十二月,圣祖徒步去天坛为太后祈福,向上天请求减掉自己的寿数,以延长太后的生命。阅读祝文时,圣祖十分悲痛,陪祀的诸王大臣也都个个流泪。太后弥留之际,对圣祖说:"太宗安葬已久,不可为我轻动。何况我心惦恋你们父子,你要在孝陵附近为我择地安葬,我心就不会有怨气。"己巳,太后死,享年七十五岁。圣祖很是哀痛,要在宫中服丧二十七个月,后经王大臣屡次疏请遵守遗命,才答应以一日折算一月,为太后服丧二十七日。圣祖又命将太后生前居住的宫殿移建至昌瑞山孝陵附近,称为"暂安奉殿"。二十七年四月,圣祖护送太后灵柩至昌瑞山。自此,每年必定前去谒陵。雍正三年十二月,世宗在此处修建太后陵墓,称为昭西陵。

世祖亲政,为太后加徽号,以后凡有庆典,必再加徽号。到圣祖以平定云南报捷,定太后徽号昭圣慈寿恭简安懿章庆敦惠温庄康和仁宣弘靖太皇太后。太后安葬之初,清廷还为她上谥号,雍正、乾隆屡次增加谥号,称孝庄仁宣诚宪恭懿至德纯徽翊天启圣文皇后。生子一人,即世祖;女三人,分别下嫁弼尔塔哈尔、色布腾、铿吉尔格。

世祖废后传

【题解】

世祖废后,姓博尔济吉特氏。顺治元年(1644)世祖继位后,摄政王多尔衮为了控制他,"因亲定婚",选择蒙古科尔沁卓礼克图亲王吴克善女为皇后。八年八月,世祖正式册立她为皇后,并诏告天下。但时隔两年,世祖又以吴克善女未经自己选择,且自册立之始两人志意不谐,宣布将皇后降为静妃。此谕旨一下,大学士冯铨、陈名夏以及其他一些大臣相继上疏劝止。世祖接到奏疏后勃然大怒,声称自己此举是废掉无能之人,严厉斥责他们身为朝廷大臣,借此沽名钓誉,极为可耻。诸大臣终于未能说服世祖。

【原文】

世祖废后,博尔济吉特氏,科尔沁卓礼克图亲王吴克善女,孝庄文皇后侄也。后丽而慧,睿亲王多尔衮摄政,为世祖聘焉。顺治八年八月,册为皇后。上好简朴,后则嗜奢侈,又妒,积与上忤。

十年八月,上命大学士冯铨等上前代废后故事。铨等疏谏,上严拒,谕以"无能,故当废",责诸臣沽名。即日,奏皇太后,降后为静妃,改居侧宫。下礼部,礼部尚书胡世安,侍郎吕崇烈、高珩疏请慎重详审;礼部员外郎孔允樾及御史宗敦一、潘朝选、陈棐、张璿、杜果、聂玠、李敬、刘秉政、陈自德、祖永杰、高尔位、白尚登、祖建明,各具疏力争。允樾言尤切,略言:"皇后正位三年,未闻失德。特以'无能'二字,定废嫡之案,何以服皇后之心?何以服天下后世之心?君、后犹父母,父欲出母,即心知母过,犹涕泣以谏。况不知母过何事,安忍缄口而不为母请命?"上命诸王、贝勒、大臣集议。议仍以皇后位中宫,而别立东西两宫。上不许,令再议,并责允樾覆奏。允樾疏引罪;诸王大臣再议,请从上指。于是,后竟废。

【译文】

世祖废后,姓博尔济吉特氏,是科尔沁卓礼克图亲王吴克善的女儿,孝庄文皇后的侄女。皇后长得漂亮而聪慧,睿亲王多尔衮摄政时为世祖订婚。顺治八年八月,她被册立为皇后。世祖本性喜简朴,皇后则因奢侈无度,又生性妒人,而多次违背世祖旨意。

十年八月,世祖命大学士冯铨等上奏前代废后事例。铨等上疏谏止,世祖严拒,并下谕旨说"皇后无能,所以应该废掉",斥责谏阻的各大臣是沽名钓誉。当天,世祖将此事奏报皇太后,降皇后为静妃,改居侧宫,并通知礼部。礼部尚书胡世安,侍郎吕崇烈、高珩上疏请求皇帝慎重详审此事;礼部员外郎孔允樾及御史宗敦一、潘朝选、陈棐、张璿、杜果、聂玠、张嘉、李敬、刘秉政、陈自德、祖永杰、高尔位、白尚登、祖建明各自上疏力争。孔允樾言辞尤其殷切,大意是说:"皇后正位中宫三年以来,未听说有失德事,今仅以'无能'二字定废嫡之案,怎么能够使皇后心服?怎么能够使天下后代之人心服?君后如同人之父母,父要休母,儿子即使心里知道母有过失,也要以泪劝阻;况且不知母有何过错,怎么能闭口不为母请命呢?"世祖命令诸王、贝勒、大臣一同讨论此事。众人议定仍以皇后正位中宫,然后再立东西两宫。世祖对此予以拒绝,并命令他们重新议决此事,同时又严令孔允樾再上奏陈述意见。这样,允樾上疏请罪;诸大臣经过讨论只得服从皇帝旨意。于是,皇后终于被废掉了。

孝惠章皇后传

【题解】

孝惠章皇后(1641~1717 年),姓博尔济吉特氏,她是世祖第二个皇后。以后,世祖虽想要立宠妃董鄂氏为皇后,但他始终找不出废弃孝惠章皇后的借口。不过孝惠章皇后在顺治一朝始终受冷遇,只是到了康熙朝才受到圣祖的尊奉。

【原文】

孝惠章皇后，博尔济吉特氏，科尔沁贝勒绰尔济女。顺治十一年五月，聘为妃，六月册为后。贵妃董鄂氏方幸，后又不当上恉。十五年正月，皇太后不豫，上责后礼节疏阙，命停应进中宫笺表，下诸王、贝勒、大臣议行。三月，以皇太后旨，如旧制封进。

圣祖即位，尊为皇太后，居慈仁宫。上奉太皇太后谒孝陵，幸盛京，谒福陵、昭陵，出古北口避暑，幸五台山，皆奉太后侍行。康熙二十二年，上奉太皇太后出塞，太后未侍行。中途射得鹿，断尾渍以盐，并亲选榛实，进太后。二十六年，太皇太后不豫，太后朝夕奉侍。及太皇太后崩，太后悲痛。诸妃主入临，太后恸甚，几仆地。上命诸王大臣奏请太后节哀回宫，再请乃允。岁除，诸王大臣请太后谕上回宫，上不可。二十七年正月，行虞祭，上命诸王大臣请太后勿往行礼，太后亦不可。二十八年，建宁寿新宫，奉太后居焉。

三十五年十月，上北巡，太后万寿，上奉书称祝。驻丽苏，太后遣送衣裘。上奉书言："时方燠，河未冰，账房不须置火。俟严寒，即欢忭而服之。"三十六年二月，上亲征噶尔丹，驻他喇布拉克。太后以上生日，使赐金银茶壶，上奉书拜受。噶尔丹既定，群臣请上加太后徽号寿康显宁，太后以上不受尊号，亦坚谕不受。三十七年七月，奉太后幸盛京谒陵，道喀喇沁。途中以太后父母葬发库山，距跸路二百里，谕内大臣索额图择洁地，太后遥设祭。十月，次奇尔赛毕喇。值太后万寿，上诣行宫行礼，敕封太后所驻山曰寿山。

三十八年，上奉太后南巡。三十九年十月，太后六十万寿，上制《万寿无疆赋》，并奉佛像、珊瑚、自鸣钟、洋镜、东珠、珊瑚、金珀、御风石、念珠、皮裘、羽缎、哆罗呢、沈、檀、芸、降诸香，犀玉、玛瑙、磁、漆诸器，宋、元、明名画，金、银、币、帛；又令膳房数米万粒，号"万国玉粒饭"，及肴馔、果品以献。四十九年，太后七十万寿，亦如之。

五十六年十二月，太后不豫。是岁，上春秋六十有四，方有疾，头眩足肿，闻太后疾甚，以帕缠足，乘软舆诣视，跪床下，捧太后手曰："母后，臣在此！"太后张目，畏明障以手，视上，执上手，已不能语。上力疾，于苍震门内支幄以居。丙戌，太后崩，年七十七，上号恸尽礼。五十七年三月，葬孝陵之东，曰孝东陵。初，上太后徽号，国有庆，必加上。至云南平，定曰仁宪恪顺诚惠纯淑端禧皇太后。及崩，上谥。大学士等初议误不系世祖谥。上令至太庙、奉先殿，瞻礼高皇后、文皇后神位，大学士等引罪；又以所拟谥未多留徽号字，命更议。雍正、乾隆累加谥，曰孝惠仁宪端懿慈淑恭安纯德顺天翼圣章皇后。

【译文】

孝惠章皇后，姓博尔济吉特氏，是科尔沁贝勒绰尔济的女儿。顺治十一年五月，她被聘为妃，六月册立为皇后。当时董鄂氏正受到世祖宠幸，而皇后也不拦阻。十五年正月，皇太后身体不适，世祖责备皇后礼节疏漏，命将原应向中宫进献的笺表一概停止，并令诸王、贝勒、大臣执行。三月，根据皇太后的旨意，恢复向中宫进献笺表。

圣祖即位，尊皇后为皇太后，居住于慈仁宫。圣祖侍候太皇太后拜谒孝陵，巡幸盛京，拜谒福陵、昭陵，出古北口避暑，巡幸五台山时，也都带着太后同行。康熙二十二年，圣祖侍候太皇太后出塞，太后未同行，途中射得野鹿，将鹿尾割断后用盐淹，并亲选榛子的果头，一起进献太后。二十六年，太皇太后患病，皇太后朝夕侍奉。及太皇太后去世，太后十分悲痛。诸妃前来看视，太后悲痛得几乎摔倒在地。圣祖命王大臣奏请太后节哀回宫，经两次奏请才允准。年底，诸王大臣请求太后谕令圣祖回宫，为圣祖所拒。二十七年正月，太皇太后葬毕再行祭礼时，圣祖要诸王大臣奏请太后不必前往行礼，也为太后所拒。二十八年，宁寿新宫建成，将太后迁居此处。

三十五年十月，圣祖北巡时正值太后寿辰，圣祖上疏予以祝贺。圣祖驻扎丽苏，太后派人送来衣裘，圣祖上疏说："此时天气正暖，河水还未结成冰，账房中也不须生火，待天气严寒时，会很高兴地穿上。"三十六年二月，圣祖亲征噶尔丹，驻军于他喇布拉克。太后在圣祖生日时，派人赐予金银茶壶，圣祖上疏拜受。平定噶尔丹后，群臣请为太后加徽号寿康显宁，太后因圣祖不接受尊号，也下谕旨坚辞不受。三十七年七月，圣祖陪太后至盛京谒陵，经过喀喇沁。途中因太后父母所葬之发库山，距所行经之路二百里，谕令内大臣索额图择一干洁之地，供太后遥祭。十月，驻扎在奇尔赛毕喇，正值太后生日，圣祖亲至行宫行礼，并下令封太后所驻的山为寿山。

三十八年，圣祖带太后南巡。三十九年十月，太后六十寿辰，圣祖亲作《万寿无疆赋》，并进呈佛像、珊瑚、自鸣钟、洋镜、东珠、珊瑚、金珀、御风石、念珠、皮裘、羽缎、哆罗呢、沈、檀、芸、降诸香、犀玉、玛瑙、磁、漆等器物、宋、元、明名画、金银、币帛；又令膳房挑选一万粒米，号称"万国玉粒饭"，及肴馔、果品呈献太后。四十九年，太后七十寿辰时，又将上述物品呈献。

五十六年十二月，太后患病。这一年，圣祖六十四岁，正有病，头眩足肿，得知太后病危，立即以手帕缠足，乘软舆前往看视，跪于床下，亲捧太后手说："母后，臣在此！"太后张开眼睛，由于怕光，以手遮眼看圣祖，并拉着圣祖的手。这时，太后已不能说话了。圣祖极力支撑病体，在苍震门内支起帐篷，居住于内。丙戌，太后去世，终年七十七岁。圣祖哀号悲痛极尽礼仪。五十七年三月，葬太后于孝陵东，称孝东陵。最初清廷为太后上徽号，以后国有庆典，徽号均有增加。到平定云南后，定为仁宪恪顺诚惠纯淑端禧皇太后。太后去世后，又为其上谥号，大学士等最初议论时，错误地将谥号不系于世祖，圣祖令他们到太庙、奉先殿瞻礼高皇后、文皇后神位，大学士等只得引罪自责；圣祖又以所拟定的谥号未多留徽号字，命大学士等改议。雍正、乾隆屡次增加谥号，称孝惠仁宪端懿慈淑恭安纯德顺天翼圣章皇后。

孝献皇后传

【题解】

孝献皇后（1639～1660 年），姓栋鄂氏（又作董鄂氏），终年 22 岁，据说，她原来是世祖十一弟襄亲王博穆博果尔的妻子，因性姿敏慧而被世祖看中，从此两人就烈火干柴般地热恋起来。不料此事被博穆博果尔发觉，栋鄂氏受到了严厉斥责。世祖闻知后，狠狠地打了其弟一个耳光，后者不久即因愤极致死。于是，世祖就将栋鄂氏收入宫中，先封为贤妃，后又立她为皇贵妃，举行了册封之礼，并颁诏天下。这是清代后妃制度的一个特例。

因为按清制,只有册立皇后时才颁诏天下。这说明,栋鄂氏的受宠程度和实际地位已与皇后不相上下了。

【原文】

孝献皇后,栋鄂氏,内大臣鄂硕女。年十八入侍,上眷之特厚,宠冠后宫。顺治十三年八月,立为贤妃。十二月,进皇贵妃,行册立礼,颁赦。上皇太后徽号,鄂硕本以军功授一等精奇尼哈番,进三等伯。十七年八月薨,上辍朝五日。追谥孝献庄和至德宣仁温惠端敬皇后。

上亲制《行状》,略曰:"后婉静循礼,事皇太后,奉养甚至,左右趋走,皇太后安之。事朕,晨夕候兴居,视饮食、服御,曲体罔不悉。朕返跸宴,必迎问寒暑;意少倦,则曰:'陛下归晚,休得毋倦耶?'趣具餐,躬进之。命共餐,则辞。朕值庆典,举数觞,必诫侍者。室无过燠,中夜恓恓起视。朕省封事,夜分未尝不侍侧。诸曹循例章报,朕辄置之,后曰:'此虽奉行成法,安知无当更张,或有他故?奈何忽之?令同阅,起谢:'不敢干政。'览廷谳疏,握笔未忍下,后问是疏安所云,朕谕之,则泣曰:'诸辟皆愚无知,岂尽无冤?宜求可矜宥者全活之!'大臣偶得罪,朕或不乐,后辄请霁威详察。朕偶免朝,则谏毋倦勤。日讲后,与言章句大义辄喜;偶遗忘句谏'当服膺默识。'蒐狩,亲骑射,则谏:'毋以万邦仰庇之身,轻于驰骤!'偶有未称旨,朕或加谯让,始犹自明无过;及闻姜后脱簪事,即有宜辩者,但引咎自责而已。后至节俭,不用金玉。诵《四书》及《易》已卒业,习《书》未久即精。朕喻以禅学,参究若有所省。后初病,皇太后使问安否,必对曰:'安。'疾甚,朕及今后、诸妃、嫔环视之,后曰:'吾殆将不起,此中澄定,亦无所苦,独不及酬皇太后暨陛下恩万一。妾殁,陛下宜自爱!惟皇太后必伤悼,奈何?'既又令以诸王赙施贫乏,复嘱左右毋以珍丽物敛。殁后,皇太后哀之甚。"《行状》数千言,又命大学士金之俊别作《传》。是岁,命秋谳停决,从后志也。

时鄂硕已前卒,后世父罗硕,授一等阿思哈尼哈番。及上崩,遗诏以后丧祭逾礼为罪己之一。康熙二年,合葬孝陵,主不祔庙,岁时配食飨殿。子一,生三月而殇,未命名。

【译文】

孝献皇后,姓栋鄂氏,是内大臣鄂硕的女儿。十八岁时入宫侍奉皇帝,很受世祖宠幸,其程度在后宫中居于首位。顺治十三年八月,她被立为贤妃。十二月进封皇贵妃,举行了册立典礼,并颁诏大赦天下。清廷在为皇太后加封徽号时,鄂硕原以军功授为一等精奇尼哈番,进为三等伯。十七年八月,栋鄂氏死,世祖停止视朝五日,追封谥号为孝献庄和至德宣仁温惠端敬皇后。

世祖亲制《行状》,大意说:"皇后生性喜静,循礼行事,侍奉皇太后竭诚效力,无时不离左右,使皇太后极为安宁。皇后侍奉朕,早晚起居时都要问候,看视饮食衣着,了如指掌。朕若晚回住所,皇后一定要迎问冷热,朕若稍显倦意,皇后就说:'陛下回来得这么晚,身体不疲倦吗?'催促赶紧就餐,并亲自呈递食物,若命其共餐则推辞不就。每逢国家庆典,朕数杯酒过后,皇后一定要侍者劝阻;朕居室若不够暖和,皇后半夜必亲起看视炉火。朕处理臣下奏章,凡到半夜时,皇后无不在身旁侍候。各衙门循例所递的奏章中,朕有时就放置一旁，皇后总是劝说：'这些奏章虽然都奉行成法，恐怕其中也有可取之处，或者还许有别的事情，不可有所忽视！'朕令其一同阅读，皇后即起身谢辞说：'不敢干预政务。'朕阅看廷审刑狱奏疏，握笔不忍批示时，皇后总要问该疏的内容，在得到朕的答复后，就眼含热泪说：'各极刑犯人都愚氓无知，难道没有冤枉吗？应该使那些可获赦免罪的犯人保全生命。'大臣偶尔得罪，朕有不乐之时，皇后就请求消释怒气，详察其事。朕若偶尔不上朝，皇后就力劝不要怠于政事。日讲之后，朕与之谈论章句大义，皇后很是高兴。若朕有遗忘之处，皇后就劝说：'应谨记在心，而不应忘却。'出巡狩猎，朕亲自骑射时，皇后就劝阻说：'不应以万邦仰庇之身，轻易行驰骤之事。'皇后处事，偶有不合朕的意旨，朕加责难时，开始还自己声辩无过，等听闻姜后脱簪的故事后，即使遇有该辩解之事时，她也只是引咎自责。皇后生活极为节俭，从不用金、玉之物。皇后熟读《四书》和《易》，不久又精通《书》。朕劝其学习禅学，皇后经过认真研究后也有所了解。皇后患病之初，皇太后派人问其是否安康，总回答说'安康'。等到病情加重，朕和现在的皇后、各妃、嫔看视时，皇后说：'我的病已不会痊愈了，这是命中注定，也已无苦恼，只是没有酬答皇太后及陛下恩德的万分之一。我死后，陛下要多加保重，只是皇太后必然伤感，这怎么办呢？'她还令以诸王名义向贫乏之人普遍施舍，又嘱咐自己左右之人不要聚敛珍奇艳丽之物。死后，皇太后极为悲痛。"《行状》长达数千言，又命大学士金之俊另为皇后作《传》。当年，世祖命秋审暂停处决犯人，以遵从皇后的遗志。

当时鄂硕已早死，皇后的伯父罗硕被授予一等阿思哈尼哈番。等到世祖死，遗诏中把皇后丧事超过了礼仪，作为自己的罪状之一。康熙二年，皇后与世祖合葬孝陵，神主不在庙中受祭，而是在飨殿中附带被祭。生子一人，因三个月后死去，故未命名。

世宗孝圣宪皇后传

【题解】

孝圣宪皇后（1692～1779年），终年86岁。康熙五十年，她生弘历（即后之高宗）。高宗即位后，她又母以子贵，尊为皇太后。由于高宗统治时期，清朝统治已达鼎盛阶段，高宗对母亲极为孝顺，南巡、东巡、巡幸五台山、谒祖陵、木兰行围，都带着太后同行。出猎时猎获野味，也派人送给她品尝。为庆贺太后60、70、80寿辰，清廷都举行了隆重的典礼，其奢靡程度超越古今。从太后的一生，我们既可以了解到清朝鼎盛时期的状况，同时也能看到清朝由盛转衰的迹象。

【原文】

孝圣宪皇后，钮祜禄氏，四品典仪凌柱女。后年十三，事世宗潜邸，号格格。康熙五十年八月庚午，高宗生。雍正中，封熹妃，进熹贵妃。高宗即位，以世宗遗命，尊为皇太后，居慈宁宫。高宗事太后孝，以天下养，惟亦兢兢守家法，重国体。太后偶言顺天府东有废寺当重修，上从之，即召宫监，谕："汝等尝侍圣祖，几曾见昭圣太后当日令圣祖修盖庙宇？嗣后当奏止！"宫监引悟真庵尼入内,导太后弟入苍震门谢恩,上屡诫之。上每出巡幸,辄奉太后以行:南巡者三,东巡者三,幸五台山者三,幸中州者一。谒孝陵,狝木兰,岁必至焉。遇万寿,率王大臣奉觞称庆。

乾隆十六年,六十寿;二十六年,七十寿;三十六年,八十寿,庆典以次加隆。先期,日进寿礼九九。先以上亲制诗文、书画,次则如意、佛像、冠服、簪饰、金玉、犀象、玛瑙、水晶、玻璃、珐琅、彝鼎、瓷器、书画、绮绣、币帛、花果,诸外国珍品,靡不具备。太后为天下母四十余年,国家全盛,亲见曾玄。

四十二年正月庚寅崩,年八十六,葬泰陵东北,曰泰东陵。初,尊太后,上徽号;国有庆,屡加上,曰崇德慈宣康惠敦和裕寿纯禧恭懿安祺宁豫皇太后。既葬,上谥;嘉庆中再加谥,曰孝圣慈宣康惠敦和诚徽仁穆敬天光圣宪皇后。子一。高宗。

【译文】

孝圣宪皇后,姓钮祜禄氏,是四品典仪凌柱的女儿。她十三岁时入世宗府第,称格格。康熙五十年八月庚午,生高宗。雍正中,封为熹妃,又晋封为熹贵妃。高宗即位,遵照世宗的遗命,尊她为皇太后,居住于慈宁宫。高宗对太后非常孝顺,以天下之物奉养,但又恪守家法,尊重国家体制。太后一次谈到顺天府东有一座废旧寺庙应当予以重修,高宗一方面口头上赞同,另一方面又立刻召见宫中太监,谕令说:"你们曾经侍候过圣祖,何尝见过昭圣太后当日令圣祖修盖庙宇？以后再有此事,你们应奏请劝止。"宫监还引领悟真庵的尼姑入大内,引导太后弟入苍震门谢恩,也都多次受到高宗的斥责。高宗每次出外巡幸,都要带着太后同行,其中有南巡三次、东巡三次、巡幸五台山三次、巡幸中州一次。拜谒孝陵,秋猎于木兰围场,每年都带太后出行。遇有太后生辰,高宗都率王大臣手捧酒杯予以庆贺。

乾隆十六年,太后六十寿辰;二十六年,七十寿辰;三十六年,八十寿辰,清廷所举行的庆典,一次比一次隆重、热烈。太后寿辰日之前,每天要进献寿礼八十一种:排在首位的是皇帝亲制的诗文、书画,其次才是如意、佛像、冠服、簪饰、金玉、犀象、玛瑙、水晶、玻璃、珐琅、彝鼎、瓷器、书画、绮绣、币帛、花果,以及外国珍品,应有尽有。太后为天下母的四十年间,国家处于全盛时期,她的家也五世同堂。

四十二年正月庚寅,太后死,享年八十六岁。死后葬于泰陵东北,称泰东陵。当初她被尊为太后,清廷为其上徽号,以后凡国有庆典,徽号均有增加,称为崇德慈宣康惠敦和裕寿纯禧恭懿安祺宁豫皇太后。下葬后,清廷又为其上谥号。嘉庆中,再加谥号,称孝圣慈宣康惠敦和诚徽仁穆敬天光圣宪皇后。生子一人,即高宗。

高宗孝贤纯皇后传

【题解】

孝贤纯皇后(1712～1748年),姓富察氏,她入宫后深得高宗宠幸,生有二子二女,其中皇二子永琏被高宗内定为储君。不幸,两子早夭,使孝贤皇后极为悲痛,终日以泪洗面。为替她排除忧愁,乾隆十三年,高宗携其东巡曲阜,望祭泰山。但皇后终因悲伤过度,兼之旅途劳顿,感染风寒,在德州船上去世。高宗极为悲痛,亲作赋文悼念,格调哀思动人。

【原文】

高宗孝贤纯皇后,富察氏,察哈尔总管李荣保女。高宗为皇子,雍正五年,世宗册后为嫡福晋。乾隆二年,册为皇后。后恭俭,平居以通草绒花为饰,不御珠翠。岁时以鹿羔蒙毺制为荷包进上,仿先世关外遗制,示不忘本也。上甚重之。十三年,从上东巡,还跸。三月乙未,后崩于德州舟次,年三十七。上深恸,兼程还京师,殡于长春宫,服缟素十二日。

初,皇贵妃高佳氏薨,上谥以"慧贤"。后在侧,曰:"吾他日期以'孝贤'可乎?"至是,上遂用为谥,并制《述悲赋》,曰:"《易》何以首《乾坤》?《诗》何以首《关雎》?惟人伦之伊始,固天俪之与齐。念懿后之作配,廿二年而于斯。痛一旦之永诀,隔阴阳而莫知。昔皇考之命偶,用抡德于名门。俾述予而尸藻,定嘉礼于渭滨。在青宫而养德,即治壶而淑身。纵糟糠之未历,实同甘而共辛。乃其正位坤宁,克赞乾清。奉慈闱之温清,为九卿之仪型。克俭于家,爰始缫品而育茧;克勤于邦,亦知较雨而课晴。嗟!予命之不辰兮,痛元嫡之连弃。致黯然以内伤兮,遂邈尔而长逝。抚诸子如一出兮,岂彼此之分视?值乖舛之叠遘兮,谁不增夫怨怼?况顾予之伤悼兮,更悒悢而切意。尚强欢以相慰兮,每禁情而制泪。制泪兮泪滴襟,强欢兮欢匪心。聿当春而启跸,随予驾以东临。抱轻疾兮念众劳,促归程兮变故遭。登画舫兮陈翟褕,由潞河兮还内朝。去内朝兮时未几,致邂逅兮怨无已。切自尤兮不可追,论生平兮定于此。影与形兮难去一,居忽忽兮如有失。对嫔嫱兮想芳型,顾和敬兮怜弱质。望湘浦兮何先徂,求北海兮乏神术。循丧仪兮怆徒然,例展禽兮谥孝贤。思遗徽之莫尽兮,讵两字之能宣。包四德而首出兮,谓庶几其可传。惊时序之代谢兮,届十旬而迅如。睹新昌而增怆兮,陈旧物而忆初。亦有时而暂弭兮,旋触绪而欷歔。信人生之如梦兮,了万事之皆虚。呜呼!悲莫悲兮生别离,失内位兮孰予随?入椒房兮阒寂,披凤幄兮空垂。春风秋月兮尽于此已,夏日冬夜兮知复何时?"

十七年,葬孝陵西胜水峪,后即于此起裕陵焉。嘉庆、道光累加谥,曰孝贤诚正敦穆仁惠徽恭康顺辅天昌圣纯皇后。子二:永琏、永琮。女二:一殇,一下嫁色布腾巴尔珠尔。

【译文】

孝贤纯皇后,姓富察氏,是察哈尔总管李荣保的女儿。高宗为皇子时,世宗于雍正五年册封她为高宗的嫡福晋。乾隆二年,她被册封为皇后。皇后生活节俭,平时只用通草、绒花作为装饰品,不用珠翠。年节用鹿羔、蒙绒制作荷包献给皇帝,这是仿照祖先在关外的遗俗,表示不忘本。高宗对她极为敬重。十三年,皇后随高宗东巡,回程途中,于三月乙未死于德州船上,终年三十七岁。高宗对皇后的死极为悲痛,日夜兼程返回京师,灵柩停放在长春宫,自己身穿白色丧服十二日。

起初,皇贵妃高佳氏死,高宗为其定谥号慧贤,当时皇后在场,对高宗说:"我他日愿以'孝贤'为谥号,可以吗?"至此,高宗就用"孝贤"作为皇后的谥号。同时又亲制《述悲赋》(赋文从略)。

十七年,葬皇后于孝陵西胜水峪,后来即在此处修建裕陵。嘉庆、道光屡次为她加增谥号,称孝贤诚正敦穆仁惠徽恭康顺辅天昌圣纯皇后。生子二人:永琏、永琮;女二人:一早夭,一下嫁色布腾巴尔珠尔。

皇后乌喇那拉氏传

【题解】

乌喇那拉氏(1718~1766年),她性格温顺,入宫后颇为皇太后喜爱。高宗的第一个皇后去世后,乌喇那拉氏被册立为皇后。乾隆三十年春,她随高宗南巡至杭州,据说因屡劝高宗不要私服出行而触怒高宗,一气之下自己剪了发,使高宗更为恼怒。于是,她被说成是"疯迷"之人而由水路先行回京。次年七月病故。高宗在热河闻讯后,只派皇子回京奔丧,丧仪也仅照皇贵妃礼进行。从此,高宗再也没有册立皇后了。

【原文】

皇后,乌喇那拉氏,佐领那尔布女。后事高宗潜邸,为侧室福晋。乾隆二年,封娴妃。十年,进贵妃。孝贤皇后崩,进皇贵妃,摄六宫事。十五年,册为皇后。三十年,从上南巡,至杭州,忤上旨,后剪发,上益不怿,令后先还京师。三十一年七月甲午崩,上方幸木兰,命丧仪视皇贵妃。自是,遂不复立皇后。子二:永璂、永璟;女一,殇。

四十三年,上东巡。有金从善者,上书,首及建储,次为立后。上因谕曰:"那拉氏本朕青宫时皇考所赐侧室福晋,孝贤皇后崩后,循序进皇贵妃。越三年,立为后。其后自获过愆,朕优容如故。国俗忌剪发,而竟悍然不顾,朕犹包含不行废斥。后以病薨,止令减其仪文,并未削其位号。朕处此仁至义尽,况自是不复继立皇后。从善乃欲朕下诏罪己,朕有何罪当自责乎?从善又请立后,朕春秋六十有八,岂有复册中宫之理?"下行在王大臣议从善罪,坐斩。

【译文】

皇后,姓乌喇那拉氏,是佐领那尔布的女儿。她入高宗府第,为侧室福晋。乾隆二年,被封为娴妃,十年晋封为贵妃。孝贤皇后去世后,她又被晋封为皇贵妃,主持六宫事务。十五年,册立为皇后。三十年,随高宗南巡,至杭州,因违背高宗旨意,自剪头发,招致高宗益加恼怒,令她先回京师。三十一年七月甲午,皇后死。当时,高宗正巡幸木兰,闻讯后令其丧仪照皇贵妃礼进行。从此以后,高宗就再也不立皇后了。皇后生子二人,即永璂、永璟;女一人,早死。

四十三年,高宗东巡,有一个名叫金从善的人,上疏皇帝,疏中首先谈及建储,接着要求高宗册立皇后。高宗于是下了一道谕旨说:"那拉氏本是朕为皇子时由皇考(世宗)所赐的一名侧室福晋,孝贤皇后死后,按顺序晋封为皇贵妃。三年之后,又册立为皇后。其后,她自己有错,朕依然予以优待和宽容。国家习俗最忌剪发,而她却悍然不顾,朕对此还是采取宽容态度,没有废掉她的皇后之位。她因病死后,朕只令削减其丧仪,并没有削去位号。朕处理此事,可说是仁至义尽,何况自此之后不再册立皇后。从善要朕下罪己诏,朕有什么罪可以自责的呢?从善又请求册立皇后,朕今年已六十八岁,哪有又册立中宫之理?"要随行的王大臣定议金从善罪,结果处斩。

仁宗孝和睿皇后传

【题解】

孝和睿皇后(1776~1849年),姓钮祜禄氏,她于嘉庆六年(1801)被册立为皇后。嘉庆二十五年七月,清仁宗在热河避暑山庄突然发病去世,不及明谕皇次子旻宁(即宣宗)即位。这时,统摄六宫的孝和睿皇后采取果断措施,降懿旨传谕留京王大臣,立即驰寄在热河的皇次子旻宁即位,从而使清廷消弭了因仁宗猝然去世而有可能出现的混乱局势。

【原文】

仁宗孝和睿皇后,钮祜禄氏,礼部尚书恭阿拉女。后事仁宗潜邸,为侧室福晋。仁宗即位,封贵妃。孝淑皇后崩,高宗敕以后继位中宫,先封皇贵妃。嘉庆六年,册为皇后。二十五年八月,仁宗幸热河,崩,后传旨令宣宗嗣位。宣宗尊为皇太后,居寿康宫。道光二十九年十二月甲戌崩,年七十四。宣宗春秋已高,方有疾,居丧哀毁,三十年正月崩于慎德堂丧次。咸丰三年,葬后昌陵之西,曰昌西陵。初,尊皇太后,上徽号,国有庆累加上,曰恭慈康豫安成庄惠寿禧崇祺皇太后。逮崩,上谥。咸丰间加谥,曰孝和恭慈康豫安成钦顺仁正应天熙圣睿皇后。子二:绵恺、绵忻;女一,殇。

【译文】

孝和睿皇后,姓钮祜禄氏,是礼部尚书恭阿拉的女儿。皇后最初入仁宗府第时,为侧室福晋。仁宗即位,封为贵妃。孝淑皇后去世,高宗谕令她以皇后名义继位中宫。先被封为皇贵妃,嘉庆六年册立为皇后。二十五年八月,仁宗在热河病死,皇后降懿旨令宣宗即位。宣宗尊她为皇太后,居住在寿康宫。道光二十九年十二月甲戌,皇太后死,享年七十四岁。当时,宣宗年事已高,且患病,居丧期间哀伤过度,三十年正月死于慎德堂居丧之所。咸丰三年,葬太后于昌陵之西,称昌西陵。她在被尊为太后之初,清廷为其上徽号,以后凡遇国家庆典,均有所增加,称恭慈康豫安成庄惠寿禧崇祺皇太后。等到死后,清廷又为其上谥号。咸丰间增加谥号,称孝和恭慈康豫安成钦顺仁正应天熙圣睿皇后。生子二人,即绵恺、绵忻;女一人,早死。

宣宗孝穆成皇后传

【题解】

孝穆成皇后,姓钮祜禄氏,嘉庆十三年(1808)死,宣宗即位后,追谥为皇后。她在嘉庆年间葬于海淀王佐村,宣宗初在清东陵宝华峪建陵,陵成移葬于此。不久,因地宫为水浸湿,宣宗又将皇后灵柩迁葬西陵龙泉峪。可以说,孝穆皇后是有清一代唯一一个连葬三次的皇后。这是清代后妃丧葬史上的一个特例。

【原文】

宣宗孝穆成皇后,钮祜禄氏,户部尚书、一等子布颜达赉女。宣宗为皇子,嘉庆元年,仁宗册后为嫡福晋。十三年正月戊午,薨。宣宗即位,追册谥曰孝穆皇后。初葬王佐村,移宝华峪,以地宫浸水,再移龙泉峪,后即于此起慕陵焉。咸丰初,上谥。光绪间加谥,曰孝穆温厚庄肃端诚恪惠宽钦孚天裕圣成皇后。

【译文】

孝穆成皇后,姓钮祜禄氏,是户部尚书、一等子布颜达赉的女儿。嘉庆元年,她由仁宗册封为宣宗(当时为皇子)的嫡福晋。十三年正月戊午死。宣宗即位,追册谥号为孝穆皇后。皇后初葬于王佐村,移宝华峪,又因地宫为水浸湿,再移葬龙泉峪,后来宣宗即谕令在此处建陵,称为慕陵。咸丰初年,清廷为其上谥号。光绪年间又增加谥号,称孝穆温厚庄肃端诚恪惠宽钦孚天裕圣成皇后。

孝静成皇后传

【题解】

孝静成皇后(1812~1855年),姓博尔济吉特氏,她入宫后,由贵人直进到贵妃。文宗为皇子时,因生母早亡,十岁时即由孝静抚养,得到无微不至的关怀和照顾。文宗即位后,感念抚育之恩,尊她为皇考康慈皇贵太妃。咸丰五年七月,孝静病危,文宗发谕旨尊她为康慈皇太后。但因清朝无嗣皇帝尊先皇帝妃嫔为皇太后之例,文宗又决定削减康慈皇太后的礼仪,谥号不系宣宗,神主不祔太庙。这又开了清代皇太后丧仪的特例。

【原文】

孝静成皇后,博尔济吉特氏,刑部员外郎花良阿女。后事宣宗为静贵人,累进静皇贵妃。孝全皇后崩,文宗方十岁,妃抚育有恩。文宗即位,尊为皇考康慈皇贵太妃,居寿康宫。咸丰五年七月，太妃病笃，尊为康慈皇太后。越九日庚午崩，年四十四，上谥曰孝静康慈弼天抚圣皇后，不系宣宗谥，不祔庙；葬慕陵东，曰慕东陵。穆宗即位，祔庙加谥。光绪、宣统累加谥，曰孝静康慈懿昭端惠庄仁和慎弼天抚圣成皇后。子三：奕纲、奕继、奕䜣；女一，下嫁景寿。

【译文】

孝静成皇后，姓博尔济吉特氏，是刑部员外郎花良阿的女儿。入宫之初为宣宗静贵人，后进封为静皇贵妃。孝全皇后死，年方十岁的文宗由她抚养。文宗即位，感念抚育之恩，尊她为皇考康慈皇贵太妃，居住在寿康宫。咸丰五年七月，太妃病危，被尊为康慈皇太后。九天之后的庚午日死，终年四十四岁。清廷为太后上谥号，称孝静康慈弼天抚圣皇后，谥号不系于宣宗，神主不祔太庙。遗体安葬于慕陵东，称慕东陵。穆宗即位，神主祔太庙，增加谥号，光绪、宣统屡次为其增加谥号，称孝静康慈懿昭端惠庄仁和慎弼天抚圣成皇后。生子三人：奕纲、奕继、奕䜣；女一人，下嫁景寿。

文宗孝贞显皇后传

【题解】

孝贞显皇后（1837～1881 年），姓钮祜禄氏，皇后为人处事，颇符封建社会的"妇德"，平时一见文宗游宴，便婉言劝谏；外省军报及廷臣奏疏一至寝宫，必催促文宗即刻处置。但她生性懦弱，缺少主见。特别是当文宗死之后，她虽然与孝钦皇后共同"垂帘听政"，但一切均听孝钦裁定，使其独揽大权。据说她因吃了孝钦送的东西而死的。历史上习惯称她为东太后，孝钦为西太后。

【原文】

孝贞显皇后，钮祜禄氏，广西右江道穆扬阿女。事文宗潜邸，咸丰二年封贞嫔，进贞贵妃，立为皇后。十年，从幸热河。十一年七月，文宗崩，穆宗即位，尊为皇太后。

是时，孝钦、孝贞两宫并尊，诏旨称"母后皇太后""圣母皇太后"以别之。十一月乙酉朔，上奉两太皇御养心殿，垂帘听政。同治八年，内监安德海出京，山东巡抚丁宝桢以闻，太后立命诛之。十二年归政于穆宗。十三年，穆宗崩，德宗即位，复听政。光绪七年三月壬申崩，年四十五，葬定陵东普祥峪，曰定东陵。初，尊为皇太后，上徽号；国有庆，累加上，曰慈安端康裕庆昭和庄敬皇太后。及崩上谥，宣统加谥，曰孝贞慈安裕庆和敬诚靖仪天祚圣显皇后。

【译文】

孝贞显皇后，姓钮祜禄氏，是广西右江道穆扬阿的女儿。文宗为皇子时，入其府第。咸丰二年，她被封为贞嫔，进封贞贵妃，后又被立为皇后。十年，皇后随文宗巡幸热河。

十一年七月,文宗死,穆宗即位,尊她为皇太后。

当时,孝钦、孝贞两太后处于并尊地位,诏旨分别称她们为"母后皇太后""圣母皇太后"。十一月乙酉初一,穆宗陪同两太后至养心殿,垂帘听政。同治八年,太监安德海出京师,山东巡抚丁宝桢将此事奏报,太后立即命令将安德海斩首。十二年,两太后将政务处理大权归还穆宗。十三年,穆宗死,德宗即位,两太后又垂帘听政。光绪七年三月壬申,孝贞太后死,终年四十五岁,遗体安葬在定陵东普祥峪,称定东陵。孝贞被尊为皇太后之初,清廷为其上徽号。以后凡遇有庆典,均有增加,称慈安端康裕庆昭和庄敬皇太后。等到她去世,清廷又上谥号。宣统为其增加谥号,称孝贞慈安裕庆和敬诚靖仪天祚圣显皇后。

孝钦显皇后传

【题解】

孝钦显皇后(1835~1908 年),姓叶赫那拉氏,她入宫后,因年轻貌美颇为文宗宠爱。咸丰六年(1856),她生子载淳(即后来的穆宗)。文宗死后,穆宗即位,孝钦便"母以子贵",被尊为皇太后。她有很强的权势欲,趁文宗尸骨未寒,发动政变,消灭了文宗任命的八辅政大臣,获得了垂帘听政的机会,从此牢固地掌握了清朝大权四十余年,干尽了坏事;对内残酷镇压义和团运动和戊戌维新运动;对外投降帝国主义,和法、日、俄等列强签订了一系列丧权辱国、割地赔款的不平等条约,大量地出卖国家的主权,使国家面临被瓜分的危机,人民涂炭。孝钦显皇后罪行累累,罄竹难书,是一个地地道道的祸国殃民的千古罪人。

【原文】

孝钦显皇后,叶赫那拉氏,安徽徽宁池广太道惠征女。咸丰元年,后被选入宫,号懿贵人。四年封懿嫔。六年三月庚辰,穆宗生,进懿妃,七年进懿贵妃,十年从幸热河。十一年七月,文宗崩,穆宗即位,与孝贞皇后并尊为皇太后。

是时,怡亲王载垣、郑亲王端华、协办大学士尚书肃顺等以文宗遗命,称"赞襄政务王大臣",擅政,两太后患之。御史董元醇请两太后权理朝政,两太后召载垣等入议,载垣等以本朝未有皇太后垂帘难之。侍郎胜保及大学士贾桢等疏继至。恭亲王奕䜣留守京师,闻丧奔赴,两太后为言载垣等擅政状。九月,奉文宗丧还京师,即下诏罪载垣、端华、肃顺,皆至死,并罢黜诸大臣预赞襄政务者;授奕䜣议政王,以上旨命王大臣条上垂帘典礼。

十一月乙酉朔,上奉两太后御养心殿,垂帘听政。谕曰:"垂帘非所乐为,唯以时事多艰,王大臣等不能无所秉承,是以姑允所请。俟皇帝典学有成,即行归政。"自是,日召议政王、军机大臣同入对。内外章奏,两太后览讫,王大臣拟旨,翌日进呈。阅定,两太后以文宗赐同道堂小玺钤识,仍以上旨颁示。旋用御史徐启文奏,令中外臣工于时事阙失,直言无隐;用御史钟佩贤奏,谕崇节俭,重名器;用御史卞宝第奏,谕严赏罚,肃吏治,慎荐

慈禧太后

举;命内直翰林辑前史帝王政治及母后垂帘事迹,可为法戒者以进。同治初,寇乱未弭,兵连不解,两太后同心求治,登进老成,倚任将帅,粤、捻荡平,滇、陇渐定。十二年二月,归政于穆宗。

十三年十二月,穆宗崩,太后定策立德宗,两太后复垂帘听政。谕曰:"今皇帝绍承大统,尚在冲龄,时事艰难,不得已垂帘听政。万几综理,宵旰不遑,矧当民生多蹙,各省水旱频仍。中外臣工、九卿、科道有言事之责者,于用人行政,凡诸政事当举,与时事有裨而又实能见施行者,详细敷奏。至敦节俭,祛浮华,宜始自宫中;耳目玩好,浮丽纷华,一切不得上进。""封疆大吏,当勤求闾阎疾苦,加意抚恤;清讼狱,勤缉捕;办赈积谷,饬有司实力奉行;并当整饬营伍,修明武备,选任贤能牧令,与民休息。"用御史陈彝奏,黜南书房行走、侍讲王庆祺;用御史孙凤翔等奏,黜总管内务府大臣贵宝、文锡;又罪宫监之不法者:戍三人、杖四人。一时宫府整肃。

光绪五年,葬穆宗惠陵。吏治主事吴可读从上陵,自杀,留疏乞降明旨,以将来大统归穆宗嗣子。下大臣王议奏,王大臣等请毋庸议;尚书徐桐等,侍读学士宝廷、黄体芳,司业张之洞,御史李端棻,皆别疏陈所见。谕曰:"我朝未明定储位,可读所请,与家法不合。皇帝受穆宗付托,将来慎选元良,缵承统绪,其继大统者为穆宗嗣子,守祖宗之成宪,示天下以无私,皇帝必能善体此意也。"

六年,太后不豫,上命诸督抚荐医治疾。八年,疾愈。孝贞皇后既崩,太后独当国。十年,法兰西侵越南。太后责恭亲王奕䜣等因循贻误,罢之,更用礼亲王世铎等,并谕军机处,遇紧要事件,与醇亲王奕譞商办。庶子盛昱、锡珍,御史赵尔巽各疏言醇亲王不宜参豫军务,谕曰:"自垂帘以来,揆度时势,不能不用亲藩进参机务。谕令奕譞与军机大臣会商事件,本专指军国重事,非概令与闻。奕譞再四恳辞,谕以俟皇帝亲政,再降谕旨,始暂时奉命。此中委曲,诸臣不能尽知也。"是年,太后五十万寿。

十一年,法兰西约定。醇亲王奕譞建议设海军。十三年夏,命会同大学士、直隶总督李鸿章巡阅海口,遣太监李莲英从。莲英侍太后,颇用事。御史朱一新以各直省水灾,奏请修省,辞及莲英。太后不怿,责一新覆奏。一新覆奏,言鸿章具舟迎王,王辞之,莲英乘以行,遂使将吏迎者误为王舟。太后诘王,王遂对曰:"无之。"遂黜一新。

太后命以次年正月归政,醇亲王奕譞及王大臣等奏请太后训政数年,德宗亦力恳再三,太后乃许之。王大臣等条上训政典礼,命如议行;请上徽号,坚不许。十五年,德宗行

光绪皇帝大婚图

婚礼。二月己卯,太后归政。御史屠仁守疏请太后归政后,仍披览章奏,裁决施行。太后不可,谕曰:"垂帘听政,本万不得已之举。深宫远鉴前代流弊,特饬及时归政。归政后,惟醇亲王单衔具奏,暂须径达。醇亲王密陈:'初裁大政,军国重事,定省可以禀承。'并非著为典常,使训政永无底止。"因斥仁守乖谬,夺官。

同治间,穆宗议修圆明园,奉两太后居之,事未行。德宗以万寿山大报恩延寿寺,高宗奉孝圣宪皇后三次祝厘于此,命葺治,备太后临幸,并更清漪园为颐和园,太后许之。既归政,奉太后驻焉。岁十月十日,太后万寿节,上率王大臣祝嘏,以为常。十六年,醇亲王奕谭薨。二十年,日本侵朝鲜,以太后命,起恭亲王奕䜣。是年,太后六十万寿,上请在颐和园受贺,仿康熙、乾隆间成例,自大内至园,跸路所经,设彩棚经坛,举行庆典。朝鲜军事急,以太后命罢之。二十四年,恭亲王奕䜣薨。

上事太后谨,朝廷大政,必请命乃行。顾以国事日非,思变法救亡,太后意不谓然,积相左。上期以九月奉太后幸天津阅兵,讹言谓太后将勒兵废上,又谓有谋围颐和园劫太后者。八月丁亥,太后遽自颐和园还宫,复训政。以上有疾,命居瀛台养疴。二十五年十二月,立端郡王载漪子溥仪继穆宗为皇子。

二十六年,义和拳事起。载漪等信其术,言于太后,谓为义民,纵令入京师,击杀德意志使者克林德及日本使馆书记,围使馆。德意志、澳大利亚、比利时、日斯巴尼亚、美利坚、法兰西、英吉利、意大利、日本、和兰、俄罗斯十国之师来侵。七月逼京师,太后率上出自德胜门,道宣化、大同,八月驻太原,九月至西安,命庆亲王奕劻、大学士总督李鸿章与各国议和。二十七年,各国约成。八月,上奉太后发西安,十月驻开封。时端郡王载漪以庇义和拳得罪废,溥仪以公衔出宫。十一月,还京师,上仍居瀛台养疴。太后屡下诏:"母子一心,励行新政。"三十二年七月,下诏预备立宪。

三十四年十月,太后有疾,上疾益增剧。壬申,太后命授醇亲王载沣摄政王。癸酉,上崩于瀛台。太后定策立宣统皇帝,即日尊为太皇太后。甲戌,太后崩,年七十四,葬定陵东普陀峪,曰定东陵。初,尊为皇太后,上徽号,国有庆,累加上,曰慈禧端佑康颐昭豫庄诚寿恭钦献崇熙皇太后;及崩,即以徽号为谥。子一:穆宗。

【译文】

孝钦显皇后,姓叶赫那拉氏,是安徽徽宁池广太道惠征的女儿。咸丰元年,她被选入宫,号为懿贵人。四年,被封为懿嫔。六年三月庚辰,生穆宗,晋封为懿妃。七年,晋封为懿贵妃。十年,她随文宗巡幸热河。十一年七月,文宗死,穆宗即位,孝钦与孝贞皇后同时被尊为皇太后。

当时,怡亲王载垣、郑亲王端华、协办大学士尚书肃顺等人,根据文宗遗命,称"赞襄政务工大臣",把持朝政大权,两太后对此极为忧虑。御史董元醇上疏请求两太后暂且处理朝政,两太后召见载垣等人商议此事,载垣等人借口本朝未有皇太后垂帘之事,予以反对。侍郎胜保及大学士贾桢等奏疏又至热河。恭亲王奕䜣原在京师留守,听闻文宗丧讯急赴热河,两太后当面向他谈了载垣等人把持朝政之事。九月,两太后护送文宗灵柩还至京师,随即颁发诏旨将载垣、端华、肃顺定罪,均处死,同时又罢黜了参与赞襄政务的各大臣。授奕䜣为议政王,用皇帝谕旨命王大臣分条列举有关垂帘听政典礼的事宜。

十一月乙酉初一,穆宗侍奉两太后至养心殿,垂帘听政。谕旨说:"垂帘并不是我们愿意干的,只因目前时事很是艰难,王大臣等办事不能无所秉承,所以暂且允许所请。等到皇帝学问有成,即时归还政柄。"从此,两太后每天都召见议政王、军机大臣入内议事。所有内外章奏,两太后阅看完毕,王大臣代拟旨意,次日进呈。两太后审阅批准后,即用文宗所赐的同道堂小玺盖印,仍以皇帝谕旨的形式颁发。不久接受了御史徐启文的奏请,命令朝廷内外臣工对当前时事的缺失,直接发表意见,不要有所隐瞒;采纳了御史钟佩贤的建议,谕令崇尚节俭,维护国家制度;接受御史卞宝第的奏请,谕令严格赏罚,整肃吏治,慎重荐举。命令内直翰林搜辑前代史书中有关帝王政治及母后垂帘的事迹,将其中可以效法和鉴戒的予以呈递。同治初年,寇乱不息,连年用兵,两太后同心求治,任用和提升老成持重的官吏,倚任将帅,荡平粤、捻,渐定滇、陇。十二年二月将政务大权归还穆宗。

十三年十二月,穆宗死,太后决定册立德宗为帝,两太后又垂帘听政。谕旨说:"现今皇帝继承大统,年龄尚幼小,时事艰难,不得已垂帘听政。综理万机,辛勤而不怠惰,更何况正值民生困穷,各省连年水旱。中外臣工、九卿、科道中有言事之责的官员,对于用人行政,凡是于国有益而又确能付诸实施的政事,都要详细陈奏。至于督促节俭,屏却浮华,都应自宫中身体力行,而一切仅供耳目娱乐、华而不实之物都不得呈进。""封疆大吏,应当勤奋访求民间疾苦,加意抚恤;清理讼狱,勤于缉捕;办赈积谷,命令有关官吏实力奉行;同时还应整饬营伍,修明武备,选任贤能官吏,与民休息。"允准御史陈彝的奏请,罢黜南书房行走、侍讲王庆祺;接受御史孙凤翔等人的建议,罢黜总管内务府大臣贵宝、文锡,又将违法乱纪的太监治罪,其中戍边三人、杖责四人。一时间,宫廷、官府获得整肃。

光绪五年,将穆宗葬于惠陵。吏部主事吴可读随从皇帝祭陵,在陵前自杀,遗疏请求降一明旨,把将来大统归于穆宗嗣子。太后令王大臣等议决此事,王大臣等认为毋庸议论,尚书徐桐等人及侍读学士宝廷、黄体芳,司业张之洞,御史李端棻,均各上疏陈奏自己的见解。谕旨说:"我朝从未明定储位,可读所请不合祖宗家法。皇帝受穆宗付托,将慎重选择最杰出之人继承帝业,此人即为穆宗嗣子,遵守祖宗制定的法规,向天下人显示自己的无私,皇帝一定能够善体此意。"

六年,太后患病,德宗命各省督抚荐举医生前来治病。八年,太后病体痊愈。孝贞皇后去世后,太后独自掌握朝政。十年,法兰西侵入越南。太后责备恭亲王奕訢等办事拖沓而贻误了战机,撤了他的职务,改用礼亲王世铎等人;同时谕令军机处,凡遇紧要事件,都要与醇亲王奕譞商办。庶子盛昱、锡珍及御史赵尔巽等人各自上疏,均称醇亲王不应参与机务,太后下谕旨说:"自垂帘听政以来,估量时势,不能不任用亲藩参与机务。所谕令的奕譞与军机大臣会商的事情,原本是专指军国大事,并非任何事一概要其过问。奕譞对此也一再恳辞,谕令待皇帝亲政时再降谕旨,这样他才暂时奉命。这其中的事情,诸臣是不能尽知的。"这一年,太后正是五十岁。

十一年,与法兰西签订条约。醇亲王奕譞建议设置海军。十三年夏,太后同大学士、直隶总督李鸿章巡阅海口,令太监李莲英随从。莲英侍候太后,颇为有权。御史朱一新以各直省发生水灾为由,奏请修身反省,言辞中涉及了莲英。太后对此很不高兴,责令一新重新奏言。一新又上疏,谈及鸿章有一次为迎接亲王,事先准备了一条船,但王辞而未坐,而莲英却上了船,于是就给来迎接的将吏造成一种错觉,以为这是一条王乘坐的船。太后向王询问有无此事,王回答说:"没有。"于是,一新被免职。

太后下令将在次年正月归政,醇亲王奕譞及王大臣等奏请太后训政几年,德宗也再三极力恳求,太后才答应训政,王大臣等进呈训政典礼,太后命按所议进行。请为太后上徽号,坚辞不许。十五年,德宗举行大婚礼。二月己卯,太后将政务归还德宗。御史屠仁守上疏,请求太后在归政之后,依然披览奏章,对国事有裁决施行权。太后认为不宜再这样做,颁布谕旨说:"垂帘听政,本是万不得已的举措。我鉴于前代流弊,特令及时归政。归政之后,只有醇亲王单独上呈的奏书,暂时可直接送我。醇亲王曾秘密陈奏说:'初裁大政,军国重事,太后省览定夺后即可执行。'这并不能作为典制,使训政永远持续下去。"于是斥责仁守言语荒谬,罢了他的官。

同治年间,穆宗议修圆明园,作为两太后居住之所,但此事情未能办成。德宗以万寿山大报恩延寿寺,曾三次成为高宗为孝圣宪皇后祝寿之处,命修葺,作为太后临幸之所,同时将清漪园改名为颐和园,获得太后的批准。太后归政之后,即在此处居住。每年的十月十日太后生辰日,皇帝均率王大臣来此祝寿,成为定例。十六年,醇亲王奕譞死。二十年,日本侵略朝鲜,遵照太后的意旨,重新起用恭亲王奕訢。这一年,正值太后六十寿辰,德宗请求太后在圆明园接受臣僚的祝贺,并依照康熙、乾隆年间的做法,自皇宫至圆明园,太后行经的道路两旁均搭设彩棚经坛,举行庆典。由于朝鲜战事危急,遵照太后命令,罢黜这一做法。二十四年,恭亲王奕訢死。

皇帝侍奉太后很慎重小心,朝廷大政一定都要请命后才施行。但因国事日坏,想要以变法救亡,而太后却不同意,两人意见无法协调。皇帝定于九月陪太后到天津阅兵,有谣言说太后将发动兵变废黜德宗,又有说德宗图谋围困颐和园以劫持太后。八月丁亥,太后突然自颐和园返回宫内,再次训次。又以德宗身体不适,命他在瀛台养病。二十五

颐和园图（局部）

年十二月，太后立端郡王载漪子溥仪过继给穆宗为皇子。

二十六年，义和拳事兴起，载漪等相信拳民有法术，报告太后说他们都是义民，下令入据京师，击杀了德意志大使克林德及日本使馆的书记，并围困各国使馆。德意志、澳大利亚、比利时、日斯巴尼亚、美利坚、法兰西、英吉利、意大利、日本、和兰、俄罗斯十国军队发动了侵华战争。七月，逼近京师。太后带着德宗自德胜门逃出，经过宣化、大同。八月，驻扎太原。九月，到西安。命令庆亲王奕劻、大学士总督李鸿章与各国议和。二十七年，与各国订立条约。八月，德宗陪太后从西安返京。十月，驻扎开封。当时端郡王载漪因庇护义和拳获罪而被罢官，溥仪以公衔被迁出宫门。十一月，太后还至京师。德宗仍居瀛台养病。太后屡次下诏说："母子一心，励行新政。"三十二年七月，下诏预备立宪。

三十四年十月，太后患病。德宗病势更为严重。壬申，太后下令授予醇亲王载沣为摄政王。癸酉，德宗在瀛台去世。太后决定策立宣统皇帝，当日即被尊为太皇太后。甲戌，太后死，终年七十四岁，遗体安葬在定陵东普陀峪，称定东陵。她被尊为皇太后之初，即上徽号。国有庆典，徽号屡屡加增，称慈禧端佑康颐昭豫庄诚寿恭钦献崇熙皇太后。死后即将徽号作为谥号。生子一人，即穆宗。

穆宗孝哲毅皇后传

【题解】

孝哲毅皇后（1857～1875年），姓阿鲁特氏，穆宗即位后，年龄渐长，选后婚娶提上日程。但两太后意见不一，慈禧喜欢员外郎凤秀之女富察氏，慈安相中侍讲崇绮之女阿鲁特氏。穆宗选中阿鲁特氏，使慈禧颇为不快。婚后婆媳间时常发生冲突。皇后经常无端受到慈禧的斥责，心情抑郁。穆宗死后，慈禧太后为保住"垂帘听政"地位，不仅不为其立嗣,而又立自己妹妹的儿子载湉(即德宗)为帝。这使阿鲁特氏深感以寡嫂居宫中不成体统,于是在穆宗去世七十多天后绝食自尽。

【原文】

穆宗孝哲毅皇后,阿鲁特氏,户部尚书崇绮女。同治十一年九月,立为皇后。十三年十二月,穆宗崩,德宗即位,以两太后命,封为嘉顺皇后。光绪元年二月戊子崩,梓宫暂安隆福寺。二年五月,御史潘敦俨因岁旱上言,请更定谥号,谓:"后崩在穆宗升遐百日内,道路传闻,或称伤悲致疾,或云绝粒陨生,奇节不彰,何以慰在天之灵?何以副兆民之望?"太后以其言无据,斥为谬妄,夺官。五年三月合葬惠陵,上谥,宣统加谥,曰孝哲嘉顺淑慎贤明恭端宪天彰圣毅皇后。

【译文】

孝哲毅皇后,姓阿鲁特氏,是户部尚书崇绮的女儿。同治十一年九月,她被册立为皇后。十三年十二月,穆宗死,德宗即位,遵照两太后的命令,封她为嘉顺皇后。光绪元年二月戊子,皇后死,灵柩暂时停放在隆福寺。二年五月,御史潘敦俨借当年旱情上言,要求改定皇后谥号,其中说:"皇后死在穆宗丧期百日之内,民间流行各种传闻,有说皇后是伤悲致死,有说是绝食自杀。这种罕有的气节如得不到表彰,怎么能够安慰皇后在天之灵?又怎么能够满足亿万百姓之心呢?"太后认为他的话缺乏根据,斥责他胡言乱语,夺了他的官职。五年三月,皇后与穆宗合葬在惠陵,清廷为其上谥号,宣统又为其加增谥号,称孝哲嘉顺淑慎贤明恭端宪天彰圣毅皇后。

德宗孝定景皇后传

【题解】

孝定景皇后(1867~1913年),姓叶赫那拉氏,她是慈禧太后弟弟、都统桂祥的女儿。德宗年龄渐长,慈禧太后为加强对他的控制,于是把自己的侄女立为德宗的皇后。但德宗对于这种政治婚姻极为不满,采取各种方式予以反抗。他经常有意疏远皇后,宠信珍妃,这就使皇后因失宠而产生妒忌,又因妒忌而产生怨恨。于是,她利用自己是太后亲侄女的有利地位,屡进谗言,终于酿成了德宗家庭日后的悲剧。

【原文】

德宗孝定景皇后,叶赫那拉氏,都统桂祥女,孝钦显皇后姪女也。光绪十四年十月,孝钦显皇后为德宗聘焉。十五年正月,立为皇后。二十七年,从幸西安。二十八年,还京师。三十四年,宣统皇帝即位,称"兼祧母后",尊为皇太后,上徽号曰隆裕。宣统三年十二月戊午,以太后命逊位。越二年正月甲戌崩,年四十六,上谥曰孝定隆裕宽惠慎哲协天保圣景皇后,合葬崇陵。

【译文】

孝定景皇后,姓叶赫那拉氏,是都统桂祥的女儿、孝钦显皇后的侄女。光绪十四年十月,孝钦显皇后将她许聘给德宗。十五年正月,她被立为皇后。二十七年,她随太后、德宗逃至西安。二十八年,返回京师。三十四年,宣统皇帝即位,称她"兼祧母后",尊为皇太后。清廷为其上徽号隆裕。宣统三年十二月戊午,宣统帝遵照太后命退位。两年后的正月甲戌,太后死,终年四十六岁。清廷为她上谥号为孝定隆裕宽惠慎哲协天保圣景皇后,与德宗合葬崇陵。

恪顺皇贵妃传

【题解】

恪顺皇贵妃(1875~1900年),即珍妃,姓他他拉氏,是瑾妃的妹妹,她因年轻貌美、聪慧明敏,而又性格活泼,入宫后很快得到了德宗的宠幸。这招致了位居正宫的隆裕皇后及其靠山慈禧太后的强烈不满,时时寻机惩罚她。后来,终于抓住了她的两个把柄:一是追求入时服装,一是通过门下太监卖官鬻爵,以肥私囊,将其贬为贵人,次年恢复妃号。据说,珍妃热心地支持德宗变法图强,也使慈禧太后极为不满。光绪二十六年,八国联军攻陷北京,慈禧太后匆忙携带德宗出逃。临行前,珍妃提出要德宗留京与联军谈判,更触怒了太后。于是,慈禧太后悍然命太监将珍妃推进乐寿堂后的水井中淹死。次年,德宗返回北京,追封珍妃为珍贵妃,并将尸体从井中捞出,埋葬在北京西直门外的田村。中华民国四年(1915),以贵妃葬仪,埋葬在河北易县崇妃园寝。

【原文】

恪顺皇贵妃,他他拉氏,端康皇贵妃女弟。同选,为珍嫔,进珍妃。以忤太后,谕责其习尚奢华,屡有乞请,降贵人。逾年,仍封珍妃。二十六年,太后出巡,沉于井。二十七年,上还京师,追进皇贵妃,葬西直门外,移祔崇陵。追进尊封。

【译文】

恪顺皇贵妃,姓他他拉氏,端康皇贵妃的妹妹。她与其姐同被选入宫中,被封为珍嫔,后进封为珍妃。因触怒太后,谕旨斥责她生活奢华,屡有过高要求,降为贵人。次年,仍封为珍妃。二十六年,太后出巡,她被推入井中淹死。二十七年,德宗返回京师,追进封她为皇贵妃,埋葬在西直门外,后移葬崇陵。追进封号。

阿济格传

【题解】

阿济格,清太祖努尔哈赤第十二子。骁勇善战。初授台吉,后封贝勒。清军入关前,在锦州(今在辽宁)、宁远一带与明兵多次作战。又多次率清军入钞关内,败祖大寿,洪承畴诸军。顺治元年(公元1644),从睿亲王多尔衮入关,破李自成,晋封为英亲王。随即率军尾随李自成军,入攻陕西,又南追至高州、郑州(今河南郑州)、武昌、九江等地,击溃李自成军。又降明军左梦庚部。还京后,周与多尔衮有矛盾而被贬斥。顺治八年(公元1651)十月被赐死。

【原文】

阿济格,太祖第十二子,初授台吉。天命十年,从贝勒莽古尔泰伐察哈尔,至农安塔。十一年,偕台吉硕托伐喀尔喀巴林部,复从贝勒代善伐扎鲁特,皆有功,授贝勒,天聪元年,偕贝勒阿敏伐朝鲜,克五城。从上伐明,偕莽古尔泰卫塔山粮运。会师锦州,薄宁远,明兵千余人为车营,掘壕,前列火器,阿济格击歼之。总兵满桂出城阵,上欲进击,诸贝勒以距城近,谏不可,独阿济格请从。上督阿济格驰击明骑兵至城下,诸贝勒皆惭,奋不及胄,亦进击其步军,明兵死者大半。二年,以擅主弟多铎婚,削爵,寻复之。

三年,偕济尔哈朗略明锦州、宁远,焚其积聚,俘三千。复从上伐明,克龙井关,下汉儿庄城,克洪山口。进次遵化,击斩明总兵赵率教。薄明部,袁崇焕,祖大寿以兵两万赴援,屯广渠门外,师逐之,迫壕,阿济格马创,乃还。寻偕阿巴泰等略通州,至张家湾。寻从上阅蓟州,遇明山海关援兵,阿济格偕代善突入敌阵,大破之。

四年,复从伐明,趋广宁,会师大凌河。夜围锦州,明兵袭阿济格营,雾不见人,阿济格严阵待,青气降,雾豁若门辟,急纵击,获明裨将一、甲械及马二百余。上酧金卮亲劳之,授围城方略。寻闻明增兵,上命杨古利率八旗巴牙喇兵之半以益军。大寿弟大弼逐我军中侦骑近上前,上摝甲与战,阿济格驰至,明兵步骑逻出,奋击却之,斩明裨将一。上以所统兵付阿济格,明监军道张春援至,又战于大凌河,截杀过半,逐北四十里。

六年,从伐察哈尔,林丹汗遁。上移师伐明,令阿济格统左翼及蒙古兵略大同、宣府,尽得张家口所贮犒边财物。七年,城通远堡,迎降将孔有德,拒明及朝鲜兵。诏阿攻明及朝鲜、察哈尔三者何先,阿济格言当攻明。偕阿巴泰略山海关,诏责其不深入,阿济格言:"臣欲息马候粮,诸贝勒不从。"上曰:"汝果坚不还,诸贝勒将弃汝行乎?"八年,从伐明,克保安,拔灵丘。

崇德元年,进武英郡王。偕饶余贝勒阿巴泰及扬古利伐明,自雕鹗堡入长安岭,薄延庆。越保定至安州,克昌平、定兴、安肃、宝坻、东安、雄、顺义、容城、文安诸县,五十六战皆捷,俘人畜十余万。又遣固山额真谭泰等设伏,斩遵化三屯营守将,获马百四十余。得优旨,赐鞍马一。师还,上迎劳地载门外十里,见阿济格劳瘠,为泪下,亲酌金卮劳之。上伐朝鲜，命守牛庄。二年，硕托攻皮岛未下，阿济格督所部水陆并进，克之。上遣使褒劳。

四年，从伐明，阿各扬言欲以红衣炮攻台，守者惧，四里屯、张刚屯、宝林寺、旺民屯、于家屯、成化峪、道尔彰诸台俱下。寻还守塔山、连山，俘人马千计。复偕阿巴泰略锦州、宁远。六年，偕济尔哈朗围锦州。守郛蒙古台吉吴巴什等议举城降，祖大寿觉之，击蒙古兵，阿济格夜登陴助战，明兵败，徙蒙古降者于义州。屡击败明兵，赐银四千。

洪承畴率诸将王朴、吴三桂等援锦州，号十三万。上亲视师，营松山。明兵奔塔山，阿济格击之，获笔架山积粟，又偕多尔衮克敌台四，擒明将王希贤等，朴、三桂仅以身免。明兵犹守锦州、松山、杏山、高桥诸地，上还盛京，命阿济格偕杜度、多铎等围之。承畴夜出松山袭我军，阿济格等督众环射之，明兵败还，城闭不得入，其众二千皆降。七年，围杏山，遣军略宁远。三桂以四千人驻塔山、高桥，不战而退，纵兵四击，又迭败之。八年，复偕济尔哈朗攻宁远，军城北，布云梯发炮，城圮，克之；抵前屯卫，攻城西，斩首四千余，明总兵黄色弃城遁，复克之。

顺治元年，从入关破李自成，进英亲王，赐鞍马二。命为靖远大将军，自边外入陕西，断自成归路，八战皆胜，克城四，降城三十八。时自成为多铎所败，弃西安走商州。诏多铎趋淮、扬，而命阿济格率师讨自成。自成南走，众尚二十万，规取南京。阿济格以师从之，及于邓州，复南至承天、德安、武昌、富池口、桑家口、九江，屡破敌，自成走死，斩其将刘宗敏，俘宋献策。宗敏，自成骁将；献策，自成所倚任，号军师者也。

明将左良玉子梦庚方驻军九江，师至，执总督袁继咸等，率成步兵十万，舟数万，诣军门降。是役凡十三战，下降县：河南十二，湖广三十九，江西、江南皆六。捷闻，上使赴军慰劳，诏曰："王及行间将士驰驱跋涉，悬崖峻岭，深江大河，万有余里，劳苦功高。寇氛既靖，宜即班师。其招抚余兵，或留或散，王与诸大臣商榷行之。"诏未至，阿济格率师还京师。睿亲王多尔衮责阿济格不候诏班师，又自成未死时，先以死闻，遣人数其罪；又在午门张盖座，召而斥之。复议方出师时，胁宣府巡抚李鉴释逮问赤城道朱寿鋆及擅取鄂尔多斯、土默特马，降郡王。寻复之。五年，剿天津、曹县土寇。十一月，率师驻大同，姜瓖叛，督兵讨之，旋命为平西大将军，率固山额真巴颜等讨瓖。六年，瓖将刘廷犯代州，遣博洛赴援，围乃解。

多尔衮至大同视师，时阿济格两福晋病卒，命归视，阿济格曰："摄政王躬摄大政，为国不遑，吾敢以妻死废国事？"阿济格自以功多，告多尔衮曰："辅政德豫亲王征流寇至庆都，潜身僻地，破潼关，西安不歼其众，追腾机思不取，功绩未著，不当优异其子。郑亲王乃叔父之子，不当称'叔王'。予乃太祖之子，皇帝之叔，宜称'叔王'。"多尔衮斥其妄，令勿预部务及交接汉官。寻复偕巩阿岱攻大同，会降将杨振威斩瓖降，坠其城睥睨五尺，乃还。八年正月，多尔衮薨于喀喇城，阿济格赴丧次，诸王夜临，独不至，召其子郡王军亲以兵胁多尔衮所属使附己。丧还，上出迎，阿济格不去佩刀。劳亲兵至，阿济格张纛与合军。多尔衮左右讦阿济格欲为乱，郑亲王济尔哈朗等遣人于路监之。还京师，议削爵，幽禁。逾月，复议系别室，籍其家，诸子皆黜为庶人。十月，监守者告阿济格将于系所举火，赐死。

阿济格子十一，有爵者三：和度、傅勒赫、劳亲。和度，封贝子，先卒。劳亲与阿济格同赐死。

傅勒赫，初封镇国公。坐夺爵，削宗籍。十八年，谕傅勒赫无罪康熙元年，追封镇国公。子构挚、绰克都，并封辅国公。绰克都，事圣祖。从董额讨王辅臣，守汉中，攻秦州，师无功。授盛京将军，又以不称职，夺爵。上录阿济格功，以其子普照仍袭辅国公，坐事夺爵，以其弟经照仍袭辅国公。雍正间，普照亦以军功复爵，卒。世宗谕曰："普照军前效力，且其兄女为年羹尧妻，故特予封爵。今羹尧负恩诛死，此爵不必承袭。"居数年，经照亦坐事，夺爵。普照、经照皆能诗。乾隆四十三年，命阿济格之裔皆复宗籍。经照子孙递降，以奉恩将军世袭。

【译文】

阿济格是太祖努尔哈赤的第十二个儿子。起初被授予台吉职位。天命十年，他跟从贝勒莽古尔泰攻打察哈尔到了农安塔。十一年，他和台吉硕托一起攻打喀尔喀巴林部，又跟从贝勒代善攻打扎鲁特，都立了战功，被授予贝勒职位。天聪元年，他和贝勒阿敏一起攻打朝鲜，夺下五城。他奉皇上之命攻打明兵，和莽古尔泰一起守卫塔山运粮。部队会师锦州后，已迫近宁远。当时，明兵一千余人筑造兵营，挖掘战壕，并把火器摆在阵地前，阿济格一举出击歼灭了他们。总兵满桂出城列阵，皇上想出击，但各位贝勒认为离城太近，都劝说不可出击，只有阿济格请求跟随。皇上命令阿济格追击明兵到了城下，各位贝勒都感到很惭愧，也奋不顾身追击明步兵，使明兵死伤大半。二年，阿济格因为擅自主持其弟多铎成婚，被削去了贝勒职位，不久又恢复了原来的职位。

三年他与济尔哈朗攻略明锦州、宁远，烧焚了明兵的粮草，俘虏明兵三千。后来又跟随皇上攻打明兵，夺下龙井关，拿下了汉儿庄城，攻克了洪山口。后来又前进到遵化，击杀了明兵总兵赵率教。逼近明京都后，袁崇焕、祖大寿派兵两万前往增援，驻扎在广渠门外，阿济格率兵追击明兵，逼近到战壕，由于他的战马受伤，才收兵。不久，他又与阿巴泰等攻略通州，到了张家湾。随后他跟随皇上视察蓟州，遇上了明山海关援兵，阿济格与代善一起冲入敌阵，杀退了敌人。

四年，阿济格又随军讨伐明朝，赶到广宁，会师于大凌河，于夜间包围了锦州。明兵趁夜间偷袭阿济格军营，当时夜雾黑得看不见人，阿济格率兵严阵以待。等到天亮时，夜雾象紧关的门打开一样豁然开朗，阿济格立即率兵出去，俘虏一名明神将、甲械和战马二百余。皇上亲自斟酒慰劳了他，并教给他围城的策略。不久，听说明兵增兵，皇上命令扬古利率一半八旗巴牙喇兵充实军中。大寿弟大弼追逐我军中侦察骑兵到了皇上跟前，皇上披甲与其交战，阿济格跃马赶到，明步兵骑兵不断拥来，阿济格奋力杀退了明兵，斩一名明军神将。皇上把他所统率的兵给了阿济格。明监军道张春援兵来到后，又大战于大凌河，阿济格狙截住明兵又杀伤其过半，追出四十里。

六年，阿济格随军攻打察哈尔，林丹汗逃跑。皇上又调动军队讨伐明，命令阿济格统率左翼和蒙古兵攻略大同、宣府，全部缴获了张家口储藏的财物。七年，建城通远堡，收接了投降将领孔有德，击退了明兵和朝鲜兵。皇上下诏阿济格问攻打明和朝鲜、察哈尔三个地方那一个先打，阿济格说应当先攻打明朝。之后，阿济格与阿巴泰一起攻略山海关，皇上责备他不深入敌后作战，阿济格说："臣想歇马等候粮草，诸贝勒不听从。"皇上说："你果断坚持不返回，各位贝勒会舍弃你走吗？"八年，阿济格随军攻伐明朝，攻克了保安,占领发灵丘。

崇德元年,阿济格被升至武英郡王。他与饶馀贝勒阿巴泰和扬古利讨伐明朝,从雕鹗堡入长安岭,逼近延庆。越过了保定到安州,攻克昌平、喧兴、安肃、宝坻、东安、雄、顺义、容城、文安各县,五十六战都打了胜仗,俘虏人畜十余万。又派固山额真谭泰等设下埋伏,杀了遵化、三屯营守将,缴获战马一百四十余匹。得到了皇上优抚圣旨,被赐予鞍马一匹。军队凯旋而归时,皇上到地载门外十里迎接慰劳他们,看到阿济格积劳瘦瘠的样子,皇上伤心地流下了眼泪,并亲自斟酒犒劳阿济格。皇上攻打朝鲜,命令阿济格守卫牛庄。二年,硕托攻打皮岛没有攻下来,阿济格率领所部水陆并进,占领了皮岛。皇上委派使臣前往褒奖慰劳。

四年,阿济格随军攻伐明朝,他扬言要以红衣炮攻台,守台的明兵惶恐不安,四里屯、张刚屯、宝林寺、旺民屯、于家屯、成化峪、道尔彰等台一起投降。随后,阿济格退守塔山、连山,俘获人马数以千计。随即又和阿巴泰攻略锦州、宁远。六年,和济尔哈朗包围锦州。把守外城的蒙古台吉吴巴什等商议准备举城投降,被祖大寿察觉,击杀蒙古兵,阿济格夜里率军登上城上的矮墙,为蒙古兵助战,明兵大败。阿济格将蒙古投降者迁到义州。因阿济格屡击败明兵有功,被皇上赐银两四千。

洪承畴率诸将王朴、吴山桂等增援锦州,号称十三万人马。皇上亲自检阅军队,驻扎在松山。明兵赶到塔山,阿济格率兵追击,缴获笔架册,积蓄的粮食,又和多尔衮攻克敌台四座,擒获明将王希贤等,王朴、吴三桂等仅幸免。明兵仍然固守锦州、松山、杏山、高桥等地,皇上退还盛京,命令阿济格率领杜度、多铎等包围明兵。洪承畴夜里从松山出击袭击我军,阿济格等带领射手对明兵包围射击,明兵败退,城门被关进不去,两千人全部投降。七年,包围杏山,派军队攻略宁远。吴三桂派四千人驻守塔山、高桥,不战而退,阿济格纵兵四面出击,又屡次击败之。八年,阿济格又和济尔哈朗攻打宁远,驻扎在城北,部署云梯发炮攻击,城墙坍塌,城被阿济格攻占;到达前屯卫,进攻城西,杀明兵四千余,明总兵黄色弃城而逃,城又被攻占。

顺治元年,阿济格随军入关击败李自成,被皇上晋封为英亲王,赐鞍马二匹。被任命为靖远大将军后,阿济格又从边外进入陕西,截断了李自成退路,八战八胜,攻占了四座城,又使三十八座城投降。当时,李自成被多铎打败,丢掉了西安而向商州逃跑。皇上诏令多铎向淮、扬一带进攻,而命阿济格率领军队讨伐李自成。李自成向南逃跑时,还有兵马二十万,计划准备拿下南京。阿济格率军队紧紧跟追李自成,到邓州后,又往南到了承天、德安、武昌、富池口、桑家口、九江,多次打败了敌人,李自成逃跑而死,其将领刘宗敏被杀,宋献策被俘。刘宗敏是李自成的一名勇将;宋献策为李自成所信任依靠,号称军师。

明将左良玉的儿子左梦庚刚驻扎九江,兵马一到,捉命了总督袁继咸等,又率领兵马十万、船只数万,到军门去投降。这次战役共打了十三次仗,拿下了郡县有:河南十二座,湖广三十九座,江西、江南都是六座。皇上听到捷报后,派使臣到军部慰劳,皇帝的诏书说:"王和随行将士驰骋跋涉于悬崖峻岭、深江大河之间,行程万里有余,劳苦功高。敌寇的嚣张气焰已经消除,应该立即班师回朝。所招抚的余部,或者留下来,或者遣散回家,王与各位大臣商量而定。"诏书还没有到,阿济格即率师返还了京都。睿亲王多尔衮责备阿济格不等候诏书到即收兵,又在李自成还没有死时,先放出死的消息,派使者前往列数阿济格的罪状;之后,多尔衮又在午门张幕盖而坐,把阿济格召来训斥。又追究他在军队即将出征时,胁迫宣府巡抚李鉴释放被逮捕问罪的赤城道朱寿鋆,以及阿济格擅自要取蒙古鄂尔多斯、土特默部马匹之事,被降为郡王。不久又恢复了原来的官职。五年,阿济格又围剿天津、曹县土寇。十一月,率领军队驻扎在大同,姜瓖叛变后,阿济格又率兵前往讨伐姜瓖。接着他又被命名为平西大将军,率领固山额真巴颜等讨姜瓖。六年,姜瓖带领刘廷进犯代州,阿济格派博洛前往救援,才解围。

多尔衮到大同视察军队,当时阿济格两个妻妾病亡,多尔衮就命令阿济格回家探望,阿济格说:"摄政王躬身亲摄国家大政,为国废寝忘食,我怎敢因为妻子去世而耽误国事?"阿济格自认为功多,告诉多尔衮说:"辅政德豫亲王征伐流寇到了庆都,潜身于偏僻之地,攻打潼关、西安不歼灭大部分敌人,追击腾机思而不攻取,功绩不显著,不应当优待他的孩子。郑亲王是叔父的孩子,不应该称'叔王'。我是太祖的孩子,皇帝的叔父,应该称'叔王'。"多尔衮斥责阿济格狂妄,命令他不要干预内部事务和交接汉官事宜。不久又与巩阿岱攻打大同,赶上投降将领杨振威杀了姜瓖投降,又毁坏城上五尺矮墙才返回。八年正月,多尔衮丧于喀喇城,阿济格赴丧地,各位王侯都于夜间赶到,只有阿济格没有赶到。他召见他的儿子劳亲派兵威胁多尔衮的所属部下归附自己。奔丧回来后,皇上出来迎接,阿济格没有去掉佩刀。劳亲的兵马到后,阿济格举起大旗和劳亲会合。多尔衮的左右部下告阿济格想叛乱,郑亲王济尔哈朗等派人在路上监视他。返回京师后,诸王商议削掉了阿济格的爵位,把他幽禁起来。一月后,又商议把他关于别室,籍没他的家,他的孩子们都废为平民。十月,监守者告阿济格准备于囚室放火,被赐死。

阿济格有十一个孩子,有爵位的三人:和度、傅勒赫、劳亲。和度,被封为贝子,先亡。劳亲与阿济格一起被赐死。

傅勒赫,始封为镇国公。坐夺爵,被削去宗室属籍。顺治十八年,诏谕傅勒赫无罪,恢复他的宗室属籍。康熙元年,追封为镇国公。傅勒赫的儿子构孳、绰克都,都被封为辅国公。绰克都跟从圣祖,跟从董额讨攻王辅臣,镇守汉中,进攻秦州,出师无功。授盛京将军,又因为不称职而被夺爵。皇上录阿济格的功劳,让绰克都的儿子普照仍袭辅国公之爵,后坐事被夺爵,以普照的弟弟经照袭辅国公之爵。雍正年间,普照也因立军功而恢复爵位,死去。世宗皇帝诏谕说:"普照在军前效力,而且他兄长的女儿为年羹尧的妻子,所以特予封爵。现在年羹尧辜负皇恩而被诛杀,这个爵位不必再承袭。"过了几年,经照也因犯法而被夺爵。普照和经照都能写诗。乾隆四十三年,诏命阿济格后代都恢复宗室属籍。经照以后的子孙,以奉恩将军世袭。

多铎传

【题解】

多铎,清太祖努尔哈赤第十五子。初封贝勒。幼而骁勇,多次从军在关外锦州一线与明军交锋。又多次从军入关劫略。崇德元年（明崇祯九年，公元1636），进封豫新王。从伐朝鲜。复从皇太极于关外连败祖大寿、洪承畴等部明军。顺治元年（公元1644），从多尔衮入关，破李自成。为定国大将军，南征怀庆（今河南沁阳），渡黄河进克灵宝、潼关、击溃李自成军而攻克西安。随后率军自河南进趋淮、扬，克开封、归德（今河南商丘），攻陷扬州，杀史可法。又率军渡江攻陷南京，擒明福王朱由崧。顺治三年（公元1646），回师北征蒙古苏尼特部。顺治六年（公元1649），得天花病死，时年三十六。

【原文】

豫通亲王多铎，太祖第十五子。初封贝勒。天聪二年，从太宗伐多罗特部有功，赐号额尔克楚呼尔。三午，从上伐明，自龙井关入，偕莽古尔泰、多尔衮以偏师降汉儿庄城。会大军克遵化，薄明都。广渠门之役，多铎以幼留后，明溃兵来犯，击却之。师还，次蓟州，复击破明援兵。五年，从围大凌河城，为正白旗后应，克近台城堡。明兵出锦州，屯小凌河岸，上率二百骑驰击，明兵走。多铎逐之，薄锦州，坠马，马逸入敌阵，乃夺军校马乘以还。六年，从伐察哈尔，将右翼兵，俘其众千余。

七年，诏问征明及朝鲜、察哈尔三者何先，多铎言："我军非怯于战斗，但止攻关外，岂可必得？夫攻山海关与攻燕京，等攻耳。臣以为宜直入关，庶餍士卒望，亦久远计也。且相机审时，古今同然。我军若弛而敌有备，何隙之可乘？吾何爱于明而必言和？亦念士卒劳苦，姑为委蛇。倘时可乘，何待再计。至察哈尔，且勿加兵；朝鲜已和，亦勿遽绝。当先图其大者。"八年，从上略宣府，自巴颜珠尔克进。寻攻龙门，未下，趋保安，克之。谒上应州。复略朔州，经五台山，还。败明兵大同。九年，上遣诸贝勒伐明，徇山西，命多铎率师入宁、锦缀明师。遂自广宁入，遣固山额真阿山、石廷柱率兵四百前驱。祖大寿合锦州、松山兵三千五百屯大凌河西，多锋率所部驰击之，大寿兵溃。命分道追击，一至锦州，一至松山，斩获无算。翌日，克台一，还驻广宁。师还，上出怀远门五里迎劳，赐良马五、甲五。上嘉之曰："朕幼弟初专○，即能制胜，是可嘉也！"

崇德元年四月，封豫亲王，掌礼部事。从伐朝鲜，自沙河堡领兵千人继噶布什贤兵，至朝鲜都城。朝鲜全罗、忠清二道援兵至南汉山，多铎击败之，收其马千余。扬古利为残兵所贼，捕得其人，斩以祭。三年，伐锦州，自蒙古扎衮博伦界分率巴牙喇及土默特兵入明境，克大兴堡，俘其居民，道遇明谍，擒之。诏与郑亲王济尔哈朗军会，经中后所，大寿以兵来袭，我军伤九人，亡马三十。多铎且战且走，夜达郑亲王所，合师薄中后所城。上统师至，敌不敢出。四年五月，上御崇政殿，召多铎戒谕之，数其罪，下诸王、贝勒、大臣议，削爵，夺所属入官。上命降贝勒，罚银万，夺其奴仆、牲畜三之一，予睿亲王多尔衮。寻命掌兵部。十月，伐宁远，击斩明总兵金国凤。

五年三月，命与郑亲王济尔哈朗率师修义州城，驻兵屯田，并扰明山海关外，毋使得耕稼。五月，上临视。附明蒙古多罗特部苏班岱降，上命偕郑亲王以兵迎之，经锦州杏山，明兵来追，奋击败之，赐御厩良马一。围锦州，夜伏兵桑阿尔斋堡，旦，敌至，败之，追至塔山，斩八十余级，获马二十。六年三月，复围锦州，环城立八营，凿壕以困之。大寿城守蒙古将诺木齐约降，师缒以入，击大寿，挈降者出，置之义州。明援兵自杏山至松山，多铎与郑亲王率两翼兵伏锦州南山西冈及松山北岭，纵噶布什贤兵诱敌，夹击，大败之。

洪承畴以十三万援锦州，上自盛京驰六日抵松山，环城而营，明兵震怖，宵遁。多铎伏兵道旁，明总兵吴三桂、王朴自杏山奔宁远，我军追及于高桥，伏发，三桂等仅以身免。嗣与诸王更番围松山，屡破敌。七年二月，明松山副将夏承德遣人通款，以其子舒为质，约内应，夜半，我军梯而登，获承畴及巡抚邱民仰等。叙功，进豫郡王。复布屯宁远边外缀明师，俘获甚多。

顺治元年四月，从睿亲王多尔衮入关，破李自成，进亲王。命为定国大将军，南征，定怀庆。进次孟津，遣巴牙喇纛章京图赖率兵先渡，自成守将走，沿河十五寨堡皆降。再进次陕州，克灵宝。再进，距潼关二十里，自成兵据山列营，噶布什贤噶喇依昂邦努山及图赖、鄂硕等击破之。二年正月，自成亲率步骑迎战，师奋击，歼其步卒，骑卒奔溃。及夜，屡犯屡北，凿重壕，立坚壁。师进，发巨炮迭战，自成兵三百骑冲我师，贝勒尼堪、贝子尚善等跃马夹击，屡破敌垒，尸满壕堑，械胄弥山野，自成精锐略尽，遁归西安，其将马世尧率七千人降。入潼关，获世尧所遣致自成书，斩以徇。进次西安，自成先五日毁室庐，挈子女辎重，出蓝田口，窜商州，南走湖广。二月，诏以陕西贼付英亲王阿济格，趣多铎自河南趋淮、扬。师退徇南阳、开封，趋归德，诸州县悉降。所至设官吏，安集流亡。诏褒多铎功，赐嵌珠佩刀、镂金鞓带。四月，师进次泗州，渡淮趋扬州，遣兵部尚书汉岱等先驱，得舟三百余，围七日，克之，杀明大学士史可法。五月，师再进，次扬子江北岸，明将郑鸿逵等以水师守瓜洲、仪真。师列营相持，造船二百余，遣固山额真拜音图将水师薄南岸，复遣梅勒额真李率泰护诸军渡江。明福王由崧走太平。师再进，明忻城伯赵之龙等率文武将吏，籍马步兵二十三万有奇，使迎师。

多铎至南京，承制受其降，抚辑遗民。遣贝勒尼堪、贝子屯济徇太平，追击明福王。福王复走芜湖，图赖等邀之江口，击杀明将黄得功，获福王。捷闻，上遣侍臣慰劳。明潞王常淓守杭州，遣贝勒博洛率师讨之，潞王降。江浙底定。多铎承制改南京为江南省，疏请授江宁、安庆巡抚以下官。别遣精奇尼哈番吴兆胜徇庐江、和州，并下。诏遣贝勒勒克德浑代镇江宁，召多铎还京师。上幸南苑行郊劳礼，进封德豫亲王，赐黑狐冠、紫貂朝服、金五千、银五万、马十、鞍二。

三年，命为扬威大将军，偕承泽郡王硕塞讨苏尼特部腾机思、腾机特等。师至盈阿尔察克山，闻腾机思方在衮噶噜台，疾行三昼夜，败之于谔特克山，斩台吉茂海。渡图拉河，追至布尔哈图山，斩腾机特子二，腾机思孙三，尽获其孥。师次扎济布喇克，喀尔喀土谢图汗遣兵两万，硕雷车臣汗遣兵三万，迎战。我师奋击，逐北三十余里，先后斩级数千，俘千余，获驼千九百、马两万一千一百、牛万六千九百、羊十三万五千三百有奇。师还，上出安定门迎劳，加赐王鞍马一。

四年，进封为辅政叔德豫亲王，赐金千、银万、鞍马二，封册增录功勋。六年三月，以痘薨，年三十六。九年三月，睿亲王既削爵，以同母弟追降郡王。康熙十年，追谥。乾隆四十三年正月，诏配享太庙。

【译文】

豫通亲王多铎是太祖的第十五个孩子。起初被封为贝勒，天聪元年，跟从太宗讨伐多罗特部立了战功，被封号额尔克楚呼尔。三年，跟随皇上讨伐明朝，从龙井关进入，协同莽古尔泰、多尔衮用偏师攻占汉儿庄城。会同大军攻克遵化,逼近明朝都城。广渠门外一战,多铎因为年龄小而留守军后,明朝溃逃的兵来攻打这里,被多铎击退。军队返回后,临时驻扎在蓟州,再次击败明朝援兵。五年,随军包围大凌河城,为正白旗后应,攻占了城附近的台堡。明兵出锦州,驻扎在小凌河岸,皇上率领二百名骑兵冲击,明兵逃跑。多铎追赶明兵,逼近锦州,从马上掉了下来,马跑入到敌人阵地,多铎就夺了明兵一名军校的马骑上返回。六年,多铎跟随皇上征伐察哈尔,多铎率领右翼兵,俘虏明朝官兵一千余人。

七年,皇上诏见多铎问征伐明朝和朝鲜、察哈尔哪一个先进行?多铎说:"我军并不害怕战斗,但是只攻打关外,哪里能胜利?攻打山海关与攻打燕京,是一样的。我认为应该直接入关,这样可满足士卒愿望,也是久远之计。并且相机而动,审时而行,古今都是一样。我军如果松弛而敌人有所准备,还有什么机会可乘?我们为什么喜欢明朝而必欲言和呢?也想到士卒辛苦劳累,姑且委曲求全。如果时机可乘,还用得着什么计议?至于察哈尔,暂且不要进攻;朝鲜已经和好,也不要拒绝。应当先抓住大的进攻。"八年,多铎随从皇上攻略宣府,从巴颜珠尔克进入。不久攻打龙门,没有攻下,进军保安,攻占了这座城。在应州拜见了皇上。后来又攻略朔州,通过五台山返回。在大同打败了明兵。九年,皇上派遣各位贝勒征伐明朝,攻打山西,命令多铎率兵进入宁远、锦州拖住明朝部队。便从广宁进入,派固山额真阿山、石廷柱率兵四百为前驱。祖大寿合锦州、松山兵力三千五百名驻扎在大凌河西侧,多铎率领军队飞快出击,祖大寿兵败退。多铎命令部下分路追击,一路往锦州,一跟往松山,杀死俘获的明兵不计其数。第二天,攻占敌台一座,退还进驻广宁。军队返回时,皇上走出怀远门外五里地迎接慰劳,赏赐好马五匹、兵甲五套。皇上嘉奖他说:"朕的小弟初开始独当一面作战,就能获胜,这实在值得嘉奖啊!"

崇德元年四月,多铎被封为豫亲王,主持礼部事宜。随军讨伐朝鲜,从沙河堡带兵千人跟随噶布什贤兵,到了朝鲜都城。朝鲜全罗、忠清两道援兵到南汉山,多铎打败了他们,收朝鲜兵马匹千余。扬古利被残兵所害,多铎抓住了刺杀扬古利的人,杀了他,祭典扬古利。三年,讨伐锦州,从蒙古扎衮博伦边界分别率领巴牙喇和土默特兵进入明境,攻占大兴堡,俘获了那里的居民,路上遇上了明朝的间谍,擒获了他。皇上诏令多铎与郑亲王济尔哈朗军队会师,途经中后所,祖大寿派兵来袭击,我军伤亡了九人,损失战马三十四匹。多铎一边打一边走,夜里到达郑亲王的驻地,会师逼近中后所城。皇上统帅军队到后,明兵不敢出来。四年五月,皇上驾到崇政殿,召见多铎告诫责备他,陈述他的错误,下面各位王爷、贝勒、大臣商议,取消多铎的爵位,剥夺他的所属入官。皇上命令降多铎为贝勒,罚银一万,取消他的奴仆侍从、牲畜三分之一,给予睿亲王多尔衮。不久命令他掌管兵部。十月,讨伐宁远,杀死明朝总兵金国凤。

五年三月,皇上命令多铎与郑亲王济尔哈朗率领军队修缮义州城,驻兵开垦粮田,并在山海关外骚扰明朝部队,使明朝军队不能耕种庄稼。五月,皇上亲自来视察。依附明朝的蒙古多罗特部苏班岱投降,皇上命令多铎协同郑亲王派兵迎接,经过锦州杏山,明朝军队前来追赶,多铎奋起率兵打败了明兵,皇上把一匹御马赐给了多铎。多铎包围锦州,夜里军队埋伏在桑阿尔斋堡,天亮后,敌人到达,多铎打败明兵,追到塔山,斩首八十余级,获城马二十四匹。六年三月,多铎再次包围锦州,环城四周建立了八个军营,挖了战壕以围困城中。祖大寿守城蒙古将领诺木齐约宝投降，多铎让部下用绳子拴着人从城墙上跳进入了城里，进攻祖大寿，携带投降兵马出来后，安置在义州城。明朝援兵从杏山到了松山，多铎与郑亲王率领两翼兵力埋伏在锦州南山西冈和松山北岭，让噶布什贤引诱敌人，两面夹击，打败了明兵。

洪承畴率十三万兵增援锦州，皇上从盛京骑马奔了六天到达松山，环城四周安扎营寨，明兵惊恐万状，连夜逃跑。多铎兵力埋伏在路旁，明朝总兵吴三桂、王朴从杏山跑到宁远，我军追到高桥，发起攻击，吴三桂只是保住了性命。随后与各位王爷轮流包围松山，多次打败敌人。七年二月，明朝松山副将夏承德派人送来协议，把他的儿子夏舒作为人质，约定为内应。半夜，我军架梯登入城内，俘获洪承畴和巡抚邱民仰等人。评功论赏，多铎被封为豫郡王。又部署军队驻扎宁远边外拖住明朝部队，俘获很多明兵。

顺治元年四月，多铎随从睿亲王多尔衮入关，打败李自成，被晋封为亲王。任命他为定国大将军，向南进军，平定怀庆府。进军临时驻扎在孟津，派巴牙喇纛章京图赖率兵先渡河，李自成守将逃跑，沿河十五座村寨城堡都投降。又进军临时驻扎在陕州，攻克灵宝。又向前进军，离潼关二十里，李自成部下凭借山势排列军营，噶布什噶喇依昂邦努山和图赖、鄂硕等打败了敌人。二年正月，李自成亲自率领步兵骑兵迎战，多铎部下奋起反击，歼灭敌人的步兵，敌人骑兵溃败奔逃。到了夜里，李自成军屡战屡败，挖掘深壕，筑起坚硬的壁垒。多铎部下进军，发起大炮连续攻击，李自成三百名骑兵冲击我军，贝勒尼堪、贝子尚善等人跃马夹击敌人，多次攻破敌人堡垒，尸体填满了壕沟，器械甲胄遍布山野，李自成精锐兵力几乎损失完了，逃跑返归西安，他的将领马世尧带领七千人投降。进入潼关后，缴获马世尧派人送给李自城的信，多铎杀了他来示众。进军临时驻扎在西安后，李自成先在五天前焚烧了室庐，携带子女家什，从蓝田口出来，逃跑到商州，向南跑到湖广。皇上下令把陕西流贼交给英亲王阿济格，调多铎从河南进军淮、扬。军队收兵沿途进攻南阳、开封，进军归德，各州县全部投降。所到地方设立官吏，召集安抚流亡百姓。皇上下令表彰多铎功绩、赐嵌珠佩刀、镀金鞲带。四月，军队进军到泗州，渡淮河赶到扬州，派兵部尚书汉岱等人作为先头部队，得到船三百余艘，包围了七天，攻占了城池，杀了明朝大学士史可法。五月，军队又进军，驻扎在扬子江北岸，明朝将领郑鸿逵等凭借水师守卫瓜洲、仪真。军队扎营与敌人相对持，造船二百余艘，派固山额真拜音图率领水师逼近南岸，又派梅勒额真李率泰保护各军渡江。明福王朱由崧逃跑到太平。军队又进军，明朝忻城伯赵之龙等率领文武将领官吏，及所统马步兵二十三万有余，向我军迎降。

多铎到了南京，按照规定接受明兵投降，安抚留下的百姓。派贝勒尼堪、贝子屯济进攻太平，追击明福王。福王又逃到芜湖，图赖等到江口前去迎战，击杀明朝将领黄得功，俘获福王。皇上听到捷报后，派遣侍臣慰劳多铎。明朝潞王朱常汸守卫杭州，多铎派贝勒博洛率领军队讨伐、潞王投降。江、浙终于平定。多铎按规定改南京为江南省，上奏皇上请求授予江宁、安庆巡抚以下官吏。另外派精奇尼哈番吴兆胜进攻庐江、和州，一起攻下。皇上下令派贝勒勒克德浑代为镇守江宁，召多铎返回京都。皇上临幸南苑行郊劳礼，进封多铎为德豫亲王，赐黑狐冠、紫貂朝服、金五千、银五万两、马十匹、鞍两个。

三年，皇上命多铎为扬威大将军，协同承泽郡王硕塞讨伐苏尼特部腾机思、腾机特等。军队到盈阿尔察克山，听说腾机思还在衮噶噜台，急行三昼夜，在谔特克山打败了腾机思,杀了台吉茂海。渡图拉河,追到布尔哈图山,杀了腾机特两个孩子、腾机思三个孙子,全部俘获了他们的家人。军队进军到扎济布喇克,喀尔喀土谢图汗派兵两万,硕雷车臣汗派兵三万迎战。我军队奋起进击,追逐敌人三十余里,先后杀数千人,俘千余,缴获骆驼一千九百、马二万一千一百匹、牛一万六千九百头、羊十三万五千三百有余。军队返回京都,皇上出来到安定门迎接慰劳,增加赐给多铎鞍马一个。

四年,进封为辅政叔德豫亲王,赐金千两、银万两、鞍马两匹,封册增录功勋。六年三月,因为得天花病而死,享年三十六岁。九年三月,睿亲王多尔衮被取消爵位,多铎因是多尔衮之同母弟弟被降为郡王。康熙十年,追认爵位,乾隆四十年正月,皇上下令多铎配享太庙。

豪格传

【题解】

豪格,清宗皇太极的长子。幼从征蒙古察哈尔等部,援贝勒。从皇太极在山海关外的锦州、宁远一线与明军多次作战。崇德三年(公元1638),克松山,擒明将洪承畴。顺治元年(公元1644),从多尔衮入关。三年,为靖远大将军,率军西征,平定陕西,又南进中川,在西充(今四川)射杀张献忠,平定四川。五年(公元1648)二月还师京城,因与睿亲王多尔衮有矛盾,被诬下狱而死。

【原文】

肃武亲王豪格,太宗第一子。初从征蒙古董夔、察哈尔、鄂尔多斯诸部,有功,授贝勒。天命十一年,偕贝勒代善等征扎噜特部,斩其贝勒鄂其图。天聪元年,败明兵于锦州,复率偏师卫塔山粮运。二年,偕济尔哈朗讨蒙古固特塔布囊,诛之,收其众。三年十月,偕贝勒莽古尔泰等视通州渡口,师薄明都,豪格迎击宁、锦援兵于广渠门外,敌伏于右,豪格以所部当之,冲击至城壕,明兵大溃,偕岳托、萨哈璘围永平,克香河。六年,从伐察哈尔,移师入明边,略归化诸路。六月,进和硕贝勒。

七年,诏问征明与朝鲜、察哈尔三者何先,疏言:“征明,如徒得锦州,余坚壁不下,旷日持久,恐老我师。宜悉我众及边外新旧蒙古从旧道入,谕各屯寨,以我欲和而彼君不答,彼将自怨其主。再用更番法,俟马肥,益以汉兵巨炮,一出宁远,一出旧道,夹攻山海关,不得,则屯兵招谕流贼,驻师通州,待其懈而击之。朝鲜、察哈尔且缓图焉。”八月,略山海关。八年,从上自宣府趋朔州。豪格偕扬古利毁边墙,分兵自尚方堡入,略朔州及五台山,从上视大同,击败明援兵。

九年,偕多尔衮等收察哈尔林丹汗子额哲,抵托里图,定盟。还抵归化城,复略山西边郡,毁宁武关,入代州、忻州。崇德元年四月,进封肃亲王,掌户部事。寻坐党岳托漏上言有怨心,降贝勒,解任,罚银千。旋偕多尔衮攻锦州,仍摄户部。又从征朝鲜,偕多尔衮别自宽甸入长山口,克昌州,败安州、黄州兵于宁边城下。复遣将败其援兵,次宣屯村,村民言："黄州守将闻国王被围，遣兵万五千往援，行三日矣。"我军疾驰一昼夜，追及于陶山，击败之。九月，坐固山额真鄂莫克图欲胁取蒙古台吉博洛女媚事豪格，豪格不治其罪，罢部任，罚银千。

三年九月，伐明，自董家口毁边墙入，败明兵于丰润。遂下山东，降高唐，略地至曹州，还下东光。又遣骑二千破明兵，克献县。四年四月，师还，赐马二、银万，复摄户部，复原封。又偕多铎败宁远兵，斩明将金国凤。五年六月，偕多尔衮屯田义州，刈锦州禾，克台九、小凌河西台二。明兵夜出袭镶蓝旗营，击败之。又击洪承畴杏山，偕多尔衮围锦州。坐离城远驻，复遣兵还家，降郡王。六年，再围锦州，击松山及山海关援兵，皆败之，获马五百余。

承畴将兵十三万援锦州，破其垒三。上至军，将驻高桥，豪格等恐敌约军夹攻，请改屯松山、杏山间。七年，松山明将夏承德密遣人请降，以其子舒为质，豪格遣左右翼夜梯城入，八旗兵继之，旦，克松山，获承畴及巡抚邱民仰等，斩官百余，兵千六十有奇。进驻杏山，复偕济尔哈朗克塔山。叙功，复原封，赐鞍马一、蟒缎百。

顺治元年四月，以语侵睿亲王多尔衮，为固山额真何洛会所讦，坐削爵。十月，大封诸王，念豪格从定中原有功，仍复原封。其年冬，定济宁满家洞土寇，堙山洞二百五十一。

三年，命为靖远大将军，偕衍禧郡王罗洛浑、贝勒尼堪等西征。师次西安，遣尚书星讷等破敌邠州，别遣固山额真都类攻庆阳。时贺珍、二只虎、孙守法据汉中、兴安，武大定、高如砺、蒋登雷、石国玺、王可成、周克德据徽县、阶州。师自西安分兵进击，登雷、国玺、可成、克德俱降，余溃走，下所陷城邑。陕西平。十一月，入四川，张献忠据西充，遣巴牙喇昂邦鳌拜先发，师继进，抵西充，大破之，豪格亲射献忠，殪，平其垒百三十余所，斩首数万级。捷闻，上嘉奖。四年八，遵义、夔州、茂州、荣昌、隆昌、富顺、内江、宝阳诸郡县悉定。四川平。五年二月，师还，上御太和殿宴劳。睿亲王多尔衮与豪格有夙隙，坐豪格徇隐部将冒功及擢用罪人扬善第吉赛，系豪格于狱。三月，死。

睿亲王纳豪格福晋，尝召其子富绶至邸校射。何洛会语人曰："见此鬼魅，令人心悸，何不除之？"锡翰以告，睿亲王曰："何洛会意，固尔不知我爱彼也。"由是得全。八年正月，上亲政，雪豪格枉，复封和硕肃亲王，立碑表之。十三年，追谥。亲王得谥自豪格始。以谥系封号上，曰武肃亲主。乾隆四十三年，配享太庙。

【译文】

肃武亲王豪格，是清太宗的长子。起先，他随太宗征讨蒙古的董夔、察哈尔、鄂尔多斯各部落，建立战功，被授予贝勒。天命十一年，同贝勒代善等人征伐扎鲁特部落，杀了他的贝勒鄂齐图。天聪元年，在锦州打败明朝的军队，又率领偏军保护塔山粮运。二年，同济尔哈朗讨伐蒙古固塔特布囊，杀了固特塔布囊，收编了固塔特布囊的队伍。三年十月，同贝勒莽古尔泰等视察通州渡口，军队逼近明朝京城，豪格在广渠门外迎击宁远、锦州增援明朝京城的军队，敌军在右边埋伏，豪格率本部人马挡住，把增援部队赶到城壕，明朝的军队大败，豪格同岳托、萨哈璘率军队围住了永平，攻下了香河。六年，随太宗讨伐察哈尔，率军队进入明朝边境，夺取归化各路。六月，晋封为和硕贝勒。

七年，太宗下诏问豪格，明朝、朝鲜、察哈尔这三个地方，应该先征讨哪里，豪格上疏说："征讨明朝，如果只得到锦州，其余象坚固的墙壁一样攻不下，旷日持久，恐怕会使我们的军队陷入疲惫。最好尽起我们的所有军队和边关外新旧蒙古军队从老路进入明朝地区，告诉各村寨百姓，说我们想和谈而他们的皇帝不答应，他们就会怨恨自己的君主。然后再用更番的办法，等到战马养肥了，用上汉人军队的大炮，一路军队从宁远进发，一路军队从老路进发，夹攻山海关，攻不下，就集中军队，招募流窜人员，把军队驻扎在通州，等待明朝军队懈怠再打他。朝鲜、察哈尔暂且缓下来，不要进攻他们。"八月，攻略山海关。八年，随太宗从宣府赶到朔州。豪格因扬古利毁掉边境墙壁，分开军队从尚方堡进入，夺取朔州和五台山，随太宗视察大同，打败明朝增援军队。

九年，同多尔衮等人收服察哈尔林丹汗的儿子额哲，到达托里图，签订了盟约。回来到达归化城，又进攻山西边境郡县，毁掉宁武关，进入代州、忻州。崇德元年四月，晋封为肃亲王，掌管户部的事务。不久，因犯与岳托结党怨恨太宗，降为贝勒，解除官职，罚银子千两。不久又同多尔衮攻打锦州，仍掌管户部。又随从太宗攻打朝鲜，同多尔衮分别从宽甸进长山口，攻下昌州，在宁边城下打败安州、黄州军队。又派将领打败增援安州、黄州的明朝军队，驻扎在宣屯村，村民说："黄州的守将听说国王被围困，派军队一万五千人去援助，已出发三天了。"清朝军队火速行军一昼夜，在阴山赶上，打败了黄州援军。九月，因固山额真鄂莫克图想胁迫夺取蒙古台吉博洛的女儿讨好豪格，豪格没有治罪他，豪格被罢免户部官职，罚银子一千两。

三年九月，讨伐明朝，从董家口毁掉边墙进入，在丰润打败明朝军队。随后率领军队攻下山东，使高唐投降。略地直到曹州，返回攻下东光。又派二千骑兵打败明朝军队，攻下献县。四年四月，率领军队回来，赏赐两匹马、万两白银，再主管户部，恢复原来封号。又同多铎打败宁远军队，杀了明朝将领金国风。五年六月，同多尔衮在义州屯田，收割了锦州的庄稼，攻克了九座敌台和小凌河两边敌台两座。明朝军队夜晚出兵袭击镶蓝旗军营，豪格打败了他们。又在杏山进攻洪承畴，同多尔衮围住锦州。因犯离城远处驻扎军队，又派遣兵士回家，降豪格为郡王。六年，再次围住锦州，打败了松山和山海关的增援部队，缴获马五百余匹。

洪承畴率领十三万军队增援锦州，豪格率人毁掉他防护军垒三个。太宗到军队中来，将让军队驻扎在高桥，豪格等人唯恐敌军相约夹攻，请求驻扎在松山、杏山之间。七年，松山的明朝将领夏承德秘密派人请求投降，把他的儿子作为人质，豪格派左右侧军架梯进城，八旗军队跟着进去，天明，攻克松山，捉住洪承畴和巡抚邱民仰等人，杀死官吏一百多名、兵士一千零六十多个。进军驻扎在杏山，又同济尔哈朗攻克塔山。论功劳，又恢复原封号，赏赐一套鞍马、百件蟒缎。

顺治元年四月，因言语侵犯睿亲王多尔衮，又被固山额真何洛会所攻击，被削掉爵位。十月，太宗大批加封各王，思念豪格跟随平定中原有功劳，仍恢复原来的封号。这年冬天，平定济宁满家洞的土匪，填塞山洞二百五十一个。

三年，世祖任命豪格作靖远大将军，同衍禧郡王罗洛浑、贝勒尼堪等西征。军队前进驻扎在西安，豪格派尚书星讷等人在邠州击败敌人，另外派固山额真都类进攻庆阳。当时，贺珍、二只虎、孙守法占据汉中、兴安，武大定、高如砺、蒋登雷、石国玺、王可成、周克德占据徽县、阶州。清朝军队从西安分兵进攻，登雷、国玺、可成、克德全部投降，其余溃败逃跑,攻克了失陷的城镇。陕西被平定。十一月,进入四川,张献忠占据西充,他派巴牙喇昂邦鳌拜先出发,其余军队跟着进发,到达西充,大败张献忠,豪格射死张献忠;铲平军垒一百三十多处,杀人几万名。捷报传回朝廷,太宗嘉奖了他。四年八月,遵义、蒙州、茂州、茶昌、隆昌、富顺、内江、宝阳各郡县全部被平定。四川全境被平定。五年二月,班师回朝,太宗到太和殿设宴慰劳。睿亲王多尔衮和豪格早就不合,使豪格因包庇部下将领冒功和提拔使用罪人扬善的弟弟吉赛而被捕入狱。三月,死去。

睿亲王多尔衮纳了豪格的福晋,曾经召豪格的儿子富绶到府中学习射术。何洛会对别人说:"见到这个鬼魅就令人心悸,为何不除掉他?"锡翰把这话告诉了多尔衮。多尔衮说:"何洛会有此意,是因为他不知道我爱护富绶。"富绶也因此得以保全性命。顺治八年正月,皇上开始亲政,为豪格的冤枉昭雪,重又封豪格为和硕肃亲王,立碑刻石以表之。十三年,追谥号,亲王得到谥号从豪格开始。以谥号系在封号之上,叫武肃亲王。乾隆四十三年,诏令豪格配享太庙。

允礽传

【题解】

爱新觉罗·允礽,清圣祖玄烨第二子。康熙十四年(公元 1675 年)立为皇太子。圣祖甚爱之。及长,所行多不法,渐失圣祖欢心。康熙四十七年(公元 1709 年)被废。至四十八年三月,重又立为皇太子。康熙五十一年(公元 1712 年)又被废黜。雍正二年(公元 1724 年)十二月病死。

【原文】

理密亲王允礽,圣祖第二子。康熙十四年十二月乙丑,圣祖以太皇太后、皇太后命立为皇太子。太子方幼,上亲教之读书。六岁就傅,令大学士张英、李光地为之师,又命大学士熊赐履授以性理诸书。二十五年,上召江宁巡抚汤斌,以礼部尚书领詹事。斌荐起原任直隶大名道耿介为少詹事,辅导太子。介旋以疾辞。逾年,斌亦卒。太子通满、汉文字,娴骑射,从上行幸,赓咏斐然。

二十九年七月,上亲征噶尔丹,驻跸古鲁富尔坚嘉浑噶山,○疾,召太子及皇三子允祉至行宫。太子侍疾无忧色,上不怿,遣太子先还。三十三年,礼部奏祭奉先殿仪注,太子拜褥置槛内,上谕尚书沙穆哈移设槛外,沙穆哈请旨记档,上命夺沙穆哈官。三十四年,册石氏为太子妃。

三十五年二月,上再亲征噶尔丹,命太子代行郊祀礼;各部院奏章,听太子处理。事重要,诸大臣议定,启太子。六月,上破噶尔丹,还,太子迎于诺海河朔,命太子先还。上至京师,太子率群臣郊迎。明年,上行兵宁夏,仍命太子居守。有为蜚语闻上者,谓太子暱比匪人,素行遂变。上还京师,录太子左右用事者置于法。自此眷爱渐替。

四十七年八月,上行围。皇十八子允礽疾作,留永安拜昂阿。上回銮临视,允礽病笃。上谕曰："允礽病无济，区区稚子，有何关系？至于朕躬，上恐贻高年皇太后之忧，下则系天下臣民之望，宜割爱就道。"因启跸。

九月乙亥，次布尔哈苏台，召太子，集诸王大臣曰："允礽不法祖德，不遵朕训，肆恶虐众，暴戾淫乱，朕包容二十年矣。乃其恶愈张，僇辱廷臣，专擅威权，鸠聚党与，窥伺朕躬起居动作。平郡王讷尔素、贝勒海善、公普奇遭其殴挞，大臣官员亦罹其毒，朕巡幸陕西、江南、浙江，未尝一事扰民。允礽与所属恣行乖戾，无所不至，遣使邀截蒙古贡使，攘进御之马，致蒙古俱不心服。朕以其赋性奢侈，用凌普为内务府总管，以为允礽乳母之夫，便其征索。凌普更为贪婪，包衣下人无不怨憾。皇十八子抱病，诸臣以朕年高，无不为朕忧，允礽乃亲兄，绝无友爱之意。朕加以责让，愤然发怒，每夜逼近布城，裂缝窃视。从前索额图欲谋大事，朕知而诛之，今允礽欲为复仇。朕不卜今日被鸩、明日遇害，昼夜戒慎不宁。似此不孝不仁，太祖、太宗、世祖所缔造，朕所治平之天下，断不可付此人！"上且谕且泣，至于仆地，即日执允礽，命直郡王允禔监之，诛索额图二子格尔芬、阿尔吉善，及允礽左右二格、苏尔特、哈什太、萨尔邦阿；其罪稍减者，遣戍盛京。次日，上命宣谕诸臣及侍卫官兵，略谓："允礽为太子，有所使令，众敢不从，即其中岂无奔走逢迎之人？今事内干连应诛者已诛，应遣者已遣，余不更推求，毋危惧。"

上既废太子，愤懑不已，六夕不安寝，召扈从诸臣涕泣言之，诸臣皆呜咽。既又谕诸臣，谓："观允礽行事，与人大不同，类狂易之疾，似有鬼物凭之者。"及还京，设氈帷上驷院侧，令允礽居焉，更命皇四子与允裪同守之。寻以废太子诏宣示天下，上并亲撰文告天地。太庙、社稷曰："臣祇承丕绪，四十七年余矣。于国计民生，夙夜兢业，无事不可质诸天地。稽古史册，兴亡虽非一辙，而得众心者未有不兴，失众心者未有不亡。臣以是为鉴，深惧祖宗垂贻之大业自臣而隳，故身虽不德，而亲握朝纲，一切政务，不徇偏私，不谋群小，事无久稽，悉由独断，亦惟鞠躬尽瘁，死而后已，在位一日，勤求治理，断不敢稍懈。不知臣有何辜，生子如允礽者，不孝不义，暴虐慆淫，若非鬼物凭附，狂易成疾，有血气者岂忍为之？允礽口不道忠信之言，身不履德义之行，咎戾多端，难以承祀，用是昭告昊天上帝，特行废斥，勿致贻忧邦国，痛毒苍生。抑臣更有哀吁者，臣自幼而孤，未得亲承父母之训，惟此心此念，对越上帝，不敢少懈。臣虽有众子，远不及臣，如大清历数绵长，延臣寿命，臣当益加勤勉，谨保终始；如我国家无福，即殃及臣躬，以全臣令名。臣不胜痛切，谨告。"

太子既废，上谕："诸皇子中如有谋为皇太子者，即国之贼，法所不宥。"诸皇子中皇八子允禩谋最力，上知之，命执付议政大臣议罪，削贝勒。十月，皇三子允祉发喇嘛巴汉格隆为皇长子允禔魇允礽事，上令侍卫发允礽所居室，得厌胜物十余事。上幸南苑行围，遘疾，还宫，召允礽入见，使居咸安宫。上谕诸近臣曰："朕召见允礽，询问前事，竟有全不知者，是其诸恶皆被魇魅而然。果蒙天佑，狂疾顿除，改而为善，朕自有裁夺。"廷臣希旨有请复立允礽为太子者，上不许。左副都御史劳之辨奏上，上斥其奸诡，夺官，予杖。

既，上召诸大臣，命于诸皇子中举孰可继立为太子者，诸大臣举允禩。明日，上召诸大臣入见，谕以太子因魇魅失本性状。诸大臣奏："上既灼知太子病源，治疗就痊，请上颁旨宣示。"又明日，召允礽及诸大臣同入见，命释之，且曰："览古史册，太子既废，常不得其死，人君靡不悔者。前执允礽，朕日日不释于怀。自顷召见一次，胸中乃疏快一次。今事已明白,明日为始,朕当霍然矣。"又明日,诸大臣奏请复立允礽为太子,疏留中未下。上疾渐愈,四十八年正月,诸大臣复疏请,上许之。

三月辛巳,复立允礽为皇太子,妃复为皇太子妃。五十年十月,上察诸大臣为太子结党会饮,谴责步军统领托合齐,尚书耿额、齐世武,都统鄂善、迓图。托合齐兼坐受户部缺主沈天生贿罪,绞;又以镇国公景熙首告贪婪不法诸事,未决,死于狱,命剉尸焚之。齐世武、耿额亦以得沈天生贿,绞死。鄂善夺官,幽禁。迓图入辛者库,守安亲王墓。上谕谓:"诸事皆因允礽。允礽不仁不孝,徒以言语货财嘱此辈贪得谄媚之人,潜通消息,尤无耻之甚。"

五十一年十月,复废太子,禁锢咸安宫。五十二年,赵申乔疏请立太子,上谕曰:"建储大事,未可轻言。允礽为太子时,服御俱用黄色,仪注上几于朕,实开骄纵之门。宋仁宗三十年未立太子,我太祖、太宗亦未豫立。汉、唐已事,太子幼冲,尚保无虞;若太子年长,左右群小结党营私,鲜有能无过者。太子为国本,朕岂不知?立非其人,关系匪轻。允礽仪表、学问、才技俱有可观,而行事乖谬,不仁不孝,非狂易而何?凡人幼时犹可教训,及长而诱于党类,便各有所为,不复能拘制矣。立皇太子事,未可轻定。"自是上意不欲更立太子,虽谕大学士、九卿等裁定太子仪仗,卒未用。终清世不复立太子。

五十四年十一月,有医贺孟𬱟者,为允礽福金治疾,允礽以矾水作书相往来,复嘱普奇举为大将军,事发,普奇等皆得罪。五十六年,大学士王掞疏请建储,越数日,御史陈嘉猷等八人疏继上,上疑其结党,疏留中不下。五十七年二月,翰林院检讨朱天保请复立允礽为太子,上亲召诘责,辞连其父侍郎朱都纳,及都统衔齐世,副都统戴保、常赉,内阁学士金宝。朱天保、戴保诛死,朱都纳及常赉、金宝交步军统领枷示,齐世交宗人府幽禁。七月,允礽福金石氏卒。上称其淑孝宽和,作配允礽,辛勤历有年所,谕大学士等同翰林院撰文致祭。六十年三月,上万寿节,礽复申前请建储。越数日,御史陶彝等十二人疏继上。上乃严旨斥礽为奸,并以诸大臣请逮礽等治罪,上令礽及彝等发军前委署额外章京。礽年老,其子奕清代行。

六十一年,世宗即位,封允礽子弘晳为理郡王。雍正元年,诏于祁县郑家庄修盖房屋,驻扎兵丁,将移允礽往居之。二年十二月,允礽病死,追封谥。六年,弘晳进封亲王。乾隆四年十月,高宗谕责弘晳自视为东宫嫡子,居心叵测,削爵。以允礽第十子弘㬙袭郡王。四十五年,死,谥曰恪。子永暖,袭贝勒。子孙循例递降,以辅国公世袭。允㬙第三子弘晋、第六子弘曣、第七子弘眺、第十二子弘晥皆封辅国公。弘曣卒,谥恪僖。子永玮,袭。事高宗,历官左宗正,广州、黑龙江、盛京将军。卒,谥恪勤。永暖四世孙福锟,事德宗,官至体仁阁大学士。卒,谥文慎。

【译文】

理密亲王允礽,是清圣祖的第二子。康熙十四年十二月乙丑日,圣祖以太皇太后、皇太后的命令立允礽为皇太子。允礽年幼时,圣祖亲自教他读书。六岁投师,圣祖令大学士张英、李光地作他的师傅,又让大学士熊赐履教给他性理等方面的书籍。康熙二十五年,圣祖接见江宁巡抚汤斌,让他就任礼部尚书并兼任詹事。汤斌向圣祖推荐起用原担任过直隶大名道道台的耿介作少詹事,辅导太子。耿介以身体有病很快推辞了。过了一年，汤斌也去世了。允礽精通满、汉族文字，骑马、射箭的技术高超，随圣祖外出视察，吟诵成章，很有文采。

康熙二十九年七月，圣祖率军队征讨噶尔丹，驻扎在古鲁富尔坚嘉浑噶山时患病，让太子允礽和皇三子允祉来到行宫中，允礽看了圣祖的病，却毫无忧虑的神色，圣祖心中不乐，让他先回去了。康熙三十二年，礼部问祭祀奉先殿的礼仪，太子允礽把拜褥放在门槛内，圣祖命令尚书沙穆哈把它挪到门槛外，沙穆哈请求圣祖下圣旨记录在案，圣祖立即下令免了沙穆哈的官。康熙三十四年，册立石氏为太子的妃子。

康熙三十五年二月，圣祖再次率军队征讨噶尔丹，让太子允礽替他在京城祭天。朝廷各部院的奏章，让太子处理；凡重大事，由各位大臣商量定，上报给太子。六月，圣祖打败噶尔丹，凯旋归来，太子到诺海河北岸迎接，圣祖让太子先回。圣祖回到京城，太子率领众大臣到京城郊外迎接。第二年，圣祖到宁夏视察军事，仍让太子在京中主持军国大事。有人传流言对圣祖说，太子亲近行为不轨的人，品行变坏了。圣祖回到京城，把太子身边管事的人绳之以法。从此渐渐疏远了太子。

康熙四十七年八月，皇上出去行围打猎。皇十八子允祄发病，留在永安拜昂阿。皇上回来探视，允祄病情加重。皇上诏谕说："允祄的病难以治好，区区稚子，有什么关系？至于朕自己，上恐让年事已高的皇太后担忧，下则关系到天下百姓臣民之望，应割爱就道。"因此启程出发，不再停留。

九月乙亥，住在布尔哈苏台，召见太子，招集各位王爷、大臣说："允礽不守法度和祖宗德化，不遵从我的教导，横行霸道、欺压众人、胡作非为，我包庇容忍他已有二十年了。但他恶行不改，越来越坏，已发展到了侮辱朝廷大臣，专擅威权，勾结党羽，窥探我的行动的地步。平郡王讷尔素、贝勒海善、公普奇遭到他的殴打，大臣、官员也深受他毒害。我到陕西、江南、浙江等地视察，从不曾扰害百姓。但允礽和部属却横行霸道，什么坏事都干，派人拦截蒙古进贡的使者，抢夺贡马，使蒙古人心中不服。我知道允礽禀性奢侈，用凌普作内务府总管，凌普是允礽奶妈的丈夫，这样就便于允礽索要所需物品。这凌普更为贪婪成性，宫中的勤杂人员无不怨恨他。皇十八子患病，众大臣因我年纪大了，都替我分忧，而允礽是皇十八子的亲哥哥，却没有一点友爱的意思。我责备了他，他便愤然发怒，每天晚上到布城来窥视我的行动。从前，索额图想叛乱，我知道后杀了他，现在允礽却想找我报仇。我恐有不测，不是今天被鸩酒毒死，就是明天遇害身亡，所以昼夜心神不安。像这样不仁不孝的人，我怎么能把太祖、太宗、世祖所缔造，又经我治理太平的国家交给他！"圣祖一边说一边哭，直说得昏倒在地，当天就捉住允礽，让直郡王允禔看守住他，杀了索额图的儿子格尔芬、阿尔吉善，以及允礽身边的二格、苏尔特、哈什太、萨尔邦阿；那些罪稍轻的人，被赶到盛京去当兵。第二天，圣祖向各大臣、侍卫官兵宣布，大意是："允礽身为太子，凡有指使命令，众人当然不敢不听从，但其中怎能没有逢迎拍马甘愿奔走效劳之人？但在这件事上，凡牵连到的人，该杀的已杀了，应遣散的也遣散了，其余的不再追究，也就不必害怕了。"

圣祖废掉太子后，心中愤懑不止，六个晚上都没睡好觉，他召见随从的各位大臣哭着说这件事，众大臣都哭了。接着又对众大臣说："看允礽办事，和别人很不同，好像有精神病，又像是鬼魂附在了他身上。"回到京城后，在上驷院侧设毡帐，让允礽住在里面，又命皇四子和允禔一起看守他。不久，把废掉太子的事向全国公布，圣祖还亲自写文章告知天地、太庙、社稷说："我自承担大任以来，已有四十七年，为国计民生事，早起晚睡兢兢业业，无事不向天地报告。看古来史书典籍，知道国家兴亡虽不因一方面造成，但能够使民心服的没有不兴旺的，而失去人信任就没有不亡国的。我把这作为一面镜子，生怕祖宗们留给我的治国大业从我手里毁掉，所以我虽无德无能，却不忘亲理朝纲，一切政务，不徇私情，不为群小谋，凡事不敢耽搁，全由自己亲自决断，这不过是想为国家鞠躬尽瘁罢了，所以，我在位一天，就勤奋治理一天，断然不敢有稍微懈怠。但不知我有什么过错，生子允礽，却不守孝道，不讲仁义，生性暴虐无度，如果不是鬼怪附体，疯狂成病，那有血气的人哪忍如此作为？允礽口不说忠信的话，身不按道德礼义去做，凶暴多端，难以继承祖宗大业，因此告诉皇天上帝，把他废黜掉，以免给国家造成祸害隐患，毒害百姓。此外，我还有痛心的话向您倾诉，我从小失去父母，没有亲自接受父母亲的教导，只因时常想念，面对上天，所以更不敢懈怠。我虽然有许多孩子，但都远远不如我，如果大清朝国运绵长，请增加我的寿命，我将更加勤勉，慎重地保证国运昌盛；如我国家无福，就让这灾难降在我身上，以保全我的名节。我不胜痛心，小心禀告。"

太子被废掉以后，圣祖说："各位皇儿中如果有谁谋划当太子，他就是国家的祸害，法将不容。"众皇子中皇八子允禩谋划当太子最有力，圣祖知道后，命令将他抓起来交给议政大臣论罪，削去了他的贝勒爵位。十月，皇三子允祉请喇嘛巴汉格隆医治皇长子允禔禔迷惑允礽的邪病，圣祖的侍卫挖开允禔的住室，得到十多件厌胜物。圣祖到南苑打猎，遇病回宫，召见了允礽，让他住在咸安宫。圣祖对身边的大臣说："我见了允礽，询问从前的事，他竟然一点也不知道了，看来他过去确实是被鬼怪迷惑了。如果真的是皇天保佑，他的疯狂病全能消除，改恶从善，我会正确处理他的事。"朝廷中的大臣看圣祖有意，就奏请重立允礽为太子。圣祖没有答应。左副都御史劳之辨上表章请再立允礽为太子，圣祖指责他奸诈，免掉他的官职。并杖责了他。

不久，圣祖召见各位大臣，命令大家从各位皇子中挑出可以继立为太子的人，众大臣推荐了允禩。第二天，圣祖请大臣们进见，告诉大家太子允礽因受鬼怪迷惑失去本性的事。大臣们说："您既然涕明太子的病根，又治好了，就请您下命令向全国公开这件事。"又一天，请允礽和大臣们一共进宫，下令释放允礽，并且说："我看古代史书，太子被废掉后，常常是不得其死，总会导致人君有后悔之意。以前囚禁了允礽，我心中天天放不下这件事。自刚才召见他一次，心里就舒畅一次。现在事情已经弄明白了，从明天起，我的心里就敞亮了。"又过了一天，众位大臣请求再立允礽为太子，奏疏被留在宫中没有公布。圣祖的病渐渐好了，在康熙四十八年正月，大臣们再次上疏请求重立允礽为太子，圣祖才答应了下来。

同年三月辛巳日，再立允礽为皇太子，允礽的妃子被重册封为太子妃。康熙五十年十月，圣祖查出众大臣和太子结党营私，常在一块饮酒，就谴责了步军统领托合齐，尚书耿额、齐世武，都统鄂缮、迓图。托合齐因同时犯有受户部缺主沈天生的贿赂罪行，处绞死；镇国公景熙首告贪婪不法等罪，还没有审判，他就死在狱中，尸体被切割烧掉；齐世武、耿额也因受沈天生贿被绞死。鄂缮被撤掉官职，幽禁了起来。迓图进辛者库，看守安亲王的坟墓。圣祖下令说："这些事都因允礽而起。允礽不讲仁义、不知孝道，只是用花言巧语和财物让这些阿谀奉迎的人为他偷偷通报消息,实在是无耻到了极点。"

康熙五十一年十月,重废太子允礽,囚禁在咸安宫。五十二年,赵甲乔上疏请求立太子,圣祖下文说:"建立储君的大事,不可随便说。允礽为太子时,服饰车辆都用黄色,仪仗和我的几乎一样,着实为他打开了骄傲纵欲的大门。宋仁宗三十年没有立太子,我的太祖、太宗也没有预先立太子。汉朝、唐朝有预立太子的事,但这些太子如果年龄小,还可以保证不出事;如果太子年龄大,他左右一些心术不正的人再结党营私,就很少能不出事了。太子是国家的根本,我哪里会不知道?但如果立的不是能成大事的人,关系可就不轻啊。允礽的仪表、学问、才干都很可观,但做事却很荒唐,又不仁不孝,不是精神病是什么?大凡人在小时候还可以教导,到大了又被党羽诱惑,就各有所为,不再能约制了。册立皇太子的事,不能轻易定。"从此圣祖不再想重立皇太子的事了,虽下令让大学士、九卿等商定太子的仪仗,终于没有用。直到清朝末年没有预立太子之事。

康熙五十四年十一月,有个叫贺孟頫的医生,给允礽的妻子治病,允礽用矾水写信和他往来,又嘱咐推举普奇为大将军,事情败露后,普奇等人都因罪被处罚。五十六年,大学士王掞上书请求立太子,过了几天,御史陈嘉猷等八个人又跟着上书,圣祖怀疑他们是互相串通的,全都留下来不答复。五十七年二月,翰林院检讨朱天保请求再立允礽为太子,圣祖当面质问指责,言语中株连到朱天保的父亲,侍郎朱都纳,和都统齐世,副都统戴保、常赍,内阁学士金宝。朱天宝、戴保被杀,朱都纳、常赍和金宝交给步军统领枷了起来,齐世交给宗人府囚禁。七月,允礽的妻子石氏死去。圣祖称赞她品德好、守孝道,待人宽厚,与允礽婚配,多年来格外辛苦勤劳,下令让大学士等和翰林院做碑文祭奠她。六十年三月,圣祖生日这天,王掞等十二人又跟着上书说这件事。圣祖下圣旨严厉斥责王掞等人治罪,圣祖下令把王掞、陶彝发配到军前委作额外章京。王掞年老,他的儿子奕清替他去了。

康熙六十一年,清世宗登皇帝位,封允礽的儿子弘晳为理郡王。雍正元年,下诏在祁县郑家庄建造房屋,派兵丁驻扎,将把允礽送到那里居住。二年十二月,允礽病死,追封了谥号。六年,弘晳被晋封为亲王。乾隆四年十月,高宗指责弘晳自认为东宫的正宗,居心叵测,被免去爵位。以允礽第十子弘晀承袭郡王。乾隆四十五年,弘晳死去,封号为恪。他的儿子永暧,承袭了贝勒爵位。子孙们的爵位按例一级级下降,后来以辅国公世代继承。允礽第三子弘晋、第六子弘曒,第七子弘晀,第十二子弘皖皆封辅国公。弘曒死,谥恪僖。子永玮,袭爵位。永玮在高宗朝历任左宗正官和广州、黑龙江、盛京的将军职务。死后,封号恪勤。永暧四世孙福锟在德宗时做官,当过体仁阁大学士。死后,封号文慎。

允祀传

【题解】

爱新觉罗·允祀,清圣祖玄烨第八子。康熙三十七年(公元1698年)封贝勒。四十七年（公元1709年）代理内府总管。皇太子允礽被废后，允禩谋划为太子甚力，为清圣祖所黜。清世宗雍正即位，封廉亲王。雍正皇帝颇忌允禩才干，必欲除之。雍正四年（公元1727年）初，削允禩爵位和宗籍，夺王爵，交宗人府囚禁，并改其名为阿其那以辱之。九月，死于囚所。

【原文】

允禩，圣祖第八子。康熙三十七年三月，封贝勒。四十七年九月，署内务府总管事。

太子允礽既废，允禩谋代立。诸皇子允禟、允䄉、允禵，诸大臣阿灵阿、鄂伦岱、揆叙、王鸿绪等，皆附允禩。允禩言于上，谓相士张明德言允禩后必大贵，上大怒，会内务府总管凌普以附太子得罪，籍其家，允禩颇庇之，上以责允禩。谕曰："凌普贪婪巨富，所籍未尽，允禩每妄博虚名，凡朕所施恩泽，俱归功于己，是又一太子矣！如有人誉允禩，必杀无赦。"翌日，召诸皇子入，谕曰："当废允礽时，朕即谕诸皇子有钻营为皇太子者，即国之贼，法所不容。允禩柔奸性成，妄蓄大志，党羽相结，谋害允礽。今其事皆败露，即锁系，交议政处审理。"允禟语允禵，入为允禩营救，上怒，出佩刀将诛允禵；允祺跪抱劝止，上怒少解，仍谕诸皇子、议政大臣等毋宽允禩罪。

逮相士张明德会鞫，词连顺承郡王布穆巴，公赖士、普奇，顺承郡王长史阿禄。张明德坐凌迟处死，普奇夺公爵，允禩亦夺贝勒，为闲散宗室。上复谕诸皇子曰："允禩庇其乳母夫雅齐布，雅齐布之叔厥长吴达理与御史雍泰同榷关税，不相能，诉之允禩，允禩借事痛责雍泰。朕闻之，以雅齐布发翁牛特公主处。允禩因怨朕，与褚英孙苏努相结，败坏国事。允禩又受制于妻，妻为安郡王岳乐甥，嫉妒行恶，是以允禩尚未生子。此皆尔曹所知，尔曹当遵朕旨，方是为臣子之理；若不如此存心，日后朕考终，必至将朕躬置乾清宫内，束甲相争耳。"上幸南苑，遘疾，还宫，召允禩入见，并召太子使居咸安宫。

未几，上命诸大臣于诸皇子中举可为太子者，阿灵阿等私示意诸大臣举允禩。上曰："允禩未更事，且罹罪，其母亦微贱，宜别举。"上释允礽，亦复允禩贝勒。四十八年正月，上召诸大臣，问倡举允禩为太子者，诸臣不敢质言。上以大学士马齐先言众欲举允禩，因遣马齐，不复深诘。寻复立允礽为太子。五十一年十一月，复废允礽。

六十一年十一月，上疾大渐，召允禩及诸皇子允祉、允祐、允禟、允䄉、允裪、允祥同受末命。世宗即位，命允禩总理事务，进封廉亲王，授理藩院尚书。雍正元年，命办理工部事务。皇太子允礽之废也，允禩谋继立，世宗憾之。允禩亦知世宗憾之深也，居常怏怏。封亲王命下，其福晋乌雅氏对贺者曰："何贺为？虑不免首领耳！"语闻，世宗憾滋甚。会副都统祁尔萨条奏："满洲俗遇丧，亲友馈粥吊慰。后风俗渐弛，大设奢馔，过事奢靡。"上用其议申禁，因谕斥："允禩居母妃丧，沽孝名，百日后犹扶掖匍匐而行；而允䄉、允禟、允禵指称馈食，大肆筵席，皇考谕责者屡矣。"二年，上谕曰："允禩素行阴狡，皇考所深知，降旨不可悉数。自朕即位，优封亲王，任以总理事务。乃不能输其诚悃以辅朕躬，怀挟私心，至今未已。凡事欲激朕怒以治其罪，加朕以不令之名。允禩在诸弟中颇有治事材，朕甚爱惜之，非允禟、允䄉等可比，是以屡加教诲，令其改过，不但成朕友于之谊，亦全皇考慈爱之衷。朕果欲治其罪，岂有于众前三复教诲之理？朕一身上关宗庙社稷，不得不为防范。允禩在皇考时，恣意妄行，匪伊朝夕，朕可不念祖宗肇造宏图，以永贻子孙之安乎？"

三年二月，三年服满。以允禩任总理事务，挟私怀诈，有罪无功，不予议叙。寻因工部制祈谷坛祖宗神牌草率，阿尔泰驻兵军器粗窳，屡下诏诘责允禩；允禩议减内务府披甲，上令复奏，又请一佐领增甲九十余副。上以允禩前后异议，谕谓："阴邪叵测，莫此为甚！"因命一佐领留甲五十副不即裁，待缺出不补。隶内务府披甲诸人集允禩邸嚣哄。翌日，又集副都统李延禧家，且纵掠。上命捕治，诸人自列允禩使哄延禧家，允禩不置辩。上命允禩鞫定为首者立斩，允禩以五人姓名上。上察其一乃自首，其一坚称病未往，责允禩所谳不实。宗人府议夺允禩爵，上命宽之。允禩杖杀护军九十六，命太监阎伦隐其事，厚赐之。宗人府复议夺允禩爵，上复宽之。

四年正月，上御西暖阁，召诸王大臣暴允禩罪状，略曰："当时允禩希冀非望，欲沽忠孝之名，而事事伤圣祖之心。二阿哥坐废，圣祖命朕与允禩在京办事，凡有启奏，皆蒙御批，由允禩藏贮。嗣问允禩，则曰：'前值皇考怒，恐不测，故焚毁笔札，御批亦纳其中。'此允禩亲向朕言者。圣祖升遐，朕念允禩素有才干，冀其痛改前非，为国家出力，令其总理事务，加封亲王，推心置腹。三年以来，宗人府及诸大臣劾议，什百累积，朕百端容忍，乃允禩诡谲阴邪，狂妄悖乱，包藏祸心，日益加甚。朕令宗人府询问何得将皇考御批焚毁，允禩改言：'抱病昏昧，误行烧毁。'及朕面质之，公然设誓，诅及一家。允禩自绝于天，自绝于祖宗，自绝于朕，断不可留于宗姓之内，为我朝之玷！谨述皇考谕，遵先朝削籍离宗之典，革去允禩黄带子，以儆凶邪，为万世子孙鉴戒。"并命逐其福晋还外家。

二月，授允禩为民王，不留所属佐领人员，凡朝会，视民公、侯、伯例，称亲王允禩。诸王大臣请诛允禩，上不许。寻命削王爵，交宗人府圈高墙。宗人府请更名编入佐领；允禩改名阿其那，子弘旺改菩萨保。六月，诸王大臣复胪允禩罪状四十事，请与允禟、允禵并正典刑，上暴其罪于中外。九月，允禩患呕哕，命给予调养，未几卒于幽所诸王大臣仍请戮尸，不许。

乾隆四十三年正月，高宗谕曰："圣祖第八子允禩、第九子允禟结党妄行，罪皆自取。皇考仅令削籍更名，以示愧辱。就两人心术而论，觊觎窥窃，诚所不免，及皇考绍登大宝，怨尤诽谤，亦情事所有，特未有显然悖逆之迹。皇考晚年屡向朕谕及，愀然不乐，意颇悔之，若将有待。朕今临御四十三年矣，此事重大，朕若不言，后世子孙无敢言者。允禩、允禟仍复原名，收入玉牒，子孙一并叙入。此实仰体皇考仁心，申未竟之绪，想在天之灵亦当愉慰也。"

【译文】

爱新觉罗·允禩，圣祖第八子。康熙三十七年三月，封为贝勒爵位。四十七年九月，代理内务府总管。

太子允礽被废掉后，允禩谋划代允礽立为太子。皇子允禟、允䄉、允禵和大臣阿灵阿、鄂伦岱、揆叙、王鸿绪等人，都依附允禩，允禩对圣祖说，相面人张明德说允禩今后一定大贵，圣祖大怒，正巧内务府总管凌普因依附太子得罪，被抄家，允禩格外庇护他，圣祖因此指责允禩说："凌普生性贪婪，今成巨富，查抄的事还没有完，允却常常想为自己挣个好名声，只要是我给的恩泽，都要把功劳记在他名下，这是又一个太子啊！现在，假如还有人称赞允禟,一定杀了他不饶。"第二天,让各位皇子进宫,说:"在废掉允礽时,我就说,各位皇子中如有钻营作皇太子的,就是国家的罪人,法律不能容。允禩险奸诈之性已成,狂妄地暗藏大志,结党营私,谋害允礽。现在他干的坏事已经败露,立即把他枷起来,交给议政处审理。"允䄉对允禔说,进宫说情救救允禩,圣祖发怒,拔出佩刀要杀允䄉;允祺跪着抱住圣祖劝解,圣祖怒气才稍微消了消,但仍对各位皇子和议政大臣说,千万不能宽恕允禩的罪行。

捉住相士张明德会审,供词中牵连到顺承郡王布穆巴,公爵赖士、普奇,顺承郡王的长史阿禄。张明德处以凌迟极刑,普奇被剥夺公爵,允禩被剥夺贝勒位,作闲散皇族。圣祖再次对皇子们说:"允禩庇护他奶妈的丈夫雅齐布,雅齐布的叔父、厩长吴达理和御史雅泰一齐专营关税,二人不合,告到允禩那里,允禩借事端狠狠指责雅泰。我听了这件事,把雅齐布发落到翁生特公主那里。允禩因此怨恨我,和褚英的孙子苏努勾结,败坏国家大事。允禩又被妻子挟制,他的妻子是安郡王岳乐的甥女,既嫉妒人又不做好事,因此允禩至今无孩子。这些事让你们知道。你们要听我的话,才是作为臣子的道理,如果不这样留心他,将来我断了气,必然会把我放在乾清宫内不管,披甲相争啊。"圣祖到南苑,患病,回到宫中,召见了允禩,并召见太子让他住在咸安宫。

不久,圣祖命众大臣在各位皇子中选出可以当太子的人,阿灵阿等私下授意众大臣推荐允禩。圣祖说:"允禩不懂事,况且有罪在身,他的母亲地位微贱,应推荐别的人。"圣祖释放了允礽,接着也恢复了允禩的贝勒爵位。康熙四十八年正月,圣祖召见众位大臣,问谁首先提出推荐允禩为太子,众大臣不敢回答。圣祖因为大学士马齐先说,而后众大臣才想推荐允禩做太子,于是责备了马齐,没有再追究下去。不久,再立允礽做太子。康熙五十一年十一月,再次废掉了太子允礽。

康熙六十一年十一月,圣祖的病渐渐沉重,召见允禩和众皇子允祉、允祐、允禑、允祺、允祹、允祥一齐最后接受命令。世宗就皇帝位,让允禩总理事务,晋封为廉亲王,并授予理藩院尚书官职。雍正元年,让他办理工部事务。皇太子允祈被废掉时,允禩谋划夺太子位,当时世宗十分恨他。允禩也知道世宗很痛恨自己,心中常怏怏不乐。加封他为亲王的诏令传下来,他的妻子乌雅氏对前来祝贺的人说:"有什么可贺的呀?我在考虑如何才能不掉头呢!"这话传到世宗那里,世宗更加恨允禩。有一次,正值副都统祁尔萨上奏折:"满洲的风俗,在遇丧事时亲戚朋友送粥凭吊死者、慰问死者的亲属。后来这习俗渐渐淡忘了,代以大排宴席,办事十分奢侈浪费。"世宗采纳这个意见申明禁令,因此指责说:"允禩办母妃的丧事,为了买个孝子的美名,一百天以后仍让人搀着匍匐走路;而允禑、允禟、允禵说是赠予的食品,便大摆宴席,而这种行为都是先皇多次指责过的。"世宗二年,世宗说:"允禩由来阴险狡诈,先皇帝是清楚的,为此下令难以数计。自从我继位,特别优待他。封他为亲王,任总理事务。但他仍不能以诚心来帮助我,胸怀私心,至今仍无收敛。凡事都想激怒我去治罪他,使我背上恶名。允禩在众位弟弟中很有办事的才干,我也很爱惜他,不是允禵、允禟等人能比的,所以多次教导他,让他改正错误,这样不但可以使我落个对兄弟友好的名,也成全了先父皇慈爱的初衷。如果我真想治罪他,哪里会有在众人面前多次教诲他的道理?我一身对上关系宗庙和国家大事,不能不加以防范。允禩在先父皇时,任意胡行,不是一朝一夕,我怎能不考虑祖宗开创基业的宏图大略,从而使天下太平,长久地传给子孙呢?"

世宗三年二月,允祀守孝期满。因允祀任总理事务期间怀私心多欺诈,有罪过没功绩,不再评定功过。不久,因工部建造祈谷坛祖宗神牌草率,阿尔泰驻军兵器粗劣,世宗多次下诏书质问指责允祀;允祀提议减少内务府披甲,世宗让他再次上奏章,允祀又请求每一佐领增加披甲九十余副。世宗因允祀前后说的自相矛盾,就说:"阴险难测,没有比这更厉害了!"因此命令每一佐领留披甲五十副不立即裁减,等缺少时也不再补给。隶属于内务府供给披甲的许多人聚集到允祀家里吵闹,第二天,又聚集到副都统李延禧家中,并随便抢掠。世宗下令捕捉治罪,众人自称是允祀指使他们到延禧家里闹的,允祀也不加分辩。世宗让允祀审问后确定为首的人立即处决,允祀把五个人的姓名递上,世宗发现其中一人是自首,一人再三说有病没有去,于是指责允祀审判定案不实。宗人府议定剥夺允祀爵位,世宗宽容了他。允祀用刑杖打死九十六名护军,让太监阎伦隐瞒了这件事,赏赐给他很多财物。宗人府再次议定剥夺允祀的爵位,世宗又宽恕了他。

世宗四年正月,皇帝在西暖阁召见众王和大臣公开允祀的罪状,大略是说:"圣祖时,允祀怀着非分的希望,想获个忠孝的名誉,但做出的事却件件都伤了圣祖的心。二阿哥因罪被废,圣祖命我和允祀在京城办事,凡是有大臣奏章,都经皇上批阅,由允祀存放。过后问允祀,却说:'先前正碰上父皇发怒,唯恐遇不测,故烧毁了公文,皇上的批文也夹进了里边。'这是允祀亲自对我说的。圣祖逝世,我想允祀素有才干,希望他痛改前非,替国家出力,让他总理事务,加封亲王,推心置腹待他。三年来,宗人府和众大臣弹劾议定他的罪状累积成十上百,我百般容忍,但允祀诡诈阴险,狂妄胡为,包藏祸国殃民之心,日益严重。我让宗人府询问为什么把父皇的批文烧毁,允祀改口说:'有病时头脑混乱,误把它烧毁。'到我亲自问他,他公然赌咒发誓,诅咒遍及一家人。允祀自绝于天,自绝于祖宗,自绝于我,断然不能让他留在家族内,玷污本朝的名誉!我恭敬地转述父皇的话,按照先朝除户籍脱离宗族的典册,去掉允祀的黄带子,以此告诫凶顽邪恶的人,为万代子孙借鉴。"并下令赶他的老婆回到娘家。

二月,授予允祀民王爵位,不留所属随从人员,凡是上朝或看望王公、侯爵、伯,一律称亲王允祀。众王和大臣请求杀允祀,世宗没有答应。不久,下诏夺去允祀王爵,交给宗人府囚禁在高墙内。宗人府请求为他改名字编进佐领:允祀改名阿其那,他的儿子弘旺改名菩萨保。六月,众王和大臣又陈列允祀罪状四十件事,请求把他和允禟、允禵一并处以重刑,再把他的罪恶公布于朝廷内外。九月,允祀患病呕哕,世宗命人给以调养,不久死于被囚禁的地方。众王和大臣仍请求斩杀尸体,世宗不准。

乾隆四十三年正月,清高宗说:"圣祖第八子允祀、第九子允禟结党胡作非为,被惩罚是罪由自取。父皇只下令开除户籍更改名字,以此羞辱他使其有惭愧之心。就这两个人的心术而论,怀非分之想窥视朝廷,实在是不能免罪,到我父皇登皇帝位,这二人发怨气、指责诽谤朝廷,也是有事实为据,但并无显然的叛逆之事实。父皇晚年多次向我说到,神情悲伤,很有后悔的意思,好像还有等着办的事。我如今主持朝廷事已四十三年了,这件事十分重大,我如不说,后代子孙没有谁敢说。所以,现在就恢复允禟、允祀的原名,编入朝廷家谱,他们的子孙一并记上。这实在是我体察父皇的仁义之心,说出他没有说出的话,未办完的事,我想他的在天之灵也会得到愉悦和快慰的。"

奕䜣传

【题解】

爱新觉罗·奕䜣,清宣宗道光皇帝第六子。清文宗咸丰帝即位,封恭亲王。咸丰三年(公元1853)九月,太平军北伐逼近北京,奕䜣领导侍卫大臣办理巡防,军机处行走。后授都统、右宗正、宗令等官。咸丰十八年(公元1868),第二次鸦片战争爆发,英、法联军攻入北京。火烧圆明园。奕䜣代表清政府与英、法议和。倡立总理各国事务衙门,并总摄其事。支持李鸿章等洋务派搞洋务运动。咸丰帝死,助慈禧太后杀肃顺等顾命大臣。光绪元年(公元1875),罢军机大臣。光绪二十四年(公元1899)四月死,终年67岁。

【原文】

恭忠亲王奕䜣,宣宗第六子。与文宗同在书房,肄武事,共制枪法二十八势、刀法十八势,宣宗赐以名,枪曰"棣华协力",刀曰"宝锷宣威",并以白虹刀赐奕䜣。文宗即位,封为恭亲王。咸丰二年四月,分府,命仍在内廷行走。

三年九月,洪秀全兵逼畿南以王署领侍卫内大臣办理巡防,命仍佩白虹刀。十月,命在军机大臣上行走。四年,迭授都统右宗正、宗令。五年四月,以畿辅肃清,予优叙。七月,孝静成皇后崩,上责王礼仪疏略,罢军机大臣、宗令、都统,仍在内廷行走,上书房读书。七年五月,复授都统。九年四月,授内大臣。

奕䜣

十年八月,英吉利、法兰西兵逼京师,上命怡亲王载垣、尚书穆荫与议和,诱执英使巴夏礼,与战,师不利。文宗幸热河,召回载垣、穆荫,授王钦差便宜行事全权大臣。王出驻长辛店,奏请饬统兵大臣激励兵心,以维大局。克勤郡王庆惠等奏释巴夏礼,趣王入城议和。英、法兵焚圆明园。豫亲王义道等奏启城,许英、法兵入。王入城与议和,定约,悉从英、法人所请,奏请降旨宣示,并自请议处。上谕曰:"恭亲王办理抚局,本属不易。朕深谅苦衷,毋庸议处。"十二月,奏通商善后诸事。初设总理各国事务衙门,命王与大学士桂良、侍郎文祥领其事。王疏请训练京师旗兵,并以吉林、黑龙江与俄罗斯相邻,边防空虚,议练兵筹饷。上命都统胜保训练京兵,将军景淳等训练东三省兵。

十一年七月,文宗崩,王请奔赴,两太后召见,谕以赞襄政务王大臣载垣、端华、肃顺等擅政状。穆宗侍两太后奉文宗丧还京师,遣黜载垣等,授议政王,在军机处行走,命王爵世袭,食亲王双俸,并免召对叩拜、奏事书名。王坚辞世袭,寻命兼宗令、领神机营。

同治元年,上就傅,两太后命王弘德殿行走,稽察课程。三年,江宁克复。上谕曰:"恭亲王自授议政王,于今三载。东南兵事方殷,用人行政,征兵筹饷,深资赞画,弼亮忠勤。加封贝勒,以授其子辅国公载澂,并封载滢辅国公、载滢不入八分辅国公。"四年三月,两太后谕责王信任亲戚,内廷召对,时有不检,罢议政王及一切职任。寻以惇亲王奕誴、醇郡王奕譞及通政使王拯、御史孙翼谋、内阁学士殷兆镛、左副都御史潘祖荫、内阁侍读学士王维珍、给事中广诚等奏请任用,广诚语尤切。两太后命仍在内廷行走,管理总理各国事务衙门。王入谢,痛哭引咎,两太后复谕:"王亲信重臣,相关休戚,期望既厚,责备不得不严。仍在军机大臣上行走。"

七年二月,西捻逼畿辅,命节制各路统兵大臣。授右宗正。十一年九月,穆宗大婚,复命王爵世袭。十二年正月,穆宗亲政,十三年七月,上谕责王召对失仪,降郡王,仍在军机大臣上行走,并夺载澂贝勒。翌日,以两太后命复亲王世袭及载澂爵。十二月,上疾有间,于双俸外复加赐亲王俸。旋复加剧,遂崩。德宗即位,复命免召对叩拜、奏事书名。

光绪元年,署宗八。十年,法兰西侵越南,王与军机大臣不欲轻言战,言路交章论劾。太后谕责王等委靡因循,罢军机大臣,停双俸。家居养疾。十二年十月,复双俸。自是国有庆屡增护卫及甲数,岁时祀事赐神糕,节序辄有赏赉,以为常。二十年,日本侵朝鲜,兵事急,太后召王入见,复起王管理总理各国事务衙门,并总理海军,会同办理军务,内廷行走;仍谕王疾未愈,免常川入直。寻又命王督办军务,节制各路统兵大臣。十一月,授军机大臣。二十四年,授宗令。王疾作,闰三月增剧,上奉太后三临视,四月死,年六十七。上再临奠,辍朝五日,持服十五日。谥曰忠,配享太庙,并谕:"王忠诚匡弼,悉协机宜,诸臣当以王为法。"

子四:载澂,贝勒加郡王衔,卒,谥果敏;载滢,出为钟端郡王奕詥后,袭贝勒,坐夺爵归宗;载濬,与载滢同时受封;载潢,封不入八分辅国公。载澂、载濬、载潢皆前王卒。王死,以载滢子溥伟为载澂后,袭恭亲王。

【译文】

恭忠亲王爱新觉罗·奕䜣,是宣宗第六子。和文宗一同在书房,学习武事,共制成枪法二十八势。刀法十八势,宣宗给它赐名,枪法名叫"棣华协力",刀法名叫"宝锷宣威",并把白虹刀赐给奕䜣。文宗即皇帝位,封奕䜣为恭亲王。咸丰二年四月,分出王府,仍让他在朝廷内办事。

咸丰三年九月,洪秀全军队逼近北京城南郊,用奕䜣暂任领侍卫大臣办理巡防,命他仍佩持白虹刀。十月,任命他在军机大臣府办事。四年,先后授都统、右宗正、宗令官职,因为肃清了畿辅地区,特别给奕䜣记大功。七月,孝静成皇后去世,皇上责备奕䜣礼仪疏略不周,罢免他的军机大臣、宗令、都统等职务,仍在朝廷中办事,皇帝的书房读书。七年五月,又授都统官职。九年四月,授给内大臣职务。

咸丰十八年八月，英国、法国军队逼近北京，咸丰皇帝命怡亲王载垣、尚书穆荫同英、法和谈，诱捉英国使臣巴夏礼，同英、法交战，清军被打败。咸丰到热河，召回载垣、穆荫，让奕䜣作全权钦差大臣，可以看机会行事。奕䜣出城住长辛店，上书请皇帝整顿领兵大臣激励军队士气，以维护大局。克勤郡王庆惠等奏请释放巴夏礼，催促奕䜣进城议和。英、法军队火烧圆明园。豫亲王义道等上表请求打开城门，允许英、法军队进去。奕䜣进城和英、法议和，签订了条约，一切都按英国、法国人的请求，随后上书请皇帝下圣旨公布，并请求议定处罚自己的办法。咸丰说："恭亲王办理抚局，本来就不容易。我十分体谅他的苦衷，不要再议论处理他了。"十二月，向咸丰汇报通商与战后的善后处理事情。起设总理各国事务衙门，任命奕䜣和大学士桂良、侍郎文祥管这些事。奕䜣又上疏请训练京城的旗人军队，并因吉林省、黑龙江省与俄罗斯相邻，边境防务空虚的缘故，商议操练军队和筹措军费的事。咸丰皇帝命都统胜保商议操练京城军队，让将军景淳等商讨训练东三省军队的事。

十一年七月，文宗逝世，奕䜣去吊孝，两位太后接见了他，告诉他帮助办理政务的王、大臣载垣、端华、肃顺把持朝政的事。穆宗服侍两位太后送文宗灵柩回京城，谴责罢免了载垣等人，任命奕䜣为议政王，在军机处负责，王爵世代继承，给奕䜣双份俸禄，进朝免去叩拜等礼节，有事可以直接面见。奕䜣一定要辞掉世袭王这一条，不久，又让他兼任宗令，并管神机营的事。

同治元年，给皇帝请老师，两位太后任命奕䜣在弘德殿帮忙，检查穆宗学习的课程。三年，江宁被收复。穆宗说："恭亲王自从被授予议政王，至今已三年。东南方战争正频繁，朝廷中选用人才管理政务，征集军队筹措粮饷，都深得他的谋划，辅助朝廷办事忠心耿耿、勤勤谨谨。现在加封他为贝勒，把它授给奕䜣的儿子辅国公载澂，并且封载睿辅国公，载滢封不入八分辅国公。"四年三月，两位太后批评奕䜣信任亲戚，太后召见应对常有不检点行为，罢免他的议政王和一切职务。不久，因惇亲王奕誴、醇郡王奕譞和通政使王拯、御史孙翼谋、内阁学士殷兆镛、左副都御史潘祖荫、内阁侍读学士王维珍、给事中广诚等请求任用奕䜣，其中广诚的言司尤其迫切。两位太后又让他在内廷中办事，管理总理各国事务衙门。奕䜣进朝中谢恩，痛哭流涕把过错归到自己身上。两位太后又说："你是朝廷的亲信重臣，与朝廷关系密切，荣辱与共，对你的期望既然高，批评也就不能不严。今后，你仍在军机大臣任上办事。"

同治七年二月，西路捻军逼近京城，朝廷命奕䜣管理各路的统兵大臣，授予他右宗正官职。十一年和月，穆宗举行婚礼，又发布命令让奕䜣的王爵世代继承。十二年正月，穆宗开始亲自裁决政务。十三年七月，穆宗责备奕䜣在召见时举措不当，降他为郡王，仍然在军机大臣任上办事，并且剥夺载澂贝勒爵位。第二天，按照两位太后的命令恢复了亲王世袭和载澂的爵位。十二月，穆宗的病情缓和，在奕䜣的双份俸禄外增加了亲王薪俸。很快，穆宗的病势再次严重，遂即逝世。德宗当了皇帝，又下令免去召对叩拜、请示等礼节。

德宗光绪元年，担任宗令官职务。十年，法国侵略越南，奕䜣和军机大臣不想轻易出战，大臣们批评指责他的奏章接连不断。太后责备奕䜣办事萎靡不振、因循守旧，罢免了他的军机大臣，停发双份薪俸。奕䜣住在家中养病。十二年十月，恢复双份薪俸。从此，凡国家有庆典，每次都给奕䜣增加护卫和铠甲数，年终和四季祭礼，赠送给他祭神的糕点，节日常有赏赠，这已经成了常事。二十年，日本侵略朝鲜，军情紧急，慈禧太后接见奕䜣，又起用奕䜣管理总理各国事务衙门，并且管理海军，参加处理军务大事，在内廷中办事；并下令说，奕䜣的病没有痊愈，免去到衙门办公。不久，又下令叫奕䜣督促办理军队事务，管理各地领兵的大臣。十一月，任命军机大臣职务。二十四年，授予宗令官职。奕䜣的病突然发作，闰三月加重，德宗陪伴着慈禧太后去看他三次，四月死去，终年六十七岁。德宗又到灵柩前祭奠他，停止上朝五天，服孝十五天。追加封"忠"，在太庙的配殿供奉。并说："奕䜣忠心耿耿画朝廷，办事都能见机而行，各位大臣要以议亲王为准则。"

奕䜣有四个孩子：载澂，封贝勒加郡王爵位，死后，追封号果敏；载滢，是钟端郡王奕诒的后代，继承贝勒爵位，因事被免掉爵位后回到自己宗族；载睿，和载滢同时受封号；载潢，封为不入八分辅国公。载澂、载潢、载潢都死在奕䜣的前边。奕䜣死，把载滢的儿子溥伟过继给载澂当儿子，继承了恭亲王爵位。

爱新觉罗·奕譞传

【题解】

爱新觉罗·奕譞，清宣宗道光帝第七子。咸丰帝时封醇亲王。先后任都统、御前大臣、领导侍卫内大臣，管神机营。清德宗光绪帝为奕譞之子。光绪十年（公元1884），奕譞倡议建立海军，设海军事务衙门，奕譞掌管其事，与李鸿章一起筹建北洋水师。光绪十六年（公元1890）十一月病死，年五十一。

【原文】

醇贤亲王奕譞，宣宗第七子。文宗即位，封为醇郡王。咸丰九年三月，分府，命仍在内廷行走。穆宗即位，谕免宴见叩拜、奏事书名。迭授都统、御前大臣、领侍卫内大臣，管神机营。同治三年，加亲王衔。四年，两太后命弘德殿行走，稽察课程。十一年，进封醇亲王。十二年，穆宗亲政，罢弘德殿行走。

德宗即位，王奏两太后，言："臣侍从大行皇帝十有三年，昊天不吊，龙驭上宾。仰瞻遗容，五内崩裂。忽蒙懿旨下降，择定嗣皇帝，仓猝昏迷，罔知所措。触犯旧有肝疾，委顿成废。唯有哀恳矜全，许乞骸骨，为天地容一虚糜爵位之人，为宣宗成皇帝留一庸钝无才之子。"两太后下其奏王大臣集议，以王奏诚恳请罢一切职任，但令照料菩陀峪陵上，从之。命王爵世袭，王疏辞，不许。光绪二年，上在毓庆宫入学，命王照料。五年，赐食亲王双俸。

十年，恭亲王奕訢罢军机大臣，以礼亲王世铎代之，太后命遇有重要事件，与王商办。时法兰西侵越南，方定约罢兵，王议建海军。十一年九月，设海军衙门，命王总理，节制沿海水师，以庆郡王奕劻、大学士总督李鸿章、都统善庆、侍郎曾纪泽为佐。定议练海军自北洋始，责鸿章专司其事。十二年三月，赐王与福晋杏黄轿，王疏辞，不许。鸿章经画海防，于旅顺开船坞，筑炮台，为海军收泊地。北洋有大小战舰凡五，辅以蚊船、雷艇，复购舰英、德，渐次成军。五月，太后命王巡阅北洋，善庆从焉，会鸿章自大沽出海至旅顺，历威海、烟台，集战舰合操，遍视炮台、船坞及新设水师学堂，十余日毕事。王还京，奏奖诸将吏及所聘客将，请太后御书榜悬大沽海神庙。

太后命于明年归政，王疏言："皇帝甫逾志学，诸王大臣吁恳训政，乞体念时艰，俯允所请，俟及二旬，亲理庶务。至列圣宫廷规则，远迈前代。将来大婚后，一切典礼，咸赖训教。臣愚以为诸事当先请懿旨，再于皇帝前奏闻，俾皇帝专心大政，承圣母之欢颜，免宫闱之剧务。此则非如臣生深宫者不敢知，亦不敢言也。"太后命毋庸议。十三年正月，上亲政。四月，太后谕预备皇帝大婚，当力行节俭，命王稽察。十四年九月，王奏："太平湖赐第为皇帝发祥地。世宗以潜邸升为宫殿，高宗谕子孙有自藩邸绍承大统者，应用此例。"太后从之，别赐第，发帑十万葺治。十五年正月，大婚礼成，赐金桃皮鞘威服刀，增护卫。葺治邸第未竟，复发帑六万。并进封诸子：载沣镇国公，载洵辅国公，载涛赐头品顶带、孔雀翎。

二月，河道总督吴大澂密奏，引高宗《御批通鉴辑览》，略谓："宋英宗崇奉濮王，明世宗崇奉兴王，其时议者欲改称伯叔，实人情所不安，当定本生名号，加以徽称"，且言："在臣子出为人后，例得以本身封典貤封本生父母，况贵为天子，天子所生之父母，必有尊崇之典，请饬廷臣议醇亲王称号礼节。"特旨宣示。上即位逾年，王密奏："臣见历代继承大统之君，推崇本生父母者，备载史书。其中有适得至当者焉，宋孝宗不改子称秀王之封是也。有大乱之道焉，宋英宗之濮议、明世宗之议礼是也。张璁、桂萼之侪，无足论矣。忠如韩琦，乃与司马光议论抵牾，其故何欤？盖非常之事出，立论者势必纷沓扰攘，乃心王室，不无其人；而以此为梯荣之具，迫其主以不得不视为庄论者，正复不少。皇清受天之命，列圣相承，十朝一脉，讵穆宗毅皇帝春秋正盛，遽弃臣民。皇太后以宗庙社稷为重，特命皇帝入承大统，复推恩及臣，以亲王世袭罔替。渥叨异数，感惧难名。原不须更生过虑，惟思此时垂帘听政，简用贤良，廷议既属执中，邪说自必潜匿。倘将来亲政后，或有草茅新进，趋六年拜相捷径，以危言故事耸动宸聪，不幸稍一夷犹，则朝廷滋多事矣。仰恳皇太后将臣此折，留之宫中。俟皇帝亲政，宣示廷臣世赏之由及臣寅畏本意，千秋万载，勿再更张。如有以治平、嘉靖之说进者，务目之为奸邪小人，立加屏斥。果命慈命严切，皇帝敢不钦遵，不但臣名节得以保全，而关乎君子小人消长之机者，实为至大且要。"太后如王言，留疏宫中。大澂疏入，谕曰："皇帝入承大统，醇亲王奕譞谦卑谨慎，翼翼小心，十余年来，殚竭心力，恪恭尽职。每优加异数，皆涕泣恳辞，前赐杏黄轿，至今不敢乘坐。其秉忠赤，严畏殊常，非徒深宫知之最深，实天下臣民所共谅。光绪元年正月初八日，王即有《豫杜妄论》一奏，请俟亲政宣示，俾千秋万载，勿再更张。自古纯臣居心，何以过此？

当归政伊始,吴大瀓果有此奏,特明白晓谕,并将王原奏发钞,俾中外咸知贤王心事,从此可以共白。阘名希宠之徒,更何所容其觊觎乎?"

十六年正月,以上二十万寿,增护军十五,蓝白甲五十,授载涛二等镇国将军。十一月,王疾作,上亲诣视疾。丁亥,王死,年五十一。太后临奠,上诣邸成服。定称号曰皇帝本生考,称本生考,遵高宗御批;仍原封,从王志也。谥曰贤,配享太庙。下廷臣议:上持服期年,缟素、辍朝十一日;初祭、大祭,奉移前一日,亲诣行礼,御青长袍褂,摘缨;期年内御便殿,用素服;葬以王,祭以天子,立庙班讳。十八年,葬京师西山妙高峰。宣统皇帝即位,定称号曰皇帝本生祖考。

子七:德宗,其第二子也;载洸,初封不入八分辅国公,进镇国公;载沣,袭醇亲王,宣统皇帝即位,命为监国摄政王;载洵,出为瑞郡王奕志后;载涛,出为钟郡王奕洽后。宣统间,载洵为海军部大臣,载涛的军谘府大臣,主军政。二年十月,并罢。十二月,逊位。

【译文】

醇贤亲壬奕譞,宣宗第七子。文宗当皇帝时,封他作醇亲王。咸丰九年三月,分府,让他仍在内廷中办事。穆宗当了皇帝,下令免他宴见叩头跪拜、奏事写成文。先后授予都统、御前大臣、领侍卫内大臣,管理神机营。同治三年,加封亲王爵位。四年,两位太后让他在弘德殿办事,检查同治学习的功课。十一年,进封醇亲王。十二年,穆宗亲自处理政务,免去了弘德殿行走。

德宗就任皇帝位,奕譞上奏两位太后,说:"我服侍跟随大行皇帝十三年,老天爷不怜悯,穆宗皇帝过早逝世。瞻仰他的遗容,痛断肝肠。突然皇太后的诏令传下,选定了继位皇帝,仓促间昏迷,不知该怎么办。怒气侵害到原有肝脏疾病,精神不振成了残废人。只有痛心地恳请怜悯成全我,准许我这老朽之身辞职,使天地间容留一个白享受爵位的人,为宣宗成皇帝留下一个无用的儿子。"东、西两位太后把他的奏章交给大臣商议,众人认为奕譞的奏章出于诚心,言辞恳切,请求免去他的一切职务,但让他照看菩陀峪的建陵墓工程,两位太后听从了众大臣的话。下令亲王的爵位世代继承,奕譞要婉言谢绝,两位太后不答应。光绪二年,德宗在毓庆宫读书,两位太后令他照料德宗。五年,赐给他双份亲王的俸禄。

德宗十年,恭亲王奕䜣被罢免军机大臣,让礼亲王世铎代任这个职务,皇太后下令,遇上重要的事件,就和奕譞商量办理。当时法国侵略越南,恰巧定条约停战。奕譞提议建立海军。十一年九月,成立了海军衙门,令奕譞管理,管理沿海水师,让庆郡王奕劻、大学士总督李鸿章、都统善庆、侍郎曾纪泽辅助管辖。商定操练海军从北太平洋开始,李鸿章专门管这件事。十二年三月,赠给奕譞和妻子杏黄色桥子,奕譞推辞,太后不答应。李鸿章经营筹划海防,在旅顺建造港口、炮台,作海军停泊的地方。北洋水师有大小战舰五艘,还有小船、鱼雷艇,又在英国、德国买来战舰,渐渐建成海军。五月,慈禧太后下令让奕譞视察北洋水师,善庆作随从,恰逢李鸿章从大沽口出海到旅顺,经过威海、烟台,集中战舰联合操练,把炮台、船坞和新建的水师学堂看了一遍,十多天才视察完。奕譞回到京城，上表请求奖励海军众将官和外籍将领，请慈禧太后书写大沽海神庙高悬起来。

慈禧太后下令在第二年把政事交还德宗，奕譞上疏说："皇帝刚进入立志学习的年龄，众王和大臣恳求您教导，乞求您体念时世艰辛，答应我的请求，等皇帝长到二十岁，就亲自管理各种杂务。至于各位先皇的宫廷规章制度，远远超过前代。将来德宗成婚以后，一切重要礼仪，都要靠您教导，我认为，凡事应当先请示您，再到皇帝那里说，便于皇帝专心干大事，这样您心里也高兴，也可以使宫中少了许多麻烦。这不是我在深宫中长大，也是不敢知道，不敢说出来的。"慈禧太后令他不要再说了。十三年正月，德宗亲自处理政务。

四月，太后下令为德宗准备办婚事，要力求节俭，令奕譞检查。十四年九月，奕譞说："太平湖府第是皇帝的发祥地。世宗把潜邸升为宫殿，高宗告诫子孙，今后有从藩王府继承皇帝位的人，应该用这个办法。"慈禧太后听从了他，另外赐给府第居住，批给帑银十万两修缮。十五年正月，德宗举行婚礼，太后赐给金桃皮鞘威服刀，增添了护卫人员。修缮府第工程没有完成，又批给帑银六万。同时，进封众王子：载沣为镇国公、载洵为辅国公，载涛被赐头品顶戴、孔雀翎。

二月，河道总督吴大瀓秘密奏报，援引高宗《御批通鉴集览》，大意是："宋朝的英宗崇敬濮王，明朝的世宗尊重兴王，当时议论这件事的人想改称伯、叔尊号，实在是因为人之常情而不安，应该确定生父的名号，再加上徽号称呼"；并且说："一般人当了官，按例该对生身父母加封，何况贵为皇帝，皇帝的生身父母，必定有该崇敬的加封典册，请求责令朝廷大臣商议醇亲王称号的礼节。"专门下圣旨向天下公布。德宗当皇帝一年后，奕譞秘密上奏折："我看历代继承皇帝位的君主，尊崇生身父母的，全写在历史书中。其中有恰如其分的，如宋孝宗不改子称秀王的封号就是。也有乱来的，像宋朝英宗的濮王之议、明朝世宗的论礼仪就是。张璁、桂萼的配偶之事，是不足以引为论据的。忠义象韩琦这样的人，他的意见也会同司马光相抵触，是什么原因？这是因为超出常规的事一产生，议论的人势必各抒己见，至于心中有意倾向王室，也不乏其人；何况那些以这作为获取荣华富贵阶梯的人，以至迫使主上不得不把它看成郑重的意见，也为数不少。我大清朝承受天命，各代皇帝相继承，十代皇帝一脉相承，哪里想到穆宗毅皇帝正当盛年，突然丢下臣民去了。慈禧太后以祖宗国家为重，破例命德宗继位做皇帝，又把恩泽施于大臣，让我世代继承亲王爵位。受恩特别，感激慌恐难以说出。本来不必再产生顾虑，因为现在太后垂帘听政，选拔任用贤德有才能的人，朝廷中的意见又是公正的，邪说自然销声匿迹。但倘若将来亲自处理政务后，有草野之人当官，想走六年就当上丞相的近路，以危言故事鼓动陛下听闻，不幸稍一犹豫，就会使朝廷中生出许多事来。所以，恳切希望皇太后把我的奏折留在宫中，等到皇帝亲自处理政务，向朝廷大臣公开赏赐的缘由和我恐惧的本意，千年万载，不再更改。如果有人用治平、嘉靖的说法进言的，一定把他看作奸诈小人，立即摒弃他。果真蒙受您的严词切责，皇帝哪里敢不遵守，这样，不但我的名声节操可以保全，而且也关系到正直的人和邪恶的人谁占上风的大事，实在是格外重要。"慈禧太后听了奕譞的话，把疏文留在宫中。吴大瀓的疏文递进，下令说："皇帝继承大统，醇亲王奕譞谦虚谨慎,小心翼翼,十多年来,竭尽心力,尽心尽责。每次有另外赏赐,都感激涕零,恳切辞退,从前赐给他的杏黄轿,至今不敢乘坐。他办事忠心赤胆,认真异常,不光是宫中人深深了解他,实在是天下百姓都了解他。光绪元年正月初八日,奕譞立即奏上一篇《豫杜妄论》文章,请求等皇帝亲理政务时公布,使千年万载不再更改。自古以来大臣为国操心,哪里能超过他?在归政时,吴大瀓果然有这奏章,特当众公布,并把奕譞的原来奏章印出来,使朝廷内外都知道奕譞的心事,从此就可以明辨事理,不能让追名逐利的人有非分之想。"

德宗十六年正月,因皇帝一十大寿,增添护军十五个、蓝白铠甲五十件,授予载涛二等镇国将军官职。十一月,奕譞的病发作,德宗亲自到家看望病情。丁亥日,奕譞死,时年五十一岁。慈禧太后亲自去祭奠,德宗到家里穿孝服。定称号叫皇帝本生考,称本生考,是依照高宗的批文;封号不改,是遵照奕譞的心意。谥号叫贤,在太庙配殿设灵牌。太后向大臣传达:德宗一年不穿朝服,穿丧衣,停止上朝十一天,初祭、大祭,按令向前挪一天,德宗亲自到灵位前行礼,穿青色长袍褂,摘帽缨;一周年内到便殿议事,用白衣服;按王礼埋葬,按天子礼祭奠,建立庙号班讳。十八年,埋葬在北京西山妙高峰。宣统皇帝登极,定称号叫皇帝本生祖考。

奕譞七个儿子:德宗,是他的第二子;载洸,起初封为不入八分辅国公,又进封镇国公;载沣,继承醇亲王,宣统当了皇帝,命他为监国摄政王。载洵,过继给瑞郡王奕誌当儿子;载涛,过继作钟郡王奕詥的后代。宣统年间,载洵任海军部大臣,载涛作军谘府大臣,主管军政。三年十月,一齐被罢免。十二月,宣统让位。

郑成功传

【题解】

郑成功(1624~1662)原名森,字明俨,又字大木,福建南安(今晋江安海镇)人。南明弘光时为监生。隆武帝赐姓朱,改名成功,号"国姓爷"。永历帝封他为延平郡王。他是我国明末清初杰出的爱国名将,收复台湾的民族英雄。

南明隆武二年(1646)郑成功父亲郑芝龙降清,成功苦劝无效,遂与之决裂,募兵抗清。他以福建金门、厦门为基地,建立水陆部队,连年出击闽粤江浙等地。永历十三年(1659),他与张煌言合兵,进入长江,攻克镇江,包围南京,可因麻痹轻敌,损兵折将,败退厦门。当时他深感抗清进取颇难,于是率将士数万人,以惊人的胆略和气魄东征台湾。当时台湾为荷兰殖民者所占。他出敌不意在鹿耳门港及禾寨港登岛,围攻荷总督所在地,击退敌方援军,迫荷兰总督投降,撤离台湾,使台湾回到祖国怀抱。接着他废除荷兰在台的殖民体制,建立行政机构,团结台湾同胞,采取民族和睦政策,推行屯田,发展台湾社会经济。在收复台湾五个月后,他病死,终年三十九岁。

郑成功一生矢志抗清复明没有成功,但他在驱逐盘踞三十八年的荷兰殖民者,收复台湾方面所建树的功勋是伟大且永载史册的。

【原文】

郑成功,初名森,字大木,福建南安人。父芝龙,明季入海,从颜思齐为盗,思齐死,代领其众。崇祯初,因巡抚熊文灿请降,授游击将军。以捕海盗刘香、李魁奇,攻红毛功,累擢总兵。

芝龙有弟三:芝虎、鸿逵、芝豹。芝虎与刘香搏战死。鸿逵初以举武从军,用芝龙功,授锦衣卫掌印千户。崇祯十四年,成武进士。明制,勋卫举甲科进三秩,授都指挥使。累迁亦至总兵。福王立南京,皆封伯,命鸿逵守瓜洲。顺治二年,师下江南,鸿逵兵败,奉唐王聿键入福建,与芝龙共拥立之,皆进侯,封芝豹伯。未几,又进芝龙平国公、鸿逵定国公。

郑成功

芝龙尝娶日本妇,是生森,入南安学为诸生。芝龙引谒唐王,唐王宠异之,赐姓朱,为更名。寻封忠孝伯。唐王倚芝龙兄弟拥重兵。芝龙族人彩亦封伯,筑坛拜彩、鸿逵为将,分道出师,迁延不即行。招抚大学士洪承畴与芝龙同县,通书问,叙乡里,芝龙挟二心。三年,贝勒博洛师自浙江下福建,芝龙撤仙霞关守兵不为备,唐王坐是败。博洛师次泉州,书招芝龙,芝龙率所部降,成功谏不听。芝龙欲以成功见博洛,鸿逵阴纵之入海。四年,博洛师还,以芝龙归京师,隶汉军正黄旗,授三等精奇尼哈番。

成功谋举兵,兵寡,如南澳募兵,得数千人。会将吏盟,仍用唐王隆武号,自称"招讨大将军"。以洪政、陈辉、杨才、张正、余宽、郭新分将所部兵,移军鼓浪屿。成功年少,有文武略,拔出诸父兄中,近远皆属目,而彩奉鲁王以海自中左所改次长垣,进建国公,屯厦门。彩弟联,鲁王封为侯,据浯屿,相与为犄角。成功与彩合兵攻海澄,师赴援,洪政战死。成功又与鸿逵合兵围泉州,师赴援,围解。鸿逵入揭阳,成功颁明年隆武四年大统历。五年,成功陷同安,进犯泉州。总督陈锦师至,克同安,成功引兵退。六年,成功遣其将施琅等陷漳浦,下云霄镇,进次诏安。明桂王称帝,号肇庆,至是已三年。成功遣所署光禄卿陈士京朝桂王,始改用永历号,桂王使封成功延平公。鲁王次舟山,彩与鲁王贰,杀鲁王大学士熊汝霖及其将郑遵谦。七年,成功攻潮州,总兵王邦俊御战,成功败走。攻碣石寨,不克,施琅出降。成功袭厦门,击杀联,夺其军,彩出驻沙埕。鲁王将张名振讨杀汝霖、遵谦罪,击彩,彩引余兵走南海,居数年,成功招之还,居厦门,卒。

八年,桂王诏成功援广州,引师南次平海,使其族叔芝莞守厦门。福建巡抚张学圣遣泉州总兵马得功乘虚入焉,尽攫其家赀以去。成功还,斩芝莞,引兵入漳州。提督杨名高赴援,战于小盈岭,名高败绩,进陷漳浦。总督陈锦克舟山,名振进奉鲁王南奔,成功使迎居金门。九年,陷海澄,锦赴援,战于江东桥,锦败绩。左次泉州,成功复取诏安、南靖、平和,遂围漳州。锦师次凤凰山,为其奴所杀,以其首奔成功。漳州围八阅月,固山额真金砺等自浙江来援,与名高兵合,自长泰间道至漳州,击破成功。成功入海澄城守,金砺等师薄城,成功将王秀奇、郝文兴督兵力御,不能克。

上命芝龙书谕成功及鸿逵降,许赦罪授官,成功阳诺,诏金砺等率师还浙江。十年,封芝龙同安侯,而使赍敕封成功海澄公、鸿逵奉化伯,授芝豹左都督。芝龙虑成功不受命,别为书使鸿逵谕意,使至,成功不受命,为书报芝龙。芝豹奉其母诣京师。成功复出掠福建兴化诸属县。十一年,上再遣使谕成功,授靖海将军,命率所部分屯漳、潮、惠、泉四府。

成功初无意受抚,乃改中左所为思明州,设六官理事,分所部为七十二镇;遥奉桂王,承制封拜,月上鲁王豚、米,并厚禀泸、溪、宁、靖诸王,礼待诸遗臣王忠孝、沈佺期、郭贞一、卢若腾、华若荐、徐孚远等,置储贤馆以养士。名振进率所部攻崇明,谋深入,成功嫉之。以方有和议,召使还。名振俄遇毒死。成功托科饷,四出劫掠,蔓及上游。福建巡抚佟国器疏闻,上密敕为备。李定国攻广东急,使成功趣会师。成功遣其将林察、周瑞率师赴之,迁延不即进。定国败走,成功又攻漳州,千总刘国轩以城献,再进,复陷同安。其将甘辉陷仙游,穴城入,杀掠殆尽。至是和议绝。

上命郑亲王世子济度为定远大将军,率师讨成功。十二年,左都御史龚鼎孳请诛芝龙,国器亦发芝龙与成功私书,乃夺芝龙爵,下狱。成功遣其将洪旭、陈六御攻陷舟山,进取温、台,闻济度师且至,隳安平镇及漳州、惠安、南安、同安诸城,撤兵聚思明。济度次泉州,檄招降,不纳;易为书,成功依违答之。上又令芝龙自狱中以书招成功,谓不降且族诛,成功终不应。十三年,济度以水师攻厦门,成功遣其将林顺、陈泽拒战,飓起,师引还。

成功以军储置海澄,使王秀奇与黄梧、苏明同守。梧先与明兄茂攻揭阳未克,成功杀茂,并责梧。梧、明并怨成功,俟秀奇出,以海澄降济度。诏封梧海澄公,驻漳州,尽发郑氏墓,斩成功所置官。大将军伊尔德克舟山,击杀六御。成功攻陷闽安城牛心塔,使陈斌成焉。十四年,鸿逵卒。师克闽安,斌降而杀之。成功陷台州。

十五年,谋大举深入,与其将甘辉、余新等率水师号十万,陷乐清,遂破温州,张煌言来会。将入江,次羊山,遇飓,舟败,退泊舟山。桂王使进封为王,成功辞,仍称招讨大将军。十六年五月,成功率辉、新等整军复出,次崇明,煌言来会,取瓜洲,攻镇江,使煌言前驱,泝江上。提督管效忠师赴援,战未合,成功将周全斌以所部陷阵,大雨,骑陷淖,成功兵徒跣击刺,往来剽疾,效忠师败绩。成功入镇江,将以违令斩全斌,继而释之,使守焉;进攻江宁,煌言次芜湖,庐、凤、宁、徽、池、太诸府县多与通款,腾书成功,谓宜收旁郡县,以陆师急攻南京。成功狃屡胜,方谒明太祖陵,会将吏置酒,辉谏不听。崇明总兵梁化凤赴援,江宁总管喀喀木等合满、汉兵出战,袭破新军,诸军皆奔溃,遂大败,生得辉杀之。成功收余众犹数万,弃瓜洲、镇江,出海,欲取崇明。江苏巡抚蒋国柱遣兵赴援,化凤亦还师御之,成功战复败,引还。煌言自间道走免。

上遣将军达素、闽浙总督李率泰分兵出漳州、同安,规取厦门。成功使陈鹏守高崎,族兄泰出浯屿,而与周全斌、陈辉、黄庭次海门。师自漳州薄海门战,成功将周瑞、陈尧策死之,迫取辉舟,辉焚舟。战方急,风起,成功督巨舰冲入,泰亦自浯屿引舟合击,师大败,有满洲兵二百降,夜沉之海。师自同安向高崎,鹏约降。其部将陈蟒奋战,师以鹏已降,不备,亦败,成功收鹏杀之,引还。十七年,命靖南王耿继茂移镇福建,又以罗托为安南将军,讨成功。十八年,用黄梧议,徙滨海居民入内地,增兵守边。

成功自江南败还,知进取不易;桂王入缅甸,声援绝,势日蹙,乃规取台湾。台湾,福建海中岛,荷兰红毛人居之。芝龙与颜思齐为盗时,尝屯于此。荷兰筑城二:曰赤嵌、曰王城,其海口曰鹿耳门。荷兰人恃鹿耳门水浅不可渡,不为备。成功师至,水骤长丈余,舟大小衔尾径进,红毛人弃赤嵌走保王城。成功使谓之曰:“土地我故有,当还我;珍宝恣尔载归。”围七阅月,红毛存者仅百数十,城下,皆遣归国。成功乃号台湾为东都,示将迎桂王狩焉。以陈永华为谋主,制法律,定职官,兴学校。台湾周千里,土地饶沃,招漳、泉、惠、潮四府民,辟草莱,兴屯聚,令诸将移家实之。水土恶,皆惮行,又以令严不敢请,铜山守将郭义、蔡禄入漳州降。是岁,圣祖即位,戮芝龙及诸子世恩、世荫、世默。

成功既得台湾,其将陈豹驻南澳,而令子锦居守思明。康熙元年,成功听周全斌谗,遣击豹,豹举军入广州降。恶锦与乳媪通,生子,遣泰就杀锦及其母董。会有讹言成功将尽杀诸将留厦门者,值全斌自南澳还,执而囚之,拥锦,用芝龙初封,称平国公,举兵拒命。成功方病,闻之,狂怒啮指,五月朔,尚据胡床受诸将谒,数日遽卒,年三十九。

【译文】

郑成功,本名郑森,字大木,福建南安人。父亲郑芝龙,明末进入海上活动,跟随颜思齐充当了海盗,恩齐死,他替代思齐统领这支队伍。崇祯初年,因明朝巡抚熊文灿招降,郑芝龙被授予游击将军。由于芝龙拘捕海盗刘香、李魁奇,及攻打荷兰红毛鬼屡次建功,提升为总兵官。

郑芝龙有三个弟弟:郑芝虎、郑鸿逵、郑芝豹。芝虎在与刘香搏斗中战死。鸿逵最初因为武举中式从军,后因郑芝龙的功劳,授为锦衣卫掌印千户。崇祯十四年,成为武进士。按明朝的规制,锦衣卫功勋考取进士甲科,进三秩,授都指挥使。经多次升迁到总兵官职。福王在南京即位,将他们兄弟都封为伯,命令郑鸿逵驻守瓜洲。顺治二年,清兵下江南,鸿逵带兵战败,就侍奉唐王朱聿键进入福建,与芝龙一同拥立唐王,他们都晋封为侯,芝豹封为伯。不久,又晋封芝龙为平国公、鸿逵为定国公。

郑芝龙曾娶过一个日本女子,是她生了郑森,郑森考入南安县学成为生员。芝龙引他去拜见唐王,唐王对他宠爱优待,非同一般,赐予朱姓,为他改名为成功。接着封他为忠孝伯。唐王依仗芝龙兄弟拥有重兵。芝龙族人郑彩也被封为伯,唐王筑坛拜郑彩、鸿逵为将,并派他们分道出兵,可郑氏兄弟拖延不立即启行。清招抚大学士洪承畴与芝龙是同县老乡,因此他致信芝龙给以问候,叙乡里情谊,芝龙才对南明朝廷怀有二心。三年,清贝勒博洛的军队从浙江南下福建,芝龙撤仙霞关守兵不作戒备,唐王正是由于这个原因失败的。博洛军到泉州，写信招抚郑芝龙，芝龙率自己的部队投降，成功苦谏就是不听。芝龙想让成功去见博洛，鸿逵暗中放成功入海。四年，博洛军还师，将芝龙挟持到京师，隶属于汉军正黄旗，授予三等精奇尼哈番。

成功筹划举兵事，但兵员少，于是到南澳去募兵，得到几千人。成功召集文武将吏设立会盟，仍沿用唐王隆武年号，自称"招讨大将军"。以洪政、陈辉、杨才、张正、余宽、郭新分别统领他的部队，移师到鼓浪屿。成功年轻，有文武谋略，在他的诸父兄中是出类拔萃的，因此在远近地方都十分瞩目，而郑彩侍奉鲁王朱以海从中左所改到长垣暂住，进为建国公，后来驻扎厦门。郑彩弟郑联，鲁王封他为侯，占据浯屿，兄弟相互间成犄角夹击之势。成功与郑彩合兵攻打海澄，清军前去救援，洪政战死。成功又与鸿逵合兵围攻泉州，清兵入泉赴援，包围被解除。鸿逵进入揭阳，成功颁布了明年即隆武四年《大统历》。五年，成功攻破同安，进犯泉州。清总督陈锦率师到泉州，攻克同安，成功领兵撤退。六年，成功派遣他的将领施琅等攻陷了漳浦，又攻下云霄镇，进发到诏安停留。南明桂王称帝，年号肇庆，到这时已有三年。成功派他所任命的光禄卿陈士京前去朝见桂王，于是开始改用桂王永历年号，桂王封成功为延平公。鲁王在舟山小住，郑彩与鲁王有矛盾，杀了鲁王大学士熊汝霖及其部将郑遵谦。七年，成功攻潮州，清总兵王邦俊进行抵御战，成功失败退逃。又攻碣石寨，不克，施琅出降。成功袭击厦门，击杀了郑联，夺得了郑联的军队，郑彩出驻沙埕。鲁王将领张名振申讨彩、联诛杀熊汝霖、郑遵谦的罪行，前去袭击郑彩，郑彩带领余部回南海，在那里住了数年，成功召他返还，住在厦门，直到去世。

八年，桂王下诏，令成功救援广州，带兵南进驻扎在平海，派成功族叔郑芝管据守厦门。清福建巡抚张学圣派遣泉州总兵马得功乘虚而入，掠去成功全部家资而后离去。成功返回，斩杀了郑芝管枭，带兵进入漳州。清提督杨名高前往救漳，双方在小盈岭交战，杨名高溃败，成功再进兵攻陷漳浦。清总督陈锦攻克舟山，张名振扈从鲁王南走，成功派人迎鲁王居住在金门。九年，成功攻克海澄，陈锦前往救援，在江东桥交战，陈锦军溃败。成功军向东在泉州停留，再取下诏安、南靖、平和，最后围攻漳州。陈锦带兵到凤凰山停留，为他的侍卫所杀，还包了他的首级来投奔成功。成功围困漳州达八月之久，清固山额真金砺等从浙江来救援，与杨名高的部队会合，从长泰走小道到漳州，击破成功之围。成功退到海澄城驻守，金砺等师逼城，成功部将王秀奇、郝文兴督兵奋力抵御，因此清军不能攻克。

清顺治帝命令芝龙写信劝谕成功以及鸿逵投降，允许为他们赦罪授官，成功表面上应诺，于是顺治诏令金砺等率师回浙江。十年，清廷封芝龙为同安侯，而且派人送达命令，封成功为海澄公、鸿逵为奉化伯，授芝豹为左都督。芝龙担心成功不接受这项封命，另又写信让鸿逵转达自己的良苦用心，说服成功。使者到达以后，成功拒不受命，并写书信回报芝龙。芝豹侍奉他母亲到京师。成功又出击夺取福建兴化各个属县。十一年，顺治再次派使者去劝谕成功，并授成功靖海将军，命令他率领自己部队分驻到漳州、潮州、惠州、泉州四府。

成功当初无意受招抚，就改中左所为思明州，设吏、户、礼、兵、刑、工六官治理政事，分自己统属的部队为七十二镇；在当地遥奉着桂王，秉承桂王之意封拜，每月上供鲁王猪、米，同时厚供泸、溪、宁、靖各宗王粮饷，礼遇明室遗臣王忠孝、沈佺期、郭贞一、卢若腾、华若荐、徐孚远等，设置储贤馆来供养士人。张名振进一步率领所部攻打崇明，谋划再向内地深入，成功妒忌他，以刚达成和议为由，将张名振召回。名振不久遭毒害身死。成功假托征粮饷，四出抢掠，蔓延到长江上游。清福建巡抚佟国器上疏向清廷报告了这一情况，顺治密令做好戒备。李定国攻广东，那里情况危急，定国让成功前去与他会师。成功派自己的部将林察、周瑞率大军奔赴会师地，但二将拖延时间，不肯立即进发。李定国败退，成功又攻打漳州，清千总刘国轩以城来向成功进献，成功继续前进，又攻陷了同安。成功部将甘辉攻克仙游，打穿城墙进入城中，几乎抢杀一净。到这时候，和议断绝了。

顺治命令郑亲王世子济度为定远大将军，率领大军征讨郑成功。十二年，左都御史龚鼎孳奏请惩处郑芝龙，佟国器也公布了芝龙与成功的私信，于是清廷削夺芝龙爵位，并下到狱中。成功派他的将领洪旭、陈六御攻克舟山，进而夺取温州、台州，得知济度率军就将到来，就下令堕毁了安平镇及漳州、惠安、南安、同安各城，撤兵聚集到思明。济度到泉州暂驻，传檄书给成功以招降，成功不予采纳；回信时，成功模棱两可地答复他。顺治又命令芝龙从监狱中写信诏成功归附，说不投降就立即要将全族诛杀，成功始终不肯应承。十三年，济度以水师进攻厦门，成功派遣他的将领林顺、陈泽抵御抗战，忽然狂风大作，济度引水师返回。

成功因为军事储备都放置在海澄，所以派王秀奇与黄梧、苏明同去驻守。黄梧先与苏明兄长苏茂攻打揭阳没有成功，郑成功杀了苏茂，同时责罚黄梧。黄梧、苏明都很怨恨成功，待王秀奇出外时，以海澄降了济度。清廷下诏封黄梧为海澄公，驻扎在漳州，黄梧挖掘了郑氏世代的祖坟，斩杀成功所设置的官员。清大将军伊尔德攻克舟山，击杀陈六御。成功攻破闽安城牛心塔，派陈斌防守。十四年，鸿逵去世。清军攻克闽安，陈斌出降而被杀。成功攻破台州。

十五年，成功筹划大举深入内地，与部将甘辉、余新等率领号称十万人的水师，攻陷乐清，后来攻破温州，张煌言前来会见。成功率兵进入长江，逗留羊山，忽遇飓风，舟师战败，于是退回停泊在舟山。桂王下诏晋封成功为郡王，成功推辞，依然自称招讨大将军。十六年五月，成功率领甘辉、余新等重整军威再次出战，在崇明扎营时，张煌言前来会师，夺取瓜洲，攻打镇江，派张煌言作为前导，逆江而上。清提督管效忠前去救援，双方尚未交战，成功部将周全斌带领部下去攻陷敌方阵地，天下大雨，坐骑没入烂泥，成功兵赤足击杀，进退勇猛敏捷，管效忠军溃败。成功进入镇江府，准备以违令斩处周全斌，继而又释放了他，派他去守城；进攻江宁，张煌言在芜湖屯驻，庐州、凤阳、宁国、徽州、池州、太平等各府县大多与煌言军通好言和，煌言向成功驿递文书，说应收复旁边郡县，以陆路进兵迅速攻下南京。成功拘泥于接连不断的胜利，刚拜谒过明太祖皇陵，就集中将吏们摆下酒席，甘辉劝谏，成功不听。清崇明总兵梁化凤前去救援，江宁总管喀喀木等集合了满、汉兵出战，袭击并攻破余新的军队，诸军都溃逃，终于大败，活捉了甘辉并杀了他。成功收余部还有几万人,丢弃了瓜洲、镇江,又一次出海,想攻取崇明。江苏巡抚蒋国柱派兵赴援,梁化凤也还师抵御郑军,成功作战再次失败,引兵退还。张煌言从小道逃走。

顺治派将军达素、闽浙总督李率泰分兵离开漳州、同安,谋划夺取厦门。成功派陈鹏守高崎,族兄郑泰出驻浯屿,而自己与周全斌、陈辉、黄庭暂驻海门。清军从漳州直逼海门,二军交战,成功将领周瑞、陈尧策战死,清军逼近并攻取陈辉战船,陈辉焚烧了自己的船。战斗正打得激烈,起了海风,成功指挥战舰冲入敌阵,郑泰也从浯屿领水军配合攻击,清军大败,有满洲兵二百人投降,夜间沉入大海。清军从同安逼近高崎,陈鹏相约投降。他的部将陈蟒奋勇作战,清军以为陈鹏已投降,于是不做防备,也大败,成功收回陈鹏后诛杀了他。然后,引兵回师。十七年,清廷命靖南王耿继茂移兵镇守福建,又任罗托为安南将军,征讨成功。十八年,清廷采用黄梧意见,迁沿海居民入内地,向守卫边海增加兵力。

成功从江南战败返回,知道进取很不容易;桂王逃向缅甸,声援从此断绝,形势日益紧迫,于是成功筹划攻取台湾。台湾,福建海中一岛屿,荷兰红毛人居住在那里。郑芝龙与颜思齐为海盗时,曾经在那里驻守过。荷兰人在台湾筑起二座城:一为赤嵌城,一为王城,其港口叫鹿耳门。荷兰人仗着鹿耳门水浅无法渡船,不做防备。成功的部队到那里,海水迅速涨到一丈多深,大小船只首尾相衔,鱼贯直驶进港。荷兰人放弃赤嵌城逃去保卫王城。成功派人向荷兰人说:"土地本来就是我们的,应当归还我们;珍宝任你们载回。"围攻了总共七个月,荷兰红毛中的幸存者只有一百几十人,城被攻下后,他们都被遣送回国。成功就号称台湾为东都,表示将迎接桂王前去狩猎。成功以陈永华为主谋人,规制法律,确定职官,兴办学校。台湾周围千里疆土,土地肥沃富饶,成功招徕漳州、泉州、惠州、潮州四府百姓,铲除野草,兴积屯聚,命令众将领迁家眷来充实台湾。但是台湾水土恶劣,人们都惧怕迁行,又因为命令严厉不敢请求不去,铜山守将郭义、蔡禄去漳州投降清朝。这一年,清圣祖康熙即位,杀了郑芝龙及其子郑世恩、世荫、世默。

成功既已获得了台湾,他的部将陈豹驻扎在南澳,而命令儿子郑锦居守在思明。康熙元年,成功听信周全斌谗言,派遣军队袭击陈豹,陈豹举兵到广州投降清朝。成功厌恶郑锦与乳母私通,并生出儿子,派郑泰去杀郑锦及其母亲董氏。当时恰有谣言说成功将要把将领中留在厦门的人斩杀一净,正值周全斌从南澳返回,拘捕并囚禁了郑泰,拥立郑锦,延用芝龙当初的封号,称郑锦为平国公,举兵抗拒成功命令。成功当时正在生病,听到这个消息,疯狂地发怒并咬自己手指,五月初时,他还靠在床上受众将的谒见,几天内就急速地死去,终年三十九岁。

范文程传

【题解】

范文程(1597~1666),字宪斗,号辉岳,明末清初沈阳人。他出身名门,本为明朝生员，万历末年，投奔努尔哈赤（清太祖），颇得器重，参与军国机密。历仕清太祖、太宗、世祖、圣祖四朝，首建入关之议，清朝开国规制亦多由其手制定。是清初很有声望的政治家，清王朝主要开国功勋之一。官至大学士、太傅兼太子太保，卒谥文肃。本传对他及诸子孙的措置政绩有较详载述。其生平事迹也可参阅《碑传集》卷四李果《大学士范文肃公文程传》和李尉《范文肃公墓志铭》的评议。

【原文】

范文程，字宪斗，宋观文殿大学士高平公纯仁十七世孙也。其先世，明初自江西谪沈阳，遂为沈阳人，居抚顺所。曾祖锪，正德间进士，官至兵部尚书，《明史》有传。

文程少好读书，颖敏沉毅，与其兄文寀并为沈阳县学生员。天命三年，太祖既下抚顺，文寀、文程共谒太祖。太祖伟文程，与语，器之，知为锪曾孙，顾谓诸贝勒曰："此名臣后也，善遇之。"上伐明，取辽阳，度三岔攻西平，下广宁，文程皆在行间。

太宗即位，召直左右。天聪三年，复从伐明，入蓟门，克遵化。文程别将偏师徇潘家口、马兰峪、三屯营、马栏关、大安口，凡五城皆下。既，明围我师大安口，文程以火器进攻，围解。太宗自将略永平，留文程守遵化，敌掩至，文程率先力战，敌败走。以功授世职游击。五年，师围大凌河降其城，而蒙古降卒有阴戕其将叛去者，上怒甚，文程从容进说，贷死者五百余人。时明别将壁西山之巅，独负险坚守未下，文程单骑抵其垒，谕以利害，乃请降。上悦，以降人尽赐文程。

六年，从上略明边，文程与同直文馆宁完我、马国柱上疏论兵事，以为入宣、大，不若攻山海。及师至归化城，上策深入，召文程等与谋。文程等疏言："察我军情状，志皆在深入。当直抵北京决和否，毁山海关水门而归，以张军威。若计所从入，惟雁门为便，道既无阻，道旁居民富庶，可资以为粮。上如虑师无名，当显谕其民，言察哈尔汗远遁，所部归于我，道远不可以徒行，来与尔国议和，假尔马以济我新附之众。和议成，偿马值；不成，异日兴师，荷天之宠，以版图归我，凡军兴而扰及者，当量免赋税数年。此所谓堂堂正正之师也。否则作书抵近边诸将吏，使以议和请于其主，为期决进止。彼朝臣内挠，边将外诿，迁延逾所期，我师即乘衅而入。我师进，利在深入；否，利在速归；半途而返，无益也。"疏入，上深嘉纳之。

七年，孔有德等使通款，而明兵迫之急，上命文程从诸贝勒帅师赴援。文程宣上德意，有德等遂以所部来归。自是破旅顺，收平岛，讨朝鲜，抚定蒙古，文程皆与谋。

崇德元年，改文馆为内三院，以文程为内秘书院大学士，进世职二等甲喇章京。初，旗制既定，设固山额真。诸臣议首推文程，上曰："范章京才诚胜此，然固山职一军耳，朕方资为心膂，其别议之。"文程所典皆机密事，每入对，必漏下数十刻始出，或未及食息，复召入。上重文程，每议政，必曰："范章京知否？"脱有未当，曰："何不与范章京议之？"众曰："范亦云尔。"上辄署可。文程尝以疾在告，庶务填委，命待范章京病已裁决。抚谕各国书敕，皆文程视草。初，上犹省览，后乃不复详审，曰："汝当无谬也。"文程迎父楠侍养。尝入侍上食，有珍味，文程私念父所未尝，逡巡不下箸。上察其意，即命彻馔以赐楠，文程再拜谢。

世祖即位,命隶镶黄旗。睿亲王多尔衮帅师伐明,文程上书言:"中原百姓塞离丧乱,备极荼毒,思择令主,以图乐业。曩者弃遵化,屠永平,两次深入而复返。彼必以我为无大志,惟金帛子女是图,因怀疑贰。今当申严纪律,秋毫勿犯,宣谕进取中原之意:官仍其职,民复其业,录贤能,恤无告,大河以北,可传檄定也。"及流贼李自成破明都,报至,文程方养疴盖州汤泉,驿召决策,文程曰:"闯寇涂炭中原,戕厥君后,此必讨之贼也。虽拥众百万,横行无惮,其败道有三:逼殒其主,天怒矣;刑辱缙绅,拷劫财货,士忿矣;掠人赀,淫人妇,火人庐舍,民恨矣。备此三败,行之以骄,可一战破也。我国上下同心,兵甲选练,声罪以临之,恤其士夫,拯其黎庶,兵以义动,何功不成?"又曰:"好生者天之德也,古未有嗜杀而得天下者。国家止欲帝关东则已,若将统一区夏,非安百姓不可。"翌日,驰赴军中草檄,谕明吏民言:"义师为尔复君父仇,非杀尔百姓,今所诛者惟闯贼。吏来归,复其位;民来归,复其业。师行以律,必不汝害。"檄皆署文程官阶、姓氏。

既克明都,百度草创,用文程议,为明庄烈愍皇帝发丧,安抚孑遗,举用废官,搜求隐逸,甄考文献,更定律令,广开言路,招集诸曹胥吏,征求册籍。明季赋额屡加,册皆毁于寇,惟万历时故籍存,或欲下直省求新册,文程曰:"即此为额,犹虑病民,其可更求乎?"于是议遂定。论功,并遇恩诏,进一等阿思哈尼哈番加拖沙喇哈番,赐号"巴克什"。复进二等精奇尼哈番。

顺治二年,江南既定,文程上疏言:"治天下在得民心,士为秀民;士心得,则民心得矣。请再行乡、会试,广其登进。"从之。五年正月,定内三院为文臣班首,命文程及刚林、祁充格用珠顶玉带。七年,睿亲王多尔衮卒。八年,大学士刚林、祁充格以附睿亲王妄改《太祖实录》坐死。文程与同官当连坐,上以文程不附睿亲王,命但夺官论赎,是岁即复官。九年,遇恩诏,复进世职一等精奇尼哈番,授议政大臣,监修《太宗实录》。

时直省钱粮多不如额,一岁至缺四百余万,赋亏饷绌。文程疏言:"湖广、江西、河南、山东、陕西五省乱久民稀,请兴屯,设道二、同知四,令督抚选属吏廉能敏干者任之,以选吏当否为督抚功罪。官吏俸廪,初年出兴屯母财,次年以所获偿。自后皆出所获,官增而俸不费。屯用牛,若谷种,若农器,听兴屯道发州县仓库以具。屯始驻兵,地荒芜多而水道便者,以次及其余。地无主,若有主而弃不耕,皆为官屯,民愿耕而财不足,官佐以牛若谷种,分所获三之一,三年后为民业。编保甲,使助守望,绝奸宄,若无财,官畀以佣值。民将逭饥,流亡当大集。初年所获粮草,听屯吏储留,出陈易新,为次年母财;有余,畀近屯驻军,勿为额以取盈。三年所获浸多,僦舟车运以馈饷。毋烦屯吏,毋役屯民,毋用屯牛。屯所在州县吏受兴屯道指挥,屯吏称其职,三岁进二秩,视边俸;不职,责抚按纠举;有所徇,则并坐。所谓信赏必罚也。"上深韪其议。

十年,复与同官疏:"请敕部院三品以上大臣,各举所知,毋问满汉新旧,毋泥官秩高下,毋避亲疏恩怨,举惟其才,各具专疏,胪举实迹,置御前以时召对。察其论议,核其行事,并视其举主为何如人,则其人堪任与否,上早所深鉴,待缺简用。称职,量效之大小,举主同其赏;不称职,量罪之大小,举主同其罚。"上特允所请。

上勤于政治,屡幸内院,进诸臣从容谘访。文程每以班首承旨,陈对称上意。尝值端阳,诸臣散直差早,上曰:"乘藉天休,猥图安乐,人情尽然。特欲逸必先劳,俾国家大定,其乐方永。不然,乐亦暂耳。"复言:"人孰无过,能改之为美。成汤盛德,改过不吝。若明武宗嬉游无度,诿罪于其臣,岂修己治人之道耶?"文程因奏:"君明臣良,必交勉释回,始克荷天休,济国事。"上曰:"善。自今以往。朕有过即改。卿等亦宜黾勉,毋忘启沃可也。"上尝命遣官莅各省恤刑,文程言:"前此遣满汉大臣巡方,虑扰民,故罢。今四方水旱灾伤,民劳未息,宜罢遣使。现禁重囚,令各省巡抚详勘,有可矜疑,奏闻裁定。"上从之。文程论政,务简要,持大体,多类是。

十一年八月,上加恩辅政诸臣,特加文程少保兼太子太保,文程疏谢,因自陈衰病,乞休。九月,上降温谕,进太傅兼太子太师,致仕。上以文程祖宗朝旧臣,有大功于国家,礼遇甚厚。文程疾,尝亲调药饵以赐;遣画工就第图其像,藏之内府;赍御用服物,多不胜纪;又以文程形貌顾伟,命特制衣冠,求其称体。圣祖即位,特命祭告太宗山陵,伏地哀恸不能起。康熙五年八月庚戌,卒,年七十。上亲为文,遣礼部侍郎黄机谕祭,赐葬怀柔红螺山,立碑纪绩,谥文肃,御书祠额曰:"元辅高风"。文程子承荫、承谟、承勋、承斌、承烈、承祚,承谟自有传。

承勋字苏公,文程第三子也。以任子历官御史、郎中。康熙十九年,谭弘叛,圣祖命承勋与郎中额尔赫图如彝陵,趣将军噶尔汉战,并督湖广转粟运军。二十年,师进攻云南,命趣军督饷如故。二十二年,还京,监崇文门税。二十三年,上命九卿举廉吏,承勋与焉,迁内阁学士。二十四年,授广西巡抚,疏免容县、郁林州追征陷贼后逋赋;定诸属征米,本折兼纳。二十五年,擢云贵总督,疏定云南援剿两协驻军地,裁贵州卫十五、所十,改并州县,并增设县七。二十七年,湖广兵乱,云南时岁铸钱,钱壅积,军饷十之三皆予钱,军勿便。会移左协赴寻甸,遂鼓谍为变,省城兵亦将起应,承勋诛其渠二十一人,乱乃弭。遂疏罢云南铸钱,以银供饷。二十八年,番阿所杀土目鲁姐走匿东川土妇安氏所,恒出掠为民害。事闻,上命郎中温葆会承勋等如东川檄安氏献阿所,斩之。

云南自吴三桂乱后,康熙二十一年讫二十七年,逋屯赋当补征,承勋疏请分年附征,上命悉蠲之。二十九年,疏定云南秋粮本折兼纳,贵州提督马三奇请军饷折银,承勋疏言:"折贱困兵,折贵病民,宜以时损益。秋成各府察市值,本折兼纳。"三十一年,疏设永北镇,罢洱海营,增置大理府城守将吏。三十二年,入觐。

三十三年,迁都察院左都御史。六月,江南江西总督傅拉塔卒,上难其人,以授承勋。并谕:"承勋坚定平易,当胜此任。"承勋上官,疏移凤阳关监督驻正阳关。江西民纳粮,出赀倩吏输省城,谓之脚价,寻以违例追入官,承勋疏请罢追,部议不可,上特允其请。江南地卑湿,仓谷易朽蠹,承勋疏请"江苏、安徽诸州县,岁春夏间,以仓谷十二三平粜,出陈易新。"又以江南赋重,疏请"州县经征分数,视续完多寡为轻重。康熙十八年后逋赋分年附征,俾宽吏议,纾民力"。皆如议行。三十五年,淮、扬、徐诸府灾,疏请发省仓米十万石,续借京口留漕凤仓存麦治赈,民赖以全。三十八年,授兵部尚书。三十九年,命监修高家堰堤工。四十三年,工成,加太子太保,五十三年,卒。

承勋初授广西巡抚，入辞，上诚之曰："汝父兄皆为国宣力，汝当洁己爱民，毋信幕僚，沽名妄作。"及自云贵总督入觐，上方谒孝陵，承勋迎谒米峪口，上曰："汝父兄先朝旧臣，汝兄复尽节。朕见汝因思汝兄，心为轸戚，不见汝八九年，汝须发遂皓白如此。效外苦寒，以朕所御貂冠、貂褂、狐白裘赐汝。汝且勿更衣虑中风寒。明日可服以谢。"圣祖推文程、承谟旧恩，因厚遇承勋如是。

时绎，承勋子。雍正初，自佐领三迁为马兰镇总兵。四年，命署两江总督。是年，迁正蓝旗汉军都统。五年，移镶白旗汉军都统，并署总督如故。十二月，时绎疏："请自雍正六年始，江苏、安徽各州县应征丁银，均入地亩内征收。"地丁并征始此。六年，授户部尚书，仍署总督。时绎在官，尝疏请就通州运河入海处，作涵洞以时蓄泄。规扬州水利，浚海口、疏车路、白涂、海沟诸水，泰州运盐河为之堤。盐城、如皋诸水入海处，为之闸若涵洞。厘两淮盐政，增漕标庙湾、盐城二营兵史，皆下部议行。上以苏、松诸处多盗，时绎戢盗才绌，命以江苏七府五州盗案属浙江总督李卫。卫名捕江宁民张云如以符篆惑众谋不轨，而时绎尝与往还，卫因论劾。八年，命尚书李永升会鞫得实，诛云如，解时绎任。召还京，命董理太平峪吉地。旋复命协理河东河务，河东总督田文镜复以误工论劾，谕曰："朕以范时绎为勋臣后，加以擢用。朱鸿绪尝奏时绎廉至日用不能给，朕深为动念，优与养廉。后知时绎例所当得，未尝不取。朕犹令增糈，盖欲遂成其廉，使殚心力于封疆也。顾时绎祖私交，容奸宄，朕复密谕李卫善为保全。且范氏为大僚者，惟时绎及其从弟时捷，勋臣后裔，渐至零落，朕心不忍，所以委曲成全之者至矣。复命协理河务，岂意伏汛危急，时绎安坐于旁，置国事弁髦，视民命草芥。负恩瘝职，他人尚不可，况时绎乎？"逮治，部议坐云如狱论斩，上复特宥之。授镶蓝旗汉军付都统。十年，授工部尚书，兼镶黄旗汉军都统。十二年，罢尚书。十三年，复以侍卫保柱劾行贿，下部议罪，寻遇赦。乾隆六年，卒。

【译文】

范文程，字宪斗，是宋朝观文殿大学士，高平公纯仁的十七世孙子。他的先世祖辈，明朝初年由江西被贬官流放到沈阳，于是成为沈阳人，居住抚顺所。他的曾祖父范锪，是明朝正德年间的进士，为官至兵部尚书，《明史》载有他的传记。

范文程少年时就喜爱读书，为人聪明机智，沉着果断，与他的兄长范寀文同为沈阳县学的秀才。天命三年，清太祖攻克抚顺后，文寀、文程一同前去拜见清太祖。清太祖见他魁梧英俊，与他交谈，器重他的才识，知道他是范锪的曾孙子，就对周围的诸贝勒说："这是名臣的后裔，要好好对待他！"清太祖讨伐明朝，夺取辽阳，越过三岔攻打西平，攻克广宁时，范文程都在军中襄助。

清太宗继任皇位后，召命范文程在身边赞理朝中政务。天聪三年，再次随从清太宗讨伐明朝，由蓟门进军，攻克遵化。范文程另率一部分将士巡行攻打潘家口、马兰峪、三屯营、马栏关、大安口，一共五城都被攻下。不久，明军包围大安口的清兵，范文程率军使用火器反击进攻，解除明军围攻。清太宗亲自率军攻打永平，留下范文程守卫遵化，明军前来偷袭，范文程率先领兵迎战，敌兵战败逃跑。范文程因战功显赫被授予世职游击。

天聪五年，清军围攻大凌河，守城明朝官兵投降，但投降的蒙古士卒内，却有暗中杀害部将叛逃的，此事令清太宗勃然大怒，范文程从容前去劝说，使五百名将被处斩的士卒得到宽赦。当时明军还有将领率兵筑营西山的巅峰，孤军凭仗天险坚守营垒，未被清兵攻克，范文程单枪匹马直奔明营，向他们晓谕存亡利害，于是他们请求降归，清太宗高兴喜悦，将投降的官兵全部赏赐给范文程。

天聪六年，范文程随从清太宗攻掠明朝边境，范文程与同在文馆任职的宁完我、马国柱上奏讨论军事行动方案，认为清军进入宣化、大同，不如进攻山海关。等到清军进抵归化城时，清太宗图谋深入明境，召集范文程等谋划商量。范文程等奏疏说："考察我军官兵的士气状态，志向都在深入明境。应当直奔北京决定和议的可否，然后摧毁山海关水门而归，用来扩大振奋军威。如果计划从何处入关，唯有雁门最为便当，这里道路既无险阻，且沿途居民生活富庶，可有粮草供给资助。圣上如果担心兴师讨伐无名，应当明白晓谕这里的百姓，就说察哈尔汗远逃不知去向，他的部众归顺我，因为道路遥远不能徒步行军，前来与你们国家议和，所以要征借你们的马匹，接济最近归附我的众人。和议告成，偿还马价；和议不成，将来挥师再来，荷蒙上天的宠佑，整个版图归属我大清后，凡是因战事讨伐而被扰累的人，应当酌量宽免赋税数年。这就是所说的堂堂正正的军队。否则，将缮写的书信送给沿边的诸位将帅，让他们向自己的君主请求议和，限定我清军进攻的日期。他们的朝臣从中阻挠，在外边将彼此推诿，迁延时日，超过规定的期限，我清军就可乘机兴师问罪。我清军进攻，利在深入；否则，利在速归；进军半途折回，是徒劳无益的。"奏疏呈上清太宗后，倍受赞许和采纳。

天聪七年，孔有德等派遣使者前来与清军主和，但明军逼他很急，清太宗命令范文程随从诸贝勒率军前往援助；范文程宣谕清太宗的美德盛意，孔有德等于是率领所属将士前来归顺。自此以后，清军攻克旅顺，收复平岛，讨伐朝鲜，安抚平定蒙古，范文程都参与谋划。

崇德元年，改文馆为内秘书院、内国史院和内弘文院三院，清太宗任命范文程为内秘书院大学士，晋升世职二等甲喇章京。起初，旗制确定之后，设立固山额真。诸位大臣议奏首推非范文程莫属，清太宗说："范章京的才干，确实胜任此职，然而固山额真的职责是管理一旗，我正考虑让他担任比这重要的职位，这一官缺议奏别的人选。"范文程所主管的都是机密政务，每次入朝议政，一定多留数十刻他才能回来，有时还没有来得及吃饭休息，又被召入朝内议政。清太宗敬重范文程，每次议奏朝政，一定说："范章京知道不知道?"如果没有妥善的方案意见，他就说："为什么不与范章京商量决定?"众官回答说："范章京也这样认为。"清太宗就安排布置照此办理。范文程曾经因病休假，朝中事务堆积，诏命等待范章京病愈后裁决处理。安抚宣谕各国的文书敕令，都由范文程拟定起草。起初，清太宗还鉴察披览，到后来就不再详审细阅，说："你所办应当是没有错误的。"范文程迎来父亲范楠侍奉赡养。曾经入朝侍陪清太宗用膳，其中有珍味美肴，范文程心想这是父亲所未曾品尝过的，迟疑多次没有下筷食用。清太宗察觉他的心思，即命将此肴馔撤下赏赐范楠，范文程一再叩拜谢恩。

清世祖即位后，诏命范文程家族隶属镶黄旗。睿亲王多尔衮统率清军讨伐明朝，范文程上书说："中原百姓遭历分离和丧乱之苦，饱受战乱的毒害，思考选择新的君主，以期望能够安居乐业。我清军从前放弃遵化，屠戮永平，两次深入明境折回。中原百姓一定认为我大清没有远大志向，仅仅是图求得到金帛子女，于是对我大清心存疑虑，怀有二心。清军现在出征，应当申严纪律，秋毫不犯，明白告谕百姓我大清攻夺中原的意图：为官的仍照原职录用，为民的恢复家业生产，任用贤能之才，救济无家可归的贫苦人。这样做黄河以北的地区，可以发布公文，不战而得。"等到流贼李自成攻占明都北京的消息传到时，范文程正在盖州汤泉养病，驿使召他回朝商议对策，范文程说："闯贼李自成涂炭中原生灵，杀害明朝帝后，这是必定要讨伐的贼寇。李自成虽然拥众百万，横行无忌，但他失败的原因有三：逼死明帝，震怒苍天；酷刑侮辱缙绅，拷打抢劫财物，使士人愤怒；抢掠百姓钱财，奸淫民妇，焚烧百姓房舍，使百姓不满。具备失败的这三个因素，所作所为骄横颠顸，一战可以击败它。我大清国君民上下同心，兵甲精良，训练有素，以讨伐罪人兴师，抚恤明朝士夫，拯救中原百姓。为正义而战，还有什么功业不能成就？"又说："爱惜生灵是上天的美德，从古至今没有靠嗜杀而得到天下的。我大清国只想称帝山海关以东就罢了，如果想要统一中原，非得安定百姓不可。"第二天，范文程火速赶到军中草拟檄文，告谕明朝官吏百姓说："正义的军队要替你们雪耻君父之仇，不是要杀害你们百姓，现在所要诛杀的只有闯贼。官吏前来归附，官复原职录用；百姓前来归顺，恢复家业生产。军队所到有纪律约束，一定不祸害你们。"檄文上都署有范文程的官衔、姓氏。

清军攻占明都北京后，百业待举，各项法令制度都是草创，清世祖采纳范文程的奏议，为明朝庄烈愍皇帝朱由检发丧举哀，安抚鳏寡孤独，举荐录用旧官，访寻天下名士，鉴别考核文献，更定律令制度，广开议政言路，招集各部胥吏，征求册籍档案。明末赋税数额屡次加增，册籍均毁于寇乱，只有万历年间的册籍存世，有人想让各省新编册籍征税，范文程说："以现存万历年间册籍为准制定赋税数额，还担心扰累百姓，难道可以更制新册吗？"于是依照万历年间册籍议定征收赋税数额。奖赏论功，范文程并遇恩诏，晋升一等阿思哈尼哈番加拖沙衮哈番，赐封号"巴克什"。又晋升二等精奇尼哈番。

顺治二年，清军平定江南后，范文程上疏说："治理天下在于取得民心，士为百姓的佼佼者。得到士心，就能取得民心。请求恢复乡试、会试，广开士人登科及第的出路。"清世祖采纳了他的意见。顺治五年正月，确定内翰林国史院、内翰林秘书院、内翰林弘文院作为文臣的班首，清世祖诏命范文程、刚林和祁充格使用珠顶、玉带。顺治七年，睿亲王多尔衮去世。顺治八年，大学士刚林、祁充格以依附睿亲王多尔衮、妄加改动《太祖实录》的罪名被处死刑。范文程与他们同时担任官职，应当有罪受罚，清世祖念范文程没有依附睿亲王多尔衮，诏命将他仅革职赎罪。本年他就官复原职。顺治九年，范文程荷蒙恩诏，又晋升世职一等精奇尼哈番，授任议政大臣，监督纂修《太宗实录》。

当时各省的钱粮多半不能如数完纳，一年亏缺达四百余万，以致国家赋税亏欠饷银不足。范文程奏疏说："湖广、江西、河南、山东、陕西五省长期遭受战乱，民人稀少，请求在这几省兴办屯田，设置屯道二员、同知四员，让总督巡抚拣选属员中正直有为的干练之才充任这些职位,将选拔屯田官吏是否得当作为衡量考察总督巡抚功过的标准。督屯官吏的俸禄米石,第一年由兴办屯田所获支付。自此之后,官吏的俸禄米石均出自屯田所得,官员有增加但没有俸禄费用支出。"屯田所需的耕牛,或谷种,或农器,听从兴办屯田道员调拨州县仓库储备发放。屯田开始时派兵驻守,荒芜田地多而且引水灌溉渠道便利的地方,由近及远以次兴办屯田。无主的田地,或有主而抛弃不耕的地亩,都要设为官屯。百姓有愿意耕种而财力不足的,官府资助耕牛或者谷种,屯田收获的三分之一归耕田者,三年以后此地可作为民业。编制户籍,保甲联防,既有助于地方守卫瞭望,又能防止杜绝不法之徒活动。如果屯田民人没有财产,官府可以支付他们工钱。这样百姓就将免遭饥饿之苦,流亡漂泊的民人应当得以聚集。第一年屯田所收获的粮草,听凭管屯之吏储备存留,出陈易新,作为第二年屯田的本钱;如果有多余粮草,就供给屯所附近的驻军,不能限额索取盈余的部分。三年以后所收获的粮草渐渐增多时,雇佣车船运输用为粮饷。不要烦扰屯田官吏,不要役使屯田民人,不要使用屯田耕牛。屯田所在州县的官员要接受兴屯道员的发令调遣,屯田官员胜任本职守,三年内晋升二级,享受边疆俸禄待遇;不称职的,责令巡按纠察劾办;如有徇私包庇的,就以同罪惩治;这就是所说的赏要讲信用,罚要坚决执行。"清世祖很赞赏他的议奏。

顺治十年,范文程再次与同僚奏疏:"请求敕令部院三品以上的大臣,各自举荐所知的人才,不论满、汉族新旧勋贵,不拘品级高下,不避新疏恩怨,凭着才干推举,分别专折具奏,列举他的事迹,以备圣上随时召见任用。考察他的评论主张,核查他的办事能力,同时看荐举他的是什么人,而此人是否胜任,使圣上早早深悉明鉴在心,以备候缺简用。称职的,酌量职位高低,功绩大小,连同举荐的人,一并给予奖赏;不称职的,判定罪过的轻重,连同推荐的人,一并给予惩罚。"清世祖特别批准他们的请求。

清世祖勤理国家政务,屡屡驾幸内院,召见诸位大臣从容咨商国事。范文程常常以文臣首辅秉乘圣旨,陈奏答对颇合清世祖的心意。曾经有一次正值端午节,各位值班当差的大臣散班早些,清世祖说:"凭借依靠天赐福佑,众人希图安乐,是人之常情。不过想要安逸必须先从长远大处着想,只有使国家大治安定,才能永远享受安乐。不是这样的话,安乐也是暂时的。"又说:"人怎能没有过失,但能改过就是好的。成汤的盛德,在于不以改过为耻辱,像明武宗嬉戏游乐无度,将罪过推卸给臣吏,这难道是修身养性治人之道吗?"范文程于是奏称:"明君良臣,一定要努力放弃邪念,才能荷蒙天赐福佑,有益于国家政务。"清世祖说:"很好。从今以后,我有过错就改正,爱卿等也应当黾勉勤奋,不忘记竭诚忠告就行了!"清世祖曾经诏命派遣官员赴各省审理案狱,范文程说:"在此之前要派遣满、汉大臣巡视地方,因为担心扰累百姓,所以取消不行。现在全国许多地方遭受水旱灾害,百姓劳累不得休息,应当停止派使前往。如今禁止从重惩治囚犯,诏令各省巡抚详细核查案囚,有可以从轻治罪发落和案情尚有可疑之处的,奏闻圣上裁定处理。"清世祖同意他的意见。范文程评论政务,务求简明扼要,秉持大体,多半都像上述所说的。

顺治十一年八月,清世祖加恩赏赐各位辅政大臣,特别加封范文程为少保兼太子太保,范文程奏疏辞谢,就称自己年老多病,请求准予退休。九月,清世祖温旨慰谕,晋升范文程为太傅兼太子太师,批准他退休。清世祖念范文程是祖宗朝的旧臣,对国家有大功,赏赐礼遇丰厚:范文程患病时,清世祖曾经亲自调制药丸赏赐;派遣画师到他的府第为他画像,收藏在内府;赏赐他的御用衣饰物品,多不胜数;又因范文程体貌魁伟,诏命特制衣冠给他,以求衣冠得体合身。清圣祖康熙即位后,特命他前往太宗山陵祭告,因哀伤过度趴在地上不能起来。康熙五年八月康戌,范文程去世,享年七十岁。清圣祖亲自为他撰写祭文,派遣礼部侍郎黄机前来宣读谕祭,赐葬怀柔县红螺山,刻立碑文记述功绩,谥号文肃,清圣祖御书的祠堂匾额说他有"元辅高风"。范文程的儿子有承荫、承谟、承勋、承斌、承烈、承祚诸人,承谟自有传记。

范承勋字苏公,是范文程的第三子。凭借父兄的功绩,先后担任御史、郎中。康熙十九年,谭弘发动叛乱,清圣祖命令范承勋与郎中额尔赫图前往彝陵,催促将军噶尔汉与他作战,并负责督办将湖广的粟谷转运军营。康熙二十年,清军进攻云南,诏命范承勋随军仍像原来一样督办军饷事务。康熙二十二年,他回到京城,监理崇文门税收。康熙二十三年,清圣祖命令六部九卿荐举廉吏,范承勋在被推举之列,调任内阁学士。康熙二十四年,授任广西巡抚,奏疏请求容县、郁林州沦陷叛贼后拖欠的赋税,免于追缴;额定各属征交的米数,可以兼收实物或折成钱币交纳。康熙二十五年,擢升云贵总督,奏疏确定云南援剿两个副将驻军地点,裁减贵州的十五卫、十所,改并州县,并增设七县。康熙二十七年,湖广发生兵乱,云南当时每年铸造钱币,造成钱币积压过剩,军饷的十分之三都发放钱文,对军务造成不便。恰逢将左协绿营移调寻甸,于是士兵喧嚷为乱,省城的驻兵也将起乱响应,范承勋诛杀为首的二十一人,兵乱才被平息。于是范承勋奏疏请求停止云南铸造钱文,以银两供给军饷。康熙二十八年,土番阿所杀害土番头目鲁姐,逃跑藏匿在东川土妇安氏的处所,经常四处掠夺,成为民害。此事奏闻朝廷后,清圣祖命令郎中温葆会同范承勋等前往东川,发布公文给土妇安氏,要她献出阿所,阿所被斩杀。

云南省自从吴三桂发动叛乱后,康熙二十一年至二十七年,拖久屯赋应当补征完纳,范承勋奏疏请求分年附带征收,清圣祖下达诏书全部给予蠲免。康熙二十九年,范承勋奏疏规定云南额纳的秋粮,可以兼收实物或折成钱币交纳,贵州提督马三奇请求将军饷折成钱币交纳,范承勋奏疏说:"折价低贱会使士兵生活拮据,折价昂贵又会使民人颇多不利,应当以时价为准左右通融损益。秋收之后,各府察看市价,可以兼收实物或折成钱币交纳。"康熙三十一年,范承勋奏疏设立永北镇,罢撤洱海营,增置大理府城守将吏人数。康熙三十二年,范承勋来京觐见清圣祖。

康熙三十三年,范承勋调任都察院左都御史。六月,江南江西总督傅拉塔去世,清圣祖难得合适人选,就将此职授给范承勋。同时谕令说:"范承勋性情坚定,平易近人,理当胜任此职。"范承勋赴任后,奏疏将凤阳关税收监督移驻正阳关。江西民人交纳粮赋,出资要官吏把税粮运送省城,谓之脚价,不久将它作为违例追并官项,范承勋奏疏请求停止追并,户部议奏认为不可,清圣祖特批照他请求办理。江南地势低下潮湿,仓储谷物容易霉烂蛀虫,范承勋奏疏请求"江苏、安徽各州县,在每年的春夏之际,将仓储谷物的十分之二三平价出售,出陈易新"。又因为江南额纳赋税沉重,范承勋奏疏请求"各州县经办征收赋税分数，要看续完多少为轻重。康熙十八年以后拖欠的赋税分年附带征收，使官吏考成期限放宽，以缓解民力。"都照范承勋议奏施行办理。康熙三十五年，淮安、扬州、徐州诸府发生灾荒，范承勋奏疏请求发放省仓米石十万石，续借京口备留凤仓的漕运存麦，用来赈济救灾，百姓赖以平安度过灾荒。康熙三十八年，范承勋授任兵部尚书。康熙三十九年，清圣祖诏命范承勋前往监修黄河高家堰堤坝工程。康熙四十三年，工程竣工，被加封太子太保。康熙五十三年，范承勋去世。

范承勋起初授任广西巡抚，入朝辞行赴任时，清圣祖告诫他说："你的父亲兄长都为国家尽心效忠，你理当洁身自浩爱惜百姓，不要轻信幕僚之言，胡作非为，沽名钓誉。"等到范承勋由云贵总督任上前来入觐朝见，清圣祖正在拜谒孝陵，范承勋迎谒圣祖于米峪口，清圣祖见到他后说："你的父亲兄长是先朝旧臣，你的兄长又能尽忠报国。朕看见你于是想到你的兄长，心里感到无比悲伤。不见你已八九年，你的胡须鬓发竟变得这样皓白。京郊之野苦寒，将朕所御的貂冠、貂褂、狐白裘赏赐给你。你暂且不要更衣，担心你会中风受寒。明天可以穿着前来谢恩。"圣祖念文程、范承谟的旧恩，于是范承勋才得到这样丰厚的待遇。

范时绎，是范承勋之子。雍正初年，由佐领三次调迁为马兰镇总兵。雍正四年，受命署理两江总督。本年，升任正蓝旗汉军都统。雍正五年，调任镶白旗汉军都统，同时署理两江总督如故。十二月，范时绎奏疏称："请求自雍正六年开始，江苏、安徽各州县应征丁银，平均摊入地亩内征收。"地丁合一征收之制由此开始施行。雍正六年，授任户部尚书，仍旧署理两江总督。范时绎为官在任时，曾经奏疏请求在通州运河靠近入海的地方，修造涵洞以备随时蓄积流出运河之水。规划扬州水利，疏浚海口，疏导车路、白涂、海沟各大水系，以泰州运盐河作为其堤坝。在盐城，如皋各水系的入海处，修造水闸如同涵洞。整治两淮盐政，增设庙湾、盐城二营漕标的兵吏数目。这些建议都被交部依议施行。清世宗因为苏州、松江各处多有盗贼，范时绎禁盗才绌，诏命将江苏七府五洲的盗案归属浙江总督李卫处理。李卫以符咒惑众图谋不轨的罪名，逮捕江宁之民张云如，而范时绎曾经与他有过往来关系，李卫就以此为据弹劾范时绎有罪。雍正八年，清世宗诏命尚书李永升会同李卫审理此案，情况属实，诛杀张云如，范时绎被解任。清世宗召他回京，命他管理太平峪风水园事务。随即又命他协理河东事务，河东总督田文镜再次以耽误工期的罪名弹劾他，清世宗的诏谕说："朕因为范时绎是勋臣之后，连加以擢用。朱鸿绪曾经奏报范时绎廉洁，以至于日常所需之物都不能自给，朕很为之动心，给他优厚的养廉银两。后来得知范时绎对例定应当得到的，未尝没有不取的。朕还令增加他的俸禄，原因就想让他廉洁奉公，使他殚精竭虑于封疆大臣之务。看到范时绎祖庇私交，容忍不法之徒，朕又密谕李卫要设法好好保全他。况且范氏为名门望族，唯有范时绎和他堂弟范时捷，作为勋臣后裔，家族荣耀传到他们这一辈渐至败落，朕心有所不忍，所以有委曲求全之至意。再次命他协理黄河事务，岂能想到黄河汛期危急，而范时绎却安坐于旁，弃置国事不理，视民命为草芥一般。辜负圣命玩忽职守，其他人都不能免罪，何况范时绎呢？"范时绎被逮捕治罪，刑部议奏因牵连张云如案狱，判他斩首，清世宗再次特批赦免他。授任范时绎为镶蓝旗汉军副都统。雍正十年，范时绎授为工部尚书，兼任镶黄旗汉军都统。雍正十二年，被罢免尚书一职。雍正十三年，范时绎再次因行贿被侍卫保柱弹劾，将他交部议罪，不久得到赦免。乾隆六年，范时绎去世。

李森先传

【题解】

李森先，字琳枝，山东掖县人，崇祯年间进士，历任江西道监察御史、江南巡按等职，直言敢谏，多次因上疏言事而获罪，又多次被重新起用。

【原文】

李森先，字琳枝，山东掖县人。明崇祯进士。顺治二年，自国子监博士考选江西道监察御史。启睿亲王发大学士冯铨贪秽及其子源淮诸不法状，御史吴达、给事中许作梅、庄宪祖、杜立德、御史王守履、罗国士、邓孕槐、桑芸等先后论劾。睿亲王于重华殿集大学士、刑部、科道诸臣，召铨等面质，以为无实迹，责森先启请肆市语过当，夺官。世祖既亲政，铨罢去。九年十一月，大学士范文程以劾铨诸疏进，上阅之竟，曰："诸臣劾铨诚当，何为以此罢？"文程曰："诸臣劾大臣，无非为君国，上当思所以爱惜之。且使大臣而能钳制言官，非细故也。"越数日，上谕吏部，诸臣以劾铨罢者皆起用，森先补原官。

十三年，巡按江南，劾罢贪吏淮安推官李子燮、苏州推官杨昌龄，论如律。巡苏州，杖杀不法僧三遮、优王紫稼并为优张榜少年沈浚，一时震悚。淮安吏张电臣坐侵蚀漕折银一百二十两有奇，例当追比，森先为疏请缓之。上责森先徇纵，夺官，逮至京讯鞫，事白，复原官。

十五年，应诏陈言，略曰："上孜孜图治，求言诏屡下；而诸臣迟回观望者，皆以从前言事诸臣，一经惩创，则流徙永锢，相率以言为戒耳。臣以为欲开言路，宜先宽言官之罚。如流徙谏臣李呈祥、季开生、魏琯、李祖、郝浴、张鸣骏等，皆与恩诏因公诖误例相应，倘蒙俯赐轸恤，使天下昭然知上宽宥直臣，在远不遗。凡有言责者，有不洗心竭虑而与起者乎？"上责其市恩徇情，夺官，下刑部议，流徙尚阳堡，上仍宽之，复原官。寻命察荒河南，用左都御史魏裔介言，给敕印，未讫事而卒。

十七年，上命吏部开列建言得罪诸臣，其流徙者，举呈祥、琯、祖、开生及彭长庚、许尔安凡六人。上命释呈祥，许琯、开生归葬。馀虽系建言，情罪不同，无可宽免。祖、开生自有传。

【译文】

李森先，字琳枝，山东掖县人。明朝崇祯年间中进士。清顺治二年，由国子监博士考选任江西道监察御史。向睿亲王多尔衮揭发大学士冯铨贪秽及其子源淮的违法情况，御史吴达、给事中许作梅、庄宪祖、杜立德、御史王守履、罗国士、邓孕槐、桑芸等先后指责弹劾。睿亲王多尔衮在重华殿召集大学士、刑部、科道诸臣，叫冯铨等来当面对质，以为所弹劾事无实证，责备李森先请杀冯铨而陈尸于市的话失当，削去官职。清世祖既亲理政事，冯铨被罢官而去。顺治九年十一月，大学士范文程把弹劾冯铨的有关上疏拿来请清世祖看，清世祖阅读完了以后，说："诸臣弹劾冯铨实在恰当，为什么因此而罢官？"范文程说："诸臣弹劾大臣，无非是为了君主和国家，皇上应当考虑怎样爱惜他们。并且使大臣而能够钳制言官，也不是小事。"过了几天，皇帝命令吏部，诸臣因弹劾冯铨而罢官的全部起用，李森先又任原官。

顺治十三年，巡按江南，弹劾罢免了贪官污吏淮安推官李子燮、苏州推官杨昌龄，依照法律定罪。巡按苏州，杖杀了违法僧人三遮、艺人王紫稼和为艺人张榜的少年沈浚，一时使坏人恐惧害怕。淮安吏张电臣因侵蚀漕折银一百二十余两，按惯例应当追查，李森先为此事上疏请缓办。皇帝指责李森先曲意放纵，削去官职，被逮捕回送到北京审讯，事情弄清楚后，仍复原官。

顺治十五年，响应皇帝诏书而上疏言事，简要说是："皇上努力不懈地追求国家的治理，多次下诏求直言，但诸臣之所以徘徊观望的原因，都是因为从前言事诸臣，一经惩戒，则流放徙边永远禁锢不用，大家相互以言事为警戒了。臣认为要开放言路让大家说话，应当首先放宽对言官的惩罚。如流放的谏官李呈祥、季开生、魏琯、李裀、郝浴、张鸣骏等，都和皇上所下的恩诏中因公谴误的规定相符合，如果承蒙给予深切的顾念和怜悯，使天下人都明白知道皇上宽宥直臣，在远也不遗弃。凡是有上言职责的人，有不洗荡心中杂念竭尽思虑而振作起来的吗？"皇上谴责李森先施舍恩惠顺从私情，削去官职，下刑部议论，流放尚阳堡。皇上依然宽恕了李森先，让他官复原职。不久命他视察河南灾荒情况，因左都御史魏裔介建议，给他敕印，事情尚未完毕，他就死去了。

顺治十七年，皇上命吏部开列建言犯罪诸臣的名单，其流放的，列举了李呈祥、魏琯、李裀、季开生和彭长庚、许尔安共六人。皇上命令释放李呈祥，允许魏琯、季开生归原籍安葬。其余的虽然也是因建言所致，但情况罪状不同，无可宽恕免罪。李裀、季开生各自有传。

施琅传

【题解】

施琅(1621~1692)，字琢公，福建晋江(今泉州)人。早年为郑芝龙部将。顺治初随芝龙降清，隶汉军镶黄旗。历任副将、总兵、水师提督，一度转为内大臣，康熙年间再起为水师提督，攻灭台湾郑氏政权后，封靖海侯，施琅是清初著名的战将。

清初台湾的明郑政权，残酷压榨、剥削人民。康熙年间，清廷决定征讨台湾并重用施琅为主将。施琅针对朝内水同的意见和路线，请求获得独任征剿的兵权，之后派间谍潜入台、澎，联络旧部为内应，制定了先攻取澎湖，再歼灭郑军主力的作战方案，一举获胜。攻下台湾后，他又建议在台驻兵屯守，以备御西方殖民者的再次入占台湾。

施琅为清廷攻以台湾，并在台制定的系列措施，使台湾回到祖国统一的大家庭中，同时揭开了台湾历史上新的一页。

【原文】

施琅，字琢公，福建晋江人。初为明总兵郑芝龙部下左冲锋。顺治三年，师定福建，琅从芝龙降。从征广东，戡定顺德、东莞、三水、新宁诸县。芝龙归京师，其子成功窜踞海岛，招琅，不从。成功执琅，并絷其家属。琅以计得脱，父大宣、弟显及子侄皆为成功所杀。十三年，从定远大将军世子济度击败成功于福州，授同安副将。十六年，成功据台湾，就擢琅同安总兵。

康熙元年，迁水师提督。时成功已死，其子锦率众欲犯海澄。琅遣守备汪明等率舟师御之海门，斩其将林维，获战船、军械。未几，靖南王耿继茂、总督李率泰等攻克厦门，敌惊溃，琅募荷兰国水兵，以夹板船要击，斩级千余，乘胜取浯屿，金门二岛。叙功，加右都督。三年，加靖海将军。

七年，琅密陈锦负隅海上，宜急攻之。召诣京师，上询方略，琅言："贼兵不满数万，战船不过数百，锦智勇俱无。若先取澎湖以扼其咽，贼势立绌；倘复负固，则重师泊台湾港口，而别以奇兵分袭南路打狗港及北路文港海翁堀。贼分则力薄，合则势蹙，台湾计日可平。"事下部议，寝其奏。因裁水师提督，授琅内大臣，隶镶黄旗汉军。

二十年，锦死，子克塽幼，诸将刘国轩、冯锡范用事。内阁学士李光地奏台湾可取状，因荐琅习海上事，上复授琅福建水师提督，加太子少保，谕相机进取。琅至军，疏言："贼船久泊澎湖，悉力固守。冬春之际，飓风时发，我舟骤难过洋。臣今练习水师，又遣间谍通臣旧时部曲，使为内应。俟风便，可获全胜。"二十一年，给事中孙蕙疏言宜缓征台湾。七月，彗星见，户部尚书梁清标复以为言，诏暂缓进剿。琅疏言："臣已简水师精兵两万、战船三百，足破灭海贼。请趣督抚治粮饷，但遇风利，即可进行，并请调陆路官兵协剿。"诏从之。

二十二年六月，琅自桐山攻克花屿、猫屿、草屿、乘南风进泊八罩。国轩踞澎湖，缘岸筑短墙，置腰铳，环二十余里为壁垒。琅遣游击蓝理以鸟船进攻，敌舟乘潮四合。琅乘楼船突入贼阵，流矢伤目，血溢于帕，督战不少却。总兵吴英继之，斩级三千，克虎井、桶盘二屿。旋以百船分列东西，遣总兵陈蟒、魏明、董义、康玉率兵东指鸡笼峪、四角山，西指牛心湾，分贼势。琅自督五十六船分八队，以八十船继后，扬帆直进。敌悉众拒战，总兵林贤、朱天贵先入阵，天贵战死。将士奋勇冲击，自辰至申，焚敌舰百余，溺死无算，遂取澎湖。国轩遁归台湾，克塽大惊，遣使诣军前乞降。琅疏陈，上许之。八月，琅统兵入鹿耳门，至台湾。克塽率属剃发，迎于水次，缴延平王金印。台湾平，自海道报捷。疏至，正中秋，上赋诗旌琅功，复授靖海将军，封靖海侯，世袭罔替，赐御用袍及诸服物。琅疏辞侯封，乞得如内大臣例赐花翎，部议谓非例，上命毋辞，并如其请赐花翎。

遣侍郎苏拜至福建，与督抚及琅议善后事。有言宜迁其人、弃其地者，琅疏言："明季设澎水标于金门，出汛至澎湖而止。台湾原属化外，土番杂处，未入版图。然其时中国之民潜往生聚，已不下万人。郑芝龙为海寇，据为巢穴，及崇祯元年，芝龙就抚，借与红毛为互市之所。红毛联结土番，招纳内地民，渐作边患。至顺治十八年，郑成功盘踞其地，纠集亡命，荼毒海疆。传及其孙克塽，积数十年。一旦纳土归命，善后之计，尤宜周详。若弃其地、迁其人，以有限之船，渡无限之民，非阅数年，难以报竣；倘渡载不尽，窜匿山谷，所谓藉寇兵而赍盗粮也了。且此地原为红毛所有，乘隙复踞，必窃窥内地，蛊惑人心。重以夹板船之精坚，海外无敌，沿海诸省，断难安然无虞。至时复勤师远征，恐未易见效。如仅守澎湖，则孤悬汪洋之中，土地单薄，远隔金门、厦门，岂不受制于彼，而能一朝居哉？臣思海氛既靖，汰内地溢设之官兵，分防两处：台湾设总兵一、水师副将一、陆营参将二、兵八千；澎湖设水师副将一、兵二千。初无添兵增饷之费，已足固守。其总兵、副将、参、游等官，定以二三年转升内地。其地正赋杂粮，暂行蠲豁。驻兵现给全饷，三年后开徵济用，即不尽资内地转输。盖筹天下形势，必期万全，台湾虽在外岛，关四省要害，断不可弃。并绘图以进"。疏入，下议政王大臣等议，仍未决。上召询廷臣，大学士李蔚奏应如琅请。寻苏拜等疏亦用琅议，并设县三、府一、巡道一，上命允行。

琅又疏请克塽纳土归诚，应携族属与刘国轩、冯锡范及明裔朱桓等俱诣京师，诏授克塽公衔，国轩、锡范伯衔，俱隶上三旗，余职官及恒等于近省安插垦荒。复疏请申严海禁，稽核贸易商船。命如所议。

二十七年，入觐，温旨慰劳，赏赉优渥。上谕琅曰："尔前为内大臣十有三年，当时尚有轻尔者。惟朕深知尔，待尔甚厚。后三逆平定，惟海寇潜据台湾为福建害，欲除此寇，非尔不可。朕特加擢用，尔能不负任使，举六十年难靖之寇，殄灭无馀。或有言尔恃功骄傲，朕令尔来京。又有言当留勿遣者，朕思寇乱之际，尚用尔勿疑，况天下已平，反疑而勿遣耶？今命尔复任，宜益加敬慎，以保功名"。琅奏谢，言："臣年力已衰，惧勿胜封疆之重"。上曰："将尚智不尚力。朕用尔亦智耳，岂在手足之力哉？"命还任。三十五年，卒于官，年七十六，赠太子少傅，赐祭葬，谥襄壮。

琅治军严整，通阵法。尤善水战，谙海中风候。将出师，值光地请急归，问琅曰："众皆言南风不利，今乃刻六月出师，何也？"琅曰："北风日夜猛。今攻澎湖，未能一战克。风起舟散，将何以战？夏至前后二十余日，风微，夜尤静，可聚泊大洋。观衅而动，不过七日，举之必矣。即偶有飓风，此则天意，非人虑所及。郑氏将刘国轩最骁，以他将守澎湖，虽败，彼必再战。今以国轩守，败则胆落，台湾可不战而下"。及战，云起东南，国轩望见，谓飓作，喜甚。俄，雷声殷殷，国轩推案起曰："天命矣！今且败"。人谓琅必报父仇，将致毒于郑氏。琅曰："绝岛新附，一有诛戮，恐人情反侧。吾所以衔恤茹痛者，为国事重，不敢顾私也"。子世纶、世骠，自有传；世范，袭爵。

施琅，字琢公，福建晋江人。起初为明总兵郑芝龙部下的左冲锋。顺治三年，清军平定福建，施琅跟随芝龙投降。随从大军去征讨广东，平定顺德、东莞、三水、新宁各县。郑芝龙归附京师，其子郑成功逃窜并占据了海岛，成功招施琅回去，施琅不肯听从。成功拘捕了施琅，同时囚禁了他的家属。施琅用计才得以逃脱，但父亲施大宣、弟弟施显及子侄都为成功所杀。十三年，施琅随从定远大将军世子济度在福州打败郑成功，清廷授他为同安副将。十六年，成功占据台湾后，清廷提升他为同安总兵。

康熙元年，施琅升为水师提督。这时郑成功已经去世，其子郑锦率众想入犯海澄，施琅派遣守备汪明等率领水军到海门抵御，斩杀了郑军将领林维，缴获了战船、军械。不多久，靖南王耿继茂、总督李率泰等攻克厦门，敌方震惊溃败，施琅招募荷兰国水兵，用夹板船前去拦腰攻击，斩首级一千多，再乘胜攻取浯屿、金门二岛。叙录战功，施琅加右都督。三年，加为靖海将军。

七年，施琅秘密向清廷奏述郑锦在海上负隅顽抗，应该迅速去进攻他们。康熙召施琅到京师，亲自向他询问计谋策略，施琅说："贼兵不满几万，战船不过几百，郑锦智勇全无。如果先攻取澎湖来掐住他们的咽喉，贼势立即会减损；如果他们再依仗地形险固顽抗，那么就派重兵停泊在台湾港口，然后另以奇兵分路袭击南路打狗港及北路文港海翁堀。敌兵分散力量就薄弱了，聚合则势态就穷蹙，台湾数着日子就可平定了。"这事下部讨论，没有按施琅的奏章去实行。因裁减水师提督，清廷授施琅为内大臣，隶属镶黄旗汉军。

二十年，郑锦死，其子郑克塽年幼，将领中由刘国轩、冯锡范管事。清内阁学士李光地奏报台湾可以攻取的情况，因此向上推荐施琅，说他熟悉海上事务，康熙再次授施琅为福建水师提督，加太子少保，嘱咐他伺机发兵前去攻取。施琅到军中，上疏说："贼船长久停泊在澎湖，全力固守着。冬春之际，飓风时有发生，我方战船难以迅速过洋。我现在训练教习水师，又派间谍去交通我以前的部属，使他们作为内应。待到风候适宜时进攻，可以获得全胜。"二十一年，给事中孙蕙上疏说应该缓征台湾。七月，有彗星出现，户部尚书梁清标再对此事发表意见，朝廷下诏暂缓进剿。施琅上疏说："我已挑选水师精兵两万人、战船三百艘，足以攻破消灭海贼。请求催促督抚办理粮饷事，只要遇到对我们有利的风候，就可以发兵启行，同时请调陆路官兵协助进剿。"清廷下诏表示听从他的意见。

二十二年六月，施琅从桐山攻克花屿、猫屿、草屿，乘着南风行使并停泊到八罩。刘国轩盘踞在澎湖，沿岸筑起短墙，购置了腰铳，环围有二十多里作为壁垒。施琅派遣游击蓝理用鸟船进攻，敌舰乘涨潮从四面涌合。施琅乘着楼船突入贼阵，被流箭射伤了眼睛，血从帕巾溢出，但他督战毫不退却。总兵吴英接替了他，斩首级三千，攻克了虎井，桶盘二岛屿。紧接着施琅将一百艘战船分列东西二路，派总兵陈蟒、魏明、董义、康玉率兵往东指向鸡笼峪、四角山，往西指向牛心湾，以分散敌人兵力。施琅亲自督领五十六艘船分成八队，以八十艘船紧跟其后，扬帆直驰进去。敌方倾巢出来拒战，总兵林贤、朱天贵先入战阵,朱天贵战死。将士们从正中奋勇出击,从辰时战到申时,焚烧敌舰一百多艘,溺死的敌兵不计其数,终于攻下了澎湖,刘国轩逃回台湾。郑克塽大为惊恐,遣派使者到施琅军前乞降。施琅上疏奏陈,康熙允许接纳郑氏。八月,施琅统领军兵进入鹿耳门,到台湾。郑克塽率领属下剃了头发,跪迎到水岸,缴出延平王金印。台湾平定,从海道向朝廷报捷。奏疏传到京师,正值中秋佳节,康熙赋诗表彰施琅的功勋,再次授他为靖海将军,封靖海侯,世袭永不废弃,还赐予御用袍服及其他衣服物品。施琅上疏推辞所封侯爵,请求按内大臣的样子赐予花翎,部里讨论说没有这样的先例,康熙命令不要推解,并遵照他的请求赐予花翎。

清廷派遣侍郎苏拜到福建,与督抚及施琅商论攻下台湾后如何妥善处理有关遗留问题。有人提出应该迁移那里的人民,放弃那里的土地,施琅上疏说:"明末在金门设澎水标,从军地戍防地直到澎湖为止。台湾原来就属于中央教化不到的地方。土番杂处,没有划入版图。然而当时中国的老百姓偷偷去那里生活聚集,已不下一万多人。郑芝龙为海盗时,占氢台湾作为巢穴。到崇祯元年,郑芝龙接受明朝安抚,将台湾借与荷兰红毛鬼,作为互市的地方,红毛联结土番,招纳内地百姓,渐渐形成了边患。到顺治十八年,郑成功盘踞了这块土地,纠集亡命之徒,毒害海疆。成功传到其孙郑克塽,总共已有几十年了。一旦收复土地归回朝廷,妥善处理遗留问题,尤其应当周全详尽。如果放弃那里的土地,搬迁那里的人民,用有限的舟船,渡无限的百姓,不经历数十年,是难以完成的;如果渡载不尽,有人逃窜隐匿到山谷中,就是所谓的凭借寇兵而供给强盗粮饷。况且此地原来为红毛鬼所掌握,如果他们钻空子再来占据,必定暗中窥测内地,蛊惑人心。借重夹板船的精坚,在海外所向无敌,沿海各省,断然难以安然无恙了。到时再千辛万苦派兵远征,恐怕也不容易见成效。如果仅仅驻守澎湖,那么必定是孤悬在汪洋之中,土地单薄,远离金门、厦门,岂不受他们的制约,而能为我一朝独立统治吗?我想海上战氛平息之后,应淘汰内地多设的官兵,分别去防守两个地方;台湾设总兵一人、水师副将一人、陆军参将二人、兵八千;澎湖设水师副将一人、兵二千。开始时虽然没有添兵增饷的经费。但已是能牢固地防守了。那里的总兵、副将、参将、游击等官,规定二、三年转开到内地。那里土地的正赋杂粮,暂时实行蠲免。驻军现在先给全饷,三年后征粮接济日用,即可不必完全到内地转运。大凡筹划天下形势,一定要考虑周全,台湾虽在大陆以外的岛屿,但关联到四省要害,绝对不可放弃。同时我要绘地图进献。"疏入朝廷,下到议政王大臣等人中讨论,仍然设有定论。康熙召来廷臣询问,大学士李尉上奏说,应该如施琅的请求去做。接着,苏拜等人奏疏也表示可用施琅建议,同时在台湾设三县、一府、一巡道,康熙下令允许照此实行。

施琅又上疏请郑克塽交纳土地归顺效忠于清朝,应带同族亲属与刘国轩、冯锡范及明后裔朱桓等都到京师,皇帝诏令授郑克塽公衔,授刘国轩、冯锡范伯衔,都隶属于上三旗,其余职官及朱垣等,将他们安插在近省去垦荒。再上疏请求重申严行海禁,考核贸易的商船。朝廷命令照他的意见办事。

二十七年,施琅去朝见康熙,康熙以情词真挚的话来慰劳他,赏赐十分优厚。康熙告谕施琅说："以前你作为内大臣有十三年,当时还有轻视你的人。唯独我深深地了解你,待你很为器重。后来三个逆藩平定,只有海寇占据在台湾,为福建祸害,想要消灭这些海寇,非你不可。我特别对你加以提升进用,你不负重托,一举攻克六十年来难以扫平的贼寇,并将他们消灭干净。可能有人说你恃功骄傲,我就命令你到京城来。又有说你应当留下不能再派遣出去的,我想盗寇动乱之际,用你还从不起疑,何况现在天下已经太平,反而怀疑却不派你出去? 如今命令你再次赴任,你应该更加谨慎,以保功名。"施琅奏谢,说道:"我年老力衰,怕不能胜任封疆的重任。"康熙说:"用将崇尚的是才智而不是力气。我用你也在于你的才智,岂能在于手足的力气呢?"命令施琅还任。三十五年,施琅在任上去世,终年七十六岁,赠为太子少傅,赐予祭葬,谥号襄壮。

施琅治军严肃整齐,通晓阵法。尤其善于水战,熟悉海上风向气候。一次施琅将要出师,正好李光地想赶紧回去,就问施琅说:"大家都说刮南风不利出战,如今就限在六月出师,为什么呢?"施琅说:"北风刮起来日夜都很猛烈。现在进攻澎湖,不可能一战就攻克下来。风起船只被吹散,将领如何作战? 夏至前后二十多日,风小,夜尤为安静,战船可集中停泊在汪洋上。见机行动,不过七天,举事必定取胜。假使偶然遇有飓风,那么这是天意,不是人事先所能考虑到的。郑氏的将领中刘国轩最为勇猛,用其他将守卫澎湖,虽然战败,他们必定要再战。如今以刘国轩驻守,战败了就会胆怯,台湾可以不战而下。"到作战时,东南方向起了云,刘国轩望见,说是将起大风,极为欢喜。一会儿,雷声殷殷,刘国轩推开案桌,突然站起来说:"天命啊! 今日将要战败了。"人们以为施琅一定会报父仇,将对郑氏下毒手。施琅说:"孤岛新附,一有诛杀,恐怕人心反复无常。我之所以要含忧饮痛,是以国事为重,不敢顾及私仇啊!"施琅子施世纶、世骠,各自有传;施世范,承袭爵位。

汤斌传

【题解】

汤斌(1607~1687),字孔伯,别号荆岘,晚年又号潜庵,河南淮阳人,以清廉刚正、敢言直谏闻名于顺、康两朝。汤斌的青年时代,正值易朝之战乱,他饱受颠沛流离的痛苦,阅尽民间疾苦和贪官污吏的暴戾,因而铸就了他疾恶如仇、刚直不阿的性格和体恤民情、主持正义的思想。考取进士后,他并不汲汲于名利,而是自甘清苦,在京时,所住邸舍不避风雨,然而他却潜心时政,留意古今治道。他不论在何处任职,都是恪尽职守,洁己爱民。康熙皇帝称赞他"实心任事",百姓们爱戴他,送他外号"豆腐汤",以颂扬他为官清廉。他离任时,百姓与他挥泪而别,他蒙冤时,百姓为他不平,甚至要击鼓鸣冤。作为清官,汤斌一向与结党乱政、朋比为奸之徒势不两立,并与之进行斗争,因而屡遭排挤、陷害,然而他却全然不顾,他曾自题一联:"君恩高似天,臣心直如矢,"表达了做一名清官的决心。

【原文】

汤斌，字孔伯，河南睢州人。明末，流贼陷睢州，母赵殉节死，事具《明史·列女传》。父契祖，挈斌避兵浙江衢州。顺治二年，奉父还里。

九年，成进士，选庶吉士，授国史院检讨。方议修《明史》，斌应诏言："《宋史》修于元至正，而不讳文天祥、谢枋得之忠；《元史》修于明洪武，而亦著丁好礼、巴颜布哈之议。顺治元、二年间，前明诸臣有抗节不屈、临危致命者，不可概以叛书，宜命纂修诸臣勿事瞻顾。"下所司，大学士冯铨、金之俊谓斌奖逆，拟旨严饬，世祖特召至南苑慰谕之。时府、道多缺员，上以甩人方亟，当得文行兼优者，以学问为经济，选翰林官。得陈炚、黄志遴、王无咎、杨思圣、蓝润、王舜年、范周、马烨曾、沈荃及斌凡十人。

斌出为潼关道副使。时方用兵关中，征发四至。总兵陈德调湖南，将两万人至关欲留，斌以计出之，至洛阳哗溃。十六年，调江西岭北道。明将李玉廷率所部万人据零都山寨，约降，未及期，而郑成功犯江宁。斌策玉廷必变计，夜驰至南安设守。玉廷以兵至，见有备，却走。遣将追击，获玉廷。

斌念父老，以病乞休，丁父忧。服阕，闻容城孙奇逢讲学夏峰，负笈往从。康熙十七年，诏举博学鸿儒，尚书魏象枢、副都御史金铉以斌荐，试一等，授翰林院侍讲，与修《明史》。二十年，充日讲起居注官、浙江乡试正考官，转侍读。二十一年，命为《明史》总裁官，迁左庶子。二十三年，擢内阁学士。江宁巡抚缺，方廷推，上曰："今以道学名者，言行或相悖。朕闻汤斌从孙奇逢学，有操守，可补江宁巡抚。"濒行，谕曰："居官以正风俗为先。江苏习尚华侈，其加意化导，非旦夕事，必从容渐摩，使之改心易虑。"赐鞍马一、表里十、银五百，复赐御书三轴，曰："今当远离，展此如对朕也！"十月，上南巡，至苏州，谕斌曰："向闻吴阊繁盛，今观其风土，尚虚华，安佚乐，逐末者多，力田者寡。尔当使之去奢返朴，事事务本，庶几可挽颓风。"上还跸，斌从至江宁，命还苏州，赐御书及狐腋蟒服。

初，余国柱为江宁巡抚，淮、扬二府被水，国柱疏言："水退，田可耕，明年当征赋。"斌遣复勘，水未退，即田出水处犹未可耕，奏寝前议。二十四年，疏言："江苏赋税甲天下，每岁本折五六百万。上命分年带征漕欠，而地丁钱粮，自康熙十八年至二十二年，五年并征。州县比较，十日一限。使每日轮比，则十日中三日空闲，七日赴比。民知剜补无术，拌皮骨以捱征比；官知催科计穷，拌降革以图御担。恳将民欠地丁钱粮照槽项一例，于康熙二十四年起，分年带征。"又疏言："苏、松土隘人稠，而条银漕白正耗以及白粮经费漕剩五米十银，杂项差徭，不可胜计。区区两府，田不加广，而当大省百余州县之赋，民力日绌。顺治初，钱粮起存相半，考成之例尚宽。后因兵饷急迫，起解数多。又定十分考成之例，一分不完，难逃部议。官吏顾惜功名，必多苟且，参罚期迫，则以欠作完；赔补维艰，又以完为欠。百姓脂膏已竭，有司智勇俱困，积欠年久，惟恃恩蠲。然与其赦免于追呼既穷之后，何若酌减于征比未加之先。恳将苏、松钱粮各照科则量减一二成，定适中可完之实数，再将科则稍加归并，使简易明白，便于稽核。"又请蠲苏、松七府州十三年至十七年未完银米，淮、扬二府十八九两年灾欠，及邳州版荒、宿迁九厘地亩款项，并失额丁粮。皆下部议行。九厘地亩款项，即明万历后暂加三饷。宿迁派银四千三百有奇，至是始得蠲免。

淮、扬、徐三府复水，斌条列蠲赈事宜，请发帑五万，籴米湖广。不竢诏下，即行咨请漕运总督徐旭龄、河道总督靳辅分赈淮安，斌赴清河、桃源、宿迁、邳、丰诸州县察赈。疏闻，上命侍郎素赫助之。先后奏劾知府赵禄星、张万寿，知县陈协濬、蔡司沾、卢绽、葛之英、刘涛、刘茂位等。常州知府祖进朝以失察属吏降调，斌察其廉，奏留之。又疏荐吴县知县刘滋、吴江知县郭琇廉能最著，而征收钱粮，未能十分全完，请予行取。下部皆议驳，特旨允行。

斌令诸州县立社学，讲《孝经》《小学》，修泰伯祠及宋范仲淹、明周顺昌祠，禁妇女游观，胥吏、倡优毋得衣裘帛，毁淫词小说，革火葬。苏州城西上方山有五通神祠，几数百年，远近奔走如鹜。谚谓其山曰"肉山"，其下石湖曰"酒海"。少妇病，巫辄言五通将娶为妇，往往瘵死。斌收其偶像，木者焚之，土者沉之，并饬诸州县有类此者悉毁之，撤其材修学宫。教化大行，民皆悦服。

方明珠用事，国柱附之。布政使龚其旋坐贪，为御史陆陇其所劾，因国柱贿明珠得缓。国柱更欲为斌言，以斌严正，不得发。及蠲江南赋，国柱使人语斌，谓皆明珠力，江南人宜有以报之，索赇，斌不应。比大计，外吏辇金于明珠门者不绝，而斌属吏独无。

二十五年，上为太子择辅导臣，廷臣有举斌者。诏曰："自古帝王谕教太子，必简和平谨恪之臣，统率宫僚，专资辅翼。汤斌在讲筵时，素行谨慎，朕所稔知。及简任巡抚，洁己率属，实心任事。允宜拔擢，以风有位。"授礼部尚书，管詹事府事。将行，吴民泣留不得，罢市三日，遮道焚香送之。初，靳辅与按察使于成龙争论下河事，久未决。廷臣阿明珠意，多右辅。命尚书萨穆哈、穆成额会斌勘议，斌主浚下河如成龙言。萨穆哈等还京师，不以斌语闻。斌至，上问斌，斌以实对，萨穆哈等坐罢去。

二十六年五月，不雨，灵台郎董汉臣上书指斥时事，语侵执政。下廷议，明珠惶惧，将引罪。大学士王熙独曰："市儿妄语，立斩之，事毕矣。"斌后至，国柱以告，斌曰："汉臣应诏言事无死法。大臣不言而小臣言之，吾辈当自省。"上卒免汉臣罪。明珠、国柱愈恚，摘其语上闻，并摭斌在苏时文告语，曰："爱民有心，救民无术"，以为谤讪。传旨诘问，斌惟自陈"资性愚昧，愆过丛集"，乞赐严加处分。左都御史璩丹、王鸿绪等又连疏劾斌。会斌先荐候补道耿介为少詹事，同辅太子，介以老疾乞休。詹事尹泰等劾介侥倖求去，且及斌妄荐，议夺斌官，上独留斌任。国柱宣言上将隶斌旗籍，斌适扶病入朝，道路相传，闻者皆泣下，江南人客都下者，将击登闻鼓讼冤，继知无其事，乃散。

九月，改工部尚书。未几，疾作，遣太医诊视。十月，自通州勘贡木归，一夕卒，年六十一。斌既卒，上尝语廷臣曰："朕遇汤斌不薄，而怨讪不休，何也？"明珠、国柱辈嫉斌甚，微上厚斌，斌祸且不测。

斌既师奇逢，习宋诸儒书。尝言："滞事物以穷理，沉溺迹象，既支离而无本；离事物而致知，骋聪黜明，亦虚空而鲜实。"其教人，以为"必先明义利之界，谨诚伪之关，为真经学、真道学，否则讲论、践履析为二事，世道何赖？"斌笃守程、朱，亦不薄王守仁。身体力行,不尚讲论,所诣深粹。著有《洛学编》《潜庵语录》。雍正中,入贤良祠。乾隆元年,谥文正。道光三年,从祀孔子庙。

【译文】

汤斌,字孔伯,河南睢州人。明朝末年,农民军攻陷睢州,其母赵氏为保全志节而死,事情记载于《明史·列女传》。父亲汤契祖为避战乱,带着汤斌到了浙江衢州。顺治二年,汤斌事奉父亲回到家乡。

九年,中进士,选作庶吉士,又授为国史院检讨。当时正讨论修《明史》,汤斌根据皇上的诏书进言说:"《宋史》在元朝至正年间修撰,然而不避讳文天祥、谢枋得的忠诚;《元史》在明朝洪武年间修撰,而同样记载丁好礼、巴颜布哈的建议。顺治元年、二年间,以前明朝的臣子中有为保全志节而宁死不屈、临危献身的人,不能一概以反叛来记载,应该命令纂修各大臣不要瞻前顾后、顾虑太多。"皇上将此议下到明史馆,大学士冯铨、金之俊认为汤斌奖励叛逆,代皇上起草圣旨严厉训斥,世祖却特意召汤斌到南苑安慰他。当时,很多府道缺少官员,皇上认为正值用人之际,应当选拔学问、品行兼优的人,并以学问作为经世济民的标准,选择翰林院的官员。后选到陈炌、黄志遴、王无咎、杨思圣、蓝润、王舜年、范周、马烨曾、沈荃及汤斌共十人。

汤斌被派出做潼关道副使,当时正在关中用兵,到处征发。总兵陈德调往湖南,率领两万人马到潼关后想暂驻,汤斌用计策将他送走,结果队伍到洛阳后哗变溃散。十六年,汤斌调任江西岭北道。南明将领李玉廷率领部下万人占据零都山寨,向汤斌表示归降,还没到归降期,而郑成功进攻江宁。汤斌估计李玉廷一定要改变计划,连夜奔往南安设防。李玉廷因为大兵来到,见有防备,连忙撤退。汤斌派将追击,捕获李玉廷。

汤斌考虑父亲年老,以有病为由请求辞官休假,后父死,为父守丧。守丧期满,听说容城人孙奇逢在夏峰讲学,便背着书箱前往跟随他学习。康熙十七年,皇帝下诏开博学鸿儒科取士,尚书魏象枢、副都御史金铉推荐汤斌,考试得一等,授翰林院侍讲,参与修《明史》。二十年,充当日讲起居注官、浙江乡试正考官,后升为翰林院侍毚二十一年,任命为《明史》总裁官,升为詹事府左庶子。二十三年,提升为内阁学士。江宁巡抚缺员,朝廷大臣已推举了候选人,皇上说:"现在称为道学者,有的言行不一。我听说汤斌跟随孙奇逢学习,操行很好,可以补江宁巡抚。"汤斌临行时,皇上对他说:"做官应以正风俗为先。江苏习俗崇尚奢侈,应该努力教化引导,这不是一朝一夕可以做成的事,一定要慢慢地进行,使他们改变原来的观念。"并赐鞍马一匹、衣料十块、银五百两,又赐亲笔字三幅,说:"现在该远离京城了,打开它,便如同见我的面一样。"十月,皇上南巡,到苏州,对汤斌说:"一向听说苏州阊门为最繁华的地区,今日看那里的风土人情,崇尚虚华,安于享受,从商的人多,耕田的人少。你应当使他们去掉奢侈之习返归淳朴,事事都要追求它的根源,以农业为本,也许可以挽救颓废的风气。"皇上返回时,汤斌跟随到江宁,皇上命他回苏州,赐予亲笔字及狐腋做的绣蟒官服。

起初,余国柱为江宁巡抚,淮安、扬州二府遭受水灾,余国柱上疏说:"水退之后,田还可以耕种，明年应当照例征收赋税。"汤斌派人重新查勘，发现水并没有退，即使田已露出水面的地方也无法耕种，上疏奏请废掉先前余国柱的意见。二十四年，汤斌上疏说："江苏的赋税在全国是最多的，每年的本征和折征共计五六百万。皇上命令分若干年附带征收以前的漕粮欠额，而田税和丁银，自康熙十八年至二十二年，五年一起征收。按州县统计，以十天为一个期限，如果以每日轮流的活，那么十天中只有三天空闲，七天都要轮到。百姓知道没有办法救急，舍弃性命拖延征收；官吏明白催征赋税没办法，宁愿降职、革职也希望卸掉负担。恳求将百姓所欠田税、丁银按照漕粮的做法，于康熙二十四年起，分若干年附带征收。"又上疏说："苏州、松江土地狭小，人口稠密，而条银、漕粮、白粮、正供、耗羡，以及白粮经费、漕粮剩余等五米十银，还有杂项差役，无法统计。小小的两个府，田地没有增加，而承担相当于大省百余个州县的赋税，百姓的财力一天不如一天。顺治初年，钱粮上缴和存留各半，考核官吏的条件也比较宽。后来因为急需军饷，上缴的数额多了。又制定以十分考核的办法，一分不完，就难免被户部议罪。官吏为了顾惜功名，必然有很多不循礼法之举。每当参奏、惩罚的时间临近，就将拖欠当作完成，每当赔补拖欠困难的时候，又将完成说成拖欠。百姓的膏脂已枯竭，各级官府的能力难以发挥，欠交赋税拖得时间一长，只好等待皇上施恩免征。然而，与其在穷追之后进行赦免，不如在没有加征之前酌量减少征收。恳请将苏州、松江钱粮照征收规程减少一二成，定出适中的可以完成的实际数字，再将征收项目稍加归并，使它简易明了，便于查核。"又请求免征苏州、松江等七府、州康熙十三年至十七年没完成征收的银米，淮安、扬州二府康熙十八、十九两年因灾荒而造成的欠额，以及邳州已荒废的土地、宿迁的九厘地亩款项和流失的额征丁粮。皇上都下到户部讨论准行。所谓九厘地亩款项，即明朝万历以后暂时加征的三种饷额。宿迁派银四千三百两有余，到这时才得以免征。

淮安、扬州、徐州三府再次遭水灾，汤斌逐条列举免征及救灾事宜，请求动用国库银五万两，到湖广去购米。不等圣旨颁下，便行文漕运总督徐旭龄、河道总督靳辅，请他们帮助救济淮安，汤斌自己又奔赴清河、桃源、宿迁、邳州、丰县各州县视察救灾的情况。他的上疏到朝廷之后，皇上命令侍郎素赫协助他办理。汤斌先后弹劾知府赵禄星、张万寿，知县陈协潜、蔡司沾、卢绖、葛之英、刘涛、刘茂位等。常州知府祖进朝因失察属员而降调，汤斌知道他很廉洁，奏请将他留任。又上疏推荐吴县知县刘滋、吴江知县郭琇在廉洁及才能方面最为著名，尽管征收钱粮，没能按十分全部完成，请准予调京任职。此疏下到吏部讨论后被驳回，皇上特下谕旨，允许照此办理。

汤斌命令各州县建立社学，讲《孝经》《小学》，修太伯祠及宋代范仲淹、明代周顺昌祠，禁止妇女到寺观游荡，官府小吏、卖唱跳舞者不得穿皮衣及丝织品，焚毁淫词小说，革除火葬。苏州城西上方山有座五通神祠，已有数百年历史，远近的人都争相前往。谚语称那座山为"肉山"，山下的石湖为"酒海"。年轻的女子有病，巫医便说这是五通神要娶她为妇，往往使女子病死。汤斌收缴五通神的偶像，凡是木头做的便烧掉，土做的便沉到湖里，并要求各州县凡有类似的祠堂全部毁掉，撤下原来的材料修学宫。于是，教化普遍推行，百姓都心悦诚服。

当时，明珠正在掌权，余国柱跟随他。布政使龚其旋因贪赃罪，被御史陆陇其弹劾，由于余国柱贿赂明珠得以解脱。余国柱也想在汤斌这里为他说情，因汤斌严厉正直，没能进行。当朝廷免征江南赋税时，余国柱让人告诉汤斌，说这都是由于明珠的功劳，江南人对他应有所报答，以此索取贿赂，汤斌不予理睬。到考核天下官员时，外省官吏载金到明珠门下的络绎不绝，而唯独没有汤斌属下的官吏。

二十五年，皇上为太子选择辅导大臣，朝臣中有推荐汤斌的。皇帝下诏说："自古帝王教育太子，一定要挑选谨严、恭敬的大臣，统领僚属，以专门辅佐协助太子。汤斌在任翰林院讲官时，一向是行为谨慎，这是我深知的。选任巡抚以后，廉洁对己以率领属下，并实心办事，的确应该提拔，用来感化在位者。"于是授汤斌为礼部尚书，管詹事府事。汤斌要赴京时，苏州百姓哭泣挽留未成，停市三天，满街巷烧香为他送行。原先，靳辅与按察使于成龙争论黄河下游治理事，长时间没有解决。朝臣为迎合明珠的想法，大都推崇靳辅。皇上曾令尚书萨穆哈、穆成额会同汤斌一起调查拿出意见，汤斌主张疏通下游，与于成龙所言相同。萨穆哈等回到京城，没有将汤斌的意见报告皇上。汤斌到京城后，皇上问汤斌，汤斌将实情告诉了皇上，萨穆哈等被罢官离任。

二十六年五月，无雨，钦天监灵台郎董汉臣上疏指责这是由于时事所造成的，语言触及当权者。此疏下到廷臣议论，明珠很恐慌，要自承罪责，只有大学士王熙一人表示："市井小人胡言乱语，应立即斩首，事情可以完结。"汤斌后来也到了朝廷，余国柱将这一情况告诉了他，汤斌说："董汉臣根据诏旨议论朝政，没有处死的理由。大臣们不讲而小臣敢讲，我们应该自省。"皇上终于免去董汉臣的罪。明珠、余国柱对汤斌更加怨恨，摘录他的一些言论上报，并找出汤斌在苏州发布文告中的话"爱民有心，救民无术"，作为对朝廷的诽谤。皇上传旨责问，汤斌自己表示"天资愚昧，过错很多"，请求严加处分。左都御史契丹、王鸿绪等又接连上疏弹劾汤斌。汤斌先前推荐候补道耿介为少詹事，一同辅导太子，恰逢耿介以年老多病请求辞官，詹事尹泰等弹劾耿介是有目的地请求辞官，并且提到汤斌胡乱推荐，建议革去汤斌的官职，只有皇上让汤斌留任。余国柱传言说，皇上要将汤斌降隶八旗户籍，正好汤斌带病入朝，精神不振，于是传言越传越广，听到的人都哭泣落泪，江南人住在京师的，要击登闻鼓为汤斌诉冤，后来知道没有那么回事，才散去。

九月，改任工部尚书，不久，病发，皇上派太医去诊治。十月，从通州勘查外地进贡的木料回来，一夜之间便故去，年龄六十一岁。汤斌去世后，皇上曾对廷臣说："我待汤斌不薄，而对他的怨恨、诽谤却不断，这是为什么？"明珠、余国柱等人特别嫉恨汤斌，不赞成皇上厚待汤斌，汤斌在朝廷中的灾祸一直是无法预料的。

汤斌以孙奇逢为师，学习宋代诸儒的书。他曾说："对事物要穷究其中的道理，如果囿于事物表象而不悟，对事物的了解既支离破碎又不得其本质；如果离开具体事物而又求了解它，实际上是毁掉了自己的视听，同样是虚妄不实的。"他教育人，认为"必须先弄清义和利的界限，慎重对待诚与伪的关系，研究真正的经学、真正的道学，否则将讲论和实践分离，对社会风气有什么好处呢"？汤斌忠实恪守程、朱之学，同时也不菲薄王守仁。办事身体力行，不崇尚空论，造诣精深。著作有《洛学编》《潜庵语录》。雍正时，其牌位准入贤良祠。乾隆元年,赠谥号为"文正"。道光三年,随从附祀孔子庙。

陆陇其传

【题解】

陆陇其(1630~1692),原名龙其,字稼书,浙江平湖人。康熙朝的著名清官。他四十一岁考取进士,四十六岁才做了江南嘉定县知县。他自幼读书,生性恬淡清高,不为名利所拘,赴任后即"以兴利除害、移风易俗为己任",并"以德化民"。当时的江宁巡抚慕天颜贪婪无度,一次借生日为名,大肆搜刮民财,陆陇其前往祝寿,只从袖中拿出一匹布、两双鞋作为贺礼,并说:"此非取诸民者,为公寿。"由于陆陇其不与贪官污吏合流,故而屡遭人挟私迫害,几次被罢官。然而他却泰然处之,待恢复官职,仍一心为百姓。陆陇其为官清廉在朝廷内是颇有影响的,他几次被推荐为清廉官,左都御史魏象枢等更是极力保举他,特别是他任职地区的百姓对他十分爱戴,他几次离任,百姓都是含泪相送。陆陇其离任时,只有图书几卷及妻子的织机一部,这与俗语所谓"三年清知府,十万雪花银"形成了鲜明的对照。

【原文】

陆陇其,初名龙其。字稼书,浙江平湖人。康熙九年进士,十四年,授江南嘉定知县。嘉定大县,赋多俗侈。陇其守约持俭,务以德化民。或父讼子,泣而谕之,子掖父归而善事焉。弟讼兄,察导讼者杖之,兄弟皆感悔。恶少以其徒为暴,校于衢,视其悔而释之。豪家仆夺负薪者妻,发吏捕治之,豪折节为善人。讼不以吏胥逮民,有宗族争者以族长,有乡里争者以里老。又或使两造相要俱至,谓之"自追"。征粮立"挂比法",书其名以俟比,及数者自归;立"甘限法",令以今限所不足倍输于后。

十五年,以军兴征饷。陇其下令,谓"不恋一官,顾无益于尔民,而有害于急公"。户予一名刺劝谕之,不匝月,输至十万。会行间架税,陇其谓当止于市肆,令毋及村舍。江宁巡抚慕天颜请行州县繁简更调法,因言嘉定政繁多逋赋,陇其操守称绝一尘,才干乃非肆应,宜调简县。疏下部议,坐才力不及降调。县民道为盗所杀而讼其仇,陇其获盗定谳。部议初报不言盗,坐讳盗夺官。

十七年,举博学鸿儒,未及试,丁父忧归。十八年,左都御史魏象枢应诏举清廉官,疏荐陇其洁己爱民,去官日,惟图书数卷及其妻织机一具,民爱之比于父母。命服阕以知县用。

二十二年,授直隶灵寿知县。灵寿土瘠民贫,役繁而俗薄。陇其请于上官,与邻县更迭应役,俾得番代。行乡约,察保甲,多为文告,反复晓譬,务去斗很轻生之习。二十三年,直隶巡抚格尔古德以陇其与兖州知府张鹏翮同举清廉官。二十九年,诏九卿举学问优长、品行可用者,陇其复被荐,得旨行取。陇其在灵寿七年,去官日,民遮道号泣,如去嘉定时。授四川道监察御史。偏沅巡抚于养志有父丧,总督请在任守制,陇其言天下承平,湖广非用兵地,宜以孝教,养志解任。

三十年,师征噶尔丹,行捐纳事例。御史陈菁请罢捐免保举,而增捐应升先用,部议未行。陇其疏言:"捐纳非上所欲行,若许捐免保举,则与正途无异,且是清廉可捐纳而得也?至捐纳先用,开奔竞之途,皆不可行。更请捐纳之员三年无保举,即予休致,以清仕途。"九卿议,谓:"若行休致,则求保者奔竞益甚。"诏再与菁详议。陇其又言:"捐纳贤愚错杂,惟恃保举以防其弊。若并此而可捐纳,此辈有不捐纳者乎?议者或谓三年无保举即令休致为太刻,此辈白丁得官,踞民上者三年,亦已甚矣,休致在家,俨然缙绅,为荣多矣。若云营求保举,督抚而贤,何由奔竞?即不贤,亦不能尽人而保举之也!"词益激切。菁与九卿复持异议。户部以捐生观望,迟误军需,请夺陇其官,发奉天安置。上曰:"陇其居官未久,不察事情,诚宜处分,但言官可贷。"会顺天府尹卫既齐巡畿辅,还奏民心惶惶,恐陇其远谪,遂得免。

寻命巡视北城。试俸满,部议调外,因假归。三十一年,卒。三十三年,江南学政缺,上欲用陇其,侍臣奏陇其已卒,乃用邵嗣尧。嗣尧故与陇其同以清廉行取者也。雍正二年,世宗临雍,议增从祀诸儒,陇其与焉。乾隆元年,特谥清献,加赠内阁学士兼礼部侍郎。

著有《困勉录》《松阳讲义》《三鱼堂文集》。其为学专宗朱子,撰《学术辨》,大指谓王守仁以禅而托于儒,高攀龙、顾宪成知癖守仁,而以静坐为主,本原之地不出守仁范围,诋斥之甚力。

为县崇实政,嘉定民颂陇其,迄清季未已。灵寿邻县阜平为置冢,民陆氏世守焉,自号陇其子孙。

【译文】

陆陇其,起初名"龙其",字稼书,是浙江平湖人。康熙九年中进士,十四年,授为江南嘉定县知县。嘉定是个大县,赋税征收多而民间习俗又追求铺张浪费。陆陇其简朴节俭,努力以德教化百姓。遇到父亲告儿子,便含着泪进行劝说,以致儿子搀扶着父亲而归,从此很好地侍奉。遇到弟弟告哥哥,便调查出挑唆者施以杖刑,以致兄弟二人都很感动悔恨。一些品行恶劣的青少年勾结行恶,便给他们戴上枷在路口示众,看到他们悔过了才释放他们。有一富豪家的仆人夺走了砍柴人的妻子,陆陇其派差役将他逮捕治罪,使富豪改变了以往的行为成为善人。遇到官司,陆陇其不用差役去逮人,属于宗族内部争讼的,便以其族长去治办,属于乡里争讼的,便靠里老去治办。有时也让原告、被告双方都到县衙来进行调解,称为"自追"。为了征收赋税,陆陇其建立了"挂比法",写上百姓的姓名以进行对照比较,至于交纳数额由每人自报。同时又建立"甘限法",命令将今日限定交纳中所欠的数额日后增加一倍交纳。

十五年,政府因战争需要而征军饷,陆陇其下令征收,并说明"不考虑一官半职,反而对你们百姓无益，而且对国事也有损坏"。于是每户发一张知县的名片以进行劝导，不到一个月，交纳至十万，又赶上征房屋建筑税，陆陇其认为只应征收市中店铺的税，命令不许涉及乡村百姓家。江宁巡抚慕天颜上疏请求施行繁简不同的各州县长官更调法，因而谈到嘉定县政务繁杂又多逃税者，陆陇其虽然操行称绝一世，然而却没有应付复杂事务的才干，应该调到事务简约的县。此疏下到吏部讨论后，以才力不及为由将陆陇其降调。县里有某人在道路上被强盗所杀，而其家人却以仇杀上诉，陆陇其捕获了强盗并审判定案。刑部认为最初的报告没有说到强盗事，以隐瞒盗贼的过失夺去陆陇其的官职。

十七年，以博学鸿儒科选拔人才，陆陇其没有来得及参加考试，便因父丧而归乡。十八年，左都御史魏象枢遵照皇上的命令推举清廉的官员，上疏举荐陆陇其廉洁对己而爱民，离任的时候，只有几卷图书和他妻子用的一部织机，百姓像对待父母一样热爱他。皇上命令他守丧期满后可用为知县。

二十二年，授陆陇其为直隶灵寿县知县。灵寿土地贫瘠，百姓贫困，劳役繁多而民俗轻薄。陆陇其向上司请求，与邻近的县更换服役，可以轮流更代。陆陇其实行乡约，视察保甲，多发文告，反复教育百姓，务必去掉好争斗和轻生的习俗。二十三年，直隶巡抚格尔古德将陆陇其和兖州知府张鹏翮一起作为清廉官举荐。二十九年，皇帝下诏让九卿举荐学问优长、品行可用的人，陆陇其再次被推荐，得到圣旨，可以调任为京官。陆陇其在灵寿七年，离任的时候，道路上站满了百姓，哭泣着为他送行，如同离开嘉定时候。陆陇其调京后被授为四川道监察御史。偏沅巡抚于养志的父亲去世，总督请皇上让他在任为父守丧，陆陇其说天下太平，湖广又不是用兵的地方，应该让他尽孝道，于是于养志解任回乡。

三十年，清军征讨噶尔丹，政府为筹集军费而采用向捐款人授以官位的做法。御史陈菁请求停止捐款人必须经过保举才能升官的做法，而实行多捐者优先录用的政策，吏部讨论后没批准实行。陆陇其上疏说："向捐款者授官的做法并不是皇上本意要实行的，如果允许捐款者可以不用保举，那么与凭正途而做官就没什么区别了，再说清廉是可以通过捐款而得到吗？至于捐款者优先录用，等于开了为名利而奔走争竞的门路，都是不可行的。特别要请求实行捐款人如果在三年内无人保举，便让他辞官退职的做法，用来澄清升官的途径。"九卿讨论认为："如果实行让捐款人辞官退职的做法，那么希望得到保举的人奔走争竞将会更厉害。"于是，皇上下诏让与陈菁详细讨论。陆陇其又上疏说："捐款的人贤愚混杂，只有靠保举才能防止其中的弊端。如果排除保举而只认可捐款授官，这些人有不捐款的吗？议论的人认为三年没人保举就让辞官退职的做法太苛刻了，这些没有功名的平民得到官位，居百姓之上三年，已经很过分了，即使辞官退职在家，也像官宦一样，很荣耀了。如果说到这些人通过钻营求得保举，那么只要总督、巡抚是贤明的，从哪里去奔走争竞呢？即使总督、巡抚不贤明的，也不能将所有的人全保举呀！"这个上疏更是言辞激切。陈菁与九卿仍持不同意见。户部以捐款者都在观望，将会迟误军需为由，请求夺去陆陇其的官职，发往奉天安置。皇上说："陆陇其任官时间不长，不了解情况，的确应该处分，但是作为言官可以原谅。"正巧，顺天府府尹卫既齐巡视畿辅，还朝奏报,民心惶惶不安,唯恐陆陇其发配远地。于是,陆陇其得以免于发配。

不久,命陆陇其巡视北城。任用期满,吏部讨论将他外调,因而陆陇其告假还乡。三十一年,陆陇其去世。三十三年,江南学政缺员,皇上打算用陆陇其,左右侍臣奏报陆陇其已去世,于是用了邵嗣尧。邵嗣尧过去与陆陇其都是由于为官清廉而由外官调到京城的。雍正二年,世宗亲临学宫,讨论增加随从祭祀的儒者,陆陇其在其中。乾隆元年,特赠予清献的谥号,加赠内阁学士兼礼部侍郎衔。

著作有《困勉录》《松阳讲义》《三鱼堂文集》。陆陇其做学问,专以朱熹为宗师,撰有《学术辨》,大意是说王守仁将禅学附于儒学中,高攀龙、顾宪成知道辟开王守仁的学说,而以静坐为主,其思想本源并没有超出王守仁的范围,而对其思想的诋毁却很厉害。

陆陇其做县官时崇尚实政,嘉定县百姓歌颂陆陇其,直至清末也没有停止。灵寿的邻县阜平县为他修了坟墓,县民陆氏世世代代守在那里,自称为陆陇其的子孙。

张伯行传

【题解】

张伯行(1651~1725),河南仪封(今兰考县东)人,清朝康熙年间著名的清官。他由县学生中举,再成进士。中进士后又返乡朝夕读书不辍。数年后赴吏部再试,补授内阁中书,历任中书舍人、济宁佥事道、江苏按察使、福建巡抚、江苏巡抚、仓场侍郎、户部右侍郎、礼部尚书。他居官清正廉明,康熙皇帝称赞他为"天下清官第一"。他的最大特点是勤于供职,造福于百姓,而对金钱毫无染指。他疾恶如仇,从不与贪官污吏为伍,而且敢于抵制上司的横征暴敛。他有一句名言:"一丝一粒,我之名节;一厘一毫,民之脂膏。宽一分,民受赐不止一分;取一文,我为人不值一文。"正因为如此,他受到总督噶礼一伙人的嫉恨。在举荐清官时,上司无一人推举他,而康熙皇帝却亲自推荐他。他在离开江苏任时,百姓沿途相送,并称赞他:任官数年,"止饮江南一杯水"。而当时"天下言廉吏者,虽隶卒贩负皆知称公"。

【原文】

张伯行,字孝先,河南仪封人,康熙二十四年进士。考授内阁中书,改中书科中书。

丁父忧归,建请见书院,讲明正学。仪封城北旧有堤,三十八年六月,大雨,溃,伯行募民囊土塞之。河道总督张鹏翮行河,疏荐堪理河务。命以原衔赴河工,督修黄河南岸堤二百余里,及马家港、东坝、高家堰诸工。

四十二年,授山东济宁道。值岁饥,即家运钱米,并制棉衣,拯民饥寒。上命分道治赈,伯行赈汶上、阳谷二县,发仓谷二万二千六百石有奇。布政使责其专擅,即论劾,伯行曰:"有旨治赈,不得为专擅。上视民如伤,仓谷重乎?人命重乎?"乃得寝。四十五年,上南巡,赐"布泽安流"榜。寻迁江苏按察使。

四十六年,复南巡。至苏州,谕从臣曰:"朕闻张伯行居官甚清,最不易得。"时命所在督抚举贤能官,伯行不与。上见伯行曰:"朕久识汝,朕自举之。他日居官而善,天下以朕为知人。"擢福建巡抚,赐"廉惠宣猷"榜,伯行疏请免台湾、凤山、诸罗三县荒赋。福建米贵,请发帑五万市湖广、江西、广东米平粜。建鳌峰书院,置学舍,出所藏书,搜先儒文集刊布为《正谊堂丛书》以教诸生。福建民祀瘟神,命毁其偶像,改祠为义塾,祀朱子。俗多尼,鬻贫家女,髡之至千百,伯行命其家赎还择偶。贫不能赎,官为出之。

四十八年,调江苏巡抚,赈淮、扬、徐三府饥。会布政使宜思恭以司库亏空为总督噶礼劾罢,上遣尚书张鹏翮按治。陈鹏年以苏州知府署布政使,议司库亏三十四万,分扣官俸、役食抵补。伯行咨噶礼会题,不应。伯行疏上闻,上命鹏翮并按。别疏陈噶礼异议状,上谕廷臣曰:"览伯行此疏,知与噶礼不和。为人臣者,当以国事为重。朕综理机务垂五十年,未尝令一人得逞其私。此疏宜置不问。"伯行寻乞病,上不许。鹏翮请责前任巡抚于准及思恭偿十六万,余以官俸、役食抵补。上曰:"江南亏空钱粮,非官吏侵蚀。朕南巡时,督抚肆意挪用而不敢言。若责新任官补偿,朕心实有不忍。"命察明南巡时用款具奏。伯行又疏奏各府州县无著钱粮十万八千,上命并予豁免。

噶礼贪横,伯行与之迕。五十年,江南乡试副考官赵晋交通关节。榜发,士论哗然,舆财神入学宫。伯行疏上其事,正考官左必蕃亦以实闻。命尚书张鹏翮、侍郎赫寿按治,伯行与噶礼会鞫。得举人吴泌、程光奎通贿状,词连噶礼,伯行请解噶礼任付严审。噶礼不自安,亦摭伯行七罪讦奏。上命俱解任。鹏翮等寻奏:晋与泌、光奎通贿俱实,拟罪如律;噶礼交通事诬,伯行应夺官。上切责鹏翮等掩饰,更命尚书穆和伦、张廷枢复按,仍如前议。上曰:"伯行居官清正,天下所知。噶礼才虽有余而喜生事,无清正名。此议是非颠倒。"命九卿、詹事、科道再议。明日,召九卿等谕曰:"伯行居官清廉,噶礼操守朕不能信,若无伯行,则江南必受其朘削几半矣。此互参一案,初遣官往审,为噶礼所制,致不能得其情;再遣官往审,与前无异。尔等能体朕保全清官之意,使正人无所疑惧,则海宇升平矣。"遂夺噶礼官,命伯行复任。

五十二年,江苏布政使缺员,伯行疏荐福建布政使李发甲、台湾道陈璸、前祭酒余正健,上已以湖北按察使牟钦元擢任。未几,伯行劾钦元匿通海罪人张令涛署中,请逮治。令涛兄元隆居上海,造海船,出入海洋,拥厚赀,结纳豪贵。会部檄搜缉海贼郑尽心余党,崇明水师捕渔船,其舟人福建产,冒华亭籍,验船照为元隆所代领。伯行欲穷治,是时令涛在噶礼幕,元隆称病不就逮,狱未竟而死于家。噶礼前劾伯行,因摭其事为七罪之一。会上海县民顾协一诉令涛据其房屋,别有水寨数处窝藏海贼,称令涛今居钦元署中。上命总督赫寿察审,赫寿庇令涛,以通贼无证闻。复命鹏翮及副都御史阿锡鼐按其事,鹏翮等奏元隆、令涛皆良民,请夺伯行官。上命复审,且命伯行自陈,伯行疏言:"元隆通贼,虽报身故,而金多党众,人人可以冒名,处处可以领照。令涛乃顾协一首告,若其不实,例应坐诬。钦元庇匿,致案久悬。臣为地方大吏,杜渐防微,岂得不究?"既命解任,鹏翮等仍以伯行诬陷良民、挟诈欺公,论斩。法司议如所拟,上免其罪,命伯行来京。

旋入直南书房,署仓场侍郎,充顺天乡试正考官。授户部侍郎,兼管钱法、仓场,再充会试副考官。雍正元年,擢礼部尚书,赐"礼乐名臣"榜。二年,命赴阙里祭崇圣祠。三年,卒,年七十五。遗书请崇正学,励直臣。上轸悼,赠太子太保,谥清恪。光绪初,从祀文庙。

伯行方成进士,归构精舍于南郊,陈书数千卷纵观之,及《小学》《近思录》,程、朱《语类》,曰:"入圣门庭在是矣。"尽发濂、洛、关、闽诸大儒之书,口诵手抄者七年。始赴官,尝曰:"千圣之学,括于一敬,故学莫先于主敬。"因自号曰敬庵。又曰:"君子喻于义,小人喻于利。老氏贪生,佛者畏死,烈士徇名,皆利也。"在官所引,皆学问醇正,志操洁清,初不令知。平日龃龉之者,复与共事,推诚协恭,无丝毫芥蒂。曰:"已荷保全,敢以私废公乎?"所著有《困学录》《续录》《正谊堂文集》《居济一得》诸书。

【译文】

张伯行,字孝先,河南仪封人,康熙二十四年进士。后经考选,授内阁中书,又改任中书科中书。

遇父丧归乡,建立请见书院,并讲解宣传儒学。仪封城北原有堤,康熙三十八年六月因遭大雨被冲垮,伯行招募民工用口袋装土来堵塞。河道总督张鹏翮巡视黄河后,上疏推荐张伯行能够治理河务。皇上命他以原来的官衔到河工任职,督修黄河南岸堤二百余里,以及马家港、东坝、高家堰各工程。

四十二年,张伯行被授为山东济宁道。适逢灾荒之年,便从家乡运来钱和粮食,并缝制棉衣,用来解救百姓的饥寒。皇上命令按各道救济灾民,张伯行便拿出仓谷二万二千六百石有余赈济所属汶上、阳谷二县。山东布政使责备他独断专行,准备上疏弹劾,伯行说:"皇上有旨救灾,不能说是独断专行。皇上如此重视民间疾苦,应该以仓谷为重呢?还是以人命为重?"布政使只好停止弹劾事。四十五年,皇上南巡时,赐予张伯行"布泽安流"匾额。不久,张伯行升为江苏按察使。

四十六年,皇上再次南巡。到苏州后,对随从的臣子们说:"我听说张伯行任官特别清廉,这是最难得的。"当时曾命负责管理江苏的总督及巡抚推荐德才兼备的官员,而张伯行并没有被推荐。皇上见到张伯行说:"我很早就了解你,我来推荐你。如果将来做官做得很好,天下都会认为我是知人善任的。"于是,提拔张伯行为福建巡抚,赐予"廉惠宣猷"的匾额。张伯行上疏请求免去台湾、风山、诸罗三县因灾荒而欠交的赋税。因为福建的米价很贵,张伯行请求动用国库的钱五万购买湖广、江西、广东的米平价出售。建鳌峰书院,置学舍,拿出自己的藏书,搜罗前代文人的文集刊印成《正谊堂丛书》,用来教学生。福建百姓祭祀瘟神,张伯行命令毁掉这些瘟神的偶像,改祠堂为义学,祭祀朱熹。民间多尼姑,有人卖贫苦人家的女子,以致削发为尼者成百上千,张伯行命令这些人家赎回自己的女子,为她们选择配偶。有家境贫穷无法赎回的,由官府出钱赎出。

四十八年,张伯行调任江苏巡抚,救济淮安、扬州、徐州三府的灾荒。适逢布政使宜思恭因布政司库存亏空被总督噶礼弹劾罢免,皇上派尚书张鹏翮查处。陈鹏年以苏州知府的身份代理布政使职务,建议布政司库所亏空的三十四万,以分别扣除官员的俸银及使用差役的费用来抵补。张伯行行文噶礼要求联名上疏,没有被答应。张伯行便自己上疏,皇上得知后命张鹏翮一并调查。张伯行另外又上疏说明了噶礼的不同意见。皇上对廷臣说:"看了张伯行的这个上疏,知道他与噶礼不和。作为臣子,应该以国事为重。我办理机务将近五十年,未曾让一个人施展他的私欲。这个上疏应当放置不予理睬。"不久,张伯行以身体多病为由提出辞官,皇上没有允许。张鹏翮请求责成张伯行的前任巡抚于准及宜思恭赔偿十六万,其余用官员俸银及使用差役的费用来抵补。皇上说:"江南亏空钱粮,并不是因为官吏侵吞。我南巡时,总督、巡抚随意挪用公款而下级官吏不敢议论。如果责成新任官吏来补偿,我实在于心不忍。"于是让查明南巡时用款情况上报。张伯行又上疏,奏明各府州县现无着落的钱粮十万八千,皇上命令一律免于赔偿。

噶礼贪婪横行,张伯行与他相反。康熙五十年,江南乡试的副考官赵晋暗中交接考生,接受贿赂。发榜以后,读书人议论喧哗,抬着财神进入学宫。张伯行上疏奏明这件事,正考官左必蕃也把实际情况上报。皇上命尚书张鹏翮、侍郎赫寿查处,张伯行与噶礼会审。后得到举人吴泌、程光奎暗中贿赂的情况,供词中牵连噶礼,张伯行请求解除噶礼的职务,交有关部门严肃审理。噶礼心中不安,也找出张伯行的所谓七条罪状上奏。皇上命二人都解职。张鹏翮等不久奏报:赵晋与吴泌、程光奎行贿受贿均属实,应按刑律治罪;噶礼暗中受贿事属诬告,张伯行应撤职。皇上责备张鹏翮等为噶礼掩饰,又命尚书穆和伦、张廷枢重新审查,结果仍旧与前次张鹏翮等人的意见相同。皇上说:"伯行任官清正,这是天下所了解的。噶礼才干虽有余,但喜好无事生非,并没有清正的名声,这个意见是非颠倒。"于是,命九卿、詹事、科道官再议。第二天,召九卿等说:"伯行居官清正廉洁,噶礼的操行我不能相信,如果没有张伯行,那么江南必然受到他的盘剥,大概要达到一半地区。这次二人互相参奏的案子,起初派官去审理,被噶礼阻挠,以致不能得到其中的真实情况;再派官去审理,与前面的意见没有区别。你们应能体会我保全清官的心意,要使正直的人没有什么疑虑和恐惧,那么天下将会出现安定的局面。"于是夺去噶礼的官位,命张伯行复职。

五十二年,江苏布政使一职缺员,张伯行上疏推荐福建布政使李发甲、台湾道陈瑸、前任国子监祭酒余正健,而皇上已将湖北按察使牟钦元提拔就任。不久,张伯行弹劾钦元将通海盗的罪犯张令涛隐藏官署中,请求逮捕治罪。令涛的哥哥元隆住在上海,造海舱,出入海洋,拥有大量资产,交接豪贵。赶上刑部下檄文搜缉海盗郑尽心余党,崇明水师捕住一条渔船,此船的主人是福建人,却假冒华亭籍,经过查验船照,知是元隆所代领。张伯行准备一追到底,当时令涛在噶礼府内任职,元隆托病逃避逮捕,案子未结却死于家中。噶礼先前弹劾伯行,曾抓住这件事作为七条罪状之一。正巧上海县百姓顾协一起诉令涛占据他的房屋,另外还有几处水寨窝藏海贼,声称令涛现在居住在钦元官署中。皇上命总督赫寿调查审理,赫寿庇护令涛,以通贼事查无实据而上报。皇上又命张鹏翮及副都御史阿锡鼐调查此案,张鹏翮等奏报元隆、令涛都是良民,请求夺去张伯行的官职。皇上命复查,并让张伯行自己陈述。伯行上疏说:"元隆通贼,虽然上报已死,然而他财产丰厚,党徒也多,人人可以冒名,处处可以领到执照。令涛是顾协一首先告发的,如果顾协一举报不实,照例应以诬陷治罪。由于钦元庇护,致使此案久悬未决。我作为地方长官,应该在事情刚刚发和时即加以防止,怎能不追究呢?"张伯行解任之后,张鹏翮等仍以他诬陷良民,挟私报复,要求斩首。刑法部门讨论同意这一建议,而皇上却免了张伯行的罪,调他到京城来。

不久,张伯行到南书房任职,兼代理仓场侍郎,并充当顺天乡试的正考官。后授为户部侍郎,兼管钱法、仓场,又充当会试副考官。雍正元年,提升为礼部尚书,皇上赐他"礼乐名臣"的匾额。二年,皇上命令他到阙里崇圣祠进行祭祀活动。三年,去世,七十五岁。张伯行留下遗疏,请求推崇儒学,奖励直臣。皇上悲痛悼念他,赠太子太保,谥清恪。光绪初年,准许附祭于孔子庙。

张伯行刚成进士时,回家乡南郊建造了一座精制的房屋,摆上了数千卷书以供纵情观览,看到《小学》《近思录》,以及程、朱的《语类》,说:"进入圣人的门庭在这里呀!"他曾全力找到宋代理学四大学派周敦颐、程颢、程颐、张载、朱熹各位大儒的书,一边诵读一边抄录,前后共七年。最初任官时曾说:"圣人们的学问,概括为一个'敬'字,所以学习没有比掌握敬更重要的。"因此他自号为"敬庵"。又说:"君子懂得义,小人只知利。老子贪生,信佛的人怕死,烈士追求名声,这都是属于利。"在官时所招致的,都是学问醇正、志向操行清廉的人,而且开始不让他们知道自己是做官的。平时对于意见不合的人,也仍与他们共事,开诚布公,同心协力,没有一点怨恨。他说:"已得到皇上的保全,怎敢以私而废公呢?"所著有《困学录》《续录》《正谊堂文集》《居济一得》各种书。